U0547683

The Invention of Humanity

Equality and Cultural Difference in World History

发明人类

平等与文化差异的全球观念史

[荷] 西佩·斯图尔曼 著

许双如 译

广西师范大学出版社
·桂林·

FAMING RENLEI: PINGDENG YU WENHUA CHAYI DE QUANQIU GUANNIANSHI
发明人类：平等与文化差异的全球观念史

THE INVENTION OF HUMANITY: Equality and Cultural Difference in World History
by Siep Stuurman
Copyright©2017 by the President and Fellows of Harvard College
Published by arrangement with Harvard University Press
through Bardon-Chinese Media Agency
Simplified Chinese translation copyright © 2022
by Guangxi Normal University Press Group Co., Ltd.
ALL RIGHTS RESERVED

著作权合同登记号桂图登字：20-2017-272 号

图书在版编目（CIP）数据

发明人类：平等与文化差异的全球观念史 ／（荷）西佩·斯图尔曼著；许双如译. —桂林：广西师范大学出版社，2022.8
书名原文: The Invention of Humanity: Equality and Cultural Difference in World History
ISBN 978-7-5598-5151-2

Ⅰ.①发… Ⅱ.①西…②许… Ⅲ.①平等－关系－文化史－研究－世界 Ⅳ.①K103

中国版本图书馆 CIP 数据核字（2022）第 110352 号

广西师范大学出版社出版发行

（广西桂林市五里店路 9 号　邮政编码：541004）
网址：http://www.bbtpress.com
出版人：黄轩庄
全国新华书店经销
中华商务联合印刷(广东)有限公司印刷
（深圳市龙岗区平湖镇春湖工业区 10 栋　邮政编码：518111）
开本：635 mm × 965 mm　1/16
印张：37.75　　　字数：464 千字
2022 年 8 月第 1 版　　2022 年 8 月第 1 次印刷
审图号：GS（2021）7851 号
定价：198.00 元

如发现印装质量问题，影响阅读，请与出版社发行部门联系调换。

目　录

前　言　跨文化平等如何成为可意想的　　　　　　001

第一章　对共同人类的构想　　　　　　　　　　　001
第二章　宗教与哲学的普世主义　　　　　　　　　035
第三章　历史、民族志与人类学转向　　　　　　　079
第四章　中世纪伊斯兰世界的跨境思考　　　　　　116
第五章　大西洋边疆与基督教平等观的局限性　　　158
第六章　启蒙思想中的全球平等与不平等　　　　　214
第七章　19世纪的现代平等与科学种族主义　　　　297
第八章　平等的全球化　　　　　　　　　　　　　365
第九章　人权时代　　　　　　　　　　　　　　　429

后　记　全球平等的未来　　　　　　　　　　　　487
注　释　　　　　　　　　　　　　　　　　　　　514
致　谢　　　　　　　　　　　　　　　　　　　　569

前　言

跨文化平等如何成为可意想的

共同人类（Common Humanity）与平等并非耐心等待人们发现的原始事实。我们更应该将之设想为发明，它们是具有革命性的看待人类关系的崭新方法。全世界的人构成单一的共同体，这不是经验上的事实。它意味着人可以被描述成一个"想象的人类"的元共同体之成员。[1] 然而这并不是说共同人类与平等不过是虚假的杜撰，或者黑暗中无力的喊叫。当有足够多的人相信所有人都是同胞，甚至是彼此平等的，这样的信念就成为社会事实，与其他社会事实一样，和政治权力、物质财富及武装力量同为社会的组成部分。当有足够多的人拥抱共同人类的普遍观念，想象的限度就得以拓展，新的行动路线就随之出现。

跨文化的人类是如何且在何种历史环境下得以被意想的呢？人们是如何开始将外来者看作同类，甚至是平等的人？他们是如何超越人类历史早期无所不在的根深蒂固的种族中心主义，又是如何得出这样一种大胆的假想，即地球上的人类基本都是相同的，并且应该被视为最终由"人类"这个词标示的总体性元共同体的成员？本书试图通过探究观念史来回答这些问题，并将追溯有关共同人类、平等和文化差异的概念、语言和话语。

今天，在第三个千年之始，地球上所有人类的平等地位似乎是自明的。《世界人权宣言》被称为我们这个时代的世俗圣经。[2] 然而，在历史长河中，平等和共同人类远非不言自明。在历史的开端，外邦人的卑下地位才是不言而喻的，正如奴役被俘虏的外邦人的做法。[3] 公元前1世纪，希腊历史学家西西里的狄奥多罗斯（Diodorus Siculus）到罗马帝国的中心考察历史，他注意到早在文字记载出现之前就有国王存在了。[4] 狄奥多罗斯是对的：在统治者与臣民、男人与女人、主人与奴隶、贵族与平民，以及最终本地人与外来者的区分于社会惯例与道德标准中根深蒂固的社会，书写技艺的出现使对人类处境的共同反思成为可能。不平等现象自古以来就普遍存在，而且大多数人预计，它在未来仍将占支配地位。即便如此，并非所有的不平等都是自明的。政治思想在古代的出现，标志着对不平等的传统证成不再充分。这就解释了为什么很多早期的社会和政治思想包含了对不平等的辩护。强大的不平等话语界定了人们在生活中的地位，并指导他们以相应的方式言行。在这种背景下，真正意义非凡的是共同人类与平等观念的出现。

因此，关于共同人类与平等的观念史就必须始于一个不容置疑的事实：这些观念并非指向自明的现实。历史学家需要将平等观念在今天享有的威严暂搁一旁。在我们所处的时代，平等已经成为政治思想的默认设置，不平等只有在理由充分的情况下才会被接受。而在历史的大部分时间里，情况正好相反。不平等是习惯性的、合理的标准，而平等，如果能被考虑到的话，则需要理由。不平等无处不在，真实可感，而平等则需要被想象、争论和凭空构想出来。简言之，平等需要被发明。

回顾新石器时代革命后的历史，农业的发明使人口得到增长、人类不断寻找新的土地，人类的形象被划入种种彼此截然分隔的同质文明和文化中，但这一直是一种严重的误导。自有历史以来，人类就在迁徙和进行文化融合，战争和奴役外来者也是如此。从最早的时期起，人们就开始跨越疆界了。旅行者必须接受"其他"民族陌生的习俗和观念。边境之外的人会被视为粗鲁的野人、卑鄙的敌人，甚至几乎不被当作人，但也可以把他们看作可以交流、贸易和合作的同胞。旅行的经历总在影响旅行者的自我形象。回到家乡后，他们再面对以前那些自明的习俗和观念时很可能会有不同的看法。旅行是一种矛盾的经历。受记忆和社会惯例所限，旅行者永远无法完全离开故土。但对边境之外的习俗、语言、观念的经验却又使他们成了无法真正回乡的人。那些为了研究外国人的著作而学习外语的好奇的学者也是如此。旅行的经历，无论是身体上的还是在脑海中的，都将动摇本土的"深层真实"。

大多数情况下，平等的外来者与敌对的、不可理解的、几乎不是人的外来者之间的对立并非一个要么全有要么全无的问题。历史上对他者的思考大多是分布于这两极之间。本书关注的是共同人类以及对边界的消除，但这当然并非意味着边界遭遇冲突的一面就不重要。无论如何，忽视这一方面是不可能的，因为共同人类的概念只有在关于他者性和不平等的话语中才能获得其意义和内涵。

尽管如此，我们亟需一部关于共同人类这一端的历史。在爱德华·萨义德的《东方学》之后，大多数研究都偏重了不平等的那一极。在过去几十年，边境经验的观念史被一种观点所主导，可以用一个新词"他者化"（othering）轻松概括。无数的书籍和文章试图证明，外族大多被表征为粗野、野蛮、不理性、难以理解、未开化、无宗教信仰、异教徒、偶像崇拜、非白人、有色人种、原始、落后、传统、前现代……不胜枚举。大部分此类研究都证实，整个历史上的欧洲，以及尤其晚近的西方，是如何以"他者"的一连串对立面来建构其自我形象的。同时，这一路径也已经扩散到对中国的"蛮夷"观的研究、印度的异种学、阿拉伯关于"野蛮人"（savage）和"蛮族"（barbarian）的话语。这种观念史的研究成果极其丰硕。然而，本书旨在逆转这个视角。因此，我将研究边境文本，将之作为共同人类与同等尊严得以被构想的场域。这并不像看上去的那么自相矛盾。边境往往与敌对和仇外心理相联系，但同时也是与异域进行任何开明或富同情心的交往的前提。如果不跨过疆界，外国人就只能是想象力的虚构，就如同荷马笔下的独眼巨人。

在关于外邦人的话语中，处于已知世界边缘之外的他们，要么被想象成祖国的对立面，要么被置于神话和怪物的领域，就连希罗多德这样带有批判眼光的历史学家，在讲述草原外遥远的冰天雪地时，都会诉诸这样的言辞。同样，14世纪阿拉伯历史学家伊本·赫勒敦（Ibn Khaldun）熟谙沙漠游牧民族的文化，但在他对撒哈拉以南的非洲人的观察中却充斥着贬损性判断，而且还极度缺乏经验性信息。

总体而言，熟悉与陌生之间的比较是民族志和文化史出现的一个条件。文化平等并非意味着文化是相同的，其最基本的原因是，文化是由差异所定义的。如果由某个单一的同质文化统治全球，文化的概念将变得多余。随之而来的是，在某个文化中出生和成长的人眼里，另一个文化看起来必定是"他者"。然而，它并非必定是次等的或不可理解的。鉴于所有文化的复杂性和混杂性，在历史文献中，很少有全盘的赞许或谴责。通行的做法是让诸种判断并存。

任何跨越文化边界的观察者都会将外国人描述成"他者"且将其习俗与本国的相对比。这种立场不应该轻率地与萨义德的东方主义中那个大写的"他者化"（Othering）混为一谈。无论何时何地，人们总是通过与已知者对比来理解未知者。人的思想认知就是这么运作的。没有这些"粗糙的"对比作为垫脚石，对于陌生事物的严肃思考就无法开始。即使这样，开明的态度也绝非不证自明。德国埃及学家阿斯曼（Jan Assmann）说，古王国和中王国时期的埃及人经常把外邦人称为"邪恶的敌人"，即使他们已经和这些人签订了友好条约。人们无法想象埃及之外存在任何可理解或有意义的社会秩序。阿斯曼的结论是，边境之外的民族被看成"绝对的异族"。[5] 在此背景下，将外国人的社会秩序作为自己的生活方式的对立面予以细致表现，是一项真正的成就。边境以外的习俗和信仰代表的是不同的秩序，而非没有秩序，这样的理解是朝人类生活容许文化的多元性这一大胆观念迈出的第一步。我们很容易就会忽视这一点，因为我们是在回望两千多年来的地理学、民族志和历史编纂学。

共同人类与平等以想象和批判的方式开始了其历史进程。它们不顾日常经验的滞重，激起了各种观念的角力。本书基于这样一种信念：观念是重要的，而正典化的观念很重要。人们能取得什么成就，当然取决于他们掌握的军事、政治和经济资源，但也取决于他们敢于如何去想。在任何历史节点，可意想的限度和行动的限度是辩证相关的。[6] 迈向自由的第一步是释放想象力。要改变世界，必须能够设想出一个想象的世界，它不同于在经验上被给定的世界。无论何时何地，常识上的"现实主义"都等同于对权力的屈服。世界裂变为经验世界和想象世界，这曾经被马克思谴责为异化的征兆，著名的"人民的鸦片"，实际上是实现自由的关键。独裁者和专制者一直都知道这一点。没有什么比异见者发出的声音更能使他们害怕的了。诗歌的魅力、故事的魔力、抽象观念的热力，是迷人的、有益的，但也是可怕的、危险的。纵观历史，统治者都试图控制观念的传播。现实的直觉告诉他们，观念是危险的，因为它们可能影响社会变革和政治力量的平衡。

对于本书的主题来说，观念的变革力量至关重要。我们历史上最重要的观念是诸如共同人类、同等尊严和平等这样的观念。它们并不描述社会现实，而是构想出一个不同的、想象的世界。当有足够数量的人这样认为时，"现实"就改变了。平等思想带来了社会梦想和想象的未来，创造了自己的现实。这就是为什么我用"发明"而不是"发现"来讨论我所书写的历史中的重要观念。

与对边境的强调相一致，本书围绕着世界历史上的伟大边境展开：历史上伟大文明和帝国之间的边界；从古代到哥伦布大交换时期的定居文化与游牧文化的鸿沟；16世纪的大西洋边疆；现代欧洲扩张和殖民主义开创的海洋疆界；19世纪和20世纪的种族分界线（color line）；最后是如今的全球人权和"文明冲突"。

跨文化的平等史之框架

古往今来，关于共同人类与平等的概念和话语一直存在对立，其中有些是宗教的，有些是哲学的，还有一些是历史学或民族志的。例如，许多19世纪的基督徒反对奴隶制，因为他们相信所有人，无论何种肤色，都是按照上帝的形象创造的。21世纪的生物学家谴责奴隶制的理由可能是他们确信所有人在作为使用语言和工具的智慧动物的意义上是平等的。近代早期的自然权利哲学家会组织类似的论证，但会以共享的道德能力作为关键的补充。斯多葛学派的追随者将他们的论点建立在一个泛神论的思想主宰（overmind）之上，它的火花存在于每个人的头脑中。还有些人可能没有明确的哲学支撑，而是将反对奴隶制的立场建立在"己所不欲勿施于人"的黄金法则之上。最后，人们往往能够糅合多种概念来说明反对奴隶制及其他形式的压迫的理由。因此在历史的任何时刻，我们都可以验证共同人类话语的多元性。

但有人可能会反对说，共同人类与平等的概念有着不可简化的多元性和历史特殊性，这会动摇写作此类概念史的计划的根基。我的回答是，共同人类的话语在历史上的确是特定和不同的，但仍然可以在其间发现有趣的亲缘性和类比关系。这些类比足以将它们视为同一部历史的组成部分。几乎所有的共同人类话语都包含这样的假设或结论，即所有人都共享一个或多个特征、起源、义务、能力或潜能。这使我能够提供一个关于共同人类的临时的初步定义，这个定义大概可以指向我们正在寻找的那种话语。因此，我建议将"共同人类"定义为"文化上显著的相似性"。进一步说，我们可以把同等尊严与平等的普遍概念理解为共同人类概念的逐步强化。共同人类与普遍平等之间的话语空间是一个连续统一体。该定义还有一个优点，即限定词"文化上显著"将共同人类与平等的表征性考虑在内。人是（are）不平等的，但可以被表征（repersented）为平等的。

此外，共同人类与平等可以沿着多个维度来想象。平等可能在某个领域中占主流，而在其他领域，不平等仍然是规则。宗教话语主张所有人"在上帝面前"平等，但常常把这种平等限制在精神层面，并始终辩称，某些形式的社会不平等是神的安排的一部分。一般来说，政治平等受到严格限制，通常局限在一个自认比其他共同体优越的"平等者的共同体"之中。例如，在古雅典，它指的是所有自由民在法律面前的平等以及在公民大会上的平等发言权。奴隶、妇女和外邦居民当然被排除在外，奴隶制，特别是奴役"蛮族"，被视作寻常事。正如公元前5世纪雅典领导人伯里克利所宣称的，雅典民主的内部平等绝不会妨碍雅典对其他希腊城邦施加独裁统治。[7] 同样，实行民主制的现代民族国家将外国国民排斥于其"国民的平等"之外。即便如此，一些领域的平等与其他领域的不平等的混合，仍为批评制造了条件。[8] 平等的边界总是有争议的，这使得持不同政见者和少数群体能够质疑普遍存在的不平等制度，或者质疑精英平等的自相矛盾。

既然平等的观念在政治思想中备受争议，进一步的阐明将大有裨益。在历史研究中，把相同视为平等显然是行不通的；没有两个人类个体或类别是相同的。诸如数量相等之类的数学概念也不适用于历史调查，除非在特殊情况下，如经济资产和生物统计学。在大多数情况下，我们使用"平等"一词来表示人与人之间的相似性，这种相似性显著到足以超过差异性。此外，关于平等的言语通常结合了经验观察和规范标准。这两者在对平等的基本直觉中汇成一种观念，即人们"可以是相似的，而且在相似时应该得到类似的待遇"。[9] 这就解释了为什么所有有关平等的话语都潜在地是平等主义的。一般来说，平等主义思想家会批评特定形式的不平等，而忽视或认可其他的不平等。很少有人追求全面的平等。本书将主要讨论那些人们认为显著的、有意义的、有价值的，并且以人的本体论为基础的相似性。此外，平等的意义可以追溯到它在其中被使用的词汇场（lexical fields）的历史演变。最后，还有许多故事、诗歌和格言，虽然不包含任何平等概念，但具有强大的平等效果。一起做事也能产生平等的效果。共同与压迫做斗争可以创造出一个平等者的共同体。

重要的是要清楚我所提出的基本概念框架的性质。一个总体的抽象概念，如"共同人类"，并不直接涉及关于共同人类的任何特定的历史的话语。这样的概念是元概念，可以涵盖波考克（J. G. A. Pocock）"时间中的语言"范式意义上的任意一种政治、社会或宗教语言。[10] 需要记得的是波考克所言的任何语言，其本身都可以涵盖一系列不同的理论、叙事、论证和价值判断。这些元概念本身并非历史性的。为了让它们具有可操作性，我们必须辨别出诸时空的历史语境中有关"共同人类"的特定话语和一般观念。为了书写这些特定话语和一般观念的历史，我们需要的概念是"发明"，因为发明和再发明指出了这类话语和概念可以历史地存在的动态模式。

因此，方法论仍然具有历史性和语境性，但其语境是在人类历史的长河和世界历史的空间框架中展开的。我们应该记得，边境既是一个地理概念，也是一个历史概念。从方法论上讲，我的路径类似于大卫·阿米蒂奇（David Armitage）最近提出的"连续的语境主义"（serial contextualism）。[11] 的确，将关于共同人类的不同话语置于世界历史的长河中，会使方法论具有更强的语境性，而非更弱。它将使我们能够区分每种话语的特定内容，不仅将其与当代的其他关于共同人类的话语进行比较，而且将其与之前的以及后来的进行比较，尽管后者需要更加谨慎。尤其是，它将帮助我们认识到共同人类与平等话语在世界、历史中的复调性，并避免过于线性的历史观，后者会把我们故事的早期部分瓦解为现代性的序曲。

共同人类是我们理论框架的第一个元概念，第二个则是我所定义的人类学转向。[12] 共同人类的话语突出了所有人的共同点。一般来说，它们是抽象的和普遍的。相比之下，人类学转向关注文化差异。它使人们能够考虑偶然性和边界。对于任何关于文化差异的批判性讨论，这样的话语都是必不可少的。共同人类的优先语言是宗教、哲学和科学。人类学转向的优先语言是历史学、地理学和民族志。共同人类话语从文化差异中被抽象出来，从而将外国人转化为同胞。相比之下，被归到人类学转向下的话语则解构了"我们"之于"他们"的语义学。

人类学转向的两个基本组成部分是对其他文化的内在一致性和合理性的阐释，以及凝视的反转。当汉代历史学家司马迁讨论长城以北的游牧民族匈奴时，他所做的远不止列举匈奴的一系列背离汉人标准的风俗习惯。相反，他解释说，他们的生活方式很好地适应了草原恶劣的生存环境，他们的社会和政治制度形成了一个环环相扣的系统。在司马迁那里，我们见到了人类学转向的两个主要组成部分：第一，不带偏见地评价异国文化在其自然和政治环境中的合理性；第二，能够想象外国人眼中自己的生活方式。在古希腊，希罗多德的珠玑之言很好地说明了这种凝视的反转："埃及人习惯于称所有不说自己语言的人为蛮族。"[13] 换句话说，埃及人看希腊人就像希腊人看埃及人一样。人类学转向使人意识到文化的多元，后者不可能不影响观察者的自我形象。

我们理论框架的第三个元概念涉及时间性。共同人类的话语以及不平等和差异的话语是在时间框架中展开的，问题随之而来：它们如何被置于历史时间中。通常，时间性的话语决定谁拥有未来，而谁的时代从历史角度来说已经结束。因此，我们的第三个元概念就是时间机制（regime of temporality）。迄今为止，大多数历史学家一致认为，所有的历史时间概念都包含线性和周期性因素。[14] 传统依赖于相同常规和观念的循环往复。[15] 创新以随时间推移而出现的变化为前提，因此引入了这样的观念，即不同事态的一个"线性"序列。因此，我们并非只能选择线性时间或周期性时间。所有文字记载的历史讲述了决定性事件的故事，比如大战和接受新政权，这类事件是不可逆转的：它们把时间分成"之前"和"之后"。然而，这些独特的转折点很可能被嵌入一个长期的周期性节奏中，国家亦在此中兴亡更迭。"兴衰"的比喻可以看作对人类生命周期的一个概括，但更常使人联想到政治权力和帝国声势的倏逝，这是一种具有强大平等效果的时间观。另一方面，线性的时间机制可能支持跨文化的不平等，特别是当时间被想象为"进步"和"发展"。

将外邦人转变为同胞

当人开始将自己与动物区分开，想象一个由有感知的存在组成的等级体系，其中人位于金字塔顶端，一种早期的共同人类的观念就变得可以意想了。通过列举人区别于动物的属性，如言辞、道德和理性，人们总结出所有人应该具有的能力。

人与动物的区分构成了人的本性的下限，宗教则引入了上限的概念。当荷马宣称任何人都终将一死时，他把人类与另一类存在区分开来："永恒的神"。人类无法获得永生。动物不如人，神优越于人。既然宗教和动物的从属地位都早于文字的出现，我们可以说，在整个历史中，人类都被认为是居中的存在：高于动物，低于神。这为我们提供了一个通用但并不有力的共同人类概念。

如上所述，共同人类与平等的概念在规范和事实之间起中介作用。

我们可以用公元前4世纪儒家传统的创始人之一孟子的著作中对共同人类的论证来说明这一点。孟子试图证明共情是人类本性的一个组成部分："所以谓人皆有不忍人之心者，今人乍见孺子将入于井，皆有怵惕恻隐之心。"孟子认为，人的慈悲是自发的，不是出于自利或名誉的考虑。"由是观之，"他总结道，"无恻隐之心，非人也。"[16]

在这里，孟子似乎把两种主张合而为一。在论证的第一步中，共情根植于人的本体论中，但在第二步中，孟子假设有人在道德上对遇险儿童的哭声充耳不闻。他总结说，这样的人不能算是人。他们表现出道德盲的症状，无法实现自身具有的人的潜能。由此可见，孟子把共同人类的论证建立在实然与应然的辩证关系之上。通过做正确的事，对他人产生共情的人实现了他们的人性。然而，孟子感到有必要以这种特殊的方式为共同人类辩护，这一事实表明，他意识到在现实生活中，许多人并没有做正确的事。他的论证试图说服这些人改过自新，指出他们若不如此，则会扭曲自己的真实本性，从而丧失人性。

一般来说，共同人类与平等话语是对盛行的他者性和不平等概念的批判性反思。人类学家未能就不平等是否为所有人类社群共有的普遍现象达成一致，但不平等被充分证明了存在于大多数社会及所有识字社会中。[17]同样，民族中心主义，即认为外邦人更多是"他者"而非"同类"的观点，也是普遍存在的。共同人类与平等，得通过从盛行的惯例和有关不平等的常识性概念抽离，才变得可以意想。从可见现象抽离出来，它们引入了观察和理解社会关系的新方法。由此可见，共同人类与平等的观念不是经验上的，而是理论上的，在希腊语中，理论（theoria）"是一种观察方式，且多半是一种新的观察方式"。[18]

人类学转向

基本上，人类学转向改变了人们看待外国文化的方式。它提出了不同秩序的概念，以取代缺乏秩序。"蛮族"这一蔑视性概念被转换成"他人眼中的外邦人"。对外国文化中那些奇特属性的任意列举,变成了对文化功能模式的基于环境的解释。无知的民族中心主义被有见识的批评所取代。最后,外国文化的观察者们可能会试图想象外国人如何回看自己,从而颠覆习以为常的熟悉与陌生的等级体系。像孟德斯鸠的《波斯人信札》一样,故事可以引入假想的外国人对作者的本国文化进行批判。这些文本利用外邦人在旅行中的冒险故事吸引读者,但其批判和哲学思考超越了庸俗的异国情调。

在第三章中,我们将看到,希腊历史学家希罗多德、中国历史学家司马迁和罗马历史学家塔西佗基本上都把边疆民族描述成非文明的。然而,这个基本事实并不足以让我们将他们关于"蛮族"生活的民族志草率地贬斥为依循萨义德的欧洲东方主义路线进行的他者性建构。这些历史学家很清楚他们自己也被外国人描绘成他者,例如希罗多德和司马迁就已经注意到这种凝视的反转。同样,塔西佗也十分关注蛮族领袖对罗马帝国主义的批评。在后来的历史时期,这种凝视的反转反复出现。我们在第六章讨论启蒙运动时,将谈到狄德罗是如何让一个假想的(但不完全是虚构的)塔希提人去颠覆欧洲殖民占领仪式的语言。这种对习以为常的等级体系的颠覆代表了关键的思想突破。透过外国人的棱镜来看待自己的文化,拓宽了想象的边界。它打开了欣赏文化多元性的大门,这种多元性是人类境况的基本特征。他人过着不同的生活,现在可以被看作正常的事态,而不是可耻的自相矛盾。这种思维方式与民族志知识的积累相结合,使文化差异成为实证调查和哲学思考的对象。

像共同人类一样,人类学转向是一个元概念。它可以容纳对文化差异的各种理论化,从古代地理学和历史编纂学,到启蒙运动中关于未开化者和开化者的相对优点的讨论,到伊斯兰教和基督教对其他宗教的看法,再到19世纪对种族主义的批评。它在20世纪文化人类学中的主要代表,通常被称为文化相对主义(在第八章对弗朗兹·博厄斯[Franz Boas]的讨论中有详细论述)。在最近关于文化差异的辩论中,文化相对主义常常与伦理或道德相对主义混为一谈。然而,这种混淆并没有在历史资料中得到证实。在本书中,我们会见到很多强调文化差异的相对性本质的作者，但他们都不赞成伦理相对主义。他们都相信某些道德标准具有绝对和普遍的有效性。例如，希罗多德宣称，所有的民族都喜欢自己的习俗和法律胜过其他民族的，这条格言见于他对波斯国王坎比西斯（Cambyses）恶行的记述，而后者也充分表明，他的道德观与任何相对主义都大相径庭。他坚决谴责某些行为，如亵渎神明和杀害无辜。

另一个例子是16世纪末法国人文主义者蒙田（Montaigne）关于食人的著名随笔，这是一篇特别有影响力的文章。蒙田的格言"人人都称偏离自己的习俗者为野蛮"经常被解读为伦理相对主义的典型例子，但这并非蒙田真正的意思。蒙田批评的是欧洲人习惯于谴责美洲的食人族，却对他亲身经历的宗教内战中欧洲人犯下的骇人听闻的暴行置若罔闻。他的结论是"我们"可以"根据理性的规则"来谴责食人族，而不是根据"我们自己的规则，因为我们在各种野蛮行为的表现上都犹有过之"。[19] 蒙田向我们展示了他对欧洲种族中心主义傲慢的强烈抨击，但他的思想远非一种不辨是非、"怎样都行"的姿态。我们将看到，所有采纳各种人类学转向的思想家也是如此。

从哲学上来考虑，伦理相对主义的观念本身就是一个矛盾体。虽然不能否认伦理规范也是人为的产物，但这并不意味着它们是任意的。"一项在道德上被认可的义务"这一概念意味着它不能被简化为个人偏好。例如，声称在威斯康星杀害无辜在道义上站不住脚，但是在得克萨斯就完全可以，这近乎无理。我们也可以辩称，道德观念随社区和街区的不同而变化。[20] 纵观历史，许多人已经理解了这个真理。真正的道德义务大多是抽象又普遍的，为文化差异和个人选择留出了充足的空间。另一方面，伦理的自主性告诉我们，这样的空间永远不会是无限的。

时间机制

如上所述，所有的时间机制都包括线性和周期性因素。我们现在要考查的是，时间机制如何影响另外两个元概念——共同人类和人类学转向——所涵盖的领域。

我们首先来考虑关于共同人类的宗教话语。在某种程度上,宗教话语往往是非时间性的。问上帝时间是否站在他这一边毫无意义。同样,一神教教义中神圣历史的时间性,将人类历史降格为上帝时间的永恒浩瀚中的短暂插曲。即便如此,人们可以合理地推测,在他们各自的历史视野中,犹太人、基督教会和伊斯兰乌玛(Umma)会让时间站在自己这一边。一个明证就是基督教笃信人类历史是由神圣的上帝统治的。但在其他宗教中,如印度教和佛教,周期性时间的观念占主导地位,人类历史不被视为"最后审判"或"最终大决战"的前奏。因此,伟大的一神论信仰比印度教和佛教更有可能演变成帝国宗教。历史记录表明,这无疑是基督教和伊斯兰教的真实写照。相比之下,佛教在印度起源地之外的散播,是借助移民和自愿皈依,而非帝国扩张。

除了宗教,我们还可以检视时间性与共同人类的哲学话语之间的联系。哲学话语与时间结合的方式并不总是一目了然。有两个例子可以说明这一点。在斯多葛派的共同人类概念中,我们遇到了与历史的间接联系。斯多葛派思想家认为人人自然平等,因为所有的灵魂都分享了泛神论的世界理性(world mind)"散播中的逻各斯"。这产生了一种超越传统的城邦公民社会边界的世界主义人类观。在罗马时代,斯多葛派的世界主义被整合到一个扩张性帝国的视野中,因此它的说服力开始(至少部分)取决于可在波利比乌斯(Polybius)和李维的历史著作中看到的帝国的线性 - 周期性时间性。然而,即使是在罗马,帝国不断扩张的愿景也被周期性时间的古老节奏所贯穿。波利比乌斯就是一个完美的例子。公元前146年迦太基被毁以及科林斯被洗劫之后,罗马看起来已经势不可挡,波利比乌斯开始逐渐认同这个帝国。[21] 尽管如此,他还是顺便提到,罗马不可避免的崩溃必将在未来某个时候发生。[22]

在欧洲启蒙运动中,我们遇到了哲学与时间性之间更强有力的联系。启蒙的理性概念既抽象,又在时间上被构筑。17世纪,笛卡尔主义被称作"新哲学"。启蒙思想家主张批判并取代"旧哲学",其中隐含着历史进步的概念。正如恩斯特·卡西尔(Ernst Cassirer)所说,理性的概念从存在（being）的概念转变为主体（agency）的概念。[23] 启蒙理性的观念将启蒙的进展等同于时间的推移。根据康德的说法，18 世纪晚期的欧洲人并非生活在"开明时代"（enlightened age），而是"启蒙时代"（age of enlightenment）。[24] 欧洲的任务是走向开明的未来前程。

时间机制与人类学转向之间有着明显的联系。当希罗多德、司马迁、塔西佗和伊本·赫勒敦在书写"蛮族的"边境时，他们是将之作为人类历史的一个永久特征来叙述的。"文明"和"野蛮"之间的权力平衡可能会受制于历史的变迁，但边境本身会存留。在整个欧亚大陆，草原和耕种地区的结构性分界甚至没有受到蒙元统治中国的影响。中原帝国的朝代更替以及游牧势力在这片广袤大陆上引发的振荡持续始终。有真实的历史变化，但不存在线性的"发展"。

当我们转向后哥伦布时期的游记和哲学中的人类学转向，场景发生了巨大的变化。欧洲对美洲的征服开辟了一个使得欧洲人和"野蛮人"彼此相对的新边境。二者在技术和军事力量方面的差距如此悬殊，远远大于古代定居民族与游牧民族。欧洲人经常把"印第安人"描绘成处于世界"婴儿期"或接近历史开端的人。当我们从 16 世纪推进到 18 世纪，印第安人已经逐渐成为身体上的同代人，从哲学上讲，他们的时代已经结束。他们虽然"身处"现代世界，但并非完全"属于它"，他们对欧洲－全球时间之箭的抵抗很容易就沦为可怜的防守战。印度历史学家迪佩什·查卡拉巴提（Dipesh Chakrabarty）是《庶民研究》（*Subaltern Studies*）的创始编辑之一，他把这种时间机制的不平等效应称为欧洲的增强现实。[25]

在后哥伦布时代，这种发展的时间性在很大程度上取代了较早的周期性时间机制。自过去两个世纪的工业革命以来，"发展"和"现代化"在世界各国政府、政治精英和经济专家的心目中取得了几乎神圣的地位。尽管如此，周期性时间也没有完全退出舞台。在讨论帝国在世界历史中的作用时，人们看到兴盛之后是不可避免的衰落，这本身似乎受制于兴衰的节奏，从大量关于美帝国在当代的前景的著述中也可以看出这一点。宗教问题同样如此。直到相当晚近，一种线性的、发展的持续世俗化理论才被广泛接受，但是现在人们已经不再对完全世俗化的未来充满信心，反而抱持一种担忧的情绪。

社会经验与现有的论述

本书讨论的文本包括多种文类：宗教经文、史诗与说教诗、智慧书、哲学论文与对话录、历史叙述、地理学与民族志、自传、政治宣言及报刊文章等。其中有些明确地讨论到平等与共同人类，有些则以叙事、寓言、格言、诗歌等形式，传达了平等的效果。我们可以从《诗篇》*中引用几句来说明这一点：

> 一个义人所有的虽少，
> 强过许多恶人的富余。26

我们也可以引用17世纪英国革命时期很受激进分子欢迎的一些诗句：

> 在亚当耕耘，夏娃纺织之初，
> 谁为绅士，谁又是贵族？27

从中国古代典籍中，我们可以找到孔子的一句名言：

> 子曰：如有周公之才之美，使骄且吝，其余不足观也已。28

"平等"一词并没有出现在这些文本中，但它们显然有着平等的效果。这并不是说《圣经》或《论语》是平等主义的论著。重点是，后世的评论者和读者可以从这些段落中找到平等主义的灵感。让我们来回顾一下，世界文明的大多数伟大的正典并不是系统的理论性论文，而是叙事、诗歌、对话、语录，以及实用指引和道德训诫的合集。这样的文本容许存在有选择的、差异巨大或常常彼此矛盾的解读，因此，它们需要注释、解释

---

* 原文所有《圣经》引文皆出自英王钦定本，相关中译文均引自和合本。

和评论。尽管作者早已离世,但这些文本长存,其意义取决于未来的读者的理解。一个文本越是具有影响力和正典性,对其控制和阐释的斗争就会越激烈。

平等的效果还可以源自共同的实践。共同反抗压迫的经历创造了一种平等共同体的感觉,即使没有明确的平等要求被提出来。在第八章,我们将看到甘地的真理－力量(satyagraha)概念,它仰赖于政治斗争和共同体建构的结合,要求所有参与者对自己的行为承担个人责任。因此,责任不能委托给"领袖"。非暴力行动和共同体建构的各种组合,在20世纪世界各地的政治中并不少见。[29]

如前所述,可意想的限度和行动的限度是辩证地联系在一起的。人们能想什么和做什么,除了其他方面,还取决于他们可以利用的思想资源。任何历史时期都有明确的主导语言用以表达社会、宗教和政治关切。然而,通常也有其他一些几乎被遗忘或边缘化的语言和观念在传播,人们可以在书面或口头的公共辩论中援引它们。此外,作家和思想家在投身自己时代的论战时可以利用很早之前的作家的思想。每个历史时期都有自己的"古代"宝库。[30] 最后,习语和概念,即使是公认的、经典的,也可以被扩展和重组,以从旧的思想材料中缔造批判性的新见解。

接下来,我将经常使用"政治语言"、"宗教语言"和其他话语领域的"语言"这样的概念。如上所述,我对"语言"概念的使用受到波考克的思想史路径的启发。例如,一种政治语言为人们提供了一个基本的词汇表和一些暂定的使用规则。近代的自然法就是一个很好的例子,它从个体具有某些"自然"能力、需求和欲望出发。这些个体被理论化为明确的"自然权利"的拥有者。为了和平解决他们之间的冲突,他们签订了一份"契约",创造了一个政治权威,以保障他们的权利。自然法的语言为各种各样的论证留出了空间,这取决于人类的自然/本性如何定义,谁是自然权利的拥有者,契约如何制定,以及它保证了什么权利。对人类本性的描绘可能造成对诸如女性、"野蛮人"、有色人种或被认为不太理性的人的暗中排斥。普世性、潜在的包容性概念与这些概念在论证和例证中的使用方式之间存在着内在张力,经常在自然法文本中表现出来。这种张力为批评者和外部人士提供了平等主义的突破口。

波考克的方法论主要应用于欧洲近代政治思想研究。在本书中，我将用它来研究全球思想史中的一个主题。[31] 这是一条可行的路径吗？在前面，我介绍了元概念的概念，以弥合这项研究所涵盖的空间和时间的巨大跨度。我的元概念的基础是不同文明、不同时代的不同语言和论证之间的类比。举个例子可以说明我的想法。17 世纪法国哲学家帕斯卡尔和公元前 5 世纪中国圣人孔子都曾提到高贵品格与既定社会等级制之间存在着张力。关于他那个时代的贵族，帕斯卡尔说："我没有必要因为你是公爵而尊敬你，但我必须正确地称呼你。"如果你是公爵但不是文明人，帕斯卡尔继续说，我会用社会传统给予你祖先的那些以示尊敬的外在标志向你致敬，但我不会停止"因你心灵的卑劣而深切地鄙视你"。[32] 孔子多次谈及他理想中的文明人（君子）。他断言："君子求诸己，小人求诸人。"[33] 在另一处，他宣称"士志于道，而耻恶衣恶食者，未足与议也"。[34] 在对"君子"的讨论中，孔子一贯将高贵的品格与骄奢专横的态度区分开来。正如帕斯卡尔的诚实（honnêteté），孔子的文明人理想指向贵族特权的精神特质。尽管帕斯卡尔和孔子对于美德和人的本性的观念各不相同，但对最厌恶的东西意见一致。他们关于"贵族"的话语有着大致相似的平等效果。跨越两千多年的历史，跨越古代中国与近代欧洲的文化鸿沟，确实存在着有意义的类比。

对我这部历史来说，这种类比至关重要。它们使我能够追循两千多年来，世界范围内的概念和话语的轨迹。古希腊和现代欧洲的平等概念并不相同，但都试图回答同一个问题：能否或者应否由多数人来统治，如果答案是肯定的，在什么样的政体中？因此，它们表现出的相似，足以将它们纳入同一部历史。用维特根斯坦的语言理论来说，它们表现出显著而有意义的"家族相似性"。[35] 同时也存在着共时的文化差异：波兰-澳大利亚语言学家安娜·威尔兹彼卡（Anna Wierzbicka）指出，友谊、自由、祖国等概念的含义在英语、拉丁语、俄语、波兰语、德语和日语中受到不同的框限。但它们也有重合之处，它们的差异可以当作共同主题的变体来分析。[36]

在一部全球思想史中，我们研究的是流传于全世界的文本，随着它们被嵌入新的词汇场，被置于认知和意义形成的新语境中，它们被翻译、改写和重释。大多数情况下，这是一个双向的过程，在传统的文化传播和思想影响理论中，这一方面经常被掩盖。最近的交叉历史（histoire croisee）理论路径更适合用来把握全球思想史的动力。[37] 举一个后文还将详加讨论的例子，甘地对"印度自由"（Hind Swaraj）的理论化"借鉴"了印度的资源、南非政治经验、基督教经典和约翰·罗斯金（John Ruskin）对现代文化的批判，但同时"反对"其他欧洲思想体系，如功利主义和政治经济学。最后，甘地的思想"回到"北美和南非，被马丁·路德·金（Martin Luther King）和纳尔逊·曼德拉（Nelson Mandela）在20世纪的新语境中予以吸收和改写。从影响和接受的角度来描述甘地思想的形成和传播，会掩盖观念不仅流传还不断被重塑和转化的政治动力。

另一个问题是政治语言和社会经验之间的联系。今天，历史学家普遍认为语言本身就是社会经验的一部分。正如维特根斯坦所说，"语词就是行为"。然而，这并不是说所有的人类行为都是言语行为（speech act）。身体感觉的多样性、暴力体验、劳动的物质能量、对自然的物理感觉、聆听音乐以及制作手工艺品等，带来了一系列比语言更广泛的人类经验。在人类的生活中，有相当多的"文本之外"（hors texte）。共同经历经验和谈论经验是不一样的。我们用"社会经验"这个词来指人们在集体中经历和处理这些经验，当然，这些集体也是由语言来调节的。借用维特根斯坦的另一见解，词语和句子在使用中获得它们的意义，而使用总是被嵌入行动的语境中。[38] 意义在人们所做和所说之间的界面上被构成。随着他们的言语行为变得更加复杂，书写文本和二阶评论进入争论，语言获得更大的影响力。在这里，"可用的语言"这一概念至关重要。借助可用的政治、社会、宗教、哲学和文学的语言，人们可以反思他们的经验，在许多情况下，还可以"超越"经验进行思考。

有鉴于此，我们可以问什么样的社会经验有助于共同人类与平等观念的产生。如前所述，边境经验至关重要。没有边境经验和对边界的跨越，共同人类与跨文化平等的概念就无法进入可意想的领域。第二种典型情形涉及互相依赖的经验。打仗、保卫城市、穿过海域和山区，或成为受迫害少数的一部分，诸如此类的经验促使人生起强烈的互惠感和团结感。这种感受可以跨越文化边界，并引起对既定等级体系的批评。第三种是精英统治的经验。体力或智力行业的从业人员是根据他们的熟练程度来评级的。工匠和贸易商之于顾客的竞争力是根据他们的技术来判断的。至于祖先、种族、宗教、地位和性别等方面的考虑则可以退居其次，甚至降格为无关紧要的，这取决于特定职业追求在更大的共同体中的价值和声望。我们的第四种情形涉及强烈的情感，特别是友谊和爱情的经验。在所有文明的文学作品中，都可以发现这一主题，即跨越等级、民族或信仰边界的、不为社会所容的爱情。跨越文化边界的友谊是另一影响深远的类型。

第五种情况涉及宗教和神话。神话的想象打开了在久远、荒僻的时空环境中体验"真实"的门，甚或在平凡时空之外的"地方"。这种想象的经验往往包含着共同人类与平等的前景，如黄金时代、纯真和平等的理想状态、依上帝的形象塑造的所有人类的统一、灵魂的非物质性、对宇宙整体性的感觉，或者对所有生灵同为一体的认识。

最后，我们必须考虑哲学经验，或者更确切地说，面向世界的哲学之窗的开启。从事哲学的活动构成了一个新的出发点。哲学引入了自反性，一种对观看的诸方式进行观看的方式，使人们能够对上面讨论的所有经验进行评论，并最终对这些评论进行再评论，打开了二阶判断的大门，并预告了无止境的自反的前景。与宗教经验一样，哲学经验超越于"现实"，它通过创造一个"心灵世界"，为批判实践铺平了道路。哲学实践使人们能够想象事物别样的可能。此外，哲学的出现与知识共同体的形成是同时发生的。由于书面文字的引入，这样的共同体演变成虚拟社会和跨区域网络，沟通范围远超传统面对面的社会。

平等的历史与现代性的历史

如何书写一部关于共同人类与全球平等的历史？从何写起？它可能会是什么样子？一个公认的起笔处是17世纪的欧洲，那时第一次提出了超越宗教、等级、性别，有时甚至超越族群和人种的真正普世主义的平等观念。在17世纪英国革命的激进阶段，一些平等主义者提出了"对所有宗教的普遍宽容，包括对土耳其人、教皇党和犹太人"。[39]当时的文学和哲学上的女性主义者捍卫两性平等，有一些则攻击阶层和特权，还有一些批评欧洲对蛮族和野蛮人的偏见。在笛卡尔主义者、男女平等倡导者弗朗索瓦·普兰·德拉巴尔（François Poulain de la Barre）看来，所谓"土耳其人和野蛮人"在智力上不如欧洲人，这是开明人士应该拒绝的一种偏见。在我的前一本书中，我曾将17世纪少数人所能想到的普遍的平等概念归到现代平等的标签下。[40]在欧洲启蒙运动中，现代平等成为批判不平等的思想工具，其维度包括等级和地位、性和性别，最后是文化、族群和"人种"。

一部可能的历史现在开始显现其轮廓。它将分为三个阶段：史前，即从古代到启蒙运动；发明，即启蒙运动时期；历史，即从启蒙运动到今天。第一部分将指出古代和中世纪历史上的关键观念和先驱者，并考察其中有哪些在启蒙运动中被接受和改写。现代部分将为我们呈现一个辉格史的极佳案例。辉格史大部分都是真实的，而这正是它如此诱人和危险的原因。它是真实故事的一部分，而且它本身讲述得很好。20世纪30年代创用了这个术语的赫伯特·巴特菲尔德（Herbert Butterfield）警告说，由于历史学家不仅知道比赛，而且知道胜利者的身份，"所有历史"都有"转向辉格史"的倾向。[41]在我们的讨论中，跨文化平等的辉格史将记录它在17世纪欧洲被发明的历史，以及之后几个世纪的兴起和在全球范围的传播。这是一个可接受的"真实故事"（实际上，这很像大多数政治思想史教科书中关于自由的故事）。[42]

为什么不写一部将跨文化平等作为中心情节的历史呢？我能想到四个原因来说明为什么这样一部辉格史是不够的。第一个原因与启蒙运动前平等的历史有关，也和启蒙运动前的话语在现代平等形成中的作用有关。启蒙运动之后，古代的哲学遗产并没有被抛弃，至今仍与我们同在。世界性宗教的持久影响反驳了现代主义者关于人类文化完全世俗化的陈词滥调。在启蒙运动之前、其间和之后的整个历史中，所有人是同一个神的子民、所有人在神面前平等，以及神创造的灵魂是人普遍拥有的一项机能，这些有关共同人类的概念发挥了极其强大的作用。[43] 例如，虽然许多激进的启蒙思想都受到反教权主义和唯物主义的启发，但1780年到1880年的一百年中，英语世界推动废除奴隶制的绝大多数人都是福音派基督徒，他们基于宗教理由谴责奴隶制。因此，现代平等和前现代观念之间的截然分割，并不能完全公正地解释过去三个世纪里平等主义思想的复杂纹理。

第二个原因与欧洲以外的历史有关。一般来说，从世界性宗教的奠基性文本和伟大文明的智慧书中可以挑选出各种平等主义的论据。凯伦·阿姆斯特朗（Karen Amstrong）认为"关心每个人"是轴心时代主要宗教和哲学的重要信条（见第一章和第二章）。[44] 不同宗教文化的同等尊严一直是个极其棘手的问题，历史上充满了偏见和迫害的例子。然而，和平的多宗教共同体的概念并非现代欧洲独有。公元前6世纪阿契美尼德皇帝居鲁士已开其先声，之后又见于公元前3世纪印度皇帝阿育王的诏书。[45] 后来的例子包括中国唐代对佛教、景教和犹太教的容忍（尽管佛教徒在9世纪受到迫害），以及16世纪末统治印度的莫卧儿王朝皇帝阿克巴的宗教宽容政策。[46] 这些例子都不应被不合乎时代地重构为现代欧洲宗教宽容的"先驱"。[47] 不过即便如此，它们还是有助于确定欧洲宽容话语中传统元素与新元素的平衡。同样，希罗多德的《历史》采取了文化多元主义，人类学转向也在其中得以发明。与此并行的是，汉代史学家司马迁的著作中出现了民族多元主义，以及在14世纪阿拉伯历史哲学家伊本·赫勒敦的著作中出现了定居"文明"与游牧"蛮族"的辩证关系。对这些例子的讨论，将使我能够确定在语境、框架和概念词汇方面的共同主题和显著差异。

辉格史不足的第三个原因与启蒙运动本身有关。除了现代平等之外，它还催生了另一个喋喋不休的产物，即现代的不平等。至少有四种极其现代的不平等话语是启蒙运动的一部分：人种划分、政治经济学、关于性别差异的生物学和心理学理论，最后则是这样一种观念，即开明的少数人拥有凌驾于（尚）未开明的多数人的一种教条的且往往是政治性的权威。一般来说，最后这种观点与一种历史哲学相联系，它提出世界上所有的民族都必须经历四个阶段。只有欧洲达到了第四个最高阶段，因此它代表了世界的先锋和所有其他民族的未来。启蒙运动因而为我们呈现了两张面孔。启蒙理性的一个方面是它赋予每个人理性。从理论上讲，所有人都有能力判断什么对自己和人类最有利，并据此采取行动。然而，启蒙理性的另一面，是它实际分配给那些已经"开明"的人的任务，让他们不仅决定什么对其他人是好的和合理的，从科学上断定那些人的本性。我们应该补充一点，在许多情况下，开明的少数人和无知的他者的划分，与人种的界线重合。

第四个，也是最后一个反对关于平等的辉格史的理由，涉及18世纪末到柏林墙倒塌之间发生的事情。两种主要的和基本上是现代的反平等主义运动，运用强有力的话语和观念，扰乱了我们辉格史胜利的前进步伐。一种由殖民主义和19世纪的科学种族主义组成；另一种是20世纪的极权主义。二者均强大而持久，无法仅被当作现代平等的大道上的短暂挫折。它们的政治遗产和思想遗产至今仍与我们同在。这两次庞大的反平等主义运动都根植于真理和科学的观念，而这些观念又源自启蒙运动的自然史、人类科学和认识论。没有启蒙运动的历史哲学，欧洲殖民主义的教化使命便是不可意想的。

由于承担教化使命的大多是欧洲白人，种族等级制的概念从未远离。19世纪和20世纪的科学种族主义绝非前现代仇外心理的返祖残余，而是典型的现代世界观。甚至纳粹偏执的反犹理论也代表了一种极端的、精神错乱的种族学说，19世纪的大多数欧洲知识分子都赞同这种学说。

要把启蒙运动和我们自己的时代看作历史，我们需要一个超越启蒙运动的框架。这就是为什么我从古代开始叙述。在整个旧大陆都有关于共同人类的概念。这些古老的宗教和哲学观念的分支和后来的改编，是我们这个时代全球思想景观不可缺少的部分。那种认为所有这些古老的观念现在都已被取代,而且我们很快就会将它们抛诸脑后的自负,正如孔多塞(Condorcet)在其《人类精神进步史表纲要》(*Esquisse d'un tableau des progrès de l'esprit humain*,1794)中显示的,本身就是启蒙运动的历史哲学的一部分。

启蒙运动具有显著的重要性,因为它代表了欧洲和全球历史中的一个重要转折点,但我们必须认识到,到目前为止,它也是历史。不可否认,我们对历史和人类本性的思考在很大程度上是启蒙运动的功劳,但如果把现代性与一个假定的启蒙"工程"混为一谈,随着启蒙理性在时间和空间上逐步展开,将会产生一个黑格尔式的现代史版本。与此相反,我力求把现代史理解为进步与偶然的持续辩证,启蒙观念在其中经常得到运用,但也被世界各地的政治行动者和思想家深刻地改造。[48]

世界历史的跨文化动力

我对共同人类和跨文化平等的历史的看法以一种历史观为前提,即将文化和文明之间的边境与交界置于最显著的位置。我受惠于美国世界史学家威廉·麦克尼尔(William McNeill)的论点,他认为"促进具有历史意义的社会变革的主要因素是与拥有新技能和陌生技能的外邦人接触"[49],因此,边境是历史的引擎。麦克尼尔的原始模型关注技能和技术从一个文明到另一个文明的传播。其焦点突出了最具创造力和生产力的文明的优势,而其他在相应能力上禀赋不足的文明则被视为落后。麦克尼尔的书名《西方的兴起》肯定了这一观点,尽管其副书名"一部人类共同体史"传达了一种不同的、更加普世的观点。对于这部出版于1990年的作品,麦克尼尔在一次非常坦率的回顾中承认,他的书尽管本意是着眼全球,但实际却成了一部胜利者的历史。

为了对世界史做出更为均衡的描述,麦克尼尔对文明概念提出了一项意义深远的修改。自阿诺德·汤因比(Arnold Toynbee)的《历史研究》

（*Study of History*）以来，人们习惯于把"文明"作为世界史的基石。然而，麦克尼尔现在认为他的文明概念过于具体化。因此，他提议为人、物、技能和观念的跨文明流动腾出更多空间。一些思想体系，如大的世界性宗教，遍至全球，影响着所有的文明。这种全球联系的升级自然会导致这样一个问题：我们是否依然有正当理由，以及以何种方式把文明作为世界历史的单位？为了解决这个问题，麦克尼尔兴致勃勃地从政治史转向了思想史："人类共享的正典以及正典所表达的对人类行为的期望，可能就是我们所说的文明的核心。"[50] 因此，全世界普世思想的传播和流通将影响所有相关文明的特性。疆界仍然非常重要，但文明之间的断层线变得更具流动性和渗透性。通过模糊文明的分界，允许宗教和其他思想体系在全球范围内传播，整个模型变得不那么稳定，但更具张力。

另一个让人质疑疆界稳定性的因素来自宗教和哲学的思想动力。宗教和哲学观念是在特定的地方被发明出来的，但它们用来编纂当地习俗和信仰的语言容许更具普遍性的解释。在与外国人的接触中，这种普遍化的冲动可以作为弥合文化差异的思想手段。一开始的地方崇拜可以演变成一种具有普遍性的宗教。基督教和伊斯兰教就是典型的例子。特定民族的圣人的智慧，可以成为对于人类境况富有哲理的远见。这不仅是一个修正观念以使其成为有用的"桥梁"的问题，将地方真理转化为普遍真理的思想根源也存在于宗教和哲学的内在动力中。"真理"和"美好生活"的概念拥有一种内在逻辑，一种"往更深远处思考"的冲动，这种冲动促使它们超越起源地的文化限制。认为某些观点普遍有效的信念与承认它们在长城以外或大西洋彼岸就失效了的观点是不相容的。然而，这并不是说，这样的"内在逻辑"是靠一己之力在历史中前进的。在特定的历史背景下，人们总是要做这件事。当普世主义的观念与移民、国家建构和帝国扩张联系在一起时，它们可以被翻译成其他语言并适应其他地方的习语。但这样的翻译会一再被修订和更新。跨文化这条大道总是双向通车，中途交流频繁，这是我从全球思想史的交叉路径中获得的宝贵见解。

提到帝国扩张并非偶然。帝国的兴衰决定了世界历史的宏大格局。

但就像文明通常与帝国重叠一样，帝国并非仅由财富和军事力量构成。要统治数以百万计的人民，观念的力量是不可或缺的：没有儒学就没有中原帝国；没有希腊文化和基督教就没有罗马帝国；没有天主教就没有西班牙帝国；没有新教和启蒙运动就没有英帝国；没有美国梦就没有美利坚帝国。一般而言，观念在世界范围内的流通和融合与大帝国崛起、巩固和衰落的节奏有关。

纵观历史，普遍的观念和要义像雅努斯一样有两张面孔。一面是真正的普世性，因此它强调着共同人类和地球上所有人的同等尊严。然而，另一面并没有完全切断普世主义信条与其起源地文化之间的联系。举一个熟悉的例子，16世纪进入美洲的西班牙传教士认为基督教既是对人类的普救神启，同时也是"我们"正带给"愚昧的印第安人"的"我们的宗教"。同样，18世纪的欧洲人既将启蒙理性视为一组普遍的真理，又看作一项欧洲的成就。

帝国周边是民族志知识汇聚的场所，使文化差异成为研究和哲学思考的可能对象。在帝国的势力范围内，共同人类和人类学转向都变得可以意想。此外，统治者对帝国前景的担忧，以及那些被帝国征服的民族可想而知的不自信，促使所有相关人等反思帝国的暂时性，并超越帝国，去反思世界历史的时间机制。

本书的结构

第一章和第二章讨论了漫长历史时期中共同人类的发明，大致从希腊人、希伯来人、印度人和中国人一路谈到基督教和伊斯兰教的兴起。大多数讨论的文本都既包含了共同人类的概念，也包含了谴责或贬低遵从其他信条的人的强有力的信息。我将注意这些具有双重面孔的经典文本的两个方面。

第三章和第四章介绍人类学转向。聚焦点从宗教和哲学转移到历史学、地理学和民族志。欧亚大陆的农耕地区和草原之间、非洲的城市化沿海地区和撒哈拉沙漠的中间地带，构成了旧大陆的大边疆。我对古代世界三位权威历史学家的民族志做了广泛分析，重点放在他们写作的民族志和对帝国边界以外民族的判断上。接着讨论中世纪的伊斯兰共同体，这是当时唯一与所有其他文明接触的旧大陆文明。我主要考察了三位穆斯林学者。第一位和第三位——比鲁尼（Al-Biruni）和伊本·赫勒敦——是民族学家和历史学家，而第二位是苏菲诗人阿塔尔（Farid al-Din Attar），他把所有教义性的信仰理论化为人类创造的通往真主之路。

第五章介绍了一种完全不同的边境类型。在哥伦布横渡大西洋的航行之后，欧洲对美洲的殖民导致了充满活力的定居文明同以小型农业和游牧业为主的社会（墨西哥和秘鲁除外）的直接冲突，这些社会的军事资源完全无法与欧洲入侵者的火枪、盔甲和铁制武器匹敌。这使得美洲边境迥异于维持着大致军事均衡的旧大陆边境。这一章讨论了最尽心竭力的美洲原住民的捍卫者，天主教教士巴托洛梅·德拉斯·卡萨斯（Bartolomé de las Casas）以及他的几个盟友和对手，接着讨论在何塞·德阿科斯塔（José de Acosta）和蒙田的著作中关于美洲的元话语。

17、18世纪，欧洲全球化全面展开。大西洋奴隶贸易将非洲同欧洲和美洲联系起来，而欧洲人则进入印度洋，同伊斯兰和亚洲其他高级文明的广泛商业、政治和文化网络发生冲突。俄罗斯帝国开始了对中亚和西伯利亚的殖民。1760年后，欧洲开拓者开始了对澳大利亚的殖民和对南太平洋的探索。第六章考察启蒙运动对一个欧洲－全球世界秩序的形成的反应。这是本书中最具欧洲中心主义色彩的一章，但同时它也凸显了启蒙思想家对欧洲中心主义和欧洲帝国主义的批判。

然后我们进入由美国、法国和海地革命所宣称和传播的人权的世界。但同时，我们也进入了种族分界线的世界。19世纪废除大西洋奴隶制的同时，科学种族主义兴起，这种世界观渗透到欧洲和北美的各个领域，包括民族学、生物学、历史学、政治学、教育学以及通俗文学。第七章在民主革命时代之后，讨论了非裔美国人的废奴主义思想，以及印度批判英帝国文明的发端。最后讨论了19世纪末出现的殖民教化使命。

第八章着重论述19世纪末20世纪初蔓延全球的对殖民主义和种族

主义的平等主义批判。在简要讨论了世纪之交这些思潮的国际化之后，本书着重介绍了海地作家安特诺尔·菲尔曼（Anténor Firmin）对种族主义理论及历史的批判，以及菲律宾独立的早期拥护者何塞·黎萨尔（Jose Rizal）对西班牙殖民主义的控诉。接下来，本章提供了对美国人类学家弗朗兹·博厄斯、非裔美国历史学家杜波依斯（W. E. B. DuBois）以及印度圣雄甘地反殖民思想的延伸讨论。

第九章论述了"人权时代"，即由纳粹德国和日本帝国的失败所开启的新世界秩序。本章始于1948年联合国通过《世界人权宣言》，接着是对科学种族主义的批评。这种批评被庄严载入20世纪50年代初联合国教科文组织颁布的两份种族宣言。本章还进一步探讨了20世纪50年代在世界各地巡回展出的"人类大家庭"展览对共同人类的绘画表现。接着是战后两位后殖民知识分子的平等观和历史观：法语诗人和思想家艾梅·塞泽尔（Aimé Césaire）、埃及裔美国性别和伊斯兰教理论家莱拉·艾哈迈德（Leila Ahmed）。本章最后简要讨论了自20世纪70年代以来人权在世界政治中日益重要的作用。

结语部分探索了全球和跨文化平等的未来，讨论了自柏林墙倒塌以来处于辩论和论争中心的共同人类与平等的新观念和新构型，如多元文化主义及其批判、文明冲突，以及帝国的持久相关性。

第一章　对共同人类的构想

在现代以前，无人能测量地球的整个表面。因此，一个囊括地球所有居民的共同体，无法得到实证的检验。在古欧亚大陆和北非，很多博学之士都认为由于热带的酷热，南半球不适合人居住，并且也许无法抵达。即使如此，早在人们能够绘出全球人种分布图以前，神话、史诗、宗教和哲学也已经想象出一个涵盖所有人的人类共同体。诗人、教士和哲学家构设了共同人类的壮阔图景，以及关于成为人意味着什么的观念。鉴于这些"想象的人类"的创造者也是特定文明的成员，他们的观念带有自己本土根源的印记就不足为奇了。在这种背景下，更让人印象深刻的是，这些文本充满关于人性的完备的概念和论述，为共同人类的普遍性构想打下了基础。

除了潜在的普世意义之外，这些著述还有着一些别的共同点。它们中的大部分直到现在还盛行不衰。早在公元前的一千年里，人类境况的普遍愿景之根基就已被奠定。德国哲学家卡尔·雅斯贝斯（Karl Jaspers）将这个阶段看作人类历史上最主要的思想突破阶段之一，并称之为"轴心时代"。他认为，轴心时代提出了关于"人"的哲学理念——在那个历史时刻，"我们思索至今的人类存在就已经出现了"。雅斯贝斯在二战的余波中写作，他认为，即使在20世纪，人类仍在借鉴那个遥远时代产生的思想。[1]

在古典时代晚期开始统治北非和欧亚大陆西部的希腊文明、基督教和伊斯兰教，以及儒学和佛教在南亚和东亚的封圣，有时候被视为轴心时代的二次突破。虽然并非所有轴心时代的宗教教义和哲学学说都能存活到后启蒙时期的现代，但它们中的很多已成为一部共同人类的世界史必不可少的一部分。许多后世的思想家吸收了轴心时代的伟大文本,而一些探索新路线的思想家,则经常感到有必要对其文明中的轴心学说进行重估、修订和批判。

轴心时代中共同人类的含混性

轴心时代的奠基人都乐于把人类看作一个道德至上的共同体,这一构想颇具包容性。但我们不能就此认为他们支持平等主义的社会观和政治观。他们中的大多数人将全人类的道德和精神尊严的观念与森严的社会秩序等级观念结合起来,从共同人类到批判性别、等级、种族和政治等主流等级观念的转变很少发生。尽管如此,轴心学说里还是充满了对位高权重者的训诫,不要逾越为他们设定的天、人界限。此外,这些著述也警告他们不要滥用权力,以免成为百姓的压迫者,从而可能面临民众的反抗和上天的惩罚。

轴心文本的语言使抨击君主和贵族可以被意想,也让渴望为平民获取某些保障的先知和公众领袖们借此发声。尽管如此,这些文本同时也正当化了社会秩序的基本等级体系,后者被载入身份等级和性别的传统准则里,大多数情况下也将奴隶制包括在内。因此,这些文本往往可有很多极为不同的解读。举个著名的例子,使徒保罗写给罗马人的信常常被援引来为绝对服从权力辩护,但他关于执政者是"上帝的仆人"[2]的主张又让人们有机会对执政者进行批判(假如这个执政者无法达到成为天主仆人这一严格标准的话)。再举一个经典的例子,孔子因他的坚定信仰而闻名,即一个文明有序的人类共同体应遵从"五伦"思想,其中的四伦是等级分明的。但是,这位儒家圣人也声称,对于一个国家的统治者来说,人民的支持比粮食和军队都更重要。因为,在没有军队和粮食的情况下,一个国家也许还能存在一段时间,但"民无信不立"[3]。虽然《新约》和《论语》书写政治和宇宙秩序时所用的语言大不相同,但两者有一个相似之处,即它们都传递了一种介于接受与质疑社会秩序之间的张力。

当谈到文化边界时，我们面临的情况更加复杂。首先，所有的宗教教义和智慧都起源于特定的社会和国家，它们常常根植于宗族和族裔的社群。这些与轴心时代的开启联系起来的书写文本在由城市中心区统治的定居农业社会中开始其圣典化。城市、政府中心和文士在轴心时代的伟大文本中扮演着重要的角色。因此，在大多数文本里，"文明"的形象都有一定的城镇、农耕结合的风格。希伯来《圣经》里的以色列游牧部落讲述了游牧民族过去的故事，但整理《塔纳赫》（希伯来《圣经》）教规的文士却是在城市里工作的教士。《出埃及记》中的故事并非在为游牧的生活方式辩护，而是一个逃离压迫，历经艰苦跋涉穿越沙漠到达应许之地——文士们自己正在居住或者希望能回到的地方——的叙事。故事里象征性的终点并不是西奈半岛，而是耶路撒冷这座未来城市。这样的文本总是预设了先知和圣人所承担的教化使命的合理性。最令人印象深刻的证词之一出自孔子。圣人将要动身前往遥远的"九夷之地"。他的一个弟子问他是否会因为将要居住于这样偏僻简陋的地方而感到害怕。孔子言简意赅地告诉他："君子居之，何陋之有？"[4]

我们擅长领会这种自信的重要性。我认为把它当作一种独断而不予考虑是错误的。在读孔子的生平时，人们会被其事业的无望所触动。在不断的战争、暴力和骗局中，孔子力图使他的同时代人笃信文明生活的尊严。如果不是内心确信他的构想描绘了关于活出具有人性的一生的深层真实，他绝不可能鼓起勇气去对抗时代的风暴。从他的话语中流露出来的是宁静，而不是独断。只有在拥有一大群恭顺逢迎的追随者的情况下，独断才得以兴盛。而他的追随者并不多，且并不卑屈。只有对自己理念的内在真实拥有坚定不移的信心，孔子才能够去抵抗这个世界，并且不让自己陷入恐惧和绝望。

文明、帝国和普世主义

孔子的例子说明了共同人类既是一种假定的事实，也是一项任务。

一旦被写下来，这些想法便分享了语言的魔力。为了将其自身变为现实，仁爱要被编码为文字，并且这些文字迟早会在权威文本中被封圣。真理、智慧和文明之间的联系既不可避免，又不稳定。这种联系的脆弱，源于意志薄弱而易犯错误的人类的固有内在局限。依照真理和智慧而活，与不假思索地遵从文明的习俗是不一样的。先知和圣人常常用真理的权威来对抗传统社会秩序下自满的理论家的肤浅主张。

即使如此，这些被封圣的伟大宗教和哲学，通常会与支持其进行区域性甚至全球性传播的文明和帝国紧密结合，并在其中不断演化。数世纪后，它们与文明和帝国产生了联系，并且常常合而为一。这种密切的联系可见于儒学与帝国时期的中华文明，印度教、佛教与它们的印度起源，伊斯兰教与它遍布三大洲的阿拉伯血脉，基督教起先与罗马帝国文明、后来与欧洲及其开拓的殖民地，以及再后来与"西方"之间的关系。因此，它们关于共同人类的论述既具有普遍意义，又具有文化特殊性。从历史的观点来说，辩证关系的两极同样重要且同样"真实"。

对先知和文士来说，普遍真理也是"我们的真理"。希伯来《圣经》里的上帝被描绘成在"起初"创造了整个宇宙的普世神，但他同时也是"我们的神"，是亚伯拉罕、以撒和雅各的神。在轴心时代的普世主义构想的核心，存在着一种基本张力。人类被想象为一个元共同体，被共有的身心机能和局限、共同的责任和需求所定义，为普遍的价值所统一。但与此同时，特定文明里有着对真理、美德和得体举止的特定标准，它们为"睿智的男性"以及偶尔为"睿智的女性"所倡导，往往会产生一种"我们"与"他们"之间的二元性。

因此大多数——也许是全部——关于人类的设想都既是普遍的又是二元的，既阐述了人类的统一，又肯定了"我们"与"他们"的二分。当这些宗教和哲学跨越边界时（它们中的大多数迟早会这样），普遍和特殊的辩证关系不得不被重议。新的民族在采取来自"别处"的教义时通常都要对其进行重释和改写，从而将其变为己有。举一个极端的例子，公元16世纪，日本有少数人在耶稣会士的影响下改宗，他们创新性地挪用了《圣经》故事，将其置于虚构的地理中，用雅克·普鲁斯特（Jacques

Proust）恰如其分的说法，即"既不日本（Japan），也不犹太（Judea）"。在他们的洪水叙事的开头，上帝给虔诚的国王传达启示，提醒他如果庙里的狛犬眼睛变红，那么世界就会被毁灭性的洪水淹没。[5] 不可否认，这个相当极端的情况，是由日本基督徒非自愿的自治所造成，当时德川幕府的反基督迫害断绝了他们与罗马的关系。尽管如此，这个例证还是体现了一个无论普世宗教传播到哪个新领地都会发生的倾向。

但这并不是全部。当我们探究宗教和哲学的认知和情感核心时，我们就会意识到一个更深层的辩证关系，它源于"深层真实"的本体论地位。正如孔子对圣人力量的不可撼动的信心所表现出来的，这些文本要求一种绝对的权威。有时它们的平静沉着会使现代读者感到困惑。而一些宗教文本强烈地谴责"非真理"和其他信条的欺骗，不过是这一无上自信的另一副不那么令人愉快的面孔。即使是孔子的温和言语，也建基于将人区分为能否理解并遵循"道"的。事实上，无论是谁以哲学或神圣真理的名义公开说话，他们都宣称自己有权给依然寓于非真理的黑暗中的愚昧群众提供指引和教导。

这种权威可以在核心国家及其文明的周界内行使，但也可以向外投射到遥远的异国他乡。在这种情况下，真理之于非真理的优越性，便很容易被等同于对那些尚未见识过帝国信条之光的城市和民族实行帝国统治的正当理由。向外扩张的普世信仰体系从"家"里提取，并将"家"的道德力量和智慧力量一直延伸到它的帝国疆域。帝国能如此强大，恰恰在于它的宗教和哲学既是普世的，又是帝国的。正如约瑟夫·康拉德（Joseph Conrad）在其小说《黑暗之心》（*Heart of Darkness*）里所言："征服世界往往意味着把它从那些肤色不同或者鼻子比我们稍微扁平的人那里夺过来。你一旦对此加以审视，就会发现它并非这么浪漫。聊以自慰的只是一种观念。"[6] 共同人类与帝国霸权之间的张力，位于轴心时代普世宗教和哲学的核心。当帝国围绕占主导地位的民族及其血统神话组织起来，这一张力就会与在普世主义和种族中心主义之间同样影响深远的张力并行存在。

归根到底，普世主义和种族中心主义的辩证关系，从两个方向改变了思想和情感结构。拥有族群中心和血统神话的帝国是可怕的历史现实，会引发"我们的真理"与"他们的黑暗"之间激烈的，甚至经常是致命的冲突。而在这一辩证关系的另一面，是神圣化帝国的偶然现实被捧上绝对真理的神龛，正是这一企图才能催生出跨越帝国边界，并可能最终转而反对帝国的普世主义观念。

荷马以及文明人的概念

让我们从荷马开始讲起，因为在作为贵族文本的荷马史诗中，关于共同人类与平等的阈限性（liminal）概念开始出现。虽然我们在荷马那里看不到"人类"的一般概念和平等的普世观念，但我们能很容易看到他的故事里包含了关于道德正直和正确行为的标准和典范，它们暗示了一个关于共同人类与普遍正义的新理念。从《伊利亚特》（Iliad）到《奥德赛》（Odyssey），我们可以找到证据证明，宙斯的正义的普遍化是共同人类的基础。在奥德修斯的游记里，我们同样可以见证作为"文明"反义词的"野蛮"的发明。而且，荷马位于希腊民族以及后来希腊文化正典的核心。到柏拉图的时代，《伊利亚特》和《奥德赛》这两部大约是在公元前7世纪*被书面记录下来的作品，已获得最高文学权威的地位。后来，罗马帝国的许多城市都建立起自己的图书馆，这两部作品的书卷仍然是它们最珍贵的财产之一。

《伊利亚特》和《奥德赛》的世界充满了对希腊及特洛伊贵族的社会想象。大贵族们，荷马笔下的"英雄"，是叙事里的主人公，而平民只是处于昏暗的背景中。战争的残酷逻辑以及对奴隶、妇女的虐待侮辱，在故事里都很常见。在阿拉斯代尔·麦金代尔（Alasdair MacIntyre）颇有影响力的伦理学史著作中，他甚至断言，荷马的善和美德概念指的是贵族的行为标准，因此平民根本没有道德地位。[7]但这言过其实了。《伊

---

* 原文如此。《奥德赛》大约作于公元前8世纪末，《伊利亚特》作于公元前8世纪到公元前6世纪。

利亚特》给了贵族们头等重要的位置,但并没有把贵族的标准视为理所当然。对于特洛伊战争这个古老的故事,荷马是站在后世的制高点来讲述的,也即公元前8世纪末,当时拥有血统和财富的贵族所需要治理的,是平民在其中行使着重大权力的城邦。[8]

在荷马史诗里,普通男性公民并不仅仅被描写成大贵族的工具。在特洛伊战争的每个重要关头,所有勇士、贵族和平民的集合都发挥了作用。[9] 一般来说,只有贵族可以发声,但普通士兵的喝彩声远非无关紧要。而且,英雄的弱点和他们所须遵守的道德准则中蕴含的张力,是荷马故事的中心情节。作为《伊利亚特》的主题,阿喀琉斯和阿伽门农之间的争执关乎贵族的名誉和地位,但也体现了两种不同的判断标准之间的冲突。身居国王高位,并且担任希腊军队总司令的阿伽门农要求占有更大份额的战利品;而最勇猛的希腊勇士阿喀琉斯,则以他在实际战斗中的贡献为理由。战士的地位部分得益于功绩,而阿伽门农依靠的是等级和身份的权威。此外,阿伽门农傲慢的态度使军队陷入瘫痪,因为阿喀琉斯以退出战场来应对,而如果没有勇猛的阿喀琉斯,希腊不可能获胜。

荷马暗示,一个真正的领袖能够把共同利益放在他的骄傲和贪欲之上。阿伽门农未能达到标准,这危及了希腊全部的战争努力,且将平民和贵族都置于险境。阿喀琉斯谴责阿伽门农是"吞食人民的国王",但在后面的情节里,《伊利亚特》中唯一做过重要发言的平民塞耳西忒斯,却对这一批判做出了更为激进的表达。[10] 塞耳西忒斯号召他的战友都回家去,不要再继续为贪婪的、抢占所有功劳和战利品的贵族卖命。他的观点在于,没有了平民的贵族就像没有了军队的将军一样无助。他对暴动的号召虽然以失败告终,但离成功也仅一步之遥。说得婉转一些,荷马并不赞同塞耳西忒斯的做法,但给了他发声的机会,这表明荷马并非贵族世界观的囚徒。他能够想象众多战士在特洛伊战争中有着怎样的经历。塞耳西忒斯以其雄辩证明,在荷马的世界观里,反贵族政治的主张至少是可以意想的。在叙事中,贵族的精神特质占据优势,但这并不是唯一可以意想的世界秩序。荷马直觉上的政治观以两个观念的结合为前提:贵族之间的平等,以及所有男性自由民之间的平等,但后者属于新生的观念,且比前者要弱得多。[11]

当谈到文化差异这个话题时,首先要注意的是特洛伊战争并没有被描述为一场文明之间的碰撞。希腊人和特洛伊人进行了一场殊死搏斗,但他们信仰着同样的神,遵循着同样的基本荣誉准则,有同样的文明举止。肆意杀戮和毁损敌人遗体的行为在人们眼中既是可耻的,也是对宙斯的神圣秩序的违背。在不打仗的时候,即便是外邦人也能得到帮助,也能被人道地对待。这个准则管理着文明人之间的关系。《伊利亚特》中并没有出现文明世界的边界问题,里面所有的行动都发生在特洛伊的城墙之下。相反,《奥德赛》里的故事在一个更大的剧场中展开,人物也更加多样化,横跨了种族、等级和性别的维度。奥德修斯漫长而无畏的归乡之旅,使读者了解到遥远而陌生的土地和人民。在这部史诗的开场,奥德修斯被介绍为一个见过众多民族的城国,晓领他们的心计的人。《奥德赛》里并没有包含任何关于经验主义人种学的内容,但它确实探索了文明世界的边界。

有趣的是,与《伊利亚特》不同,《奥德赛》里包含了关于人类共有属性的原始哲学言论。荷马的主角们提到了三种共性:所有人都需要神;所有人都终有一死;所有人不论身份多低下都有自己的名字。[12] 这些特性为荷马的人类概念奠定了基础。然而,要想成为一个成熟的"文明的"人类,还需要其他更多东西。正是在奥德修斯与独眼巨人波吕斐摩斯宿命般的相遇中,文明世界的边界被戏剧性地凸显出来。独眼巨人代表着野蛮和食人,它向我们呈现了荷马的新兴人类概念的负面对位。

在接近巨人岛时,奥德修斯跟他的同伴们说他想要"探寻那里的生民,弄清他们是谁,是暴虐、野蛮、无法无天,还是善待生客,心中对神明敬畏"。[13] 这意味着整个世界被分为了两部分。一边是遵循宙斯的命令,人道对待外邦人的文明人,但在另一边,一个人可能会遇到"野蛮、无法无天"的人,后者未必具有人性。很快,独眼巨人就以一种残酷的方式让奥德修斯和他的同伴们明白,他们属于后者。当波吕斐摩斯走进他的洞穴时,奥德修斯用问候外邦人的惯常方式来称呼他,请求得到应得的款待,并搬出宙斯这个"生客和乞援人的护保"。但波吕斐摩斯丝毫不为所动。他回答道,巨人们并不在乎宙斯和其他奥林匹亚众神,因为他们"远比他们强豪"。[14] 独眼巨人非但没有款待奥德修斯等人,反而抓住了他的两个同伴,将他们的头骨粉碎在洞穴的地上,并立即将他们的肉体、毛发、骨髓、骨头等全都吞食掉。巨人不仅食用人的肉体,还傲慢地无视宙斯,这些行为证实巨人是文明人所不能理解的"不敬神的野蛮人"。

当奥德修斯被要求说明他的身份时,他说他的名字是"无人"(Outis)。这一情节出现在以下著名的一幕:波吕斐摩斯被递上一杯又一杯甜酒,直到醉得沉沉睡去。报复紧随而至:这群希腊人将锋利的棍子刺入独眼巨人的眼睛,把他戳瞎了。其他巨人被可怕的尖叫吓醒后,纷纷赶到他的洞穴,问发生了什么事,波吕斐摩斯说"无人"在攻击他。于是其他巨人就放心回家了。"无人"在那里:所以没有人。此时此刻,他们被划入"愚蠢的野蛮人"之列,他们不明白"无人"是不能用作一个人的名字的。荷马告诉他的读者,希腊人会玩文字游戏,而这种狡黠绝非巨人的头脑所能想到的。当这些希腊人最后用另一个绝妙的计谋逃走时,奥德修斯不明智地挑衅了波吕斐摩斯。他从船上喊出了自己的真实名字。波吕斐摩斯回应奥德修斯以诅咒,并恳求他的父亲海神波塞冬为他复仇。

荷马把独眼巨人描述成一个愚蠢的野蛮人,但波吕斐摩斯不仅仅是一个虚拟的人种学构想。他是一个文学上杂糅的产物。这个故事的来源之一可能是一个古老的民间故事传统,这一传统常将巨大的怪物形象表现为独眼的食人族。[15] 而另一个来源则是关于奥林匹斯众神起源的希腊神话。在赫西俄德(Hesiod)的《神谱》(Theogony)里,独眼巨人诞生于大地,属于第一代神。赫西俄德把他们描述为雷电那样的自然力的人格化,拥有强力,只有一只眼,长在前额中间。[16] 但后来,他们和其他众神一样,都屈于宙斯之下。正如我们所见,荷马笔下的波吕斐摩斯的确告诉奥德修斯他是海神波塞冬之子,宣称自己有着神圣的祖先。这不仅是一个古老神话偶然留下的痕迹,因为它解释了波塞冬为何固执地违背宙斯的意志,在奥德修斯遭遇独眼巨人后阻挠他的归家之途,而这是《奥德赛》的中心情节。另一个能让人想到巨人神圣一面的主题是,他们生活在富饶的自然环境里，一片永远富足的土地上。在那里，生存并不依赖永不停息的辛苦劳动。

民间故事的痕迹与《神谱》里的传说交织在一起，我们看到了在二者中都没有出现过的野蛮人形象。这是荷马的功劳。在他对巨人生活方式的描述的中心，是一连串对他们的否定：他们不事农耕，没有城市，没有议会，没有法律，没有司法制度；他们不会造船，也不出去旅行。最后但同样重要的是，他们缺乏希腊人的智慧。奥德修斯巧妙逃离的故事，正是一个脑力战胜体力的典型例子。在荷马的字里行间，巨人岛的自然富足被重新定义为四体不勤。此外，他们沉迷于失控的野蛮暴力，这与希腊战争有组织性的暴力形成了鲜明对比。最后，奥德修斯把巨人描述为基本上非社会的。相互隔离的住所表明"他们互不关心"，他们对波吕斐摩斯残酷命运的漠然强化了这一结论。再者，他们与"世界"其他地区之间没有贸易往来，这是非社会本性的另一标志。最后，他们的食人习性以及对宙斯的正义的傲慢蔑视，再次把他们定性为居留于人类边界甚至边界之外的存在。

他们不仅不好客，还食人，这标志着他们是绝对的异族，因为对爱好和平的外邦人给予人道的对待，在荷马的世界里是最具包容性的义务，甚至连"最愚钝的人"都能理解。[17]巨人拒绝这项义务，就是将自己置于荷马所暗示的人类概念之外。这与特洛伊战争形成的反差是非常具有启发性的。希腊人和特洛伊人信仰相同的神，遵循同样的英雄准则。此外，正如《伊利亚特》令人动容的最后一幕所描写的，他们也都会对逝去的战友表达哀伤。他们好战，歌颂英勇的暴力行为，但同时也很清楚战争的负面影响。众所周知，荷马喜欢对伤口、残缺的肢体以及杀戮进行详细的描述，从而使人清楚地意识到战争中的人命损失。与波吕斐摩斯的盲目和"野蛮"的杀戮相比，特洛伊战争呈现为遵循某些战争准则的民族之间的冲突。

宙斯的正义的重要性在《奥德赛》的最后一段中被再次强调。回到伊萨卡后，奥德修斯把追求他妻子的贵族都给杀了。这些贵族之所以想和他的妻子珀涅罗珀结婚，是为了篡夺他掌管家族产业的合法地位。由于这些追求者都是其他贵族家庭的孩子，这场杀戮必定会导致永不停止的家族世仇。宙斯亲自对此进行了干涉，把女神雅典娜派去帮助奥德修斯，以确保未来的和平。那些想杀奥德修斯的人反而失去了生命，或者被说服避免更多流血事件发生。宙斯宣告了最终的判决："既然高贵的奥德修斯已仇报了求婚者……让他终身王统。我等可使他们忘却那场杀戮……让他们拥享和平，生活美满富足。"[18] "忘却"杀戮象征着愿意和解，以及领悟到公民之间的和平比无休止的冲突更可取。在《奥德赛》里，宙斯的正义似乎是至高神所颁布的普遍法律。照后来的政治哲学的说法，这表明了从私下的族间世仇向城邦正义的转变。[19]

从荷马对人类的发明中，我们能得出什么结论呢？如上所述，荷马笔下并没有任何一个我们可以称之为"人类"的术语。但是，他的史诗里包含着一个新兴的概念：共同人类。我们可以把荷马的共同人类观描绘成这样一种构型，即一圈圈扩大的圆。最里面的圆圈包括男性贵族，他们会尊重彼此地位同等的人，这表明了一种相当强烈的平等形式。第二层圆圈包括所有的希腊公民。此处的平等没那么强烈，更多是首领和手下之间的相互依存感。正如塞耳西忒斯的发言所显示的，更强有力的平等观念可能会出现，但在荷马的诗中，这些观念依然相当边缘化。当我们扩展这个模型，把特洛伊人也包括在内，共同人类仍然是显著的，但更为脆弱和不稳定。最大的圆圈包括了所有的男性自由民和女性自由民，他们崇尚宙斯的正义，同时也支持最低限度的文明行为法则。然而，普通女性被置于人类范畴边界的外缘。珀涅罗珀被描述为对婚姻忠诚的典范，而那些与贵族共谋的侍女，却立刻被奥德修斯和忒勒玛科斯处决了。荷马对巨人文化的负面叙述，显示出文明人的核心价值。宙斯的正义使他们把彼此当作值得救助和支持的同胞。公正的对立面是自大（hubris），对事物的正当秩序的僭越。自大的人拒绝尊重为有死之人设定的边界。自大既标志着对宙斯的正义的轻视，又标志着自制力的缺乏。[20]

实际上，我们也许可以将宙斯的正义理解为一种管理着人类互动的最低限度的法则，包括在政治上四分五裂、城邦与小公国战争频仍的世界里遭遇不熟悉的"他者"。这个法则试图避免所有与外邦人的遭遇都以流血、抢劫或强暴告终。它既规定着贵族成员之间的关系，亦辐及其他的旅行者，如朝圣者、商人、流浪者、逃亡者和海难幸存者等。公认的社会秩序、社群和互惠意识，构成了这个法则的基础。从历史记载中能很清楚地看出，共同人类的法则经常是失效的。从地理上来说，宙斯的正义具体表现为在地中海东部及中部城邦和小国里的共同人类和文明行为，希腊是这一版图的象征性中心。

在奥德修斯的航程中，我们会穿越荷马的共同人类的周界。在弗朗索瓦·哈尔托赫（François Hartog）的恰当描述中，奥德修斯的航行故事给我们呈现了一种"诗意人类学"，在这里，文化差异首现其形。[21] 在荷马的叙事中，文明世界的边界一直是变动不居的。对于边境以外的土地，希腊人知之甚少，甚至一无所知。荷马对巨人的文学建构的杂糅性质，证实了神话和原始人种学概念在《奥德赛》里的混合。原始"野蛮人"的形象是如何作为希腊生活方式的对立面来进行构建的，这一点让人印象深刻。对于任何真正存在的"野蛮人"，荷马并不具备任何人种学的知识。野蛮人被想象为一种对文明人的颠倒。荷马笔下的野蛮人形象，先于所有关于"原始人"的人种学知识。

赫西俄德与普通人的生活

赫西俄德是希腊正典中第二重要的人物。他与荷马代表了希腊文学的开端。[22] 赫西俄德的共同人类理念以普通人的生活为中心，其中多数是农场主和雇农，他们的劳动维持着希腊社会的运作。赫西俄德的《神谱》向我们呈现了第一部希腊神学文本，但他的社会哲学与荷马史诗的贵族观差异非常大。一个能把这两个诗人联系起来的主题是宙斯的正义，但他们对这个主题的发展方向完全不同。[23] 与荷马赞赏战士气质不同，在赫西俄德伟大的说理诗《劳作与时日》（*Works and Days*）*中，农民

---

* 本书《劳作与时日》相关译法参考吴雅凌撰《劳作与时日笺释》，华夏出版社，2015年。

的美德最为重要。

《劳作与时日》的开场白提及了"从高处发出雷电的宙斯"——他没有把荣誉平均分配到每一个人:"他既能轻易地使人成为强有力者,也能轻易地压抑强有力者。他能轻易地压低高傲者抬高微贱者,也能轻易地变曲为直,打倒高傲者。"[24] 这里强调的不是大领主的勋绩,而是所有人类伟业的短暂即逝。这个主题在埃及和美索不达米亚的智慧书里出现过,希伯来的先知也谈到过,荷马史诗却没有任何涉及。在赫西俄德的世界里,战争和冲突确实存在,但并不是最重要的。劳动和职责才是核心价值,而正义也被相应地框定。在荷马的诗中鲜有露面的普通人成了赫西俄德笔下的主人公。赫西俄德一再强调宙斯对过度傲慢者的惩罚,对农民严酷困境的公开同情,这让这部诗体现出一种明确的平等效果。

在讨论争竞和冲突时,赫西俄德提出了一项在荷马那里不存在的区分。据赫西俄德说,凡人间有两种争竞,它们有着"完全对立的精神"。值得称道的一种由人们的抱负所激发,他们渴望获得和勤劳的邻居一样多的财富。然而,有害的一种会导致战争和杀戮,或者导致一些坏人为夺取他人劳动果实谋划诉讼。[25] 好的一种,同现代的经济竞争概念有着遥远的亲缘关系。与荷马推崇贵族休闲和战斗的生活方式不同,赫西俄德赞颂勤奋和节俭的美德。最后的结果就是,人类好争执的本性必须通过劳作和正义来缓和。[26]

在汗水中劳动是宙斯强加于人类的命运。赫西俄德关于人类起源的神话解释了这是怎么一回事。起初,人类处境悲惨,惧怕野生动物。为了让天平向人类这边倾斜,普罗米修斯从天上给人类盗来了火种,让人类得以保护自身免受大型肉食动物的袭击。宙斯对此十分恼火。为了惩罚人类,他和众神创造出了第一个女人——一个拥有"不知羞耻的心和欺诈的天性"的诱人存在。他们给她取名潘多拉(意为"All-Gifted"),"因为奥林匹斯诸神每位都送她一件礼物——以带给以五谷为生的男人一桩灾难"。[27] 神的使者赫耳墨斯将潘多拉送给了普罗米修斯的弟弟厄庇米修斯。厄庇米修斯较愚钝,不经思考就收下这件看上去很诱人的礼物。来到人间后,潘多拉打开了她的盒子,里面所有的瘟疫和灾难都飞了出来,使人类陷于艰难困苦的境地。

于是,人类从幼年到老年都要经受苦难并辛勤劳作。赫西俄德的人类起源神话与《创世记》中讲述的"人类的堕落"类似。辛劳和匮乏被解释为神对人类僭越的惩罚:在《创世记》中,人类试图从上帝那里窃取知识和不朽;在赫西俄德笔下,人类从众神那里偷来火种。在这两个神话里,在人类从天堂的富足到历史性的匮乏的堕落中,第一个女人都起了决定性作用。[28] 但赫西俄德的故事比《创世记》表现得更加厌女。此外,赫西俄德与《创世记》及希伯来先知相类似的地方还在于,他警告人类宙斯正在考虑消灭全人类,除非他们停止邪恶的行径。[29] 但另一方面,如果他们变得正直和勤劳,就有生存的希望。我们还记得,希望(elpis)正是唯一留在潘多拉之盒底部的东西,这表明人类的毁灭并非不可逆转,一个更好的结果仍可以想象。可以想象,但无法得到保证,因为"elpis"既可以意味着对更美好未来的希望,也预示了未来的苦难。[30]

赫西俄德对人类社会起源的解释与荷马的大不相同。他一改常规地对人类的两种争竞做出了区分。依据赫西俄德,战争使人类社会遭受破坏,勤奋的争竞才是繁荣的来源,而繁荣要依靠和平实现。他与荷马的不同,不仅在于对战争与和平以及懒惰与勤劳的看法。在意见分歧之下,文学体裁上的差异也显现了出来。在对两种争竞的讨论中,赫西俄德会从叙事中抽离出来,对自身的故事进行反思。而在荷马的诗中,我们并没有遇到那种元文本,相反,所有的反思性评论都是由叙事的主人公间接发出的。我认为,我们也许可以把从这两种争竞之间分析出的区别视为政治理论在希腊传统里的第一缕微光。从字面意义上来说,不同"理论"代表着不同的"看的方式"。当人们开始想象当前秩序并不是唯一可能的事态,政治理论就产生了。实然并非必然。因此,人们可以区分组织社会的不同方式,并问哪一种更为可取。这就是政治理论。赫西俄德的哲学想象绝对远超荷马。

两人的相同之处在于都强调了宙斯的正义("dike",狄刻)。赫西俄德的正义概念的内容在社会上更具包容性,但他所描述的一套由至高神批准的、对所有人类都有效的规则,与《奥德赛》相类似。然而,与荷马不同的是,他强调位高权重者的义务,不能不当地用自己的权力和财富去欺骗和奴役普通人。这种社会包容性使得赫西俄德的正义比《奥德赛》里的更加有力,也更具普遍性。

赫西俄德神圣正义观中的早期普世主义与他对宙斯至高权力的崇高愿景是一致的。在《神谱》里,他讲述了第二代神的可怕故事。宙斯的父亲克洛诺斯是第二代神的统治者,是"更早的诸神之王"。[31]赫西俄德把他描述为一个不道德和偏执的暴君,被一个古老的预言吓得半死,这个预言说一个从天而降的对手会出现将他推翻。他最害怕的就是自己的后代。为确保对权力的独占,他的孩子们一出生就被他吞食掉。只有宙斯被母亲瑞亚救了下来:她将一个包裹着石头的襁褓递给克洛诺斯,这个偏执的神就迅速地把它吞进了肚子里。成年后,宙斯设法制伏克洛诺斯,强迫克洛诺斯把他的兄弟姐妹都吐了出来。于是,第三代神即位,建立了神的新政权。从此,宙斯作为至高王,统治着众神。不可否认,其他众神是不朽的存在,拥有高于人类的大能,但归根到底只有宙斯的意志才是至高的。克洛诺斯的战败代表着一种过渡,即从非道德的自然权力之间的盲目斗争,过渡到由主神所主持的道德秩序。[32]

宙斯的统治并不是赤裸裸的专制,而是以敏锐的理解力和无所遗漏的注视来引导道德法则的实施。赫西俄德在《神谱》里宣称:"因此,欺骗宙斯和蒙混他的心志是不可能的。"[33]《劳作与时日》里,宙斯作为"众神和人类之父",其至高的权力同正义和道德的审慎关系密切:"一个人对别人作恶也是在对自己作恶。一个邪恶的计划对于谋划者来说才是最有害的。宙斯的眼睛能看清一切、知晓一切,他也察觉到了这一点。"[34]罗伯特·兰伯顿(Robert Lamberton)认为,宙斯的转变是赫西俄德对人类境况的愿景的关键所在:"这一不寻常的场景不是宙斯通过狄刻(正义)对人类进行救赎,而是诗歌通过狄刻(正义),对传统的宙斯进行救赎。这样的诗歌始终坚持着它的人文色彩,坚持对权力受害者的同情。"[35]兰伯顿的解读也许是一种过于世俗化的人文主义,但我们可以肯定,赫西俄德重新发明了宙斯,把他从一个贵族式的神王转变成了正义的化身,从一个贵族神话里的主神转变成了普通人的至高神。[36]

要彻底理解赫西俄德对人类的看法，我们需要将他关于正义的观念放到他的历史哲学中。众所周知，赫西俄德把历史分为五个时期：黄金时代、白银时代、青铜时代、英雄时代和他本人所处的黑铁时代。一些评论家认为这一架构是杂糅而成的。四个金属时代——金、银、铜、铁——可能起源于一个更早期的传统。赫西俄德在这个传统中插入了英雄时代，把其等同于在底比斯和特洛伊之前就已投入战斗的勇士们的时代。这样，荷马的英雄们就能在一连串历史时代中找到自己的位置。[37] 前四个时代已结束。他们的故事在周期性时间中被讲述。众神在每个周期性中扮演着自己的角色。[38]

黄金种族由克洛诺斯时代的不朽众神所创造。最早的人类享受着无忧无虑的富足生活和永驻的青春。他们的时代是一个真正的黄金时代。即便如此，宙斯还是让这个时代终结了。赫西俄德没有解释其中的缘由，但这些最早的人类并没有被毁灭。他们作为守护灵留在大地上，虽然后世的凡人都看不到。到了第二个时代，人类的腐败开始出现。无论在哪一个方面，白银种族都要比第一个时代的黄金种族逊色。最终他们"不能避免彼此伤害，又不愿意崇敬神灵"。[39] 人类堕落的两个方面在此被描述为出现不敬神的现象和社会冲突。宙斯看到他们的恶行后，就把他们掩埋在地底下。接着，宙斯创造了第三代人类——"可怕而且强悍"的人，"只关心阿瑞斯（战神）制造哀伤的工作和暴力行为"。他们的武器是青铜做的，因为"那时还未有黑铁"。对他们的描绘可能指代传统民间传说中的古代巨人。[40] 青铜种族的失败要归因于他们对暴力的沉迷，也就是赫西俄德所言的那种坏的争竞。

第四代种族并不适合目前所出现的叙事。它的到来代表着这一不断堕落的故事出现了断裂。赫西俄德告诉我们，第四代种族比原先的都"更高贵公正"。它是"一个被称作半神的神一般的英雄种族，是广阔无涯的大地上我们的前一代"。虽然有着所有令人敬佩的品质，但这个种族还是被"不幸的战争和可怕的厮杀"所毁。[41] 宙斯把战争的幸存者们送到了大洋岸边的幸福岛。最后，我们来到了赫西俄德所在的时代——黑铁时代。他描绘了一幅严峻的图景，里面战争持续不断，残酷的人类既不理睬诸神，又对正义和节制一无所知。儿子不尊敬父亲，同伴之间反目成仇。人类再一次处于自毁的边缘。然而，正是在这一节点上，赫西俄德开始考虑另一种结果没那么坏的可能性。他力劝他的读者要听从正义。他声称，正义"最终要战胜残暴；而愚人只有在受到痛苦时才懂得这一点"。[42]

赫西俄德语重心长地告诫他所在时代的国王们要思索正义的价值，要考虑到宙斯的全视之眼正在看着他们。他们应该停止贪腐，保护平民的利益。现在，赫西俄德承认，人类的困境过于悲惨，以至于他自己也不愿在众多不义的人中做一个正义者。他得出结论："但我并不认为……宙斯会让一切以这样的方式结束。"[43] 接着，赫西俄德对人类之于动物的优越性做出解释："鱼、兽和有翅膀的鸟类之间没有正义，因此它们互相吞食。但是，宙斯已把正义这个最好的礼品送给了人类。"[44]《劳作与时日》以对正当的生活方式的长篇探讨作结，再一次唱起了劳作的赞美歌和懒惰的死亡之歌。这些详细的忠告和规则，同农民阶级十分合拍。赫西俄德曾简单提及贸易和航海，但他对这类追求的观点比较模糊。

我们该如何理解赫西俄德的历史哲学？最早四个时代的周期性模式已经让很多评论者误入歧途。事实上，赫西俄德试图通过人类的神话史来论述的观点，仅仅出现在他关于黑铁种族的论述中。读者最后会发现，周期性模式并不是历史的一个不变法则，而是一系列令人印象深刻的负面例子：当人类放任贪婪和暴力，就会发生衰弱和堕落。在黄金时代的和平、闲暇和富足的衬托下，后来的时代越发具有"历史性"，这是就其接近希腊人对人类境况的体验的意义而言。这一总体模式似乎是一个持续复发的衰落。经历了一个又一个大灾难后，人类从原始的黄金时代走到了忧虑的当下。

如果没有赫西俄德对第五个时代的论述，那么这些可能就是我们对他关于人类的神话历史的全部解读。在第五个时代出现了另一个历史的辩证关系。作者知道前四个时代的结局，但当代的历史仍是悬而未定的，而哲人本身参与其中。因此，对黑铁时代的讨论就变成既是或然的，又具规范性。第五个时代可能会以与前面时代相同的方式结束，但这样的结果不再是一个历史的铁律,而是要去避免的可怕危险。[45] 宙斯赐予人类正义作为手段去克服宰制着动物界的一切对一切的战争,这让故事拥有了更深层的意义。普罗米修斯的盗火也许能使人类凌驾于动物之上,但只有宙斯的正义才能使他们避免倒退回动物的兽性。人类可以得救,但前提是他们要自救。

赫西俄德的历史哲学的时间框架是什么呢?在大多数的历史叙事中,我们可以找到周期性因素和线性因素的结合。最早四个种族的出现和消亡显示出一种周期性的韵律。另一方面,原始黄金时代不得不被后来几个匮乏、混乱和劳苦的历史时代所取代,这个教训给我们展现了一种不可逆转的线性过渡。黄金时代已成过去,再不复返。无论是周期性的还是线性的,历史似乎都在朝着毁灭和死亡前进。但是,赫西俄德对第五个时代的论述引出了另一种线性时间,我们或许可将之称为道德改革的时间性。赫西俄德暗示,在当代,重蹈覆辙的威胁依然存在,但基于希望和狄刻的相互作用,一个良性的线性结果仍有可能。《劳作与时日》的最后部分,可解读为这一在道德上更健全、在物质上更丰盈的未来的脚本。

赫西俄德对共同人类的看法比荷马的要广阔得多。在后来的希腊教化(paideia)[46]中,他可以被有效地视为荷马的竞争者。他的看法更具社会包容性,虽然奴隶和妇女仍被排除在外。相比《奥德赛》,《劳作与时日》完全忽视了女性的能动性。那么外来者又如何呢?与荷马不同,赫西俄德的笔下并没有旅行故事,也没有谈到"野蛮人"。即使如此,他对农业劳动的高度赞扬表明了一种对非农业生存方式的轻视,类似奥德修斯对独眼巨人文化的负面看法。此外,他告诫人们不要亏待外来者,这一点也可与荷马相比拟。据赫西俄德所言,"人民如果对任何外来者和本邦人都予以公正判断……他们的城市就繁荣,人民就富庶"。与奥德修斯赞美航海和旅行相反,赫西俄德说辛勤的耕耘者"不需要驾船出海,因为丰产的土地带给他们庄稼"。[47]他的看法与荷马对腓尼基人的负面看法类同。[48]

总而言之,赫西俄德的历史哲学比荷马对共同人类的看法要更具有普遍性。他的神话－历史观意味着：全体人类都由众神创造，他们承受着共同的命运，必须通过正义和诚实的劳动找到出路。现在，大多数评论者都认为，赫西俄德和他那些已被忘却的希腊前人，借用了美索不达米亚以及可能是埃及的更为古老的起源，来讲述人类毁灭的故事。[49] 在知性上，赫西俄德所栖居的世界比荷马的更为广阔。就此而言，赫西俄德的文集可与希伯来《圣经》相比拟。亚洲西部的古文明是基于陆地的城市农耕社会的。赫西俄德与这些古文明的神话文学之间的联系，也许能解释其早期普世主义以及对航海民族文化的反对。

色诺芬尼的哲学一神论和文化差异

公元前 6 世纪，哲学在小亚细亚地区的爱奥尼亚希腊人中间兴起。这些在公元前 500 年后被称为"哲学家"的人，试图为他们身处的世界构设一个合理的解释，从而将宇宙千变万化的多样性简化为数量有限的元素和原理。虽然现代意义上的无神论在当时是不可意想的，但大多数早期希腊思想家都对荷马和赫西俄德所描绘的诸神极为不满。他们认为，这些神太像人类了。他们对传统宗教神话的批评，促使他们的听众开始质疑公认的观点。最后，这些思想家不仅批判传统观点，也互相批判，从而使哲学这一观念作为一种自我反省和二阶判断方面的竞赛活动而被提出。[50]

阿那克西曼德（Anaximander）的宇宙起源论，晚于赫西俄德的《神谱》约一个世纪，十分恰当地展示了爱奥尼亚思想的新奇之处。他认为万物的本源是阿派朗（apeiron），这个无边无际的充实空间在最原始的时候，孵出了一个能产生冷和热的"胚胎"。从它们的动态互动中产生了四元素：水、土、气和火。通过研究这些元素，阿那克西曼德试图解释可观察到的天体现象。此外，他将生命的起源解释为，在地球变干燥的过程中产生了黏液或淤泥，生命就在其中自然生出来。[51] 后来，亚里士多德认为阿那克西曼德的阿派朗理念是"神性的"，因为它是不死的、不可摧毁的。⁵² 显然，这种关于神的想象，与荷马甚至赫西俄德笔下的宙斯形象大相径庭。

土生土长于爱奥尼亚城市克勒芬的色诺芬尼（Xenophanes）大约出生于公元前 570 年至前 560 年，是阿那克西曼德的后一代人。他的著作虽然只有片段残存，但在很多方面都对本书的主题有着重要意义。与前人一样，色诺芬尼试图通过自然原因，而不是每次都援引神的干预来解释世界："没有大海就没有风，没有源源不断的河流，没有从天上来的雨水；大海是云、风和河流的成因。"⁵³ 这种对自然现象的解释设想了一个其中并不存在传统希腊宗教里的大部分神灵的世界。可以肯定的是，色诺芬尼作为公民参加了他所居住城市里的宗教仪式，不这样做的话就无异于社交自杀。在世俗的意义上，诸神的存在依然是被假定的。但现在还假定了更深层的存在：有一个潜在的自然现实，它的变形带来了普通人看到但无法理解的现象。大多数人都是通过外表来判断。色诺芬尼对此讽刺道："如果神没有创造出黄色的蜂蜜，他们就会觉得无花果更甜。"⁵⁴ 即便如此，可见的外表之下仍都有客观的本性。这个新的思维方式是我们在荷马或赫西俄德那里没见过的。我们立刻会发现，它也带来了一个关于共同人类与文化差异的全新视点。

这个新的自然概念需要一个新的、更为抽象的神的理念。在色诺芬尼看来，荷马和赫西俄德笔下的神太像人类，他们"把人类中所有该受批评和谴责的事情都赋予众神"，比如偷盗、通奸和欺骗。⁵⁵ 这位哲学家表示，有这样的神，我们几乎不能指望人类会有美德和诚实。接下来，他解释道，所有的人都倾向于按照自己的形象来塑造神。如有机会，动物们也会做相同的事情：

> 如果马、公牛或狮子有手
> 如果它们能够用手作画，且如人一般完成作品，
> 马会把神的样子画得跟马相似，而公牛会画得跟公牛相似。⁵⁶

依循这个思路，色诺芬尼提出一个大胆的猜想：人类的众神是其崇拜者

对自身种族的神圣的夸张再现：

> 埃塞俄比亚人说他们的神是塌鼻子的黑人；
> 色雷斯人说他们的神有蓝眼睛和红头发。⁵⁷

为了得出一个关于至高神的真正宏伟的概念，色诺芬尼试图用关于神的哲学概念取代对神的拟人化描述。当然他足够谨慎，没有去否定古代神的存在，毕竟这些神为他的公民同胞们所敬奉。但真正的神在神殿里是找不到的："在众神和人类中，有一个神是至大的，无论在身体还是思想上，他与凡人没有一丝相像……他能看到一切，想到一切，听到一切。"⁵⁸

这种对神的想象仍可被视为赫西俄德全视全知的宙斯形象的激进版本，但色诺芬尼的神学远超出这一点。赫西俄德的宙斯用雷电和其他令人惊惧的力量来统治世界，色诺芬尼的神则完全是一个更为超越的存在："他完全无需费力，仅凭意念就可震动万物……他常居同一个地方，一动不动，似乎从不会在不同的时间去不同的地方。"⁵⁹ 所以，这个神似乎无处不在却又无处可寻。不同于人们对宙斯的设想，他并不通过物理的力，而是凭借神圣心智的唯一力量，将行动赋予世间的实体。在这里，我们看到了"不动的动者"这一概念的第一缕闪光，它将成为后来许多关于神的哲学概念的一部分。⁶⁰ 色诺芬尼并没有详细阐述他的思路，至少在流传下来的片段中我们无法找到，但我们肯定能觉察出一个新概念的出现，即在被设想为心（mind）的神同被设想为物（matter）的世界之间的二元性。

在知道色诺芬尼是一位"哲学家"时，我们也许会不假思索地假定他在某种精英知识分子的环境中活动，从而习惯性地将把这种环境与公元前4世纪初的柏拉图式对话联系起来。无法否认是有些知识精英主义，但它绝对不是全部。色诺芬尼残存的作品中有两个方面充分显示，他力图抵达受限的文化圈之外更为广泛的读者。首先，我们必须仔细考虑他自身是如何理解"做哲学"的社会意义的。在考查了各类公民对城邦做出的贡献之后，他要求社会给予哲学应有的地位。色诺芬尼声称，"我们的专门技能，比人力和马力还要强"。运动员和战车御者并没有对建立更好的政府做贡献，那么为什么运动员能得到丰厚的奖赏，而哲学家却要两手空空地还家？[61] 为了论证哲学家有助于建立更好的政府，则需要假设一个贤能统治（meritocratic）的政体，在其中血统和财富不是唯一重要的东西。只有当公开辩论成为城邦存续的要素时，哲学"专家"才能获得一定的声望和政治影响力。要想在政治上有所成就，哲学家必须有能力对广泛的公民同胞发言，而不能仅仅面对极其有限的受过教育的男性。

我们需要考虑的第二个方面是写作的体裁。在这一过渡时期，散文逐渐成为哲学辩论的优先媒介，色诺芬尼通过六音步诗行来表达他的思想。在体裁方面，他追随的是荷马和赫西俄德，而不是同时代的哲学革新者。这为我们提供了另一个他试图对更广泛的读者发言的迹象。在一个对于绝大部分人来说口头交流是唯一渠道的时代，格律诗之所以受欢迎，是因为它能让人记住他们听来的大段朗诵。鉴于色诺芬尼热衷于激进改革，他不大可能仅仅是出于尊崇传统才选择诗歌体裁。唯一可信的原因是，他力图对不得不依靠口头进行思想传播的广大公众发言。这位哲学家亲口说，多年来他走遍了整个希腊世界。赫伯特·格兰杰（Herbert Granger）认为，色诺芬尼是第一个试图影响广大受众的哲学家。[62] 他试图在传统希腊教化的势力范围内与其竞争。他仍继续参加他所居住的小镇的宗教仪式，但也会就他的宗教改革思想，对公众发表演说。此外，他断定彩虹和圣埃尔莫火是自然现象，这隐含了对先兆信仰这一希腊宗教的关键部分的批判。[63]

虽然色诺芬尼的著作残篇并不足以重构他关于正义的观点，但他的哲学一神论还是强烈暗示了一种所有人对神以及对彼此都负有责任的普遍性观念。他是第一个创造了"一位神"（heis theos）这一表述的希腊作家，虽然它来源于习语"一位神，众神和人类中最伟大的"。因而"一位神"并不是唯一存在的神，而是比其他任何神都更为强大的神。一神论并非一下子被提出，不过当色诺芬尼谈论神时，一神论的趋势已清晰可辨。

此外,他对特定文化中拟人化的神的批判,是从普世主义的制高点出发的。只有将神从不同民族的地方神中抽离,人才可能获得关于神的真相。除了埃塞俄比亚人和色雷斯人,我们还可以认为希腊人对神的描述仅仅是意见(doxa)的闪现,是基于外表的肤浅判断。认为所有的地方神都具有文化特殊性的论点,使得文化差异成为哲学探讨和批判的可能对象。它代表着人类学转向的第一步。色诺芬尼对此持否定看法:所有地方神的形象都是错觉。但是,对地方信仰的批判性眼光也有可能被有建设性地反转:"我们"也许和"他者"一样容易受到批判。这间接地告诉了我们一些关于共同人类的事情。所有人和所有民族都有可能以这种方式看待世界。所有的地方神都是那位凡人无法观察到而只能在哲学上理解的神在文化上的褊狭的近似形象。应防止抱残守缺带来的谬误,这不是色诺芬尼所说的,但他的话为此铺平了道路。

哲学一经解放,就开始以一种批判的视角看待无法定义自身局限的人类文化。在这个意义上,色诺芬尼对共同人类与文化差异的思考,体现了一个具有潜在革命性的新开端。赫卡塔埃乌斯(Hecataeus)是色诺芬尼的同时代人,希腊第一位以散文写作的历史学家。我们从他那里可以了解到,公元前6世纪的下半叶,在爱奥尼亚人中广泛流传着民族学。[64]通过这种方式,色诺芬尼和赫卡塔埃乌斯(也许还有其他著作没能存留下来的人)使得文化差异成为哲学研究的对象。

希伯来《圣经》里的人类

爱奥尼亚思想家的哲学一神论同希伯来《圣经》里的上帝之间存在鸿沟。《塔纳赫》是用一种敬畏的、战栗的先知性语言写成的,而不是用我们在爱奥尼亚人的著作中所看到的分析性的哲学语言。一神论并不是在市场(agora)上的辩论中阐述的,而是由在火与烟中降临到西奈山的上帝向摩西宣布的。"十诫"认为共同人类是神圣真理,被揭示给与上帝立约的民族。

犹太教的一神论从公元前9世纪开始逐渐形成。它自认源自一段压迫、斗争和解放的漫长历史。在其早期阶段，犹太教的信条是一神论的，但绝非普世主义。在上帝的帮助下，犹太人逃离了埃及的奴役。在他们穿过沙漠到达应许之地的漫长而艰苦的跋涉中，他们首领摩西在西奈山上得到了上帝的启示。"十诫"的第一条说道："我是耶和华你的神，曾将你从埃及地为奴之家领出来。除了我以外，你不可有别的神。"犹太人被指示不可塑像。你们"不可跪拜那些像；也不可侍奉它"。[65] 从上下文可以清楚看出，这些命令归根到底是要宣誓弃绝这个地区其他民族的神。后来，摩西让他的追随者不要在附近的部落和民族中娶妻，以免倒退回偶像崇拜。与外邦人联系因而被等同于污染。对"其他神"——如今被贬低为"偶像"——的排斥，表明了对多神论的抛弃，但这并不必然意味着其他神不存在。在预言的这一早期阶段，以色列的神是否与全人类的神相同，也不是很明确。

《圣经》文本的正典化是一个极其漫长的过程。它始于公元前8世纪的以色列和犹地亚。出埃及的故事现在被假定为最早的《圣经》文本的核心。直到公元6世纪早期，当耶路撒冷圣殿被尼布甲尼撒摧毁，纯粹的一神论才真正出现。[66] 因此，它与爱奥尼亚人的哲学差不多同时出现。或许是在美索不达米亚创世神话的影响下，《创世记》中的创世故事才被加了进来。公元前5世纪中期，文士以斯拉（Ezra）把"摩西五经"宣称为犹地亚——当时是波斯帝国的一个省——的犹太人的神圣律法或"妥拉"（Thora）。[67] 从巴比伦流亡中归来的人把一批圣书整合起来，其中包括"摩西五经"和《约书亚记》、《士师记》、《撒母耳记》以及《列王纪》。此外他们还往里面加进了很多先知的预言和赞美诗。[68] 公元前3世纪，当巴勒斯坦还属于托勒密王朝时，耶路撒冷圣殿里的文士又补充进了更多的先知书、《诗篇》、《箴言》，以及很多其他的史书和智慧书。他们认为，在自己身处的时代之后，不会再有新的神启出现。

圣典的编撰同希腊文化保持着一致的步调，后者在亚历山大大帝之后的几个世纪统治了地中海东部地区。用公元1世纪犹太历史学家弗拉维·约瑟夫斯（Flavius Josephus）的话说，希伯来《圣经》里的书是"我们的书"。[69] 它们曾经为教士和圣殿文士所保存，如今被更多的公众接触到。在这方面，犹太文化采用了希腊文明的模式。主要城市都有以希腊典籍为特色的图书馆，到目前为止荷马是其中最受欢迎的作者。[70] 这个时期出现的《圣经》希腊文译本，显示了犹太教和希腊文化之间的紧密联系。

在过去的两千年里，希伯来《圣经》已成为世界历史中最有影响力的书籍之一。除了犹太人的大流散，它也是基督教和伊斯兰教形成的一个构成动因。《塔纳赫》向我们展现了复杂和多层次的文本，允许读者进行宽泛的解读。历经一代又一代，"相同的"经文被解读成了包含历史的、伦理的、寓言的和末世学的真理的宝库。这解释了为何《圣经》文本跨越不同的历史时期和文化背景，依然拥有非凡的生命力。

创世的故事和人类的统一

希伯来《圣经》以名句"起初神创造天地"开篇。宇宙的起源和第一批人类的创造，作为同一个叙事里的情节被呈现出来。现代的《圣经》批判学表明，《创世记》的开头几章体现了两个完全不同的创世故事的接合。第一个以一种更令人敬畏的、超验的方式描绘了上帝的存在，并概述了宇宙的起源。第二个——也是更为久远的——则对上帝进行了更为拟人化的描述（"天起了凉风……在园中行走"），并且包含了对美索不达米亚和埃塞俄比亚的地理指涉。后一个故事中的宇宙并非起源于无形的虚无，而是一片干燥的荒原，只有在上帝带来降雨时才有花朵开放。在这儿，上帝被描述成一个沙漠游牧民族的雨神。[71]

然而，在大部分的历史时期里，无论是犹太人还是基督徒，信徒们都把《创世记》解读为一张无缝之网，并且把第二个故事视为对第一个的详述。因此，以两个故事的共同点作为开篇是合理的。首先，《创世记》认为全人类起源于同一祖先。在《圣经》的语言中，这远不止是一个"生物学"事实。经文说道:"神就照着自己的形像造人,他乃是照着他的形像造男造女。"[72] 所有人都起源于第一对夫妇的观念流传开来,形成了一个不祥的概念:人-神的共同本性。此外,上帝还把土地、植物和动物给予了最早的人类,让其管理自然且从中得到食物。他们将致力于"生养众多,遍满地面",这是上帝公开表明的意图。在这里,我们觉察到了神意概念的第一缕光。因此,《圣经》的开篇把人类描绘成一个血统共同体,所有成员都共有人-神本性,且共享上帝留给他们的对世界的所有权。地球是人类的祖产——这个比喻很容易通向一个规范性理念,即人类的所有成员都有资格享有共同遗产中他们该得的那一份。

人类的第一对夫妇居住在"伊甸园"——被描绘成富足和充满美德的地方,与赫西俄德笔下的黄金时代相似。即使如此,他们也并不能享有充分的自由。他们生活在上帝的律法下,这个律法被概述为不许吃善恶树上的禁果的命令。这条禁令可以解读为一个发明伦理的寓言。第一个男人和第一个女人,以至于所有后来的人类,都拥有辨别对错的能力。但他们的道德感从一开始就被设想为有缺陷的、脆弱的。让我们回顾一下,禁果在故事里被描绘得十分诱人。蛇(喻指对上帝的反叛)进入伊甸园引诱夏娃,告诉她吃下禁果并不会如上帝警告的那般死去,而是"你们吃的日子眼睛就明亮了,你们便如神能知道善恶"。[73] 夏娃吃下禁果后,说服亚当照她那样做。由此产生的第一个后果是,亚当和夏娃都感觉到了羞耻,于是用树叶遮住裸体。随之,他们受到上帝的重罚。上帝预言道,从此以后亚当要汗流满面地劳作,而夏娃要受生育之苦且受亚当的管辖。最后,上帝把他们从伊甸园驱逐到了危险和匮乏的外部世界。

这个故事又可以被解读为一个寓言。禁果象征着骄傲和自大。最早的人类不尊重上帝给他们设定的界限,只能被抛到他们应得的世界里生活。在这里,纯真让位于耻辱,性别差异被重新设定为男权至上,富足被转变为匮乏,安逸被永无休止的劳作取代,并且不久就出现了第一个杀人犯。总之,我们从天堂走向了历史。

接着,亚当和夏娃的后代开始遍布世界。"神的儿子们"觊觎他们生下来的女儿,娶她们为妻。人与神似乎即将重新结合,但上帝预见到他的灵不会一直留在人身上,因为人"属乎血气"。为了强调给人类设定的界限,上帝把人的寿命限制在一百二十年。[74] 因此,死亡就成了人与生俱来的印记。更糟的还在后面。在该隐杀了亚伯后,上帝发现他的造物重新陷入致命的邪恶,"地上满了他们的强暴"。[75] 上帝后悔创造了人类,决心彻底消灭掉所有造物,只留下"与神同行"的挪亚及其家人。因此,他叫挪亚建造了方舟,接着发动洪水摧毁了其他一切。

在这个大灾难后,挪亚"为耶和华筑了一座坛",这象征着有组织的崇拜的来临。上帝命令挪亚以及他的后代"遍满了地",从而给予人类一个新的开始。此外,他还严厉禁止杀害人类同胞:"凡流人血的,他的血也必被人所流。因为神造人,是照自己的形像造的。"[76] 从此以后,人的生命被神圣化,谋杀被认为是对神圣律法的违反。最后,上帝向挪亚宣告,他已经把彩虹设为"我与你们并你们这里的各种活物所立的永约"。[77] 我们从《圣经》文本得知,地球上的所有民族都起源于挪亚的三个儿子。

在列举了挪亚的后代后,故事走到下一个转折点——巴别塔的建造。在那个遥远的时代,所有生活在地球上的人都讲同一种语言。《圣经》讲道,在示拿的平原上,他们开始建造一座宏伟的建筑——一座"塔顶通天"的塔。近来,批评家们解释道,"通天"只是一个普通的表述,仅仅意味着一座很高的塔,并非建造通往天堂的阶梯的惊人工程。[78] 即使如此,人们想要"扬名"的企图,代表着他们第二次试图超越上帝为凡人的成就所设的界限。这一次,上帝的惩罚是通过破坏他们的交流方式来削弱人类的集体力量。上帝引入了语言的多样性,把人类分成不同的部落和民族。上帝把人类"分散在全地上",使他们再也不能对一个共同的工程取得一致的意见。所有人类一开始都属于一个民族,但此后他们注定要被分散为很多个民族延续下去。

西奥多·希伯特(Theodore Hiebert)最近尝试把上帝的惩罚淡化为"以中立态度"引入文化差异。这不仅毫无说服力,看上去还有点过时。[79] 只要将《创世记》第十一章的语言同《给太阳神阿托恩的伟大赞美诗》中引入的文化差异做一下比较,就能看到其中的不同。这部赞美诗是法老阿克何纳托（Pharaoh Akhenaten）在公元前14世纪中期（公元前1352—前1338）试图对埃及宗教进行改革的核心文本。它说道："你把每个人各安其位……他们的语言不同，性格也不同；他们的肤色不同，因为你要区分不同的民族。"[80] 在《伟大赞美诗》中，文化差异是世界原始创造中的一部分，而在《创世记》里，文化差异则出现在一系列续发事件的结尾，集中在人类的越界和上帝的纠正回应。最后，从古至今几乎所有的解读者都把语言多样性的引入看作神罚。他们这样理解是正确的。在我们看来，它代表了从天堂的纯真向历史的残酷世界过渡的完成。

《创世记》的前十一章告诉我们人类是怎么从最初的黄金时代演变成生活在巴比伦之囚后的犹太人眼中的境况的。用宗教的说法，这是一个罪以及与神的分离反复出现，人类随后顺服并与神和解的故事。它按照三个模式化的情节推进：人类的一系列僭越——招来神罚——最后导致人类境况的革新。在堕落之后，最早的人类进入了一个羞耻的、男权至上的、匮乏的和需要劳作的世界。他们的寿限强调了他们的有死性以及与神的分离。洪水之后，上帝与全人类缔约，明确禁止人类杀害同胞，而挪亚的祭坛代表着有组织的崇拜的开始。在巴别塔之后，上帝引入文化差异，从而搅乱了人类反复出现的变得"像神一样"的努力。

在希伯来《圣经》中，对神的顺服一直是一项艰巨的任务。大多数时候，故事的主人公一开始都非常傲慢自私，只有在经历很多不幸之后，才会服从于神的恩典。正如雅各在他人生的转折点所承认的："耶和华真在这里！我竟不知道。"[81] 每一个情节都使得人类的状况更接近于古代世界的历史现实。在巴别塔之后，故事讲起亚伯拉罕的生平，由此开启犹太人悠久的历史，这将会是希伯来《圣经》剩余部分的主要内容。正如理查德·莫伊（Richard Moye）所说，《创世记》的叙事一开始是"历史化的神话"，后来逐步向"神话化的历史"推进。[82]

同时，《圣经》叙事可以被解读为一系列逐渐上升的道德范例，最后是犹太一神论得以确立的故事。《圣经》里的神比赫西俄德的宙斯要更为超凡、更令人敬畏。此外，宙斯仍保留着前奥林匹斯时期希腊众神的一些霸道的特点，而《圣经》里描绘的神则对人类非常关心。犹太民族的起源及其后来的历史贯穿着一种分离与回归、僭越和顺服的辩证关系。在每个转折点,上帝的恩典以及人类对恩典的接受常常是故事情节的核心要素。《圣经》里的神对他的造物是有意图的,且最终与人类缔约,而这是宙斯从未做出的保证。

最后,赫西俄德和《创世记》都讨论了不平等,但方式并不完全相同。在这两个故事里,对不平等的明确提出,最初都是针对性别。在人类从天堂的富足到历史的匮乏和劳作的过程中,第一个女人起到了关键作用。但是,《创世记》强调女人和男人一样,是照着上帝的形象创造出来的,而这个断言在赫西俄德那里是找不到的——赫西俄德对潘多拉的描绘,远比《创世记》对夏娃的描绘更为厌女。即使如此,《创世记》仍继续为女性在人类堕落之后的从属地位做出辩解。考虑到社会的不平等问题,对劳动的好处的赞美、对懒惰及贵族的傲慢的谴责,成了赫西俄德作品的中心主题,且正如我们将看到的,它也成了希伯来《圣经》里一个反复出现的主题。

在《圣经》中,以色列人的历史被写成了普通人的历史。在人类堕落之后,劳作作为惩罚出现,但也是一种必需,且最后成了一种正面的价值。对于压迫穷人和位卑者的大贵族,《圣经》的作者们是一点耐心也没有。正如《诗篇》的作者所宣称的:"恶人已经弓上弦,刀出鞘,要打倒困苦穷乏的人……他们的刀必刺入自己的心,他们的弓必被折断。"[83] 这样的谴责在很多赞美诗中都能找到。[84]《圣经》的作者们宣扬谦逊,推崇对上帝命令无保留的服从,即使它们就像在亚伯拉罕和以撒的故事中那样残酷且令人费解。一次又一次,先知们预言灾难将降临到把利益和金钱看得比公正还重的国家。一次又一次,他们谴责过度富裕和过度强大是罪恶的。[85]《圣经》中凡是关乎普通人艰苦工作的故事,都是用一种共情的语言来书写的。他们要求读者去体认受苦的人类同胞,想象如果自己是压迫的受害者会是怎样的状况。而大人物和强人则被提醒,他们的世俗权力只是被授予的,因为真正的权力只属于上帝。

文化差异与圣战

至此,我所关注的都是希伯来《圣经》里对共同人类的描述。但是,《塔纳赫》也围绕着犹太人的历史展开,他们作为上帝的"选民",是最早皈依真信的族群。上帝是宇宙的造物主,但也是以色列人的神。跟希腊人一样,以色列人几乎一直处于战争状态,不是跟住在应许之地的其他民族,就是跟地中海东部(Levant)一个个相继出现的强大帝国交战。《圣经》讲述了从出埃及到波斯帝国崛起期间,以色列民族在艰苦处境中不得不经历的许多血腥战争。

"摩西五经"中所描述的战争被证实是对抗偶像崇拜者的战争。犹太人常常被警告不可从偶像崇拜者中娶妻,也不要与他们为友,以免退回到以前那种对伪神的崇拜。上帝命令犹太人不要与他们缔结条约,而应该拆毁他们的祭坛,烧毁他们的木偶。[86] 希腊人和特洛伊人都敬拜同样的众神,他们之所以成为以色列的敌人,有两个原因:其一是他们占领了上帝赐给以色列的土地;其二是他们反对真信。"你们要追赶仇敌,他们必倒在你们刀下。"又:"耶和华你的神将他们交给你击杀,那里你要把他们灭绝净尽,不可与他们立约,也不可怜恤他们。"[87] 如果以色列人娶了米甸女人为妻,依据摩西的指令两人都会被处死。在随后与米甸人的战役中,米甸人的城市都被夷为平地,所有与以色列人交往过的男女都被处死。只有其余的妇女和女童能够被赦免。[88]

最好战的语言可以在《申命记》中找到。如果一座城的防卫者自愿投降,以色列人就会跟他们立约,而如果他们一直抵抗,这座城的成年男性就会被杀死,妇女和孩子则会被当作战利品。那些住在上帝许给以色列人的土地上的居民,甚至会受到更无情的处罚:"这些国民的城……其中凡有气息的,一个不可存留。只要照耶和华你神所吩咐的,将这赫人、亚摩利人、迦南人、比利洗人、希未人、耶布斯人都灭绝净尽。"[89] "摩西五经"的其他书中关于战争的章节仍处于"正常的"古代战争的范围,《申命记》中则出现了上帝下令对整个国家进行灭绝性大屠杀的情节。杀害和奴役被征服者是古代世界常见的做法。希腊历史学家在讨论以色列的历史时,很少被这种做法所冒犯。让他们震惊的是对神庙和雕像的摧毁。希腊人认为,战争中的胜利并未给予渎神的许可。[90]

但是,由于犹太人早先在埃及、随后在巴比伦受到驱逐和奴役的事实,犹太人作为残酷的征服者的形象常常因此而得到一种平衡。关于在埃及所受奴役的记忆是贯穿"摩西五经"的关键要素。犹太人被告诫,要像自己希望被对待的那样去对待外邦人:"若有外人在你们国中和你同居,就不可欺负他。和你们同居的外人,你们要看他如本地人一样,并要爱他如己,因为你们在埃及地也作过寄居的。"[91] "你们并与你们同居的外人,当有一样的条例,一样的典章。"[92] 在这些相似的章节中,外邦人被界定为必须得到平等和慈善对待的人类同胞。对奴役埃及人的提及,赋予这些宣言一些独特的意味,超越了对所有人同为人类的简单肯定。它们重新点燃了犹太人被压迫的记忆,要求信徒认识到自己作为外邦人时的经历——这是宙斯法则中所缺乏的共情心,即把外邦人当作人类同胞来对待。

虽然希伯来《圣经》中的创世故事以及很多其他章节都带有潜在的普世主义信息,但犹太教从未追求成为一个普世宗教。无可否认,在古时候,有相当多的非犹太人都皈依了犹太教。尤利乌斯王朝期间,罗马帝国有7%的人口都追随希伯来《圣经》里的上帝。[93] 公元前1000年,犹太王国在阿拉伯半岛的西南角建立。公元8世纪,位于西亚黑海大草原上的可萨人(Khazars)的国王把犹太教选定为国教。[94] 但是,犹太教并没有逐步成为一个劝人皈依的宗教。即使如此,希伯来《圣经》里有好几个章节都赞扬了上帝作为所有民族和君主的主的伟大,比如在《诗篇》第22章中:

> 地的四极都要想念耶和华,并且归顺他;
> 列国的万族都要在你面前敬拜。
> 因为国权是耶和华的,
> 他是管理万国的。

"第二以赛亚书"（Second Isaiah）中有一些晦涩的典故，暗示有一位救主将会让万国都承认以色列人的神是唯一的真神。在某一节中，这位救主似乎被认为是阿契美尼德帝国的创立者居鲁士（Cyrus）。"第二以赛亚书"很有可能在公元前550年后被修订过，当时居鲁士发动了征服巴比伦的战争。获胜后，他让所有臣民都自由地信奉自己的神，并且让犹太人重返故土。据《以赛亚书》所说，居鲁士是耶和华的"受膏者"，"我搀扶他的右手，使列国降伏在他面前"。上帝向他的先知宣布："我还要使你作外邦人的光，叫你施行我的救恩，直到地极。"[95]

在"第二以赛亚书"中，上帝自豪地宣布"除我以外，再无别的神"。在这儿，我们看到了一个十足的一神论强有力的显现。即使如此，评论家对以赛亚的预言的含义从未达成共识。有些评论家认为以赛亚是在宣告，整个世界未来都会皈依对唯一真神的信仰，但其他人捍卫着一个更为"国家主义"的观点：以赛亚赞扬了上帝的选民，并预示外邦会认可以色列的荣耀。只有在最后，即所谓的"第三以赛亚书"中，才可以看到普遍皈依以色列的神的第一缕微光。[96] 有些评论家暗示，以赛亚认为居鲁士可能是上帝拣选的工具，由他带来普遍皈依。但是，这种不切实际的设想从未实现。居鲁士自己很可能是琐罗亚斯德的追随者，但作为波斯帝国的统治者，他采取了一种务实的宽容政策。[97] 犹太的一神论仍是以色列人的宗教。只有到很久以后，基督徒，尤其是保罗，才利用以赛亚的启示构建了一个世界性皈依的预言。[98]

我们也许可以下结论说，希伯来《圣经》中既包含了特殊主义的信息，也包含了普世主义的信息。希伯来《圣经》中的长篇历史叙事主要涉及犹太民族的历史，其普世主义信息虽从未主张世界性皈依，却提出了共同人类的说法。当《圣经》故事被当作寓言来阅读时，它能被解读出更多普世的含义。比如，《出埃及记》的故事里出现了逃离压迫的情节，随后便是为到达"应许之地"——即更好的生活、更公正的共同体——所做的长期努力。那么上帝与"所有人"所立的约，就代表着一个所有居民都能自由地投身其中的理想政体。[99] 希伯来《圣经》里的很多故事都允许双重解读：它们既就犹太历史中的事件进行说教，又通过寓言化的方式，给我们提供了关于受难、斗争、救赎和解放的普遍辩证关系的教训与反思。

当谈到文化差异时，《塔纳赫》中存在着两种声音。一种声音宣告人类是统一的，每个人都有义务尊重所有人类生命的神圣性，因为全人类都是按着上帝的形象创造出来的。外邦人不能受攻击，而必须被公平对待，换位思考。另一种声音用圣战的语言来说话：那些与以色列人为敌的外邦人受制于偶像崇拜，必须回避、攻击他们，甚至在某些情况下要毫不留情地消灭他们。作为历史，这些文本讲述了上帝命令犹太人对某些敌人发动无情的战争。但它们也可以用寓言化的方式来理解，使得后人既可以选择从暴力的角度去解读，又可以用更精神性的、更为和平的方式去解读。这种张力一直都存在，每一代新的读者都要以这样或那样的方式去解决它。

民族中心主义与普世主义之间的人类

可能除了色诺芬尼，这一章讨论到的文本，都不是系统的哲学论述。这些文本中对良好生活的设想，结合了作者熟知的社会惯例。对这些古代著作的批判性阅读，显示出传统的民族中心主义和新兴的普世主义之间存在一种不甚稳定的平衡。不然又能怎样呢？最早的普世主义的人类概念，起源于以民族中心主义为第二天性的社会。这些文本令人惊奇的地方不在于民族中心主义，而在于它们如何摆脱了其所处环境的常识上的"现实主义"。我们应该探究这是如何可能的。普遍的人类概念是如何在那些时代的环境下成为可以想象的？

第一个答案与传统的状态有关。无论如何，我们已经谈论过，传统有着强大的力量，但它们再也无法被视为理所当然。在荷马和赫西俄德的时代，希腊人正在经历从国王和贵族的世界过渡到由城邦组成的社会的阵痛。同时，航海和商贸增强了对边境和外来者的觉察。在色诺芬尼的时代，传统被侵蚀得越来越厉害，更令相关人士担忧。在这种情况下，

"哲学"变得可以意想了。

在犹太人到达巴勒斯坦、被逐、设法回归，且不得不在亚述帝国、巴比伦帝国和波斯帝国的边界地区逃生的这几个世纪里，希伯来《圣经》逐渐成形。在巴勒斯坦定居下来后，以色列人发展出一个定居的城市－农业文明。没有海洋的保护，他们的地理位置比希腊人的更易受攻击。战争、放逐和帝国占领，给压迫和解放的辩证关系提供了背景，而这正是《圣经》叙事的特征之一。犹太人被迫紧紧抓住他们的传统，犹如海难中的溺水者紧抓着船的残骸，一遍又一遍地重新发明自身，比希腊人更甚。

但人如何能重新发明自身？他们怎样做到与以往的确信之事进行心理和智识上的决裂？一个基本条件是书面记录的使用，这让表达集体记忆，以及有意识地整饬观念变得可能。如果作者敢于突破对事物和事件的单纯罗列，他就能创造一个关乎现实而又与之不同的故事。故事在讲述、概括、判断和详细解释，并因而产生一个新的现实——叙事的现实。上帝和自然力量的存在，是通过其作用而为人所知的，除了在灵视或梦境里，人们极少能看见它们。道德标准并不概括人们实际如何行动，而只反映人们所应行，但常常未行之事。因此，叙事通常使作者和读者同事物的既定秩序保持一定的距离。

换句话说，文本的写作能让作者超越现实地思考。这是让共同人类与神圣秩序的观念——亦即无法直接参照可感知、可观察现象的抽象概念——成为可意想之物的必要条件。这样的概念让作者和读者都有能力对现存的做法和教条形成批判性的描述，进而构想和想象"超越现实"的观念。前面讨论到的文本也体现了现实与想象的辩证关系。它们涉及它们产生于其中的社会惯例及所珍视的传统，但其思考远不止这些。在这些文本中，民族中心主义和普世主义之间的张力是辩证关系的核心。正是这一创造性的张力，使共同人类的最初概念得以发明。

第二章　宗教与哲学的普世主义

本章所讨论的宗教和哲学文本跨越了许多边界。后人以及远离这些文本的起源地的人们，一直都在对它们进行研究与重释。《圣经》和《古兰经》最后成为两大世界性宗教的正典，而这两大宗教的拥戴者如今加起来占世界人口的一半多。斯多葛派哲学始于西亚的古希腊文化，后来成为罗马帝国统治精英的普遍信条，以及近代早期欧洲思想文化的一个重要组成部分。最后，儒家思想自唐以后扩张到朝鲜半岛、日本和越南，使很多不是中国人的人也可以接触到"中国"模式的文明。[1]

正如我们将看到的，这些宗教和哲学都赞同共同人类的概念，并且有时候也支持神圣的或自然的平等。在犹太教出现之后，基督教和伊斯兰教都设想人类拥有共同的血统。《新约》和《古兰经》肯定了全人类之间的基本平等，因为全人类都是按神的形象创造的。这两大宗教都采用了普遍皈依的政策，又始终在已见到光的和仍栖身于黑暗的人之间划下明确的界限，最后都分别和其犹太根源或阿拉伯根源决裂。因此，这两大世界性宗教的历史，是由普世主义和排外之间强有力的辩证关系所驱动的。

斯多葛派同基督教和伊斯兰教一样起源于西亚，但它是作为哲学信条而非宗教起作用的。所有人的心智都分享了普遍的宇宙理性，斯多葛派的自然平等观根植于这一理论。在实践中，其范围从希腊和罗马政治的平等主义扩展到罗马时代帝国公民身份的世界性平等。此外，斯多葛派的自然平等概念还为近代早期欧洲的现代自然法哲学所吸纳。

从狭义的宗教上来说，儒家未曾成为一门宗教，但有着宗教的意味。它所憧憬的文明生活赋予了世俗的人伦关系一种神圣的光环。[2] 在汉代，一些中国文人梦想着在未来，全世界都会效仿伟大的中国圣贤之道，但这个未来只在东亚成为现实。与基督教、伊斯兰教及斯多葛派不同，儒家关于共同人类与人类本性的概念缺乏一种超验的基础。儒学家把人类社会设想为宇宙秩序中不可分割的部分，但其宇宙秩序是一种内在的原则，而不是本体论上"更深"层次的真实的神圣基础。正如我们将看到的，缺乏这一超验的锚固，使得儒家在历史和文明的视野上很难跳出华夏中心论。

基督教和伊斯兰教的一神论

基督徒和穆斯林都承认犹太教的先驱地位，并且都把一个在希伯来《圣经》中得到充分陈述的概念——排斥所有先前的"其他神"——作为其信条的核心要素，但做法有别。基督教一开始是作为犹太教的变异分支出现的。它挪用了《塔纳赫》诸卷的大部分，并重新整理，形成《旧约》。从此，很多犹太教的预言都被解读为对基督降临的预知。基督故事的一个中心主题就是犹太人拒绝接受耶稣的旨意，并共谋将耶稣钉死在十字架上。因此，反犹太教成为基督教的特点之一。

伊斯兰教并不是对犹太教的直接继承，而且对穆斯林来说，《古兰经》是唯一的圣书，是真主"永存的"（uncreated）话语。但是，伊斯兰教承认《圣经》里的先知，尤其亚伯拉罕、摩西和耶稣，是有着伟大智慧的真先知。然而，穆斯林认为他们的神旨现在已被穆罕默德取代。即使如此，在通常情况下，穆斯林还是承认犹太教徒和基督徒为"有经人"，地位比异教的多神论者更高，且允许他们作为被宽容的少数居住在穆斯林国家。但是，在某一重要的方面，伊斯兰教更接近犹太教而不是基督教。它宣告了一种严格的一神论，与我们已经在希伯来《圣经》中遇到的类似。《古兰经》中的很多章节都强烈批判了基督教的三位一体教义。正如我们在后面将要看到的，伊斯兰教的早期历史发生在阿拉伯半岛，它卷入了与当地的多神论者以及犹太教徒的冲突。其后来的历史最显著的特征则是与基督徒之间频繁而激烈的斗争。

与犹太教一样，基督教和伊斯兰教都宣称它们的神是唯一的真神，而其他的神仅是错觉。与犹太教不同的地方在于，它们不断努力使其他民族皈依。基督教和伊斯兰教通过发动圣战来实现普世主义。在这一点上，基督教要更为激进。当穆斯林逐渐放弃让其他"有经人"改宗时，基督徒的传教热情却波及犹太教徒和穆斯林。然而，基督教和伊斯兰教的世界性扩张并不只是自愿改宗的问题。一开始，基督教在罗马帝国几乎不被人接纳，且经常是被迫害的少数。但到公元4世纪初，在君士坦丁大帝转为亲基督教派后，基督教开始与帝国的命运紧密相关。帝国与伊斯兰教之间的联系甚至更为密切。伊斯兰教的发展一开始就依赖军事动员、国家构建，乃至最后的帝国征服。

基督教《圣经》里的共同人类

基督教始于一场弥赛亚运动，由耶稣领导，而历史上关于他的可靠信息少之又少。耶稣向犹太人传达旨意，要进行彻底的宗教改革。三部对观福音书通过不同的事实材料和着重点讲述了耶稣的诞生、生平、教导和最后的受难。这些福音书与《使徒书信》、《约翰启示录》以及《使徒行传》（与《路加福音》为同一作者所著）一起，组成了《新约》里的正典，它们是在公元50年到100年间由大约十六位作者所写。[3] 其中大部分是写给基督徒的，但《使徒书信》也面向罗马帝国的异教徒社群。《新约》用地中海东部地区通用的的希腊语写成。当基督徒开始自己组织成超地方的"教会"时，他们把《塔纳赫》里的大部分经文当作他们的《旧约》。作为教会的早期教父之一，哲罗姆在公元382年至405年间把整部基督教《圣经》译成拉丁语。这部译作被称为拉丁文《圣经》（Vulgate），在中世纪的欧洲成为《圣经》的权威版本。

跟希伯来《圣经》一样，《新约》将人类构想为血统共同体，所有按上帝的形象所造的人的共同体，回应上帝的戒律的人的共同体。希伯来《圣经》通常把它的读者称为以色列民，《新约》的作者们却逐步与犹太教脱离关系。福音书里的一个重要主题就是犹太人拒绝接受耶稣的旨意。不可否认，耶稣是被罗马人处死的，但福音书强调了犹太人在耶稣受难中的同谋。自始至终，耶稣都被描述成一位犹太改革者，严厉谴责犹太教会的既有领导层。

最后，基督徒通过指定耶稣为希伯来《圣经》中的先知们所预言的弥赛亚，解决了耶稣作为犹太改革者和一个新的普世信仰的创立者之间的冲突。这样一来，基督教的出现就代表着《旧约》的完成，基督徒可以将自身重塑为"新的以色列人"，且控告犹太人对在他们中间宣扬的真正救赎的旨意视而不见，充耳不闻。在基督教接下来的历史中，耶稣与犹太人之间雅努斯式的两面关系，成了反犹太的和亲犹太的温床，但前者的成分要多得多。

耶稣的旨意的确很激进。虽然他保证会成就律法，绝不废除它，但他所用的语言与"摩西五经"的不同。在提及"十诫"里对通奸的禁令时，耶稣认为好色地盯着别人的妻子看的人，在内心已犯了奸淫。[4] 当被要求解释他对饮食教规的批评时，他认为任何入口的东西都会进入腹部，最后消散在风中，"惟独出口的，是从心里发出来的，这才污秽人"。[5] 在登山宝训里，他让听众想起旧有律法中的"不可杀人"，接着说道："只是我告诉你们，凡向弟兄动怒的，难免受审判。"[6] 他的旨意是，心性比虔诚的言语更重要，行为要合乎内心的信念。

当说到耶稣旨意的社会意涵时，首先要注意的是爱的中心地位。耶稣始终坚持把对上帝的爱和对邻人的爱作为最高诫命以及律法的集中体现。正如他在《马太福音》中所宣告的那样："你要尽心、尽性、尽意，爱主你的神。这是诫命中的第一，且是最大的。其次也相仿，就是要爱人如己。这两条诫命是律法和先知一切道理的总纲。"[7] 耶稣指示他的信徒要避免被物质财富困住，要在日常的生存竞争中帮助他人，而不是沉迷于自私的追求。这个旨意具有社会包容性。登山宝训祝福"虚心的人"、"温柔的人"和"怜恤的人"。耶稣祝福那些"为义受逼迫的人"，"因为天国是他们的"。[8] 谁是他的预言的对手也是非常明显的。耶稣警告他的追随者，"你们的义若不胜于文士和法利赛人的义"，必不能进天国。[9]

鉴于耶稣的这些声明，不少同时代人企图将他抹黑成一名政治颠覆分子。《马太福音》中提到，法利赛人试图用一个关于向罗马人纳税是否合法的问题来构陷他。耶稣的回答非常著名。他给法利赛人看一枚钱币，并询问他们钱币上的头像是谁。法利赛人回答，是凯撒。然后，耶稣回复道："凯撒的物当归给凯撒，神的物当归给神。"[10] 耶稣不是一个政治革命者，但他的语言构成了一种反政治。他对上帝的看法代表着他否定了国家与希腊－罗马宗教诸神之间的紧密结合。因此，基督徒常常是两个世界的公民。政治共同体的中心和宗教共同体的中心不再一致。当然，这也背离了假定宗教共同体与以色列民族一致的犹太主流思想。

奥古斯丁也许是教父中最有影响力的一位，他后来在《上帝之城》(De Civitate Dei) 中采用明喻表达了这种二元性。奥古斯丁认为，教会是"上帝的共和国家（commonwealth）"，不仅在精神的意义上，而且在历史的完满中。它承认国家在世俗事务上的最高权威，但也宣称自身在宗教领域的最高权威。在公元 410 年哥特人劫掠罗马的巨大阴影下，奥古斯丁暗示，未来的教会将会成为一种精神力量，但不是专注于来世的那种。在某种意义上，教会将会继续承担它对罗马帝国的教化使命，不过是对一个新的更好的罗马。[11] 基督教世界观因此催生了一种不得不承受的神圣与世俗之间的潜在张力，而国家的世俗权威与教会的超越权威之间发生冲突的风险也永远无法被完全排除。正如公元 200 年，基督教哲学家巴戴桑（Bardaisan）在罗马帝国东部边境的埃德萨所写下的对基督徒的观察："无论他们身在何方，地方法律都不能强迫他们放弃弥赛亚律法。"[12]

在巴勒斯坦兴起的耶稣运动弥漫着一种世界末日的氛围。耶稣一度跟他的门徒说，他们中的一些人"在没尝死味以前，必要看见神的国……"。[13] 直到耶稣死后，使徒们开始向罗马帝国的几个地区的非犹太人宣传新宗教，这种认为世界末日即将来临的观点才失去影响力。逐渐地，耶稣运动转变成了早期教会。在犹地亚之外，第一个成规模的基督徒社群出现在安提阿——罗马帝国的亚洲行省中最大的城市。正是在那里，耶稣的追随者首次被称为"基督徒"。¹⁴ 建立一个皈依者来自各个城市和国家的新共同体的任务，需要更长的时间。同时，运动的领导者也不得不面对文化差异的残酷现实。《路加福音》以及同为路加所著的《使徒行传》，给我们提供了了解支撑着早期基督教会的思想的方便渠道。

当耶稣宣告爱邻人如己这个神圣的义务时，他并未说邻人的范围有多广。"邻人"这个词从通俗层面来说，指的是本地社区的成员，但它也可能指整个犹太社群，并且最终可以表示罗马帝国的居民甚至全人类。在"好撒玛利亚人"这个著名的寓言中，"邻人"的歧义就消失了。在故事的开头，一位律法师询问耶稣他该做什么才能获得永生。耶稣用两条诫命来答复他，即爱主你的神以及爱你的邻舍。随即，律法师试图挑衅耶稣，又问道："谁是我的邻舍呢？"耶稣并没有被愚弄，而是用"好撒玛利亚人"这个寓言作复：

> 有一个人从耶路撒冷下耶利哥去，落在强盗手中。他们剥去他的衣裳，把他打个半死，就丢下他走了。偶然有一个祭司从这条路下来，看见他，就从那边过去了。又有一个利未人来到这地方，看见他，也照样从那边过去了。惟有一个撒玛利亚人行路来到那里，看见他，就动了慈心，上前用油和酒倒在他的伤处，包裹好了，扶他骑上自己的牲口，带到店里去照应他。……你想，这三个人哪一个是落在强盗手中的邻舍呢？¹⁵

律法师不得不承认答案是撒玛利亚人。耶稣随后作结说，"你去照样行吧"。

这个寓言的关键是撒玛利亚人。从表面上看，耶稣的旨意相当简单。需要你的爱的邻人，可以是任何人。寓言完全没有考虑血缘、社群、种族或信仰忠诚的要求。但是，正如很多评论家已提及的，耶稣并没有以直接的方式回答律法师的质疑，而是给他树立了一个榜样——撒玛利亚人。这时撒玛利亚人并没有被看作属于以色列民。他们奉行着一种混合式宗教，把"摩西五经"和一些传统神结合起来。在犹太人盛行的观点中，撒玛利亚人充其量只是到达了真理的半途，更多时候是可鄙的偶像崇拜者。[16] 耶稣却将这些撒玛利亚人中的一个设立为光辉的榜样，使其怜悯心同祭司以及代表以色列精英阶层的利未人的冷漠形成对比。如果耶稣只是为了揭露精英的伪善，他大可以选择一位犹太平民作为榜样。故事通过将这一角色赋予传统上被行慈善的社群排斥的撒玛利亚人，引出了文化差异的话题。[17]

文化差异的显著性体现在两个层面。首先，撒玛利亚人对受害者（很可能是犹太人）的怜悯心，将分离他们的文化鸿沟抛诸脑后。他"看到"的不是一个外邦人，而是需要帮助的人类同胞。言外之意显然是，慈善是超越文化边界的。其次，故事通过把撒玛利亚人设为一个好榜样，强调依照耶稣的教训行事的并非只限于犹太人。在这个寓言里，非犹太人（撒玛利亚人）听从了这条大诫命，犹太人反而没有。最终起决定性作用的并不是血统或种族，而是你的信仰以及行为。撒玛利亚人有可能只是路加的虚构，因为在三部对观福音书中，只有路加提到了撒玛利亚人。路加讲述了关于撒玛利亚人的三件事，撒玛利亚人在其中的两件里都给人一种很好的印象。[18] 但是，大部分的早期基督徒均用另一种角度去解读这个寓言。对他们来说，抢劫案中的受害者代表着在恶魔（"强盗"）的作用下沦于罪恶的人类，而撒玛利亚人象征着基督，其凭自身就可以抚平堕落的人类的创伤。双重解读也是可能的。奥古斯丁支持寓言式解读，但也强调道德解读，即怜悯心不应该局限于内团体（in-group）。[19] 而且，即使是寓言式解读，撒玛利亚人作为基督的象征出现，也表明了一种对基督大诫命的普世主义解读。

在《使徒行传》中，我们可以找到这样的宣告，即这种新的信仰应该得到"直到地极"的见证，如同"第二以赛亚书"所预言的，而那些有着真正信仰的人，不论其国族来源，都能被上帝接受。[20] 是保罗把这一旨意传到罗马帝国各行省，最后传至罗马城。认识到保罗并不是第一个宣扬普世信仰的犹太人会很有帮助。在犹太人大流散时，任职于大部分会堂的法利赛人教导说，"摩西五经"中包含着给异邦人以及犹太人的普遍的讯息。[21] 即使如此，他们的普世主义仍只是犹太的普世主义。

保罗被称为基督教的真正创始人,因为他割断了这个新宗教的犹太之根,尤其是割礼和饮食教规,此外还用基督奥体取代了"摩西五经"。[22] 后来的三位一体教义把耶稣基督奉若神明。它对众多信徒的吸引力在于,上帝以人的形式来到世间,他与普通工匠交往,而不与富人和强者交往。作为造物主,上帝高高在上且遥不可及,但作为基督,他就在近处,所有打开心扉接受他旨意的人都可以接近他。[23]

当犹太人藐视神的道时,保罗终于宣告:"我们就转向外邦人去。"[24] 保罗反复声明,在基督里"并不分犹太人、希腊人、自主的、为奴的、或男或女……受割礼的、未受割礼的、化外人、西古提人"。[25] 保罗在这些话中宣扬的是一种跨文化的精神平等的理念。在《哥林多前书》中,他表明世上的声音甚多,"却没有一样是无意思的"。他接着说道:

> 我若不明白那声音的意思,这说话的人必以我为化外之人,我也以他为化外之人。[26]

使徒在这里明显发挥了希腊词"barbaros"(外夷)的双重含义。后来,教会的希腊教父们用哲学语言表达了一个相似的想法,把灵魂(soul)的观念与柏拉图派的心灵(mind)概念等同起来。[27] 一般来说,精神平等并不意味着社会平等。社会平均主义在福音书(最为显著的是《路加福音》)的很多章节中都得到了描述,但在保罗书信中却被很大程度地淡化了。保罗书信给罗马人的一条著名讯息是,嘱咐所有基督徒要表现得像守法、纳税的帝国臣民。保罗也因指示妇女在教会中保持沉默而闻名。灵魂可能没有性别之分,但国民和神职人员肯定有。

早期教会后来的发言人大体上都支持奴隶制,但劝告主人们要承认所有人的"自然平等",以免陷入一种不符合基督徒的傲慢。值得注目的是,他们反对犹太人和异教徒拥有基督徒奴隶。[28] 在世俗和法律事务上,对基督徒的偏向贯穿了整个中世纪。大部分基督神学家都接受奴隶制在民法(而非自然法)中存在的现实,但他们谴责奴役基督徒同胞的行为。[29] 同样,1139年的拉特兰会议禁止使用十字弓(在当时是一种可怕的新型武器）去攻击基督徒，"违者则以绝罚论处"，但攻击异教徒没有这样的后果。[30] 在理论上，基督教的普世主义不承认存在文化与宗教的疆界，在实际中，它经常将基督徒置于其他信仰的拥护者之上。只有谈到让其他人改宗基督教信仰时，它才真正是普世主义的。尽管《圣经》教义视非自愿皈依为一种虚伪，强制皈依的行动依然规模巨大。强制行为的拥护者总是能在《旧约》和《新约》里找到经文来为之辩护。在后来的信仰传播中，基督徒一直声称自己有权使世界各地的人民皈依，但几乎不允许其他宗教的宣扬者踏足基督徒的土地。

《新约》的语言因此是有歧义的，允许完全不同的解读。它的跨文化普世主义与多民族的罗马帝国的基督教化相协调，但也可能转而反对基督教对非基督徒的傲慢和残暴。同样，很多《圣经》文本里超越凡俗的要旨可以被用来排斥社会平等主义的解读，但也可能滋生对社会秩序的"反政治"批判，提供关于共同人类的跨文化构想。最后，几个世纪以来，福音书中耶稣的故事使人们可以用一种政治-宗教的语言，对许多形式的不平等进行激进的批判和改革。

《古兰经》里的共同人类

在西亚出现的第三个一神教是伊斯兰教。伊斯兰教中关于共同人类与普救论的教义以普遍性和排斥性的辩证关系为基础，这与我们在基督教的情形中看到的相同。伊斯兰教教义的宣讲对象是全人类，但历史被描绘成一场穆斯林和不信教者之间永不停止的斗争。《古兰经》告诫所有人类和部落要承认彼此，但也反复声明，非穆斯林的地位是无法与信奉穆罕默德教义的信徒相提并论的。

像犹太教和基督教一样，伊斯兰教的开端屹立着一位品格令人印象深刻的伟大奠基者。与摩西和耶稣相似，穆罕默德（约公元570年，麦加—公元632年，麦地那）是一位大胆而严厉的宗教改革家。他对多神论的排斥遭到了阿拉伯半岛各部落的激烈反对。在某些方面，穆罕默德可与摩西比拟。首先，两人都是宗教和政治领袖，发迹于定居的农耕文明与沙漠地区的游牧民族之间的边界地带。其次，两人传播的都是对唯一真神的信仰，反对传统主义者的观点。最后，两人都生活在强大帝国的边疆。摩西和他的继承者们不得不应对埃及、亚述、巴比伦和波斯帝国的威胁，而穆罕默德及其继承者们需要应对的是东罗马帝国和伊朗的萨珊王朝。

在穆罕默德死后两代人的时间里，伊斯兰教成为北非和西亚地区的强大帝国的宗教载体。早期伊斯兰教的宗教和智识环境受到犹太教和基督教的强烈影响，也许还受到了源自伊朗的琐罗亚斯德文化的影响。彼得·布朗（Peter Brown）曾把阿拉伯半岛称为"一个巨大的回音室，近东地区相互冲突的宗教选项已在其中被转译成阿拉伯语的表达"。在穆罕默德成长的地区，关于犹太教和基督教之优缺点的不休争论持续了逾一个世纪。[31]

麦加是诸多穿越阿拉伯半岛且向更远处延伸的贸易路线的一个交叉口。[32] 城市的商人跟游牧部落保持着一种工作关系，后者控制着商队在内陆沙漠的通路。穆罕默德出生于古莱什，这个部落管理着天房（Ka'aba），彼时还是一个多神崇拜的重要中心。富孀赫底彻（Kadija）雇用穆罕默德管理她的贸易商队。后来，穆罕默德接受了赫底彻的求婚。作为一名沙漠商队的商人，他成了合伙关系网中的一员，逐渐对阿拉伯半岛的各个地区有了了解。但在大约公元610年时，他退隐到沙漠的偏僻一隅，致力于冥想。在异象中，他听到有声音告诉他，他将成为神所选中的领受神旨的器皿。跟其他经历过异象的人相似，穆罕默德一开始感到十分惊慌，以至于无法依照旨意行动。但赫底彻说服他，让他一定要把神的旨意带给人民。因此，在伊斯兰教的传统中，被誉为第一个认识到穆罕默德预言的可信性的人，是一个女人。[33]

《圣训》（被归于先知的语录）之后的一处提到赫底彻把穆罕默德带去见她的堂兄瓦拉格（Waraqah），一位既懂希伯来语也熟悉"摩西五经"的基督徒。据瓦拉格说，在穆罕默德的异象中出现的神示非常接近于"曾经降临到摩西身上的律法"，从而给这个新神示提供了一个犹太系谱。³⁴ 对穆罕默德生平的传统叙述合乎情理地把他描绘成一位多神教的坚定对抗者，然而近年来的更多研究强调，穆罕默德反对犹太教和基督教的论战同样多，或许更甚。³⁵ 公元 6 世纪，位于阿拉伯西南部的犹太王国对基督徒进行迫害，激起了波斯人的介入，随后留下了一场宗教上的混战——这个事实可能也与上述所言相关。³⁶ 在《古兰经》里，"以色列的后裔"*一词频繁出现，并且犹太人和基督徒常被劝诫要回归到纯粹一神教的"羊圈"里。³⁷

穆罕默德试图纠正琐罗亚斯德教的宗教信仰，但遭到强烈反抗，不得不于公元 622 年逃往麦地那，那里的一个宗派请求他对即将来临的内战进行调解。穆罕默德逃离的那一年标志着穆斯林历的开端。不久，麦地那的大部分人民都承认穆罕默德为他们新的宗教领袖，但城中的三个犹太宗派表示拒绝。在接下来的几年中，其中两个宗派被逐，剩下的一个被消灭。因此，《古兰经》里对犹太人的论战，以及对拿起武器对抗"异教徒"的更为广泛的号召，都与麦地那的领导权斗争联系了起来。³⁸ 在被穆罕默德统治之后，麦地那成了第一个穆斯林社群的所在地。与此同时，麦加人仍对穆斯林持敌视态度。公元 624 年，双方在巴德尔进行了一场军事较量，麦地那获胜。这是在伊斯兰教的旗帜下赢得的第一场胜利。羽翼初丰的穆斯林认为这证实了他们的唯一真神信仰。³⁹ 更多的胜利很快接踵而至，直到麦加最后拥护了这个新信仰。天房，一块巨大的黑石（也许是一块陨石，据传是被神从天堂上掷下来的），成了伊斯兰教的神圣中心。在这些峥嵘岁月里，穆罕默德继续看到异象，直到公元 632 年谢世。

穆罕默德逝世后，他的追随者面临保存先知的口头及书面法度的问题。被穆斯林接纳的共识是，《古兰经》的权威正典是在第三位哈里发奥斯曼（公元 644 年至 656 年在位）的指引下整合而成的。但西方的批判性研究对这个观点进行了修正，认为奥斯曼的修订仅仅代表着《古兰经》正典化的开端，这个过程要到约两个世纪后才结束。⁴⁰ 虽然还存在着许

---

* 本书《古兰经》译文皆引自中国社会科学出版社于 2003 年出版的马坚译本。

多不确定性，但我们也许可以接受迈克尔·库克（Michael Cook）的结论，即与《新约》相比，《古兰经》的正典化过程要快得多，而且受到了国家更为直接的控制。[41] 我们还应注意到，跟基督教《圣经》不同，《古兰经》是在早期穆斯林发动一次又一次战争的期间被封为正典的。还有一个更大的区别是，只有阿拉伯语的《古兰经》才被承认为真正的正典，而从公元5世纪以来，基督徒一直将拉丁文《圣经》奉为正典——只有在文艺复兴时期，欧洲的学者们才回归到希伯来语和希腊语的原作。

我们今天看到的《古兰经》包含一百一十四章（sura），每章的长度从几节到几页不等。相比希伯来《圣经》和基督教《圣经》，《古兰经》给读者提供的历史引证非常之少。[42] 它的章节是按照长度而非时间顺序来安排的，里面没有潜在的历史叙述或情节，给解经学和解释学留下了充足空间。显然，《古兰经》接受了《创世记》中的创世故事，但并没有自己的创世叙事。同样，它用亚伯拉罕（易卜拉欣）、摩西（穆萨）、雅各（叶尔孤白）和耶稣（尔撒）的故事作为必要的背景，而没有对这些故事进行详述或全面概括。《古兰经》提到的先知，除了穆罕默德本人，都能在犹太教及基督教的经文中得到验证。[43]《古兰经》把易卜拉欣描绘成第一位真正的一神论者，强调他"既不是犹太教徒，又不是基督徒"。[44] 同样，尔撒在《古兰经》中也是一个正面的形象，但这已是一个"净化过的"尔撒，没有了他在基督教里的那种神化。[45]

《古兰经》是怎样的一部圣典呢？《古兰经》对一神论近乎执迷：与《塔纳赫》和《新约》相比，它更加强调以神为中心。在很多章中，神既作为说话人，也作为经文的焦点出现。[46]《古兰经》告诉我们，神是造物主，给了自然世界让我们认识，给了神圣的《古兰经》让我们信仰。他是一，是绝对的、永恒的、全能的。伊斯兰教比犹太教更强调一神论的绝对地位，它对基督教三位一体的论战贯穿了整本经文。但是，从一个稍微不同的角度看，《古兰经》显然也是人类中心主义的。神是人类的造物主，在《古兰经》中对他们发言，在他的创造中，所有其他元素与人类紧密相关。诸星之所以被创造，是"以便你们在陆地和海洋的重重黑暗里借诸星而遵循正道"。[47] 即使如此，《古兰经》对人类的描绘并无奉承。人被刻画成有罪的、无力的、易受伤害的、多变的、易堕落的和常常误入歧途的。《古兰经》里的某些段落把人类历史描绘成近乎无意义的："你们应当知道：今世生活，只是游戏、娱乐、点缀、矜夸，以财产和子孙的富庶相争胜……今世生活，只是欺骗人的享受。"[48] 历史以及人类的追求在这里被贬为完全的虚荣。《古兰经》与《传道书》的相似之处是显而易见的——它倡导信徒应警惕世俗的诱惑，坚守伊斯兰的正道。《古兰经》包含很多关于世界末日的可怕预言，以及将会出现在可怕的审判日的最终判决。

同希伯来《圣经》和基督教《圣经》一样，《古兰经》肯定人类的统一性。所有人都拥有共同的血统，都是由上帝创造的，都被呼吁去拥抱真正的信仰。《古兰经》依循《创世记》讲述了创世、禁果和堕落的故事，但这一次，并不是夏娃（哈娃）听从蛇的邪恶劝告引诱了亚当（阿丹），而是亚当和夏娃同时被撒旦给引诱了。[49] 因此，这个故事在《古兰经》中的版本并没有证明女性的从属地位是合理的。但是，后来《圣训》也讲述了《创世记》中的亚当肋骨的故事。[50] 此外，《古兰经》还包含很多暗示女性从属地位的社会规定，比如，在继承和服从的问题上。[51] 最死板的规定是，在诉讼中，两位女证人才能抵得上一位男证人。[52]《古兰经》中关于离婚和继承遗产的规定表明，其较之于先前的部落习俗总的来说并没有改善，这与穆斯林当局有时所宣称的恰恰相反。实际的记录非常驳杂。只有在第一位哈里发征服中东的时候，穆斯林才完全吸收了盛行于美索不达米亚和伊朗的父权制传统和教义。[53] 自阿巴斯王朝以来，除了为数不多的持异议者（其中，苏菲派最具有影响力），整个伊斯兰都变得非常厌女。[54]

但这并不意味着，《古兰经》的经文没有给女性自主留下任何余地。莱拉·艾哈迈德在其关于伊斯兰女性和性别的经典著作中表明，阿巴斯时代的风俗与教条系统性地漠视了《古兰经》中关于共同人类与平等的普世主义概念。她提醒我们，在麦地那建立的第一个穆斯林社群中，女性充分参与了宗教仪式，去清真寺祷告，还出现在穆罕默德的听众中。穆罕默德的妻子们为《圣训》做出了重要贡献。《圣训》中有超过两千条要归功于阿伊莎（Aisha），其中三百条后来又被极其严苛的评论家奉为正典。据艾哈迈德对《圣训》的解读，麦地那的女性并不仅仅是"被动、温顺的追随者，而是……信仰领域的积极对话者"。由于穆罕默德在麦地那的时候仍在接受新的神示，女性的积极角色很可能对《古兰经》产生了影响。有一次，妇女们问穆罕默德：女性同样很乐意接受启示，为什么《古兰经》只向男性说话？这个问题导致《古兰经》第三十三章面向两性发言。[55] 神首次对先知的妻子们说话，劝诫她们要谦虚，要安守在家，不要"炫露你们的美丽，如以前蒙昧时代的妇女那样"。但男性和女性的宗教义务被放在了同一层面：

> 顺服的男女，信道的男女，服从的男女，诚实的男女，坚忍的男女，恭敬的男女，好施的男女，斋戒的男女，保守贞操的男女，常念真主的男女，真主已为他们预备了赦宥和重大的报酬。[56]

在第三十三章的最后一节，两性再一次被放在同一层面："以致真主惩罚伪信的男女和以物配主的男女，而赦宥信道的男女。"[57] 虽然《古兰经》给男性和女性规定了不一样的社会和政治地位，但他们的道德品格和宗教义务在此被宣称为相同的。这些段落所传达的基本信息与保罗所宣告的几乎一样，后者称在基督中是不分男女的。但它们也有着相同的局限性：《古兰经》其他章节详述的社会和政治权力的性别化分配仍未被触及，并因此得到了默许。

另一个在《古兰经》中再现的《圣经》主题是大洪水。在《古兰经》的故事里，努哈（挪亚）的一个儿子拒绝登上方舟，最后和其余的远古人类一起消亡了。洪水过后，真主宣告："努哈啊！你下船吧！从我发出的平安和幸福，将要降临你和你同船者的部分后裔，他们的另一部分后裔，我将使他们享受，然后，他们将遭受从我发出的痛苦的惩罚。"[58] 在某种程度上，这里对人类的看法比《创世记》的相应章节更缺乏包容。

伊斯兰教的五大支柱之一是教徒都有义务支付天课（zakat）——穆斯林每年一次救助穷人的捐款。所有有一定收入、资产或土地的穆斯林都被期待帮他们贫困的兄弟姐妹维持生计[59]：

> 你们把自己的脸转向东方和西方，都不是正义。正义是信真主，信末日，并将所爱的财产施济亲戚、孤儿、贫民、旅客、乞丐和赎取奴隶，并谨守拜功，完纳天课，履行约言，忍受穷困、患难和战争。[60]

慈善被上升为诚实和可靠的组成部分。《古兰经》从宗教和社会两个方面对善进行了描述。虔诚和祈祷，却不关心其他不幸的人，不能算作真正的善。我们可以注意到，旅行者作为可能需要帮助的人在经文中被提及。《古兰经》中提出要给有需要的人提供帮助，这义务同样适用于外邦人。逐渐地，《古兰经》体现出对金钱和财富的不信任，这跟我们在犹太教及基督教《圣经》里看到的有相似之处。就跟《圣经》里的神一样，《古兰经》里的神拔擢他想要拔擢的人，贬黜他想要贬黜的人，从而凸显出人类所有伟业的短暂无常。[61] 最后，财富和社会地位在审判日是无济于事的。在神面前，只有个人的美德是重要的。[62]

当伊斯兰教扩张到北非、美索不达米亚、伊朗以及中亚，《古兰经》的最终修订版出现了。《古兰经》的准则是："东方和西方，都是真主的；无论你们转向哪方，那里就是真主的方向。"[63] 这一表述清晰地传达了古代晚期的地理想象，当时的已知世界包括了一些伟大的文明，从远西延伸到印度以及中国边境。《古兰经》中最常被引用的诗行讲到真主命令人类去克服他们之间的分歧：

> 众人啊！我确已从一男一女创造你们，我使你们成为许多民族和宗族，以便你们互相认识。[64]

最初，这些诗行很大可能是想号召阿拉伯半岛的部落和家族和睦相处，但随着伊斯兰教实力的扩张，它们也可以被援引来证明：在不断扩大的圈层里，和平相处和互相理解才是合理的。

穆罕默德去世后，伊斯兰教面临着统一阿拉伯半岛各部落的艰巨任务。到 8 世纪中期，它已成为一个涵括很多民族、文明和信条的庞大帝国的宗教上的构件。穆斯林统治者和思想家都理所当然地认为他们的伊斯兰"世界帝国"预示着世界历史走进了一个新时代。伊本·赫勒敦是阿拉伯著名的历史学家，他的历史理论催生了世俗的社会力量，但他也不得不承认，伊斯兰教的宗教信仰在阿拉伯帝国的迅速扩张中起着举足轻重的作用。[65] 与此同时，帝国的新现实也迫使阿拉伯的统治者面对治理多民族和多语言的共同体的问题。如何对它进行统治，防止其分崩离析，如何管理广泛不同的民族和文化，是前所未有的紧迫问题。这些问题的答案必然要在《古兰经》和《圣训》中寻求。

如何传播真正的信仰，又如何去应对反对它的人？《古兰经》所认定的总原则是：宗教无强迫。[66] 但在实践中，强制性的方法被频繁使用，而且《古兰经》中的一些章节可用来为这样的政策辩护。与基督徒一样，穆斯林也宣称他们有权利和义务去使其他民族皈依，最理想的方式是说服，但如果需要的话，也可使用强力。然而，其他人却没有权利让穆斯林改宗。跟基督徒一样，穆斯林绝不容忍背教行为。在大多数情况下，背教意味着死罪。

穆斯林神学家把世界分为两大块：伊斯兰之家（Dar al Islam）和战争之地（Dar al Harb）。伊斯兰之家与乌玛——所有信徒的总社群——是一致的。所有的穆斯林都属于乌玛，因此，在伊斯兰版图内的政治性分界并不会被视为一种绝对的分离。原则上，所有的穆斯林都被准许游历整个伊斯兰共同体（Islamic Commonwealth），可以在任何喜欢的地方定居。但当伊斯兰之家的某一部分被异教徒占领时，穆斯林会被建议离开。穆斯林迁徙到战争之地的行为充其量是一种必要的恶，但他们无论如何也不能和异教妇女结婚，即使对方属于其他"有经人"的一员。[67]

接下来的一个问题与生活在穆斯林领土的其他宗教教徒的待遇有关。被允许居住在伊斯兰之家的"有经人"必须支付人头税，但享有自治的权利。《古兰经》中所提到的"有经人"有犹太教徒、基督徒和萨比教徒。[68] 它没有清楚说明萨比教徒到底是什么人；9 世纪，在离巴戴山的埃德萨不远的叙利亚的哈兰，有一些多神论者为了避免被强制皈依伊斯教，自称萨比教徒。⁶⁹在伊斯兰统治伊朗的第一个世纪里，琐罗亚斯德教徒也被视为"有经人"。⁷⁰但这并不意味着，所有的"有经人"都被视为平等的："他们说：'你们应当变成犹太教徒和基督教徒，你们才能获得正道。'你说：'不然，我们遵循崇奉正教的易卜拉欣的宗教，他不是以物配主者。'"⁷¹

另一方面，"异教徒"面临着皈依伊斯兰教、死亡或者移居的抉择。但即使如此，还是有不少穆斯林文士认为，在穆斯林的土地上，就算是多神论者，也应该受到法律的保护。这个教义常被用来为穆斯林城市里的异教徒商人的存在辩护。⁷²当其中绝大部分人口都是"异教徒"，某些穆斯林统治的领土就会实施更灵活的政策。这种务实的宽容政策，可以在穆斯林早期对伊朗的统治以及后来对奥斯曼帝国的统治中找到范例。17世纪后期，印度莫卧儿帝国的统治者阿克巴是穆斯林，他采纳了伊斯兰教对多样性的调和，废除印度人的人头税，还颁布了一项政策，让帝国内不同信仰的人可以互相宽容。⁷³

"Jihad"这个众所周知的概念，既可以被理解为"圣战"，又可以被理解为"为真信而斗争"。第二层意思也许指的是武装斗争，但也指涉内在的、精神层面的斗争，或者"为神而斗争"。《古兰经》将战争视为最终手段，只有当一切用于改宗的和平方式都失败后，才会采取。从"宗教无强迫"的原则出发，自愿改宗的方式是迄今为止最可取的。但当"无宗教信仰者"坚持不信时，就会允许，甚至命令使用强制手段。当"以物配主者"违背盟约时，强制无论如何都能得到辩护。在这种情况下，他们有四个月可以自由迁徙，但期限一过，就有可能被攻击：

> 当禁月逝去的时候，你们在哪里发现以物配主者，就在那里杀戮他们，俘虏他们，围攻他们，在各个要隘侦候他们。如果他们悔过自新，谨守拜功，完纳天课，你们就放走他们。真主确是至赦的，确是至慈的。⁷⁴

总而言之，如果"以物配主者"自愿回归伊斯兰教的羊圈，他们就

第二章　宗教与哲学的普世主义　051

不会被攻击；但如果他们拒绝这么做且坚持留在当地，那么暴力就是正当的。"有经人"也有可能受到强制的惩罚，但只有当他们拒绝支付人头税时。[75] 对他们进行强制皈依是不被允许的。

《古兰经》在暴力的使用上，立场含糊。有些章节为暴力和强制辩护，其他章节却建议和平的劝服。这种差异与上述提到的"Jihad"的双重含义是大致对应的。"Jihad"这个词在《古兰经》一共出现了约四十次，其中十六次指的是战争和征服。而相当多的其他章节则把"Jihad"定义为个人与内心的邪恶所做的内在斗争。[76] 由此可见，无论支持对不信教者采取武装斗争的人，还是拥护和平与劝服方式的，都能够在《古兰经》中找到有利的支撑。在这方面，《古兰经》与《圣经》并无很大不同。它的确比《新约》要显得更为好战，但与希伯来《圣经》的差异并不大。

我们或许可以得出结论，与犹太教及基督教的圣典相类似，《古兰经》也给我们呈现了关于人类的双重看法。其中一面是真正普世性的，根植于神所创造的人类共同本性以及共同血统。常被援引的章节（章49:13）中说道，神把人类分成"许多民族和宗族"，从而让人类能够互相认识。这唤发了一种和平相处和跨文化尊重的精神。[77] 但即使如此，人类只有在顺服于（伊斯兰的）神，并接受《古兰经》作为神的道时，才能成为真正的自己。接下来我们来看看二元性的另一面。它根植于一种确信，即只有穆斯林能充分认识到人的本质所在。因此，除非作为必要之恶，否则纯粹的"唯一真信"教义无法与宗教多元主义调和。就像在犹太教和基督教中，普世主义和排外主义之间的冲突是不可避免的。

希腊政治思想中的自然平等和习俗

正如我们看到的，希腊哲学的发祥地在小亚细亚的西边。在某些方面，希腊人的情况与希伯来人在巴勒斯坦的状况相当。在由伟大的埃及和美索不达米亚文明所主导的世界里，两者都是精力充沛的新来者。[78] 希腊文化和犹太文化一样，被打上了受西亚和埃及影响的印记。[79] 很多希腊城邦建立的殖民地将这一图景进一步复杂化，并使得希腊人与犹太人区别开来。公元前6世纪末，希腊殖民地常常作为独立的城市与它们的腹地进行贸易，如意大利南部、利古里亚、昔兰尼加、埃及以及黑海周围。殖民和贸易使得希腊人对外邦人有了很大程度的了解，从而使得文化差异成为哲学研究的潜在对象。

色诺芬尼将永恒的真理与变化莫测的人类想象相对立，这预示着自然（phusis）和习俗（nomos）的差别将成为公元前5世纪希腊哲学的关键点。如果某些东西依照本性（by nature）便是正确和真实的，那么人力是无法对其进行改变的。另一方面，习俗代表着人类的习惯，会因地方的不同而不同，会随时间而改变。希腊城邦本身便见证了持续不断的冲突和政权更迭，为法律和习俗的多变性提供了另一个例子。但独立城邦本身并不是希腊发明的，就如在其他事务上一样，希腊人很可能模仿了美索不达米亚、叙利亚和腓尼基的自治城市。[80]

公元5世纪，"民主"或"人民的权力"这种新的政治体制出现。雅典民主是我们唯一熟知的，它基于一个强有力的平等理想，在两种制度安排上得到表达：一是任何自由公民都拥有在人民大会（isegoreia）上发言的平等权利；二是法律（isonomia）面前的平等。但是，雅典的平等排除了奴隶、外籍居民和妇女，虽然妇女在宗教和民间仪式中起着重要的作用。[81] 到了紧要关头，雅典人也并不承认他们与其他希腊人之间的平等，哪怕是互惠关系也不行。在《伯罗奔尼撒战争史》中，修昔底德（Thucydides）讲述的一个著名事件，展现了雅典人如何进攻一个试图在斯巴达和雅典的战争中保持中立的小城市。雅典人带着人数占优的军力入侵了米洛斯岛。他们对米洛斯人下了最后通牒——要么投降，要么面临灭绝。当米洛斯人要求他们节制和公道时，雅典人冷酷地驳斥道，在战争中，最强者的权利比一切都重要。[82] 岛民们选择了抵抗，但最终被打败。残酷无情的惩罚随之而来：雅典人杀害了所有成年男性，并把剩余的人口都卖为奴隶。米洛斯岛变成一片荒地，几绝人迹。接着，雅典把五百名殖民者派遣到这座岛上。[83] 这是一个典型的先灭绝后殖民的例子。

因此，构成希腊民主之基的平等思想，与所有人的平等尊严这个概念的出现，并没有直接联系——即使只考虑希腊世界这个有限的文化空间。但它们之间也许存在着间接联系。与君主制和贵族制不同，民主制并不依赖传统的权威。这是一种新的对传统的偏离，只能依靠"理论的"推理来证成。希腊民主消解了自然和社会中既定秩序的概念，用一个问题取而代之：政体的实际安排如何得以持久，以及哪一种秩序才是最好的？[84] 自然和习俗之间的平衡，对于民主自身的正当性来说，显然是重要的。问题的核心在于，民主平等究竟是根植于有关人类本性的深层真实，还是能被降格为任意的习俗。在后一种情形中，将不平等视为人类的"自然"状态，可能要更为合理可信。在柏拉图的《高尔吉亚篇》（*Gorgias*）中，残忍的反民主者卡利克勒斯断言，依照"自然"颁布的法令，卓越的强者就应该凌驾愚钝的弱者。民主是由弱者的集体力量人为创造出来的信条，为了避免他们"天生的"苦役状态。[85] 同样，《理想国》中色拉叙马霍斯的观点可以归结为这样一个公理：除了民众的实力，民主平等再也没有其他的根基。[86]

那么希腊人与非希腊人之间的平等又是怎样的呢？这里，民主实践并没有成为平等的例证，而是成了不平等的例证。雅典外籍民（metics）的权利比本地自由民的权利要少得多。雅典奴隶人口的组成也体现了外来者的低下地位。他们主要从"蛮族的"土地上引入，其中大部分来自色雷斯、叙利亚、小亚细亚和黑海地区。[87] 亚里士多德在"天生的奴隶"理论中的前后矛盾可谓臭名昭著，他认为奴隶是人，却缺乏充分的理性。这个理论只有在希腊人对蛮族存在偏见的背景下才可理解。[88] 这位哲学家实际上讲的是，当希腊人为奴役战俘的行为辩护时，他们所指的战俘并不是希腊同胞而是"蛮族"。[89]

在公元5世纪的智者派——一群受到柏拉图非常不公正诋毁的激进思想家中，我们可以遇见很多不同的观点。他们中的一些人，尤其是阿基劳斯（Archelaus），坚持认为："正义和卑鄙并非天生，而是因习俗而存在。"他与卡利克勒斯的结论相似，即只有自私才是与生俱来的。[90] 另一位思想家克里特阿斯（Critias）则认为，对诸神的信仰是由一位古代的贤者创造出来的，目的是恐吓恶人，使他们不敢在暗地里做坏事。[91] 普罗泰戈拉（Protagoras）也许是当时最著名的智者，他认为几乎每个话题都充斥着相互矛盾的意见。[92]

这种激进的怀疑可以被用来批判希腊人关于蛮族的普遍观念。另一位著名的智者安提丰（Antiphon），则从很多同代人所持的怀疑论出发，认为任何一个特定城邦里的法律与习惯都只是约定俗成，因此在哲学上具有任意性。但他同时也用"自然"的观念来批判"蛮族"这个概念：

> 我们了解并尊重邻近地区的法律，但那些遥远地区的法律，我们既不知晓，也不尊重。于是，我们对彼此而言都变得野蛮。但从本性上来说，我们出生时既完全可能成为蛮族人，也完全可能成为希腊人。
>
> 我们可以考察一下那些对于每个人来说都是必要的，同时每个人都在相同的程度上拥有的自然属性，我们中无人据此而被区分为外邦人或希腊人。因为我们所有人都呼吸……我们高兴时都会大笑，痛苦时都会流泪，我们都能听见声音，都能看到阳光，我们都用双手工作，用双脚走路。[93]

安提丰的话语表明，自然与习俗之间的对立能够转而对抗民主制城邦，但也能用来批判希腊人视外邦人为本质上低人一等的"蛮族"的偏见。在第一种情形中，"自然"逐渐削弱了支撑民主制城邦的共同公民身份的政治文化；但在第二种情形中，它包含着共同人类概念的萌芽，这一概念超越了城邦，最终超越了希腊身份认同的流俗观念。

安提丰发挥了"蛮族"这个词在他那个时代的多义性。它的古义只是指不说希腊语的人或外邦人。地理学家斯特拉波（Strabo）在公元前1世纪末的著作中，将这个词的词源追溯到对外邦人的费解方言的模仿，尤其是那些用沙哑的嗓子粗声说话或操着一口莫名其妙的希腊语的人。[94] 在雅典的剧院里，用俏皮话来捉弄外邦人的表演是相当常见的。导演们让剧中的波斯角色操着夹杂少数波斯语的爱奥尼亚方言侃侃而谈。[95] 在这种背景下，安提丰对"蛮族"这个词的中性使用，以及"每个人出生时都有可能成为一个'蛮族'"的断言，无疑会引起争论。在下一章我们将看到，希腊历史学家希罗多德也用相似的方式批判了"蛮族"这个词被一致认可的含义。

同样，安提丰坚持认为，所有人都共有一些能体现共同人类本性的基本生理和心理特征。这一主张暗含他对希腊读者通常所持的外邦人形象的批判。上述表明，以共同的人类本性为基础的普世主义的共同人类观念开始出现。智者阿尔西达马斯（Alkidamas）甚至谴责奴隶制是不符合天性的，他主张："神啊，让所有人都自由；自然从未让任何一人为奴。"[96] 至于这种对奴隶制的直接非难是罕见的还是广泛的，我们不得而知。亚里士多德关于"天生的奴隶"的言论试图反驳一些不知名的评论家。这暗示了对奴隶制的批判已经重大到值得予以回应。[97] 不论如何，我们也许有理由认为，不论种族渊源和习俗，所有人都自然平等这一观念，曾在5世纪的希腊社会流传。

斯多葛派哲学中的帝国与自然平等

与智者派对希腊种族中心主义的批判不同，斯多葛派关于所有人自然平等的概念以神学为基础。因此，斯多葛派哲学关于共同人类的说法，比智者派的更强有力。为了理解斯多葛派政治思想的兴起，我们必须将其置于后亚历山大时期政治与国家建构的语境中。

在希腊化和罗马时期，旧城邦的城市社区仍是政治生活的中心，但现在它们必须在帝国政治的框架中维持自身。很少有城市能够追求独立的军事或外交政策，无论其内部为何种政体。税收和军事力量如今被帝国以及中等大小的王国控制。公元前323年，亚历山大大帝的逝世似乎让希腊城市有望重新夺回自治权，但由雅典人领导的起义最后还是彻底失败了。[98] 在希腊化时期，希腊城市的人口在种族上和宗教上变得更为混杂。同时，它们的公民更易于参与国际化的关系网。[99] 随着罗马人的到来，希腊城市失去了它们最后的独立性。公元前146年科林斯被劫掠，迦太基也在同年被夷为平地，标志着希腊最终放弃了对罗马的抵抗。罗马人从希腊文化中吸收了很多，最后使希腊文化扩展到了地中海西部。罗马诗人贺拉斯用一句著名的讽刺性评论表达了最后的结果："被俘获的希腊俘获了它凶猛的征服者。"[100]

在尤利乌斯·凯撒时期，疆土的迅速扩张破坏了罗马共和国微妙的政治平衡，导致了内战的爆发和罗马帝国的形成。公元前89年，当《朱利亚法》授予其盟友以及叛乱城市中自愿投诚的精英以罗马公民身份，这座未来的帝国大厦的主要基石就已形成。[101] 西塞罗在他的《论法律》（*De Legibus*）中概述了其后果。提及出生于图斯库卢姆但仍是一名罗马公民的加图时，也可能是想到了自己在阿尔皮努姆的故乡，西塞罗声称："当然，我认为他和意大利城镇中的所有当地人都有两个祖国，一个是天生的，一个是就公民身份而论的。"[102] 公元1世纪早期，整个罗马帝国有大约五千万到六千万人口，但只有大约六百万罗马公民。[103] 罗马的公民权并不包括希腊民主制城邦中的积极权利，但相比希腊城邦，罗马公民的数量实在是少得令人吃惊。在弗拉维王朝的统治下，帝国的罗马化开始加速，并在公元2世纪达到巅峰。[104]

在纪念西塞罗时，希腊哲学家阿里斯提德（Aristides）进一步把罗马视为"一处共同故土，世界各族共同的祖国（communis patria）"。他激情四溢地讲述了在帝国内部旅行的安全，要安全地从一个省通行到另一个省，"成为一个罗马人就足够了"。据阿里斯提德所说，"从前希腊人和蛮族之间的差异，如今已让位于罗马人和非罗马人之间的区别"。[105] 同时，这种对罗马统治溢于言表的颂扬也不应使我们忘记，帝国还可以显示出第二副面孔：凡是抵抗罗马力量的人，一定会被施加无情的惩罚，从苛捐杂税、强取豪夺到驱逐出境，甚至灭绝整个部落和民族。[106]

柏拉图和亚里士多德以城邦为中心的哲学，在此情形下，吸引力逐渐下降。最适合帝国背景下城市生活的哲学是斯多葛派，该思潮出现于公元前3世纪，当时亚历山大大帝帝国的继承者统治着希腊的政治。斯多葛派的创始人大多来自希腊世界的东部边境。芝诺（Zeno）出生于塞浦路斯的季蒂昂，但在雅典开始其教书生涯，常穿梭漫步于"Stoa Poilike"——一个装饰着庆祝希腊人战胜"蛮族"的绘画的柱廊。据安德鲁·厄斯金（Andrew Erskine）推测，芝诺认为"人与人之间唯一重要的区别在于是否有美德……这对那些绘画的意义及其中所蕴含的希腊人比蛮族优越的断言提出了质疑"。[107] 斯多葛派哲学的两个方面，使其对帝国世界中的都市文人充满了吸引力。第一，它关注的是在一个瞬息万变的危险世界中追求良好合理的个人生活；第二，它的普世主义伦理可以轻易地适应帝国的世界主义。它对自我道德修养的要求及其普世主义要旨，吸引了那些不再相信城邦自治理想的人。

对于斯多葛派的思想家来说，智者的榜样作用是哲学的基石。圣人不应过分关注不在自己掌控之内的事情。相比灵魂的修养，物质上的艰苦、疾病、贫穷，甚至奴隶身份都变得次要。即使智者的身体被奴役，他也总是自由的，而愚者总是自己感情和需求的奴隶，即使他的身体是自由的。[108] 斯多葛派认为人类天生注定要依据理性生活。人的天性是自然世界的一部分，后者既包括了神，也包括了人类。个人理性（reason）只是宇宙理性（logos）的火花。由此则必然得出这样的结论：所有人都天生被赋予理性，即使并非人人都能充分意识到其内在的理性。

斯多葛派认为，善良的人会以公正和中道的态度对待他人。即使斯多葛派没有宣扬反政治论，智者也不应狭隘地把自身与一个特定的社会等同起来。爱比克泰德（Epictetus）生于弗里吉亚，在罗马教过几年书，最后移居伊庇鲁斯。他劝告学生："在回答你属于哪个国家这个问题时，永远不要说你是雅典人或者科林斯人，而要说你是一个世界公民。"[109] 斯多葛派的思想家看上去是他们所居住城市的忠诚臣民，但理性而非政治才是他们最高的权威。因此，斯多葛派思想家最终会把理性的主宰置于国家"理性"之上。[110]

现在我们可以明白，为何斯多葛派在与希腊化和罗马时代的帝国框架保持一致的同时，又在政治上高度矛盾。斯多葛派的理性概念是普遍的，因为所有人都享有宇宙理性。在这个意义上，人类生而平等。然而，斯多葛派仍把人类分成了少数的智者和多数的愚者。所有人生而平等，但似乎某些人天然比其他人更平等。斯多葛派思想的一极，能够推进普遍的自然平等，不论宗教、种族、性别、等级和地区。它为批判沙文主义提供了基础，这种批判最终能导致"野蛮他者"观念的瓦解。但斯多葛派的另一极，却凸显了智者和愚者之间的差别。只有智者能够充分培养理性，而这是其他人都达不到的。这些"其他人"得由智者进行教育，如若教育不成，便只能受制于法律。圣人精英才真正具有世界性，因为他们不受缚于任何特定的文化。但世界主义理性的崇高理想，是被囚禁在狭隘文化的无形牢笼中的大多数人所无法理解的。因此，世界主义的理想无法真正具有普遍性。

即使如此，斯多葛派的普世主义和平等主义理念也能够转而对抗存在于城市和国家中的过度的、"非自然"的不平等。斯多葛派的观念在两个案例中很有可能会被进行唯信仰论的解读：一是公元前3世纪中期斯巴达的政治危机；二是公元前133年由罗马保民官提比略·格拉古（Tiberius Gracchus）领导的土地改革。厄斯金认为，赋予古代斯巴达的非城市人口和外籍居民以斯巴达公民权的提议，带有斯多葛派影响的痕迹。[111] 在罗马遭遇政治剧变时，来自库迈的斯多葛派哲学家伯劳修斯（Blossius）加入格拉古的鼓动，为穷人和无土地者争取更为公平的土地份额，但现在我们还不能完全确定其政见是否基于他的斯多葛派思想。[112] 对不平等的批判是斯多葛派传统的一部分，这一点也明显体现在他们关于私人财产、奴隶制和城市构成的观点中。早期的斯多葛派认为，私人财产与习俗有关，因而是非自然的；在芝诺的理想城市中，它是不存在的。[113] 斯多葛派并不相信天然的奴隶制，然而这个具有潜在颠覆性后果的观点很少被提及。[114] 不少斯多葛派的著作表明，他们所设想的城市不仅仅是其公民，而是所有居民的总和。[115]

后来罗马时期的斯多葛派走上了另一条道路，避开了这些极端的可能性，并且很可能反对它们。为了理解共同人类的理论化所带来的影响，我们必须更进一步探究斯多葛派神学。西塞罗给我们提供了很有用的信息，他的著作中包含了一些对流传下来的斯多葛派思想的最为广泛的讨论。[116] 西塞罗自身是一位折中主义思想家，但他的哲学对话为我们呈现了一种或许能被他的罗马受众广泛接受的温和的斯多葛主义。在他的《论神性》(De Natura Dearum)中，斯多葛派的观点受到巴尔布斯（Balbus）的推崇，而伊壁鸠鲁派哲学家维莱伊乌斯（Velleius）则受到批评。在西塞罗的时代，借由卢克莱修伟大的训诫诗《物性论》(De Rerum Natura)的刺激，伊壁鸠鲁主义经历了一次复兴。

卢克莱修认为，不朽的诸神虽存在，但并不关心人类的命运。卢克莱修把所有宗教都视为迷信，这种迷信能够一直存在是由于人类的非理性恐惧和教士的密谋。他讲述了伊菲革涅亚的故事。为了平息月亮女神阿耳忒弥斯的怒火，得到驶向特洛伊的顺风，她被父亲阿伽门农杀死献祭。对于卢克莱修来说，杀害无辜少女来平息神的怒火体现了宗教的根本恶："宗教在劝说人们行恶时是如此有力。"伏尔泰后来评论道，这些诗行将在人类的记忆里永存。[117]

巴尔布斯详述了斯多葛派对神的看法，试图通过几项论证来反驳伊壁鸠鲁派的物质论。伊壁鸠鲁认为，"原子的意外碰撞"造就了我们"复杂而美丽的世界"。巴尔布斯反驳说，若伊壁鸠鲁所言为真，那我们可以任意把字母表里的所有字母扔到地上，以此方式创造出"恩尼乌斯的《编年纪》供读者阅读"。[118] 没有神的安排，一个有秩序的宇宙是无法形成的。巴尔布斯喊道，看看天上的群星，看看它们恒常的运动。这是从设计（用今天的话说，是"智慧设计论"）出发的论证。

当说到神的本性时，巴尔布斯从人的本性出发。他说道，人被赋予了理性，因而比动物更为优越。但宇宙的秩序比人类更为伟大，相比个人的理性，它体现出了一种理性的更高形式。巴尔布斯总结道："这个世界必定是万物中最卓越者，它自身就是一个活着的存在，是一位神。"[119] 第欧根尼·拉尔修谈道，在斯多葛派的思想中，"神、理智［努斯］、命运和宙斯是一体的"，并总结道，"神是世界的根本原则"。[120] 从这句话中，我们可以看出斯多葛派关于神的概念的基本内核。斯多葛派的格言"我们必须按照本性生活"，可以归结为"我们必须按照神意生活"。

斯多葛派关于神的概念，迥异于一般的希腊或罗马人秉持的朴素多神论。同时，斯多葛派的神也不同于上述讨论的一神教中的人格化的神。

巴尔布斯谈到"神"时使用了单数形式,他意指一种遍及整个宇宙的泛神论的思想主宰。所有人倘若良好地培养正确的理性,便都能够获得美德。人的理性分有宇宙理性,所以容易理解善。当物质被理性渗透,真知可以来源于感官经验。因此,人有能力知道善,有能力发现通往美德的道路。

对于共同人类的观念而言,斯多葛派对神和理性的理解意味着什么?首先,从这种理解中必然可以得出人类的统一性。人类是由所有享有神圣宇宙理性的凡人所构成的共同体。由罗马法学家发展的普遍的万民法概念,就来源于斯多葛派。[121] 后期的斯多葛派对知识和美德的设想更加务实,强化了共同人类的概念。除了圣人的睿智,它也认可普通公民的实践性知识的有效性。除了哲学家的禁欲美德,它也承认人类日常交往中世俗美德的重要性。在关于个人和公民责任的名著《论义务》(De Officiis)中,西塞罗主要仰仗哲学家帕奈提乌斯(Panaetius)的思想,他依据人的职业和社会地位,将美德区分成不同的种类和等级。他告诉读者,帕奈提乌斯的主张——如果没有无数小人物的热情帮助,伟人便无法成功——无疑是正确的。[122] 由此可见,伟大的领袖和普通的公民都享有一部分理性和美德。按照这样的方式解释,斯多葛派既给智者,也给普通公民提供了一套道德准则。[123]

在早期的斯多葛派哲学中,智者的"世界城邦"(cosmopolis)唤起了一个地方纽带在其中已不重要的宇宙共同体的理想。这个带有几分空想色彩的设想,后来被罗马时期的斯多葛派用一个由区域、地方以及家庭的次级共同体组成的总括性的人类理想所取代。公元2世纪,斯多葛派的希洛克勒斯(Hierocles)将人设想为被数个同心圆环绕:最内层包括家庭成员和亲戚;往外一层包括自己的祖国同胞;而最外面一层就是人类——已知世界(oikumene,或 orbis terrarum)的所有居民。

所有人的自然平等也与之相似:在斯多葛派的观点中,所有人都是平等的,因为他们都享有宇宙理性;但他们又是有差别的,因为他们实现自然潜力的程度不一。因此,自然平等与显著的不平等并存,这些不平等取决于等级、地位、性别、权力、名誉和种族。举个例子,西塞罗反对民主制,将之与暴民统治及过度平等联系起来。[124] 另一方面,不平等也并不是绝对正当。比如，有些罗马时期的斯多葛派哲学家认为，理想的婚姻应该是双方平等的，因此他们支持男孩和女孩享有平等的教育。穆索尼乌斯·鲁弗斯（Musonius Rufus）甚至对罗马社会通行的性道德的双重标准进行了批判。在讨论一个可能存在的实例，即男人与女奴隶发生性关系时，他劝告男人想象一下，如果他的妻子和男奴隶发生性关系，他会有什么反应。[125] 即使如此，作为背景假设，理性之人和"愚人"之间的区别仍然显著。在罗马共和国末期，广泛流传的"人类"（humanitas）概念常常与学识、"良好的教养"以及高雅的品味相联系。[126]

斯多葛派的人类概念的界线是灵活且模糊的。亚历山大大帝的征服把"已知世界"扩大到了前所未有的范围。同一时期，希腊旅行家、来自马萨利亚的皮西亚斯（Pytheas）完成了环绕大不列颠的航行。已知世界从远西的爱尔兰海扩展到最东边的印度河和兴都库什山脉。斯多葛派提供的思想工具，将地理的多样性包含在哲学的统一性中。但这并不意味着，罗马人和希腊人从此以后就能同等看待北欧和中亚的居民。在希腊化王国和罗马帝国的世界观中，普遍的宇宙理性和遥远但不可消除的蛮族形象，都是不可或缺的部分。

罗马时期的斯多葛派是处在帝国首都来看这个世界的。"人类"之同心圆的中心是罗马。斯多葛派的创始人来自希腊文化的东部边缘，而西塞罗时期的斯多葛派则牢固地立足于帝国的中心地区。西塞罗认为，罗马帝国肩负教化的使命：他相信，比起被描述为统治者，罗马政府更应被描述为"世界的保护者"。[127] 在此，西塞罗背离了他的斯多葛派老师之一——希腊籍的叙利亚人波希多尼（Poseidonios）。后者认为，在对迦太基进行"野蛮"的摧毁后，罗马的道德地位已经崩塌。[128] 西塞罗将斯多葛派的世界主义予以弱化，这符合对不断扩张的罗马帝国的设想：这个有着六百万至八百万罗马公民的开明政权，将管理大约六千万文明程度没那么高的臣民。很多罗马公民都来自意大利以外的行省，所以罗马的城市人口和"其他人口"之间的差异并不鲜明。我们看到的是一个种族混杂的、分享了希腊–罗马文明模式的统治阶层的形成。《论义务》可以被视为一本专门写给即将在帝国政府供职的年轻人的指南。[129] 历史学家李维与西塞罗是同代人，但更为年轻。他写了第一部罗马通史，将斯多葛派的宇宙神意概念转变成关于罗马帝国宿命的历史著述。[130]

斯多葛派的共同人类概念范围很广，从一个由潜在的平等者组成的世界共同体到一个被教化使命合法化的帝制国家的差异化理性。此外，宇宙理性与传统的罗马众神及预兆的作用相结合，使得一种融合式宗教初具雏形。同时，它也给出了关于世界的系统而综合的理论。基督教在公元4世纪的胜利终结了斯多葛派的宗教作用，但其关于个人美德的观念及宇宙观仍是一种强大的知识力量，最终得以在帝国的衰亡中幸存下来。

儒家传统中的共同人类

比起中国任何其他的思想流派，儒家智慧更能界定"中央国家"（这个术语通常被用来描述该帝国，"中国"这个名称则是欧洲人后来的发明）的身份。儒家对共同人类所进行的理论化，从华夏中心论的文明话语延伸到对人类境况的初步普遍化。共同人类肯定是存在的，但中国人和"他者"的平等地位始终是一个阈限性观念。即使如此，我们将看到，跨文化的理解在儒家传统中是可以意想的。这里，我们将聚焦儒家思想中的共同人类的基础与局限性。

论正典文本的影响力，世界上没有任何一个地方比得上中国。陆威仪（Mark Edward Lewis）认为，中国的经典建立了一个想象的精神帝国，这个"形而上的中国"（super China）使得"现实的"中国在改朝换代的动乱中拥有强大的恢复能力。[131] 中国的正典形成于公元前5世纪到前2世纪。它在汉朝（公元前202—公元6）初期获得了知识和教育上的权威。此时文人阶层开始出现。公元前136年汉武帝任命第一批领国家俸禄的学者，指派他们研究和注解五经。在接下来的一个世纪中，汉朝建立了一套关于招募、指导和考试学者官员的制度，使得儒家思想成为国家官方的意识形态。[132]

《春秋》是五经中的一部，这部关于鲁国的编年史传统上被认为出自孔子之手。"春秋"代表着四季的循环。很久以后，公元前722年到前481年这个被记载在鲁国史书上的时期就被称为"春秋"。在这些世纪中，中国被割分成约十四个诸侯国。强大帝国的理想只存在于对理想化的过去——即传说中建立于公元前11世纪的周朝——的回忆中。按照传统说法，公元前551年孔子出生于鲁国，一个位于黄河地区的小诸侯国。彼时位于北部、南部和西部的较为强大的诸侯国都在争夺对中原的控制权。条约和盟约刚缔结完，就几乎立刻被打破。生活在中心地区小国的思想家通常都崇尚和平，这并非巧合。这个时代灰暗残酷的境况无疑促使人们对道德和政治的根基进行反思。[133]

孔子是周游列国的圣人，常常以警诫性评论和回复来教导弟子。他想成为某一位王的顾问，但一直没有得到任用。他于公元前479年逝世，并未留下任何阐明其思想的著作。他的弟子凭记忆将老师的言行和教诲收集并简略记录了下来。长期以来，《论语》有好几个版本在流传。弟子们的笔记直到汉武帝时期（公元前140—前87）才被汇集校勘。今天我们看到的文本大多可追溯到汉代的校订本。[134]

孔子的封圣符合汉朝的政治文化。[135] 短命的秦朝于公元前221年统一中国，建立了中国历史上第一个中央集权帝国。导致秦朝灭亡的政治危机早在公元前210年就开始酝酿。官府为了维持法律和秩序，对百姓采用严刑峻法，催生了一连串的民众起义。秦朝统治者遵循韩非子于公元前3世纪创立的法家政治哲学。韩非子认为，国家的权威之基在于暴力和严厉的惩罚，而不是道德劝服。他说道："且民者固服于势，寡能怀于义。仲尼，天下圣人也，修行明道以游海内，海内说其仁、美其义而为服役者七十人。"又补充道，"今有不才之子，父母怒之弗为改，乡人谯之弗为动，师长教之弗为变。……州部之吏，操官兵，推公法，而求索奸人，然后恐惧，变其节，易其行矣。"[136]

汉代的第一个皇帝是汉高祖。他作为起义领袖开始其政治生涯，很清楚民众忠诚的重要性。在整个汉代，秦朝作为前车之鉴起到了警示作用——绝不能使用过度专制的手段。在这种情况下，儒家开始成为很有吸引力的替代法家的选择。儒学家在汉代崛起，他们拒绝法家，因其过于简单化。董仲舒是儒家正典化的设计师，他很有智慧地对汉武帝解释道，法家只能导致外在的服从，而无法带来内在的忠诚。即便秦朝实施残酷的肉刑和数不尽的死刑，盗匪行为仍无法平息，人民也开始疏离统治者。董仲舒提及《论语》中的一段话："道之以政，齐之以刑，民免而无耻，道之以德，齐之以礼，有耻且格。"[137] 孔子主张，法令如果不与内在的尊严、恭敬的举止（礼）以及是非意识相结合，是不够的。正如赫伯特·芬加雷特（Herbert Fingarette）所表明的，儒家思想完全是一种现世的哲学，但它给世俗的人际关系罩上了一层神圣的光环。[138] 相应产生的政治风格可被形容为用文明来治理。

虽然儒家思想在汉代享有很高的声望，但我们不能认为孔子的哲学就是无可争议的最高权威。法家仍是儒家不容轻视的竞争者，而汉代文化的特点就是多个哲学流派并存。孔子一经逝世即被奉为中国思想的无上之师——这一神话是汉代的虚构。[139] 儒学者自主承担起了一个神圣的职责，即保护皇帝和大臣免受法家的诱惑。至少在理论上，他们声称自己具有双重角色：既是意识形态专家，又是帝国统治的批评者。他们并不只是把对教育和真正权威的关切作为工具，为国家权力辩护。孔子、孟子和荀子，以及后来儒家的理论家都坚信国家权力的存在是为了确保平民的繁荣和文明。归根到底，是国家为了人民而存在，而非相反。这个最高的政治原则在《论语》中体现如下：

> 子贡问政。子曰："足食，足兵，民信之矣。"子贡曰："必不得已而去，于斯三者何先？"曰："去兵。"子贡曰："必不得已而去，于斯二者何先？"曰："去食。""自古皆有死，民无信不立。"[140]

人民在孔子政治观点中的中心性，提出了共同人类与平等的问题。人民是谁：是所有居民，抑或只是他们中的一部分？那些非汉人的"蛮族"算不算？他们具有道德意识和得体的举止吗？为了找到这些问题的答案，我们尽力从《论语》中的人性出发进行阐述。对孔子而言，个人生活和国家都处于不断的变化之中："子在川上曰：'逝者如斯夫！不舍昼夜。'"[141] 每个人都作为一个过程存于时间之中，被变化与存留的相互作用所塑造。人通过在时间之流中自强不息，并对自己的经历进行批判性反思，能抵达智慧和觉悟。人可以创造性地运用自己的经历来改变、完善自身。[142] 此外，生命并不是独立的个体，而是一个相互关联的过程。一个人只有在与他人的关系网中才能成为完整的人。

一种关于人类的固有观念位于孔子思想的核心。遵循"道"就是要创造性地把自己放在不断演变的宇宙秩序中，这个秩序囊括了处于不断运动之中的自然和人类。在某种意义上，固有的宇宙秩序是一个既定前提，但在另一种意义上，它代表着具有挑战性的任务。天意是不存在的，仅凭人类的能动作用便可以在社会世界的漩涡中创造秩序。当然，任何人都应该对逝去先人的鬼魂给予仪式上的尊重，但他们的鬼魂并不是"魔鬼"，只是一种观念上的媒介，让人回忆起值得尊敬的逝者。[143] 归根到底，人总是远比鬼魂重要。正如《论语》所说："季路问事鬼神。子曰：'未能事人，焉能事鬼？'"[144]

因而，人类并不意味着一个既定的出发点，而是一个不稳定的结果，必须靠坚韧和毅力来获得。孔子对传统饱含深情，但同时也敏锐地意识到有必要依据历史境况变化进行改革。正如他自己说的，"温故而知新，可以为师矣"。[145] 孔子借用复礼的说辞，表达了自己的改革思想，这不应使我们认为孔子内心"真的"就是一个保守派。对过去权威的回顾之所以被唤起，是为了给对当下的批判性审视铺平道路。[146]

因此，人类只有在完满的历史中才能实现。汉字中用"仁"字来表示人类或仁爱，它由"人"字和"二"字组成。于是，社会关系成为人类概念的构成要素。"仁"常常被视为"人性"、"仁爱"、"仁慈"或"良善"。它的含义远远超过"人类不是动物"的抽象观念。它要传达的是一种理想和任务——即成为人应该成为的。"仁"是社会性概念，而不是心理学概念。通过成就仁，个体维持着社会的稳定发展。由此可见，并不是每个人最终都能达成仁。

在孔子的思想里，"仁"与"礼"密切相关，而"礼"字常常被译成"礼仪"或"礼节"。这些术语可能暗示着外在的、形式上的行为和礼貌的规则，甚或更糟，被理解为规定的宗教仪式，不过这并不是孔子所想的。正确使用礼仪用语和姿势是必要的，但它们应该是真诚的表达，否则就会沦为虚伪。"礼"构成了一种社会语法，在一张无缝之网中把外在的法则和内在的性情联结起来。

"仁"和"礼"强调亲疏关系，这会产生一种等级森严的社会观。在儒家的社会教义中，国家和社会由五伦构成：君臣、父子、兄弟、夫妇和朋友。其中只有朋友是平等的关系，不过大多数儒学家都对"第五种关系"蕴含的平等主义潜能怀有复杂的情感。[147] 前四种关系都是建立在从属模式的基础上。孔子思想中的等级成分确实明显，但这并不是其全部，任人唯贤在孔子的社会哲学中也占有重要地位。《论语》中的等级观念并非是要证成公元前 5 世纪的等级和财产制度。无论孔子是什么样的人，他都不可能是组成当时中国的封国的辩护者。实际上，他把封建贵族的传统文化视为妨碍他所拥护的伦理改革的主要阻力。

传统上，"君子"这个词显示的是人的社会地位，但孔子把它转变成一种道德理想而非等级的标志。"君子"概念的核心从财富和血统转变成了内在和外在的修养、德行、才华、能力和功绩。[148] 这种方式非常适用于孔子自身所属的社会群体，即介于城市中层和封建贵族之间的流动的文人。后来，汉武帝正是从这个群体中招募行政和学术精英。孔子一直都强调真君子的价值和伪名士的空洞虚饰之间的差异。引用一个典型的评论："如有周公之才之美，使骄且吝，其余不足观也已。"[149] 在其他地方我们又找到这样的言论："君子怀德，小人怀土；君子怀刑，小人怀惠。"[150] 君子可能会喜爱生活中美好的事物，但他不会认为自己比那些只能用很少的东西来满足自己的人更优秀："君子周急不继富。"[151]

孔子认为，每个人都可以成为君子。他自豪地说，他从未拒收某人为弟子，即使这个人穷到无法支付学费，只能提供一点肉干。[152] 另一方面，他坚信，人民作为一个集体，需要有道德的文人的指引。《论语》中说，百姓能够被劝导去遵循道，但无法自己去认识道*。¹⁵³ 关于妇女，他没有说太多，但说的并非赞美之词。总体而言，女性需要男性的引导。在男性的界限之内，我们可以将儒家思想描绘成一种开放的贤能政治。

孔子以其特有的方式，将自己视为一个现实主义者。他对自己的哲学做出了较为公正的评价：法家从理论上将统治阐明为显而易见的强占，相比这种愤世嫉俗的观点，他的哲学对人性提供了更好的阐释。我们应该注意不要把孔子夸张地描述成冷漠、空想的道德家。他生活在一个充满暴力、残酷和贪婪的时代，洞悉人肉体的脆弱和心灵的迷茫。《论语》中重复出现过两次的格言十分明晰地表明了这一点："吾未见好德如好色者也。"（李克曼[Simon Leys]将"色"译成"性"。）¹⁵⁴ 孔子非常看重礼节、美德和人性的理想，因为它们是仅有的能防止人们坠入暴力和贪欲的保障。

子贡请教孔子："有一言而可以终身行之者乎？"孔子说道："其恕乎！己所不欲勿施于人。""恕"字被译成"互惠"，但也可以被译为"设身处地"，更接近共情之意。¹⁵⁵ 互惠原则是希腊哲学中的金科玉律，它表明一种普遍的平等尊严的标准，即使在等级关系中也依然有效。掌权者应该意识到社会地位低下的人也是他们的人类同胞，与他们存在着一种互惠关系。尽管《论语》高度颂扬等级制度，但其中也存在着共同人类的基本直觉。

阿瑟·韦利（Arthur Waley）认为，汉字"人"就像拉丁语中的"gens"，起初指的是部落中的自由人，与"民"（臣民）字相对。后来，自由民和奴隶之间的区别逐渐消失，部落也被更大的认同圈所取代——从中国到"天下"。此外，正如我们从上文看到的，"人"又意指"仁"，或者能让人遵循道的品质。最后，"人"又指"人性"，与兽性相对。¹⁵⁶ 但在孔子的思想中找不到最后一层意思。"蛮夷"在《论语》中只被简单提了一下——这并不是孔子关注的主要话题——表明他把中国的国界

---

* 民可使由之，不可使知之。

（虽然模糊不清）视为"人"的外部界限："子曰：'夷狄之有君，不如诸夏之亡也。'"[157] 儒家的仁爱思想的范围非常广，有着潜在的普世主义倾向。但在《论语》中，它始终没有超出中国的文化空间。唯一证明对《论语》的解读可以更具普世性的证据是消极的：除了上述引用，《论语》中再无其他对"蛮夷"带有轻蔑意味的或者沙文主义的评论。[158]

儒学作为政治理论

中国第一位伟大的史学家司马迁认为，孟子"述仲尼之意"。[159] 但是，约公元前320年，当孟子写下以他的名字命名的著作时，他所做的并不仅仅是概括孔子的思想。他从《论语》中的箴言出发，形成了儒家传统中第一套系统的政治理论。从他的思想中，我们能够辨认出儒家"正统"的开端。在汉代正典的后续演变中，它有着极大的影响。就本书的主题而言，值得注意的是，孟子为一套融贯的儒家政治和人性理论打下了基础。

孟子认为人性本善，但善只是作为胚芽（"端"）存在于人心之中（在本书的引言部分，我谈到了孟子举的一个例子，即目睹一个孩子处于困境时作为"自然反应"的怜悯心）。这些胚芽必须经过培养才能变成美德。因此，善是天生的，但其结果并非先天给予的。孟子对他的胚芽理论做了如下阐述：

> 恻隐之心，仁之端也；羞恶之心，义之端也；辞让之心，礼之端也；是非之心，智之端也。人之有是四端也，犹其有四体也。有是四端而自谓不能者，自贼者也。[160]

孟子继续说道，当一个人充分发展了这四种胚芽，他便可以安定天下，如果不能，则连赡养父母都成问题*。正如在孔子那里，美德和善不是现

---

* 苟能充之，足以保四海；苟不充之，不足以事父母。

成的，而必须去达成。孟子坚称，不能把义看作外在的善："必有事焉，而勿正，心勿忘。"另一方面，我们应该让它在心中生长成熟，而不要去强迫它。强迫美德就像揠苗助长。不必说，受到这样的对待，禾苗无法存活。[161] 最后，"四心"或"四端"根植于人性，而人性是由"天命"安排的宇宙自然中不可或缺的一部分。[162]

善不仅在日常行为中不可或缺，也是文明统治的源泉。孟子强调，任何有德之人都不会为了赢得最高统治权而去杀害一个无辜的人。[163] 跟孔子一样，孟子也把美德置于等级之上。他认为世上有三种东西能被公认为高贵：等级（爵）、年龄（齿）、美德（德）。"朝廷莫如爵，乡党莫如齿，辅世长民莫如德。"[164] 孟子认为，美德最终甚至比生命本身还可贵，因为如果有人会不计代价地保全性命，那他就会乐于牺牲美德和荣誉。但即使是穷人也有荣誉和羞耻感。侮辱性的施舍就连乞丐也不会接受。[165] 当孔子问，虽然人人平等，但为什么有些人就比其他人更伟大，孟子答道，每个人都有善思善行的能力，但其潜力发展程度不一。他补充道，每个人都渴望尊贵。但很多人都没有意识到蛰伏在他们内心的潜力。[166]

比起孔子，孟子对人性概念的理论化要更加明晰。跟孔子一样，孟子认为人性是某种在面对逆境时才会实现的东西，但他也强调美德和智慧"被给定"的经验主义方面。此外，他重申，无论是贵族还是平民，任何人都拥有作为人的基本特质。因此，孟子的人性概念比孔子的更具有自觉的普世意识。

但是对于孟子哲学中的"蛮夷"形象，我们又该说些什么？孟子关于其他非中国国家的言论，比孔子谈到"蛮夷"的那一段，要更为有趣和细致。比如下面这一段，比它看上去更复杂：

> 舜……东夷之人也。文王……西夷之人也。地之相去也，千有余里；世之相后也，千有余岁。得志行乎中国，若合符节，先圣后圣，其揆一也。[167]

这种状况是怎么形成的呢？传统上，舜被后世尊为上古"五帝"中的最后一位。孟子称其"东夷之人"是想表明舜来自东部边境。在远古时代，那里尚未成为中原"古中国"的一部分。孟子还在别处讲到，舜出身卑微："舜之居深山之中，与木石居，与鹿豕游。"但他粗糙的皮囊里住着一颗良善的心："及其闻一善言，见一善行，若决江河，沛然莫之能御也。"[168] 看来，除了拥有良善之心外没有多少优点的"蛮夷"百姓也能生发出大量美德。另一位"蛮夷"周文王的例子则更有趣。他是中国历史上的伟大楷模之一，是古代周朝的奠基者和精神向导，因此也是"圣人"。[169] 孟子把一个蛮夷的祖先视为中国伟大的文化英雄，这无疑非常引人注目。也许他是受到了几部早期历史文本中出现的"明智的蛮夷"这一形象的影响。[170]

即使如此，孟子也对外国人发表了一些贬低性的言论。他描述了周公是如何"兼夷狄，驱猛兽而百姓宁"，在别处还提到南蛮的"鴃舌"。[171] 他更系统性地将中原和国外地区的税率进行了一番比较。他把过度的税收与暴政联系起来，又认为轻税是原始状态的表现。他解释道，北夷"无城郭、宫室、宗庙、祭祀之礼"，也很少雇用工匠，这就是低税率在此地适用的原因。[172] 最后，孟子对外国人最为绝对且最具概括性的说法，毫不掩饰地体现了他的华夏中心论："吾闻用夏变夷者，未闻变于夷者也。"[173] 因此，文化交流似乎只是一条单向道。

孟子将他的人性观作为对其他观点的驳斥，后者的要论是"性可以为善，可以为不善"。[174] 后半句显然呼应了"野蛮他者"的本质主义观念。孟子对此持反对态度，他含蓄地表明，"蛮夷"并没有不同的本性。这与他的一贯主张相符合，即"蛮夷"也能够习得中国的风俗。我认为，这就是我们能对孟子理论进行扩展的最大限度了。因此我同意卜爱莲（Irene Bloom）的说法——孟子的人性概念既是生物学上的，也是道德上的，秉持着真正的普世主义。[175] 但这仍是一种相对微弱的普世主义，因为它几乎没有涉及非中国文化。

荀子是汉代以前中国第三位伟大的儒学思想家。与孔孟不同，荀子从未获得过公认的正典地位，尽管他在世时享有很高的声誉。约公元前310年，荀子出生于北方的赵国，后来在好几个诸侯国学习和工作过。在很大程度上，他的思想事业恰好与战国末期相合。当西部黩武的秦国征服其他诸侯国，于公元前221年实现大一统时，荀子已是九十岁高龄。他只担任过一些次要的行政职位，但他在一生中所看到的政治阴暗面已足够多。尽管有着坚定的儒家信念，秦国专制统治的成功仍使他心生动摇。要实现和平和秩序，美德似乎远远不够。最后，他意识到有必要重新思考他在学生时代接受的、被孟子的观念深深浸染的儒家哲学的根基。[176] 在荀子对儒家思想的重估中，有两个问题至关重要：其一，一个国家应该实行高压统治，还是由美德和文明来统治？其二，文化究竟是自然地源自"天"的宇宙秩序，还是人有意识地创造和革新的产物？[177]

我们可以看到，孟子的社会理论主要依赖于人去培养美德的"胚芽"，实现蛰伏在其本性中的东西。也许是受到当时悲观风气的影响，荀子无法接受对人的自然德性的美好构想。他认为，好利、嫉妒、憎恶之情都是人与生俱来的。如果不把这些控制好，所有的礼义、廉耻、忠诚和善意都会消失，永不停休的竞争和冲突就会接踵而至。荀子断定人性本恶，而"其善者伪也"。[178] 在《劝学》中，他强调了教育的影响力，认为教育能够永久地改变一个人的基本天性。[179] 他又继续讲道，美德和社会秩序是人为的，不是天生的；它们必须通过人的努力创造出来。本性是我们与生俱来的，礼与义则必须习得。有时候他几乎宣称，道德是一项人的发明。[180] 但我们不能将荀子的立场解释为类似于霍布斯一切对一切的战争的自然状态观念。人性并非内在地或无法矫正地为恶，但它的自然倾向应该被归为恶，因为单凭自然倾向并不能造就一个有序的共同体。[181] 据荀子所言，刑罚有其存在的必要，但在更深层的意义上，它们"只是礼乐教化的附属品"。对于一个优秀的统治者而言，刑罚将是多余的。[182] 除了求贤师而事，荀子还强调择良友而友的重要性。他引用古书上的话："不知其子视其友，不知其君视其左右。"他最后以这样的感叹总结道：环境多么重要！环境多么重要！*[183]

---

* 靡而已矣！靡而已矣！

虽然荀子并不赞同孟子的人性本善论，但他的普世主义显然更包容和平等。遵循正确的礼节，礼貌地与同胞交往，不厚此薄彼——这些基本美德并不取决于等级或贵族血统："虽王公士大夫之子孙也，不能属于礼义，则归之庶人。虽庶人之子孙也，积文学，正身行，能属于礼义，则归之卿相士大夫。"[184] 荀子甚至比孔孟更强调用贤能论来贬黜贵族出身的传统主张。但这并不意味着他拥护平均的（leveling）平等主义。正好相反，他认为在任何有序的社会中，阶级和不平等都是有作用且不可避免的。他完全赞同儒家思想里的基本关系，但有趣的是，他只提及了前四种，而默默地忽略了第五种，即具有潜在平等主义的朋友关系。[185] 我们也许可以得出这样的结论：荀子提出了一个强有力版本的共同人类，与之相配的却是一个微弱版本的平等主义。

荀子认为人性和美德皆为人造的理论，这是否为文化多元主义铺平了道路？如果中国古代的"道"的概念再也不能被证明是宇宙自然秩序在人类中的显现，那么其他野蛮他者又如何呢？荀子似乎一度支持对文化差异持相对主义的观点：

干、越、夷、貉之子，生而同声，长而异俗，教使之然也。[186]

《淮南子》是一本汉初的著作，其中也有着与上述类似的描述，"今三月婴儿，生而徙国，则不能知其故俗"，反而会遵循居住地的风俗惯例。[187] 从表面上看，这些文段的立场似乎与前面谈到的智者安提丰相似，但当被放在荀子的儒家文明观里进行解读时，其与希腊哲学中文化差异观的相似性就逐渐消失了。我们可以在两个层面上揭示这一点：首先，细读荀子提及"蛮夷"的其他文段；其次，探究荀子对"道"的理论化。

荀子关于外国人的分散的言论，为我们探究他的文化差异观提供了一些线索。他的著作中有一章谈到修身，他劝告一个虚构的弟子，"体恭敬而心忠信……虽困四夷，人莫不贵"。[188] 荀子十分看重乐制，因为它能提高人的内心修养，使人的思绪保持清醒。但同时他又劝诫读者要警惕，"使夷俗邪音不敢乱雅"。[189] 当谈及中国进口的货品、食物和动物时,荀子照例把世界各地描述为原材料的提供地,而中国位于世界的中心,能够利用这些原材料来生产各种各样的有用之物*。[190] 在这样的文段中,"蛮夷"的劣等和屈从地位被轻易地预设了。

最后,我们必须思考荀子之"道"以及与之相应的道德修养论。虽然他一直主张美德与善都是后天形成的,但他从来没有质疑过儒家道德伦理的绝对真理性。他在这个问题上是无比坚定的:"天下无二道,圣人无两心。"[191] 我们如何能使这一点和他同样坚定的主张——人类的道德是后天教化的结果——兼容呢?普鸣(Michael Puett)认为,荀子就像在走一根哲学的钢丝,悬于自然主义和相对主义的双重深渊之上。普鸣大致引用了荀子的一些言论,"性者、本始材朴也;伪者、文理隆盛也[这有点像亚里士多德哲学中的质料与形式的思想]。无性则伪之无所加,无伪则性不能自美"。[192] 普鸣把这理论化为一种"隐含的目的论",使得他不至于被完全排除在儒家学说之外。让我们再回到悬而未决的蛮夷问题,我们或许可以说荀子的哲学适用于人类的各种风俗惯例,但它没办法对"深层的"文化差异做出合理的解释。他的共同人类观给"野蛮他者"提供了一些通路,但最后还是锚定于一种华夏中心主义的真理和道德。

回顾我们对儒家的共同人类观和文化差异观的讨论,可以得出四个结论。首先,孔子用无数例子来阐明的人性(仁)思想,在孟子和荀子的继承和发展后变得更具理论性。其次,由于孟子和荀子都试图建立系统化的政治理论和人性论,他们不得不在一种广义的宇宙-道德人性观(孟子的主张)和一种狭义的基于自我保全和短期享乐主义的生物心理学观点(荀子的主张)之间做抉择。再次,孟子的解决方法最终在天命与人性之间形构出一种牢固的联结,而荀子的解决方法则致力于在宇宙的目的论和依赖惯例的美德理论之间达成平衡,从而在("本恶"的)人性与(但愿是"善"的)文明之间构成了一对矛盾的辩证。最后,我

---

* 北海则有走马吠犬焉,然而中国得而畜使之。南海则有羽翮、齿革、曾青、丹干焉,然而中国得而财之。东海则有紫紶、鱼盐焉,然而中国得而衣食之。西海则有皮革、文旄焉,然而中国得而用之。

们必须注意到，尽管孟子和荀子之间存在很大的思想分歧，但他们的思想中都保留着儒家的传统理念，即人性不是给定的，而必须要在对抗逆境和文化遗忘的过程中获得。

最后，这三位儒家思想家都赞同由一位贤君统治天下的理想社会。在战国时期，诸侯割据，各国相互竞争，这种分封制度的现状被认为是不完美的，应该被由贤能天子领导的大一统所取代。孔子在对未来的帝国秩序的设想中几乎没有提及蛮夷的处境，但孟子却从中国的文明使命出发，对其进行了一番设想。孟子关于蛮夷可以也可能遵循正道的设想与他的性善论是相一致的。孔孟二人都活在一个华夏中心主义的"想象世界"里，这个世界被中央国家（"中国"）的文明所统治。

荀子则与孔孟有些不同。对见证了秦国成功一统天下的荀子来说，"世界"的文化同质性不再不证自明。这段历史无疑是讽刺的。令人翘首以盼的大一统竟然是由秦国实现的，而秦国人被当时很多甚至大多数的中原文明绅士视为半蛮夷。在这三人中，荀子是唯一一位面临文化多元化的不安现实，并且为它的持续存在做出解释的思想家——但仅此而已。在他的世界观中，蛮夷能够响应文明人（可假设为中国人）的美德，但他们仅凭自身永远都无法获得对"道"的领悟。[193] 最终，即使是荀子也无法避开儒家思想中的华夏中心主义目的论。[194]

在后来的时代中，我们也能找到这种华夏中心论对外国人美德的包容。查尔斯·霍尔库姆（Charles Holcombe）援引了诗人陈黯在唐朝的最后一个世纪写成的散文《华心》里的一段话："有生于中州而行戾乎礼义，是形华而心夷也；生于夷域而行合乎礼义，是形夷而心华也。"[195] 自我修养高的外国人比自我修养低的中国人更优越，但中华文明永远都是最终的衡量标准。

共同人类是一种可行但阈限性的概念

上述著作都起源于同一种环境，在其中，共同人类和普遍平等都是阈限性概念。在这样的背景下,基督教、伊斯兰教、斯多葛派和儒家思想均代表着影响深远的智性突破。它们扩大了可意想之物的界限,并且引入了宗教和哲学批判的实践。它们创造了共同人类的概念,这个概念超出了部落、城市和种族的地方性视域。这些宗教和学派出现以后,认为当地社会是道德和行为的最终准绳的信念失去了其不证自明的必然性。在由传统和惯例支配的文化中,这些宗教和哲学的话语使人们能够重新想象自己身处的世界,依照其最字面的意义去"重新思考"人类境况。

这些文本的共同点在于它们给出了各种理由,将"文化上的他者"认可为我们的人类同胞。这些理由中有宗教的、哲学的,也有心理学的,但它们都把全体人类置于一个广泛的本体论中。万物(正如中国人的说法)的无穷多样性被简化成了一种神圣或宇宙秩序的更深层的统一模式。建构它们的准则当然大不相同:基督教和伊斯兰教挪用了继承自犹太教的一神论;斯多葛派认为是神圣宇宙理性的火花充盈了人类的理性;儒家宇宙则有一种内在的天–人秩序。但是,在这些宗教和哲学论述中,有一种共同的逻辑在发挥着作用。在各自不同的本体论基础的参照系中,这些学说使用了一个基本公式来建构人类本性的概念:"全人类都共享X"。《新约》、《古兰经》和斯多葛派哲学都提出一种人–神的共同本性,即人人都按神的形象被创造,被赋予了神圣的宇宙理性。在孟子的儒家思想中,道德的"四端"也扮演着类似的角色,但其中带有强烈的华夏中心主义色彩。所有这些文本以这种方式完成的思想活动都体现了一种偶然性对普遍性的服从。在这一点上,它们与荷马及赫西俄德的学说很不一样,后者笔下的世界更惊人也更为多元化。希伯来《圣经》则体现了一种处于两者之间的境况:它的本体论比荷马和赫西俄德的更统一,但其总体逻辑比本章所讨论的思想系统更形态多样,因而更缺少系统性。

此外,非常引人注目的是,所有这些文本都呼吁共情,即设身处地想象他人所经历的痛苦和悲伤的能力。共情在心理和道德的语域中运作。对共情的呼吁使得这些文本被赋予了与心灵对话的情感旋律。它传达的道德信息是:如果没有对他人的共情、慈悲、爱和关怀,就无法达到真正的人性。共情的另一个面向及其基本原理就是互惠原则。这些文本在此追求的一个理念也正位于希伯来《圣经》的核心，它们都证实了一点——各种互惠概念的发明是任何持久存续的人类社会的基础。由它们生发的正典传统无一例外将互惠原则的发明广为传播，并在此过程中不断对其进行发展（从孔子到孟子的思想发展就是这一"逻辑"的很好的例子）。而且，所有这些文本都设想了一种表达为"给每个人其应得的"的正义观。[196] 在大多数情况下，社会分配做不到严格意义上的平等，平等程度取决于人在社会秩序中所处的位置。因此，外邦人或者"蛮夷"并不会完全被排除在外，但与"文明的"本国人相比，他们得到的份额会更少且来之不易。

这些正典文本还有另一个重要的共同点，即主张"正确"的思维方式以及对"良好生活"的清晰愿景。一神论宗教把人类分为忠实信徒、无神论者和有罪之人。在哲学正典中，"错误"的方式假托那些未能意识到自身人性的终极目标的人表现出来。这样不完美的人会正当地成为改宗和教化干预的对象，若他们没做到，就会遭受惩罚，最终甚至面临死亡。因此，这一章中所讨论的人类观既是普遍的又是二元论的。它们把具有普世性的共情和互惠原则，与并不具有普世性的美好生活的信条结合起来。凯伦·阿姆斯特朗（Karen Armstrong）认为，伟大宗教所发起的圣战体现了一种对其真正旨意的"扭曲"。[197] 但我认为那些宗教的历史轨迹并未证实这一点。同伟大的哲学体系一样，宗教的基本真理主张在其教义和传教实践中注入一种绝对性，然而，它们实在太容易陷入教条主义，也太容易演变为对那些由于各种原因没有遵循教条的人的迫害。普世主义和二元论之间的矛盾，内生于伟大的宗教和哲学体系的绝对真理主张中。这种矛盾无可避免，也解释了这些体系所引发的各种解读互相争鸣的从未停止的历史。普世主义和排外主义之间达致的平衡会受到各种各样的冲击。对正典文本的解读的历史，就是那不断变化的平衡的历史。

正典文本的历史轨迹还受制于第二种歧义。一种潜在地将全人类都囊括在内的普世主义，通常有一种帝国性普世主义如影随形。《新约》、《古兰经》、斯多葛派和儒家思想是由当时生活在强权体系边缘的人们整合而成的。但随着创立者的教义被追封为正典，形势发生了巨大的变化。当基督教、伊斯兰教、斯多葛派和儒家思想成为其同时代帝国的宗教及哲学载体，它们在大陆之间，甚至全球范围内的传播就成为可能：这样的帝国有罗马帝国、阿巴斯王朝以降的一系列伊斯兰帝国，最终还有汉朝及其位于欧亚东部的后来者。因此，这些思想的普世主义与帝国的合法性及其面向边境地区"蛮族"的教化使命绑定在一起。这些文本中强而有力的普世性要旨，常常被顽固的"中间派"思想复杂化。但这并不意味着，对这些伟大文本的普遍性或批判性解读已经湮没在历史的尘埃中。帝国主义的解读常常会为激进的、平等主义的和反帝国主义的解读所驳斥。这为我们提供了关于各种解读彼此争鸣的从未停止的历史的另一重解释。

最后，值得注意的是，这些正典文本中的普世主义都把"野蛮他者"吸收、囊括在内，但乃是通过析出他们的他者性来完成的。正是这些宗教和哲学思想体系中有关"良好生活"的强有力的普世主义，阻碍了人们对文化差异和边境经验进行严肃思考。在下一章，我们将会探讨新的历史学和民族志的理解模式是如何出现的，它们使理解并合理地解释历史之偶然性以及外来者和"蛮族"之他者性成为可能。

第三章　历史、民族志与人类学转向

现在，通过研究轴心时代的史学家如何处理帝国及其"野蛮他者"的问题域，我们将从关于人类的宏观话语逐步过渡至历史、地理与民族志中的偶然性。虽然这些史学家没有提出关于共同人类的哲学概念，但他们讲述"蛮族"习俗与政治的方式却激励着读者反省，自己的生活方式并非不言自明，它们仅是人类社会可意想的组织形式之一。同时，他们欢迎读者展开想象，生活在边境之外的人们会如何回望帝国。通过对其他文化的详实描述，这些历史间接地使共同人类得以具象化。在这些史学家当中，我们考查的三个典范人物分别是希腊史学家希罗多德（公元前5世纪中叶）、中国汉代史学家司马迁（约公元前100年）以及罗马史学家塔西佗（约公元100年）。在这三个案例当中，人类学转向使史学家得以规避前述宗教与哲学体系的影响（希腊斯多葛派可能是一个例外），对文化差异进行思考。

历史象征着社会反思自身的新路径，它与宗教的、诗性的和哲学的自我认识模式相互竞争。与那些更古老的门类相比，历史更多地研究了时间和空间的偶然性。这使探索边境与反思个人生活方式和外国习俗之间的差异成为可能。重要的是，在希腊、中国以及罗马，以历史为名的话语包含了大量的地理学与民族志内容。在希罗多德和司马迁的案例中，归属于定居文明的史学家遭遇了北方民族的游牧文化，这些民族居住在自东向西横跨亚欧大陆的大草原地带。塔西佗论及的日耳曼尼亚和不列颠尼亚的林地民族可与斯基泰人以及匈奴人相提并论，因为罗马人无法征服或"教化"他们。与希罗多德和司马迁一样，塔西佗也将野蛮他者视作其对帝国政策的分析和评判中必不可少的一部分。在本章中，我将以史学家对帝国与文明的见解为语境讨论他们的蛮族民族志，并将之与支持着他们的历史叙事的时间性联系起来。

帝国、民族志和历史三者之间的辩证关系强有力地构建了这些历史叙事。书写历史一直是一种自我定义的实践。但更为重要的是，它是与他人的碰撞，这种碰撞迫使人们对自己的身份提出质疑。而这也正是帝国主义如此重要的原因所在——无论帝国是来自外部的威胁，如在希罗多德那里，抑或是决定了文明命运的艰险进程，如在司马迁与塔西佗那里。他们的社会都已进入了不对边疆及"外邦人"的本质进行思索，就无法理解自身文明的阶段。

希罗多德的著作《历史》以西亚和北非世界的历史与民族志为背景，讲述了公元前490年的希波战争。波斯帝国的兴衰以及希腊维系自身的独立是该书的主旨所在。在《史记》中，司马迁向我们呈现了自神话起源至其本人身处的汉代的中国历史，有关汉代帝国边疆地区的历史与民族志是其主要章节。先秦战国时期大一统王朝的建立、汉朝统治下帝国的巩固，以及帝国与其边疆民族之间的关系是这部史书的中心议题。最后，塔西佗编纂了罗马帝国的历史，帝国的衰落与帝国政治关系密切。他书写的罗马及生活在其西北部边疆地区民族的历史，为我们呈现了一位罗马史学家如何力图评定帝国与其"蛮族"敌人之间关系的精彩实例。

古代的边疆与"蛮族"

文字史料往往一边倒地偏向帝国中心。毫不意外地，古代的史学家通常将居住在帝国边境以外的民族视为"蛮族"，但这一术语的含义在一个很广的光谱上游移动着：它既可理解为中性的"外邦人"或"外来者"，也可理解为贬义的"未开化者"、"原始人"、"下等人"或"野蛮人"。古代史学家的另一特点是他们倾向于低估"蛮族"社会的复杂性。诚然，希罗多德注意到有些斯基泰人会耕种土地，但其叙事强调的还是游牧的斯基泰人。同样，司马迁也鲜少关注匈奴社会中的农耕与城市元素。

塔西佗将边疆民族描述为林地乡民，并忽视了城镇的出现及其广布的经贸网络，而这些发展远远早于罗马人的到来。[1] 尽管如此，这三位史学家却也都重视"蛮族"的军事能力，并试图了解"蛮族"的社会机制。

外邦人定居于伟大的读写文明带——自东方的中国直至远西的罗马帝国——以北和以南的大片土地。这些文明属于农耕经济，学者精英及贵族阶层统治着人口密度极高的城市中心。其宗教与哲学正典已经编纂成文。相比之下，"蛮族"通常只有零星的城市，没有文字。他们中有些是游牧民族，多见于亚欧大陆的草原地区和撒哈拉沙漠地区，而其他如位于中南半岛和欧洲西北部的诸民族，则以村落社会为主。然而，纯粹的畜牧民族却十分罕见。畜牧业在绝大多数草原地区是与农业相结合的，在亚欧大陆草原的某些地区，独立城市通常充当了经贸商旅的枢纽。同样，欧洲西北部也存在分散的城镇与贸易。

伟大文明的学者精英蔑视外来者，视之为原始与粗鄙之人。孟子颇具代表性：他认为蛮族可通过采纳中国的生活方式而变得文明，反之，中国吸收蛮族习俗简直无法想象。尽管如此，帝国中心的统治精英还是认为外来蛮族的军事实力不容小觑。我们将看到，中原帝国和西亚的波斯帝国对草原民族的军事技巧既崇尚又畏惧。同样，罗马人也从失败中意识到日耳曼尼亚的"原始"部落兴许是锐不可当的敌人。中国的长城和日耳曼尼亚的古罗马界墙（Limes）都是为了保卫边疆，控制往来于此的商旅的流动，以及禁止蛮族入境。但仅有这些还远远不够：中原帝国还长期向游牧民族邦国进贡，以防止其入侵中原。因此，将帝国与"蛮族"间的中间地带视为古代世界的伟大边境，恰如其分。

但这并不是说文明与"它们的"蛮族的关系总是剑拔弩张。正如全球史学家威廉·麦克尼尔所说的那样，草原如同一片浩瀚的"草之海"，是连接亚欧大陆东部与西部的巨大通道[2]。这些草原民族掌控着以"丝绸之路"著称的集成商路。杰里·本特利（Jerry Bentley）认为，"定居民族与游牧民族之间的政治与经济合作"，促成了维系着横跨整个亚欧大陆及北非的交流的商路网络。[3] 游牧民族需要农耕文明社会生产的一些物品，而城市帝国则进口草原的特产，尤其是兽皮、毛皮、马匹与奴隶。

并且,古罗马界墙还为双边贸易提供了环境。由于边疆民族的军事威胁与经济效益,收集它们的信息变得很有价值。其余的事则交予人类的好奇心。因此,史学家收集了大量关于边疆蛮族的详细信息。相比之下,关于生活在"蛮族"以外的"野蛮人"部落的信息则显得零散,且通常被神话传说污染。如此一来,城市中心,尤其是帝国首都,便成为地理学与民族志信息的宝库,最终催生出地理学与民族志学这两个新兴学科。

希罗多德、司马迁、塔西佗及诸多其他人的著作之所以被称为历史,或许是因为希罗多德宣称其著作为 historia,希腊语意即"调查探究的结果"。这些著作的叙述遵循事件发生的大致时间逻辑,在此意义上它们就是历史。与此同时,它们又都包含了大量的地理学和民族志内容。自其开端,历史就不仅关乎"何时",还关乎"何地"。之所以说这些史学家的作品与本书的问题域密切相关,是因为它们向我们呈现了最初的关于"文化他者性"的理性与自反性思考。我们很快便会看到,这些历史中的蛮族形象频频在"高尚的蛮族"和"粗鄙的蛮族"这两个孪生的刻板印象之间摇摆。虽然如此,我们还将会看到它们对外国人风俗公正且相对准确的描写,以及阐述蛮族如何回望帝国中心,后者常常带来对帝国统治者之懦弱狂妄与帝国之傲慢的政治性批判。这种批评或明或暗,或隐或显,取决于史学家本人的性情以及他们生存其中的政体的特征。

希罗多德笔下的边境、种族中心主义与帝国统治

希罗多德出生略早于公元前480年,彼时希腊刚经历希波战争的最后阶段。他来自哈利卡尔那索斯,一个小亚细亚海岸上的爱奥尼亚小镇。之后,他前往萨摩斯岛,后来又去了雅典城邦的某个地方,或许是因为暴君吕格达米斯将他的家人逐出了哈利卡尔那索斯。后来,他回到了自己的出生地,此时当地已经废黜了暴君并加入了雅典城邦。公元前440年代,希罗多德在雅典度过了数年。也许是在公元前443年,他搬到了雅典位于意大利南部图里的新建殖民地。公元前430年至前424年间,

图 1　希罗多德的世界

他与世长辞。就这样,他在希腊世界的大部分地区都居住过。此外,他还四处周游,并在《历史》一书中引用了各地的第一手口述与图像证据进行佐证。他声称自己游历了埃及、昔兰尼加、巴比伦、腓尼基和斯基泰,但他的一些学生并没有全盘接受这一说法。

在曾居住的所有城市中,希罗多德似乎都不属于当地的政治精英圈子,虽然他与后者关系密切。总体而言,他同情希腊人。这不足为奇,毕竟他著作的主题正是希腊抵御波斯帝国的扩张。但希罗多德不偏袒任何希腊的城市,哪怕是雅典,尽管他大力赞扬它在抵抗波斯的过程中所起的重要作用。一些史学评论家认为,希罗多德对帝国狂妄自大且必然衰落之观点的坚持,暗含他对雅典海上帝国主义的谴责,但他的希腊读者似乎并不买账,因为著作完成时,伯罗奔尼撒战争刚刚开打。[4] 因此,希罗多德的《历史》是为希腊世界识字的公民写的（其叙述是以令人愉快的公开讲演开场的），他不受命于任何城邦或贵族。

《历史》围绕着波斯人在力图统治"已知世界"时创设的新的世界秩序展开。波斯民族将其势力延伸至印度边境，统治着伊朗、美索不达米亚和小亚细亚，在征服巴勒斯坦和埃及后，又成了黎凡特的主人。对希腊人而言，波斯是他们见过的最令人畏惧的帝国。《历史》的前四卷为我们呈现了已知世界那令人目眩的全景：第一卷详述了波斯人到达小亚细亚以及征服黎凡特的故事；第二卷包含了埃及这一世界最古老文明的历史民族志；第三卷讲的是波斯征服埃及的故事，还用了大量篇幅额外述说了波斯的文化与政治；第四卷主要是关于在黑海北部过着游牧生活的斯基泰人，并以关于北非的简短一节作结。在这些民族志之后还有关于波斯企图成为"普世帝国"未果的故事，十分引人入胜。

在《历史》的开场白中，希罗多德告知读者他之所以要把这些研究成果发表出来，是为了"使希腊人和异邦人的那些值得赞叹的丰功伟绩不致失去光彩"。*,5 如此一来，蛮族便作为立下功业而值得被铭记的民族走进人们的视野，与希腊人并驾齐驱。这并非狭隘的种族中心主义话语。纵观全书，希罗多德将"蛮族"（barbaros）一词作中性词而非贬义词使用，我们也可将之理解为"非希腊人"。令人惊讶的是，他清楚地意识到其他民族也将希腊人归为异邦。在一篇让人回想起前引智者安提丰所言的文章中，希罗多德讲道，埃及人将所有不说埃及语的人称为"蛮族"。6 他只是顺便一提，并未就此做出任何解释。显然，他认为无需赘言希腊人对野蛮他者的惯常看法也会被反转7。该书开头部分的另一则格言也传达了强大的平等效果："不管人间的城邦是大是小，我是要同样加以叙述的。因为先前强大的城邦，现在它们有许多都已变得默默无闻了；而在我的时代雄强的城邦，在往昔却又是弱小的……人间的幸福是决不会长久停留在一个地方的。"8 伟大的转瞬即逝是《历史》中

---

* 本书《历史》译文皆参考商务印书馆于 2016 年出版的王以铸译本。

反复出现的主题，它似乎成了任何帝国追求永垂不朽的阻力。大致而言，希罗多德反对其在多数统治者身上目睹的对权力与财富的贪婪。

值得注意的是，在讲述波斯国王冈比西斯（公元前530年至前522年间在位）——他称得上是"希罗多德所述国王中最为愚蠢残暴之人"[9]——之死及其愚行时，希罗多德给出了他关于文化相对主义最详细有力的论述。事实上，冈比西斯的故事是希罗多德讲述波斯战败所举的第一个例证。它讲到冈比西斯在进攻埃塞俄比亚时吃了败仗，希罗多德将此归咎为国王有勇无谋，指挥不当。直至士兵快要饿死，开始食人充饥时，国王才放弃了此次战役。事实证明，在返回埃及后，冈比西斯未从其错误中吸取任何教训。彼时正值埃及人的某个盛大的宗教节日。但这位偏执的国王幻想民众是在对其遭遇幸灾乐祸，因此陷入了盲目的暴怒，甚至杀死了节日的圣牛阿庇斯。冈比西斯被愤怒与狂妄蒙蔽了双眼，认为自己可以肆意杀戮和侮辱他人，而无须尊重其他民族或波斯本国的习俗。（为避免读者对历史产生误解，必须指出这并不是对冈比西斯统治的公正阐述。将波斯宗教政策形容为实用宽容更为恰当，但有些历史学家仍接受了希罗多德的冈比西斯杀了阿庇斯的这一段叙述。）[10]

希罗多德将冈比西斯的命运作为反面教材，来警示人们滥用权力的后果，尤其是践踏人们珍视的信仰和习俗的危险。[11]它为后来的波斯国王大流士所实行的著名"人类学实验"奠定了基础："大流士……把他治下的希腊人召了来，问要给他们多少钱才能使他们吃他们父亲的尸体。他们回答说，不管给多少钱他们都不会做出这样的事情来。于是他又把被称为卡拉提亚人并且吃他们的双亲的那些印度人召了来，问要给他们多少钱他们才能答应火葬他们的父亲。这时他要希腊人也在场，并且叫通译把所说的话翻译给他们听。这些印度人高声叫了起来，表示他不应该提起这个可怕的行径。这些想法是这样地根深蒂固。"[12]希罗多德对大流士的实验进行了归纳，并阐述了一条普遍有效的准则，这是他的人类学转向：

如果向每个民族建议，在一切法律和风俗中选择看起来最好的，那么在经过检查后,所有人都会把自己的放在第一位。每个民族都深信,他们自己的习俗是迄今为止最好的。[13]

希罗多德引用诗人品达(Pindar)的名句,认为习俗是"万物的主宰"。在此,他的准则与许多古典观念产生了共鸣,因为这是古代最频繁被引用的诗句之一。[14]

通过引入自己的准则,希罗多德告诉读者,不管从哪一点来看,他都可以肯定冈比西斯的"疯狂程度甚深";否则他就不会费尽心思地"嘲弄宗教与习俗"。尊重其他民族的文化遂为帝国主义的妄自尊大之对位。同样,希罗多德也解释,波斯征服斯基泰和希腊失败,是由于缺乏对其他文化的理解。波斯人错误地理解了斯基泰游牧民族的游击战术,他们对君主国军事优越性的坚信也导致不可避免地低估了希腊城邦的实力。然而,希罗多德所述的教训,也是说给希腊人自己听的。前述对埃及视角的调用便缘自他对希腊自认比埃及优越的骄矜的批评。[15]《历史》尤其含蓄地指向了雅典帝国。让我们回顾一下,希罗多德是在伯罗奔尼撒战争期间完成了此书的写作,这场发生在雅典与斯巴达之间的战争,现今普遍认为是由雅典帝国权力的过度膨胀所引发的。[16]据切斯特·斯塔尔(Chester Starr)估计,雅典鼎盛时期的制海范围直接统治了约二百万希腊人。[17]在战争的第二年,伯里克利本人在公民大会上表示,帝国在很大程度上立足于自身利益,在对其他希腊城邦的统治中扮演着"专制王国"的角色。[18]

草原边疆的斯基泰人

在《历史》的民族志部分讨论的所有民族中,生活在今天的乌克兰地区的斯基泰人是目前最能被称为"他者"的民族。他们不生活在城市之中,且其作战方式几乎与希腊人和波斯人实施的步兵战略背道而驰。因此,以弗朗索瓦·阿赫托戈(François Hartog)和詹姆斯·罗姆(James

Romm）为代表的一些作者将希罗多德对斯基泰文化的研究解释为对异国情调的迷恋。罗姆将斯基泰人与希罗多德分类中"住得离他们（波斯人）最远"的其他北方居民归为一类，阿赫托戈则将斯基泰人的民族志解读为对"希腊性"的结构性反转。[19] 但希罗多德在其全面的斯基泰人民族志中，将他们同他在《历史》中描述的波斯人和埃及人相提并论。这与他对待其他北部民族的态度有天壤之别，后者被描述为生活在世界尽头的民族，是野蛮人与丑陋怪物的结合体。

实际上，要想更好地理解希罗多德的观点，我们还应了解延续至其所处时代的、希腊与斯基泰之间漫长的往来历史。因为两个多世纪以来，希腊在黑海的北部海岸一直都有殖民地。希腊人从黑海地区进口谷物、牲畜、奴隶、蜂蜜、蜡、鱼干、兽皮和黄金，出口葡萄酒、橄榄油、纺织品、工具和陶瓷。希腊商人周游斯基泰腹地，甚至还专门出售符合斯基泰人审美的艺术品。[20] 在更靠近内陆的地方，斯基泰公共奴隶被雇用为雅典的警卫力量。[21] 希罗多德对斯基泰人感兴趣的另一原因在于他们是波斯人的敌人。他认为大流士进攻斯基泰是对其早先入侵波斯的报复。[22] 与此同时，波斯在斯基泰的败仗，仅次于他们败给希腊的主要剧情。在对大流士于公元前512年进军失败的愉快叙述中，希罗多德巧妙地将波斯的失败与斯基泰人的民族志融合在一起。

斯基泰人没有城市，且其军队由能够迅速移动的弓骑兵组成，因此他们的游击策略能帮助他们轻易地避免与全副武装的波斯步兵进行常规的开阔地作战。波斯人被引诱到斯基泰，以搜寻一支他们找不到的敌军，却不想进入了一片无法获得补给的土地。陷入这一困境的原因在于他们未能理解斯基泰社会的运作机制。像往常一样，希罗多德特别将此归咎于波斯国王。大流士的愚钝也在斯基泰信使的故事中暴露无遗。这位傲慢的国王要求斯基泰投降并拱手奉上其领土。波斯军队已被这场成败未卜的游击战搞得疲态尽显，斯基泰人最终派出一位使者给波斯军队送去一份礼物，其中包括一只鸟、一只老鼠、一只青蛙和五支箭。使者拒绝透露这份礼物的含义，说波斯人如果够机灵的话就能明白。大流士认为老鼠代表土，青蛙代表水，而箭则代表武力。因此，他得出结论，礼物所要传达的信息是斯基泰人愿意奉上土地、水域以及武力,向波斯投降。他的这一无知解读遭到其智囊戈布里亚斯的驳斥,后者认为礼物的寓意一点儿也不吉利。正确解读的话,它应是对波斯的诅咒:"波斯人,除非你们能变成鸟飞向天空,或变成老鼠藏于地下,或变成青蛙跃入湖中,否则你们便会被箭射死,永远无法返回家园。"[23] 戈布里亚斯的理解是正确的,但我们应注意,希罗多德并不是说波斯民族没有智慧,大流士的一厢情愿不过是他所列举的君主对信息、征兆和天启的众多误读之一。直到遭遇了其他不幸,大流士才终于接受了戈布里亚斯的观点。波斯人放弃了此次战争,为能死里逃生感到欣喜。

在希罗多德对斯基泰人民族志的叙述中,其次值得注意的是他并没有将斯基泰人刻画成落后的蛮族。他在谈论极北居民脆弱的精神力量时,果断地将斯基泰人排除在外。[24] 从讲述第一个关于他们的故事开始,他便赞美斯基泰民族的智慧。当斯基泰人从波斯远征归来时,他们的奴隶在他们外出期间所生的子辈起来造反,但最终还是被斯基泰人的智慧谋略打败了。希罗多德曾引述一个斯基泰人的说法:"'我的意见是我们最好抛掉我们的长枪和弓,各自执马鞭和他们进行肉搏。他们一看到我们手里拿着的武器,就以为他们是和我们能力相同而身份也相同的人物,但他们若看到我们手里拿着的不是武器而是马鞭,他们就会懂得他们原来是我们的奴隶……'斯基泰人听了这个意见并按照此计行事。他们的敌人被他们的行动所吓倒,以致忘掉战斗,立刻逃跑了。"[25] 在这处描述中,斯基泰人能很好地分析出想象在权力关系中的作用——这绝非易事,让我们回想一下,荷马便阐述了独眼巨人因完全无法理解这些而做出的愚行。

至于斯基泰社会的运行,希罗多德赞扬了他们的军事游牧技术,可移动式房屋与迅速移动的弓骑兵相结合,让他们不仅能躲避,更能损耗波斯强大的战争机器。他说道,"斯基泰人在全人类最重要的一件事上,做出了我们所知道的、最有才智的一个发现"。[26] 希罗多德笔下的斯基泰战争可能是最早的有关强大的正规军在游击战略面前是何等束手无策的叙述。我们可以将他对斯基泰人军事策略的赞美与希波克拉底

（Hippocrates）做比较。后者也描写了斯基泰人的可移动式房屋，但未对其实用性做出任何正面评价，仅粗略地将斯基泰人的风俗面貌描绘成一幅令人生厌的景象。[27]

尽管希罗多德并未在任何方面都推许斯基泰人，他唯一提出明确批评的一点就是他们顽固的种族中心主义。他说道："斯基泰人和其他人一样，他们对于异邦人的任何风俗，都是极其不愿意采纳的，特别是对于希腊的风俗。"[28] 阿那卡尔西司和司库列斯都是斯基泰人，他们到过希腊并在那里定居，成了"当地人"。但在回到斯基泰时，他们习得的希腊生活方式被发现，两人都被杀了。[29] 我们应进一步考虑到，在希罗多德关于自由民族与专制帝国主义的鲜明对比中，斯基泰属于自由那一方。但据我们所知，与伟大的东方帝国相比，斯基泰人的政体与塔西佗所说的日耳曼尼亚人的部落民主制更为相似。对大流士的斯基泰战争的叙述结束在爱奥尼亚希腊人拒绝支援斯基泰人击溃撤退的波斯军队，进而错失从波斯手中解放小亚细亚地区的希腊城邦的良机。希罗多德将爱奥尼亚的领导者刻画成目光短浅的暴君——他们害怕反对波斯会促使希腊城邦中的民主派取得胜利，他在最后将话语权交给了斯基泰人。这一部分以对希腊人奴性心理的强烈谴责作结。[30] 在此，斯基泰人似乎代表了希腊人错失良机后的羞愧，而非希腊文明价值的简单反转（但请注意希罗多德在其他地方的叙述，他描述了斯基泰人在基亚克萨雷斯时期征服了美地亚人，却因骄傲自大和不够谨慎而前功尽弃）。[31] 斯基泰人故事的结局嵌入了希罗多德的两大主题：团结起来反抗波斯强权的必要性以及自由至上。

大致而言，希罗多德关于斯基泰人的讨论惊人地公正。他对其风俗的认真考查是我所说的"人类学转向"的典范。他向读者详细介绍了斯基泰人的食物、服饰和丧葬礼俗，可见他确实想要了解斯基泰社会。考虑到各种文化是由差异建构出来的，不进行比较便无法描述它们，他在各个方面对斯基泰民族与希腊进行比较就不那么叫人惊讶了。重要的不是希罗多德进行了对立与比较的直观事实，而是他在这么做时采取了严谨包容的方式。他对"蛮族"文化的兴趣绝不仅仅是对"希腊性"的反转。

最后，我认为，希罗多德的《历史》对外邦人文化的严肃的智性思考，使共同人类的新兴话语成为可意想之物。希罗多德以文化差异这一明显的"事实"为起点，采取了两大推论策略，一个在元叙事层面，另一个在叙事文本当中。他在元叙事层面阐释了人类学转向的逻辑。通过承认差异，他从更高的抽象层面确证了共性：人类理解本族习俗的方式基本相同。在多数情况下，他们遵守本民族文化的限制，但文化（nomoi，礼法）并不是无处可逃的密闭监狱。在希腊运作良好的方法在草原地区不一定行得通。反之亦然，斯基泰人的战略手段并不适用于大型港口城市，对雅典人而言，维系一支装备齐全的舰队是明智之举，但这对斯基泰人却毫无用处。

第二个策略由无数个小策略构成：统治者的傲慢、帝国建立者的野心勃勃、波斯自觉比斯基泰和希腊优越、希腊自认比埃及和波斯上等，希罗多德在这些段落中仔细地审查，并指出其中的愚昧。他也在许多其他段落中展示了对人类学转向的熟练掌握：他对非希腊文化的思考十分严肃，往往抱以同情的态度，极少傲慢和自大。他明确地赞扬希腊成功抵御波斯入侵者，笃信希腊民主的优点，还坚称波斯人有奴性，且无法有组织地作战。[32] 但他真正强烈谴责的是波斯国王，尽管他们身边都有顾问能给出谨慎而克制的建议。就像斯基泰故事中的戈布里亚斯一样，阿尔塔巴诺斯在克谢尔克谢斯进军希腊前夕提醒他大难即将临头，却徒劳无功。[33]

希罗多德重点强调的主题是强权使掌权者盲目，而神会惩罚那些越界的凡人。希罗多德对波斯人的批评多集中于他们残暴的专制政体。一个"东方主义"的波斯帝国形象依稀可见，希罗多德有时还将希波战争说成是文明之间的碰撞，但这不应被过度解读为一种波斯处于文化或种族劣势的话语。他关于波斯礼俗的探讨是十分公允的，在适当的时候给予了赞扬。[34] 考虑到在他的历史中波斯是希腊的敌人，他对待波斯文化的态度可谓十分开明。

一言以蔽之，希罗多德对许多，也许是绝大多数文化的具体优点都给予了赞扬。他将这些文化置于其自然生态与战略环境中，而且他的初步假设似乎是所有文化皆具有同等的价值,除非出现了需要另当别论的有力论据。为了不夸大我的结论,还应补充一点,即他从未在任何地方明确宣称所有文化都具有同等的价值。但他的叙述以及他从中得出的结论强烈表明了这一点。所有民族都认为自己的生活方式优于其他民族,这只会凸显其信念的相对性。以普鲁塔克(Plutarch)为首的一些希腊文化评论家甚至将希罗多德称为"barbarophilos",即喜爱蛮族者。

最后,我们需要强调一点,希罗多德的相对主义是文化上的而非伦理上的。希罗多德对诸如亵渎圣物和杀害无辜百姓的行为进行了尖锐指责,不给道德相对主义留任何余地。伦理相对主义立场在《历史》的叙事中是指,只要足够强大便能"为所欲为",其代表是著名的暴君冈比西斯。当然,这绝不是希罗多德自己的观点。

司马迁论汉帝国与其蛮族

在司马迁的时代,帝国是毋庸置疑的现实存在。《史记》是他对中国及其周边地区的历史进行的百科全书式梳理,被史嘉柏(David Schaberg)称作"最杰出的帝国文献"。[35] 希罗多德承认埃及文明和波斯文明早于希腊文明,而汉代人则坚信中国代表了人类文明的开端。[36] 其皇权思想认为,没有任何外国君王可与汉朝皇帝比肩,但汉朝充分了解中国以外领土的权力与财富,尤其是在张骞出使西域(公元前139—前126)之后。[37] 此外,中国先秦时期的历史以民族多样性为标志。[38] 汉帝国本身在文化上也绝非一个同质的空间。在此背景下,坚持中华文明的天下观(cosmic grounding)便成为驯化多样性的一种推论手段,而非对"现实"的自信赞颂。

与希罗多德的生平经历相比,司马迁终其一生都与严厉而又充满野心的汉武帝(公元前141年至前87年在位)治下的汉朝政治纠缠在一起。司马迁于公元前145年出生在中国北方的龙门附近。倪豪士(William Nienhauser)注意到,司马迁的家乡韩城地处边疆,匈奴时常来犯,他们

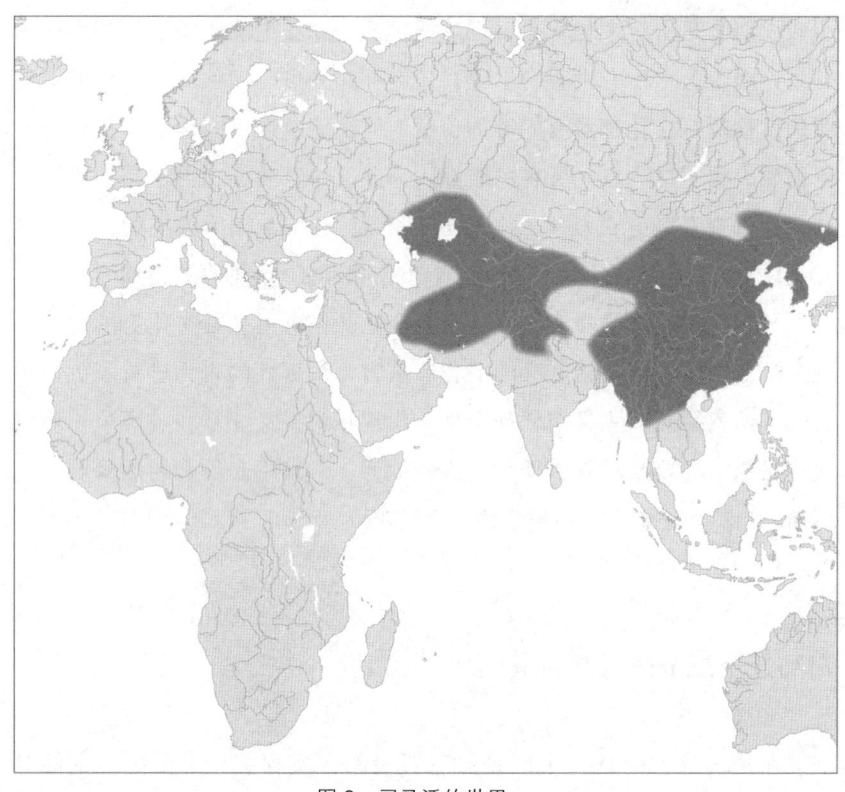

图 2　司马迁的世界

是最令汉人畏惧的游牧敌人。[39] 司马迁五岁时，其父司马谈在汉朝都城长安担任太史令一职。但是他和司马迁都不是官方的史料编纂者。他们可以出入皇家档案馆，但司马谈的历史研究却是自发的"私人"计划。司马迁也一样，他谨遵父亲遗愿，继续著述先父未竟的历史。[40]

与希罗多德一样，司马迁也周游各地，足迹遍布中国境内以及南北边陲。公元前110年，他陪同汉武帝巡视北方边疆，此地有游牧的匈奴人聚居，长年战争冲突不断。同时，通过询问往来旅者，他还收集了大量关于边远地区和当地百姓的信息。[41] 公元前108年，司马迁承袭父职，任太史令。五年后*，将军李陵率军英勇抗击匈奴，因寡不敌众败降，司马迁为其辩护却惨遭贬黜。诬罔犯上本是死罪，但司马迁最终以腐刑赎

---

* 原文如此，实为九年后，即公元前 99 年。

身死。在这种情况下，为保名节，士多慕义而死。然而，尽管蒙受耻辱，司马迁仍继续修史，以为父亲尽孝，并期后世认可。公元前96年，司马迁被恢复名誉，并于公元前86年（汉武帝逝世后一年）逝世前完成了历史的编纂。《史记》的时间跨度巨大，讲述了至史学家所处时代的全部中国历史。与希罗多德的《历史》一样，《史记》中包含了大量的地理学和民族志内容，尤其是关于汉帝国以西和以北的民族。

从表面上看，司马迁与政权的关系似乎与希罗多德的截然相反。作为皇帝的忠臣，人们料想他会修史为汉朝歌功颂德。在某种程度上，司马迁没有辜负这一预期，他为帝国的秩序与统一辩护，并赞扬了使汉族史观得以形成的新的儒家经典。尽管如此，他还是设想史学家具有极为重要的批判职责。在其著作的末卷，司马迁引用了董仲舒关于孔子《春秋》一书的阐释："孔子知言之不用，道之不行也，是非二百四十二年之中，以为天下仪表，贬天子，退诸侯，讨大夫，以达王事而已矣。"[42]

司马迁借助圣贤的威严佐证自己的历史即批评的史观，这与孔子的观点一致，孔子认为历史具有双重功能：一是对统治者的公共关切，二是圣贤维护正道的个人职责。[43] 司马迁的自我形象可追溯至历史写作在战国时期获得的批判性立场。[44] 因此，《史记》包含大量对皇帝、大臣和各级官员的批评。然而，这些批评总是出自故事中的不同人物之口，而非在元叙事中以第一人称评论的形式出现在各卷的开篇或结尾处，这与用作者本人的声音对统治者表达不满的希罗多德形成了鲜明对比。[45]

《史记》中有六卷讲述蛮族，其中关于匈奴民族的叙述篇幅最长。书中详细记载了汉帝国南部的边疆，以及朝鲜、费尔干纳（大宛）、巴克特里亚（大夏）和帕提亚（安息）各国。费尔干纳是中国西域商路之通衢，但它主要的吸引力还是在于为包抄匈奴提供了绝佳机会。[46] 大约公元前100年，汉朝便在此建立了驻防要塞。书中对匈奴和费尔干纳有相当详细的记载，但关于其他民族的叙述篇幅则较短，一些地区甚至只有零散见闻。[47] 关于印度（身毒），他提供的是汉人从一些去过印度市场的巴克特里亚商人那里获得的信息。这些商人告诉汉朝使节：印度位于巴克特里亚东南部数千里（1000里约为415千米，或260英里）开外，印度民族耕种土地，在战斗中使用大象，那里气候炎热潮湿，王国坐落在一条大河边。[48] 两位史学家所描绘的是欧亚大陆的相邻部分。希罗多德所言的斯基泰的最东端，毗邻司马迁笔下最西边的游牧民族——"大月氏"。[49] 尽管司马迁提供的信息比希罗多德的"掘金的蚂蚁"更接近实际，但对二人而言，印度都是位于已知世界边缘的遥远国家。[50]

讽刺的是，最令人畏惧的外族势力并不是某个定居文明，而是游牧的匈奴邦国。公元前 209 年，秦朝末年，匈奴国王冒顿战胜了东部和西部的草原敌人，并建立了一个强大的游牧民族联邦，沿长城与中原隔墙相对。联邦处于守势，因为秦朝向北派遣了大量的军队和居民，以震慑和阻止游牧民族进入农耕地区。匈奴的畜牧经济，与从中亚至西伯利亚南部草原的农耕地区和城镇形成了互惠关系。他们还在中国北部边境地区进行贸易，出口马匹、毛皮和翡翠，进口奢侈品和农产品。[51] 最终，匈奴控制了大片领土，自西边的塔里木盆地一直延伸至中国的北部，东抵满洲。[52] 他们无坚不摧的战斗力所仰赖的军事游牧技术，与希罗多德曾对西部斯基泰人赞不绝口的是同一种。

在草原的自然环境中，游牧民族的军事战略占据优势，但他们通常避免与在人数上占优势的汉朝军队进行常规战斗。最终，汉文帝（公元前 179 年至前 157 年在位）与匈奴签订了并不保险的和平条约，使这一岌岌可危的平衡得以维系。汉朝每年向匈奴进贡，而匈奴和汉朝承认彼此为地位平等的国家。[53] 但汉人认定游牧是一种劣等的生活方式，他们只是勉为其难地承认匈奴的平等地位。由此产生的情感上与认知上的矛盾可能带来一个武断的结论，即坚持认为汉人比低劣的蛮族优越，而也可能导致一个更为开放同时引人发问的局面。我们将会看到，这两种观点都可见于司马迁编纂的历史。

有鉴于此，意识到文明与野蛮的界限并不完全同汉族与非汉族的界限一致非常重要。司马迁经常提到中原境内的"民族融合"。例如，他坚持认为秦朝礼俗与戎狄风俗的融合，导致了秦王朝残暴的统治。[54] 在前一章中他提到过，在先秦时期，秦人自身就被中原诸国视作蛮族。[55] 在考察汉代及之前的史料时，钱德梁（Erica Brindley）注意到中原人对越族有一种普遍的矛盾心态,从处于不断扩张的中原文化辐射范围之内的未开化的他者,到一种本质上的他异性存在,被归于距离更远的"蛮族",越族的形象在此范围内游移着。[56]

对司马迁及其同代人而言,匈奴问题代表着中国外交政策面临的最大挑战。公元前133年,汉武帝废止了条约体系,开启了残酷的战争年代,战争带来的财政与人口压力几乎摧垮了汉朝的经济。司马迁属于质疑该政策的一派。他们认为,战争的代价极其巨大且难以保证胜利,而高额赋税与征兵还可能导致民众叛乱。这一点是司马迁批判汉帝国的主要原因,而非皇帝对他的残忍刑罚。他引用了严安上书汉武帝所言佐证自己的观点:

> 今中国无狗吠之惊,而外累于远方之备,靡敝国家,非所以子民也。[57]

严安提醒武帝,短命的秦王朝之覆灭,始于人们对"过度战争"所致的沉重压力的反抗。更笼统地说,秦朝的历史让人们记起专制政权的危害。司马迁在《史记》其他地方也引用了类似的批评,他通常只是谨慎地表示赞同。因此,与希罗多德一样,司马迁对帝国主义的批判结合了其对专制统治的谴责。[58]

纵观中国历史,北方游牧民族"常为中国患害",有关匈奴的一卷就是从这一观察出发的。司马迁称:"欲知强弱之时,设备征讨,作《匈奴列传》第五十。"从表面看,这是在为帝国主义背书的历史。接着是一段对匈奴社会经济和军事基础的概括性描述,其开头的标志性负面陈述,可见于诸多有关游牧民族的见闻记录:"逐水草迁徙,毋城郭常处耕田之业……毋文书。"在描述游牧民族的军事技巧时,民族志的评价转向正面,比如我们可以看到匈奴"善为诱兵以冒敌",但对其战术的讨论则显得含糊不清。与希罗多德描述的斯基泰人相似,司马迁说道,匈奴人在形势有利时进攻,但在陷入困境时并不以撤退为耻。这位史学家不无讽刺地说道:"苟利所在,不知礼义。"[59]但在后面阐述匈奴的战绩时，司马迁提到了匈奴进攻时快如闪电，而寡不敌众撤退时则"瓦解云散"的作战技巧。[60]

司马迁的游牧民族志在对其"非汉化"的生活方式的责难，和对其军事技巧以及高效统治方式的客观评价（近乎勉为其难的称赞）之间摇摆。司马迁不像希罗多德那般深入，后者认为军事游牧的社会技术是我们所知道的"最聪明的发现"，也没有作为"已开化者"落入低估它的窠臼。因此，司马迁的匈奴民族志便在这两头摇摆：一方面是本质主义地将其天性限定在那些尤受汉人谴责的特质中；另一方面则是对其智慧与才能多样的赞美。本质主义的一则实例就是对北蛮"急则人习战攻以侵伐，其天性也"的直白陈述。[61]同样，诸如匈奴人喜欢坐在左边、面朝北方等习俗则被描述为汉人习惯的简单对位。[62]但民族志的大部分内容绝非如此。对匈奴联邦的政治组织形式的描述，其集权统治与分权管理的复杂结合似乎正好能够引起汉人读者的羡慕之情，后者多对汉王朝繁冗的政府架构不满。司马迁确实也提到了匈奴民族包括弑亲在内的一些残忍行径，但他在别处讲述了更多汉人统治者和贵族有过之而无不及的例子。

在司马迁的叙述当中，我们很难确定汉人与匈奴之间在文化上的距离。匈奴肯定被描述为"他者"，因为他们的生产方式、作战方法、性别制度、荣誉准则、饮食、服饰和住房与汉人天差地别。还因为他们总是被刻画成敌人，从而在政治上和情感上被拉开距离，而这种距离是希罗多德对斯基泰人的描述中所没有的。另一方面，在希罗多德那里，游牧民族与定居民族之间的界限不如司马迁说的有可渗透性。在希罗多德的叙述当中，斯基泰人有时会采纳希腊人的行事方式，但希腊人从不接受斯基泰人的习俗（尽管有一次偶然提到了"斯基泰希腊人"）。[63]然而，司马迁讲述了多个关于汉族吸收匈奴生活方式的例子，以说明边疆人民的不断往来。不同于斯基泰边境，长城的边境在文化方面是相互渗透的。

我们发现几个汉初有关跨境和文化适应的例子。在这一时期，匈奴在军事上占优势。汉朝第一位皇帝汉高祖任命韩信戍边代地，但韩信在匈奴入侵时倒戈，最后成了匈奴的将军。司马迁讲述道，在那后不久，"汉将众往降"。[64]这种联系可能带来文化反转，最惊人的例子是中行说的故事。公元前 174 年后不久,作为和平协议的一部分,汉朝公主前往匈奴与冒顿的继位者稽粥和亲,汉文帝派宦官中行说陪同。朝廷不顾中行说的意愿而强行指派他。中行说在抵达单于王廷之后随即叛变归顺匈奴。稽粥厚待他,并任命他为对汉事务谋臣。司马迁大量引用了中行说的话,第一处是中行说提醒匈奴切勿照搬汉人风俗,第二处是他驳斥了汉朝使节对游牧民族风俗的批评。司马迁所引用的中行说的发言值得细读,因为它们展示了史学家在想象匈奴如何看待汉人时的能力范围与局限。

首先,中行说劝告匈奴要意识到与汉人之间人口比例失调的问题。汉人的人口远远超过匈奴(其比例约为 50∶1),但后者的军事实力足以抵御汉人。这是因为他们的生活方式能够很好地适应军事备战。中行说认为,匈奴"所以强者,以衣食异,无仰于汉也"。但汉人给匈奴的贡品可能会改变这一局面。单于开始喜欢上汉人的服饰和食物,他治下的人民也可能会发展出相同的喜好。中行说强烈反对这种汉化,并指出汉朝的缯絮对骑马"以驰草棘中"来说毫无用处。另一方面,他"说教单于左右疏记,以计课其人众畜物"。[65] 此处他建议匈奴采取汉朝的部分惯用措施。[66] 但建议的关键是指出接受汉人的习惯与品味会带来怎样的文化后果。中行说在此分析了奢侈对于军事化社会的危害,其论调与后来欧洲人对罗马帝国衰落的解释别无二致。

到这里为止,中行说详述了汉化的危害。而当汉朝使节非难匈奴礼俗时,他又以匈奴的视角对汉朝社会进行批判。使节所说的第一点是匈奴礼俗对长者不够尊重,因为他们总是把最为丰盛的酒食给年轻人。中行说反驳道,汉族在战争时期,"其老亲岂有不自脱温厚肥美以赍送饮食行戍乎"?汉朝使节只能点头同意。之后,中行说总结道,既然战争是匈奴的主要活动,那么将最厚实的衣物和最丰盛的食物分配给在战争中首当其冲的人是再恰当不过了。最终的结果给所有人带来了益处:"盖以自为守卫,如此父子各得久相保,何以言匈奴轻老也?"[67]

汉朝使节尚未说完,他继续说道:"匈奴父子乃同穹庐而卧。父死,妻其后母;兄弟死,尽取其妻妻之。无冠带之饰,阙庭之礼。"这一回,中行说的应对更是妙语连珠。首先,他解释说匈奴丰衣足食,且比普通汉人享有更多闲乐。之后，中行说又说道，匈奴的法规"其约束轻，易行也。君臣简易，一国之政犹一身也"。司马迁的读者肯定会将其对匈奴简便法规的赞美解读为对汉朝的间接批评。至于汉朝使节反对匈奴婚姻方式，中行说解释道，他们这样做是为了维护本族血统，如此整个统治家族才能在艰难时期坚定地团结在一起。接着他便对汉朝社会进行了猛烈抨击：

> 今中国虽详不取其父兄之妻，亲属益疏则相杀，至乃易姓，皆从此类。且礼义之敝，上下交怨望，而室屋之极，生力必屈。夫力耕桑以求衣食，筑城郭以自备，故其民急则不习战功，缓则罢于作业。嗟土室之人，顾无多辞，令喋喋而占占，冠固何当？[68]

我们应该怎样看待这段有趣的叙述呢？第一点要注意的是，司马迁并没有使用第一人称，而是借一个在匈奴"入乡随俗"的汉人之口表达了这些不满。他似乎是在告诉读者，如果一个聪明又无偏见的汉人通晓了"蛮族的世界观"，就可能会得出这种观点。司马迁在另一处还谈到了生活在亚洲西部内陆的乌孙族，它对匈奴既害怕又尊重，却对遥远的中原毫不在意。[69] 司马迁经常对边远民族做出这种欣赏性报告。狄宇宙（Nicola di Cosmo）认为他有可能"被同代人视作'喜爱蛮族者'"。[70] 此外，这位史学家还通过中行说这个融合了汉匈思想的人物，来表达一个他本人很可能赞同的观点：中国地大物博，但大多数汉人仅为一点薄酬辛苦劳累，少数精英则沉湎于奢侈享乐。故而，普罗大众和统治阶级之间就会出现敌对。作者此处似乎是在利用游牧民族的题材，来对汉人内部的争论发表自己的看法。

中行说在文化上进行的自我改造，本身是一个非常重要的心理学论据。它的确削弱了孟子的断言，后者曾称从未听说过中原人采纳蛮族的生活方式。司马迁在前引文段中让中行说施展的推论策略，与希罗多德在讲"埃及人"称所有不说埃及语的人为蛮族时使用的并无分别。然而，他从未利用自己的元叙事评论（它们出现在每卷末尾），像希罗多德那般尖锐地对种族中心主义进行总体性批评。他所说的是,一个受过教育、见多识广的汉人以"蛮族视角"看待汉人的文化和制度,这种情况是可以意想和理解的。如此,司马迁为从历史的角度理解文化多元主义铺平了道路。

因而,司马迁对匈奴的讨论远非关于"野蛮人"和"蛮族"的离题大论。这是一部详尽严谨的民族志,其中包括了三点观察。第一,他在这里和其他地方都指出,匈奴的生活方式十分适合他们赖以为生的草原环境。第二,他们特殊的、在汉人眼中看来"野蛮"的婚姻习俗,确保了本民族能在连年征战的社会中存续。第三,军事游牧技术让他们免于被人口更多的汉人统治。归根结底,迫使强大的汉朝承认游牧联邦在国际关系上具有平等地位并非易事。最终结果就是,找不到很好的理由让匈奴按照汉人的方式成为"文明人",却有很好的理由让他们不要这样做。

中行说持有的观点很可能反映了作者自身的观点。这在他频繁称赞汉文帝的政治举措中也能明显地体现出来。让我们回想一下,决定与匈奴签订和平条约的正是汉文帝,而司马迁的君主汉武帝在公元前133年则是主张战争的。因此,对汉文帝的赞美便是对汉武帝的间接批评。但这种立场本身并不等同于反对汉帝国的扩张。司马迁关于帝国外交政策的讨论与我们在其匈奴民族志中所见的一样,表现了同样的矛盾心理。他引用了汉文帝在公元前162年写给匈奴统治者的信,其中说道:"朕闻天不颇覆,地不偏载。朕与单于皆捐往细故,俱蹈大道,堕坏前恶,以图长久,使两国之民若一家子。"[71] 这些文字是在提议双方以长城为合法边界建立长久和平。司马迁显然支持信中勾勒出的世界观。他在某处提到汉武帝有以和平手段使遥远西方诸国归心的梦想。[72] 在其他地方,他甚至想象"海外殊俗,重译款塞,请来献见者,不可胜道"。[73] 当然,这些话语体现了一个形而上的儒家理想,而不是对欧亚腹地形势的实际评估。但这一理想深深根植于汉民族中国的智性想象。

最后,我们必须考虑哲学背景。重要的是,希罗多德和司马迁都是在知识多元主义的氛围中编纂历史的。希腊当时正处于斯多葛派的时代。希罗多德对文化相对主义有力的系统阐述显示了他对斯多葛式怀疑论的青睐。[74] 司马迁也在叙述父亲如何向他解释"六家要旨"时谈及多元主义。司马谈或许是第一位根据思想内容本身，而非其创立者的名字来为各学派分类的人。[75] 这表明汉初的思想文化是多元合一的。[76] 在5世纪的希腊和早期帝制中国的思想文化中，传统知识不再占据绝对主导权威。

通过引入系统性和阐释性的历史，希罗多德和司马迁以各自的方式尝试探讨了一种有关人类境况的新知识。历史比哲学更善于探索时间和空间的偶然性。尽管历史不能像哲学那样实现理论上的普遍性，但它可以领悟藏于事件千变万化的表象之下有意义的形式和重要的经验。这两位史学家都将历史视作一门重要的学科，能在动荡不安的岁月里启发民智。[77]

塔西佗谈罗马帝国的西北边境

塔西佗对蛮族和帝国的态度在某些方面可与司马迁相提并论。他以长远的目光设想了罗马帝国的昭昭天命（manifest destiny），但也充分意识到其阴暗面。他能够想象罗马帝国的统治是如何被作为领受方的各民族所体验，同时还经常由衷赞美后者对自由的热爱。

罗马帝国的扩张在公元1世纪达到了顶峰。约公元100年，罗马军团兵力总计三十万余人，其中有十一万人沿莱茵河、罗马界墙以及多瑙河上游一线，戍守西北边境。[78] 我们简单地看一下地图就能知道，超过总数三分之一的罗马士兵被派往不足帝国国境十分之一的边疆。这并非巧合，因为正是在这里，罗马遭遇了第一次大败。公元9年，阿米尼乌斯率领的日耳曼叛军在条顿堡森林附近歼灭了罗马将军瓦卢斯的军团。阿米尼乌斯在罗马服役期间凭借担任辅助部队指挥官一职积累了军事经验。辅助部队即听命于本族指挥官的当地人部队，其指挥官通常由"蛮族"贵族担任。在公元1世纪时，约半数的罗马军团是由这种部队组成的。

条顿堡森林战役后，罗马放弃了进一步占领日耳曼尼亚的全部计划。塔西佗讽刺地评价当时的战争说，进行战争"与其说是要扩充帝国的疆土或是要取得什么切实的利益,却毋宁说要为奎因克提里乌斯·瓦卢斯的军队的惨败湔雪耻辱"*。⁷⁹ 在其日耳曼民族志当中,塔西佗的叙述表明罗马放弃进一步征服计划并不是一次战役的结果。他告诉读者,没有其他任何国家比日耳曼尼亚更激烈地反抗过罗马——"萨姆尼特人、迦太基人、西班牙人、高卢人或乃至帕提亚人,谁也不曾使我们受到这样经常的警戒"**。⁸⁰ 鉴于帕提亚(波斯帝国的继任者)是罗马在东方最可畏的劲敌,塔西佗的评价证实了罗马对莱茵河彼岸的敌人心怀敬畏。

要了解塔西佗对蛮族尚武精神的赞美,我们应考虑其政治观。执笔于罗马帝国第一位皇帝屋大维·奥古斯都掌权的一个世纪后,他对政治的看法很是悲观。在《编年史》的开篇章节中,他用简洁的话语总结了罗马帝国统治的到来:国王一人集中掌握所有权力,反对他的力量已经荡然无存。公然反抗的人被消灭殆尽,而"剩下的贵族则觉得心甘情愿的奴颜婢膝才是升官发财的最便捷的道路"***。⁸¹ 这不像是崇尚帝国政体的人会说的话。尽管如此,塔西佗并不提倡复兴共和政体,因为他认为那十分不切实际,而且很危险。他的自我形象是"一个邪恶时代中的好人"。⁸² 他认为,由一位诚实精干、理解政治自由之价值的国王尽职尽责进行统治就是人们所能期待的极致。

小时候,塔西佗经历了公元68年至69年的四帝之年,这场惊险的政治危机动摇了罗马的根基。四帝中有三位获得了边疆行省军团的拥立:加尔巴是西班牙行省的长官,维特里乌斯是莱茵河军团的指挥官,而最后获得胜利的韦帕芗则领导着巴勒斯坦境内的三支军团。罗马帝国的内乱削弱了其对周边行省的控制。维特里乌斯借助日耳曼资源以应对罗马帝国内部更大的纷争,由此引发的高压政策和腐败统治最终导致了巴达维亚人起义,一度危及罗马对整个莱茵河下游区域的统治。塔西佗自己在韦帕芗统治期间获得了参议院议席,并在图拉真和哈德良治下担任公

---

* 本书塔西佗《历史》译文皆引自商务印书馆于1985年出版的王以铸、崔妙因译本。
** 本书《阿古利可拉传 日耳曼尼亚志》译文皆引自商务印书馆于1985年出版的马雍、傅正元译本。
*** 本书《编年史》译文皆参考商务印书馆于1981年出版的王以铸、崔妙因译本。

图 3　塔西佗的世界

职。我们可以保守估计，对他那一代的罗马人而言，罗马帝国的内战之险和帝国边境频繁出现的危机之间的紧密联系昭然若揭。

　　对塔西佗而言，自由（libertas）和美德是一体两面，唇亡则齿寒。我们很快就会看到，这些价值是他不得不钦佩那些反抗罗马帝国统治的蛮族的关键。尽管塔西佗认为蛮族尚未开化，无法建立真正的国家，他还是赞赏他们对自由的主张，更明白他们的领导者宁死捍卫人民自由的价值所在。最终形成一幅关于罗马帝国主义及其蛮族敌对者的矛盾景象。帝国是罗马荣耀的象征，却被因残忍无情、荒淫不检和贪婪无度而臭名远扬的统治者所掌控。塔西佗认同帝国，但无法亲切地拥抱它，更别提盲目崇拜了。[83] 另一方面，与司马迁一样，塔西佗对蛮族文化的兴趣在一定程度上是工具主义的。生活在罗马边疆的民族之所以值得关注，是因为他们已经成了帝国统治问题的一部分，且他们的态度最终影响了罗马帝国的健旺。

塔西佗对蛮族尚武精神的矛盾的崇拜心理在他最早的著作《阿古利可拉传》中体现得最为强烈，这部著作讲述了他的岳父格涅乌斯·尤利乌斯·阿古利可拉在公元78年至85年任不列颠尼亚总督期间发动的苏格兰战争。在返回罗马的前一年，阿古利可拉为实现苏格兰高地的和平而前往北方。在格劳庇乌斯山（该地的具体位置至今不详）的决定性战役中，他粉碎了喀利多尼亚人的最后一股反抗势力。塔西佗的故事从对阿古利可拉政治生涯的赞美开始，强调他以自由为志业，对这一志业的投入在其担任不列颠尼亚总督期间达到顶峰。他告诉读者，正是在阿古利可拉的领导下，罗马舰队首次环行苏格兰北海岸，由此确立了不列颠的岛国性质。据塔西佗所说，"喀利多尼亚的居民有红色的头发和健壮的肢体，这很明显地说明了他们是属于日耳曼人种的"。他发现南部的不列颠人很像高卢人，不过他们展现了更高涨的激情，"没有因长期安逸而流于萎靡不振"。[84] 在将喀利多尼亚人和不列颠人描述为骁勇健壮的民族后，塔西佗又指出他们主要的不足在于各部酋帅的争执与野心导致了分裂。从体能上看，他们可能是"更强大的部落"，但是罗马人与之对抗的最有效的武器是"他们之中，很少有……会合在一起来击退一个共同威胁的事；因此，他们各自为战而全体被征服"。[85] 在此，我们看到了塔西佗关于蛮族叙述的第一个矛盾：缺乏纪律性使他们对自由的热爱很容易沦为无法无天的放纵（licentia），我们可以将此定义为一种不受政治道德约束的无政府主义的自由。

接着，塔西佗开始讲述不列颠尼亚的征服，并在此提到了公元60年在布狄卡女王领导下不列颠尼亚的伟大崛起。他蜻蜓点水地提到，不列颠人的领导者没有性别之分。他还特地强调了他们深爱着自由和祖国。在《编年史》中，塔西佗记述了布狄卡简短却慷慨激昂的演讲，女王在其中宣称"她不是作为一个具有光荣世系的女王，为着她那遭人践踏的国土和权力来报仇雪恨；她是作为一名普通的妇女来进行复仇的，因为她失掉了自由，她的身体受到了鞭笞，她的女儿遭到了蹂躏"。这里，我们可以看到塔西佗频繁提及的另一件事：罗马官兵纵欲淫乱并强暴"蛮族"女性。作为女性，布狄卡决心死战，至于那些不愿作战的男人，她下了一个结论，"如果男子甘愿作奴隶的话，就让他们忍辱偷生吧"。[86] 现在我们知道，不列颠人终究还是有共同目标的。不过塔西佗承认，不列颠尼亚几乎沦入罗马人之手。[87]

阿古利可拉平息了数次叛乱，并通过恐怖手段恢复罗马统治。有一次，他诛灭了整个部落。如果我们可以相信塔西佗所说的，那么阿古利可拉政策的另一面是为了打击罗马政府的腐败现象。喀利多尼亚是最后一个不在罗马统治范围内的地区，对它的征服是阿古利可拉发动的战争的顶点。塔西佗描绘了一幅可怕的景象，越来越多的不列颠人和喀利多尼亚人汇集起来反抗阿古利可拉的北征，他们最后组成了一支三万余人的军队。接着，塔西佗聚焦喀利多尼亚的酋帅卡尔加库士，并将他描述为一位出身高贵、品德高尚的人。遵循罗马的优良传统，他让卡尔加库士发表了一次精彩的战前演说。在演讲的开头，这位喀利多尼亚将军展望了前景："整个不列颠获得自由的开端就在今天，就在我们这个同盟。"他承认这场战斗将会残酷无情，因为毫无退路、无处可逃，而且罗马舰队就在离岸不远处巡航。接着，他向军队传达了演讲的核心信息：

> 对于我们这些居住在天地尽头、居住在最后一小块自由的土地上的人们而言……现在不列颠的边涯已经暴露无遗了。我们以外不再有别的部落了，除了波涛，除了岩壁，就只有那比波涛、岩壁更为可怕的罗马人，就只有那即使你卑躬屈节也逃不了他们的压迫的罗马人了。那些蹂躏世界的强盗！陆地已经被他们糟蹋得干干净净，他们现在又要到海上来抢劫了。如果他们的敌人是富足的，那他们就贪得无厌地掠夺敌人的财物；如果他们的敌人是贫穷的，那他们就千方百计地把敌人置于他们的魔爪之下……去抢、去杀、去偷，他们竟把这些叫作帝国；他们造成一片荒凉，他们却称之为天下太平。[88]

在之后的演讲中，卡尔加库士一遍又一遍地重复，唯一的出路便是在奴役与自由之间做出抉择。塔西佗将卡尔加库士刻画成本国自由的捍卫者，赋予了他一份崇高的事业。除此之外，卡尔加库士对罗马帝国主义意识形态的反转也是人类学转向的绝佳案例。它表明，撰写演讲稿的塔西佗（它极不可能如他自己宣称的那样，是被一字不差地"汇报"给他的）完全能够也愿意设想自己作为领受方所看到的罗马帝国的形象。在这篇讲稿中，塔西佗对帝国主义的批判与他本人对自由的热爱相符，但同时也与其对罗马权力及荣耀的宣扬相矛盾，而恰恰是后者维系着他宏大的历史视野。[89]

在《历史》中，塔西佗为我们讲述了又一个关于罗马人与西北边疆民族的冲突，这就是由奇维里斯领导的巴达维亚人的叛乱。如前文所述，此次叛乱开始时，罗马正在经历一次政治危机，后演变成一场内战。四帝之一的维特里乌斯征募了大量的巴达维亚年轻人。塔西佗写道，管理这些兵员的罗马军官贪婪淫乱，引起了巴达维亚人的怨恨，这给了奇维里斯可乘之机。奇维里斯出身高贵，比"一般蛮族"更聪明。在罗马帝国的权力争斗时，他佯装支持韦帕芗反抗维特里乌斯，但他的真实目的是摆脱罗马人的奴役。他告诉同胞，"我们过去虽然是罗马人的联盟者，但罗马人现在已不再把我们看成联盟者，而看成是奴隶了"。[90] 巴达维亚人还劝说了坎宁尼法提斯和弗里西亚两个民族与他们共同作战。同时，他们突袭了两个罗马步兵队的冬营。

在取得胜利后，奇维里斯说服其他领导者，告诉他们最终目标是完全从罗马独立出来。在演讲的结束语中，他回顾了阿米尼乌斯六十年前取得的胜利，但他的主题是自由：

> 让习惯于国王统治的叙利亚、亚细亚和东方去做奴隶吧。在高卢，仍有许多人是生在不知道贡赋为何物的时期。确实就在不久之前，由于奎因克提里乌斯·瓦卢斯的被杀而使奴役制度被驱出了日耳曼，而当时日耳曼人敢于抗衡的皇帝并不是一个维特里乌斯，而是一个凯撒·奥古斯都。大自然把自由赠给了甚至是不能讲话的动物，但是勇气却是人类得天独厚的东西。[91]

我们无从得知塔西佗能否得到奇维里斯的演讲稿。即便如此，奇维里斯与卡尔加库士相似是毋庸置疑的。除塔西佗特别提到的不满之外，这两位领导者都被塑造成为自由而战，与奴隶制斗争的形象。按照奇维里斯的说法，罗马帝国的统治随着时间的流逝而越发专制高压，以至于现在与奴隶制无异。

综上所述，奇维里斯对阿米尼乌斯大败瓦卢斯的回顾切中要害。史蒂芬·戴森（Stephen Dyson）比较研究了五次主要的反罗马起义，它们分别是：韦辛格托里克斯领导下的高卢人反叛、巴托领导下的潘诺尼亚人和达尔马提亚人起义、阿米尼乌斯领导下的日耳曼人叛乱、布狄卡女王领导下的不列颠人反抗，以及最终的奇维里斯领导下的巴达维亚人起义。他得出结论，这些叛乱都发生在当地罗马化不断加剧的时候，都有新一代的年轻人加入其中，都由在辅助部队中积累了军事经验、一定程度上罗马化了的精英所领导，最后，罗马人在这些叛乱中均被突袭。[92]戴森应该再补充一点，即罗马史学家在叙述中也认为，这些起义的领导者都热爱自由，同时痛恨奴隶制。

虽然如此，我们还是必须谨慎，以免高估我们的研究对象。塔西佗认可反罗马起义的领导者为自由而战的真实性，但这并不表示他支持其革命事业。正相反，他在讨论巴达维亚人胜利的可能性时不无恐惧和厌恶。在叙述巴达维亚人的胜利以及他们宣称建立高卢帝国时，他语带刻薄。在讲述罗马官员效忠于"高卢帝国"的故事时，他毫不掩饰自己的愤慨之情。[93]当战况对叛军不再有利时，塔西佗明显松了一口气。韦帕芗当时被拥立为罗马新皇，他派将军佩提里乌斯·凯里亚里斯去镇压叛乱，塔西佗还让这位将军为捍卫罗马文明与帝国主义发表了一次精彩的讲话。在凯里亚里斯看来，"自由"的战斗口号冠冕堂皇，只是争权夺利之人盗用的辞令。他认为，罗马帝国是由"八百年的好运和秩序"建造而成的。他将罗马比作"一个强大的建筑，而要想摧毁它的人是必然会被压死在它的废墟之下的"。凯里亚里斯得出结论，如果罗马人被逐出，最终将会迎来一个"在所有的民族当中引起普遍的混乱"的时代。[94]尽管对巴达维亚人热爱自由赞美有加，塔西佗仍无法想象这些"蛮族"如何建构一个平稳运转的国家——至此，罗马近期的内战已被他轻易轻抛诸脑后。令人遗憾的是，塔西佗讲述巴达维亚人起义的后续章节没有保留至今，因此，我们无法得知他对巴达维亚人起义失败的最终评价。

塔西佗对罗马化现象持有浓厚兴趣。这些叛乱的蛮族领袖通常被刻画为中间派。他们大多都有在罗马军队服役的经历，有些获得了罗马的公民甚至骑士身份。但他们文化适应的程度有多深？最紧迫的问题是，这能确保他们的忠诚吗？这些叛乱表明，他们的忠诚充其量只是投机取巧。塔西佗对不列颠尼亚和高卢的观察可以归结为一点：适应罗马人的生活方式需要不止一代人的时间。高卢人直至韦辛格托里克斯这一代结束才开始适应。在塔西佗的时代，高卢的和平被看作是理所当然的。南不列颠尼亚的居民也适应了罗马人的生活方式。他们开始习惯穿托加袍、洗澡和骑马。塔西佗以一种垂怜的口吻谈到他们，就像是受愚弄的人将自身的被奴役命名为"文明"。[95] 然而他清楚地知道，尽管日耳曼人、巴达维亚人和弗里西亚人的领导者掌握了罗马的技术，内心却对这个帝国没有丝毫忠诚。有时候，塔西佗似乎在暗示，正是他们对罗马文化的适应才让他们能够明确表达对罗马帝国统治的批判，在这种情况下，书中写到的演讲可能会比许多评论家认为的更为真实。

《编年史》中的一则逸闻可以证实这一点。尼禄在位期间，两个弗里西亚领袖在一些拥趸的陪同下来到罗马。他们被带到了剧院，并在此等候尼禄召见。他们对舞台上的表演不太感兴趣，而是提出了有关在场观众、不同阶位如何就坐的问题：

> 但他们又看到一些穿着外国衣服的人坐在元老席里，于是他们就问那是一些什么人。人们告诉他们，那些人是以同罗马友好和勇敢而闻名的民族的使节，罗马为了对他们表示尊敬，才请他们坐到那里去的。他们听了这话就叫了起来，世界上没有任何一个民族在武力方面或在对罗马的忠诚方面能超过日耳曼人，这样说着他们就坐到元老席那里去了。在场的人对这种行动做了善意的解释，认为这种古朴的冒失行动是出于一种争强好胜的民族自尊心。尼禄给了

他们两个人罗马公民权,但是指令弗里西亚人退出他们占据的地区。他们没有听从命令,罗马人于是施加了强制手段。一个辅助骑兵部队出其不意地被派出去向他们发动了进攻,那些敢于顽抗的人不是被俘就是被杀了。[96]

这则故事完美地传达了塔西佗对这种仅部分被罗马化的民族的看法。他们被刻画为渴望在罗马社会秩序中获得地位,而其自发行动则是鲁莽的典型表现。然而,当他们中的一些人拒绝服从尼禄的命令时,罗马政府便立即诉诸武力。表面看来,蛮族领袖似乎认为他们有资格在罗马等级制中取得一席之地,但他们没有完全接受或理解罗马的政治文化。而他们的支持者的罗马化程度似乎更浅,因此必须靠武力对其进行管教。

同时,塔西佗还对日耳曼民族进行了民族志式的描写说明。他将日耳曼人描述为红发碧眼、"未与异族通婚因而保持自己纯净的血统的民族"。一般来说,他们身高较高而且体格强壮,但是不够勤奋努力。妇女和老人不能作战,因而充当必要的劳力。塔西佗认为日耳曼人是社群关系紧密的民族。在战争时期,比起自保,他们认为妇女的自由与荣誉高于一切,并为之战斗。他还提到将"出身高贵的少女"当作人质能有效地保证他们的忠诚。[97]日耳曼人的生活方式在罗马人看来极为原始:没有城镇,没有石头建造的房子,没有文字,没有精美的衣物,更没有奢侈品。婚姻忠诚享有崇高的价值。塔西佗说道,日耳曼人"大概是野蛮人中唯一满足于一个妻子的一种人"。[98]他还语带赞许地将日耳曼的习俗与当时罗马上层社会的荒淫无度进行比较。日耳曼人在露天集会中做出政治决策,领袖在此发表演讲,群众发出咕哝叹息以表不满,或通过击打矛和盾表达赞同。刑事审判则由祭司执行。塔西佗说道,特别的日子里还会上演人祭。[99]

在《日耳曼尼亚志》中,日耳曼人集高贵与野蛮行径于一身。书中一度赞美他们的美德和婚姻忠诚,而在后面的篇章中,我们又看到男人整夜饮酒作乐,以自由做赌注,暴力从未远离。塔西佗将他们的政治生活形容为相当原始又带有贵族色彩的面对面民主,但读者并不会认为有任何理性的论辩可能在这样喧嚣的集会中上演。与《阿古利可拉传》中提到的类似，原始的自由往往沦为放纵。同样，日耳曼风俗的质朴也被描绘为毫无秩序可言的原始风貌。塔西佗真正的理想，是他所怀念的昔日罗马共和国那种井然有序的苦行礼俗。[100] 无疑，塔西佗认为罗马文明具有优越性，但却道德败坏。而他认为日耳曼人的生活方式虽然落后，其道德却纯粹无瑕。从塔西佗的史观来看，罗马帝国主义比无政府状态更好，但关于罗马是否有资格入侵和奴役其他民族，塔西佗的表达非常矛盾。

塔西佗并不是唯一一个借领袖们的雄辩来阐述蛮族对自由的热爱的罗马史学家。埃里克·阿德勒（Eric Adler）近来指出，在塞勒斯特（Sallust）、特洛古斯（Trogus）、波利比乌斯、李维和卡西乌斯·狄奥（Cassius Dio）等人的作品中也能看到类似的演讲。他将塔西佗写到的布狄卡、奇维里斯和阿米尼乌斯的演讲与其他例子一起进行了讨论。阿德勒得出结论，"收入对罗马帝国主义进行至少局部批判的演讲是史学传统的一部分"，这一传统影响了一代又一代的罗马史学家。他还说道（在我看来他说得非常到位），这些史学家中没有一人能被确切地描述为反帝国主义者。另一方面，他们非常关心征战引发的道德问题。阿德勒推测道，这或许是因为帝国扩张的进程缓慢，迫使史学家更严厉地审视罗马的暴政。他还进一步说道："东方的君主昏庸无道，而西方的统治者则粗暴鄙俗、目无法纪。"[101]

在塔西佗的历史想象中，"蛮族"热爱自由，而且有着坚定的信仰。到目前为止，他们有着高尚的道德立场，这也是塔西佗在叙事中让他们自主发声的原因。至于治国才能方面，他们则显得太好争吵、法纪混乱，以致成效甚微。尽管如此，塔西佗还是清楚地意识到罗马帝国主义之恶。在《阿古利可拉传》和《编年史》中，无论是对于罗马还是蛮族，他都十分谨慎，不理想化任何一方。[102] 对他而言，帝国不得超过必要的恶。但我们最好要意识到，一种恶的必要仍是必要。塔西佗承认蛮族批判所具备的道德力量，但最后他还是想象不出有什么能够取代罗马文明。

帝国、蛮族与历史的时间性

在文明与野蛮的辩证中，以及在帝国的视野下，时间性的概念十分重要。有些时间性只会使帝国在与宿命相抗后踌躇陨落，而有些则让它们随着时间的飞逝走向辉煌。然而，这并不是说我们在线性时间与周期性时间之间面临明确抉择。所有的时间机制都包含线性和周期性两类因素，这一点现已成为广泛共识。

将希罗多德、司马迁和塔西佗的民族志与支撑其所述历史的时间性联系在一起，我们能够发现他们在处理人类学转向上的异同。第一，我们能得出结论，欧洲启蒙运动那种强势的发展的时间性特征，在这些历史中全然不可见。没有阶段论（stadial theory）可以保证，社会一定是由"低级的"蛮族社会进化到"高级的"定居农耕文明。在希罗多德笔下，个别斯基泰人采纳了希腊人的生活方式，但这正是他们毁灭的原因，且斯基泰民族也根本不可能顺应希腊或波斯文化。司马迁在叙述中提到了汉人与匈奴之间双向的文化跨境，以及匈奴被汉人的奢侈品与习惯吸引的可能，但后者被论述仅仅是为了强调这种文化适应将危及草原民族的生命力与独立。对塔西佗而言，他了解"蛮族"的罗马化现象，但却轻蔑地谈到在罗马统治下生活了好几代的高卢人几近去势，不复骁勇。然而，他对边境以外的日耳曼人或其他民族会自愿接受罗马人的生活方式不抱任何幻想。在这三个案例中，蛮族都停留在原地。

汉人自认为是世界的文化中心，被"蛮夷"诸地向心环抱。[103]由此断定，由"蛮族"向"文明人"的转型才是众望所归，也容易被理解。但司马迁的匈奴民族志传递了一个不同的观点。与孟子不同，他听说过汉人接受"蛮族的生活方式"。在他的叙述中，一些汉人实现了从汉文化到匈奴文化这一"难以理解"的转变，而且他们之中还有一人站在匈奴的立场批评汉文化。在《史记》的这些部分，司马迁历史叙事的大华夏中心主义已被人类学转向所打破。在他对匈奴的叙述中，汉人几乎不可能将他们的文明强加给长城以北的匈奴。

希罗多德和司马迁关于"教化蛮族"看法的差异与他们所述历史的

时间性密切相关。在希罗多德的历史中，时间既是线性的也是周期性的：他将希波战争描述为一系列特殊事件，其结局圆满且不可逆转。这就是线性时间，但这是"弱"线性时间。对希罗多德而言，历史也是周期性的。城市和帝国不断崛起，继而衰落，周而复始。命运之神不会永远眷顾某一方。《历史》的真正教训不在于罗马胜利，而在于波斯战败。"世界帝国"是一个凡人无可企及的幻梦。通俗的解释是，这一结局是权力的腐败与帝王的昏庸造成的。从另一层面看，这一结局早已铭刻在希腊宗教信仰中，因为众神绝不允许个人、城市或帝国的事业永远繁荣。[104]

《历史》中的时间性不包括一种文化对另一种文化的持续转化。冈比西斯讽刺和破坏埃及宗教的企图预示着他的疯狂，最终将会使他自取灭亡。希罗多德讲述了这位波斯国王是如何死于一个自己在大腿上造成的伤口，位置与他刺伤埃及圣牛阿庇斯的地方相同。[105] 与《历史》的整体格局相同，冈比西斯的垮台也由两个循环构成。冈比西斯因狂妄自大而走向灭亡，不过说是埃及之神的报复使他倒台也同样正确，希罗多德的希腊读者可以理解这一宗教解释。

与希罗多德的叙述一样，《史记》中的时间性也并非有严密的周期性。朝代的更迭意味着政治危机的周而复始。司马迁提到了"是以物盛则衰，时极而转，一质一文，终始之变也"。[106] 但《史记》也以线性时间来建构。不同于希罗多德的著作，《史记》讲述的是"从古至今"的历史。据李约瑟（Joseph Needham）所说，"汉人是所有古代民族中最具历史意识的民族"。[107] 他们从公元前8世纪开始坚持记载历史，如此一来，汉朝的史学家才能够回溯中国文明逐步扩张的漫长过往，尽管其中有过数不清的历史倒退、纷飞战火和动乱。

司马迁的儒家观点认为，文明与秩序的发展是人和天的无限潜能的展现。在自然与人类的进程中，有一个无处不在、无所不包的秩序（《史记》"百科全书式"的结构也源于此）。[108] 然而，这一宇宙－政治秩序仍是不稳固的，永远存在人类行为者无力维持的危险。[109] 这个无所不在的宇宙秩序只能通过人的能动性来实现：存在一种宇宙的本体—目的论，而不存在神圣的主宰者之类的东西。[110] 虽然有"改革"和"拨乱反正"

的前景，但其时间性并不是"进步的"，而是充满了"回归"远古圣贤之道的理念。在评价先汉时期历史著作的时间性时，史嘉柏认为其特点是"一份失败频频、鲜少成功的记录"。[111] 侯格睿（Grant Hardy）认为《史记》主题式和非线性的叙事结构体现了一种对于历史发展的开放式、偶然性和非终局性观点。同时，他还认为"《史记》中弥漫着一种失落感，是对曾经的渴望"。[112] 我们可以得出结论，司马迁的史观和华夏文明的扩张由一种弱线性时间建构而成，而这种线性时间永远存在分崩离析与衰落的危险。帝国是不争的历史事实，但司马迁历史中的时间性却无法保证它未来在道德与政治上的健全。

再看塔西佗，景象则又发生了变化。撰写这部史书期间他在罗马帝国担任不同的职位。他的罗马历史观为征服与帝国扩张的线性情节所驱动。如前所述，他借罗马军将凯里亚里斯之口进行演说，认为罗马帝国是一个已经建立八百多年的强大政体，它强大到其毁灭只能被想象为一场摧毁包括它的蛮族掘墓人在内的一切挡道者的宇宙大灾难。尽管如此，我们也不能错误地认为塔西佗对罗马政权的未来充满信心。他清楚地明白，在他所处的时代，罗马军团不得不保卫边疆免受蛮族入侵，而无余力征服新的领土。塔西佗当然对罗马军团将蛮族牵制在边境地区充满信心，但因此便将历史乐观主义者之类的身份推给他还是有些牵强。（另一方面，关于他对罗马帝国未来的希望，后世也产生了截然相反的猜想，其中有些受到《日耳曼尼亚志》中一个众所周知含义不明的篇章的不同译本影响。）[113]

他的荣誉感和端正的道德品行使他非常反感帝王不受约束的权力，因此他对多数帝王的评价都不高。塔西佗担心，哪怕是好人，只要假以时日，最终也会被这种专权的滥用所腐化。[114] 在《历史》的名篇中，他直接将罗马政治的腐败归因于帝国的发展："随着帝国疆域的扩大，人类内心中由来已久的、对权力的渴望也就充分滋长起来并且约束不住了。当国家的资源贫乏的时候，平等是容易维持的。但是一旦全世界被征服……而人们可以毫无顾忌地追求财富的时候，贵族和平民之间便开始发生争端了。"[115]

与司马迁叙述的中国历史类似，塔西佗历史的时间性也基于一种永恒受制于腐败与衰落的弱线性时间。塔西佗和司马迁都倾向于从重建古代美德的角度展望未来，尽管他们都明白完全重回往昔的辉煌并不切实际。与希罗多德不同，他们二人都距权力中心很近，且很难想象一个没有中心帝国也依然有意义的世界。同时，帝国的未来使二人深感担忧。

关于教化使命这一问题，塔西佗再一次更近于司马迁而非希罗多德。希腊史学家没有设想，甚至可能无法想象其所处时代的帝国拥有任何教化使命。而塔西佗则十分了解帝国业已平定地区的"蛮族"的罗马化，如高卢和西班牙等，但对日耳曼尼亚怀有极大疑虑。虽然被认为是民族志，但他关于日耳曼尼亚的著作远不如司马迁对匈奴的叙述和希罗多德的斯基泰人民族志复杂。从某种程度上看，他赞美日耳曼人对自由的热爱和他们的美德，但不同于司马迁和希罗多德，他从未认真研究过日耳曼人的生活方式在其生态和政治环境下的实用性。

讲到"他们的"帝国，塔西佗笔下的日耳曼人与希罗多德描述的斯基泰人和司马迁记叙的匈奴人具有很强的可比性。这三个民族代表着未被帝国主义渗透的自然和文化领地。另一点相似性是关于他们领地之外的叙述。与希罗多德对极北地区的简短叙述和司马迁对匈奴以外领地的粗略概括相同，塔西佗笔下的民族志式图景在他对边疆以外的领地做进一步探索时发生了变化。随着他叙述的区域越来越往北和往东，他所提供的信息也越来越零碎，而且他笔下的"日耳曼人"也越来越野蛮。与希罗多德对古希腊女战士的叙述类似，塔西佗也提到了一个女性统治的遥远部落。希罗多德避免对希腊女战士做出任何负面评价，而塔西佗则认为那些让女性凌驾于自己之上的男人比奴隶还要低贱。[116]

塔西佗描述的日耳曼人不同于司马迁笔下的匈奴，其习俗从未被理性地阐释为有可替代性的可行秩序，在欧洲西北部并不像罗马人的生活方式在地中海地区的环境中那样行之有效。在这一点上，塔西佗描绘的日耳曼人惯习更接近于后世所称的"野蛮人"的习俗。在塔西佗这里，读者丝毫不能体会到在司马迁和希罗多德的草原游牧民族志中出现的真诚的赞美与尊重之情。

在这三位史学家的写作当中,共同人类的概念和早期文化相对主义发挥了重大作用,但方式各有不同。"他者化"和共同人类的辩证关系表明,他们的观点存在着一个新颖的矛盾。他们完全归属于自己的本土文化——司马迁是汉人,希罗多德是希腊人,塔西佗是罗马人,但他们讲述的历史都由本族文化与其他文化不断发展的关系推动。另外,他们都有世俗取向。诚然,在希罗多德和塔西佗的叙述中,神灵各有其作用,而司马迁的儒学观中也包含宇宙-形而上学的元素,但他们都从未将时代潮流或事件归因于神为世界定下的计划。他们的史观从根本上不同于神命定的事件序列,后者建构了在世界历史中与他们同时代的文本——希伯来《圣经》或《新约》——的历史叙事。

最后的不同之处在于人类学转向。三位史学家都记述了生活在他们本族文明边疆的"蛮族"的民族志,希罗多德对文化相对主义的论述最为清晰,也最具认识论基础。这与希腊相对于欧亚大陆西部和非洲东北部的伟大文明而言处于边缘位置的事实相一致。他们生活在那个世界的边缘,而且他们的政治和精神文化极具竞争性,权力关系在城邦内部与城邦之间不断变化。相反,汉人的文明理想与国家本身都更为稳定。席文(Nathan Sivin)认为,"中国不同于希腊世界的原因主要在于国家很少发生彻底改变"。[117] 希腊人是从外部看帝国内部,而司马迁则不无道理地以局内人的眼光进行写作,将自己置身于一个他认为是世界上最伟大和最持久的帝国之内。在司马迁记述的历史中,汉文明在时空中占据着一个特殊的节点。这便是他区别于希罗多德之处,后者从未也不能声称希腊文明拥有类似的中心性(直到在很久之后,一个欧洲的"被发明的传统"才赋予了希腊这一地位)。

塔西佗的立场也更接近司马迁而非希罗多德,理由相同。与这位汉代史学家一样,他也是从局内人的视角出发,讲述他眼中这个世界上最强大的帝国。在他的历史叙事中,在时空中占据特殊节点的国家正是罗马。因为罗马的蛮族对手远没有匈奴强大,塔西佗对西北蛮族的描述也就比汉人眼中的草原民族更充斥着"他者化"的色彩。他对野蛮他者的赞美集中于他们对自由的热爱,但他没有像希罗多德和司马迁那样深入地研究其社会机制。最后，塔西佗坚持对罗马帝国使命的信仰，而司马迁则属于汉代朝廷中反对进一步军事扩张的一派。塔西佗对西北蛮族的矛盾性评价，与他对东部开化民族充满敌意的蔑视截然相反，后者捍卫已正典化的本族文化价值，并以此为名义反抗罗马统治。在叙述公元69年犹太人叛乱的篇章的引言部分，塔西佗将犹太人描述为一个进行排他性宗教活动的民族，他们对彼此极为忠诚，但对其他民族只有"厌恶和敌对"。[118] 在这里，我们找不到任何塔西佗在描述西北蛮族时的那种对他们热爱自由的赞美之情。

在这些历史下还蕴含着一个人类的概念，即将人类视作已知世界中所有民族的集合。前述的那些宗教和哲学话语对这些民族之间的差异进行抽象，以得出全人类共有的观念。相反，历史与民族志聚焦文化差异，但其基础是一个不牢固且未经理论化的共同人类观。在一般意义上，所有民族都是"人类"，但对这些史学家而言，真正重要的是这些民族之间的差异，尤其是帝国统治者应该如何处理这些差异（司马迁、塔西佗），或是相反，他们如何因未能理解文化差异而被打败（希罗多德）。对文化差异的历史和民族志式研究方法象征着一次重要的思想创新。它为历史研究和理论思考开启了一片广阔的领域——时间和空间上的偶然性，而更为普遍和抽象的共同人类话语则很难做到这一点。

第四章　中世纪伊斯兰世界的跨境思考

公元 1220 年初春，道教真人丘处机（长春子）离开中原，跋山涉水远赴西域。成吉思汗的王朝当时位于喀布尔以北五十英里处的帕尔万，而丘处机便是受成吉思汗的召见前往此地。他一路向北，后又往西穿过草原与沙漠，接着绕过高耸的天山山脉，并于秋季抵达费尔干纳。在那里他发现自己即将越过一道文化的边界。丘处机的周围仍然满是佛教徒，但人们告诉他再往西走就能看到一些"只信奉西方的神明"的人——那便是向麦加朝拜的穆斯林。丘处机的弟子李志常在游记中记载，"盖此以东昔属唐，故西去无僧、道，回纥但礼西方耳"。[1] 丘处机的弟子是正确的，他们的西边流淌着塔拉斯河，公元 751 年阿拔斯王朝军队便是在此地击败了汉人远征军，阻断了唐帝国在中亚的进一步扩张，并为伊斯兰的东进开辟了道路。

伊斯兰对中亚地区的渗透与其扩张至亚美尼亚、北非和西班牙南部发生在同一时期。公元 9 世纪初，伊斯兰共同体从摩洛哥的大西洋海岸扩张至中国的西部边境。到公元 1000 年，伊斯兰囊括了西非的大片领土，在中亚地区已与印度半岛的西部边境接壤。阿奇博尔德·刘易斯（Archibald Lewis）认为，伊斯兰是"中世纪伟大的媒介文明"，是唯一与其他所有文明都保持着联系的文明——从西方的撒哈拉以南的非洲、基督教欧洲，到东方的印度和中国，还通过印度洋贸易与东南亚交往联络。[2] 这个辽阔的穆斯林共同体既是经济性的也是宗教性的。在王朝与帝国的兴衰更迭中，无论是靠陆路商队还是海上商贸船队，它始终维持着广泛的贸易联系。在此之前，人口、货物和金钱从未在如此遥远的距离间实现如此自由的流动。[3]

伊斯兰共同体与本书的问题域有显著的联系。它促成了前所未有的跨文化冲突与交流。同时，阿拉伯语和波斯语作为伊斯兰共同体的两种主要语言，使哲学家、地理学家和史学家能够畅游这片大陆并交流思想。接下来，我将会讨论三位背景、思维模式和兴趣相异的穆斯林作者，看他们如何从迥然不同的角度探讨共同人类与文化差异的问题域：文明的比较研究（比鲁尼）、通过不同的神学路径对神的共同追求（阿塔尔），以及一种新的历史理论，聚焦定居社会与游牧社会在世界历史动力中的辩证关系（伊本·赫勒敦）。每一位思想家都拓宽了对共同人类的思考：比鲁尼寻求两大文明中共性与个性的平衡；阿塔尔认为无论人们遵循哪种宗教传统，都能追求神；伊本·赫勒敦认为定居民族和游牧民族之间的互动是世界历史的动力。尽管如此，他们关于共同人类的观点仍有一定的局限。他们对文明与真实的观点在一定程度上具有伊斯兰中心主义色彩，北极圈与撒哈拉以南的"野蛮"民族被置于他们想象中的人类的边缘。

在三人的著作当中，我们都可以看到共同人类和人类学转向，只是形式大不相同。比鲁尼论述了印度的思想与宗教成就，对其思想的尊重与对其宗教的愤慨反复交织，而他对普遍存在的种族中心主义的论述则与希罗多德十分类似。阿塔尔阐述了波斯诗学中晦涩难懂的苏菲主义哲学，发展出一种以宽容为特征的伊斯兰中心主义理论，它建基于所有宗教都只是人类追求神的通道的观念。尽管伊本·赫勒敦也认同苏菲主义，但他将自己的思想活力投入到另一不同的研究当中，即书写一种新的世界历史，不仅限于描述，还能解释定居社会和游牧社会之间的相互作用以及国家的兴衰。

比鲁尼和伊本·赫勒敦都将北半球的温带气候区域描绘为人类的聚居地。但当伊本·赫勒敦断然将游牧民族纳入他眼中的共同人类时，比鲁尼只对此稍加提及，而没有将他们归于历史时空中的任何"定点"。最后，伊本·赫勒敦试验了一种论述共同人类的新语言，它不基于道德、哲学和宗教，而是基于对相互依存的广泛网络的研究，这种依存将不同地区与民族的命运紧密相连，而且能够激励政治领袖超越自己的褊狭短见，探索大陆与大陆之间的联系。

中亚的联系

大批阿拉伯移民定居在伊朗和中亚的伊斯兰地区。637年和641年，阿拉伯接连击败萨珊军队并将伊朗的大片领土并入自己的帝国，751年的怛罗斯之战更阻碍了中国进一步向西边扩张，阿拉伯征服者由此成为河中地区的领主。继阿拉伯军队之后，古阿拉伯语也进入西亚和中亚，自此与波斯语、阿拉米语、索格代亚纳语、突厥语、希腊语、汉语和印度语共存。在下一个世纪，大量当地居民皈依伊斯兰教。⁴ 在征服的初始阶段，倭马亚人留任了许多萨珊的行政官员，但自7世纪末以来，他们开始实施伊斯兰化政策。他们将行政语言由波斯语改为阿拉伯语，铸造的硬币也刻上阿拉伯文，并将信奉琐罗亚斯德教的官员免职。

尽管镇压反阿拉伯起义时使用了极端暴力手段，但我们不应认为伊斯兰化是由强制改宗一手造成的。一般来说，阿拉伯征服者只有在当地的统治者和城市管理者皈依伊斯兰教时才信赖他们。为了保有自己手中的权力，这些当地的统治者和地方官员大多会皈依伊斯兰教，其臣民也会跟随他们。另一重要动力源自穆斯林对贸易的控制的增强。穆斯林传教士紧随商人的脚步而来。此外，我们还应考虑到中亚的伊斯兰教在一定程度上是混杂的，它吸收了伊朗和突厥宗教的点滴，并赋予它们伊斯兰教的意义。⁵ 我们可以将最终结果视作一个由不同语言与宗教拼接而成的社会，穆斯林成为其中多数并不断壮大，穆斯林政治和宗教当局掌权。但必须强调一点，这些穆斯林统治者中有越来越多人不是阿拉伯人，而是波斯人、索格代亚纳人和突厥人。⁶

这一地区主要的通用语言是波斯语而非阿拉伯语，但波斯语越来越多地采用阿拉伯文字进行书写。波斯语仍然是诗的媒介，但学者们在面向整个伊斯兰世界的读者写作时，绝大多数情况下会使用阿拉伯语。这一地区始自伊朗东部，北至咸海，东至中国西部的维吾尔族领地，除伊斯兰教以外，其主要宗教还有佛教、琐罗亚斯德教、摩尼教、犹太教和聂斯托利派基督教。在伊斯兰之家内部，犹太教和基督教族群作为"有经人"而"受到保护"，他们缴纳人头税并进行自治。琐罗亚斯德教并未灭绝，只是被彻底边缘化。而佛教被视为一种偶像崇拜，在穆斯林统治下有过一段艰难时期，但有大量迹象表明它在整个中亚始终留存（之后在蒙古人的统治下得以复兴）。[7]

自古以来，中亚便是被称为"丝绸之路"的亚欧大陆贸易通道的交叉路口。横贯大陆的商业联系包括区域贸易和生产，参与其中的国家有罗马帝国及其继承国、黎凡特、伊朗、印度和中国。中亚的经济高度多样化。印度人、中国人、波斯人、犹太人和希腊人来此游历，并时常定居下来，促进了当地经济的活跃和文化的多样化发展。索格代亚纳人在前伊斯兰时期控制了大部分贸易，也在佛教传入中国和梵语的汉译方面发挥了重要作用。[8] 在之后的几个世纪里，沿着中亚贸易大动脉，形成了一个佛教寺院的网络。除了接收信徒以外，它们还充当商人和朝圣者的中继站。[9]

我们可以大致用这个地区的主要城市描绘出其轮廓：内沙布尔在伊朗东部；赫拉特、巴尔赫、喀布尔和巴米扬在阿富汗；玉龙杰赤在咸海以南；梅尔夫、布哈拉和撒马尔罕在索格代亚纳——这一地区的中心；最后，喀什噶尔在遥远的中国西部地区（图4）。无数商人、朝圣者、使节和其他行者穿行于中亚城市。诸多地区人口的不断往来自然会唤起一种对其他民族的制品、习俗、宗教和哲学的好奇。在中世纪早期，亚欧大陆的帝国之间开始进行直接交流，正如白桂思（Christopher Beckwith）在他关于亚欧大陆中部的历史中写道的那样，"每个帝国都不得不接受自己只是平等国家中的一员这一事实"。[10]

经济的蓬勃发展和与辽阔的伊斯兰共同体联系的深化定然会促进智性生活。令人惊讶的是，9世纪、10世纪和11世纪的伟大穆斯林学者和科学家中竟然有如此多人在中亚生活与工作。我们发现，这些人中有数学家及天文学家花拉子密（Al-Khwarazmi，780—850），他生于咸海以南的花剌子模，并将印度数字，包括开创性的零的概念引入阿拉伯科学。

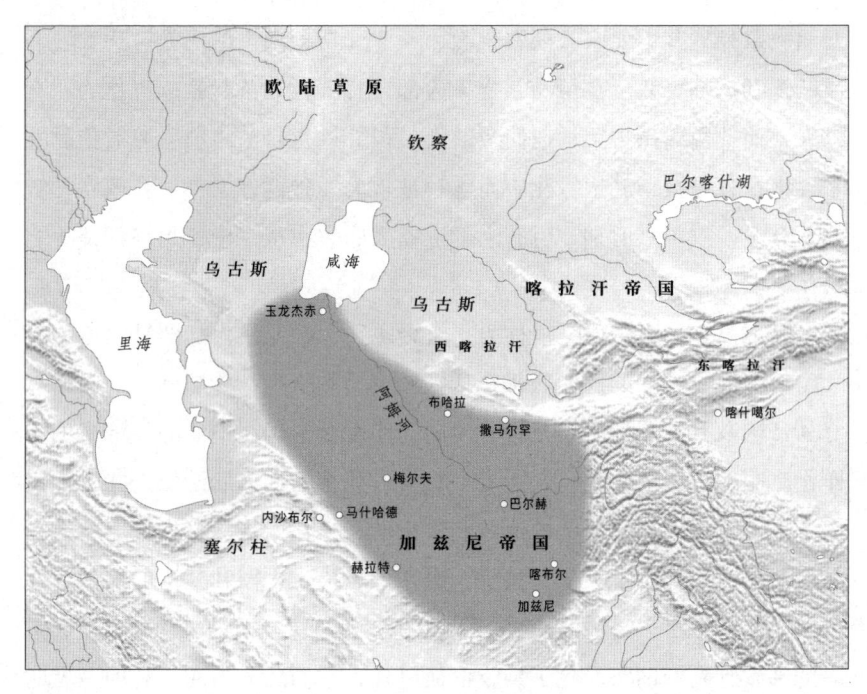

图4 约公元1030年的中亚

接着，我们还能想到布哈里（Al-Bukhari，810—870），他编纂了《布哈里圣训实录》，这部经典的穆罕默德语录合集可能也是继《古兰经》之后最权威的穆斯林文本。这一地区另一位重要的思想家是法拉比（Al-Farabi，872—961），他是一位非常有影响力的哲学家，其伦理观和政治理论以亚里士多德的著作为基础。他的一些研究，如对柏拉图政治正义观点的评述，在整个穆斯林世界影响广泛，而他对音乐学理论的研究也影响了后来欧洲的音乐学习者。[11]

这一地区最有名的学者是伊本·西那（Ibn Sina，980—1037），他的拉丁语名字是阿维森纳（Avicenna）。他出生在布哈拉附近，那里当时是萨曼王朝——阿拔斯王朝的属国之一——的行政中心。伊本·西那在研究了亚里士多德、欧几里得和托勒密之后转向了医学，阅读希波克拉底和伽林（Galen）著作的阿拉伯语译本，还有肯迪（Al-Kindi）和波斯医生拉齐（Al-Razi）的医学作品。[12] 伊本·西那的医学作品在整个伊斯兰世界被广为阅读，并被译成拉丁文在中世纪的欧洲流传。他与许多学者保持书信往来。998年，时年十八岁的伊本·西那与另一位年轻人比鲁尼就各种问题交换了意见，内容涉及天文学、物理学和人类学。比鲁尼时年二十五岁，生活在距布哈拉西北部约两百英里的玉龙杰赤。[13]

比鲁尼关于印度作为印度教文明的观点

人们经常将比鲁尼（973—1048）归为"阿拉伯"哲学家，但除了他所使用的语言之外，这一标签具有误导性。比鲁尼出生于玉龙杰赤的一个伊朗人家庭。[14]当时加兹尼王朝的统治者马哈茂德是一位突厥后裔王子，1017年，他入侵玉龙杰赤，并将其并入自己迅速发展中的帝国——那时，帝国已经占领了阿富汗和伊朗东部地区。[15]加兹尼王朝的形成代表了草原民族的政治轨迹，他们以军事奴隶的身份进入草原与农耕地区的交界地带，皈依了伊斯兰教，在宗主国中发展成自治政权，并在下一代进而成为独立的割据王朝。在这种环境下，伊斯兰化停滞不前。10世纪末，加兹尼王朝的宫廷诗人塔吉基（Dakiki）仍然吟唱着：

> 世上一切的好与坏，
> 我为自己选了四样，
> 女人的红唇、鲁特琴的旋律、
> 血色红酒与琐罗亚斯德教。

比鲁尼的译者爱德华·扎豪（Edward Sachau）引用了这些诗句，他评论道，在马哈茂德朝廷之中，写这样的诗可能会给作者带来生命危险。[16]

马哈茂德的入侵是比鲁尼生涯的转折点。四十四岁的比鲁尼是一位涉猎广泛的成熟学者，尤其是在天文学、数学和历史学领域。999年，他完成了《古代民族编年史》，该书是对亚欧大陆主要民族的宗教仪式和纪年的研究。[17]回加兹尼时，马哈茂德掳走了大批精英充当人质，比鲁尼便是其中的一员。受强制庇护（enforced patronage）可能是对他在加兹尼王朝中的地位最为恰当的描述。[18] 在加兹尼时，比鲁尼喜欢去苏丹的图书馆，并利用闲余时间学习和写作。最重要的是，马哈茂德的征服政策为他打开了通往印度的大门。据埃德蒙·博斯沃思（Edmund Bosworth）描述，马哈茂德在印度掠夺的大量金银财物使加兹尼帝国成为"自阿拉伯征服以后，伊斯兰东部最蓬勃的力量"。[19] 1000 年至 1025 年间，这位国王对印度发起了不下十七次战争，其中有一次——洗劫古吉拉特邦的索姆纳特湿婆神庙——掠夺了六千五百公斤黄金，更不用说那些被马哈茂德的胜利大军带回加兹尼的奴隶、武器、华服、珍宝、织锦和战象了。[20]

比鲁尼陪同其君主参加过几次战役。虽然马哈茂德主要将印度看作掠夺源地，但比鲁尼对印度人的科学和宗教文化十分感兴趣，这也在之后的十五年间主导了他的学术工作。为获取印度科学和宗教文本的一手知识，比鲁尼学习了梵文。这便是他的主要兴趣所在，而非印度的政治历史。这在他那本印度著作的全名中得到体现：《关于印度各种思想的研究：那些可以理性接受的与那些必须拒绝的》。[21] 比鲁尼在回到加兹尼后不久便开始了研究，并于 1030 年完成了这部著作。这是继公元前 3 世纪塞琉古大使麦加斯梯尼（Megasthenes）起草《印度记》（Indica）之后，首位对印度思想与印度教做出深度研究的非印度学者。[22]

比鲁尼的方法论可能是源自 10 世纪伟大的史学家马苏第（Al-Mas'udi）在其著作中阐述的历史研究的理性主义方法论。据马苏第所说，历史产生关于事实的知识和有用的判断："从历史中可以获得高尚的品德，也可以看到王室政府的统治和他们发起的战争。"他解释道，自然科学和历史都掌握证据，前者掌握的是理性和因果证据，后者掌握的则是真实性证据。最后，马苏第主张"科学的发展没有尽头，因为后来者会发现先前所遗漏的东西"。[23]

从比鲁尼印度研究的引言部分可以判断，他赞同上述说法的绝大部分。在开场白中，他声称"在历史真实性这一问题上，道听途说不比亲眼所见"。但他继续说道，写作传统是"最可取的"，因为它提供了关于过去的信息，这是无法亲眼所见的东西。尽管如此，写作还是必须经过严格的筛选，因为其精确性取决于"叙述者的品质，而叙述者又受不同民族之间的利益分歧，以及各种各样的敌意与反感情绪的影响"。[24]对发言人的可靠性和原始资料口耳相传这一过程的调查被称为"传述世系"批判法（isnad），这是古伊斯兰历史编纂学创建的第一条法则。它产生于对《圣训》语料的调查，一些语录传说出自穆罕默德之口，其真实性却常常显得可疑。[25]

从比鲁尼坚称不同民族之间存有敌意可以看出，他清楚地意识到对异族思想和习俗进行公正的研究将遇到阻碍。他提醒读者，尤其是当宗教差异起作用时，他会提醒读者，人们倾向于谴责他们完全不了解的行为与思想。在开篇章节中，他制定了一个针对无所不在的种族中心主义的准则。有趣的是，这个准则是他在批判性地讨论印度人对穆斯林的偏见时提出的，他在其中声称"他们所有的礼俗和习惯都与我们不同，甚至用我们的着装、生活方式以及习俗恐吓他们的孩子"。他之后阐述的准则试图规劝读者以印度人的种族中心主义为镜，正视自我：

> 为了做到公正，我们必须承认，贬低外族不仅仅普遍存在于我们和印度人当中，所有民族之间都会有这种倾向。[26]

在关于古代编年史的一书中，比鲁尼阐述了各个民族的传统和圣书中对大洪水的不同看法。犹太人、基督徒和穆斯林将大洪水看作是可考证的历史事件，但波斯人、米底人、印度人和中国人则否认其真实性。[27]另外，他发现所有民族都将地狱视为一个有着残酷惩罚的地方。[28]大致而言，比鲁尼试图通过各民族的基本教义来区分不同的宗教："关于忏悔之词，'真主之外，别无他神，穆罕默德是真主的先知'是伊斯兰教的口令（shibboleth，一译"示播列"），三位一体是基督教的，安息日的创立是犹太教的，而轮回则是印度教的口令。因此，不信奉它们的人便不属于他们，也不会被他们承认为其中一员。"[29]

再次谈到印度教徒，比鲁尼总结了他们的九条道德准则：不得杀生、不打诳语、不得偷窃、不得嫖娼、不得敛财、奉行圣洁、实行斋戒、衣着朴素、敬奉神明以及谨记"唵"（om）——创造之词，并默念于心。他向读者解释，第一条准则包括禁止杀害动物，而且这是总原则"不得行恶"中的特殊组成部分。《薄伽梵歌》（Bhagavad Gita）的一些篇章对这些概念进行了阐释。[30] 最后，比鲁尼发现印度教体制中的一些文章显示了他们信奉神与人类在泛神论意义上的结合。[31] 然而，他还提到了印度教中的多神论信仰，并将其与希腊人关于宙斯和众神的观念做比较。[32]

比鲁尼在对印度神学进行详细阐述之后，聚焦印度的种姓制度，讲述了他们的社会教条。虽然他对印度宗教思想的论述十分公正开明，但他无法掩饰自己对种姓制度的深恶痛绝。他在开头部分就声称种姓制度的社会意识形态是印度教徒与穆斯林达成一切理解的最大障碍。种姓表示不同种类的人之间的极度不平等，但"当然，我们穆斯林完全站在这一问题的对立面，除了敬神时，我们认为人人平等"。[33] 接着，他详细列举并描述了四个种姓以及不同类别的无种姓者。印度体系中完全没有美德的观念。为通往极乐世界，每个人必须履行其所在种姓被指派的义务并培养必要的德行。在比鲁尼的分析中，种姓体系是印度宗教不可或缺的一部分。尽管如此，他还是暗自表达了对印度种姓制度的反对。比鲁尼认为，在某些人看来，只有婆罗门和刹帝利能够获得精神自由。但一些印度哲学家认为，"所有人"都能获得解脱，只要他们的目的是"善意的"。[34] 在此，比鲁尼开始区分印度宗教中具有社会排他性的人类观与普世主义的人类观。

他还进一步谈论了印度教与基督教在道德准则方面的某些相似之处。这两个宗教都禁止其信徒杀生，鼓励宽容大度，即使别人对你充满敌意也要与其分享财产，要为敌人祈祷祝福。尽管比鲁尼对这种"高尚的哲学"表示赞赏，但他认为这不切实际。他认为大多数人都不是哲学家，因此，他们只会听命于"剑与鞭子"。基督徒自己创立的政体便证明了这一事实，因为"君士坦丁大帝自胜利以来，就没有停止使用剑与鞭子，因为没有剑与鞭子便无法统治"。[35]

总的来说，比鲁尼是在印度宗教的语境下论述了印度的道德准则与社会秩序。他描述了印度的婚姻法，并将其与前伊斯兰阿拉伯人、古波斯人和犹太人的婚姻法进行比较。尽管他在论述时保持中立，但还是在结语部分体现了对正教的尊敬："我们在此阐述这些内容是为了让读者通过对比了解伊斯兰体制的优越性。"[36] 但我们可在书中的其他地方看到他对印度性别与性习俗的赤裸裸的批判。他称印度男女站着进行性交，不能与女人性交的男人有自我口交的行为（在扎豪的译本中，这些段落为拉丁文）。

比鲁尼还谈到了印度男人穿女人的衣服，使用化妆品，还佩戴耳环。印度的性别体制体现了"正常"性别角色的反转。比鲁尼还举了另一个例子，他说在危机时刻男人会向女人请教，但下句又说男婴比女婴更受珍视。[37] 有趣的是，他是通过对"陌生感"（strangeness）这一概念的理论分析来引入这一主题的：

> 显然，对某一事物感到陌生是因为它很少发生，而且我们几乎没有机会亲眼见证。如果这种陌生感达到一个很高的程度，它就会变成一种稀奇之物，甚至有点像是奇迹，不再符合一般的自然规律，而且只要人们没有亲眼看见，就会显得虚幻。印度的许多习俗都与我们国家和时代的习俗大为不同，以至于在我们看来它们简直荒谬无比。[38]

在本章的结尾部分，比鲁尼提醒读者，前伊斯兰时代的"异教阿拉伯人"也同样有犯罪和猥亵的癖好，因此仅谴责印度人的这种行为有失公允。但在最后一句话中，他又变回正教信徒，感谢真主，伊斯兰教已将阿拉伯人的这种行为完全废除了，"同时也废除了已经成为伊斯兰教徒的印度人的这类行为"。[39]

同样，比鲁尼也试图解释偶像崇拜的起源。他认为各地的大众都更热衷于感官世界，而且反感"只有受过高等教育的人才能理解"的抽象思想。他补充道，普罗大众对神灵形象化表征的渴望导致许多宗教领袖在圣书和神庙中采用了这些神的形象。犹太教和基督教中有过这种情况，摩尼教更是如此。最后，偶像开始成为"某些非常受人尊重的人物的纪念碑……为使他们永远留在人们心中……但纪念碑建立后,随着时间的流逝、时代的更替,它的起源便被人遗忘,而成了一种习俗,对它的崇拜也成为日常生活中的常规。这深深地根植于人类的本性当中,古代立法者便试图利用这一弱点控制大众"。[40]

最后,比鲁尼讲述了印度是整个人类居住的世界的一小部分,印度教徒也仅占世界人口的少数。[41] 他用了一整章来讲述"Oikumene"——希腊语中用来指人类居住世界的词。[42] 在此,他明显仰赖阿拉伯地理学家,他们积累的关于撒哈拉以南的非洲地区和南亚的知识远远多于他们的希腊前辈。但他关于印度的描述远比早前地理学家所提供的信息更为详细。他认为被希腊人称为俄刻阿诺斯(Okeanos)的"环形河流"不可通航,但印度洋除外。他还进一步指出中国海可以通航。他在这一章中简要地谈及了中国,但并未包含中国地理或居民的任何信息。他提到了某些奴隶的黑肤色但并未对其进行论述或解释。他只在关于奴隶的篇章中提到了肤色和面相问题。他通常会根据民族或种族的名称来划分居住在世界各地的人,很多情况下还会根据其宗教信仰。政体方面,比鲁尼谈得更少了。他的书中没有关于印度国家政体的章节。

从比鲁尼关于印度的研究中可以发现,他为读者提供了关于印度习俗和思想的严谨论述。显然,他赞美了印度人的许多科学成就,对他们的空间测量法、计数、几何学、数学、纪年法和天文学特别感兴趣。他对印度宗教权威著作的详细介绍,与他对印度种姓体系、性别关系和性行为的简要论述同样严谨客观,尽管其中掺杂了对伊斯兰正教的热烈宣扬,和对作为伊斯兰"常态"之反面的印度教实践的描述。

比鲁尼关于文化差异的元文本叙述值得引起我们的注意。他对偶像崇拜起源的理论和史学解释证实了已逝先知和圣人的肖像与雕像是如何转化为神圣的象征的,这使得宗教可以作为历史演变的人类产物被意想并加以讨论。他关于普遍存在的种族中心主义的准则显然与希罗多德的观点极为相似。他关于"陌生感"的讨论则更为深刻,旨在解释人们为何会认为其他民族的习俗是"陌生"和"荒谬"的。这些理论分析与他对非伊斯兰宗教的绝然谴责之间存在着张力。

最后一点是贯穿全书的大量比较观察。比鲁尼借此使读者注意到已知世界宗教和习俗的多样性。他将印度宗教描述成包括道义信条、膜拜仪式和社会习俗在内的完整体系。正如我们所见，他根据基本教义对宗教进行划分。在公元前 3 世纪初的麦加斯梯尼的《印度记》一书中，将宗教视为一个连贯体系的概念尚未出现。麦加斯梯尼让他笔下的印度人崇拜狄俄尼索斯和赫拉克勒斯，并将希腊的多神论归因于它们，同时将印度教的一些细枝末节描述成"婆罗门的哲学"。[43] 他以希腊人的思维方式理解宗教事务，认为众神是可相通的。对麦加斯梯尼而言，印度教的神和膜拜仪式被想象为世界范围内的一个多神论连续统一体的一部分。对于穆斯林而言，这样一种理解印度教宗教崇拜和信仰的普世主义思路是无法想象的。因此，比鲁尼提出了基于差异性而非连续性的分类法。当然，他经常试图通过对比穆斯林思想来理解印度教的实践与理念，但总是承认它们的区别和各自的独立性。

苏菲派对宗教差异的理解

9 世纪，苏菲主义成为伊斯兰宗教活动和思想中别具一格的分流。"苏菲"（Sufi）源自"羊毛"（suf）一词，指的是许多苏菲派教徒身穿的由粗羊毛制成的长袍。这种服装体现了一种朴素的生活方式，有时甚至演变为极端的苦行主义。这一运动起源于伊朗，并于 10 世纪初在伊朗站住了脚，此后渗入中亚地区。[44] 苏菲派有时被污蔑为异教徒，因此他们总是试图以逊尼派伊斯兰教中的合法分支的身份得到认可。主流逊尼派伊斯兰教强调道德、法制和神学，而苏菲派将宗教视为一种精神体验，一次思想的冒险。从避世的神秘主义到对宗教真理和神的本质的哲学反思，精神冒险的形式广泛而多样。苏菲主义的主要教义是：只有神才是真实存在的，包括物质和人类思想在内的其他一切都是神的化身或"影子"。因此，下面这种立场变得可以意想：神启和圣书被视作人对神的接近，而神真正的本质是人类理性根本无法触及的。这种思想脉络最终得出了有关宗教差异的相对主义观点。我们应该看到，苏菲主义者的观点有时是如此"宽容"，但他们对此从未公开表明。在苏菲主义的范围内，可意想之物的极限便是伊斯兰中心主义式的宽容。

尽管苏菲派总是承认伊斯兰教是"最完美"的宗教，或在公共演讲时尊奉它为唯一的正教，但他们经常被主流穆斯林谴责为异教。[45] 苏菲派信徒常在其公认的领袖（谢赫）的领导下结成团体。这些内行者团体中的成员必须经过精神训练，并受保密原则的约束。苏菲派教团的导师建立了各自的信仰，从而使苏菲主义的发展广泛多元化。当他们将教义诉诸笔端时，苏菲派通常喜欢诗歌甚于系统的神学语言。13世纪著名的波斯苏菲诗人鲁米自称是"至仁主的夜莺"（"至仁至慈的真主"是《古兰经》中对神的标准转喻，虽然鲁米特指的是第五十五章中的"至仁主"）。[46] 然而，苏菲文本的大量语料还包含了纪念苏菲派"圣人"的圣录体。几个世纪以来，这些圣录成为权威传统，使苏菲派信徒得以将自己的思想与实践传给后代。[47]

我们不能因为苏菲主义宗教思想的艰深而将其视为精英教派。在中世纪的伊斯兰国家，苏菲主义的受众既有普罗大众也有学者精英。苏菲派的领导者通常被认为是创造奇迹的人，集会也会采用不同的媒介，从正式的朗诵和布道到咏诗和唱颂等。在伊朗和中亚地区，苏菲派信徒将波斯语作为他们书面写作和口头交流的主要语言。到1500年，成百上千的波斯语苏菲文本在民间广为流传，而苏菲主义也成为波斯和中亚文学中不可分割的一部分。民间传诵的诗歌赞美真主的仁爱。它们的语言往往唤起情欲的意象，能够同时向城市工匠和学者发声。[48] 苏菲派远非一个信仰超自然神秘主义的边缘少数群体，而是伊斯兰教的主流之一。

法里德丁·阿塔尔（生于内沙布尔，1145或1146—1221）是他所处时代最重要的苏菲诗人。后来的所有苏菲派作家都将其视作典范。据莱昂纳德·莱温松（Leonard Lewisohn）所说，"中世纪波斯苏菲文学的里程碑在很大程度上以阿塔尔'爱的宗教'诗学为基础"。[49] 对阿塔尔而言，单纯的头脑推理不能领悟神学本质，因为只有用炽热的爱燃烧灵魂与躯体才能真正与真主合一。与比鲁尼一样，阿塔尔的思想轨迹也与中亚相联系。《世界境域志》（*Hudud al-'Alam*）是一部关于伊斯兰世界地理的著作，于982年至983年间汇编于呼罗珊境内的阿富汗。呼罗珊囊括伊朗东部与阿富汗，被描述为"一个富有的国度……坐落在世界上有人居住的土地的中心附近"，而阿塔尔的家乡内沙布尔则被称为"呼罗珊最大最富有的城镇"。[50] 在阿塔尔的时代，内沙布尔拥有相当数量的重要苏菲派教徒互助会。阿塔尔对其他宗教的开明态度反映了内沙布尔的人口组成。12世纪，穆斯林占内沙布尔总人口的绝大多数，但琐罗亚斯德教徒、犹太教徒和基督徒团体的数目也十分可观。[51]

阿塔尔最著名的诗是《百鸟朝凤》（*Mantiq al-Tayr*，1187），通过真主的想象来寻求自我认识，同时还包含了哲学反思和社会批判。这首诗讲述了百鸟的故事，它们没有国王，被世界上的其他种族孤立。它们应该如何摆脱这种悲惨的现状？戴胜鸟给出了答案。它是一种红褐色的鸟，翅膀有着黑白相间的条纹，十分漂亮。戴胜鸟解释道，百鸟其实有一位聪明威严的君主——凤凰（Simorgh，一译"西摩格"），但它们却忘记了他的存在。凤凰的形象源于《列王纪》（*Shanameh*），是一只掌握着巨大权力的神鸟。《列王纪》是诗人菲尔多西（Firdawsi）在公元1000年左右写下的波斯民族史诗。但在阿塔尔的宗教观中，寻找凤凰是一则给穆斯林的寓言：他们已将真主"遗忘"，需要被引导重返他身旁。

在一开始，戴胜鸟便提醒百鸟要找到凤凰并非易事，因为他栖息在某个遥远国度的一座高山上，路远迢迢。旅途将会漫长而又艰辛，并非所有的鸟都能抵达目的地，只有那些在逆境中抱有坚定信念的鸟才能坚持到最后。之后，读者便能看到不愿离开家乡的鸟绝非少数。最先掉队的是夜莺，因为它爱上了玫瑰，无法离她而去："一旦玫瑰消失，夜莺便会失去理智，其歌声也将随之消失。"戴胜鸟对此不予理睬，并对夜莺的懦弱提出了严厉谴责：

> 亲爱的夜莺，
> 你畏惧失去的这种肤浅的爱情
> 仅仅是事物的外在表象而已。

> 放弃幻想，准备好展开双翼
> 飞向我们高远的追求。玫瑰以尖刺相抵
> 她的美丽也稍纵即逝。
> 真爱会勘破这些空虚无常
> 这不过是短暂的动荡。[52]

这里用了一个表达感官体验和短暂欢愉之虚无感的比喻修辞，即人类生命中"短暂的动荡"。这首诗反复使用了这一比喻。摇摆不定的百鸟有着各种各样的借口，寓示着将人类引入歧途的所有激情与欲望。那些被尘世短暂欢愉这一无形枷锁桎梏的鸟儿总是被告诫去寻找事物的本质，坚持寻求凤凰。

然而，我们看到的不仅是百鸟的故事。戴胜鸟还给同伴讲述了几个关于人类的故事，尤其是关于那些地位显赫、势力强大的人，以及他们未能区分内在真理与外在表象的故事。国王马哈茂德正是其中之一，我们前面已经知道他是比鲁尼的庇护人。一位智者"沿着道路前行"，有天晚上，他梦到自己与马哈茂德交谈，在梦中他询问这位国王在坟墓中是如何回顾自己这一生的。马哈茂德的回答略带罪人的苦楚，但他的赎罪来得太晚：

> 我死后权威将不复存在；
> 你的问候刺穿了我的魂灵。
> 而权威不过是无知与虚荣；
> 真正的权威唯独属于真主，
> 配居宝座的怎会是一堆尘土？
> 自知一己的无能无力以后，
> 我为我王的虚伪深感愧羞。[53]

马哈茂德此刻已经意识到自己真正的身份是"不幸的人"，而非"国王"。假如他经历了流浪者乞食的生活，那么他还有可能会落得一个好下场。

但如今他已无法获得救赎，等待他的是地狱的魔鬼。阿塔尔在这些诗句中谴责那些高傲自负的君王，因为他们未能意识到在真主眼中，他们与最底层的百姓别无二致。

飞鸟继续着旅程，其间有不少放弃了它们的追求。因此，最后只剩三十只鸟抵达了凤凰遥远的栖息地。但在最后一刻，信使阻止它们入内并要求它们在原地等候。每只鸟都收到了一页文字，信使要求它们必须在被允许面见凤凰之前阅读这些文字。它们惊异地发现，故事正是关于"它们的灵魂所经历或做过的一切"。在自省和回顾自己不甚完美的生活之后，一种"新的生活"涌上它们心头，凤凰那耀眼的形象也终于出现在它们眼前。这三十只鸟看见了什么？它们看见了三十只鸟："打量着自己，最后才恍然大悟：自己就是凤凰，是征旅的终止处。"在一片静默之中，光辉的真主对它们看到的景象做出了解释：

> 我是置于你们眼前的一面明镜，
> 所有前来在我辉映下所视，
> 都是自己，各自独特的真实。
> ……
> 虽然你们蹇行、徘徊，迢遥跋涉，
> 但你们看到的就是真实的自我。[54]

人类在真主那里寻见的便是他们的真实自我。《古兰经》中隐含了这一信息，但凡夫俗子对此难以理解。百鸟的漫长旅途寓示着人类为了领悟真主神启之隐义所经历的精神挣扎。阿塔尔试图在他的诗中提出关于内心解脱的解释学，这是对自我的净化，最终将自我融入真主的神光中。

纵观全文，阿塔尔似乎认为《古兰经》是其关于解脱的解释学的最佳媒介。他不断将伊斯兰教与偶像崇拜进行对比，坚定他对"认主独一"（One God）的忠实信仰。即便如此，《百鸟朝凤》的文本似乎仍为其他教义的信奉者留出余地。"背信弃义的穆斯林与信守承诺的异教徒"的故事便是一个突出的例子。这则故事描绘的是战争的景象。一次，穆斯林在作战时要求中止作战进行祷告，异教徒同意了，静待其完成祷告。接着，双方继续作战，但不久后便轮到异教徒请求休战以向自己的神祷告。当异教徒跪下向自己的偶像祷告时，穆斯林却拿起自己的剑，给了对方致命一击。之后，响起了一声来自天堂的警告：

> 卑鄙邪恶之人，彻头彻尾的骗子，
> 这算什么承诺？你们欺骗，背信弃义。
> ……异教徒倒是真恳；
> 他固守承诺，你们也当守信。
> 如今你们用恶行回报善意，
> 别人对你们也将同样如此！
> 异教徒信任你们，那么，一切祷告，
> 你们的忠诚又在何处见着？
> 你们虽为穆斯林，论心虔，
> 却不比这可怜的异教徒精坚。[55]

与其他教义的信奉者一样，穆斯林也必须遵守黄金法则。神的声音提醒了虚伪的穆斯林，"我们的《古兰经》"告诫我们要信守诺言。如果穆斯林没有做到，那他们的虔诚只是借口。"可怜的异教徒"的忠诚远比一个骗子虚伪的虔诚更有价值。

阿塔尔还在诗中其他地方讲述了瓦萨提（Al-Vasati）的故事。瓦萨提是10世纪的一位波斯苏菲派人士，他曾路过一座犹太教徒的坟墓并说道："这些灵魂虽被宽恕且获得自由，但这一真理不可教知于人。"他的这些话传到了某些官员的耳中，瓦萨提被传讯至法庭。勃然大怒的法官想知道他这样说是何用意。这位苏菲派人士回答道："你们的政府控告他们，但真主宽恕他们。"[56] 真主的仁慈延伸至死去的犹太教徒的叙事，反映了整首诗的内涵。真主对犹太教徒的灵魂仁慈以待，瓦萨提对于这一真理不可教知于人的提醒，体现了他作为写作者的谨慎。

阿塔尔的苏菲主义灌注了一个强有力的共同人类观。在百鸟朝凤故事的序诗中，他歌颂了伊斯兰教的真理以及先知的庄严，但他的启示总是包容性的，总试着囊括所有愿意服膺于真理的灵魂："因为先知的明灯为所有人指明方向，跟随他便能看清道路。他照亮了世界各个角落的所有人的一生"（注意这句话和"第二以赛亚书"的相似性）。[57] 在百鸟朝凤这则寓言故事当中也传达了相同的信息，只是方式稍有不同：

> 我们道不相同，连飞鸟都不清楚，
> 其他人各自的隐秘之路。
> 我们看到彼此不同的示兆；
> 一个在清真寺，一个在偶像的圣地祷告，
> 当真理的光芒照彻高空时，
> 所有朝圣者都知自己受到了欢迎。[58]

我们也可以说不同的宗教之所以有不同的教义，只是因为不同的人在追求同一真理时跟随了"不同的示兆"。这一观点与阿塔尔的观点相吻合，他反复强调神通过至高无上的权力用泥土创造出人类，他们自以为凭借自己微不足道的理性就能领悟真主的真谛，但他们必须谨防自己的自负与傲慢。[59]

有趣的是，阿塔尔在其著作《长老传》（*Tadhkirat al-Auliya*）中也表达了类似的观点，该书讲述的是苏菲圣人及其与非伊斯兰教教徒的相遇。这些圣录传达的一个重要主题是苏菲圣人如何摆脱尘世纷扰走向智慧之路。我们在舍该格（Shaqiq）的生平中找到一个典型的例子。舍该格是9世纪杰出的苏菲圣人。他早年是从巴尔赫前往突厥斯坦做买卖的穆斯林商人。在途中，他进入了一个佛堂，看到一个朝拜者正跪在佛像面前。舍该格以穆斯林批评偶像崇拜的一贯口吻跟正在祈祷的佛教徒搭话：既然有万能的真主主宰全人类，你为什么还要浪费时间朝拜其他偶像？这位佛教徒反问道：如果你的真主真是无所不能的，那么不管你在何地他都能赡养你。既然如此，你为什么还要出远门售卖货物艰难维生，而不在家虔诚信奉真主呢？舍该格意识到佛教徒观点的正确性，并决定立即

返回巴尔赫。

在回家的路上,舍该格遇到一个想了解他的职业的琐罗亚斯德教徒。得知他是一位商人,琐罗亚斯德教徒"告诉他,注定不是他的东西,就算他追寻到末日来临也得不到。反之,注定是他的东西,即便不去寻找最终还是会属于他。听到这些话,舍该格经历了精神的觉醒,不再为尘世纷扰而感到忧虑"。[60] 在阿塔尔讲述的这个故事中,身为穆斯林的舍该格受两个非穆斯林——一个佛教徒和一个琐罗亚斯德教徒——的引导,领悟到苏菲教义中无条件信奉真主的真谛。在阿塔尔书中的三十八位苏菲派圣贤生平故事当中,琐罗亚斯德教徒以精神引导者的身份出现在六个故事里。为避免对阿塔尔进行过度普世的解读,我们必须注意,这六个故事当中有四个是以琐罗亚斯德教徒皈依伊斯兰教作结的。哈利·尼尔(Harry Neale)认为,阿塔尔书中的琐罗亚斯德教徒故事是一种文学手段,目的是使读者产生陌生感与好奇,并引发他们对真主旨意的奥秘的思考。[61]

然而,这并不是说阿塔尔将宗教差异缩小至习俗这一范畴。他虔诚地信奉伊斯兰真理。他还讲述了关于一位穆斯林老人的堕落和雄风尽失的故事。这位老人倾心于一位年轻的天主教未婚少女。老人不顾伊斯兰教赋予他的使命,只为获取芳心,最后却遭到断然拒绝,又回到了伊斯兰教的怀抱。脱教在此等同于丧失男子气概。[62] 尽管如此,阿塔尔在书中还是表达了对信奉其他教义的信徒的些许宽容。伊斯兰教或许比其他宗教优越,但这并不意味着每个穆斯林都比琐罗亚斯德教、犹太教或基督教的信徒更优秀。阿塔尔试图传达的信息其实不是相对宽容,而是对那些虔诚追求公正与道义的其他宗教的信徒表示谦恭与尊敬。但他的有些评论传达了一种更为大胆的理念,即所有宗教都只不过是"隐藏的神"(the hidden God)的人类相似物或"示兆",人类永远无法理解神的真谛。下列语句尤其给同代人以及后来的评论者留下了诸多疑惑:

> 古老的琐罗亚斯德教徒,
> 我就是。是我将偶像的住处——

宝塔，建于高处，

我在其顶端呐喊，

以似乎"不忠诚"的语气，

向所有世人宣告：

呵，穆斯林！那些我重塑的偶像，

再次因发霉的漆而化为乌有。[63]

这说明了什么？与阿塔尔关于宗教差异的其他表述相似，我们可以将其理解为意图引起共情。阿塔尔化身为琐罗亚斯德教徒，敦促读者用琐罗亚斯德教徒的眼光审视自己，并领悟通过其他教义的"示兆"传达的真理。在书中的其他地方，阿塔尔提醒读者在"没有通过或超越无信仰之前"不要对宗教发表任何主张。另外，他还认为一个基督徒儿童的信仰比一个敬虔派穆斯林的形式主义更道德。[64]

从更高的抽象层面来看，这又让我们与宗教上的他者产生了共情。但谁才可以是产生这种共情的主体？莱温松在读了阿塔尔的上述内容之后，坚持认为琐罗亚斯德教不仅是波斯历史的遗留，同时也是一个在内沙布尔蓬勃发展的团体。对阿塔尔而言，琐罗亚斯德教徒并非只是某种宗教想象的建构，还是能在集市中遇到的活生生的人。他笔下的苏菲圣人艾哈迈德·伊本·哈尔卜（Ahmad ibn Harb）生活在内沙布尔，是一位信奉琐罗亚斯德教的商人巴赫拉姆的邻居。巴赫拉姆的货物刚被盗贼洗劫一空。艾哈迈德立即派弟子前去慰问不幸的巴赫拉姆，说道："尽管他是琐罗亚德教徒，但他也是我们的邻居。"[65]这无关隐藏的神的本性，而是不分宗教的共同人类的基本义务。同样，《长老传》中讲述了许多帮助穷苦人的善行，并将之视为圣洁的"示兆"。不可否认的是，救济（天课）的职责是伊斯兰教的第三支柱，但阿塔尔似乎认为绝大多数穆斯林都没有意识到它的深刻含义。

这些故事蕴含的社会批判也可见于阿塔尔对拉比亚·阿德维亚（Rabe'a al-Adawiya）的评论，后者是他的《长老传》中唯一一位女圣人。阿塔尔预见了人们会抗拒女圣人的概念，他声称："如果有人问'你为什么将拉比亚归入男人的阶位？'，我的回答是，先知说过'上帝不会考虑你的外表'……当一个女人在真主之道上为'人'时她便是人，不能再将其称作女人。"[66] 这里并非是要将阿塔尔刻画为某种原初的女性主义者，而是为了强调他的宗教想象使他能够跨越在其他人看来无法超越的界线。共同人类观本身的重要性，在《百鸟朝凤》中讲述的穆斯林与异教徒作战的故事那里得到了淋漓尽致的体现，他在其中直截了当地表明互惠、真诚与信守承诺是普遍的价值观，没有这些，所有外在的虔诚都会沦为徒劳之态。

在阿塔尔之后的一个世纪，鲁米或许是最著名的苏菲诗人。他提倡广泛的宽容政策。在鲁米看来，仅靠人类理性无法领悟神圣真理——只有宗教智慧才能做到这一点。早前的穆斯林作者大多仅呼吁人们宽容对待伊斯兰教的不同分支，但鲁米不受这种限制。真理只有一个，但通往真理的道路却有多条。鲁米认为，当人类意识到灵魂的本质时，"他会对摩西和穆罕默德一视同仁"。我们可以将这一陈述解读为仅限于有经民族，他们在绝大多数伊斯兰国家都享受到了有限的宽容对待。但鲁米的观点比伊斯兰教指导下一神论者的传统特权更为包容。所有的宗教传统都有圣书，且都颂扬神的仁爱。在最后的分析中，所有的宗教本质都相同：

> 因为受尊宠者只有一个，
> 所以宗教都别无二致。
> ……
> 如果有一百本书，那么每本书的章节都会相同。
> 因为这一百个方向都通往同一个圣坛。[67]

在其他地方，鲁米宣称人们应该像"儿子与父亲谈话那样"，对真主畅所欲言，而不是害怕表明心迹。[68] 每个人都必定是从某个地方开始试着靠近真主，而且起点各不相同。以传统的苏菲矛盾修辞法，鲁米说那些认为所有宗教都为真的人是愚蠢的，而那些认为所有宗教都为假的人是可悲的。关于真理（Truth of God）的相对主义实质上是自我否定，但世界上所有不同的成体系的宗教都不能声称自己拥有唯一且全部的真理。如果穆斯林想让他人改宗，他们必须行善并树立榜样，这样才能引导非穆斯林信仰伊斯兰真理。鲁米认为，文化差异是造物秩序的一部分（与《古兰经》49:13 关于文化差异与整一性的论述一致）。在某处，他引用了真主对穆萨所说的话：

> 我给每个人塑造了不同的品质，
> 我给每个人塑造了不同的逻辑。
> 对他人的赞扬便是对你的羞辱；
> 对他人是蜜糖而对你却是砒霜。[69]

在此，鲁米似乎与阿塔尔观点一致。他们对真理和文化差异有着相同的基本认识。真理是独一的，但文化有许多种；神是独一的，但宗教却有许多种。在统一真理与抵达它的多重途径的辩证关系中，每个人都必须找到自己的道路。唯一真理和多种文化是上帝造人时不可或缺的一部分。无可否认的是，所有苏菲圣贤都是以伊斯兰教为中心接近普遍真理与共同人类观的，但他们的诗性语言一再削弱和动摇了伊斯兰教作为"中心"大厦的权威。他们的宗教观似乎暗示了（但从未言明）一种以伊斯兰教为中心的普遍宽容。

伊本·赫勒敦与世界历史的全新理论

讲到伊本·赫勒敦（1332—1406）这位古典伊斯兰教历史上重要的理论家，我们将目光从中亚转向伊斯兰共同体的西进。14 世纪，柏柏尔王朝统治着马格里布（北非西部地区）。"柏柏尔人"是过去被阿拉伯侵略者逐入内陆的原住民。与往常一样，书面史料全部都站在定居民族的立场，它们创造的"纯粹"游牧民族的概念与史实完全不符。"柏柏尔"

（Berber）一词泛指生活在内陆地区的人，它源于罗马语中的"barbarus"，后者与其对应的希腊词一样，可以译为"外邦人"或"蛮族"。[70]

遵循着对游牧民族陈旧的刻板印象，11世纪和12世纪的阿拉伯地理学家，如巴克里（Al-Bakri）和伊德里西（Al-Idrisi），将柏柏尔人描述为"从不长久居住在任何地方的游牧民族。……他们以肉、奶以及土地上无需耕种的谷物为食……他们还有许多骆驼"。[71] 这与古代史料关于草原游牧民族的记载极为相似。如在希罗多德和司马迁那里一样，细读阿拉伯地理学家的著作可以发现"游牧"经济是一种混合经济，以季节性迁移游牧为主，辅之以农业和园艺。[72] 实际上，阿拉伯语中的"badw"一词经常被理解为"贝都因人"（Bedouin），但其意义远比"游牧"（nomad）一词更为广泛。13世纪在安达卢西亚出版的阿拉伯－拉丁文词典将形容词"badawi"译为"rusticus"，意即"属于乡野地区的"。因此，这一词包括定居的村民和沙漠中的牧民。[73] 伊本·赫勒敦所说的"badiya"通常被译为"desert"（沙漠、荒漠），实际上指的是城郊的荒野，也指多种社会组织模式，是"田园和游牧生活方式的连续统一体"。[74] 我们之后会看到，与古代观点相比，伊本·赫勒敦关于"贝都因人"的理论没有那么老套。

8世纪初，柏柏尔人皈依伊斯兰教，这使他们成为阿拉伯入侵者的乌玛中的平等成员。8世纪中叶，柏柏尔人大起义与阿拔斯革命同时发生，最终柏柏尔人的地位跃升。虽然早前经常被奴役，但他们现在从事奴隶贸易，为阿拉伯的经济发展提供非洲撒哈拉以南地区的黑奴。因此，他们为将撒哈拉和西非并入横跨大陆的伊斯兰共同体做出了贡献。[75] 与斯基泰人和匈奴人一样，柏柏尔人建立了强大的部落联邦。第一个真正的柏柏尔王朝在11世纪掌权，统治着穆拉比特帝国，其势力在12世纪初达到顶峰，其疆域包括西班牙南部和整个马格里布地区。12世纪，穆瓦锡德王朝推翻了穆拉比特王朝，统治西班牙南部以及从摩洛哥至的黎波里塔尼亚一带的马格里布地区。身为帝国领袖的哈里发通过与其家族成员以及几个创始游牧部落首领磋商的方式进行统治。[76] 历经安达卢西亚的基督教复兴、内讧和迁徙民族的叛乱，穆瓦锡德王朝分崩离析，并于

13世纪60年代覆灭。自此以后，几个因对立而经常陷入血腥内讧的柏柏尔王朝统治了马格里布。它们的命运为伊本·赫勒敦14世纪中叶的政治生涯提供了背景。

伊本·赫勒敦的父亲和外祖父分别是哈夫斯王朝的议员和大臣。[77]在编纂历史之前，伊本·赫勒敦曾被不同的柏柏尔王子聘为顾问、大臣以及征兵人员。他相当任性，频繁更换恩主，又不断失宠。这些年来，他甚至还在监狱里待过，但每次出狱后他都会到一个新的马格里布苏丹手下工作。伊本·赫勒敦在沙漠部落征兵时，获得了关于游牧生活珍贵的一手资料。政治给了他惨痛的教训：他的自传讲述了一个充斥着政治斗争、叛国、阴谋、失宠、入狱和参与毫无胜算的战争的悲惨故事。1372年，他刚满四十岁。伊本·赫勒敦所在的小队遭到叛军首领的伏击，马匹和所有食物也被洗劫一空，被遗弃在荒漠之中。他们不得不在没有水、食物和住所的情况下在旷野里寻找出路，耗时两天才在山谷与同伴会合。伊本·赫勒敦不动声色地讲述了这一插曲，但人们会感受到这简直是九死一生。[78]

幸运的是，这样的冒险与平静的时光交替出现，伊本赫勒敦自幼便求知若渴，他把绝大部分时间都花在了行政、法律事务和做学问上。伊本·赫勒敦的父亲辞去军职后过着隐居潜心学问的日子。他认同苏菲派的宗教思想，这也影响了他的儿子。然而，在伊本·赫勒敦十六岁的时候，他的父母、许多亲戚和老师都死于瘟疫。14世纪的这场大瘟疫在大约1340年始于中亚，经丝绸之路蔓延到了地中海地区。赫勒敦家族在1348年遭遇重击，同年瘟疫还席卷了整个南欧。自此以后，他不得不自食其力。十多年后，他与哈夫斯一位著名将军的女儿结了婚。尽管如此，他的一生还是多在孤独中度过。

尽管伊本·赫勒敦经历过不幸，但他师出名门，受过良好教育。他高兴地讲道，突尼斯苏丹的秘书哈德拉米（Al-Hadrami）的图书馆拥有三千多卷书。他的哲学老师阿比力（Al-Abili）教授关于亚里士多德思想的课程涵盖了大量伊本·路西德（Ibn Rushd，又名阿威罗伊[Averroes]）的评述。伊本·赫勒敦花了大量时间学习诸学派的伊斯兰教法，尤其是马利基学派。在伊斯兰教法律理论的四个派系当中，马利基学派和哈乃斐学派最为灵活，它们意识到存在《古兰经》以外的法源，如习俗和公共利益，因此对改革的态度更为开明。[79]

1374年，在遭遇更多不幸和政治危机之后，伊本·赫勒敦和家人在卡拉特的伊本·萨拉迈城堡（Qalat Ibn Salâma）找到了庇护所。它位于现奥兰南部，受奥拉德阿里夫（Awlaad'Arif）领导的强大部落保护。伊本·赫勒敦在这里开始将自己的历史知识集中整理成体系。与后来的马基雅维利一样，伊本·赫勒敦认为有必要从过去二十年里自己所经历的繁荣与不幸的更替中抽身，并对这一切背后的深层历史模式进行反思。他在伊本·萨拉迈城堡待了四年，在这个偏僻的荒漠要塞写下了《历史绪论》（Muqaddimah）的初稿，该书对历史进行了理论分析，旨在揭示决定国家与王朝兴衰的潜在动力。

伊本·赫勒敦在伊本·萨拉迈城堡旅居结束之后去了开罗，并在那里度过了余生。在之后的二十年里，他再次被卷入政治阴谋。与此前一样，他又经历失宠，辗转于不同的官职和教职。1401年，他在最后一位伟大的蒙古征服者帖木儿洗劫大马士革前夕造访了这座城市。伊本·赫勒敦与帖木儿进行了一系列漫长的讨论，后者希望了解北非的政局。[80]在那之后，这位蒙古国王批准伊本·赫勒敦回到埃及。1406年，伊本·赫勒敦逝世，葬于开罗的一处苏菲墓地。

伊本·赫勒敦与苏菲主义之间的密切关系值得我们进行简要讨论。弗洛姆赫尔兹（Fromherz）提到，伊本·赫勒敦在埃及的那段时期，成了苏菲崇拜的核心领袖。[81]《历史绪论》将苏菲主义视为伊斯兰教的合法分支，并抵制经常针对它的批评。他明确指出，苏菲神秘体验是"有根据的。它们的实现就是幸福的真谛"。[82]从书中我们可以看出，伊本·赫勒敦很警惕盲信主义和教条主义。苏菲主义关于需要透过表象感知真主和自我的教义可能会吸引这个历经艰辛的人。据塔里夫·哈立迪（Tarif Khalidi）推测，苏菲主义可能间接地促进了伊本·赫勒敦的历史思维，因为他发现苏菲派人士"否定现世的绝对真实或可理解性，强调超越者，在一个许多史学家都震惊于事件的发生速度和规模及其意义的晦暗难明的时代，这能够帮助他们淡化表象与真实之间的反差"。[83]

在埃及时，伊本·赫勒敦收集了许多新的历史和地理材料，这些资料来自开罗的图书馆以及他与学者、商人和旅者的交谈。他在书中说道，向他提供关于中亚消息的人还包括他"曾遇到"的中国人。[84] 他渴望了解蒙古入侵伊拉克和叙利亚的历史背景，调查了"自成吉思汗以来，这些鞑靼国王如何碰巧统治了世界，这令伊斯兰民族深感惊讶"。[85] 他从伟大的地理学家伊德里西的著作和伊本·白图泰（Ibn Battutah）著名的旅行见闻录中收集有关亚洲地理的信息。同时，他还对宗教比较研究很感兴趣。我们可以得出结论，伊本·赫勒敦在开罗的研究使他的史学研究领域从马格里布变为整个已知世界。

要了解伊本·赫勒敦，我们必须对其写作手法和思维方式予以重视。在他写下第一版历史理论的关键岁月里，他的自传是了解其思想状态的

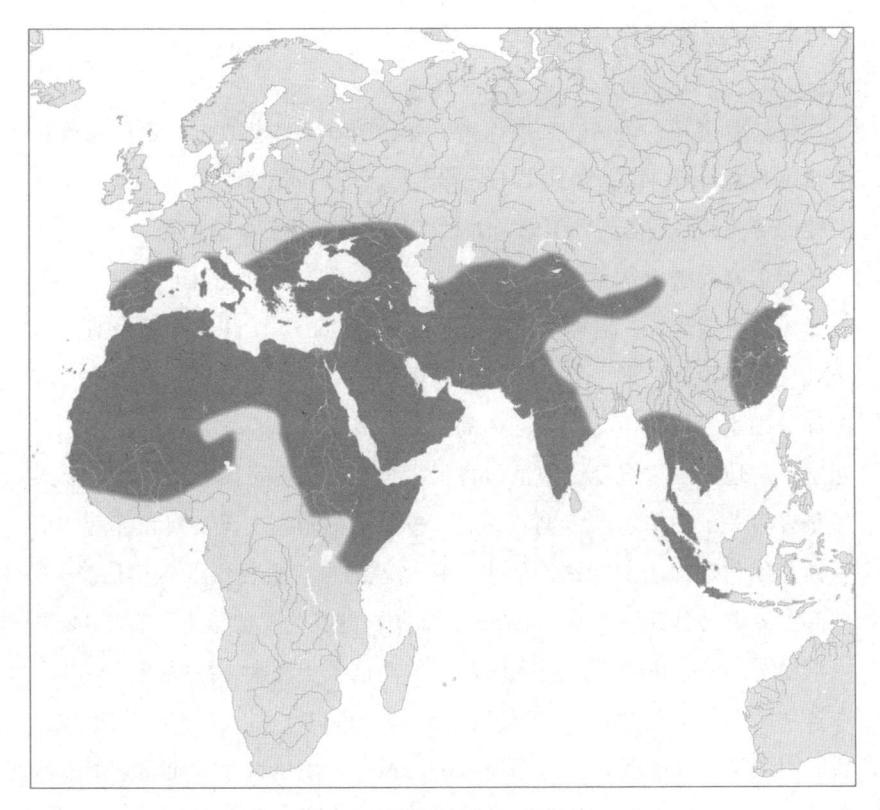

图5 伊本·赫勒敦的世界

线索,"文字与想法不断涌入我的脑海,它们在此经过筛选和搅动,直到我从中提取出精华并得出结论"。[86] 他想必是以疯狂的速度进行写作的,《历史绪论》是一部宏伟巨著,弗朗兹·罗森塔尔(Franz Rosenthal)的英译本多达一千五百页。伊本·赫勒敦没有可供使用的图书馆,只能凭借记忆写作。他不断对这些想法进行规划、重组与修正。《历史绪论》的初稿完成于伊本·萨拉迈城堡,但他在开罗对其进行了修订与拓展。[87] 我们可以看到,伊本·赫勒敦的许多学生都对书中一些不一致甚至是截然相反的解释与理论进行了评论,他们认为伊本·赫勒敦错误地解释了当时的政治危机的源头。[88] 在我看来,我们不应对他的这种不一致太过吹毛求疵,而是要意识到他正在摸索某种全新的史观。

伊本·赫勒敦著作中的世界历史动力

与希罗多德、司马迁和塔西佗一样,伊本·赫勒敦也对定居民族和游牧民族之间的广阔边疆地带十分感兴趣,但不同于前人,他认为定居-游牧的辩证关系是历史的引擎,并试图从世界的角度书写历史。

为正确理解伊本·赫勒敦的方法,我们先简要研究一下其作品。首先是《历史绪论》,也称"序论"(prolegomena),作者在其中对其历史理论展开论述。下一部分是关于非阿拉伯和非伊斯兰民族的历史。其余部分则主要论述伊斯兰共同体的东部,其范围始自埃及,横贯中东,达至中亚地区。这些卷册中也包含了大量关于蒙古帝国历史的资料。最后是许多关于柏柏尔人历史的卷册,按照柏柏尔人主要王朝和部落的谱系而非年代顺序组织起来。伊本·赫勒敦的自传也提供了有用信息。[89] 这部世界史书总称为 *Kitab al Ibar*,通常被解释为《殷鉴书》。"ibar"一词由意为"从事物外部进入内部"的动词派生而来,或喻指领会其内在含义。我借鉴的是穆辛·迈赫迪(Musin Mahdi)关于"ibar"的论述,后者引用了一句《圣训》对穆斯林的告诫:"领悟世界,而非[仅]从世界经过。"这鼓励史学家透过事物的表象去观察其深层模式及教训。

对那些熟悉希腊和伊斯兰政治历史的史学家来说，这表明叙事体历史开辟了通往普遍的、有据可考的知识的道路，正如哈利卡尔那索斯的狄奥尼西奥斯（Dionysius of Halicarnassus）的名言所说，历史是"通过案例领会的哲学"。[90]

伊本·赫勒敦在《历史绪论》*的开场白中宣称，"历史是一门各个民族世世代代传述的学问……是普通老百姓迫切想了解的知识，是国王和领袖争夺的对象"。[91]塔里夫·哈立迪在其关于阿拉伯历史编纂学史的研究中，区分了四个接连出现的学派，其中后两个学派对伊本·赫勒敦而言尤为重要。第三种学派的特点是"hikma"——它指的是"正确的评断"或"智慧"。这一学派的学者重视调查，他们还指出史学家应对前人的著作做到融会贯通，若有必要，还需对其进行批判。他们从希腊哲学与地理学中采纳了根据七个气候带划分民族的方法。智慧学派的学者大致指出了七个善于理论学习的民族，分别是印度人、波斯人、迦勒底人、希伯来人、希腊人、拜占庭人和埃及人。中国人鲜少被提及。[92]如同历史中经常出现的那样，思想的革新受跨文化交流的影响。在这方面，需要特别关注 10 世纪的史学家马苏第，因为我们知道，伊本·赫勒敦十分重视他的作品。[93]他对马苏第概述"东西方民族和地区情况"的综合性著作赞赏有加。伊本·赫勒敦借鉴了马苏第的观点，并为后来的史学家提出了一个范式：

> 如果整个情况都发生了变化，那就是宇宙从根本上发生了变化，整个世界都改变了，好像是……一个新的世界。这个时候就需要有人来记载人类、社会、朝代，以及他们的风俗习惯和宗教信仰等情况，这些情况都发生了变化。他就要走马苏第那时的路，使他成为后来历史学家们学习的榜样。我在这部书中，尽可能来记载在马格里布地区的这些情况。[94]

---

* 本书《历史绪论》译文皆参考宁夏人民出版社于 2015 年出版的李振中译本。

伊本·赫勒敦所指的重大变革,是14世纪中叶那场导致各地人口大量死亡的大瘟疫。有趣的是,他之后表明他试图将所述历史限于马格里布,显然是因为他还不确信分析整个世界的变化是否可行。然而,通过研究整部《殷鉴书》,我们可以发现,一获得相关原始资料,伊本·赫勒敦便着手实现他在对马苏第的评论中建立的范式。

古典伊斯兰第四个历史学派与"Siyasa",即"统治"或"政治"相关。这一学派出现于11世纪的最后十年,因应伊斯兰国家不断加剧的官僚化和军事化而产生,而这一变化又与基督教十字军的恐怖入侵和蒙古人征服伊斯兰之家有关。概括而言,政治危机极大地促进了国家的形成,尤其是在瓦解既有政治秩序方面。

13世纪的地理学家雅谷特·哈马维(Yaqut al-Hamawi)的感慨很好地传达了这种危机感:"616年[公元1219—1220]发生了自开天创地以来从未发生过的事件。我指的是蒙古人从中原来到伊斯兰,愿真主宽恕他们。"同样,与哈马维同时代的史学家伊本·阿西尔(Ibn al-Athir)评论道,"无论是古代历史还是现代历史,都没有记载过任何与这些蒙古人类似的事件,蒙古人这一生活在中原边境的群落,仅用一年时间便可将其领土从一端扩张至亚美尼亚,又从另一端扩张至伊拉克"。[95] 说得严重一点,穆斯林史学家之所以对政治危机和世界历史产生了新兴趣,是因为世界历史借着蒙古军队闯入了伊斯兰之家。这一灾难性事件呼吁人们重新思考历史的基础和国家的命运。世俗政府的技艺(Siyasa)成为历史的重要主题,而伊斯兰教法(Sharia)则成为神学家的主题。

整体上讲,伊本·赫勒敦的著作为读者了解他所处时代的欧亚非伊斯兰共同体提供了一条世界-历史的路径,但它又很有针对性:与前述的政治史学家一样,伊本·赫勒敦对国家分裂与覆灭的原因非常感兴趣。他的主要成就是为国家的兴衰提出了新的社会解释。《柏柏尔人历史》的开篇章节最为突出地展现了他的世界-历史视野和对国家衰落的关注,伊本·赫勒敦在此只简要地概括了伊斯兰帝国的形成,然后立刻转而讲述帝国的冒险事业,这项事业最后耗损了当初所有帮助伊斯兰建国的阿拉伯部落的力量。它们有很多都在战争中消失了。直到伊本·赫勒敦的年代，人们还铭记着这些战争。但决定命运的真正因素是"阿拉伯民族遗忘了他们的沙漠生活，失去了能够帮助他们掌权及征服其他民族的能力"。新的阿拉伯国王无法容忍身边有和自己平起平坐的人，他们孤立传统的首领，从"外邦人"中挑选雇佣兵和奴隶组成部队。于是，权力最后落入他人之手："因此，在东方，戴里迈人、塞尔柱人、库尔德人、古兹人和突厥人，一个又一个外国民族统治了伊斯兰帝国，一直持续到现在。西方也一样，泽纳塔族和其他柏柏尔民族轮流掌握政权，统治至今。我们将会在本书中对此加以叙述。"[96]

"阿沙比亚"的概念与国家兴衰

"阿沙比亚"（Asabiya）是内嵌于伊本·赫勒敦历史理论中的重要解释性概念。"Asabiya"一词源于阿拉伯语词根"asab"，意思是"联系在一起"。在伊本·赫勒敦看来，没有"阿沙比亚"，任何人类社群都无法长久存在。这一概念有多种译法，19世纪的法语译者德斯兰（De Slane）将其译为"团结精神"；弗朗兹·罗森塔尔倾向于译为"团体感"；而阿卜杜勒-萨拉姆·谢德阿迪（Abdesselam Cheddadi）用的是"团结精神"和"团结"。近来，弗洛姆赫尔兹将其译为"部落团结"。我将不对其进行翻译，因为伊本·赫勒敦对该词的使用十分灵活。[97]

伊本·赫勒敦认为，"阿沙比亚"首先是基于大家族的血缘关系，因为人类对血脉有着天生的敬畏。当亲人受到不公正待遇或遭到袭击时，人们会感到耻辱并试图帮他们抵御危险。这是人类的"本能"。然而，"阿沙比亚"也会在更大的范围内产生——即在部落、主仆和同盟之间。伊本·赫勒敦认为，因主仆关系而产生的亲密联系接近于血缘关系。[98]这为我们理解伊本·赫勒敦眼中的国家权力提供了线索：国家本质上是一个由统治精英维系的附庸国网络，网络本身又通过亲缘关系团结在一起。穆瓦锡德王朝便是一个典型的例子，国王在万人之上，与由王室成员组成的小议会，和一个由五十名帝国部落首领组成的大议会进行合作统治。

这些建立帝国的部落自身也是通过亲缘或主仆关系团结在一起的。正是凭借多重血缘关系和主仆关系形成的体系，一个更大的国家才得以存在。"阿沙比亚"是一种社会力量，无论统治者的地位和血统如何尊贵，都无法随意获取。

伊本·赫勒敦的理论有一条基本原理，即各个民族情况不同，是因为他们的生存方式各不相同。他将农业和畜牧业与城镇经济做对比，最后得出这样一个结论：生活在乡野的人们和定居的城镇居民"都是自然群体，他们的存在是必然的"。[99] 在伊本·赫勒敦看来，居住在荒漠的民族和宽泛意义上的乡野居民"是城镇人的根本，是先于城镇人的"。这样说是因为人类一开始只需要生活必需品，后来才获得了舒适与奢华。他还把荒漠民族称作"文明与城镇的宝库"。虽然考虑的仍是马格里布，但伊本·赫勒敦认为他的这一论点可以通过对任何城市的居民进行研究加以证实。他指出，城镇居民多数"来自于生活在周围农村和乡下的贝都因人"。这一阐释表明贝都因人既可指生活在城镇近郊的居民，也可指荒漠游牧民族。实际上，他解释道："无论从事农业还是畜牧养殖，他们必须到旷野，那里地方宽广，可以提供耕种的土地和饲养各种牲畜的养殖场所。城镇里不行，没有这么大的地方。"在此，"旷野"明显包括耕地。

当乡野居民积攒了足够多的财富时，他们开始渴望更为舒适的生活方式，城镇便应运而生。在伊本·赫勒敦看来，这说明乡野在历史和人口意义上都是根本性的存在。但它和城镇之间的关系并不对称。伊本·赫勒敦认为，"贝都因人"为舒适的生活努力奋斗，当他们获得足够多的时候便"进入了安逸的生活并甘愿服从城镇的束缚"。所有贝都因部落都是如此。另一方面，城镇人不想回到过去的田园生活。[100] 这可能是伊本·赫勒敦从柏柏尔人部族的演变中归纳出来的结论，因为他们当时统治着马格里布的各个城邦，不过他也提到了突厥人、土库曼部落和斯拉夫人。[101]

伊本·赫勒敦对乡野居民和城镇居民的优缺点的评价，动摇了所有关于高等与低等、文明与野蛮的既成等级体系。他将贝都因人刻画成身体强健、相貌美好、足智多谋、善良正直的形象，但他们同时又很粗俗、"野蛮"，还"像动物一样未开化"。城镇居民文明机智、博学上进，却身体虚弱、长相丑陋、柔弱、不够团结和缺乏美德。伊本·赫勒敦将论述这两个群体品质的章节起名为"贝都因人比城镇人更善良"。[102]

骄奢必败的箴言贯穿了整部《历史绪论》。伊本·赫勒敦运用生物学的隐喻对城市生活的典型演进下了诊断。事物成熟之后自然是衰退和老化。安逸与奢侈蚕食灵魂的健康。人们贪得无厌，追名逐利，结果导致不道德、不法、伪善、耍花招、说谎、赌博、行骗、欺诈、盗窃、伪证和高利贷的出现。伤风败俗的行为和淫秽谈话甚至在女性面前也疯狂滋长。其次，通奸和同性恋行为的频繁发生破坏了亲属关系，因为父亲无法确定自己的儿子是否亲生。[103]这一分析是高度辩证的，城市的优点，如繁荣、工业、商业、技术及独创性，正是其走向灭亡的源头。同样，伊本·赫勒敦自己的态度也模棱两可。他虽轻视批判城市文化，却在城市中生活了大半辈子。此外，他还有疯狂的求知欲。他在开罗度过了生命中最后的二十三年，称开罗为"世界之母，伊斯兰的中心，各种知识和技能的源泉"。[104]这些话绝不像是出自一个鄙视城市文化的人之口。

另外，伊本·赫勒敦在详述科学的章节的开头宣称思想是人类与动物的区别所在。上帝通过赋予人类思想使其完备。[105]鉴于东部地区（马希里格）的科技更为领先——他提到了开罗、伊拉克、呼罗珊和河外地区——他坚决否认东部地区的居民天生就比马格里布居民更为聪明。他总结道，真正的原因"在于前者从定居文化中汲取的额外智慧"。[106]

最后，阿拉伯人在马格里布成功建立了王朝，但他们的国家在两个世纪之后便分裂了，最后被伊本·赫勒敦了如指掌的柏柏尔王朝取代。我们在前面引用了《柏柏尔人历史》的开篇章节中他对这一过渡的总结。《历史绪论》试图建构一种一般化的理论阐述，来解释这一过渡为何迟早会发生。但细心的读者不久后便发现，伊本·赫勒敦实际上为王朝的出现、延续和衰落提供了三种解释。第一种完全取决于"阿沙比亚"，第二种补充了习俗如何成为第二本性的理论，第三种援引了宗教的统一力量。

在第一种也是主要的解释中，伊本·赫勒敦将从游牧文化到定居文化的"自然"过渡描述为自相矛盾的历史辩证，游牧民族在这一过程中被教化，其原始的"阿沙比亚"精神也逐渐褪去。王朝一经建立，其衰落就不可避免。王朝的建立者沿袭其荒漠习俗，率兵参战，这使他获得了统治的权威以及维系国家统一的能力。在他的指导下，他的儿子也掌握了这种做法并效法他。下一位统治者也在这种模仿与"传统"中成长，却深深沉迷于城市文化。与此同时，奢侈的生活已腐化其属下的战斗精神，他们宁愿花钱请雇佣兵作战也不愿自己骑马出征。他们依靠征税和敛财获得雇兵所需的钱财，这又进一步侵蚀了政体。第四代领导者懦弱无能，他们幻想自己统治的权威是与生俱来的。伊本·赫勒敦将其称为"破坏者"，因为他无能的领导最终导致王朝的覆灭。王朝的掘墓者此时就在后方伺机而动。来自荒漠部落的雇佣兵如今是王朝军队的支柱，他们早晚会叛乱，推翻"破坏者"的统治，并选举他们中的一个领导者接管这个摇摇欲坠的王朝。新鲜的血液以及新的"阿沙比亚"精神使这个国家重获生机与活力，并为下一个王朝命运的周而复始提供了舞台。[107]这个扼要的解释强调统治者的心理状态，不过伊本·赫勒敦在论述王朝统治层面的状态时也进行了同样的推理，他认为这可能会"污染"全体城镇居民，他们陷入自私和争吵，再次为某个新群体的掌权奠定基础。[108]

这一解释构成了伊本·赫勒敦朝代更迭周期性理论的核心，但作为题外话（有时看起来像是事后诸葛），伊本·赫勒敦又提出了另外两种关于政治权威的解释。一种根植于习俗之中。例如，他发现当王室权威经过多代继承时，顺从王室的义务便成为"一份稳固建立的信仰"，而到那时统治者无需过多的"阿沙比亚"精神便能维护政权。但这不会长久，因为在这之后，伊本·赫勒敦又对阿拔斯王朝进行了简要分析，后者从最初的辉煌到依靠波斯人、突厥人及其他人，最后覆灭在鞑靼人的铁骑之下。[109]伊本·赫勒敦先简要地回顾了传统对民众的左右，接着又回归自己的理论主线，言下之意似乎是说，传统最多能做到的也只是推迟审判日的到来。

伊本·赫勒敦提到的权威的第三个来源是宗教。宗教通过驯服过度野蛮、不守规矩的荒漠民族提高政治效力。贝都因人的弱点在于他们总是高估部落的自治能力，但先知或圣人可以使他们联合起来并服从真理和正确指引。伊本·赫勒敦认为，在穆罕默德之后的第一个世纪里，假如没有伊斯兰教的团结力量的支持，阿拉伯人难以取得巨大成功。[110] 但在书中其他论述宗教作用的地方，他似乎又收回了在这里所说的话。他捍卫了自己之前的论点，即"每一项大规模运动必然需要'阿沙比亚'精神"，这也同样适用于宗教运动。这一章以一些圣人和自称先知的人的例子作结，他们因为缺少大众追随而一败涂地，而这些示例早于马基雅维利那句只有武装过的先知才能获得成功的著名格言。[111]

因此，伊本·赫勒敦就像分析其他权力的历史来源一样，不断对宗教进行分析。但作为一名虔信的穆斯林，他认可真主眷顾在历史中的作用。穆辛·马哈迪认为，伊斯兰教"通过深化其道德层面为历史的意义增加了新维度……它为这位信徒展现了自创世至伊斯兰建立"——直到最后审判日的——"包罗万象的世界历史"。[112] 伊本·赫勒敦解释道，对穆斯林而言，圣战是他们的宗教责任，因为穆斯林的使命和义务具有普世性，即"不管是劝说还是强制"，务必使每个人都皈依伊斯兰教。这也就解释了为什么在伊斯兰国家，王权和哈里发帝国（caliphate）是合一的，而在基督教和犹太教中，教权和王权是分开的。[113] 与这些陈述相符，伊本·赫勒敦还从神授说的角度解释了早期伊斯兰教迅速扩张的原因，尽管在这里还是能看到"阿沙比亚"的影响。[114] 从这个角度考虑，伊斯兰教的历史角色不能单纯简化为"阿沙比亚"的作用。有鉴于此，有人认为伊本·赫勒敦承认伊斯兰教在统一阿拉伯半岛部落的战争和克服部落狭隘主义中发挥的积极作用。[115] 这种观点认为，伊斯兰教开始作为地方教义出现，后逐渐成为所有阿拉伯民族的宗教，并随着阿拉伯国家扩张至欧亚和非洲，最终成为普世的"帝国"宗教。

我们可以得出结论，伊本·赫勒敦同意伊斯兰教是真主的计划在历史中实现的启示。然而，他也将其视为与其他历史因素相互作用的历史现象，其中"阿沙比亚"在目前看来是最为重要的因素。因此，他解释称伊斯兰教在世界范围内迅速扩展是真主眷顾和阿拉伯部落"阿沙比亚"

综合作用的结果。有趣的是，他关于《古兰经》本质的看法也体现了类似的二元性。正统的观点认为《古兰经》是永恒的、自存的，所以没有历史。伊本·赫勒敦同意这一观点，但之后又提出一个重要条件。他解释道，《古兰经》是一个有着双重含义的术语："它因真主而产生并原始地存在……但它也是后天创造出来的，因为它由人类朗诵出来的各种各样的文字（声音）组成。当人们将其视为原始存在时，指的是第一层含义。当人们认为它可以被吟诵或听见之时，指的是《古兰经》是朗诵与书写的结合体。"[116] 这种对《古兰经》的双重解读，与伊本·路西德（阿威罗伊）区分通往真理的神学与哲学路径是一致的。

伊本·赫勒敦的共同人类观

伊本·赫勒敦论述的绝大多数民族和部落，无论是游牧的还是定居的，都生活在七个气候带中的三个中间温和地带。这些民族都有其历史，而不考虑温和地带的游牧民族和定居民族就无法解释世界历史。因此，从广义上看，温和地带代表了"文明"与"人类"的范围。

当我们将目光移向撒哈拉以南或草原以北时，情况有所不同。伊本·赫勒敦书写撒哈拉以南非洲人的方式使我们想起希罗多德对斯基泰北部民族的零散叙述、司马迁对远北民族的简要评论以及塔西佗对生活在日耳曼尼亚东北部的蛮族的评价。关于非洲黑人，伊本·赫勒敦这样说：

> 他们住的房子是用泥土和玉米秆搭成的，吃的食物是玉米和青草，穿的衣服是树叶和兽皮……他们中大多数是赤身裸体。这些地带的水果和调味品也十分奇特，都十分刺激。……他们的习性十分接近野兽，甚至有传说：第一带地区内的许多黑人都是住在森林中和山洞里，吃的是青草。他们非常野蛮，一点也不开化，甚至互相残食，就像斯拉夫人一样。[117]

伊本·赫勒敦简要地提到了斯拉夫人，旨在表明"野蛮人"在亚北极气候地区和热带地区均有出没。

伊本·赫勒敦借鉴希腊和阿拉伯的地理学，根据世界各民族居住的气候带来解释他们的习俗与相貌。伊本·赫勒敦在其历史中对三个中间地带的定居民族和游牧民族进行了详述。中间地带是畜牧业、农业、城市文化和知识的发源地。相反，几乎所有生活在南方和北方非温和地带的民族都"对宗教一无所知……他们的生活状况完全不是人类，而更接近于野兽"。[118] 同样，气候还决定了肤色。《圣经》诠释学认为挪亚对含的诅咒是非洲人的黑皮肤的原因，这被伊本·赫勒敦轻蔑地驳斥了。在他看来，"摩西五经"对黑肤色只字未提，此外，这也不是一个科学的解释。[119] 人们普遍认为《圣经》中始于挪亚三个儿子的人类谱系理论解释了生理和文化差异，而他同样否定了这一理论。伊本·赫勒敦认为，"谱系学家之所以犯这样的错误，是因为他们认为区别民族或种族只能用出身宗谱来解释"。[120] 事实上，他补充道，血统只是造成这些差异的因素之一，还有其他诸如气候、环境、宗教和习俗等因素。这些因素会随着时间的推移而发生变化，因此简化的谱系学解释必然不合格。

伊本·赫勒敦有充分的理由批判含之子（the Sons of Ham）的传说。自8世纪以后，阿拉伯人进口两个地区的奴隶：撒哈拉以南的非洲黑人奴隶和欧洲及西亚的白人奴隶。白人奴隶后来被称为"mamluks"（字面意思是"私有的"），从士兵和奴仆到高层政要的多个领域都可见到他们的身影。女性白人奴隶多数来自切尔克西亚，通常都是做妓女、情妇或家仆。此外，白人奴隶还会被当作与欧洲国家进行囚犯交易的筹码。他们中有许多人皈依伊斯兰教，随着子女及后代不断获得自由，被逐渐同化为乌玛中的一员。黑人奴隶（被称作"abid"，指称奴隶的惯用语）就没有这么幸运了。他们被赶到田野上劳作，去伊拉克开荒或去撒哈拉开采铜矿和盐矿。含的神话正当化了苛刻对待非洲奴隶的行为。通过驳斥含的传说，伊本·赫勒敦为他自己从气候和"野蛮人"之粗野的角度论证非洲人地位低下开辟了道路。

显然，伊本·赫勒敦拥有的关于这些"野蛮人"的信息极为贫乏，这与他收集了大量关于温和地带民族的信息形成鲜明对比。伊本·赫勒敦界定的人类包括了温和地带的游牧民族以及定居民族。因此，共同人类也就包括阿拉伯人、柏柏尔人、罗马人（生活在拜占庭王国的残余地区）、欧洲基督徒、希腊人、腓尼基人、以色列人、波斯人、印度人、中亚各民族、汉人和（尽管有些不情不愿）蒙古人。在伊本·赫勒敦看来，洋流可能会使南部地区如阿拉伯半岛和埃塞俄比亚等地的气候比其纬度所示的更为温和。在某些情况下，如在埃塞俄比亚和马里等地，伊本·赫勒敦认为宗教也受到了靠近温和地带的影响。有鉴于此，他不对伊斯兰教和基督教加以区分：两者都是文明的载体。因此，在划分民族时，他的气候决定论在一定程度上被各种文化因素的纳入所缓和。

身为一名虔信的穆斯林，伊本·赫勒敦从未否认过人类的统一。但他关于世界各民族的论述表明，那些生活在非温和地带的野蛮人的普遍人性并没有多大价值，肯定不值得让他们免受虐待。根据这些评价，奴役非洲"野蛮人"也就可以接受了。在这一方面，伊本·赫勒敦和前文所述的三位史学家并无多大区别。

我们可以得出结论，生活在温和地带的定居民族和游牧民族是伊本·赫勒敦人类概念的核心。从目前看来，我们显然不能说他认为定居民族和游牧民族完全平等，不过也无法在他的著作中找到这两种文化明确的等级划分。福阿德·巴阿里（Fuad Baali）和阿里·瓦尔迪（Ali Wardi）评论称，"伊本·赫勒敦一边与文明人保持亲密联系，一边又与部落首领关系密切……这使他困惑不已"。[121] 这似乎是一个公允的评价。伊本·赫勒敦对这两种社会环境的长篇大论在赞扬与批评之间不断游移。他与希罗多德、司马迁和塔西佗的不同之处在于，他始终关注这两种文化之间的相互影响。当然，这三位史学家也都强调游牧民族与定居民族的相互影响，但他们特指战争、贸易，以及商人、朝圣者、外交家和探索者的旅行。对他们而言，人类学转向集中在对游牧民族生活方式的自主功能的认识上。但在伊本·赫勒敦的历史中，文明交互的不同模式深远地影响了两个群体的历史和"本性"。他研究游牧民族和城镇居民的历史，并将二者视为同一个包罗万象的社会文化进程的关键部分，这一进程是历史的"引擎",同时也为他提供了解释性理论。因此,游牧民族不再被描述为偏离"常规"文明的案例,而是生活在温和气候地带的两个"自然群体"之一。尽管游牧民族并未被彻底视为"平等者",但他们完全属于共同人类。

重点是,在伊本·赫勒敦所述的历史中,游牧民族与定居民族不再代表界限分明的社会群体。人口从荒漠流动到草原再到城市,这一过程因游牧民族和不断更迭换代的定居国家之间不断进行文化互渗而得以维系。在伊本·赫勒敦的历史分析中,我们可以有效地区分隐含的社会生态与政治现象。游牧文明与定居文明的结构性差异是由环境与气候决定的,且后者几个世纪以来一直发挥着作用。朝代、国家和帝国会经历兴衰,但农业、道路和城镇永远存在,荒漠也是一样。

或许是受到他在柏柏尔王朝的经历的刺激,伊本·赫勒敦给自己的任务是对游牧-定居文明间的交流互动做出合理的历史解释。他从马格里布入手,不断往东拓展自己的视野,并试图将伊斯兰教的兴起和欧亚草原民族的历史轨迹囊括在其理论之中。前人建立的游牧-定居文明交互观更为静态,而伊本·赫勒敦的动态路径则是在此基础上的进步。正如弗雷德里克·杰克逊·特纳(Frederick Jackson Turner)在其1893年的著名演讲中所说的那样,边疆能够"解释"美国的发展,伊本·赫勒敦也有可能会说(如果他使用我们的术语)游牧-定居民族的边疆"解释了"世界历史。[122] 游牧-定居文明的辩证关系可被视为一个不可抵抗、不断波动,永远无法达到平衡的动态。所有假定的关于游牧文化和定居文化的等级划分都会在不断发展的历史运动中被动摇。这是人类学转向在伊本·赫勒敦的历史理论中的核心。[123]

现在,让我们对伊本·赫勒敦的共同人类观进行总结。从他的著作中我们可以区分三种关于共同人类的理论话语。第一种是伊斯兰教的普世主义。它认为人类是一体的,因为他们都是真主创造的,有着共同的祖先。人类的核心是伊斯兰教中的乌玛,所有人都可通过皈依真信成为其中的一员。伊本·赫勒敦的历史以伊斯兰共同体为中心,同时也扩展到其他地区,包括众多非伊斯兰地区。正如我们所见,伊本·赫勒敦在解释伊斯兰教于其诞生的第一个世纪中的成功扩张时，认为宗教热情和领导力发挥了重大作用。这便产生了共同人类的宗教语言，是可与基督教成名史相提并论的伊斯兰中心主义历史观。

我们可将第二种共同人类的话语归纳为修正的亚里士多德主义。亚里士多德的城邦优越论被一个二元模型所取代，即将城镇人口和农村人口定义为必然存在的群体，它们通过伊本·赫勒敦在其国家兴衰理论中所说的人口动力学与政治交互紧密相连。定居群体和游牧群体的集合划定了文明的范围，其中城镇人口又象征着文明的中心。这个定居-游牧的复合体由气候学术语界定。人类的中心位于北半球的中间"温和地带"，这一区域自东向西横贯欧亚和北非大陆。至于生活在这一范围以外的北部和撒哈拉以南地区的民族，伊本·赫勒敦将其称为"野蛮人"。

伊本·赫勒敦提到但未详细阐述的第三种共同人类话语，将人类定义为由宗族、部落、城镇、城邦和帝国构成的群体，它们在世界范围内相互交流和联系。伊斯兰共同体在三大洲的大扩张使这一视角得以被意想。我们在伊本·赫勒敦及其同时代的史学家的论述中看到了关于全球性危机的意味深长的表述。席卷欧亚大陆的大瘟疫以及蒙古人的毁灭性入侵使"环境发生整体变化……一个新的世界诞生"。伊本·赫勒敦通过这些话语阐释了未来史学家应该研究和解释的全球性冲突。已知世界被定义为命运共同体，它包括了所有受到世界范围内的疾病、移民、贸易流动、战争和帝国政治影响的民族。

创世整体性与文化多样性

让我们从常被引用的《古兰经》中关于人类整体性的一节入手："众人啊！我确已从一男一女创造你们，我使你们成为许多民族和宗教，以便你们互相认识。"[124] 本章中的三位思想家都认为这句话是显而易见的真理，但他们在对其进行解释和回答时可能出现分歧。

我认为阿塔尔的回答应该最为直接。对他而言，这句话证实了他的基本理念，即习俗、语言和教义的多样性属于世界的外在现象。人类必须透过这些表面现象才能了解自己，了解神。他们最终会意识到神是一面镜子，从中可以映照出自己的本性，就像百鸟面对凤凰那样。他们不能不承认其他人的人性也是同样神圣的。阿塔尔的神有点类似于斯多葛派的宇宙理性。人类只有意识到自己是某种高于自己且超出常人理解的东西的一部分时，才会将人类同胞的人性作为自己人性的基础。

此外，阿塔尔的寓言故事和他关于苏菲圣贤的传记表明，他希望它们被视为对狭隘的种族中心主义的纠正。就像在穆斯林与异教徒作战的故事中证实的那样，阿塔尔对神的想象隐含着普世主义的公正与诚信。在关键时刻，信守承诺的异教徒比背信弃义的穆斯林更优秀。同样，苏菲圣贤传记中的琐罗亚斯德教徒和佛教徒的角色表明，领悟人类仰赖于神这一内在真理不是任何宗教的特权，哪怕是伊斯兰教。在证实伊斯兰教的终极真理时，阿塔尔在其作品中提醒道，穆斯林个体很有可能会像其他教义的信徒一样以失败告终。宗教组织提供了通往真理的入口，每个信徒必须各自踏上追求真理的征途，在审判日来临之时也必须各自接受审判。

比鲁尼和伊本·赫勒敦所持的宗教教义可能与阿塔尔对神的看法重合——让我们回想一下伊本·赫勒敦与苏菲主义的亲密联系。但他们的著作在给予伊斯兰教其应有的尊重的同时，也为理解一个文化多样的世界开辟了文化和历史道路。与阿塔尔一样，比鲁尼关于普遍存在的种族中心主义的箴言引导读者从镜中观察自己，但这面镜子是他们自己而非真主创造的。他认真诚实地看待印度教和印度人的文化，使读者熟悉文化上的异质性，并想象——尽管只有那么一瞬间——成为一名印度人或印度教徒的意义。此外，他对印度的数学和天文学发展的赞扬也表明，这些"偶像崇拜者"在科学领域可与穆斯林媲美甚至超越他们。在某些方面，他书写印度人的方式使人想起希罗多德的埃及民族志。从这两者中我们都能看到作者对某种文明的深入探究，尽管后者的异质性有时令他们困惑，但他们还是认真对待，有时甚至心怀仰慕。他们的区别在于希罗多德认为上帝的旨意具有可译性，但此路对穆斯林行不通。

比鲁尼对宗教的比较研究远远超越了对文化多样性的接受。他频繁对各种文明进行对比。中世纪伊斯兰共同体在地域上不断扩张，使比鲁尼将印度教视作众多宗教之一，并根据基本教义划分宗教成为可能。中世纪的伊斯兰共同体与从西非至中国和印度洋的旧大陆的所有主要文明都建立了交流。比鲁尼的人类学转向产生于他在中亚的经历以及他与加兹尼王朝的联系。但如果没有当时伊斯兰共同体中的众多学者所积累的大量地理学、民族志以及历史知识，这些观点也无从生成。尽管他们学识渊博且有着丰富的阅历，这一巨大的知识宝库却未能被希罗多德、司马迁和塔西佗加以利用。虽然如此，比鲁尼的观点依旧以伊斯兰教为中心，未能达到希罗多德"复杂的"文化相对主义的程度。

最后是伊本·赫勒敦。乍看起来，他的历史和人类学兴趣与比鲁尼相似，但这种相似带有迷惑性。比鲁尼书中对印度的叙述从编年史和古文物研究方面入手。但伊本·赫勒敦叙述的历史截然不同。他将重点放在国家的兴衰上，且叙述范围是世界性的。与希罗多德和司马迁一样，伊本·赫勒敦对"游牧他者"产生了浓厚的兴趣，而他对定居民族和游牧民族之间关系的研究有了新的突破。希罗多德和司马迁都是从游牧社会的内部逻辑及其在草原生态中的功能性方面立论的，伊本·赫勒敦则利用"阿沙比亚"这一新概念揭示了整个定居－游牧"体系"的逻辑。

对古代史学家而言，边境就是文化与社会体系之间的边界。但对伊本·赫勒敦来说，这成了整个温和地带的世界历史转型的关键。他的研究方法动摇了将定居社会和游牧社会视作两个独立体系的观念。相反，这二者更像是不断变动的网络。与先辈一样，伊本·赫勒敦认为游牧民族将一直存在，但他没有将之与定居民族各置一边，而是视二者的相互影响为世界历史发展的动力。结果，希罗多德和司马迁曾认为具有一定程度自治性的游牧民族，如今获得了与定居民族平等的地位，且成为世界历史的主体。

最后，我们必须看到这些著作的时间机制。阿塔尔的苏菲主义观点在很大程度上是从感官世界中提取出来的，因此它们基本上是非时间性的。历史并不适合回答在阿塔尔看来重要的那些问题。但对比鲁尼和伊本·赫勒敦而言，历史占据着中心地位。他们都将创世作为历史的开端，并将伊斯兰教的降示作为重要转折点。比鲁尼研究了古代国家的年表，但除了从古梵语文本中引用的话语，他关于印度的著作中包含的历史相对较少。在他提到的政治历史中，我们看到了帝王的更迭。尽管如此，他兴许认为主要文明之间的文化差异是人类历史的永久特征。

另一方面，伊本·赫勒敦认为政治历史是循环往复的，但利用持续数个世纪的潜在生态结构来解释这些循环。他还认为在某些时刻，世界历史会经历危机和剧变。伊本·赫勒敦超越了古代先辈，使世界范围的毁灭性恐怖危机这一概念成为可以意想的。伊本·赫勒敦晚年与帖木儿的谈话或许可作为他为理解驱动人类历史的深层动力做出的不懈智性努力的恰如其分的墓志铭。在伊本·赫勒敦看来，共同人类不仅属于宗教和哲学范畴，同时也代表不断变化中的民族、城市、城邦和帝国之间相互依赖的网络体系。不同于后来启蒙时期的历史理论，伊本·赫勒敦认为这种变动是周期性的兴衰更迭，且没有表现出任何从低级向高级进化的迹象。

第五章　大西洋边疆与基督教平等观的局限性

当哥伦布自以为找到了向西通往亚洲的航线，却踏上了美洲的土地，他引发了一系列事件，这些事件改变了一个大陆，最终甚至改变了世界。随着欧洲对美洲的入侵，一个新的边疆出现了。它与之前讨论的边疆不甚相似。与美洲原住民以木质和石质为主的武器相比，欧洲拥有的军舰、枪炮和铁质武器占有明显的军事优势。这种差距带来的文化冲击比城市－农业帝国与草原－荒漠民族的相遇来得更加巨大。欧洲侵略者因胜利而气焰嚣张，惯常看不起战败者，一般将他们归为"蛮族"或"野蛮人"。[1]而且，欧洲人常善于利用原住民族之间的敌对关系，这一策略的威力在科尔特斯征服阿兹特克帝国的过程中首次得到证明。

欧洲人很快就开始建立起一种远远超出古代帝国封锁和控制政策的移民殖民主义（settler colonialism）。其主要不同之处在于欧洲移民最感兴趣的是美洲原住民所拥有的土地。[2]欧洲人试图将"印第安人"用作奴隶劳动力，而当原住民人口因受欧洲疾病的影响而大幅减少后，他们转而从非洲进口奴隶。因此，美洲原住民通常被认为是欧－美洲帝国大业的绊脚石。

另一个独特之处是欧洲人带来了疾病，致使不计其数的原住民因缺乏免疫力而死亡。而非洲大陆和欧亚大陆的定居者和游牧民族之间则不存在这样的生物性差异。以往的观点认为，来自欧洲的疾病导致美洲原住民人口损失了90%。不过，在最近对16世纪美洲历史人口统计学的研究中，人们重新审视了这种观点，认为在导致人口减少的因素中，战争和大规模屠杀发挥了更加重要的作用。然而，这种灾难性的动力与欧洲殖民者施加的人口压力——他们不断将美洲原住民从最肥沃的土地上驱

逐出去，合力开辟了一种非常与众不同的边境。³

此外，欧洲人是从一片饱受宗教冲突之苦的大陆来到这片新大陆的。他们的宗教狂热有时会外溢成一种末日情绪，并影响整个殖民事业，尤其是当他们遭遇看似可怕而神秘的原住民宗教活动时。对于西班牙人来说，迫害犹太人并将其逐出伊比利亚半岛、同穆斯林的斗争、与美洲原住民的冲突，这些都代表了天主教真信在世界范围内和恶魔煽动的邪恶势力展开斗争的一部分。⁴ 新教改革开始的时间恰巧与西班牙征服阿兹特克帝国的时间吻合，完美地契合了这种摩尼教的世界观。哥伦布穿越大西洋驶向亚洲，帮助基督教世界收复耶路撒冷的最终计划也是如此。⁵ 对于西班牙殖民事业而言，宗教或许是影响最大的一个因素，但这并不是说宗教因素在其他环大西洋欧洲国家的殖民大业中就没有影响。

16世纪西班牙人关于美洲原住民的天性与普遍人性的论辩，展现了一种在努力理解和欣赏美洲原住民的理性与坚决拥护天主教会的绝对真理之间一再出现的张力。事实上，所有殖民体系的批判者都是神职人员，他们必须以某种方式，把对原住民权利和文化的捍卫与自己力图使原住民皈依基督教的职责联系在一起。尽管如此，对美洲的征服向我们展示了一个事实，即世界历史上第一次出现了重大的帝国事业在普遍人类与平等的原则基础上遭到批判的情况。本章的主要关注点是这一批判的范围与局限性。

1511年，多明我会修士安东尼奥·德蒙特西诺斯（Antonio de Montesinos）在伊斯帕尼奥拉岛第一次为反对西班牙对美洲原住民实施的暴行发声。接下来，我将讨论萨拉曼卡学派（该学派是16世纪欧洲基督教自然法的主要思想宝库）的创始人弗朗西斯科·德维多利亚（Francisco de Vitoria）如何在其演讲中平衡对西属美洲帝国的辩护与批判。然后，我将转而讨论对西班牙在美洲的统治的最富激情的批判者巴托洛梅·德拉斯·卡萨斯。从1514年到1566年去世，他一直致力于"拯救"美洲原住民，废除强迫劳动制度。何塞·德阿科斯塔所著的《西印度自然和人文历史》（*Historia Natural y Moral de las Indias*，1590）是又一座重要的里程碑。他的这部伟大的指南以两种语言写成：基督教的神圣历史语言，以及在讨论美洲大陆移民和发展问题时用到的历史学和民族志学的语言。这部作品为 17 世纪大多数关于美洲的研究与写作奠定了基础。最后，与何塞·德阿科斯塔同时代的蒙田则进入了完全不同的智性体系。蒙田强调了美洲大陆的神秘莫测和令人不安，以及欧洲侵略者无法理解他们遭遇的事物。同时，他亲身了解欧洲宗教战争的暴行，并在此背景下对"蛮族"的概念进行了解构。

西班牙关于美洲原住民的第一次辩论

西班牙是第一个在美洲占据领土并建立帝国的欧洲国家。16 世纪上半叶，西班牙殖民帝国渐渐占领了从加利福尼亚南部到巴拿马的中美洲、加勒比群岛大部和秘鲁。同一时期，葡萄牙人占领了巴西海岸的领土。没过多久，西班牙王室就开始在财政上依赖大西洋种植园经济和稳定输入的美洲白银。1550 年后，美洲殖民地的收入对于西班牙维护其在欧洲的势力来说已然必不可少。

原住民由于遭到疾病的侵扰和殖民者的虐待而人口锐减。据估计，伊斯帕尼奥拉岛——西班牙首个殖民政府所在地——的人口数量约为三十万到五十万。而到 1540 年，该岛只剩不到五百人。[6] 在殖民早期，西班牙殖民者缺乏对当地居民的了解。哥伦布、韦斯普奇（Vespucci）和其他早期探险家的旅行见闻录都曾提到"赤身裸体的野蛮人"，他们过着原始的生活，崇拜偶像，而且没有文字。[7] 一些探险家将原住民的生活描绘成一幅天堂般的纯真图景，但另一些探险家提供的原住民形象则不那么美好，甚至提到原住民存在人祭和食人的行为。

为了使"异教的印第安人"改宗而来到美洲的传教士们遇到了很多难题，首先是语言障碍。他们要么学习当地的语言，要么教当地人学习西班牙语或拉丁语。而且，收集有关印第安人宗教仪式和信仰的信息对于改宗工作也十分必要。因此，天主教传教士成了最先开始学习当地语言并以系统的方法收集民族志信息的人。西班牙政府也开始收集信息。

1511 年，西班牙王室设置了一个西印度事务院来协助国王管理这块新殖民地。由中央直接任命、受总督领导的地方长官管理着美洲的殖民地。印第安人被安插进新的政治体系中。西班牙是唯一明确了美洲原住民作为国王臣民具有法律地位的欧洲殖民政权。[8] 1511 年，西班牙人还成立了殖民地检审法院以解决殖民者之间的矛盾纠纷。但是，检审法院也被授权审理涉及殖民者与原住民交往中的权利和义务的案件。

同时，殖民者往往不会让法律细节阻碍他们对财富的不断追求。对原住民使用暴力已经成为一种日常习惯。原住民被认为掌握了金矿的具体位置，有时会因为不肯或无法透露金矿的位置而遭到杀害或拷打。殖民者是由形形色色的人组成的，其中包括投机者、淘金人、退役的雇佣兵、穷困潦倒的绅士和许多以移民美洲为条件而提前获释的罪犯。几乎所有的殖民者都将原住民视为野蛮的异教徒，其习俗怪诞且不可思议。在国内，西班牙人就常常看不起有摩尔和犹太血统的人。西班牙的反犹主义从一开始就是种族主义。乔治·弗雷德里克森（George Frederickson）在其撰写的种族主义历史著作中，将由此导致的心理称为绅士情结（caballero-complex），即深信对于种族他者而言，每一个白人都是"贵族""绅士"。[9] 不幸的是，殖民地的劳动制度放任这些"绅士"剥削原住民。殖民地的统治者对每位殖民者实行所谓的劳役分派制（repartimiento），即分配一些印第安人为其工作。作为回报，殖民者也必须为印第安人提供保护和宗教教育。但该体系并未包含任何不会随意虐待印第安人的保证。

然而，并不是所有生活在这片新殖民地上的西班牙人都乐意以这种方式对待印第安人，尤其是许多天主教神职人员，他们对每天见到的杀戮和暴行感到震惊不已。第一个发声的是安东尼奥·德蒙特西诺斯，一位多明我会修士。他在伊斯帕尼奥拉岛成立了一个小"修道院"，其实充其量就是一间小屋。1511 年 11 月 30 日，他在岛上这间用木头搭建的教堂里进行了一次布道，用最犀利的语言控诉了殖民者应受谴责的暴行，如平地响起的一声惊雷。他的听众是这块殖民地上的几乎所有精英。蒙特西诺斯宣讲的是《圣经》段落"我就是那在旷野有人声喊着说"（《约翰福音》1:23）：

> 为了使你们明白你们对印第安人所犯下的罪，我走上了布道坛。我乃是基督的声音，在这座岛的旷野中呼喊。……这个声音说你们犯下了不可饶恕的大罪……为着你们对无辜的印第安人所施加的暴行。告诉我，你们有什么权利和理由把这些印第安人置于如此残酷可怕的奴役之下？你们仗着什么权柄对在自己的土地上安居无事地生活的人们发动这场令人憎恶的战争？……因为你们要求他们做过多的工作，他们生病甚至死亡。更确切地说，是你们每天提炼和获取黄金的欲望将他们杀害。你们曾给他们什么宗教的指引了吗？……他们难道不是人吗？他们没有理性的灵魂吗？难道你们不应该像爱自己一样爱他们吗？……可以肯定的是，在这样的境况之下，你们就像摩尔人和突厥人一样，罪不可赦。[10]

蒙特西诺斯的布道震惊了他的听众。殖民者非常明白他所控诉的正是这个新殖民制度的核心。在布道结束后，殖民总督迭戈·哥伦布（Diego Columbus）亲自带领一些知名人士即刻赶到了多明我会教堂，要求修士收回之前的控诉。令他们失望的是，代牧佩德罗·德科尔多瓦（Pedro de Córdoba）宣称多明我会全体修士都赞同这次布道的内容。蒙特西诺斯在下周日的布道中提出进一步要求，他威胁殖民者如果继续犯下罪行就不再为他们举行圣礼。于是，震怒的殖民者向西班牙寄去了一封抗议信。1512年3月，国王费尔南多二世指示迭戈·哥伦布去说服蒙特西诺斯和多明我会的修士们。这道命令是一场跨大西洋的论辩的第一步，事关羽翼未丰的西班牙帝国在伦理和神学上的正当性。

但迭戈·哥伦布没能完成任务。多明我会的修士仍然坚守阵地，坚持谴责殖民者向美洲原住民施加的非人暴行。最终的裁决权落在国王手中。殖民者派遣方济各会修士阿方索·德尔埃斯皮纳尔（Alfonso del Espinal）到马德里。多明我会派去了安东尼奥·德蒙特西诺斯。国王对双方进行了问询。蒙特西诺斯讲述了原住民的恐怖遭遇以及他们的控诉，国王对此深感震惊，于是任命了一个由神职人员和高级公务员组成的委员会进行调查并提出合适的对策。这一系列事件使得西班牙王室在1512

到 1513 年间颁布了《布尔戈斯法》和《巴利亚多利德法》。新法律摈弃了原住民"生而为奴"的信条，但是它们建立的经济体制仍然是一种强制劳役制度。在某些方面，新制度实际上使印第安人的境况更加恶化：它将原住民强行驱逐到处于殖民者严密监视之下的新定居点。

殖民者和多明我会修士在理解原住民的"天性"和能力方面分歧巨大。新法律对两种观点均有涉及。建基于给每位殖民者分配固定数量的印第安人的劳役分派制仍在实行。但是，双方的权利与义务现被规定得更加详细。新制度叫作监护征赋制（encomienda）。它是一个古老的法律概念，既强调保护，又强调支配权。原住民虽然不是奴隶，但他们也无法享有充分的人身自由。他们不允许为其他领主工作。他们的地位与封建经济下的农奴十分相似，都受到领主与土地的束缚。1512 年 12 月颁布的《布尔戈斯法》的序文如此对这一制度进行合法化："由长期的经验来看，这已经不言而喻……他们（印第安人）在本性上倾向于懒惰和邪恶。"[11] 这些话反映的是殖民者对未能成功规训原住民所做的解释。

《布尔戈斯法》的第一条表明，国王的意图是"驱逐……印第安人并使他们定居在西班牙殖民区附近"。该法进一步规定，在印第安人离开之后，所有印第安人的村庄将被烧毁，"使他们没有理由再回来"。[12] 殖民者奉命"以危害最小的方式"驱逐印第安人。从"不得用棍子、鞭子殴打任何印第安人或骂他们是狗"的规定中可以清楚知道，马德里的立法者已经意识到殖民者的心态。殴打或侮辱印第安人的殖民者将会面临罚款。[13] 监护者（visitadores）有权对不服从命令的印第安人进行惩罚。这些官员负责监护新土地，以及抓捕逃亡的印第安人。如此，新法律规定了强制驱逐的政策，同时它也是一种法律拟制，假设了这可以在不使用暴力的情况下完成。

诚然，《布尔戈斯法》也赋予了原住民一些权利。除了必须向新的领主缴纳贡品外，印第安人可以享有自己土地上的收成，也就是他们的财产，任何人都无权剥夺。因此，在法律上，原住民被认为是享有所有权（dominium）的。所有权是一种适用于个人的概念，指的是对财产的支配。委托监护者（encomendero）需要负责原住民的服装、日常餐食和休息日等事宜。从此以后，原住民只允许娶一位妻子。除非有丈夫带着，否则妇女不得在金矿工作。而且，按规定，委托监护者要建造教堂并保证原住民定期礼拜。所有的孩子必须在出生一周内接受洗礼，违者处以三个金币的罚款。此外，殖民主会从每五十个原住民中挑选出一个最合适、最聪明的年轻人，授以读写技能。这些人随后接受宗教教育，并最终能够向其他印第安人传教。印第安人首领的儿子要交给方济各会的修士，接受读写和宗教方面的教导。这基于一个显而易见的假设，即当原住民中的精英改信基督教教义，普通人也会以他们为榜样。[14]

根据法律的字面意义，印第安人确实因此拥有了权利和义务，但是事实上，《布尔戈斯法》的保护性条款大多时候都没有得到遵守。印第安人对这些本应保护他们的法律保障措施一无所知，即使知道，也缺少实现诉求的法律手段。该法将印第安人定义为农奴而非自由人，不得离开新建立的"模范村庄"。该法似乎理所应当地认为印第安人将会一直服从于强制劳役制度。然而，西班牙王室于1513年7月在巴利亚多利德颁布的增订条款，似乎打开了自由之门。这些条款规定，当"印第安人有意愿并准备好成为基督徒，变得文明而有教养，以至于能够自我管理，过上此地基督徒所过的生活，我们宣布和命令……这些印第安人……应被允许独立生活"。[15] 说得委婉一点，这不过是一种颇多限制的自由。印第安人是否足够文明和有教养来进行自治，是由西班牙当局裁定的。印第安人如果可以证明自己能够并且愿意采用欧洲人的生活方式，便可以获得与殖民者平等的自由人地位。他们可以使自己成为像已然"平等"的欧洲人一样的人，由此来获得"平等"的地位。在殖民地法律体系中，平等被定义为相同。

《巴利亚多利德法》实施三年后，西班牙红衣主教希梅内斯·德西斯内罗斯（Jiménez de Cisneros）派遣三名圣哲罗姆隐修会修士进行实情调查。他们在1517年春到达伊斯帕尼奥拉岛，与殖民者和神职人员进行了面谈，但没有与原住民交谈。巴托洛梅·德拉斯·卡萨斯乘坐同一艘船来到这座岛。他试图劝说那些修士更多地关注印第安人的迫切需求，但是并没有成功。"神父们听到了我的话，"他后来强烈地批评道，"但是他们什么也没有做。"¹⁶ 圣哲罗姆隐修会调查的主要疑问是原住民获得自由的能力：

> 证人是否知道、相信、听说或看到这些印第安人，尤其是在伊斯帕尼奥拉岛的那些，无论男女，他们是否都具备获得完全自由的知识和能力？他们能否有和西班牙人一样的政治生活？他们是否知道如何通过自身努力养活自己……仅仅只消费必需品，就像卡斯蒂利亚劳动者一样？¹⁷

几乎所有的殖民者都很清楚可能的风险是什么，他们的回答都是印第安人没有能力自由生活。他们中只有一个人，贡萨洛·迪奥坎波（Gonzalo di Ocampo），承认原住民一定具有一些自我管理的能力，因为他们在西班牙人到来之前就耕种土地、建造房屋、制作服装，并在原住民首领的带领下以良好的秩序生活着。然而，对大多数殖民者来说，自由仅仅意味着"像西班牙人一样生活"。长期担任国王派驻伊斯帕尼奥拉岛财务大臣的米格尔·得帕萨蒙特（Miguel de Pasamonte）就是其中之一。他表达了自己的担心：如果给予印第安人自由，那么他们就会与岛上的大量非洲黑奴联合起来。还有一些人认为，自由的印第安人会很快回到原始状态，退化为"游手好闲、赤身裸体、醉意醺醺、目光短浅、暴饮暴食、手舞足蹈"的样子，以蜘蛛和蛇为食。殖民者对印第安人的悲观态度在1508至1514年总督尼古拉斯·德奥万多（Nicolás de Ovando）所管理的"自由"印第安人模范社区的惨败中得以"印证"。

同时，将印第安人集中在新的村庄，导致了天花的流行，许多原住民因此丧命。因此，圣哲罗姆隐修会的调查结果绝大多数都是负面的。即使如此，修士们所收集的证据，即数百页的谈话记录，在由巴托洛梅·德拉斯·卡萨斯发动的反对虐待美洲原住民的活动引起的论争中被多次引用。¹⁸ 不过，为了将卡萨斯置于适当的语境中，我们必须关注基督教自然法的语言对西班牙帝国主义做出的批判与辩护，毕竟它是16世纪西班牙最权威的法律学说。

基督教自然法与西班牙帝国

在经济发展的黄金机遇之外，美洲帝国还在重大的政治、道德和神学问题上与西班牙王室发生了碰撞。在西班牙国内，国王成功叫停了城镇自治和封建领主制度。卡斯蒂利亚城镇的起义是最后一场叛乱，于1521年被镇压。同年，埃尔南·科尔特斯（Hernán Cortez）彻底摧毁了阿兹特克帝国。殖民政府统一的法律体制旨在阻止封建自治政体在西属美洲出现。这也是西班牙君主国力排众议要在新开辟的美洲殖民地上行使主权的一个原因。[19] 另一个在意识形态上更具挑战性的原因与踏入并占有另一个大陆上的聚居地的权利有关。用武力征服爱好和平的原住民何以能产生统治其土地的合法性，这远非不言自明的。若要理解西班牙是如何处理这个问题的，我们必须简单回顾一下中世纪晚期的法律和政治思想。

中世纪晚期欧洲的权威政治理论是基督教的自然法哲学。简单地说，它是一种亚里士多德主义的政治理论，其背景是斯多葛派的普遍自然法教义的基督教化。自然法表达了上帝造物的内在规范秩序，人类的理性不需要特别的启示就可以接近。所有人都有共同理性，因为人类都是从亚当、夏娃而来，都由上帝赋予了不朽的灵魂。因此，自然法是对世人真正普遍有效的法则，不论其是否为基督徒。异教徒和基督徒都拥有理性思考的能力，可以领悟自然法的真谛。[20] 据托马斯·阿奎那所言，"你们愿意人怎样待你们，你们也要怎样待人"的黄金法则为自然法奠定了基础。在《论君主政治》（De Regimine Principum）中，阿奎那进一步辩称，政治权威是一种自然制度，君主制是最好的政体，因为它比贵族统治或由民众领导的政府更有益于和谐统一。[21] 由自然法则的普遍有效性可以得出一个重要结论，即政治权威作为一种自然制度，并不特别需要由基督教来为其辩护。因此，非基督徒的君主和信仰基督教的君主同样合法。于是，若没有进行正义战争的理由，信仰基督教的君主就不能正当地入侵和占领其他君主的土地，不管后者如何崇拜偶像或反基督教。

13世纪中叶，罗马教皇英诺森四世对征服异教徒土地的合法性进行了审视。英诺森认为，扫罗被拣选为以色列王，证明所有理性的造物都有权选择自己的统治者。人们不需要神的特殊许可，这种权利也不只属于《圣经》中的以色列人。因此，非基督徒君主的权力是合法的，承担关怀人类灵魂工作的基督教会也没有授予基督教国家仅因异教徒的身份就剥夺其领地和财产的权力。

然而，宗教事务却适用不同的规则。因为，基督命令使徒们将信仰带给所有人，所以教皇享有对整个世界的"属灵主权"。因此，英诺森在宗教事务上宣称拥有普遍管辖权。他认为教皇可以纠正不遵守其宗教律法的犹太人，还可以惩治沉溺于非自然性行为的人，《圣经》中神对索多玛城和蛾摩拉城的惩罚为此提供了先例。偶像崇拜构成了另一条背离自然法的罪名，因为有理性的人类都知道，世上只有一位神。最后一条教义为惩罚万物有灵论者和多神论者开辟了道路，让人们想起了穆斯林对有经民族和所有信奉其他教义的人所做的区分。

除了这些特殊的案例外，英诺森认为，教皇普救众生的责任赋予其派遣传教士到异教徒土地上传教的权利。如果一个非基督徒君主拒绝传教士入境，或是在自己的土地上迫害基督徒，教皇就可以授权基督徒君主对其发动战争。英诺森明确警告，只有教皇可以在这种情况下授权发动战争。世俗统治者不应该以宗教为借口拓展自己的疆土。而且，改宗是一种自愿行为，不应为暴力所胁迫。最后，英诺森讨论了非基督徒君主是否有权派遣传道士到基督教国家传教。他的回答是响亮的否定，"因为他们错了，而我们走的才是正道"。[22] 作为世俗统治者，异教徒君主与基督徒君主是平等的，但是在宗教事务上，基督徒拥有更高的地位。

弗朗西斯科·德维多利亚对西属美洲帝国的批判与辩护

阿奎那与英诺森的准则是如何被应用到殖民帝国这一新问题域上的呢？第一个系统地检视这个问题的是神学家和法学家弗朗西斯科·德维多利亚。他是一名多明我会修士，1506 年至 1533 年间在巴黎大学学习和执教。回到西班牙后，他先是接受了一份在巴利亚多利德的教职。巴利亚多利德是西印度事务院的所在地。之后，从 1526 年直到 1546 年逝世的这段时间，他一直待在萨拉曼卡大学，是西班牙最负盛名的神学教授。该校的另一位神学大家是多明戈·德索托（Domingo de Soto）。在他们的学生中，有两位成了下一代最具影响力的政治理论家——路易斯·德莫利纳（Luis de Molina）和弗朗西斯科·苏亚雷斯（Francisco Suárez），他们创立的思想传统通常被称为萨拉曼卡学派。

自从安东尼奥·德蒙特西诺斯激情洋溢地发出对公义的呼吁后，怎样对待美洲原住民成了一个充满争议的问题。在阿兹特克帝国（1521—1522）和印加帝国（1531—1532）被征服和摧毁之后，西班牙的美洲政策变得更加具有争议性。多明我会与美洲原住民的改宗有密切的关系，且如我们所见，正是一名多明我会修士率先对殖民者向印第安人施加的暴行提出了抗议。维多利亚对秘鲁发生的事感到十分震惊。在 1534 年 11 月的一封写给米格尔·德阿科斯（Miguel de Arcos）的信中，他写道："每次一提到皮萨罗的残杀运动，我都会感到毛骨悚然。"[23] 维多利亚对征服秘鲁的正当性的判断很谨慎，但毫无疑问也充满苛评：

> 的确，我并不否认君主可以征服印度群岛的事实，因此我认为，严格地说，他可以这么做。不过，我从最近参与那场塔巴里帕（Tabalipa, 是对阿塔瓦尔帕印加［Atahualpa Inca］的错误拼写）战役的人的叙述中推断，无论是塔巴里帕的君主，还是他的臣民，在任何时候都没有以任何方式伤害过基督徒，或做出任何使后者能以正当理由发动战争的行为。[24]

一年后，维多利亚的同事多明戈·德索托公开宣称，他认为西班牙人对美洲原住民的管辖权没有任何依据。[25]

维多利亚虽然没有到过美洲，但他持续关注着新西班牙帝国的消息。1539 年冬，他进行了一系列题为"印第安人"的讲座。一开始，他就考虑了是否真的存在讨论帝国政治的迫切需要。不是有很多审时度势之士向他保证了西班牙在美洲的政策完全符合公正的标准吗？维多利亚公开表示他还不知道该如何看待西班牙对待美洲"蛮族"的方式。在他看来似乎双方都有理据。"乍一看，"他承认，"我们很容易认为，既然一切事情都由博学良善的人把控，那么事事就都是以公正合理的方式进行的。但当我们随后听到血腥大屠杀与无辜之人的财产和土地被掠夺时，我们就有理由怀疑此前这些作为的公正性。"[26] 尽管有着学者的超然，维多利亚还是很清楚西班牙征服者的所作所为。

为了将维多利亚的理论思路置于殖民地问题中，我们必须考虑西班牙王室自身是如何为其征服美洲辩护的。故事在哥伦布第一次远航后随即展开。在1493年教皇亚历山大六世颁布的诏令中，教皇授予西班牙对亚速尔群岛以西一百英里子午线以外的大西洋上"所有岛屿和大陆"的统治权（西班牙与葡萄牙于1494年签订的《托德西利亚斯条约》将两国势力分界线再向西移二百七十英里，给了葡萄牙人攫取巴西东海岸的权利）。虽然教皇将宣扬基督教教义作为征服大业的首要目标，但是诏令的措辞却允许宽泛得多的诠释。该诏令几乎承认西班牙在美洲的完全主权，但又不至如此——负责起草文件的律师对阿奎那和英诺森的观点有所顾忌，因此避免直接否认异教徒的土地所有权。[27] 其他人则没有这么谨慎。1519年，西班牙皇帝查理五世自信地宣布："通过罗马教廷和其他公正合法名义的赠与，我们已经成为西印度群岛和所有已发现或亟待发现的海上岛屿及大陆的领主。"[28] 在公开声明中，殖民者们经常将教皇的赠与作为西班牙统治美洲的主要理由。西班牙人在美洲每到达一个村庄或城镇，都会大声宣读《条约书》，援引教皇赠予"西班牙天主教国王"领地的诏令，并向当地人布道，让他们认识到基督教的至高无上。如果对方不屈服，就可以名正言顺地对他们发动战争。[29]

维多利亚在1532年发表的一系列演讲中，首次讨论了教会在属灵领域以及世俗领域的权力限度。维多利亚提醒他的听众，"有许多教会法学者认为教皇是整个世界的统治者，对世间所有的君主都享有世俗权威和管辖权"。维多利亚进而总结道，"但是他们的观点显然是错误的"。大多数的法学家，甚至圣托马斯，"都从来没有将如此广泛的统治权归于教皇"。³⁰ 根据维多利亚的观点，只有在属灵事务上，教皇才享有普遍的权威，所有的基督徒君主必须服膺于他。但是，甚至是在这个领域，教皇也无权动用武装部队或擅自废除民法。他所能做的最多是命令基督徒君主这样做。在一些例外和极端的情况下，而且只能是为了实现进一步的属灵目的，教皇甚至可能废黜国君，另立新君。³¹ 维多利亚在有关美洲印第安人的演讲中考查了教皇对异教徒的权力限度。其中，他再一次强调教皇不是整个世界世俗权力的主宰。³² 他接着说，教皇对于异教徒来说，既没有世俗权力，也没有属灵权力：没有属灵权力是因为后者不是基督教社群的一部分，没有世俗权力是因为教皇可能宣称拥有的唯一世俗权力是其属灵权力的附属品。因此，教皇将美洲主权赠予西班牙王室的诏令是无效的，原因很简单，教皇无法给予别人他不曾拥有的东西。

维多利亚所反对的另一个观点是美洲原住民不具备足够的理性，因此他们生来就不适合进行自我治理。他承认，这些"蛮族"可能在许多方面都与我们存在差异，但是尽管如此，他们仍是共同人类中的一员："可以佐证这一点的证据是……他们和其他人一样具有判断力。这一点不言而喻，他们在处理自己的事务时，有一套自己的规则：他们有组织有序的城市、合适的婚姻制度、忠于职守的治安官和领主、法律、产业和贸易等，而这些都需要运用理性才能做到。他们同样也有宗教信仰，对于其他人来说显而易见的事，他们也能正确领会，而这也需要运用理性。"³³ 维多利亚承认，原住民常常看起来"没有理智，头脑迟钝"，但是他解释道，这是因为"他们野蛮且有害无益的教育"，他提醒听众，许多欧洲农民并不比他们的情况更好。他总结道，在西班牙人到来之前，蛮族毫无疑问与基督徒一样拥有真正的统治权。因此，不管是作为个人还是一国之君，他们的财产都不应被剥夺。³⁴

按照这样的思路考虑，维多利亚轻而易举地反驳了另外四种说法。³⁵第一种是，西班牙人凭借对这片土地的发现权而获得对其统治权。然而，他反驳说，由于原住民是土地的合法所有人，他们的土地就不是无主之地（terra nullius），因此发现权也就不适用了。他反对的下一个说法是，美洲原住民拒绝接受基督教信仰，所以应该被降服。维多利亚表达了自己的质疑,即到目前为止,基督徒是否足够耐心且清晰地向原住民布道。他继续说道,不过即使基督徒做到了,改宗也必须出于自愿。西班牙人宣称拥有的另一项权利是就原住民违背自然的罪行对其进行惩罚,这些罪名包括食人、鸡奸、女同性恋、乱伦和兽奸。关于这一点,维多利亚提醒他的学生们,即使基督徒是私通者或鸡奸者,教皇也不会对他们宣战。要是他这么做了,王国会因为充满了罪人而日日更替。

维多利亚也反对西班牙人的另一种颇为不同的观点,即其帝国是建立在原住民自愿同意的基础上的。他承认在某些情形中,一些原住民的确同意了,但他质疑这一同意的有效性。他告诉听众,这些请求归顺的案例的大多数情况,实际上就是"一群胆怯而毫无防备的人"在全副武装的西班牙人的包围下,听着他们宣读《条约书》。按维多利亚所说,这看起来并不像是出于自愿,而且原住民是否明白西班牙人对他们的要求也很值得怀疑。但是,即使原住民自愿表示同意,这也不能给西班牙人提供合法的权利,因为"这些蛮族已经有了自己真正的主人和君主……没有合理的理由,他们便不能寻找新的主人,因为这会对他们的前君主造成损害"。[36] 说到这,维多利亚改变了自己的思路,宣布他将谈论西班牙在美洲统治的公正且合法的权利。

第一项也是最重要的一项权利来源于自然法和国际法。维多利亚认为,所有人都有一种与生俱来的权利,即在不伤害他人的前提下,通过水路和陆路在任何地方游历和贸易的权利。除此之外,他们还有权占有尚未被占有的物品。河流和泥土中的金子,还有野生动植物等都可以算作无主之物(res nullius),属于首先发现它们的人。美洲原住民有义务以人道的方式对待爱好和平的陌生人。因此,欧洲人有权踏入美洲大陆并永久居住在这里。当原住民敌视或试图驱逐欧洲人时,西班牙人有权自卫。当受到攻击时,西班牙人可以反击。维多利亚得出结论,游历和贸易的权利得到了"世界大部分地区"的认同。[37]

维多利亚在以一种十分仁慈的方式解释游历和贸易的权利。他的弟子梅尔乔·卡诺(Melchor Cano)修士十分同情巴托洛梅·德拉斯·卡萨斯,讽刺地问是否有人会将亚历山大大帝描述为一名无害的游历者。

卡诺认为，西班牙人"并不是作为朝圣者，而是真正的侵略者来到美洲这块大陆的"。[38] 卡萨斯在其所著的《西印度群岛史》（*Historia de las Indias*）中的说法更为强势："根据自然法，每个共同体都可以捍卫自己的国土，不因可能来自外族的侵害而担惊受怕"，这样就以另一种自然权利反驳了维多利亚所说的人具有在世界各地游历和贸易的自然权利。[39] 站在美洲原住民的角度，我们会做出相同的评论。阿兹特克人的故事中这样讲述西班牙人向特诺奇蒂特兰进军的过程：

> ［西班牙人］成群结队而来，身后扬起滚滚灰尘。他们的铁枪、长戟闪闪发亮，铁剑不断晃动……铁甲、头盔似乎都在作响。还有一些人穿着全副铠甲，与铠甲融为一体，他们铁甲锃亮，满身闪烁光芒而来。因此，他们每到一个地方都引起当地人极大的震惊和恐惧，人们对他们都有一种畏惧之情。[40]

人们有理由问，阿兹特克人怎样看待他们有义务把西班牙侵略者当作善良友好的游历者来接纳的观点。维多利亚自己一定也感到有些困惑，因为他告诫同胞要以最大的节制小心行事。他解释说："可以理解，蛮族可能仍然对那些全副武装并且看起来比他们更加强壮的人心生畏惧。"但如果这种可以理解的恐惧驱使原住民攻击外来者，那么西班牙人可以自卫。不过，一旦取得胜利，他们便不应再行使其他战争权利，例如杀死敌人、抢劫或强占敌人的住所。维多利亚确信西班牙人在与美洲原住民的交战中会百战百胜，这说明他已经意识到了欧洲"游历者"的真正本质。最后，维多利亚总结道，只有当其他所有行动都失败了，西班牙人才能诉诸最后的手段，征服印第安人。[41]

维多利亚所提出的另一个论题是，西班牙人毫无疑问有权向美洲原住民传布福音，即使有悖于后者的意愿。如果有平民或贵族阻碍传教士的工作，明智的做法是和平规劝。但是当劝说无效时，西班牙人可以拿起武器宣战。维多利亚谨慎的语气再一次逐渐强硬起来，最终得出一个极端结论："如果宗教事务不能推进……西班牙人将合法地征服这块领土，废黜他们之前的领主，并拥立新领主。"[42] 不可否认，在这个结论之后他又提出了要谨慎、克制的类似忠告，但即使如此，这依然是在为殖民辩护。仿佛觉得这些理据还不够，维多利亚又举出一些武装干预的其他法定理由，例如需要保护改宗者和人祭的无辜受害者（这个论点可与当今对人道主义干预的讨论类比）。如果大部分原住民都改信了基督教，教皇甚至可能有权强加给他们一个信仰基督教的君主。

最终，若原住民之间交战时，有一方向西班牙人求助，西班牙人就可以参战。如果取得胜利，他们也可以分享战利品。为了说明这一点，维多利亚指出，西班牙人与特拉斯卡拉人在对抗阿兹特克帝国的战争中就结成了联盟。为了使其观点更加明晰——也可能变得更模糊了——他解释道，西班牙人效仿了罗马人的做法，因为"罗马帝国就是这样进行扩张的"。他还补充道，奥古斯丁和阿奎那都宣告了罗马帝国的合法性。[43] 这样的推论结果使分而治之的政策变成了正义战争的绝佳案例。

维多利亚在演讲的结尾又重新讨论了"蛮族"的理性问题。他提到，有观点认为部分或全部的美洲原住民都是接近理性的，但又立即补充说，这个观点很可疑，所以他不敢直截了当地断言，仅仅是为了论证才提到。然而，如果所有合法的权利都不适用，蛮族也没有提供任何引发战争的正当理由，并且不想认西班牙人为君主，那样的话，整个殖民大业就会停滞不前。维多利亚无奈地说，"这对于皇家国库来说意味着巨大的损失，是无法承受的"。所以，无论维多利亚对其中的残酷行径如何谴责，殖民大业都必须进行下去。他在讲稿的最后一页说，无论选择什么道路，殖民政策的实行要"考量蛮族的益处与福祉，而不仅仅是为了西班牙人的利益……后一种限制里正藏着灵魂和救赎的陷阱"。[44] 我们可以看到，这些话表达了一个备受折磨的灵魂的阵痛，这种痛苦源自他未能在西班牙人侵美洲所创造的政治和思想迷宫中开辟一条可以径直穿过的道路。

维多利亚的帝国理论，若我们可以称之为理论的话，是非常矛盾的。一方面，毫无疑问，他对殖民者残酷而有违道德的做法深恶痛绝，且虽然对美洲原住民的看法摇摆不定，但仍为其辩护，认为他们具有完全的人性和自我管理能力。另一方面，他对于万民法规定下的原住民义务的解读，为殖民大业的继续拓展提供了充足的理由。[45] 毕竟，对自然法进行权威解释的权力属于西班牙君主国及殖民地的行政长官。在那些年代的政治语言中，世界共同体（communitas orbis）一词表明，欧洲大国自诩国际法的共同捍卫者，拥有向世界各地派遣武装"游历者"和军舰的权利。这项政策在美洲获得了成功，在日本与中国却失败了，因为它无关合法性，只与军事实力有关。[46] 维多利亚论证中的一个薄弱环节在于，他没有看到西班牙人进入美洲原住民土地的行为本身就相当于一场战争。在欧洲国家体系中，这一点很容易理解。每一位欧洲的君主都知道向其他君主统治的土地上派遣武装军队会成为开战的理由，但是在大西洋彼岸，人们将这样的外交常识抛诸脑后，免于责罚。

西班牙的掌权者也反感和畏惧大西洋彼岸那些暴发户残暴的行事风格。但像维多利亚一样，他们充分意识到西班牙的国力越来越依赖来自美洲帝国的收入。1530 年以后，美洲白银的进口量以惊人的速度增长。[47] 即使如此，一些西班牙神职人员认为维多利亚处理这些问题的方式太软弱，而且他们坚信美洲原住民的利益需要受到更加坚决的捍卫。他们最重要的发言人是另一位多明我会修士——巴托洛梅·德拉斯·卡萨斯。

巴托洛梅·德拉斯·卡萨斯对殖民秩序的谴责

巴托洛梅·德拉斯·卡萨斯十一岁时第一次接触到美洲事务。他的父亲佩德罗参与了哥伦布的第二次航行，他们返航时运回了一批美洲奴隶。[48] 佩德罗·德拉斯·卡萨斯将其中一名奴隶男孩送给了他的儿子。1502 年，父子二人乘船前往伊斯帕尼奥拉岛。当时只有十八岁的巴托洛梅从此开始了他的跨大西洋事业，不是作为修道士，而是殖民者。和父亲一样，他也得到了一名分配给他的泰诺人——该岛上的原住民。

在 1502 到 1506 年间，卡萨斯去了几趟岛上的内陆地区。他有时会去泰诺人家里做客，他发现与许多殖民者讲述的不同，泰诺人不是蛮族。他们耕种着自己的土地，打理着自己的园子，把自己生活的村庄管理得井井有条。⁴⁹ 这些发现与许多其他亲历者所讲述的情况一致。欧洲的游历者们常常会报告说,许多美洲原住民并非原始的采集狩猎者,而是从事农业与园艺的人。美洲是一块无主之地,是野蛮人流浪其中的未开荒之地的观点,实则是欧洲那些书斋里的民族志学者臆造出来的。⁵⁰ 对于卡萨斯来说,这些发现是他以开放的心态欣赏原住民文化的开始。然而,使他的想法得以转变的真正决定性因素是他亲眼见到的殖民者的贪婪、荒淫和残暴。被几乎每天可见的大屠杀、拷打和强奸深深震撼,卡萨斯特别指出,那些本该保护并且教化原住民的"牧羊人"在现实中却表现得像贪得无厌的捕食者。他对那些残酷行为的记录处于西班牙人在新大陆实施暴行的"黑暗传说"之源头,因此经常被贬斥为无中生有,意图抹黑殖民者的夸张说法。虽然,不可否认卡萨斯使用了大量激烈和充满谴责意味的言语进行猛烈抨击,但无证据表明他所描述的暴行纯属捏造。他可能在有些地方夸大其词,但是殖民者肆意使用暴力的事实已被其他许多资料所佐证。

1506 年,卡萨斯跨越大西洋,拜访了罗马。在罗马,他被任命为神父。1508 年初,他回到了伊斯帕尼奥拉岛。以佩德罗·德科尔多瓦(Pedro de Córdoba)为首的一小群多明我会修士,在他到达两年之后也来到了这里。正如我们所知道的,他们中的一位,安东尼奥·德蒙特西诺斯,是第一个公开反对虐待印第安人的人。1510 年秋,卡萨斯主持了据他说是在新大陆举行的第一次弥撒。第二年,他被蒙特西诺斯的布道深深地感动了(卡萨斯的著作《西印度群岛史》是我们了解蒙特西诺斯布道的唯一资料来源)。很久以后,在回顾那些岁月时,他声称"是神的旨意把多明我会带到这个岛上,使这个岛从黑暗中挣脱出来"。⁵¹

1511 年年底,总督迭戈·哥伦布发起了一次征服古巴的远征,但这次远征的首要目标是追捕泰诺人的酋长阿图埃伊(Hatuey)。后者带着许多部民逃离古巴以躲避西班牙人残忍的袭击。卡萨斯受邀加入这个远征队。在《西印度毁灭述略》(*Brevíssima relación de la destrucción de las Indias*)*一书中,他讲述了阿图埃伊被俘虏和处决的故事。处决阿图

---

* 本书《西印度毁灭述略》译文皆参考商务印书馆于 2009 年出版的孙家堃译本。

埃伊是为了警告古巴人，西班牙人崇拜的神只有一个，那就是黄金，他们已经准备好为之犯下滔天大罪。阿图埃伊刚刚被俘就被判处火刑活活烧死。当阿图埃伊被捆到火刑柱上时，一位方济各会修士走近他，向他宣讲了基督教信仰的真谛，并向阿图埃伊解释如果他能当即改宗，就会上天堂，否则将在地狱承受无尽的折磨。卡萨斯写道："头人想了想问道：'基督徒是否也进天堂？'传教士答道：'进，但只有好基督徒才能进。'于是这位头人断然表示，他宁愿下地狱也不进天堂，因为地狱没有基督徒，只有在那里他才能避开那些凶恶的暴徒。"拉斯·卡萨斯讽刺地总结道，这个例子说明了"那些到美洲大陆的'基督徒'的所作所为为上帝和我们的信仰赢得的'声誉'和'尊严'"。[52]

他在远征古巴期间所目睹的大屠杀成了压死骆驼的最后一根稻草。决定性事件是西班牙人在卡乌纳乌（Caonao）对古巴原住民进行的大屠杀。成百上千的印第安人"在一场无法解释的恣意暴力中被西班牙征服者无谓地杀害，这要么是出于征服者的恐慌，要么是由于他们嗜血成性"。[53]对于卡萨斯来说，表达自己想法的时刻已经到了。当古巴总督贝拉斯克斯（Velázquez）要求他主持弥撒，并在古巴中南部建立的新城圣埃斯皮里图斯向西班牙人布道时，他的机会来了。卡萨斯的布道词选自《便西拉智训》34:19-21："不义的祭祀是残缺的供物，不法的礼物必不被悦纳。至高者不悦纳不虔敬的供物。"他在布道时告诫他的听众把这条训诫牢记于心。作为基督徒，他们有责任把印第安人当成人类同胞来对待，而不是剥削和杀害他们。于是，他宣布他已经遣散了自己的所有印第安奴隶，拒绝继续作为委托监护主过充满罪恶的生活。他对着那些目瞪口呆的人们疾呼道："如果继续拥有印第安奴隶，你就无法被救赎。"[54]这对于他的听众来讲定是一次发人深省的经历，对于卡萨斯来说，也是净化灵魂和解脱的时刻。

总督贝拉斯克斯和他的手下深感震惊，但是很明显，他们不会改邪归正。而且，他们没有权力废除《布尔戈斯法》，正是这部法律确立了监护征赋制的劳动制度。只有国王和西印度事务院有权废除该法。因此，卡萨斯认为自己有义务乘船返回西班牙，向国王费尔南多二世抗议。

神父科尔多瓦派安东尼奥·德蒙特西诺斯随卡萨斯一起返回西班牙。在 1515 年 10 月上旬，两人到达了塞维利亚。卡萨斯成功觐见了费尔南多二世，但是此时国王已经病入膏肓，并在不久后就去世了。乌得勒支的阿德里安，也就是之后的教宗阿德里安六世和红衣主教希梅内斯·德西斯内罗斯共同摄政，直到国王查理继位。他们很乐意听取卡萨斯的意见，而且很快地冷落了两位支持亲殖民者政策的权臣。这些年里，卡萨斯还建议通过进口非洲奴隶来减轻原住民的负担。他的批评者因此指责他虚伪，同时质疑他捍卫普遍人类的诚意。然而，之后卡萨斯意识到，所有的奴隶制度都同样不道德，他为之前奴役非洲人的愚蠢想法感到非常后悔，同时也害怕自己不得不在上帝的审判席前对此负责。[55]

新国王会如何形塑帝国政治呢？卡萨斯在改变想法几年之后，终于有机会与年轻的君主讨论印第安人事务。他们于 1519 年 12 月会面，也就是查理当选为神圣罗马帝国皇帝六个月后。所有重要的内阁参事官都出席了。第一位发言的是胡安·德克韦多（Juan de Quevedo），他作为达里恩的主教在美洲度过了四年的时光，支持殖民者。"关于印第安人，"他宣称，"以我的经验和其他人的记录来看，他们生来就是做奴隶的。他们有很多黄金……为了从他们那里得到黄金，我们必须一刻不停歇。"当轮到卡萨斯发言时，他以一段慷慨激昂的陈词开场，陈述了殖民者对无辜印第安人的粗暴剥削和大屠杀。为回应克韦多关于美洲原住民生而为奴的断言，他试图说服皇帝，印第安人也是"具有理性的"人类，并且"生来自由"。而且，"他们有自己的国王，有进行政治统治的世袭贵族"。[56]他试图证明的是，美洲原住民有能力进行亚里士多德意义上的自我管理。在会议结束的时候，卡萨斯被授予了"所有印第安人的保护者"的官方头衔，他觉得国王理解他的观点，愿意改善印第安人的生存状况。然而，一年之后，查理仍未做出任何明确取消监护征赋制的承诺。他唯一的明确承诺是将南美洲北部海岸的一块地交给卡萨斯管理，殖民者不允许入内。在这里，卡萨斯可以自由地向原住民传教，建立模范社区。

回到美洲，卡萨斯立刻着手在库马纳地区（位于今天的委内瑞拉沿岸）建立模范社区。这项工程最后以惨败收场。在经历近三十年的杀戮和抢劫之后，原住民已经完全失去对西班牙人的信任。他们摧毁了两个传教站。被分配到库马纳进行传教工作的方济各会修士遭遇了海难，没有到达那里。同时，沿岸不断发生抢劫奴隶事件，使得印第安人更不愿意进入西班牙人建立的聚居点。雪上加霜的是，由于1521年卡斯蒂利亚镇起义，西班牙当局也停止了援助。因此，卡萨斯前往伊斯帕尼奥拉岛，希望得到总督的帮助。在他离开的期间，他的中尉弗朗西斯科·德索托与奴隶贩子沆瀣一气，但最终在一次新的印第安人起义中被杀害。这些事件预示着整个模范社区事业不光彩的终结。卡萨斯被深深的懊悔所折磨，因为他实现自己理想的尝试的代价是无数无辜者的生命。他的心蒙上阴影，陷入了一场深刻的精神危机。

他的心理危机有时被认为是他思想的第二次转变，这迫使他加入了多明我会，成为伊斯帕尼奥拉岛上的一名修士。这对于卡萨斯来说，意味着从政坛中暂时撤退。在为期四年的进修和沉思中，他忍受着极度的痛苦，重新评价过去八年为保护印第安人而进行的失败尝试。最后，除了继续战斗，他几乎别无选择。1526年初，他参与了废奴运动。1531年，他前去西印度事务院，谴责殖民者的恶行以及王室对此的不作为。然而，他提议的补救措施与他自己在库马纳失败的方案十分相似。他不断用最黑暗的语言渲染现行劳动制度存在的缺点。几年之后，他的抗议行为和签署的备忘录传到了罗马。教皇保罗三世在1537年颁布的教皇训谕，很可能就受到了卡萨斯抗议的影响。根据教皇训谕，印第安人是具有理性的人类，其权利不能被随意剥削或剥夺。

1542年，浪潮终于开始逆转。查理五世召开了一次特别会议，考虑改革《布尔戈斯法》。卡萨斯在那些被召集回来报告美洲情况的人员之列。在一份暴行备忘录中，他详细说明了印第安人的悲惨遭遇，这些内容以两个副手——一位修士和一个美洲原住民——呈上的书面材料为佐证。这份备忘录实际上成了他十年后出版的《西印度毁灭述略》的草稿。维多利亚，另一位被皇帝召来的目击者，承认了卡萨斯所列证据的真实性，但是他争辩道，抛弃西印度群岛相当于放弃对印第安人进行福音传道。查理在听讯之后于1542年11月20日颁布了针对印第安人的新法。

新法禁止了进一步的征服战争，但其中最重要的条款是关于监护征赋制的：自此以后，不再产生新的监护征赋关系，而对于现存的监护征赋关系，只要其所有者去世，所有权就会回归国王。[57] 1543年，应卡萨斯的要求，新法变得比之前更为严格。

对卡萨斯来说，强迫劳役制度的终止现在看来只是时间问题。然而，在这一点上，他却大错特错。当新法传到美洲时，殖民者大为光火。因受到委托监护者叛乱的威胁，殖民地的西班牙官员最终屈服了。国王派遣到美洲实施改革的特使只好暂停宣布改革方案，等待进一步的通知。正是在这样的情况下，卡萨斯被任命为墨西哥南部一个叫作查皮亚（Chapia）的新建教区的主教。卡萨斯拒给那些不释放印第安奴隶的殖民者举行圣礼，但这完全没有用，因为甚至连一些他自己的神职人员都不听他的，他还在自己的教堂里被武装殖民者们威胁。在西班牙国内，面对秘鲁发生的公然反叛和墨西哥郁积的不满，皇帝于1547年废止了新法中最严苛的条款。卡萨斯的"胜利"是如此的短暂。

殖民者现在试图利用他们的优势，要求今后允许永久持有监护征赋权，成为可继承的财产。为了说服国王，他们争辩说，印第安人在新法下受到了更好的对待。至于卡萨斯，他继续用很多证词炮轰西印度事务院，向其揭露这幅由殖民者发言人绘就的美好图景是对真相的歪曲。1549年，事务院似乎站到了卡萨斯一边，表明新法在美洲未能得到遵守。[58] 在事务院的建议下，皇帝召集了一群法学家和神学家组成特别委员会来考虑这个问题。查理做出了一个史无前例的举动，停止了所有进一步的征服行动，直到委员会阐明西班牙政权在美洲的合法性和公正性。

反对监护征赋制的最主要证人就是卡萨斯。他不仅为美洲原住民发声，而且还充当了他们的代表。刘易斯·汉克（Lewis Hanke）在其对此次辩论的经典研究中写道，瓦哈卡（Oaxaca）和恰帕斯（Chiapas）的印第安人给了卡萨斯和他的同伴罗德里戈·德安德拉德（Rodrigo de Andrade）修士"在西印度事务院前代表他们的合法权利"。[59] 为捍卫自己的立场，殖民者于是向西班牙最著名的法学家和政治理论家之一的胡安·希内斯·德塞普尔韦达（Juan Ginés de Sepúlveda）寻求帮助。会议由弗朗西斯科·维多利亚的学生多明戈·德索托主持,参会人员有国王以及西印度事务院和卡斯蒂利亚事务院的成员,还有几位著名的法学家和神学家,会议于1550年8月在巴利亚多利德召开。委员会讨论这样一个问题:"在向印第安人传教之前,为使其臣服于自己的统治,以便之后更加容易在信仰方面引导他们,西班牙国王向印第安人发动战争是否合法?"[60]

巴利亚多利德会议及其后果

巴利亚多利德会议标志着卡萨斯在宫廷的影响力达到顶峰,但这是一次不彻底的胜利。这场胜利没有持续多久,至少就美洲当地而言如此。据刘易斯·汉克所言,最具争议的问题转向了亚里士多德的自然奴隶学说。塞普尔韦达支持这一理论,而卡萨斯则反对。[61]亚里士多德的理论是出了名的模糊。他认为,自由人统治奴隶就像男人统治女人,成年人统治儿童。[62]但当然,这并没有回答为什么有些人天生就是奴隶的问题。亚里士多德的回答是,生而为奴的人灵魂不具备思考机能[*]。他们可以理解命令,但却无法独立自主地思考。在其他地方,亚里士多德也谈到了那些"生来就没有逻辑思维能力的人……就像在文明世界边缘的一些部落一样"。[63]彼得·加恩西(Peter Garnsey)承认,在亚里士多德的理论中找不到关于自然奴隶的连贯理论,但他强调了亚里士多德的自然奴隶制的两个特点:首先,奴隶是次等人类;其次,主奴关系是互利共赢的,而不是剥削与被剥削的关系。他补充道,事实上,希腊城邦的大部分奴隶都是外国人,因为希腊人不愿奴役同胞。[64]乍看之下,自然奴隶的形象与"边远蛮族"的标准相符。我们现在来看看塞普尔韦达是如何将这种论证运用到美洲原住民身上的。

---

[*] 本书《政治学》译文参考商务印书馆于2009年出版的吴寿彭译本。

与卡萨斯不同，塞普尔韦达从来没有到过大西洋彼岸。他对于美洲原住民的观点主要依靠早期的西班牙殖民征服史。其中一些内容美化了西班牙的虚张声势而贬低了美洲原住民。据塞普尔韦达说，印第安原住民耽于放纵的情欲和令人生厌的恶习，包括食人和"令人难以置信的人祭"。在西班牙人到达之前，他们无止尽地自相残杀。然而，塞普尔韦达坚持认为，人们不应该认为美洲原住民是勇士。他提醒听众，远古的斯基泰人也是食人族，但却是勇猛的、令人敬畏的战士。而美洲印第安人却是懦夫，因为数百个西班牙人几次使得数以千计的印第安人溃不成军，"只会像女人一样逃窜"。[65] 在这里，西班牙的胜利被援引为美洲人懦弱的证明。在美洲边疆，对被征服者的轻蔑转变为他们天生就低人一等的信条。在旧大陆的草原边疆，一种与此相反的情感则将人们对游牧民族耐力的尊敬转变为一种充满男子气概的主体形象。从塞普尔韦达对斯基泰人的评价中，我们可以听到希罗多德杳渺的回音，只不过前者用了一种美洲边疆的新语言来表达自己对印第安人的看法。

我们可以将上述内容与卡萨斯使用的古代例证进行有效的对比。卡萨斯以希罗多德对斯基泰人活人献祭做法的描述为例，尝试说明许多古代的民族都存在这样的做法，包括前罗马时期的西班牙居民。他认为，这些做法在上帝看来是无法宽恕的，但是从人性的角度来讲却是"情有可原的错误"，被大多数古代国家的法律和习俗所认可。本杰明·基恩（Benjamin Keen）认为，他最大胆的言论就是阿兹特克人"痛苦可怕的献祭"证明，他们拥有最深切真诚的宗教信仰和"对上帝天生的理解力"。卡萨斯主张，在这种情况下，需要的是耐心的教育，而不是暴力。[66]

为了解释人祭，卡萨斯加入了人类学转向——这种看待美洲原住民的方式在塞普尔韦达的观点中则完全缺失了。卡萨斯不留情面地反驳塞普尔韦达的观点，进一步观察到"自从发现美洲后，西班牙人每年向他们敬爱的贪婪女神献祭的人牲比此前一个世纪印第安人向他们的神献祭的还要多"。[67] 塞普尔韦达将阿兹特克文明贬为原始落后、微不足道，卡萨斯则强调阿兹特克文明的建筑和艺术成就在许多方面甚至优于旧大陆的古代文明。尽管否定其宗教，但他还是强调阿兹特克人有"充分的理性"去追随邪恶的错误信仰。

根据塞普尔韦达所说，美洲原住民的缺点反映了他们的本质，这远不是历史偶然性的影响。在巴利亚多利德会议召开前的几年，他甚至质疑过美洲原住民的人性：

> 新大陆的这些蛮族……比西班牙人低一等，就像孩童之于成人，女人之于男人一样。两者之间有着天壤之别，就像野蛮残忍之人与最仁慈之人的差距，完全没有节制的人与自制力最强的人的差距，我更倾向于说，是人与猴子的差距。[68]

塞普尔韦达将美洲原住民比作孩童、女人和猴子，逐渐将其置于生物链末端。孩童次于成人，但其从属地位是暂时的。女人虽也是人，其弱势地位却是一个终生困境。女人和孩童同属共同人类，即使地位低于成年男性。但即便从最宽泛的意义来讲，猴子也不在共同人类之列。塞普尔韦达在将美洲原住民定位为次等人类后，开始探讨亚里士多德的自然奴隶学说。他断言，这样的次等人类"从其本质与利益出发，需要有教养的贤德君主来统治他们"。[69] 塞普尔韦达进一步论证道，西班牙人将很多有用的欧洲产品带到了美洲，又赐予印第安人至高无上的礼物——基督教信仰，后者远远超过了其他的好处。

卡萨斯断然否认自然奴隶学说适用于美洲原住民。他尤其批评了被他对手视为理所当然的"蛮族"这个总括性概念。[70] 卡萨斯提议将蛮族划分为四类。首先，对"蛮族"这个词的常识性理解是"任何残忍、无人性、无法无天和冷酷无情的人"。这个概念可能适用于个体，但是，卡萨斯认为，整个民族都由这样疯狂的人构成是极其不可信的。这个词的第二层意思是"没有书面语言或其语言鲜为人知的民族"。卡萨斯在这里援引了圣保罗的格言，即世界上有很多种声音，但没有一种是毫无意义的："我若不明白那声音的意思，这说话的人必以我为化外之人，我也以他为化外之人。"[71] 使徒很明显是利用了希腊语中"barbaros"一词的暧昧性。从这个观点来看，蛮族一词必然是一个相对的概念。

"蛮族"的第三层意思是"那些要么因为性格恶劣,要么由于居住地贫瘠荒芜,而变得残忍、愚昧、无知和没有理性的人"。这样的蛮族通常是根据其所缺少的文明属性来定义的。在卡萨斯看来,这才是该词"明确而严格的词义"。然后,他乞灵于神意,称这种蛮族是天生的怪人,所以数量很少。假设上帝创造出这么一块大陆,上面居住的全是这种无用的怪人,就像塞普尔韦达所主张的那样,是对上帝的深重亵渎,是对上帝所创造的自然的轻视。[72]

最后,卡萨斯讨论了第四种"蛮族",即"仅仅是所有不信仰基督教的人,不管是出于无知还是不情愿"。[73] 很明显,这是唯一一种可以将美洲原住民集体定义为蛮族的词义,但是,卡萨斯强调,因为他们不是基督徒而杀害和奴役整个民族是不被允许的(这里,他的论点与英诺森和维多利亚的相似)。他用了很多工夫去证明改宗不能用武力促成。由于塞普尔韦达也援引了维多利亚的话,卡萨斯必须面对维多利亚关于有限帝国主义的言论。为此,他先是成功地罗列出了维多利亚对殖民战争的批判,然而随后又意识到需要纠正维多利亚逻辑推理中的第二部分,因为这部分为侵略战争留下了太多的余地。[74]

注意到他的对手从来没去过美洲,大多都依赖道听途说,卡萨斯借此证明美洲原住民属于共同人类。[75] 他用多年以来收集的大量有关印第安人的习俗和成就的信息武装自己,辩称原住民是具有完全理性的人类,他们满足亚里士多德关于良好生活的所有条件:

> 他们并不愚昧无知、冷酷无情或充满兽性。相反,早在听闻西班牙人之前,他们就构建了井然有序的社会,听从出色的法律、宗教和习俗的安排。他们发展友谊,并在这种友谊下紧密团结,居住在人口稠密的城市里。他们在其中公平公正地对和平与战争的事务进行有效管理,真正实行依法治国,在多个方面都超过了我们,本可以赢得雅典圣贤的赞赏。[76]

如上所述,卡萨斯意图将美洲原住民置于古希腊和古罗马之上。他提到了他们对孩子的教育和合理的婚姻制度。他断言，尤卡坦的庙宇和埃及的金字塔一样值得钦佩。[77] 关于美洲原住民在美学方面的成就，拉斯·卡萨斯的观点与阿尔布雷希特·丢勒（Albrecht Dürer）不谋而合。丢勒曾表达过他对"在这些遥远大陆的人们以精巧匠心创造出的令人吃惊的艺术品"的钦佩之情。[78]

塞普尔韦达和卡萨斯在召集的委员会中各自发表了冗长的证词，但是却没有得出最终的结论。尽管如此，种种迹象表明，委员会的大部分成员不赞同塞普尔韦达的观点。塞普尔韦达没有获得出版其证词的许可，但是卡萨斯却可以随意发表他为美洲原住民辩护的言论。然而，这并不是说他的批评有很大的实际成效。在16世纪余下的时间里，对印第安人的剥削和虐待仍然没有减少。这样的结果对于卡萨斯来说一定是难以接受的。这或许可以解释他在《西印度毁灭述略》里那种愤愤不平，有时又充满怨恨的语调。在巴利亚多利德会议上的辩论无疾而终的一年后，这本书终于在1552年出版，并成了卡萨斯流传最广的作品。在16世纪末，该书的荷、法、英、德、意和拉丁语译本也相继出版。《西印度毁灭述略》语言平易生动，这表明作者希望该书可以被广泛传阅。在荷兰因反对西班牙过度压榨而起义期间，《西印度毁灭述略》的荷兰语译本再版三十多次。关于这是否真实地反映了荷兰人同情美洲原住民，这一点还有待讨论。

卡萨斯强调原住民文化的例证中，最突出的就是他对《条约书》的尖刻评论：

> 那个愚昧野蛮的总督恰恰就是这样干的。他向印第安人公布了一道与上述一样荒唐可笑，逆情悖理的命令。一天，西班牙人受命袭击、抢劫一个富有黄金的村庄。当时，印第安人正在自己家中休息，全然不知大难就要临头。夜间，西班牙袭击者来到离村庄半里格*的地方停下来，自我宣布那道命令，理直气壮地叫道："大陆某

---

* 欧洲和拉丁美洲的古老长度单位，1里格为3英里，即约4.828公里。

村的酋长和印第安百姓听着，我等到此是为了向你们宣布世间只有一个上帝、一个教皇和一个卡斯蒂利亚国王。国王乃是此地的主人，你们快快俯首听命吧！……如敢违命，我等定要向你们开战，反抗者格杀勿论！……"天刚朦朦亮，正当无辜百姓与妻子儿女酣睡之时，这群西班牙人冲进村庄，放火焚烧村里的茅屋，妇女和儿童全被活活烧死。还有很多人，尚在睡梦中就被暴徒们肆意杀掉。[79]

同样，卡萨斯也探究了这样一个问题。如果约翰·梅杰（John Major）（他提出的奴役印第安人的正当理由为塞普尔韦达所引用）是美洲原住民的话，他对欧洲人挑起的残酷战争会作何反应："如果匈牙利人和波希米亚人剥夺他的尊严，破坏他的统治，而他对于两者的语言都不通……用战争和暴乱搅扰和威慑他所管辖的那些省，即使他们发动战争是出于正当的理由，而那样的正当理由他又是否会欣然接受？"[80] 用这样扣人心弦的图景，卡萨斯让读者想象《条约书》对于美洲原住民村庄的普通居民来说是什么样的。这种说法表明他与维多利亚的区别。维多利亚完全不能想象美洲原住民是如何经历西班牙征服的。同样，卡萨斯为在西班牙攻打特诺奇蒂特兰时阿兹特克人采取的防御措施辩护："当地人得知这个消息，追上穿过横跨湖泊的堤道逃跑的西班牙人，并杀害了他们中的不少人，的确，假如我们之前所描述的袭击真的发生在当地人身上，他们完全有权利进行防御。一个明理公正的人会明白他们的所作所为是一种防御行为，并且是正当的。"[81]

贝尔纳迪诺·德萨阿贡与阿兹特克人对西班牙人的看法

在与卡萨斯同时代的方济各会修士贝尔纳迪诺·德萨阿贡（Bernardino de Sahagún）的作品中，我们见到了类似的平等与差异间寻求平衡的做法。他在墨西哥生活了几十年。与卡萨斯不同，萨阿贡不是一个激进的活动家，但是他对原住民文化的研究要深入得多。纳瓦特尔语是阿兹特克帝国的主要语言。在原住民助手的帮助下,他系统地收集了有关原住民信仰、习俗和传统的信息。他还以"太阳基督"的比喻为前提,用纳瓦特尔语发展了基督论。他的教徒是否总能理解太阳基督与天空中可见的太阳——墨西哥人在传统上会将其神化——在神学上的微妙区别,这一点还不清楚。[82] 萨阿贡的副手对村庄里的长老和其他有学识的人进行了长时间的访问。此类口述历史对萨阿贡的传教工作很有帮助,同时也使他更加接受原住民文化。他是怎样保持传教任务与民族志学调查之间的平衡的,这一点也尚不明晰。萨阿贡不是唯一一个学习纳瓦特尔语并收集民族志和历史学信息的修士。最终,在方济各会及其原住民信徒的通力合作下,纳瓦特尔语成为文学媒介,使原住民中的精英可以在一定程度上维持他们的文化认同感。[83]

但是,萨阿贡也不得不参与原住民改宗活动残酷的一面。他讲述了卡洛斯·奥梅托奇特辛的悲惨结局。他是墨西哥一个贵族家族的后裔,改信了基督教,但随后又回归了祖灵信仰。作为特斯科科的领主,他还劝告臣民也这样做。[84] 根据西班牙法律,他犯了叛教罪,要被判处死刑。1539年,萨阿贡被宗教法庭任命为奥梅托奇特辛案审理过程中的口译员。在审讯中,奥梅托奇特辛宣称自己的祖父和父亲"是先知,知道未来会发生什么,也知道过去发生过什么"。他们从来没有提起过新的神,所以对于他的臣民来说,没有正当的理由改变信仰。他争辩道,即使是修士们之间,也信奉不同形式的宗教,那么,他祖先的宗教信仰和活动为什么就不能有立足之地呢?奥梅托奇特辛向宗教法庭指出,我们看到"圣方济各会的修士信仰一种教义,奉行一种生活方式和穿衣风格,而圣奥古斯丁的信徒则信奉另一套,圣多明我会又是另一套,因此,正如我们所见,在我们这些信奉神的人中都存在这种情况:来自墨西哥的教徒……有一种祈祷和祭祀方式……在其他国家又不一样;每个城镇也有自己的方式……修士和神职人员也是这样做的,因为谁也不认同别人的做法"。[85] 这就是萨阿贡要从纳瓦特尔语翻译为西班牙语的话。人们对奥梅托奇特辛的辩护充耳不闻。他于1539年11月30日被施以火刑。

萨阿贡的研究向我们展现了阿兹特克人在他们的帝国被科尔特斯

的大军征服时的经历。我们知道，在与外来文化接触之前，阿兹特克人对他们的过去怀有深切的感情。米格尔·雷昂－波尔蒂利亚（Miguel León-Portilla）记录道，"大量的文本流传下来，其中一些还配有图像和象形文字。有些刻在石头上，诸如所谓的蒂索克之石（Tizoc Stone），通过图像和象形文字记录了阿兹特克帝国统治者征服蒂索克的事迹"。16世纪30年代，在萨阿贡的指导下，一些纳瓦人学会了用字母进行读写。[86] 他们起草了一份关于宏伟的城市特诺奇蒂特兰被科尔特斯及本土盟军围攻并毁灭的报告。这里必须强调的是，故事在事件发生十几年后才被记载下来。而且，最后的编辑很可能是由萨阿贡完成的。即使这样，文本还是带有原住民经历其帝国湮灭的印记。部分叙述中的创伤性语言证实了那些失去挚爱和家园之人的悲痛。他们哀叹道，"我们目睹所有这些事情发生在我们身上。那些事一直折磨我们，让我们如此难过和痛苦"。[87]

克兰狄能（Inga Clendinnen）明确警告史学家在解读这个叙事的时候要十分谨慎。与西班牙人对科尔特斯和迪亚斯·德尔卡斯蒂略（Díaz del Castillo）的描述一样，这是一种后见之明。克兰狄能尤其质疑对蒙特祖玛（Moctezuma）的描述。从最开始，就有人将科尔特斯登陆的消息报告给阿兹特克帝国统治者蒙特祖玛。据描述，他在知晓西班牙大炮的威力后十分沮丧和惧怕。他在战争第一阶段的表现被描述为优柔寡断、胆小懦弱。克兰狄能怀疑，为了使当时混乱的情形能说得通，作者试图将战争的最后结果归因于蒙特祖玛失败的领导，因为这种混乱情形按照阿兹特克人的作战规律来说根本无法理解。她进一步主张，蒙特祖玛相信西班牙人几乎是超人，甚或是"神"，这与西班牙人关于欧洲人战胜迷信的"原住民"的胜利叙事实在非常吻合（很久以后，萨阿贡对这本书进行了修订，为科尔特斯辩解，并将整个征服称为"神意"）。[88] 在特诺奇蒂特兰沦陷之前，西班牙人还没有如此自负，这一点从科尔特斯写给查理五世的第二封信中也可以看出。他在信中赞美了这座宏伟城市令人难以置信的美丽富有以及蒙特祖玛皇室的不凡气派。[89] 同样，迪亚斯·德尔卡斯蒂略也回忆说，他在靠近特诺奇蒂特兰城时感到不安，并提到"蠢立在我们面前的是一座宏伟的墨西哥城市，而我们——我们的士兵甚至还不足四百名"。[90]

然而，在阅读原住民叙事时，人们会震惊于这与奥维多、戈梅拉、迪亚斯和其他人所讲的西班牙历史之间的明显差异。西班牙人写下关于探险、征服和荣耀的故事，其中包括对阿兹特克帝国的财富、手工艺和军事实力的描述，这是为了让他们的欧洲君主印象深刻。而阿兹特克人的故事则叙述了他们近代史上最深的创伤，西班牙人的入侵灾难性地终结了他们所熟悉和信任的世界。征服墨西哥的叙述始于一种神秘的基调。在西班牙人到来的十年前，从火灾、彗星、雷暴到畸形生物，凶兆相继出现。[91] 因此，阿兹特克人的历史是在一种不祥的预感中开始的。克兰狄能当然有理由不相信让蒙特祖玛充当替罪羊的行为，也有理由不相信书中所说的印第安人的沮丧情绪，但是在特诺奇蒂特兰城——这座拥有二十万居民的城市，是美洲原住民"已知世界"中最宏伟的城市——毁灭很久之后的历史中，我们应该期待的不正是一种关于厄运的创伤性叙事吗？

在印第安人看来，即使没有超自然的暗示，西班牙人的出现也一定破坏了他们世界的常态。从来没有人从海上进入过他们的领域，欧洲人与他们之前遇到的任何人也都不同。与众神从海中归来的神话信仰大为不同，西班牙人的到来引起了他们深深的不安、焦虑和恐惧。科尔特斯早早就展示其大炮火力，无疑是在利用这一点。西班牙人的服装和相貌给阿兹特克人留下了全然奇特和陌生的印象：他们的铁铠甲、白皮肤、长胡须和长头发、奇怪的食物，关于他们的一切都令人不安。令人不安的还有他们高大的马，以及"眼神凶狠"、可怕的大狗。[92]

阿兹特克人把西班牙人描述为一种危险的生物和劲敌，但是当蒙特祖玛派遣使者向这些外邦人赠以金饰时，叙述者的语言突然转变了。他写道，西班牙人将全副身心都投入在黄金上：

> 他们就像猴子一样，抓住了黄金。好像这样他们的内心就满足了，光明了，冷静了。因为事实上，他们对黄金有巨大的渴望……［并且］

他们对黄金的贪婪，就像猪一样。……他们说话含糊不清。他们在胡言乱语。[93]

突然，形势好像逆转了。现在是阿兹特克人把西班牙人描述为猴子、猪和咿呀学语的蛮族。在短短几行之内，西班牙人的形象就从令人敬畏的伟岸降到次等人类的境地。不论他们对阿兹特克的记录者意味着什么，都必定不是无可非议的。

从阿兹特克人的叙述中可以非常清楚地看到，在特诺奇蒂特兰的最后较量僵持了近一年。西班牙人并没有轻易取得胜利，面对一群"士气低落的原住民"，想要取胜也不是一件易事。在那个臭名昭著的悲痛之夜，西班牙人被驱逐出特诺奇蒂特兰城，很多人被杀，要是守方乘胜追击，科尔特斯的军队就很可能溃不成军。但是他们没有这样做。这里，我们看到科尔特斯身为欧洲人的策略与原住民的荣誉准则之间的差异。如果有机会，西班牙人常常会杀掉尽可能多的印第安人，因为他们认识到敌众我寡的局面于己不利。而阿兹特克人的战斗方式则完全不同。他们认为追杀溃逃的敌人并不光彩。相反，他们会等待一个强大的西班牙战士与他们进行仪式化的单挑决斗。当原住民迫于军事需要，要杀掉战败的西班牙人时，他们会以砸碎后脑的方式了结他们。在特诺奇蒂特兰，这种不光彩的死法只适用于罪犯。[94]西班牙人在战争中的表现，以及他们像猪贪食般贪恋黄金，都必定使他们在原住民眼中的形象一落千丈。或许，在阿兹特克人的世界观里，他们也是"蛮族"。

不管西班牙人在阿兹特克人眼中是什么样子，他们都不是无法战胜的神。他们可以被杀死。在西班牙人无缘无故对庆祝维齐洛波奇特利节日的人实施那场臭名昭著的大屠杀后，战斗口号大规模传播开来，认为他们应该被杀死。当蒙特祖玛属下的政要之一（根据原住民的叙述）命令同胞停止对西班牙人的攻击时，"墨西哥人叫嚷起来……然后大怒"，指责政要的懦弱和西班牙人的背信弃义。[95]若不是科尔特斯带领新的西班牙军队与人数庞大的特拉斯卡拉和森波阿兰盟军打回来，西班牙的这场战争可能会就此结束。的确，在几个关键的转折点，西班牙人更强的武器和更有效的策略将他们从溃败的边缘救了回来，但最终，如果没有原住民盟军的帮助，在人数上远远处于劣势的西班牙人无法取胜。大规模屠杀战败的阿兹特克人，包括妇孺，主要是特拉斯卡拉人的杰作。这是他们对特诺奇蒂特兰无情的统治者们长年压迫的可怕报复。他们在特诺奇蒂特兰沦陷期间的怒火甚至在科尔特斯看来也是"猛烈和异常无情的"。[96]

一些表达阿兹特克人失落与悲伤的文学作品流传了下来。这些作品带有一种忧郁而令人悲痛的美。就像那首关于断矛的著名挽歌里写的：

> 断矛散落在路上，
> 散乱的头发诉说着悲伤。
> 失去屋顶的破房，
> 鲜血染红了城墙。
> ……
> 我们在绝望中以头
> 撞击土坯墙，
> 父辈们的心血，我们的城市，毁于一旦。
> 我们的勇士以血肉之躯顽强抵抗，
> 然而于事无补。[97]

在这些诗性的语言中，阿兹特克人力图传达被来自外部未知世界不可理解的入侵者打败的创伤经历。我们已经知道接下来将会发生什么，所以只能得出这样的结论，特诺奇蒂特兰的挽歌只是一种对这些诗人所经历的无法逆转的深切悲痛的轻描淡写的叙述。

卡萨斯的共同人类与普遍平等观念的局限性

卡萨斯因为将美洲原住民的形象刻画得过于美好而饱受批评，被描述为"高尚的蛮族"的天真仰慕者。他的一些文章确实给人以这种印象。尽管如此，把他描述为天真的伦理相对主义者是不公平的。他有时会最小化或忽视印第安文明的缺陷，经常要求欧洲读者在批判印第安人之前先将他们的习惯和祖灵信仰纳入考量。同样，他强烈要求他们从印第安人的视角来看西班牙人的入侵。但即使如此，他还是断然宣称，食人和人祭在上帝面前是不被允许的。卡萨斯从未明确宽恕这种做法。然而，他坚持认为，通过屠杀整个镇子的人来制止人祭比这种偶像崇拜行为本身制造了更多无辜的牺牲者，因此应该被谴责（这呼应了托马斯·阿奎那的著名观点，即为罢黜昏君而进行的暴力起义会造成灾难性后果）。

尽管如此，基督教神学的真理仍是一种绝对标准，即使是美洲原住民最诚挚的感情也要服从于此。卡萨斯在巴利亚多利德会议上的一篇辩论文章中给这一差异下了定义。这篇文章也许会被解读为天真的相对主义，实则恰恰相反：

> 至少从人性的角度来讲，一个从未听过基督姓名的印第安人，难道他相信自己的宗教是真实的程度，会不如一个基督徒相信他的吗？[98]

他的意图的关键是限定语"至少从人性的角度来讲"。按照人性的经验，原住民的真诚和对真理的体验与基督徒是一样的。但是，这样的平等在神学中并不适用。在上文他为人祭辩白的讨论中，他赞美了阿兹特克人"对神的自然理解"。但是，自然神学——全人类都有感知神存在的能力——没有与基督教神启同等的地位，后者有《圣经》知识宝库，有罗马教会作为卫道者。从神学上说，差异不在两个宗教之间，而在绝对真理和绝对谬误之间。人类同理心和神学真谛之间的距离证明了卡萨斯的共同人类与普遍平等观念的局限性。

一些美洲原住民故态复萌，由信仰基督教改回祖灵信仰，但无论是萨阿贡还是卡萨斯都没有质疑教会处罚这些美洲原住民的权威。质疑教会的做法意味着替叛教辩护，最终会导致罗马天主教会沦为志愿性组织，人们可以随意入教或退教。他们充分承认印第安人在世俗事务方面属于共同人类，但决不允许原住民在信仰问题上有自主意志，他们甚至不曾为自己争取过这种自由度。出于相同的理由，卡萨斯虽然对殖民者剥削原住民深恶痛绝，但是他无法说服自己放弃整个殖民大业，因为这样就意味着阻止美洲原住民领会基督的神启。卡萨斯相信自己身负使原住民皈依基督教的神圣职责，虽然 1566 年 7 月，在他去世的几天前，他还呼吁归还原住民的财产，恢复原住民的自治。[99]

对于像卡萨斯和萨阿贡一样的人来说，人类的核心定义包括进入天国的普遍权利——即被改宗的"权利"。人类是平等的，他们都拥有不朽的灵魂，都是按照上帝的形象创造的。美洲原住民是否，以及（如果答案是肯定的）在多大程度上愿意被改宗，这一点还有待讨论。帕特里夏·锡德（Patricia Seed）认为，美洲原住民拥有"理性灵魂"的学说需要传教士们的假设作支撑，即"任何'理性'的人都会觉得宗教信仰'明白无疑'，从而皈依"。因此，锡德总结道，卡萨斯和他的同盟提出的原住民理性的概念在逻辑上导致了这样一种定义：原住民的人性集中在受洗和加入基督教的能力上。[100] 锡德论述的核心是正确的，但是她错在把卡萨斯关于原住民理性的概念简化到仅剩其神学的一面。我们应该记得，卡萨斯也使用了亚里士多德的术语，将原住民的理性定义为政治上的慎思熟虑和良好的管理能力。他的观点是，美洲原住民应该自愿改宗，但在其他方面有自由管理自己事务的权利。

扎比内·麦科马克（Sabine Maccormack）对 16 世纪秘鲁改宗活动的讨论揭露了一种类似的含混。多明我会修士多明戈·德圣托马斯（Domingo de Santo Tomás）盛赞了印加语言的优雅和规则性，这证明了印加文明程度之高。像卡萨斯一样，他强调在西班牙征服印加之前，印加人生活在一个秩序井然的国家里，符合亚里士多德的文明标准。然而，当提到安第斯的宗教习俗时，赞美变成了攻击。麦科马克称，"大多数传教活动始于首先发现某一区域的圣地和圣物，然后再将之摧毁"。[101]

鉴于这些局限和张力，近代史学家对卡萨斯的生活和工作给出了不同的评价是不足为奇的。劳伦斯·克莱顿（Lawrence Clayton）将卡萨斯描述为开创了"对人权的全新理解",是"反对征服者的典范"。通过考查拉斯·卡萨斯为争取原住民权利而进行的长期斗争的资料,克莱顿明确了一种根植于 15 到 16 世纪西班牙改革派基督教环境的"精神觉醒"。[102] 鉴于卡萨斯的初衷和他为原住民的生存和自由权利而进行的不懈斗争,克莱顿的看法无疑是正确的。另一方面,丹尼尔·卡斯特罗(Daniel Castro)提出了一种完全不同的解释,他将卡萨斯描绘成一个家长主义作风的改革者。这位改革者还试图促进"仁慈的教会帝国主义"的发展,以对抗殖民者残酷的帝国主义。[103] 然而,卡萨斯的两个主要目标——自愿改宗和原住民自治,体现了对西班牙殖民者的宗教和经济策略的全盘拒绝。我认为"教会帝国主义"是一个具有误导性的标签,曲解了卡萨斯为原住民的权利做出的长期斗争。

之后,卡萨斯关于共同人类的想法变得摇摆不定。在对殖民体系的谴责中,它剑指不公正、不合理地侵犯原住民自由的殖民者。但是作为基督教普救论的先声,它对原住民的自由有着明确的限制:诚然,改宗应该出于自愿,但是一旦加入基督教会,到死都不能退教。

何塞·德阿科斯塔将美洲置于神圣历史和世界历史之中

像卡萨斯和萨阿贡一样,何塞·德阿科斯塔的文章源自他在美洲的传教工作。但不同的是,他是耶稣会信徒,而且他的美洲岁月不是在墨西哥,而是在秘鲁度过的。他出生于 1540 年,属于年轻的一代;他于 1572 年到达秘鲁,并于 1587 年回到了西班牙。卡萨斯经历了整个征服时期和殖民的第一个阶段,阿科斯塔则参与了帝国的巩固。在他到达的那一年,在新上任的、干劲十足的秘鲁总督弗朗西斯科·德托莱多(Francisco de Toledo)的命令下,最后一位印加王图帕克·阿马鲁(Tupac Amaru)在库斯科遭俘获并被公开斩首。

托莱多在 1569 年至 1581 年间统治秘鲁。在西班牙地方官员的强有力控制下,他试图创造一种政治和社会新秩序,抑制监护征赋制下委托监护主和头领的权力。在严肃可怕的氛围中,"末代印加王"在城市中央广场上被斩首,超过十万美洲印第安人和定居殖民者目睹了这一恐怖的行刑过程。在一片死寂中,图帕克·阿马鲁讲述了他对基督教上帝的看法。连续几天,传教士将他置于重压之下,迫使他在公众面前改变祖灵信仰,以劝说人们放弃古老的众神。[104] 耶稣会在库斯科的瓜伊纳·卡帕克(Huayna Capac,西班牙人到来之前的最后一位印加王)宫殿的地基上建立了自己的教堂。基督教会明显是要以自己的权威取代印加的权力宝座。[105] 即使有这番努力,秘鲁人民还是坚持抵制强加给他们的基督教。

1572 年 4 月,阿科斯塔到达了利马。[106] 或许他当时就在图帕克·阿马鲁被斩首的现场。他是一个冷静严肃的人,并没有像他的方济各会弟兄们那样,对基督即将再临抱有什么千禧年信徒式的期望。对阿科斯塔来说,西班牙帝国统治的正当理由已经不言而喻。他在秘鲁的一些耶稣会同侪对西班牙的统治提出了质疑,而阿科斯塔虽未否认征服大业被一些不公正的暴力事件所破坏,但仍辩称就现在的情况来看,颠覆西班牙帝国可能会造成新的、更大的灾难。[107] 我们不久就会看到,他明白卡萨斯与其多明我会同侪的批判是出于好心,但认为它误入了歧途。

在阿科斯塔到达秘鲁时,殖民地有着一百余万名美洲印第安人、两万五千名欧洲人、七万多名混血者和越来越多的非洲奴隶。很多印第安人以城镇为单位被重新整编,按网格排布,而教堂位于中央广场上。原住民需要缴税和服劳役。一万三千多名农民每年被征募到波托西的银矿干活。[108] 阿科斯塔比卡萨斯更亲殖民政府,后者在工作中经常不得不利用他在西班牙宫廷的关系,还被殖民地的精英所排挤。拥有高层的视角或许可以解释为什么阿科斯塔的主要出版作品《西印度群岛自然与人文历史》没有采取叙事史或司法制度和政策专著的形式,而是作为百科全书式概览,力图对新大陆的本质和西班牙近一个世纪的统治做出评价。

阿科斯塔在美洲期间撰写了《西印度群岛自然与人文历史》第一部分的草稿,回到西班牙之后完成了全书。1590 年,该书在塞维利亚出版,深受欢迎,很快就被翻译为意大利、法、德、英、荷兰和拉丁语。[109] 这本书是阿科斯塔对于他在美洲期间的所见所闻进行审慎思考后的产物。

同年,他在出版于罗马的拉丁文册子《最后时代》(De Temporibus Novissimis)中告诉读者,"在亲自与印第安人接触之后,发现他们的事情似乎与我之前听说的有部分相同,但又不完全一样。确实,我发现印第安人的情况与那些提及他们的人说的一样,因为后者实际上没有对我撒谎。不过,这与我的判断有所不同,而且与我一开始设想的非常不一样"。[110] 因此,在美洲的经历在某种程度上修正了阿科斯塔对美洲及其居民的观点。他对于原住民"偶像崇拜"的厌恶并没有减弱,但是对于美洲原住民,尤其是秘鲁和墨西哥原住民所达到的文明程度却变得十分欣赏。

阿科斯塔解释说,写这本书的原因之一是"想驳斥许多人普遍持有的那种错误观点,即认为原住民是粗野残忍之人"。他继续说道,低估印第安人的成就,导致许多欧洲人对他们犯下了"蛮横的暴行",像对待没有头脑的野兽一样对待他们,认为他们"根本不值得尊敬"。阿科斯塔强调说,诚然,印第安人有很多"野蛮的地方",但他们的许多成就"值得我们致以极大的敬意"。他向读者保证,印第安人在某些方面超过了"我们的联邦",就连希腊和罗马人也会钦佩他们的成就。[111] 对认为所有原住民都是"野蛮人"这种庸俗观点的批判出现在这套书第六册开头介绍该书民族志内容的部分。后来,在讨论了西班牙对墨西哥和秘鲁的征服之后,阿科斯塔提醒读者不要低估印第安人的勇猛。他认为,如果墨西哥的蒙特祖玛或秘鲁的印加王坚决地抵抗西班牙人,科尔特斯和皮萨罗就不会有什么惊人成绩[112],"尽管他们是优秀的指挥官"。

《西印度群岛自然与人文历史》按两个时间框架行文,一个是基督教神圣历史的时间性,另一个则是从野蛮发展到文明的时间性。世俗历史从自然史、政治理论、民族志和地理学中获得启发,神圣历史则属于神学的范畴。它引入了一种新的调查模式,即比较人种学的语言。[113] 阿科斯塔并没有总是明确地区分这两种框架,但是根据大致轮廓,我们可以说,第五册集中叙述了美洲原住民的宗教信仰和习俗,以神学框架为主导,而其他几册则展现了一种世俗调查的逻辑,但世俗与宗教之间的联系从未被割断。

在开篇部分，阿科斯塔讨论了原住民的宗教信仰。他宣称，写这本书不单单是要提供关于西印度群岛上的事件的信息，还要帮助印第安人拯救他们的灵魂，歌颂"造物主与救世主"的荣耀。[114] 阅读这些篇章，人们会立刻注意到，他对原住民宗教信仰的评价，与卡萨斯相比更加苛刻，但不那么断然。据阿科斯塔所言，印第安人的"宗教"根本不是真正的宗教，只是魔鬼用来将人们引入迷途的一种阴险幻想。萨阿贡有时会为阿兹特克父母将自己的孩子献祭给众神的行为辩解，称撒旦才是真正的罪魁祸首。但是，阿科斯塔无法轻易接受这样的逻辑。他最多愿意把献祭的观念看作改宗基督教的一个切入点，人们可由此按基督教的教义献祭。[115] 即使如此，偶像崇拜的根本原因是撒旦不断努力"想与上帝平起平坐，并模仿他的祭祀、宗教和圣礼"。[116]

由于撒旦对人类的诱惑可以追溯到亚当的堕落，并会持续至基督再临，"偶像崇拜"这个词缺乏世俗性意义。阿科斯塔对秘鲁和墨西哥神庙、祭司和宗教仪式的描述包括了对日本、黎巴嫩和埃及宗教的独立观察。作为三大一神教之外于所有民族中偶像崇拜程度最低的民族，中国人被单独列出，这与耶稣会希望利用儒家思想和基督教教义之间所谓的亲缘关系，对他们进行改宗的愿望相一致。所有这些都与历史无关。在这些章节中，美洲人、亚洲人和非洲人的偶像崇拜超越了世俗历史的知识空间，在一个非时间的连续体中并列。

当我们转向阿科斯塔的历史视角时，一种完全不同的美洲观显现出轮廓。首先，他解释道，美洲是世界不可分割的一部分，是大洲之一。它同样由亚里士多德学说中的四样物理元素和自然秩序（矿物的、植物的和动物的）组成，这和旧大陆一样。将欧亚大陆与非洲大陆分隔开来的相同的气候带贯穿了整个美洲。有鉴于此，阿科斯塔批评了认为热带地区的极端高温使其不适合维持任何生命的旧观点。利马位于赤道以南仅六百英里的地方，但是三月份的时候会很冷。因此，亚里士多德所持有的、认为热带地区的人们将会死于气温过高的观点应该被摒弃。阿科斯塔把秘鲁温和的气候归因于太平洋、风的系统和高海拔。[117] 他开玩笑说，他观察到自己所处的利马正位于亚洲大陆的对跖点，但他也并没有倒立着走路。[118]

同样，美洲原住民有自己的历史，这些历史以手抄本和口述的方式保存了下来，成了世界历史的一部分。[119] 阿科斯塔熟读卡萨斯和维多利亚的作品，与他们一样，他认同所有民族同属共同人类，摒弃了自然奴隶制的理论，从历史和自然环境的角度解释文化差异。此外，他还深信，如果不了解印第安人的语言、习俗和心态，就不可能使他们皈依基督教。[120]

阿科斯塔把《创世记》视作真正的历史，假定人类起源于同一片旧大陆。在他写作的时候，关于美洲原住民起源的问题已经被讨论了近一个世纪。人们提出了各种各样的理论，从迦太基人和亚特兰蒂斯的幸存者，到维京人和失落的以色列十支派。[121] 阿科斯塔认为，美洲原住民起源于犹太人的假说最不可信，因为在印第安人中没有任何信奉犹太习俗和信仰的迹象，而犹太人无论去到哪里，都以坚守传统闻名。从大洪水出发，阿科斯塔得出了两个结论。首先，挪亚的方舟搁浅在亚拉腊山，地上的生命后来就是从那里开始繁衍的。第二，《创世记》明确表明，上帝用前六天创造了天地万物，在大洪水之后，没有再创造新的物种。因此，在美洲发现的所有动物都起源于旧大陆。[122]

阿科斯塔把自己对《创世记》的解读作为研究假说，否定了一切关于美洲人由海路抵达美洲的理论。古人没有磁针罗盘，无法横渡大洋。而且，动物是无法由海路抵达美洲的，水手又何必载着像狼和毒蛇等有害无用的动物，来增加船的负重？[123] 阿科斯塔提出，剩下唯一的解释就是，人类和动物都是通过陆桥或者是极窄的海峡抵达美洲大陆的。他补充道，这样一个通道可能存在于北极，因为欧洲人此时还未造访过"佛罗里达以北"的西北地区。[124]

阿科斯塔接下来调查了美洲原住民的起源及历史。"就在不到几千年的时间里"，他们一波接一波地来到了新大陆。[125] 他推测，第一批移民是"野蛮人和逃亡者"，他们没有城市，没有政体，也没有书面文字。[126] 这样一来，他就可以将这种野蛮的状态置于美洲的历史初期，同时坚持《创世记》中的神示，即历史真正的开端是由挪亚及其家族所创造的，他们只崇拜一位神，讲希伯来语。他说，美洲的第一批居民是不种植任何东西的猎人，他们四处流浪，以野兔、飞禽、游蛇、蜥蜴、蝗虫和蠕虫等为食。女人和男人都是这样生活的。最后一点是他们不崇拜任何的神，也没有任何的宗教仪式。

阿科斯塔说，甚至到今天，在墨西哥的一些地区，人们还可以找到这样的野蛮人。向他们宣扬基督教教义毫无用处；在能够成为基督徒之前，首先要让他们知道"他们是人"。[127]就像往常一样，"野蛮人"的概念是由一系列缺失构成的。他们缺少大多数定义了正常社会秩序的属性。他们被描述为游牧而非定居的、无信仰而非偶像崇拜的，毫无法纪，其理性还未形成。最后，他们的文化中几乎没有性别区分，展现了一种原始的性别同一性。从这种野蛮的状态出发，美洲原住民中有一部分人踏上了文明之路，但是没有人可以达到16世纪欧洲人的文明程度。然而，这并不是说美洲原住民完全受困于这种野蛮状态。这种状态只代表了其历史的基线。阿科斯塔反复暗示，这是亚洲的移民到达美洲时的情况，或者说是由于必须在北极严酷的条件下生存，他们又回到了这种野蛮状态。在《西印度群岛自然与人文历史》之中，野蛮被解释为美洲原住民的移民经历所带来的后果，并不代表他们的本质属性。而且，这不是一个静止的状态，而是历史的第一个阶段。阿科斯塔解释说，随着时间的推移，这些蛮族中的一些人"在力量和才智上胜过其他人"，开始在贫乏的邻里中称王称霸，并建立了墨西哥和秘鲁王国。这些民族虽然在一般意义上仍被划归为"蛮族"，但是他们远远胜过了其他印第安人。[128]

读者如果深入探究《西印度群岛自然与人文历史》，就会很快发现，阿兹特克与印加帝国没有法纪的野蛮状态和君主统治并没有穷尽美洲接触外来文化前的政治制度。再一次，阿科斯塔以无可置疑的公理为开端，观察到"蛮族"的政体是残暴的，其统治者力图使人对他敬若神明。阿科斯塔接着解释道，许多印第安人不必忍受这样的暴君，而是"共同生活，只有在某些特定的场合才设立或者任命首领和国王，并在其掌权时期服从于他们"。他总结道，在新大陆的很大一部分地区，人民均以这种方式进行自我治理，虽然通常还是有一些领主和贵族被推举到平民之上。采用这种方式的国家有智利、危地马拉、佛罗里达和巴西。他将这些地区与墨西哥和秘鲁做了对比：墨西哥的国王是选举产生的，就像罗马帝国一样，而秘鲁的君主是世袭的，就像西班牙和法兰西王国一样。[129] 阿科斯塔对阿兹特克帝国国王选举的描述，有点像塔西佗的《日耳曼尼亚志》："人民虽有最后决议之权，而事务仍然先由酋帅们彼此商讨。"[130] 即使阿科斯塔关于美洲原住民社会制度的报告不是始终如一的，但他大致将土著人的政体划为三种类型，分别对应三个历史阶段。最早的一个阶段是无法律约束的野蛮时期；第二个阶段是松散的联邦阶段，我们可以将其描述为贵族共和制；第三个，也是最高的一个阶段，就是墨西哥和秘鲁这样的君主制国家。

从这个角度来看，我们必须认识到，阿科斯塔也在中国人身上贴上了蛮族的标签。他补充说，在他那个时代，墨西哥人的历史记录并不像中国和日本那样"精妙和玄奥"，但他们有信件和书籍，里面保存了前人的事迹。[131] 不幸的是，许多阿兹特克人的记录都被过度狂热的西班牙人所烧毁，后者认为那些材料包含的只有无用甚至可能危险的迷信。阿科斯塔指出，事实上，许多古代的纪念碑和圣物本应对西班牙人十分有用，它们可以帮助他们理解错综复杂的原住民文化。然后，他讲述了墨西哥的一个耶稣会信徒是如何召集小镇的高龄智者，让他解释其历史和历法符号的故事。老人们讲述了他们是如何度量历史时期和日期的。阿科斯塔进一步叙述道，墨西哥人教导他们的孩子牢记这些古书记载的重要演说和对话。更重要的是，墨西哥人设法将诸如忏悔、原罪、上帝和三位一体等基督教概念翻译成他们的符号语言。阿科斯塔饱含钦佩之情地叙述了这项壮举，并评论道，如果没有"对所学概念的出色理解"，他们不可能完成这项工作。[132] 相比对他们的"野蛮"习俗提供的总括性解答，在这些典型的故事中，阿科斯塔常常对印第安人的智力和文学能力表现出更良好的印象。

和大多数欧洲人写的旅行见闻录一样，阿科斯塔也讨论了美洲人，特别是印加人的性别制度。所有男人都会磨练他们所需的技艺，并建造自己的房子，同样，女人了解大多数事物，她们并不是在无所事事中长大的。因此，她们不辞辛劳地照顾着丈夫。谋杀、盗窃、通奸以及与一级亲属之间的乱伦都是重罪。但是，男人娶妾不会被认为是通奸。女人就算被发现与别的男人通奸也不会被处以死刑，除非她是正妻或合法妻子——在这些情形中，奸夫也会被处罚。当丈夫去世之后，正妻需要守寡一年，但是在这之后她就可以再嫁。[133] 阿科斯塔对印加帝国性别制度的叙述并没有谴责的意味。当然，他并不是宽恕多配偶制，但仍对女人的勤恳而非闲散表达了赞赏而非责备。

现代研究发现，印加社会的性别制度以男女角色平行互补为基础。除了在帝国等级体系达到高峰时，印加社会都按男女平行等级体系运行：男女各自拥有并继承财产。同样，男女均可作为祭司主持类似的宗教仪式。在阿科斯塔的年代，西班牙当局已经在着手将这种性别制度基督教化，实际上相当于瓦解女性的等级制。而虽然阿科斯塔没有注意到传统印加体系中的性别平衡，他似乎十分欣赏印加社会女性经济自主的地位。[134] 让我们回想一下，对基督教性别制度的违反是欧洲的许多东方旅行见闻录的共有特点。阿科斯塔对美洲原住民的全盘谴责看起来像是欧洲人对"蛮族"先入为主的偏见在作祟，但是当他给出详细的民族志资料时，对蛮族的刻板印象虽依然存在，也已经不再重要了。

在开始讨论美洲原住民宗教文化的本质与发展时，阿科斯塔提醒读者不要因为他们"邪恶"而可怜的信仰而谴责他们。他宣称，"让我们记住，同样的，甚至更恶劣的事情，已经在掌控整个世界的希腊和罗马人中发生了"。[135] 阿科斯塔关于美洲宗教历史的概述以蛮族没有宗教信仰、不受法律制约为开端。在第二阶段，人们开始崇拜自然物、动物和圣地。第三阶段到来的标志是印第安人开始崇拜天体，尤其是太阳。美洲原住民所能达到的宗教的最高形式是唯一造物主的自然神学。相应地，他们可以得到至高无上的天主与造物主的启示。[136] 阿科斯塔所举的例子主要来自秘鲁和墨西哥，他还提醒说，这种唯一造物主的自然神学仍然掺杂着许多偶像崇拜的迹象，包括阿兹特克人的邪恶人祭。

这些关于原住民宗教的碎片化历史以一种比较的观点为框架。阿科斯塔再三指出新大陆的宗教和希腊、罗马和中国的宗教存在相似之处。与前述他的民族志与历史的美洲观相同，他对于原住民族宗教历史的讲述也遵循着进化论式的观点。我认为琼-保·里巴斯（Joan-Pau Rubiés）所言极是，"阿科斯塔的叙述中最令人称道的，是他如何将自己对负面超自然力量的强调，与人类理性对一神论的自然理解，以及偶像崇拜的非理性此类基本假设结合在一起"。[137]

我们可以将阿科斯塔的观点与同时代人印卡·加西拉索·德拉维加（Inca Garcilaso de la Vega）的进行有效对比。加西拉索出生于1539年，父亲是西班牙人，母亲是印加人。他的父亲是库斯科的行政首长，迎娶了印加公主伊莎贝尔·齐木普·欧克罗（Isabel Chimpu Ocllo），即图帕克·印卡·尤潘基（Tupac Inca Yupanqui）的孙女。但是后来，他父亲抛弃了他母亲，与一位西班牙贵族女士在一起了。因此，加西拉索在两个世界里长大。他从母亲的亲戚那里获取了大量关于印加历史的知识，之后又在西班牙接受了全面的人文教育。加西拉索出版的关于西班牙征服美洲的书带有这种双重血统的印记。他的第一本书——《印加的佛罗里达》（*La Florida del Inca*，1605）叙述了赫尔南多·德索托（Hernando de Soto）对今天的美国东南部进行的一次命运多舛的远征。这次征战没有留下持久的影响，主要因其破坏性的暴行而闻名。加西拉索把佛罗里达的原住民描述为半开化的民族，并没有大多数西班牙年代史编者经常强加在他们身上的恶习。[138]更值得注意的是，他费尽心思在故事中赋予美洲原住民发言权，主要是让他们的首领进行雄辩的演讲，控诉西班牙征服者的贪婪和暴力，后者颇有塔西佗笔下的蛮族首领的风范。然而在最后，为了平衡，加西拉索也赞美了西班牙对墨西哥和秘鲁的征服，并表达了西班牙会在未来将更强大的帝国纳入版图的愿景。[139]

《印加王室述评》（*Comentarios Reales de los Incas*，1609）向读者呈现了其对西班牙人关于印加帝国的现存叙述的修正。加西拉索明确地区分了秘鲁的两个历史时期。[140]在第一个时期，居民们还是蛮族，嗜好食人、人祭和崇拜邪魔。他们赤裸着到处走动，没有房舍，也不耕种土地。女人像男人一样残忍，用人血喂养自己的孩子让她们感到愉悦。[141]后来，情况出现了转机。太阳神怜悯人类，派他的儿子和女儿到的的喀喀湖（Titicaca）向人们传授文明生活的好处。于是印加帝国出现了。太阳神之子就是曼科·卡帕克（Manco Capac），第一位印加王。[142]

据加西拉索所说，最重要的是不将秘鲁历史的两个历史时期混为一谈。西班牙史学家未能做到，他们将第一阶段蛮族残忍的偶像崇拜张冠李戴地归于印加帝国。虽然在提到阿科斯塔时十分恭敬，但加西拉索将叙述印加历史的动力归功于他父系家族的一位叔叔，他的观点也与阿科斯塔所坚持的印加偶像崇拜背道而驰。而且，与阿科斯塔相比，他还进一步将印加统治开始的时间向前推了大约三百年，创造了一个更加悠久的原住民文明史。在加西拉索的书中，我们看到了原住民的自豪和高贵，这超出了阿科斯塔的知识视野。[143]

虽然如此，阿科斯塔的书不是一本关于恶魔学的专著。在他看来，原住民的自然神学是非常宝贵的发现，因为它为基督教改宗工作提供了明确的切入点。当我们检视阿科斯塔的共同人类观时，我们会发现他著作中的民族志部分和神学部分存在着巨大的差异。在神学视角占主导的部分中，他对美洲原住民的评价以谴责居多，共同人类的话语也相应地更加薄弱。在历史和民族志的章节中，印第安人与旧大陆的其他民族通常是地位平等的，而以神学为主的章节则更倾向于把他们描绘成受魔鬼蛊惑的"他者"。

对于阿科斯塔本人来说，神圣历史的时间性为他提供了最终根据。它架构起整个论述，使他可以正当化西班牙的征服，将其解释为神意使然。阿科斯塔在书的结尾部分写道，他书写印第安人的历史：

> 是为了让我们知道，我主耶稣是怎样对信仰和基督教施以恩惠的，保护那些坚持信仰的人，虽然也许以他们的作为来说，他们并不值得拥有上天如此大的恩惠。因此我们不应该谴责第一批来到西印度群岛的征服者所做的这些事，与一些虔诚和博学的人一样，他们无疑怀着高涨的热情，只是毫无节制。虽然他们在从未侵犯过基督徒的异教徒眼中多半是贪婪之人，残忍而且极度愚蠢，但是我们不能否认，后者对上帝和基督徒怀有满腔恶意，正是这种恶意迫使他们操起严苛和惩罚的手段。而且，万有的主（虽然其虔诚的信徒

是带有原罪的人）会施恩惠于他们的事业和同伴，甚至是为了异教徒的福祉。应该通过这种方式将后者转变为上帝福音的信徒，因为上帝高高在上，而通往他的道路妙不可言。[144]

因缺乏节制而被斥责的"虔诚和博学的人"，无疑就是卡萨斯及其多明我会的同伴。阿科斯塔认可他们的批评，但又用神意的历史来边缘化这一批评。同样，他为殖民者开脱：首先大致依照维多利亚的态度，指出他们是被迫回应印第安人的"恶意"的，然后把他们描述为依据神意行事的盲目而罪恶的工具。最后，他以神圣历史的更高理性为世俗历史的杀戮与苦难辩护。对阿科斯塔来说，征服的宗教性成果实现了"第二以赛亚书"的预言，即真正信仰一神论的宗教将（伴随着西班牙国王轻松取代居鲁士）传播到世界的尽头。印加和阿兹特克帝国在政治上的统一为基督教的迅速传播创造了条件，正如安东尼·帕戈登（Anthony Pagden）观察到的，罗马帝国也为拉丁基督教世界的开创铺平了道路。[145]

阿科斯塔和卡萨斯肯定了美洲原住民具有充分的人性和理性。他们的共同人类观展示了同样的形式结构。然而，除此之外，二人的路径背道而驰。首先，卡萨斯用共同人类的概念向整个殖民帝国发起了正面攻击，而阿科斯塔对殖民者恶行的批评则作为谨慎委婉的潜台词出现。其次，卡萨斯相信殖民者的暴行和贪婪使改宗工作的成果付之东流，造成一种表面上归顺的假象，而非真信。另一方面，阿科斯塔则认为镇压原住民是成功使其改宗的前提条件。对于他们两人来说，神圣历史为征服美洲提供了基本理据，但卡萨斯不愿为拯救美洲原住民的灵魂而任由他们惨遭杀害和剥削。

对阿科斯塔而言，神圣历史是人类历史的基础。即使如此，他的《西印度群岛自然与人文历史》为美洲世俗历史提供了大纲。美洲原住民被插入《圣经》的人类谱系之中，但是同时也被编排进一个新的叙事，即一段关于世界历史中的人类迁徙的推测史。在神圣历史之外，阿科斯塔为美洲成为人类历史不可或缺的一部分奠定了基础。说得委婉一点，他作品中的比较人种学元素并未被严格理论化，但是，它们为其他沿着相似路线前进的人提供了垫脚石。《西印度群岛自然与人文历史》很快被译为数种主要的欧洲语言，成了 17 世纪地理学家、民族志学家和自然史学家的标准参考书。

蒙田及其对蛮族概念的解构

何塞·德阿科斯塔和蒙田生活在同一个世纪，但是，我们是否能称他们为智识上的同时代人还不清楚。蒙田是波尔多地区一个靠酿酒业和渔业起家的殷商家庭的后裔。他的父亲是当地精英，后来成了市长。蒙田在穿袍贵族中间长大，并为波尔多最高法院工作多年。后者是法国二十三个拥有自治权的最高法院之一。他的教育并非以神学为主，而主要是法律及希腊和罗马古典学的人文经典。我们可以将他的世界观描述为怀疑论的人文主义。在蒙田的《随笔集》（*Essais*）中，除了他钟爱的普鲁塔克，他引用最多的作者是卢克莱修，而许多同时代人都认为卢克莱修是个无神论者。

然而，这并不是说他对宗教不感兴趣——事实正好相反。他出生于 1533 年，那是布告事件（affaire des placards）发生的前一年，加尔文教徒的猛烈抨击在许多法国城镇中传播开来。该事件预示着宗教战争的开始，几乎使法兰西王国四分五裂。在西班牙，穆斯林和犹太人被驱逐出去，这收获了大量天主教徒的认同，但是在 16 世纪的法国，宗教成了激烈冲突的源头。

1572 年，蒙田开始起草《随笔集》，那一年发生了圣巴托罗缪大屠杀，在几个星期内数以千计的新教徒被处以私刑，包括数百名波尔多市民。蒙田的家庭分裂了：他的父亲仍然是一名天主教徒，而他的母亲来自犹太家庭，她逃到了西班牙以躲避宗教法庭的审讯。不过她最终还是成了一名十分狂热的天主教徒。但是，蒙田的几个兄弟姐妹转而信仰加尔文教。他没有走这危险的一步，但是他一直与信仰新教的亲戚保持了友好的关系。在宗教战争期间，因为他是"法国少数几个与冲突双方都保有良好关系的人之一"，所以曾多次作为谈判者，在互相争斗的派系之间居间调停。[146] 蒙田非常认同政治家，他们认为和平和政治稳定比将正统宗教信仰强加于人更加重要。[147] 在16世纪的西班牙，宗教同一是可以实现的目标，但是在法国，这就成了引发内战的原因。在蒙田看来，没有什么比残酷和狂热更加令人憎恨。

作为一个殖民国家，法国与西班牙比起来，就相形见绌了。虽然如此，法国每年都有大约一百五十艘船驶往加拿大沿岸，在那里与原住民进行交易。[148] 其他商人也备好商船前往加勒比和南美洲的沿海地区。从1550年到1560年，法国人坚守着一处叫作南极法兰西的定居点，它位于里约热内卢海湾入口处的一座小岛上。在腹地，他们遇到了图皮南巴人（Tupinamba），一个经常与邻国交战的民族。图皮南巴人以食人闻名，他们过去常常把战俘养肥然后吃掉。法国人在那里短暂停留，但一回到欧洲，就有两名殖民者出版了几部书，告知法国民众关于巴西的海岸及其居民的情况。第一本是安德烈·特韦（André Thevet）的《南极法兰西的独特之处》(*Les Singularitez de la France Antarctique*，1557)；第二本是让·德莱里（Jean de Léry）的《巴西旅行记》(*Histoire d'un voyage faict en la terre du Brésil*，1578)。这两本书蒙田都有。[149]

像西班牙人一样，法国人在远征中不断将美洲原住民运往欧洲。1550年，也就是巴利亚多利德大辩论那年，三年前继承法国王位的亨利二世在港口城市鲁昂举行了一次盛大的加冕庆典。在庆典活动中，五十个图皮南巴人在仿造的亚马孙森林中上演了一场模拟战斗。[150] 十三年之后，新任国王查理九世同样在鲁昂庆祝自己达到法定成年年龄。一些图皮南巴人再一次参加了庆典。他们的三位酋长被引见年轻的国王。

蒙田出席了庆典，在口译者的帮助下，他可以与他们交谈。当被问到在法国见过的最令人费解的事情，他们回答说，如此多身强体壮和全副武装的人居然臣服于一个小男孩，这使他们感到非常惊讶。在那个时代，法国国王到十三岁就算成年。图皮南巴人问道，让这些勇士（他们指的可能是那些瑞士人守卫）中的一个做国王不是更好吗？他们还震惊于法国巨大的贫富差距。他们不理解，为什么穷人没有消灭富人，或者让他们的高楼大厦付之一炬呢？"¹⁵¹ 蒙田也讲到他的一位佣人在图皮南巴的土地上度过了十多年。蒙田声称已经详细询问过他，但是一些评论家们怀疑这个佣人的存在。¹⁵²

除了其他文章中一些零散的叙述，蒙田对新大陆的思考大多见于《论食人部落》和《论马车》两篇。前者收录在《随笔集》1580年版的第一卷里，后者只在1588年版里有收录。同时，蒙田拜读过卡萨斯的作品，《西印度毁灭述略》给他留下了不可磨灭的印象。¹⁵³

毋庸置疑，《论食人部落》*中的食人族指的就是图皮南巴人。我们可以将这篇文章视为对欧洲人使用"蛮族"概念的委婉批评。文章以一个关于希腊国王皮洛士的故事开始。他调查了派来对付他的罗马军团，说道："我不知道这些是什么样的蛮族（希腊人这样称呼所有的外族），但是，我看他们的布阵一点也不野蛮。"蒙田评价这段故事时称，"必须防止自己轻信世俗之见，用理智的思考去做出判断，不要人云亦云"。¹⁵⁴ 作外邦人和野蛮人之义的希腊语汇不断出现，贯穿整篇文章。

在引言之后，蒙田表达了他对欧洲人是否有能力了解其正在探索的新大陆的怀疑："我担心我们眼睛大肚量小，好奇心多于理解力。"¹⁵⁵ 因此，他提醒读者不要急着下结论。理解真正的新事物需要付出智力上的努力。正如我们在不久后将看到的那样，人们还需要仔细审视自己的文明。谈到图皮南巴人时，蒙田冷静地说道，"根据我听说的情况，那个国度里没有什么是野蛮和残酷的，除非大家把不合自己习俗的东西称为野蛮"。他继续说道，看起来，"我们所谓的真理与理性，其标准也只是借鉴我们所处国家的主张和习俗而已。我们这里的宗教是完美的，政体是完美的，一切的一切都是完美的"。¹⁵⁶ 这使我们想起了希罗多德的话，除了一处巨大的差异。希罗多德认为这种种族中心主义情有可原，值得尊敬，但是蒙田认为这种优越感是心胸狭隘的表现。

接下来他援引了"天然"这个概念来松动野蛮和残暴的概念。他认为，

---

* 本书《蒙田随笔集》相关译文均参考人民文学出版社于2018年出版的马振聘译本。

美洲原住民是"野生的",就像是大自然中所结的果实一样,而欧洲人被其人为习俗所误导,因此可能被称为名副其实的"野蛮"。蒙田随后转向了一个时间框架,将蛮族置于人类历史的初期。他猜测,图皮南巴人"还没受到人的思想的干扰,还没脱离原始的淳朴"。他们对我们的所有人为区分一概不知,生活在非常温和宜人的气候中,烹煮美味健康的鱼和肉为食,甚至在老年的时候还拥有优美的体态。图皮南巴人的道德规范就像他们的菜肴一样简单自然,可以总结为两点:"面对敌人时的勇气和面对妻子时的爱。"他们相信灵魂是不朽的。那些应受到神灵庇佑的灵魂将在太阳升起的东方天堂安息,而受诅咒的灵魂去往日落之地。[157]把美洲印第安人置于远古,与阿科斯塔将美洲原住民和最早期的希腊文化进行比较的做法十分接近,但也有一处明显的差异:阿科斯塔强调原住民,尤其其部落群居的生活状态是原始且劣等的,而蒙田断然否定了这种欧洲优越论的"庸俗"观点。在某些方面,他的语言似乎传达了一种高尚的野蛮人的陈词滥调,但是他运用这种话语主要是为了取笑他的欧洲读者。

在蒙田对食人的讨论中,高尚的野蛮人形象迅速消失了。图皮南巴人在与周边民族交战中收获俘虏。俘虏一度被善待,可以想吃多少就吃多少。但是算总账的日子到了。在一个复杂和痛苦的仪式上,俘虏被砍成数块炙烤,然后在节日宴会上被享用。蒙田坚持认为这类食人行为与饥饿和食物匮乏无关,古斯基泰人也这么做。毋宁说这是一种对憎恨的敌人的极端报复形式。他说,最近图皮南巴人发现了一种葡萄牙人用来屠杀囚犯的更加残酷的方式,于是也立刻采取了葡萄牙人的方式。据蒙田所说,这证明了复仇是最重要的动力。

然后问题就出现了,我们应该怎样看待这种残忍的做法呢?此时,蒙田将读者的注意力引回欧洲,回到他的祖国——法国的宗教内战上。他和他的读者对此都深有体会。他向读者保证他根本无意谴责"我们"对图皮南巴人的野蛮和残酷的痛恨。他补充道,他真正反对的是我们对自己的缺陷视而不见,却厚颜无耻地谴责他人的不足。如果将图皮南巴人的食人与文明的法国人做的事进行实事求是的对比,会得出什么样的结论呢？蒙田的答案鼓励法国人在谴责别人之前先认真审视自己：

> 我想吃活人比吃死人更加野蛮，把一个还有感觉的身体千刀万剐，一片片烧烤，让狗和公猪咬他啃他（这个我们不但在书本中读到，还亲眼看到，记忆犹新，不是发生在宿敌中间，而是在邻居与同胞之间，更可恶的还是以虔诚与宗教作为借口），比他死了以后再烤再吃更野蛮。[158]

蒙田认为食人肉并不是本质邪恶。他记得"我们的祖先"——他指的是高卢人——被尤利乌斯·凯撒的军团围困在阿历克西亚城的时候，也食用了老人和女人的肉体。蒙田毫不客气谴责的是任意嗜杀和残酷的行为。他关于图皮南巴人的结论非常清楚："我们可以称这些民族野蛮，但要从理性的规则来看，不要从我们的规则来看，我们在野蛮的各个方面都超过他们。"[159]

就像希罗多德一样，蒙田的文化批评不牵涉伦理相对主义。他断然拒绝宽恕图皮南巴人的残酷行为。在卡萨斯的书中时而出现的理想化的美洲原住民，在《随笔集》中却找不到。《论节制》写于1580年至1588年间，在这篇随笔中，他毫不避讳地描写阿兹特克人的人祭："他们所有的偶像都浸透人血，各种残酷的事例骇人听闻。有活活烧死的，有烤到半生不熟的，有拉出火堆剖腹掏心的。还有把人，甚至包括妇女，活活剥皮，鲜血淋漓地拿来穿在身上，或给别人做面具。"另一方面，蒙田将他自己关于人性的标准投射在虚构的墨西哥使节身上。据说，这些使节曾对科尔特斯说："大王，这里是五名奴隶；你要是个威武的神，平时吃的是血与肉，那就把他们吃了，我们以后再给你多带些；你要是个慈悲的神，这里是香柱和羽毛；你若是个人类，那就收下这里的禽鸟和水果。"[160]

蒙田说，不幸的是，这种做法并非仅限于美洲原住民。这些可怕的宗教仪式基于一种非常古老的观念，即确信"以屠杀生灵来祭祀天地，这是所有宗教普遍信奉的仪式"。[161] 在《雷蒙·塞邦赞》一文中，蒙田提到了波斯国王薛西斯的母亲阿玛斯特里斯，一次下令活埋十四个来自波斯名门的年轻人，以"向阴界的什么神许愿"，在这篇文章中，他还提到了阿伽门农将女儿伊菲革涅亚献祭给神的事情，并引用了卢克莱修著名的格言："宗教劝人们犯下多少罪行！"[162] 对于基督教是否包含在这些对"所有宗教"嗜血行为的反思之列，蒙田未予以表态。

欧洲征服者当然不是英雄。在蒙田看来，对墨西哥和秘鲁的征服更像是大规模的抢劫和屠杀，而非一场严肃的军事行动。他对于西班牙人无差别地残忍杀戮的叙述明显受到了卡萨斯的影响，但是论点发生了非常大的转变。蒙田十分疑惑："这么多帝国和民族的重大变化和命运逆转，怎么不落入这样的人手里，由他们温柔地开发和整治那里的蛮荒……不但把这里的艺术移植到当地竭尽其用，丰富土地生产与城市装饰，还可以把希腊与罗马的美德与当地土著的美德相结合！这对于我们这个地球会是多么好的补救与改进，让我们在那里用行为做出最初的榜样……在他们与我们之间建立一个友爱融洽的社会！"蒙田继续说道，真实的情况恰恰相反："我们利用他们的无知和缺乏经验，以我们的习俗为指导与榜样，挟持他们轻易地……做出各种各样不人道与残酷的行为。"在蒙田眼中，使征服所带来的恐惧更显卑劣的是，这一切都是出于贪婪，为了利益："谁曾为了开拓商埠付出那么大的代价？那么多的城市夷为平地，那么多的民族灭绝，那么多的百姓遭到杀戮！地球上最富饶美丽的部分竟为了买卖珍珠和胡椒搅得天翻地覆！野蛮的胜利！"[163]

这段对欧洲人在美洲所犯恶行的谴责之辞远比大约十年前那篇关于食人族的文章犀利，那时蒙田还没有读过卡萨斯的作品。而且，对于卡萨斯、阿科斯塔和所有其他西班牙作者来说，向美洲原住民传布基督教教义是对征服的终极辩护，而蒙田这段话根本没有提及这一点。对他来说，欧洲的宗教内战毁掉了神圣历史的基础。但我们同样不能将他的观点简化为一种文化相对主义，以美洲的高尚野蛮人反对旧大陆的颓废腐败。高尚的野蛮人不能拯救世界，因为"理性的规则"告诫我们，谴责"野蛮人"的残酷行为要像谴责自己的罪行一样严厉。那么还有些什么文明标准能被保留呢？

有时，蒙田看似引用的是古时的例子，但即使是古人也无法为他提供坚不可摧的论据。最终，连罗马人的美德都不足以抵挡贪婪和暴力的自毁周期性。为了取悦罗马元老院议员和平民，角斗士在竞技场内战斗至死。大卫·昆特（David Quint）辩称，蒙田笔下的角斗士与食人族十分相似。两者都表现了在面对身体的疼痛和死亡时的坚韧和斯多葛式的坚忍克己。罗马和图皮南巴文化的核心都是"一种对勇猛的仪式化表演"。[164] 然而，罗马这个情形的时间性是不同的。图皮南巴社会一直遵循相同的节奏，而罗马历史则是一次关于衰落与腐化的教训。蒙田告诉我们，早期的罗马人让罪犯进行角斗比赛，"但是后来就使用无辜的奴隶，甚至为此卖身的自由人；其中包括罗马议员和骑士，还有妇女"。[165] 尽管如此，在一篇关于罗马的强盛的简短文章中，对那些"把当今时代的虚假强国比作罗马强国"的头脑简单的人，蒙田只有蔑视。[166] 但是，他对残酷和恣意的暴行的有力谴责不利于将罗马树立为可供效仿的楷模。

《论马车》也是在《论食人族》之后完成的。在这篇文章中，蒙田又谈到了美洲原住民的习俗，但是他对欧洲人的优越性比以前更没自信。他的世界史观是怀疑论和听天由命式的：

> 就是我们所处时代的世界面貌，就是最好奇的人拥有的知识又是多么贫乏与浅陋！不但命运要我们引以为戒的重大事件，就连那些大国的重大决策的内容，我们遗漏的也远比知晓的多上一百倍。我们对自己发明了大炮与印刷术，大惊小怪称为奇迹，其他民族，远在地球另一端的中国，早在千年以前就在使用了。假使我们看到的世界跟我们看不到的世界一样大，可以相信我们发现形态永远在繁衍变化之中。[167]

看上去，历史知识不可能修复蒙田所处世界的弊病。基督教的神圣历史因为宗教战争而名誉扫地。蒙田的历史观是世俗的，但是将历史视作发展和进步的哲学仍在他的视域之外。[168] 在《随笔集》中，历史的时间性是一条幽暗的隧道，在其中一切皆有可能，抑或皆无可能。唯一可以肯定的是，在时间的河流中不存在出口。剩下的就是对残忍和肆意暴行的谴责：不仅是那些"蛮族"的，而且首先是那些自以为高人一等的欧洲基督徒的。蒙田的人类学转向可以总结为，他坚持认为我们应该公平、公正地应用自己的伦理标准。如此一来，不管是我们的文化，还是其他的文化，我们都应该可以判断出什么是重要的，并谴责我们应该摈弃的。他对于欧洲种族中心主义的批评，为共同人类与平等的新话语创造了一种思想空间。

大西洋边疆与共同人类的范围

欧洲人与美洲原住民之间的文化差距是否比旧大陆上的定居与游牧文明之间的差距要大，还不甚明了。但是，前一组在军事、技术和经济上的差异更大，这点毋庸置疑。除了塞普尔韦达之外，上文讨论的所有思想家都提倡一种将美洲原住民包含在内的共同人类概念，但是我们对这些思想家的讨论表明，要跨越大西洋边疆思考平等有多么困难。他们以这样或那样的方式与美洲的"陌生感"缠斗。除了蒙田之外，他们都致力于基督教的改宗事业，又都持有某种将文化差异纳入考量的共同人类观，但是没有谁成功地将这两个方面平衡地融合在一起。或许这本来就是一项不可能完成的任务。欧洲人的知识视野由两个压倒性的存在主导：基督教正典和古典时期的遗产。两者都提供了"理解"美洲的思想工具，但是其中的平等观念仍与基督教和亚里士多德式的文明模型密切相关。

而且，事实证明他们的批判没能驯服殖民者。蒙特西诺斯、维多利亚、卡萨斯、阿科斯塔、加西拉索·德拉维加和蒙田的发声必定已经为大西洋两岸的许多人所听见，但是从稍微不同的角度我们也可以看到，从未止息的暴行和劫掠的喧嚣不断使他们噤声。我们的讨论进一步表明，将美洲原住民看作人类非常重要且有价值，但光这样还远远不够。在神学和哲学上为他人的人性进行辩护当然比塞普尔韦达否认其作为人的地位更加可取，但这并不一定就意味着对他们的生活方式进行了有力的思考。在我们所讨论的作者当中，基于其墨西哥原住民助手的调查，贝尔纳迪诺·德萨阿贡无疑对美洲印第安人的语言和文化进行了最深入的研究。加西拉索·德拉维加能以一种不同的、更加亲密的方式了解原住民的思维。他的看法有着从印加人母亲那边的亲戚处听来的故事的印记。何塞·德阿科斯塔对美洲的了解像百科全书一样丰富，但是在情感上更加冷漠，很少站在原住民的角度看事情。安东尼奥·德蒙特西诺斯和巴托洛梅·德拉斯·卡萨斯对美洲原住民的同理心要强得多。诚然，他们有时候将印第安人理想化了，但这不过是同理心的另一面。对蒙特西诺斯和卡萨斯而言，共同人类与平等的观念就是行动的概念。他们和多明我会中的一些同仁是唯一一批真正试图为原住民做点事情的人。他们认识到这是一场缓慢的种族灭绝，并试图去阻止它的发生。他们的努力最终以失败收场，但是这并没有减损他们的功绩。

这里所讨论的作者当中，只有维多利亚和蒙田从未踏上美洲土地，但是他们的思想主张却相去甚远。维多利亚是一位中世纪晚期的学者，他对殖民者的贪婪和暴行感到震惊，其思想却仍在批判崛起中的西属美洲帝国与为之辩护间徘徊。在将穆斯林和犹太人从伊比利亚半岛驱逐出去之后，西班牙人的精神视野变得狭隘了，比以往任何时候都更受一个同质化的天主教世界的理想支配。正如我们所看到的，即使是卡萨斯也无力质疑将罗马教会的启示带到新大陆的神圣职责。身处暴行与杀戮之中，他的脑海不时有一种想法闪过，那就是欧洲人回到欧洲，让美洲原住民自行延续他们的历史，可能是一种更好的选择。但是，我认为他无法提议放弃征服大业，因为这就意味着放弃使原住民改宗。他不愿意放弃使原住民皈依基督教，并不是出于他的欧洲文化背景，而是他在这个文化场域中的位置，认识到这一点很重要。在反宗教改革运动时期的西班牙，有些想法几乎是不可意想的。

在这里，蒙田向我们展现了一种对比。从神学意义上说，卡萨斯是一位从未离开过故土的旅行者。蒙田一生中的大部分时间也都是在家里，经常是在他那栋著名的塔楼中度过的，但是在精神上，他是一个充满求知欲的人，其思想跨越了浩瀚时空。正因其在欧洲境内本身就是一名异见知识分子，所以他能够从另一个角度看待美洲。大西洋边疆是一个既实在又虚构的场所，在这里，共同人类与平等的新愿景成为可意想之物，但并不是每个边疆居民都有能力或意愿这么做。蒙田之所以能够对殖民帝国进行批判，不是因为他疏离了欧洲文化，而是因为他更加深刻地洞悉了欧洲文化。

虽然人们没有遗忘卡萨斯的批判，但是阿科斯塔和蒙田才是下个世纪最有影响力的两位作者，尽管方式完全不同。阿科斯塔的《西印度群岛自然与人文历史》成了17世纪许多思想家的指南书，是他们理解和阐释"美洲"的起点。具有持久影响力的不是阿科斯塔的宗教和政治观点，而是他对构成"美洲"这一理论对象的多样的民族、事物和事件，进行的系统化和分类。在蒙田的作品中我们邂逅了一种完全不同的路径。说得委婉一点，对美洲百科全书式的了解并不是他的强项。但是17世纪每个开始探索新思想和行动的欧洲人几乎都读过他的《随笔集》。在17世纪许多有关文化差异的讨论，尤其是那些如今被视为启蒙运动先兆的讨论当中，我们都可以听到蒙田那句精巧的格言回响其间，即人人都会把所有与其习俗相悖的做法称为野蛮。

第六章　启蒙思想中的全球平等与不平等

启蒙运动是共同人类与平等历史上的第二个转折点。在轴心时代，共同人类的话语在文明的边界内外都获得了权威。但是，外邦人很少被平等对待。想象他们的人性是可能的，但想象一个人人平等的世界则不然。启蒙时期的普遍自然平等概念——我将其定义为现代平等——摧毁了不平等的传统基础，彻底改变了关于共同人类与文化差异的辩论条件。

平等的影响能延伸多远，会涉及哪些人类为之奋斗的领域，这位于启蒙运动所有讨论的核心，包括欧洲文明的前景、它与其他大陆居民的关系，以及殖民帝国扩张的合法性。支持共同人类与自然平等的思想家总是不得不应对那些拥护种族和文明等级体系的人。应当注意到，随之而来的论战不仅发生在欧洲内部，也在全球的舞台上呈现。欧洲"内部"的争论不断与有关帝国的功绩和不足的论辩交织在一起。

如今，我们用"启蒙运动"一词来概括欧洲自17世纪中期以来经历的重大思想变革。在传统上，人们将欧洲甚至法国看成是启蒙运动的中心，但是欧洲中心论和法国中心论的批评者指出，美洲的欧洲人殖民地形成了自己的启蒙思想。[1] 欧洲启蒙运动的全盛时期是18世纪，但在世界历史的背景下，必须强调的是，19世纪几乎所有致力于改革的亚非思想家和政治行动者都挪用了欧洲启蒙运动的主题和思想，他们为在一个日益被欧洲帝国主宰的世界中重新确立自己的尊严和自主权而斗争，并在此过程中对这些思想进行了修正和激进化。[2] 启蒙运动被认为是世界历史的一个转折点，就像轴心时代的宗教和哲学一样，它只有"开始"，而没有明确的"结尾"。

正如路易·德若古（Louis de Jaucourt）依照"自然权利"的概念，

在狄德罗《百科全书》的"平等"词条下所做出的解释一样,"自然平等"是一种全人类的平等,存在于所有具有人性的人类身上。[3] 将平等归于人类个体的做法,为批判所有现存的社会等级体系铺平了道路,不管这种等级体系是基于社会阶层、性别、种族还是宗教。社会群体之间永久不变的界限变得非常值得怀疑。简而言之,怀疑对平等有利,不平等则必须通过理性论证才能正当化。

不过,总的来说,启蒙运动的社会和政治思想呈现出两种不同的面貌:现代平等从被发明开始就伴随着新的且同样现代的不平等的话语。启蒙运动否定了传统和神学为不平等的辩护,比如:社会地位和身份是神授的,按照功能进行排序;《圣经》对男权至上的辩护;长者相对于其他所有人拥有权威;国王神授和世袭的权利。但是与此同时,启蒙运动也发明了关于不平等的新语言。我们总共可以甄别出不平等的四种现代话语:政治经济学,一种以效用和生产力为社会不平等辩护的新兴学科;性别的生物心理学理论,其前提是女性并不比男性逊色,而是"天生"不同且互补的"异性";人种划分的理论,它将人类视为动物王国中的一部分,因此服从自然历史的分类法。通常情况下,它假设存在一个"天然的"种族等级体系,欧洲白种人居于顶端。从长远来看,第四种不平等的新话语最为重要,它转向了一种将人类按时间尺度进行排序的历史哲学,在一个或多或少按人类发展的"先进"程度划分的时空矩阵中,排列世界各地不同的生存方式及相伴而生的风俗习惯。

就本书的问题域而言,不平等的第三种和第四种新语言尤其重要。通过将体质人类学置于文化之上,人种划分将不平等植入了一种潜在的人的生物文化本体论中。新的历史哲学比人种划分更为动态,认为时间是"连续"和"前进"的,是"人类智慧的进步"。欧洲以外的民族可以通过"变得开明"(becoming enlightened),也就是接受欧洲的启蒙思想,来加入进步的行伍。发展和进步的概念巩固了新的历史时间性,在其中,欧洲人代表着人类的先锋,而其他民族则被描述为或多或少落后于欧洲的。因此,这种不平等的新语言也许巩固了一个"开明的"教化使命,即承认非欧洲人同属人类的平等地位,却又把他们贬低为原始和落后文化的囚徒。

现代平等与现代不平等的辩证关系是欧洲启蒙政治思想的核心，并一直延续至今。它符合一种今天为大多数历史学家所接纳的观点，即启蒙运动并不是概念和理论的和谐集合，而是一系列持续的争辩和论战，许多观念和主题在其中反复出现，但不断经受质疑，并被重新界定和调配。[4]

因此，自然平等是一个有说服力的概念，但是其本身也具有争议性。它可以被用来批判现存的不平等的制度，但也可被看作生活在人类起源初期的"野蛮人"的自然制度。在大多数关于自然平等与欧洲优越论的辩论中，"美洲野蛮人"被援引为比较的对象，成为展示欧洲悠久历史的窗口。"高尚的野蛮人"的概念可以用来批评欧洲文明，不过也被用来证明野蛮人生活在一种前文化的"自然条件"下，因此缺乏历史能动性。我们已经看到蒙田是如何试图解构"野蛮人"和"蛮族"概念的。启蒙思想家们以一种更加系统并具有历史反思性的方式探询了相同的问题域，为以跨大洲及大洋的经济、政治和文化交互为中心的比较全球史奠定了基础。

共同人类与自然平等胜于文化差异的原则在启蒙运动早期关于宗教宽容的辩论中即被提出。胡果·格劳秀斯（Hugo Grotius）、理查德·西蒙（Richard Simon）与约翰·托兰（John Toland）就曾使用这个原则来呼吁将犹太人接纳为欧洲社会的一员。斯宾诺莎再进一步，主张无神论者也有"进行哲学思考的自由"。皮埃尔·培尔（Pierre Bayle）设想，一个由道德高尚的无神论者构成的社会是可行的目标。弗朗索瓦·普兰·德拉巴尔与约翰·洛克（John Locke）仍然拥护理性的基督教，不过他们还是主张以宽容作为自由的基准。普兰或许是启蒙运动早期最为激进的平等主义思想家，他将自然平等移接到笛卡尔的身心理论上。他的主要目标是捍卫两性平等，但是也暗示了一种对贵族特权及欧洲人自诩比"突厥人、蛮族和野蛮人"更加理性的平等主义批判。

然而，直到18世纪晚期，自然平等才被形形色色的思想家用来批判欧洲殖民主义，比如狄德罗、纪尧姆-托马斯·雷纳尔（Guillaume-Thomas

Raynal）、安基提尔－杜佩隆（Abraham-Hyacinthe Anquetil-Duperron）、康德、赫尔德（Johann Gottfried Herder）和亚当·斯密。[5]七年战争——第一场造成了全球性影响的欧洲战争，激起了欧洲人对殖民地、世界政治和世界历史的兴趣。在这场战争中，大英帝国的根基得以建立，而法国则失去了其在印度和加拿大的地位。[6]

在剑指殖民主义的批判者之中，我首推雷纳尔，其作品《欧洲人在东西印度殖民与贸易的哲学及政治历史》（Histoire philosophique et politique des établissements et du commerce des Européens dans les deux Indies，下文简称《东西印度史》）首次尝试书写一个因欧洲扩张而形成的崭新世界体系的历史。而且，这也是唯一一部反帝国主义论辩贯穿全书的著作。狄德罗对该书贡献良多。它是18世纪唯一一部对欧洲在各个大洲的殖民进行了系统讨论和全球调查的文本。它为18世纪的世界所做的，正是何塞·德阿科斯塔在16世纪末为美洲做的事。《东西印度史》在开篇就勾勒出了我们今天所谓的"全球化"的轮廓。就像伊本·赫勒敦把蒙古人的入侵解释为一场迎来了"一个新世界诞生"的大灾变，雷纳尔将征服新大陆和欧洲商船开辟印度洋航线视为世界历史的转折点：

> 这是一场革命的开端，它出现在商业、国力，以及各民族习俗、工业和政府的多个领域。也正是在那时，来自最遥远国度的人们被新的联系和新的需求联结在一起。赤道地区的产物可以供极地附近的人使用；北方的农作物被运往南方；东方的服饰变成了西方的奢侈品；人们无论在哪里都可以交换彼此的观点、法律、习俗、疾病及其药方、美德与恶习。一切都已经改变，而必须改变的还有更多。[7]

雷纳尔和狄德罗将殖民主义视为启蒙运动思想进程中历史研究和哲学批判的对象。此外，《东西印度史》还是18世纪末最为畅销的著作之一，在整个欧洲及其殖民地被广泛传阅和评议。它使欧洲人对自己在这个跨大陆贸易和交流的新兴世界中的位置进行反思。从此，"人类"的概念在以欧洲为中心的帝国主义事业和世界民族共同体的理想之间摇摆不定，在这一理想中，所有人都有"自然"或"人道"的权利，去按照自己的方式追求幸福。

此外，欧洲的扩张还促进了对其他大陆语言、哲学和宗教的深入调查，使人们对世界历史和欧洲以外民族所取得的成就有了更加公正的看法。下面，我将讨论贝尔纳和皮卡尔关于世界各民族宗教和仪式的巨著，以及安基提尔-杜佩隆对于东方专制主义学说的批判，还有他为北极圈民族文化的价值所做的辩护，我认为它们是欧洲文化去中心化的绝佳例子。讽刺的是，人种划分却在同一时期兴起，这是一种认为白种人在全球都具有优越性的世界历史理论。历史哲学往往包含对帝国的批判，但它总是以发展和进步（虽然不一定是道德进步）的时间性为框架，这种时间性将欧洲描述为世界上最先进的文明。

为了架构这些辩论，非常重要的一点是要确保地球上全人类的自然平等既容许帝国主义式解读，也容许反帝国主义式解读。在第一种情形中，人们因接受了启蒙理性以及欧洲人对人之何以为人的观念而变得"平等"，这一哲学上的转变堪比罗马斯多葛派对帝国主义的推动。在第二种情形中，平等意味着平等追求幸福的权利，这种权利只会受到其他人的相同权利的制约。帝国主义式平等期望一个文化同质的世界共同体，而反帝国主义式平等则将文化差异视为全球人类的永久特征。

宗教冲突与全球交锋的双重问题域

就广义的文化差异而言，欧洲人遇到了双重挑战。在本土，历经一个世纪的宗教战争所遗留的问题亟需解决。在全球范围内，欧洲则需要面对庞杂混乱的教义和习俗，这使人们越发质疑将基督教视为世界中心和文明的终极标准的传统观点。

启蒙运动中，新"人类科学"（science of man，或性别中立的"human science"）的一些主要特点就产生于应对这一双重挑战的不同做法。与欧洲以外文化的相遇给这些辩论增加了一重额外的维度，并影响了所有相关的论争。相反，如果没有宗教战争遗留的糟糕问题，欧洲思想家在评断其他文化时可能也不会持有如此自我批判的态度。

从宗教战争转向与欧洲以外民族的接触，我们邂逅了另一种形式的自然平等。为了试图弄清楚"自然"状态下的人性，许多政治理论家借鉴了旅行见闻录和民族志，尤其是关于新大陆上的"野蛮人"的那些。这些人现在被认为代表了历史的曙光，还在顺应"自然"而生活。有鉴于此，自然平等往往被描述成人类为获得安全和繁荣而必须摆脱的原始条件。大多数信奉现代自然法的政治理论家都曾提到过美洲。霍布斯承认他所说的平等与战争的自然状态从未在世界各地普遍存在，但是他补充道，有一些国家的人民仍然生活在这种状态之下，尤其是"美洲许多地方的野蛮人"。[8] 洛克也同样宣称："一开始，整个世界都是美洲那样，比现在更甚。"[9] 洛克暗示，人类真正的起源甚至比美洲野蛮人的生活更原始。洛克的友人，法国旅行家弗朗索瓦·贝尼耶（François Bernier）称，欧洲人最近发现了"全体族人都像我们遥远的祖先一样"生活的"民族"。[10] 在这样的论述中，自然平等远非一种令人向往的状态。就如霍布斯所指出的那样，在自然条件下，人类的生活是"糟糕、野蛮且短命的"。换句话说，想要走上文明的道路，就必须舍弃自然平等。就像罗纳德·米克（Ronald Meek）很久以前所证明的那样，卑贱的野蛮人（the ignoble savage）占据着这个领域。[11]

然而，在18世纪，异见者开始发声。所有异见者中最激烈的要数卢梭，他一步步地扭转了人们对文明的赞美。他人视为井然有序的，在他看来是残酷的竞争；他人视为进步的，在他看来是腐败；他人眼中物质生活的改善，在他看来是人为需求的倍增。在其获奖作品《论科学与艺术》（Discours sur les sciences et les arts，1750）之中，面对自文艺复兴以来，艺术和科学的复兴是否有助于提升道德的问题，卢梭以一个响亮的"不"作答。他断言，在知识和物质舒适度上的提高只不过是"把花冠点缀在束缚着人们的枷锁之上"*，使人们陶醉其中，甘心做自己的奴隶。[12] 在

---

* 本书《论科学与艺术》译文皆引自上海译文出版社于2007年出版的何兆武译本。

他的下一本专著《论人类不平等的起源和基础》(*Discours sur l'inégalité*)中，卢梭赞美了一个父权制家庭在财产私有制出现之前的遥远黄金时代里高贵而简单的生活。他将财产，尤其是地产，视为狡猾的少数人的非自然篡夺，其代价是绝大多数人的利益。卢梭是18世纪最具影响力的作家，但并不是唯一一个质疑将文明和进步混为一谈的人，许多其他启蒙作家都这么做了。对文明的批判往往伴随着对欧洲以外文化成就的更多的欣赏。[13]

另一种批评欧洲人自满情绪的方式，是想象外邦人如何"回望"欧洲。这种目光的反转最常见的例子是孟德斯鸠的《波斯人信札》（1720），一部由来到法国的波斯旅行者精心写成并寄往国内的书信集。其中一封信将教皇描述为"一位伟大的魔术师"，他甚至可以使法国国王相信三等于一，相信一个饮酒者饮的其实不是酒。这个拿三位一体与圣餐来开涮的讽刺笑话或许根本不是想象出来的，因为在穆斯林对基督教的批评中，前者就将三位一体视为多神论偶像崇拜的实例，而圣餐则近似于魔法。性别是《波斯人信札》中一个突出的主题。孟德斯鸠提出了著名的东方主义比喻，将欧洲妇女的自由与东方专制下女性的从属地位做了对比。他笔下的波斯旅人里加一直在思考，女性的从属地位是否由自然法规定。有一日，他告诉居住在士麦那的伊本，他遇到的一位风流的哲学家告诉他，自然从来没有制定过这样的法律。哲学家说，我们对于女性的统治"是真正的专横"。*[14] 孟德斯鸠作品中的波斯人来源于他的想象，但是，在《波斯人信札》出版的那一年，奥斯曼王朝大使穆罕默德·埃芬迪（Mehmed Efendi）被派往法国进行实地考察，他对法国社会中妇女的地位有相似的评价。穆罕默德在报告中说，法国是妇女的天堂，她们可以不受任何阻碍地实现自己的愿望，满足自身的欲望。[15] 就像土耳其人对巴黎十分好奇一样，法国人也对伊斯坦布尔十分好奇，在1725年便将大使的报告译成法文，虽然直到1757年才出版。[16]

---

* 本书《波斯人信札》译文皆引自商务印书馆于2006年出版的梁守锵译本。

从 18 世纪中期开始，欧洲人走向了世界。1741 年，维图斯·白令（Vitus Bering）穿越了后来以他的名字命名的海峡，到达了阿拉斯加海岸，并将此地认定为美洲的一部分。[17] 至此，阿科斯塔关于亚洲毗邻美洲的猜想终于得到了证实。白令的远征是俄罗斯在西伯利亚的殖民事业的一部分。在 1689 年的《尼布楚条约》勘定中俄在中亚的边界后，俄罗斯加快了对西伯利亚的殖民进程。[18] 我们已经知道，七年战争是第一次全球性军事冲突。在这场战争中，英国和法国的军舰和部队不仅在欧洲，更在亚洲、美洲和非洲短兵相接。18 世纪 70 年代，库克（Cook）、沃利斯（Wallis）和布干维尔（Bougainville）在南太平洋的航行及他们与波利尼西亚文化的接触在整个欧洲大陆引起了广泛的兴趣。对澳大利亚的殖民始于 1788 年，开始的标志是在植物湾建立流放地。此后，对于欧洲人来说，仍然未知的只剩极地和内陆大部分地区。

美洲的大西洋边疆仍处于不断变动中，而贸易和殖民也在世界其他地区不断地制造着新的边疆。印度洋已经成为欧洲人、阿拉伯人、伊朗人、印度人、中国人和东南亚人的交汇地，也常常成为战场。[19] 海洋于新兴的欧洲帝国而言至关重要。研究古代史的史学家主要将帝国视为广阔的领土政体，但是，最好将 18 世纪的欧洲帝国想象成一连串沿海定居点和港口城市，它们由海上航线连接，通过航线展现主权。[20] 在亚非大陆，欧洲的侵略很少能够超出沿海定居点、贸易中心和通航河流的范围。直到世纪末的最后几十年，英国才在印度次大陆建立了一个相当大的帝国，缓慢地侵蚀了原住民君主们的权威，并开创了领土殖民主义的新阶段。[21]

欧洲人对世界的了解日益加深，这使他们能够设想一种真正全球性的民族志，将穆斯林地理学者为中世纪世界体系所做的事扩展到世界范围。1777 年，"埃德蒙·柏克（Edmund Burke）祝贺威廉·罗伯逊（William Robertson）出版新书《美洲史》（History of America）。柏克写道，这些作品的读者会发现，'人类的伟大地图就此展开'，以供他们思考"。[22] 欧洲的势力与知识的全球性影响，改变了"人类"一词的轮廓及意味。没有旅行见闻录和它们所开辟的全球视野，启蒙运动几乎是不可意想的。游记与民族志专著在整个欧洲及其殖民地找到了成熟的市场。

自 16 世纪以来，大多数受过教育的欧洲人都知道，整个世界都是可居住的，欧洲人只占世界人口的一小部分。因此，关于"世界"或"普遍"历史的基督教式传统观点，已不足以理解如今初具雏形的全球性世界。17 世纪论及中国的"世界历史"只有不到一半，而 18 世纪的绝大部分世界史中都包含了对中国的论述。[23] 1756 年，约瑟夫·德金（Joseph de Guignes）出版了第一部关于草原民族的通史，批评了那些认为"突厥人"与"匈奴人"不值一提的历史学家。[24] 启蒙思想家之所以能够获得一种新的全球视野，是因为在 18 世纪，欧洲演化成了一个巨大的宝库，汇集了来自各大洲的知识。狄德罗的《百科全书》涵盖了数不清的关于全球各地民族习俗的词条。18 世纪出版的布丰（Buffon）的《自然史》（*Histoire naturelle*），也许是当时最伟大的复兴生物学和地理学知识的作品，断然将人类包括在内。他的人类学研究中有一篇关于"人类物种多样性"的长文，成了狄德罗《百科全书》中许多词条的依托。[25] 将人类纳入动物王国是 18 世纪自然史的大势所趋，从理论上为人种划分这一新的概念工具奠定了基础。

伏尔泰嘲笑那些假装撰写世界史，实则对占地球四分之三的地区的历史一无所知的历史学家。[26] 伏尔泰对世界历史的观点因他的反犹主义而有了瑕疵，但是他对基督教中心主义的"世界史"的批判无疑切中要害。《风俗论》（*Essai sur les Moeurs*）呈现了伏尔泰本人的历史观，他仍然把欧洲放在首位，但也试图涵盖亚洲和其他大陆。庸俗的欧洲中心主义对我们的问题域而言非常重要，伏尔泰认为读者将其视作理所当然。他对他们说的是：看，那里有一幅民族与历史的全景图，脱掉你们欧洲人的有色眼镜，你们将看到世界的本来面貌，除此之外，你们还可以更好地了解自己所处的大陆。[27] 18 世纪的新世界史启迪了欧洲人的心智，超越了耶路撒冷、希腊和罗马的古老正典。[28] 18 世纪中叶，欧洲的语言学家开始研究亚洲的语言与宗教，如古波斯语和梵语。

然而，除了追求百科全书式知识外，还有很多更重要的问题。在《描绘文艺复兴时期的世界》（*Mapping the Renaissance World*）一书中，弗朗克·莱斯特兰冈（Frank Lestringant）表明，16世纪的地理学家无法应付大量的新材料。因此，他们的书成了"异质数据的初步拼接组合……是文艺复兴时期的科学通过不断简化不同的语言、图像与科学而得到的一组拼贴作品"。[29] 种种习俗和观念对公认的确凿事物提出了质疑。洛克在他的《人类理解论》（*Essay Concerning Human Understanding*, 1690）中，巧妙地利用这种多样性来反驳普遍道德原则的传统信条。他承认，全人类都赞成的原则是不存在的，"所有粗略通晓人类历史、目光越过自家烟囱冒出的烟雾的人，都会清楚地认识到这一点"。洛克书中的一幅插图再一次展现了巴西图皮南巴人的形象。洛克告诉读者，他们相信凭借美德可以上天堂，"而这种美德就是复仇，并且吃掉敌人的肉。他们没有宗教，没有崇拜……他们的神甚至都没有名字"。[30]

如何在不破坏道德基础的条件下解释习俗及道德准则的多样性？标准答案当然是求助于基督教真理，但是经过一个多世纪的宗教战争之后，这个答案已经失效。宗教非但没有提供解决方法，反而成了问题的一部分。除了规范性标准的争议，分类法问题也迫在眉睫。怎样划分世界范围的人类多样性呢？最终，人们在历史中搜寻一种明白易懂的方式，以定位和解释世界上各个民族迥然不同的历史轨道。秩序是关键词。伊弗雷姆·钱伯斯（Ephraim Chambers）编了1728年的《百科全书》（*Cyclopaedia*），这是第一部百科全书，也是狄德罗那伟大作品的原始模板。他称赞洛克是"一位伟大的秩序之师"。[31] 人们越来越多地在系统分类与被认为统治着宇宙和人类社会的"自然法"中寻找秩序的基础。

基督教的和世俗的人性观念与宽容的问题

赋予自然以基础性地位意味着什么？大多数启蒙思想家一直将自然视为上帝所造。对其中大多数人来说，如果没有一个神圣的立法者，自然法的存在是不可想的。在所有证明上帝存在的经院哲学证据之中，设计论最受欢迎。据此学说，自然法是治理上帝造物的规则，可以运用人类的独立理性来了解。

1625 年，格劳秀斯的《战争与和平法》（*De jure belli ac pacis*）在荷兰共和国出版。在这部最为著名的自然法著作中，有一篇声名狼藉的文章清楚地表明了问题的症结所在。正如理查德·塔克（Richard Tuck）所言，它代表了"公众与亚里士多德主义和怀疑论的双重决裂"，取而代之的是"一种极简主义的道德和神学"，旨在克服宗教战争后可能出现的相对主义僵局。[32] 在格劳秀斯看来，道德和政治的根基是自然法中的自保，它只受限于不可伤害他人的准则。自保是每个人的首要义务和最基本的权利。为了强调这些真理的绝对性，格劳秀斯在一句后来招致骂名的话中宣称，自然法的效力仍将持续，"即使我们承认上帝并不存在（承认这一点是极其邪恶的），或者说上帝并不关心人类事务"。[33] 格劳秀斯的立场距离对自保法则的纯粹世俗化演绎似乎只差毫厘。现代自然法的哲学从宗教差异和建立在亚里士多德有机功能主义基础上的秩序社会中抽离，进而以一种或另一种政治契约的形式，在自然自由与平等的双重基础上重建社会。它最具争议的推论是政治的自主权和德性的世俗化。

我们可以得出结论，到了 17 世纪中叶，自然意味着两件事：它可能指涉通过人类理性可知的造物的秩序，或者仅指代物质世界的基本特征和秩序。这两种概念在实践中是重叠的，但其哲学和神学意义则截然不同。可从《圣经》中获取的有关良好生活的实操性知识和规则越来越少，因为在格劳秀斯与笛卡尔之后，大多数启蒙思想家都信奉一种严格的极简主义解经法。[34] 下一代人中，霍布斯与斯宾诺莎进一步瓦解了《圣经》在科学与政治上的权威。因此，自然这一概念的范围不断拓宽，所以最终结果是，几乎所有事物都被视为"自然"的一部分，因此服从于"自然法"。斯宾诺莎的神即自然（deus sive natura）代表了这种潮流的最终成果，但是在 17 世纪，很少有哲学家愿意接受斯宾诺莎的方案。

除了少数唯物主义者外，18 世纪中叶之前的大多数哲学家都坚持上帝是自然的创造者。但是主要趋势是从神学到哲学的稳步转向。到 18 世纪后半叶，哲学已经可以自立门户，而且逐渐成为新的主宰话语。理性的基督徒与自然神论者信仰"哲学的上帝",保留了二元论的人性观,将无形的灵魂与有形的肉体结合在一起。唯物主义者主张,自然可以独立存在,渐渐地从机械论的生物学转变为宇宙进化论。[35] 虽然这两股潮流在神学方面存在分歧,但都接纳了全人类自然平等的概念。它们都认同两个信条。首先,所有人"生而平等",因为他们有许多相同的能力,例如理性(不论是天生的还是神授的)、语言和基本的身体需求。第二,他们都认同不平等并非"与生俱来"。因此,一些人较之于另一些人的权威是"人为的",必须依靠理性论证才能正当化。这样一来,自然平等就成了一个突破口,它为一种对一切既有的社会等级体系,包括欧洲之于其他文明的优越性的批判打开了大门。

格劳秀斯那篇有关自然法之无条件有效性的论文并不成熟,其最终推论可归结为道德的全盘世俗化,但在17世纪,这只是一个边缘性立场。即使如此,大多数政治理论家还是认为需要建立一种宽容的机制来结束天主教徒与新教徒之间的内战。解决方案就是从国家中移除宗教这颗炸弹,并用世俗术语重新界定政体的合法性。

因此,欧洲的宽容一开始是基督教内部的事务。但是早在17世纪,一些地方已经提出了更加大胆的宽容制度。接纳犹太人这一欧洲最重要的非基督教少数族裔,是未来时代的前兆。在荷兰共和国,格劳秀斯早在1615年就为接纳犹太人辩护,称他们应该获得完全的经济权利和出版书籍的权利,但是不能担任政治职务,基督徒改信犹太教则是重罪。他的一个论述引用了"好撒玛利亚人"的寓言,耶稣在其中教导说,所有的人,不论其宗教信仰如何,都是你的邻舍。另一个论述是"所有人之间存在一个自然共同体"。[36] 1648年正值英国革命的白热化阶段,白厅的一个工匠理事会更进一步,通过了一项要求"包容所有宗教,包括伊斯兰教、天主教和犹太教"的决议。[37]

1681年,法国天主教徒、圣经批评学的先驱之一理查德·西蒙翻译并出版了威尼斯拉比莱昂·德莫代纳(Léon de Modena)的著作《希伯来习俗史》(*Historia de gli riti hebraici*)。西蒙在他的译本中附上了一篇比较犹太教与天主教仪礼的论文。他在文中驳斥了最常见的反犹偏见。

这很可能是最早对犹太教进行公平开放探讨的基督教出版物之一。根据西蒙的说法，许多所谓犹太人的缺陷都是受占多数的基督徒压迫的结果。[38] 他还在梅茨公开发表了一篇抵制反犹主义煽动者的文章，驳斥基督徒的普遍偏见。约三十年之后，爱尔兰自由思想家约翰·托兰呼吁接纳犹太人为公民。他在《让犹太人入籍的理由》（*Reasons for Naturalizing the Jews*, 1714）中断言，犹太人中一定有骗子和无赖，但是所有其他教派也一样。简言之，犹太人不比其他公民更坏或更好。[39] 格劳秀斯、西蒙和托兰德用对共性的追求，取代了对犹太人他者性的偏执。

同样，重新评估欧洲人与其他大洲居民之间的宗教差异也变得可以想象了。英国革命时期的一些小册子提倡宽容对待穆斯林，诚然，穆斯林仅占欧洲人口的一小部分，尽管如此，大多数欧洲人还是将其视为全体基督徒最可怕的敌人。[40] 最后是无神论的问题。1683年，在荷兰共和国避难的法国新教徒皮埃尔·培尔提出的论点让欧洲读者为之震惊，那就是建立一个由有德性的无神论者组成的国家是可以实现的。当然，他向读者保证，这样一个无神论国家可能需要严厉的刑法，但他继续说道，众所周知，没有这些法律，任何基督教国家都无法维系。[41] 在他广为流传的《历史与批判辞典》（*Dictionnaire historique et critique*，1702年第二版）中，培尔佯装理解许多读者的震惊反应，但在之后评论道，综合考虑，存在有德性的无神论者或许还不如一个众所周知的事实令人震惊，那就是存在许多信奉基督教却没有德性的人。[42] 培尔的出发点是这样一个公理，即所有人，不论信教与否，大多都是出于自身的利益或对权力的畏惧行事。人类似乎遵从一种普遍的实践伦理。培尔的观察缺乏格劳秀斯那样的哲学严谨性，但是二人对人性的论述却很相似。二十年后，孟德斯鸠书中的一个波斯人冷静地指出，"即使没有真主，我们也必须永远热爱正义"。[43]

在18世纪，在启蒙运动关于人之意义的设想中，随处可见培尔所提出的德性的世俗化。宗教多样性被一种普遍道德所平衡。用伏尔泰的话说，就是"既有的仪式使人类分裂，而道德使人类再次凝聚在一起"。他断言，世界历史给我们的真正教诲就是普遍的宽容。所有宗教都含有许多荒谬的东西，但是其道德戒律却易地皆然："要公平与仁慈。"[44] 伏尔泰的自然神论可能是一种在启蒙运动晚期的哲人中盛行的信仰形式。无神论仍然是小众现象，一个人自称无神论者几乎不可意想——而且风险极高。因此，上帝的存在几乎还不可撼动，但是基督教正在失去它在宗教中的垄断地位。对其他宗教的了解到达了前所未有的高度，这使得有教养的欧洲人能够以新的眼光看待基督教。贝尔纳和皮卡尔关于世界各民族宗教仪式的伟大著作（详述见下文）显示了人们将人类学转向扩展至宗教领域的能力，并将基督教与其他信仰并置讨论，这是阿科斯塔和巴托洛梅·德拉斯·卡萨斯未曾意想过的。

毫无疑问，这些意见都不是主流。即使在法国，绝大多数人也仍然是教会的成员。然而，一系列稳步扩大的多元化新媒介包围了教会：学院、大学、沙龙、学术期刊、通俗杂志、阅读俱乐部、咖啡馆、百科全书、词典、天文台和实验室等。[45] 本世纪下半叶，人们创造了"公众舆论"（public opinion）这个新词。一些评论者认为，除了孟德斯鸠所确定的三项权力之外，舆论正在成为法国的第四项权力。[46] 在整个欧洲，教会继续发挥其巨大的道德和政治力量，但它们正在失去对前沿思想文化的掌控。

现代平等的发明

现代哲学始于笛卡尔。一般而言，第一代启蒙思想家以笛卡尔肇始，后来又在不同的方向上批判或修正他的思想。所以，我提议从《谈谈方法》（*Discours de la méthode*）开始讨论现代平等问题。这本书在今天常常被看作启蒙运动的序幕，我认为这是正确的。

《谈谈方法》在开头借用蒙田的话讽刺地指出，理性是世界上最公平分配的东西，因为每个人都相信自己拥有足够的理性。[47] 然而，笛卡尔的意图并不是讽刺性的，因为他继续说道，判断力"本来就是人人均等的"*。无可否认，有些人的思维比其他人的更清晰，但那是因为他们

---

* 本节《谈谈方法》译文皆引自商务印书馆于 2001 年出版的王太庆译本。

在更多地应用理性的同时,也使用更好的方法来发挥自己的理性。方法不是与生俱来的,但原则上每个人都可以习得方法。笛卡尔用一个例子说明了这一点,强调了其平等主义的意涵。"一个人只要推理能力极强,极会把自己的思想安排得明白易懂,总是最有办法使别人信服自己的论点的,哪怕他嘴里说的只是粗俗的布列塔尼土话,也从来没有学过修辞学。"[48] 言及布列塔尼土话看起来像是刻意挑衅,因为对于法国精英来说,布列塔尼人所说的凯尔特方言是农村落后的象征。另一种动摇既得真理的经验是游历。笛卡尔自称,他在游历中已经知道,"与我们的意见针锋相对的人并不因此就全都是蛮族和野蛮人,正好相反,有许多人运用理性的程度与我们相等,或者更高"。时间与地点不同,人们的观点也相异。一个在汉人或食人族的环境中接受教育的孩子与一个在法国或德意志长大的孩子会有不同的想法。[49]

在其著名的普遍怀疑理论的首尾,笛卡尔假定人的心灵是知识的最终仲裁者。在怀疑一切的过程中,心灵建立了自己的基础。不可否认,笛卡尔需要上帝来担保感官经验的可靠性,但正是人类的心灵确立了上帝的存在。只有在对所有既得真理的主张提出质疑之后才能获得真知。每个人都有能力筛选证据,区别真理与谬误。人类的心灵绝对可以自由决定这些问题:虽然只是在形式上,而并非物质上,但人类的心灵与上帝本身同样自由。[50] 在笛卡尔看来,心灵的自主性着实令人吃惊。

笛卡尔的平等主义思想与现代政治思想中的天赋人权理论关系密切。正如后者假设国家没有自然权威,笛卡尔也表明在心灵的领域不存在自然权威。笛卡尔的理性概念对既存社会与政治秩序具有潜在的颠覆性,其基本原因是,大多数关于权威的传统主张都无法展现足够严密的逻辑和足够清晰的概念。我并不是说笛卡尔是民主派,但是他的身心理论及其在认识论与道德上的平等主义为批判性思维开辟了某些路径,后者在17世纪六七十年代得到其部分追随者的进一步发展。此时,笛卡尔主义已经确立了自己"新哲学"的地位。在追随者当中,最激进的要数弗朗索瓦·普兰·德拉巴尔,他是一名辍学的神学系学生,在17世纪70年代发表了三篇关于两性平等的论文。大学里的经院哲学使普兰感到幻灭,

1665年左右，他转向笛卡尔哲学与现代自然法。[51] 尽管社会与政治问题在笛卡尔的思想中并不占重要地位，但普兰却专注于这些问题，并沿着笛卡尔的路线发展出了一种社会批判。站在后世回溯，我们可以将普兰的思想视为最早的可辨认的启蒙社会哲学之一。

普兰向那些将男权至上合理化为"自然"的自然法哲学家发起了挑战，要求他们用清晰明了的语言解释他们所谓"自然"的含义。他总结道，这些哲学家不假思索地将一种仅基于习俗的差异归结为自然。根据普兰的说法，女人的从属地位就如其他所有形式的人类附庸一般，是由"运气、权力与习俗"造成的，根本没有自然依据。[52] 从笛卡尔的思想出发，他重塑了早期女性主义在妇女问题（querelle des femmes）上的观点，这是一股相当持久的欧洲思潮，可以追溯到15世纪早期克里斯蒂娜·德皮桑（Christine de Pizan）的作品。[53] 普兰对偏见和习俗展开了普遍的批评，并将之与一种环境论的社会心理学相结合。他于1673年出版的第一本书的书名是纲领性的：《关于两性平等的物质与道德论述，以见出克服偏见的重要性》。普兰邀请读者，尤其是女性读者，自行判断当时的性别化社会习俗是否具备理性与自然的基础："你天生被赋予理性，"他疾呼道，"运用你的理性，不要盲目地将其献祭给任何人。"[54] 笛卡尔式理性自主因此变成了社会批评的工具。

普兰对女性从属地位的批判经常被概括为一个简洁的公式，即"心灵从未有性别之分"，但这具有误导性。实际上，普兰声称，他的目的是证明男女在身心方面都是平等的。[55] 他的论证确实是从无实体的心灵没有性别之分开始的，但是紧接着进行了唯物主义的补充，即解剖学研究并没有发现男性与女性的大脑有任何不同。基于笛卡尔对人体生理学的机械论解释，普兰反对当时在医学教学中占据主导地位的亚里士多德、盖仑和希波克拉底的理论。上述理论用女性的"冷""湿"体液界定其本质，与男性的"热""干"相对。普兰反驳说，这"将性别差异太过极端化"了，因为除了生殖器官之外，男性与女性的身体以完全相同的方式运作。因此，普兰对于平等的论证依赖于理性主义和生物学：无实体的心灵没有性别之分；大脑没有性别之分；除了生殖器官之外，身体也无性别之分。使人之为人的，是我们的思维能力和驱动身体运行的生物机制。用笛卡尔的话讲，身体的外在形态与相貌是次要品质，不会影响我们的基本人性。

显然，这就需要对存在于所有地区和大陆的高度不平等的性别制度做出解释。这里，普兰将笛卡尔关于习俗力量的零星论述发展为一种环境论的心理学。他默默舍弃了笛卡尔的天赋观念说，转而将新生儿的心灵描述为一块白板（tabula rasa）。从婴儿时期开始，我们就踏上了生命的旅程，他说我们"就像被海水带到某个新世界海岸上的外邦人，对于这个新世界一无所知，既不了解那里的事物，也不了解生活在那里的人们、他们所讲的语言，以及所遵守的法律"。[56] 比起笛卡尔，这听起来更像是洛克。这与普兰对种族中心主义的蔑视十分吻合（他的这一观念很可能承自蒙田）：

> 每个人都认为自己的国家是最好的，因为他已经习惯了这个国家；他在哪种宗教下长大，哪种宗教就是他所要真正信仰且必须遵循的，虽然他可能从未停下来审视该宗教，或将之与其他宗教进行比较。一个人对于自己的同胞总是比对一个外邦人更加亲切。[57]

为了解释女性的从属地位，普兰接着概述了一段关于人类的推测史。他解释说，在人类历史之初，并不存在制度上的不平等。在那个遥远的时代，没有政府，没有科学，没有雇佣关系，没有国教，男人与女人都是天真单纯的，他们从事农业与狩猎，"就像今天的野蛮人仍然在做的那样"。[58] 因此，人类历史的第一阶段就实现了自然平等。

普兰继而展示不平等是如何出现的。随着社会变得更加复杂，男女之间的简单合作关系被大家庭、宗族与部落所取代。人口增加，资源开始稀缺，争夺土地与货物的斗争频发。男性身体相对强健，他们通过暴力与计谋获得对其他人的控制权。女性身体相对柔弱，不能参与这些军事冒险，因此被排除在权力与权威的席位之外。征服了更大领土的男性将女人视为战利品的一部分，并轻视她们，因为征服者总是轻视被征服者。

男人为自己强大的身体力量而着迷，幻想自己在所有方面都可凌驾于女人之上。因此，婚姻制度发生了重大的变化：在最初的阶段，女人都是嫁给自己大家族里的男人，他们待她们如姐妹，但是从那以后，女人被许配给陌生人，而这些人待她们更像仆人。普兰认为，就是从这个时候开始，人们开始相信女人不如男人。

自愿互惠的制度现在让位于一种胁迫性和恐吓性的严苛制度（主要包括父权制家庭、私有财产和封地），很快又被有组织的宗教所掌控。和其他所有事物一样，宗教机构也由男性统治。对于基督教及其特殊的历史地位，普兰保持了谨慎的沉默，但是他对于男性垄断神职的观察，会让读者想起基督教，特别是罗马天主教的等级体系。普兰把历史表现为不平等和压迫的增加，这是一个残酷的故事，其中的一些人滥用他们的权力和闲暇，密谋如何征服他人，进而将自由的黄金时代变成一个奴役的黑铁时代。压迫使利润与商品陷入混乱，以至于一个人为了生存需要依赖另一个人。纯真与和平都渐渐成为过去，混乱进一步加剧，产生了贪婪、野心、虚荣、奢侈、懒惰、傲慢、残忍、暴政、虚假、争吵、战争、不安和焦虑——"总而言之，几乎所有的身心疾病都困扰着我们"。[59]这个悲观的历史观甚至早于卢梭（后者可能曾读过普兰的作品）。[60]

就像天文学上的日心说，普兰的历史学推测纠正了普通的常识经验。不假思索地接受自己所"见"之物的人会理所当然地认为太阳在转动而地球保持静止，同样，他们也会理所当然地认为，自己观察到的周围女性的行为举止和思维模式就是对女性"本质"的忠实反映。普兰试图阐述的是，17世纪女性的行为方式并不能确切地反映出女性的本质，而是无数个世纪以来对女性的压迫及错误教育的结果。用现代术语来说，性别是在性别制度形成的历史过程中产生的。

性别是普兰的平等主义关注的重点，但他也将自己对不平等的批判应用到等级，以及与本书最为相关的文化差异的维度。与他针对传统的笛卡尔式批判相一致的是他对等级的贬斥，宣称"男性建立的外在身份……只是给那些被授予称号的人一个新的名字罢了，而他们的本质还是没有被改变"。在其他方面，他也提出了质疑："为什么手工业者、农民和商人对国家收入的贡献更大，但他们的地位却比毫无贡献的贵族要低呢？"[61] 另一方面，总是被人瞧不起的底层人民，可能有着未知的能力："有多少匍匐在地的人，若曾得到过一点帮助就有可能出人头地？假如农民有机会接受教育，又有多少人能因此而成为优秀的教授？"[62] 其结果是一种对等级的择优主义批判。

普兰也以同样的方式论证全球文化差异。曾在1666年发表了笛卡尔《关于人的论文》续文的路易·德拉福尔热（Louis de la Forge）宣称，狗不能学习语言，但是"在另一方面，没有一个图皮南巴小孩不能把法语学得和我们一样好"。[63] 以同样的思路，普兰的说法更加有说服力：

> 大家普遍认为，突厥人、蛮族和野蛮人不如欧洲人擅长（学习）。然而，要是这些人中有五六个人展示出这种学习能力，或者获得了博士学位——这不是不可能的，这种观点就肯定会得到纠正，然后我们就会承认，这些人是和我们一样的人类，与我们有着相同的能力，而且如果他们受过良好教育，他们在任何方面都可能与我们媲美。[64]

普兰提醒读者，大家习惯性地称世界上最早出现的人为"野蛮人"，是因为他们生活的方式与己不同，也因为曾听到别人这样称呼他们。[65]

然而，普兰的历史理论并不始终如一。除了对现代文明的批判，他似乎还认为现代欧洲是处于前列的，因为相比于东方的女性，欧洲妇女享有更大的自由。在提到中国妇女的缠足以及突厥女性被禁足家中时，他总结道，"亚洲、非洲和美洲几乎所有国家对待本国女性的方式都如同我们对待奴仆"。[66] 然后，他后见之明似的评论道，许多意大利女人的命运也好不到哪里去。如此一来，就只剩下法国，或者说欧洲西北部，才是女性自由之地。普兰对东方性别制度的悲观看法反映出当时游历者的评价，如弗朗索瓦·贝尼耶笔下印度寡妇被烧死这种骇人听闻的故事，又如让·泰弗诺（Jean Thévenot）的断言：根据穆斯林信仰，女人不得上天堂。[67]

普兰预见到神学对性别平等的抵触，引用了圣保罗的名言，即凡信仰基督的，既不分男人或女人，犹太人或异教徒，也不分奴隶或主人。他还进一步引用了创世说中男人和女人同时被创造的部分（《创世记》1:27），并且指出在这章中上帝赋予亚当和夏娃——也就是未来的所有男人和女人——主宰非人类的自然界的权力。在谈到人类的堕落时，普兰概述了几个反对以男权至上的视角解读该故事的观点，但是最终得出的结论与对叙事史的笛卡尔式批判一致，即夏娃在远古时代的特定行为并不能为女性建立任何普遍的惯例。仔细研究之后，他宣称"这种推理根本证明不了什么"。[68]

清除障碍后，普兰还必须直面《圣经》中充斥着厌女思想的棘手篇章，尤其是保罗要求妇女在教会里须闭口不言。为了应对这些章节，普兰采用了调适的诠释学。论及《旧约》中的犹太律法时，他声称这些"在很大程度上是民族的，换言之，它们建基于特定的精神力〔神怪〕及它们所服务的民族的风俗习惯之上"。接下来，他又对圣保罗教义中关于妇女行为的规定进行了相同的批判：

> 与所有东方人和罗马人一样，犹太人极度嫉妒他们的权威，而既然他们拥有对女人的主宰权，就难怪这位使徒在追求包容众生的基督教教义的同时，劝告女性为了家庭和睦应该顺从和沉默，命令她们戴上面纱，甚至认为不这样做是一种违背自然的耻辱了。[69]

普兰承认，比起男性，《圣经》确实使用了更严厉的语言指责女性的过错，但这只是因为经文作者不加批判地采纳了"希腊人，以及犹太人曾经所属的亚洲民族"中的一些诗人和演说者的偏见。[70] 普兰的《圣经》批评与斯宾诺莎仅在两年前发表的《神学政治论》（*Tractatus Theologico-Politicus*）中使用的方法非常相似。与斯宾诺莎一样，普兰将犹太律法定性为特定历史的产物，并且拒绝将任何普遍有效性赋予《圣经》的社会性或文化性教义。[71] 因此，他索性贬损《圣经》中的大多数社会性教义，因为这与他的笛卡尔式平等主义人性理论不符。《圣经》中的社会性指引仅因笛卡尔式理性的权威而被摒弃。看起来，唯一保留下来的似乎只有《圣经》中的普遍道德准则，比如慈善和公正。

概括地说，普兰是第一位构想出一种根植于普遍平等观念的社会哲学的思想家，他以此激进地批判了不平等的三个主要维度：性别、等级和全球文化差异。他的著作提供了一扇窗口，让我们了解17世纪晚期可意想之物的限度所在。在某种意义上，普兰是一名边缘化的激进分子，而在另一方面，他的著作也影响了孟德斯鸠和卢梭，并且为18世纪许多作家所引用，这彰显了其著作的知识价值，即便他声名不彰。[72]

狄德罗《百科全书》中的自然平等与文化差异

在18世纪的历史进程中，现代平等在启蒙思想的光谱中获得越来越多的吸引力。传统上，字典和百科全书手册里的"平等"均指代一种数学概念，但被狄德罗添加为《百科全书》词条的"平等"是一个社会和政治概念。然而，这种平等的范围有多广？女人、欧洲人、基督徒和白人以外的人能否享有与欧洲白人男性同等的自然权利？或者说，普遍权利在实现的过程中是否会被去普遍化？

如上所述，狄德罗《百科全书》中关于"自然平等"的词条由路易·德若古所撰写，若古与狄德罗合作最多，几乎撰写了整部《百科全书》的四分之一。因此，他的文字远比某个不重要的词条撰写人的观点重要。若古出生于法国一个信奉加尔文教的家庭。父母将他送到日内瓦学习。他在大学上的倒数第二节课，老师不是别人，正是弗朗索瓦·普兰·德拉巴尔。[73]若古是一名思想自由的新教徒，最终信奉自然神论的道德观。他明确表示，道德比信仰更重要，虽然他并不赞同狄德罗激进的唯物主义。[74]根据若古所言，所有文明国家都拥有同样的道德基本准则，但对宗教的基本准则却看法不一。因此，将道德置于宗教之上，为共同人类的坚定承诺打下了基础。但是"所有文明国家"的提法表明，世上的一些民族不及另一些平等。

"自然平等"的词条是若古思考路径的典型。他解释说，"自然平等存在于所有人之中，完全由他们的本性决定……因此，自然或道德上的平等是基于所有人共有的人性，人类以相同的方式出生、成长、生存和死亡"。若古补充道，自然平等是自由的原则和基础。它要求"每个人都必须把其他人当作与自己自然平等的人来对待，也就是说，和他自己一样"。[75]他进一步指出，从自然平等衍生出"所有人都必须责无旁贷地相互践行慈善、人道和正义的全部义务"。他接下来设想，民间的和政治的奴隶制都是对自然平等的违背。他在另一处论及奴隶贸易的词条声明，购买非洲黑人然后将他们贩卖为奴"违背了宗教、道德、自然法和人性的一切权利"。[76]他大概是根据英国和北美作家对奴隶制的激进批判做出此番言论的。[77]

若古最后提出，在一些独裁统治的国家，权贵们占有国家的所有财富，其余的公民只有生活必需品，平民百姓在贫困中叫苦连天（明智的是，他让读者自己判断这一情形是否适用于法国君主制）。然而，在结尾段，若古向读者保证，他不赞同对"绝对平等"的狂热幻想，而且他非常清楚所有政体都存在对不同等级、职别、荣誉、奖赏、特权和从属关系的需求。他总结道，在自然状态下，人类的确是生而平等的，但在社会的形成过程中失去了这种平等，只能通过法律来重新获得。与这些思考相一致，若古对民主的判断也是复杂的。他认为民主虽然不适合大国，但还是有诸多益处，因为在民主体制下，要职向全体公民开放。他警告说，平等的精神是宝贵的，但不能被推向极端，以防民主沦为暴民统治。[78]

若古也撰写了"女人（自然权利）"的词条。他简要说明了男人是一家之主的普遍规则。然而，他接下来表示，"很难证明丈夫的权威是与生俱来的，因为这个原则与人人生而平等背道而驰"。同样，经文只规定了《圣经》时代的民法所规定的内容。他紧接着表示，"除民法中的规定以外，婚姻关系中不存在其他类型的从属关系。也因此，唯一阻止民法变更的就是特定的传统，且自然法和宗教没有定下任何反例"。虽说如此，若古仍承认"通常"让男性当家做主是有利的。[79]我们由此可以得出结论，他虽拒绝将男权归为天然，却认为它是一种审慎的准则。

若古在有关"平等"的词条中提出，真正的自然平等只在人类历史早期阶段得到了实现，而18世纪的野蛮人依然处于这种早期阶段。在"野蛮人"的词条，若古将之定义为"生活不受法律约束、无政府（'警察'）、无宗教、无固定住所的野蛮民族"。若古继续解释道："自然自由是野蛮人社会制度的唯一目标，这些蛮族的生活完全受制于自然和气候。"[80] 因此，这些民族所达成的自然平等，是一种先于大型共同体和国家之兴起的原始"同一性"（非常像若古所熟知的塔西佗对古代日耳曼人的论述）。以这样的方式呈现出来的自然平等远非什么具有吸引力的前景，而且若古似乎赞同霍布斯对自然状态的悲观刻画。然而，在别处，若古更多是像洛克那样，将自然状态描绘为一种完全的自由和平等，但不是无法无天的放纵，因为它仍受自然法约束。[81] 同样，他关于美洲部落的一些词条没有那么尚古主义，正如他观察到的，易洛魁族的一般事务都由长老议会处理。[82] 若古在平等问题上多少有些不一致的立场在18世纪的很多法语词典和参考书中都有迹可循。除了卢梭之外，几乎没有几个作家倡导全面的社会平等，但他们中的大多数还是将平等视为一种道德准则加以维护。[83] 因此，等级和性别——支撑欧洲旧制度下社会秩序不平等的两大主要观念——成了人们公开争论的概念。[84] 如今我们可以看出，一种类似的张力贯穿了《百科全书》中所有与自然平等的全球性意涵相关的词条。

在《百科全书》中，"野蛮人"通常被置于人类边缘。这在安托万·加斯帕尔·布歇·达吉斯（Antoine Gaspard Boucher d'Argis）所撰写的关于国际法的词条里表现得再清晰不过。和若古一样，他也是一位高产的作者，撰写了四千五百多个词条，大多与法律和法学有关。他将国际法定义为"一种由自然法确立的法理学，它与一些全人类的事务相关，且被所有国家遵奉"。[85] 它可以被看作和自然权利相伴而生，因为这两者都基于理性的自然之光。国际法（droit des gens）涉及的重大问题包括尊重财产和合同、遵守条约和协议的信用、战争和和平的基本公约、爱国以及孩子听从父母的义务等。再者，是关于人性和正义的原则：战争时期要赦免妇女、老人和孩子；尊重和保护外国大使；不污染资源；不亵渎庙宇。根据布歇·达吉斯所言，大多数国家都默认这些规则。

至此，国际法被定性为真正具有普遍性：它以自然理性为基础，约束着每一个人。但当我们继续读下去时就会看到，布歇·达吉斯提出了一个重要的限定条件。他认为，"良序民族［nations policées］中，某些民族与另一些相比，或多或少更奉行共同权利，只要那些民族本身多少是文明的，并了解人性、正义和荣誉的法则"。他举的第一个例子是全然无知、没有任何形式的政府的"野蛮食人族"。与这类人在一起，几乎无法实现任何交流，他们也不会提供任何保证。因此，人们被允许用武力抵御区隔这些人，就像对待"凶猛的动物"一样，但除了必要的自我保护外绝不应该伤害他们。最后，人们可以在他们的土地上居留来进行耕种，此外，如果他们想和"我们"做交易，我们可以向他们传授真正的信仰，让他们明白生活的舒适。对于有国家的"蛮族"，布歇·达吉斯继续说，人们可以像和开化民族一样来和他们相处。他说，穆斯林尊重国际法，但是他们依照的是《古兰经》，而不是《圣经》。

布歇·达吉斯对国际法的讨论，令人想起维多利亚对游历和贸易之自然权利的辩护。布歇并未质疑蛮族的人性，但是他无疑将他们置于人类中更低等的位置。他们被所缺失的东西定义：他们无知，没有正规的政府，而且几乎不和其他民族交流。最后一项是，他们中的一些人食人并有其他"违背自然的恶习"。欧洲人和其他文明国家的居民有进入其领土、在自卫时使用武力、垦荒、贸易、教授其文明之益处等权利。同样的信条也见瑞士法学家瓦泰勒（Emer de Vattel）于1758年出版的一本关于国际法的手册中。他的《国际法》（*Le Droit des gens*）是18世纪末关于这一主题最权威的论著。瓦泰勒称，存在一项普遍的"耕种土地之义务"。因此，国家只对其人民真正居住并使用的土地拥有主权。瓦泰勒将这个规则应用于美洲，大大地限制了美洲印第安人的权利："他们并未在那些广袤的地区定居，因此未拥有真正且合法的所有权；而被紧紧地禁锢在自己国土上的欧洲人民……发现了野蛮人……并未实际和经常使用的土地，就有权合法地占有它，并将之作为殖民地。"[86] 正如这些文字详细阐述的，国际法变成了对整个大陆征服和掠夺的辩护。

且不说对野蛮人的排斥，布歇·达吉斯还将国际法置于历史性时间中。他说,很多有识之士坚持认为国际法的真正起源可追溯至加洛林帝国时期,因为在 9 世纪之前,欧洲国家几乎没有开化,也很少遵循什么共同的标准。结论似乎是,国际法在某种程度上就等同于欧洲文明的发展,但如果我们将布歇对伊斯兰文明和"蛮族"(大概指代草原游牧民族)的简评也纳入考量,可能也不完全如此。

然而,另一位有影响力的作者,日内瓦贵族让－雅克·布拉马基(Jean-Jacques Burlamaqui)的《自然法与政治原则》英译本于 1763 年在伦敦出版,他拒绝用帝国主义的路径解读国际法。他警告说,"以一个民族的行为不够优雅或不像我们一般聪明为借口侵犯他们的权利和自由"是不正义的。布拉马基还说,"假借被我们统治符合他们的利益为由"而使用武力去征服一个国家,这也是不正义的。[87] 正如珍妮弗·皮茨(Jennifer Pitts)所观察的,18 世纪对万民法的理论化"总是处在欧洲和世界的紧张关系中"。[88]

"欧洲"的词条是若古的又一贡献。词条同样强调欧洲的优越性,认可孟德斯鸠在《论法的精神》(*Esprit des Lois*)中的论述,即 18 世纪的欧洲获得了前所未有的财富和权力。杜赫德(Jean-Baptiste Du Halde)在他的《中原帝国全志》(*Description géographique, historique, chronologique, politique et physique de I'empire de la Chine et de la Tartarie chinoise*, 1735)中曾估计中国国内商业的规模比欧洲的要大,但是孟德斯鸠表示异议,只有欧洲与其他三个大陆有贸易往来,因此其贸易规模超过中国。[89] 若古的结论是,论商业、海上力量、启蒙运动、人民的辛勤、艺术和科学、贸易,以及最为重要的基督教等因素,欧洲是所有大陆中最重要的。[90] 对欧洲文明相似的溢美之词在《百科全书》的开头论述中也可以找到,达朗贝尔在此高度赞扬了启蒙运动自笛卡尔时代以来取得的进展,最终积累了"我们现在所拥有的财富"。[91] 从字面意思上说,这个"我们"意味着已被启蒙的先锋,而在世界－历史的框架下,它代表欧洲。

若古撰写的有关犹太人的词条与他对不宽容的谴责相一致。词条将犹太教介绍为孕育了两大一神论分支——基督教和伊斯兰教,它们使世界上的大部分地区改宗——的母体宗教。这一词条完全没有收录当时许多基督教册子对犹太教的诽谤，却描述并谴责了基督徒对犹太教徒的迫害，"当他们改信基督教信仰，他们的物品会被没收"，若古愤怒地疾呼，"如果他们不愿改信基督教，他们就会被烧死"。他总结道，时至今日，许多法国人都后悔曾驱逐国王的忠实臣民，而"他们的信仰与君主的仅仅有些许不同"。[92]因此，他认为相信基督是救世主不过是基督教和犹太教存在的"少数不同之处"之一。和18世纪初的约翰·托兰一样，若古关注犹太教和基督教的共性，并最小化两者的差异。

同样，他坦言看到了欧洲人和日本人之间的一些相似之处，这种相似源于"人性"。[93]若古可能借鉴了伏尔泰的《风俗论》，在这篇文章里日本人被刻画为一个重视培养理性的民族。在伏尔泰看来，流传甚广的认为他们"没有一点道德"的看法，完全是无稽之谈。通常，启蒙思想家一边激烈批判日本文化的某些方面，一边又高度赞赏它的另一些方面，尤其是不同宗教和哲学传统之间的和谐共处，比如神道教、佛教和儒教。他们并没有像19世纪欧洲人对日本的常见描述那样将其想象为彻底的他者。[94]我们可以由此推断，《百科全书》中许多关于日本的词条都在他异性和共同人性间取得了平衡。对待中国也是如此。《百科全书》的撰写者中既有亲华者也有反华者。他们中的一些人将理学看作一种无神论的道德智慧，它证实了培尔的主张，即道德可以在没有宗教的情况下繁荣。许多关于中国政治体制的讨论都与伏尔泰一样，将该体制归类为一种开明的君主政体，而其他人则认同孟德斯鸠的看法，认为它是一种基于威慑的专制统治。[95]狄德罗则强调了中国哲学和斯宾诺莎理论体系之间所谓的相似之处。

对于伊斯兰世界，若古的观点也同样复杂。他声称，《古兰经》充满了"矛盾"。[96]然而，在其他地方，他赞扬了阿拉伯文明，提及众多使希腊和罗马学术免于湮灭的学院，高度评价了他们在医学和天文学方面的技艺，最后还指出，许多在各处受尽迫害的犹太人在阿拉伯大地上寻得了庇护。若古进一步评论，阿拉伯人是狂热分子，其统治因政教合一、权力集中于哈里发而成为专制主义的。[97]狄德罗、若古和《百科全书》

的其他一些撰稿人提醒人们，整个中世纪，阿拉伯学术都远优于欧洲公认的科学，还刺激了文艺复兴时期欧洲的学术复兴。[98] 这些词条的要点是两种态度的并存：真诚赞赏阿拉伯人为科学和哲学做出的贡献，以及强烈批判其宗教和政治体制。进一步观察可知，《百科全书》对世界主要文明的介绍大部分都具有类似的两面性。

最近，德温·瓦尔蒂亚（Devin Vartija）将狄德罗《百科全书》里关于非洲人和美洲印第安人的词条与《伊韦尔东百科全书》（*Encyclopédie d'Yverdon*）里的进行了对比。《伊韦尔东百科全书》以狄德罗的杰作为原型，但是经过了一些瑞士清教徒的编辑，其中大量唯物主义和反教权主义的内容被删去。这部百科全书在新教盛行的欧洲被广泛阅读。[99] 可以料到的是，它试图以经文作为自然平等的依据，但它对待非洲和美洲原住民的方式与巴黎的原版一样模棱两可。在这两部百科全书中，奴隶贸易都受到同样尖锐的谴责。和原版一样，提出气候对于解释种族变异的重要性功在布丰。在《伊韦尔东百科全书》中，"蛮族"的词条要比若古的原始词条长得多，并且更为公允，比较了蛮族和欧洲人的生活方式，对二者各有褒贬。然而，另一个词条也遵循了科尼利厄斯·德波夫（Cornelius de Pauw）关于美洲印第安人退化理论的推理。一些关于奴隶制和殖民主义的词条借鉴了雷纳尔的《东西印度史》，与它对不平等的激进批评相呼应。《伊韦尔东百科全书》的主编福尔图纳托·巴尔托洛梅奥·德费利切（Fortunato Bartolomeo de Felice）扩充了若古关于自然平等的原始词条。和若古一样，他毫无保留地为普遍的自然平等概念辩护，虽然他有时更加强调全人类的自然社会性。主要的区别在于，德费利切促使读者相信自然权利的公理与福音书中的完全一致。这个发现与乔纳森·伊斯雷尔（Jonathan Israel）的论点相矛盾，后者认为唯物主义哲学的立场总是比基督教得出更平等的结论。

《百科全书》中许多与政治主题相关的词条要么出于若古之手，要么是狄德罗自己所作。二人都将自然平等和自由看作政治学的基本原则。狄德罗对政治权威的解释始于这样一个论断，即"没有人天生就被赋予命令他人的权利"。[101] 在 1754 年的一篇文章中，狄德罗宣称，自然权利这一说法"被如此频繁地使用，以至于几乎没有人不坚信自己知道它的确切含义。这种内在信念为哲学家和不思考的人所共有"。[102] 林恩·亨特（Lynn Hunt）在评价这篇文章时，将这一"内在信念"视为人权在18世纪后半叶所获得的最为重要的品质。她引用了上文讨论过的日内瓦哲学家让-雅克·布拉马基的主张，认为"这种情感证据是不容反驳的，并且产生了最深层的信念"。[103] 在18世纪晚期，全人类的自然平等似乎成了一种情感事实，一种心灵的习惯。不知怎的，认为每个人都拥有某些相同的基本权利的信念与一种个体性相交织，后者以自我是一个不容他人侵犯的私人空间的概念为前提，这一主张同时也被反酷刑者所采用。在这一问题上，哲学、政治和心理学融合在一起，以极其强有力的方式捍卫自由和平等。

然而，对于狄德罗来说，这种内在信念是不充分的。他假定，不思考的人会丧失表达和思考的能力，但哲学家会转而进入更深层次的反思，尤其是因为他意识到自然权利的概念可能会招致强烈的反对。如果每个人心中都充满仁慈和善意，世界当然会变得更好。但是，狄德罗认为，如若冷静地审视我们自身，就会发现一种不那么讨喜的形象：

> 我们是狭隘、纷争不断且令人不安的存在。我们有激情和需求。我们希望能快乐，然而不义又充满激情的人却总想将己所不欲之事施加于他人之身。这是他在灵魂深处宣告的审判，他亦无法从中逃脱。他看见自己的赤裸，并且要么必须承认自己的赤裸，要么给予其他所有人与他一样的权威。[104]

如何化解这种自相矛盾？狄德罗提议，可以通过从个人转向整体获得解决办法："如果我们否认个人有权决定正义和不公的本质，我们又应向何处去寻求这个重大问题的回答呢？何处？在人类面前。"[105]

狄德罗认为，个人的意愿是可疑的，因为它们可能是善的，也可能是恶的。"但是共同意志都是善的。"个人"对于没有被全人类抵制的所有事物，都有最神圣的自然权利"。狄德罗号召每个人都对自己说：

"我是一个人,除了人类拥有的那些真正不可剥夺的自然权利,我别无权利。"那么,真正的自然权利便是那些符合全人类的普遍意志的权利,并且它们对于任何一个运用理性的人来说都是显而易见的。狄德罗悲观地总结道,任何选择不运用理性的人,都丧失了人的地位,就应该被当作一种非自然的存在来对待。[106] 康德后来用一种更为缜密的思路来论证定然律令学说,我们可以在此看到这种思路的影子。

仔细观察后我们发现,狄德罗的构想非常模糊,给帝国主义以及反帝国主义的阐释都留下了空间。正如我们不久后将看到的那样,狄德罗在《布干维尔航海补遗》(*Supplement au Voyage de Bougainville*)中,采取了反帝国主义的立场。我们可以得出这样的结论,自然平等被用来批判奴隶制及其他一切形式的压迫,但是其普遍性也可以被用来排斥那些被认为不够理性的人。同样,万民法的语言也具有普遍性,但是这种普遍性以文明为中心,可以被用来为欧洲的帝国主义事业辩护。

历史哲学

蒙田、普兰·德拉巴尔和众多17世纪的作家与旅行家认为,野蛮人代表了"人类初期"或者是人类历史的第一阶段。其他人则主张,气候解释了野蛮人原始的生活方式,他们时而强调热带的酷热,时而强调极地的严寒。他们大量地将野蛮人与古代作比,经常指出美洲土著、希腊文明的开端以及塔西佗《日耳曼尼亚志》中描述的日耳曼部落之间的相似之处。

丰特奈尔(Bernard le Bovier de Fontenelle)是法国早期启蒙运动的代表人物,他的《论寓言之起源》(*De l'origine des fables*)起草于17世纪90年代,但是直到1724年才得以出版。他将神话认定为野蛮人心智的一种基本特征。他进一步引证说,决定植物生命的气候确实也会影响人类的大脑,但是人们应该注意不要夸大其影响。这暗示了一种全球性平等,但是恰恰在这个问题上,丰特奈尔似乎下不了决心:

由此可见，只要思维得到了同等程度的培养，气候差异并不重要。人们最多可能推测，热带与两个寒带地区并没有适合科学的土壤……它们（科学）一直停留于阿特拉斯山脉与波罗的海之间，也许并不是巧合：我们不知道这些是否自然划定的边界，我们也不知道在拉普人与黑人之中是否有望产生伟大的作家。[107]

据丰特奈尔所说，是人类的发展阶段而非气候，为我们提供了基本的解释框架。北欧神话和热带地区自然神灵的故事一样，展现了带有迷信色彩的想象力。他主张，"美洲神话与希腊神话之间有着惊人的一致性"。他总结，所有的民族都以神话作为其历史的开端，早期的希腊人也曾是蛮族，就和他所处时代的美洲野蛮人一样。[108]

丰特奈尔有力地肯定了美洲人具有完全的人性，但同时他的主张也暴露了世界史的残酷逻辑。他宣称，"只要给美洲人一些时间，他们最终就会像希腊人一样理性地思考"。回顾两个世纪以来欧洲对美洲的殖民统治，丰特奈尔及其读者都非常清楚，自主发展的"时间"正是美洲原住民被剥夺的东西。欧洲的征服毁掉了他们的未来，又将他们的现在与欧洲的遥远过去等同起来。虽然他们身处18世纪的世界，但在哲学上，他们的时代早已结束。

在法国，将历史视为线性阶段序列的理论，被称为历史哲学，而在英格兰和苏格兰，它被称为"推测史学"。它的关键概念之一，是由丰特奈尔创造的"人类心智的进步"（le progrès de l'esprit humain）。这个概念成为启蒙运动时期历史术语的标准表达。[109] 这一概念的发展或许暂时受阻滞，甚至被颠覆，但是长远来看，它会流行，因为它恰恰展现了人类的理性。人们将世界史理论化为一个尚未出现的开明未来的过往。这是"历史哲学"的哲学核心。

然而，这并不是说，这种新史观可以被简化为一个智性进步的叙事。历史的四个主要阶段是用社会经济学的术语来定义的。它在英国的主要倡导者之一是亚当·斯密，他在18世纪五六十年代的格拉斯哥法理学讲座中对它进行了简要的总结："社会的四个阶段，分别是狩猎阶段、游牧阶段、农耕阶段和商业阶段。"[110] 如此构想看似是一种时间上的序列，但是同时，它也体现了一种空间格局，即"人类大地图"。狩猎阶段代表了一种基于捕猎动物与采集植物和水果的生存方式，在美洲的部分地区、亚北极区以及撒哈拉以南非洲的部分地区占主导地位。游牧阶段主要是指欧亚大陆的草原民族。农耕阶段指的是从古代到近代早期的伟大文明，在这样的社会中，绝大多数人都是农民和农场主，由少数市民与文人统治。从地理上看，它指的是从东亚经印度、伊朗、中东延伸至地中海沿岸的宽广的文明与帝国带。有时，秘鲁和墨西哥也被认为是文明国家。最后，商业社会以市场关系为主导，手工业与制造业板块日益扩大。这样的社会位于欧洲的大西洋沿岸。

因此，人类的进步不仅与理性有关，还涉及到一系列包括性别制度在内的经济、政治和文化因素的复杂集合。从一个阶段到另一个阶段，生产力提高，权力增强，知识发展。历史哲学的源头之一是17世纪70年代始于法国的古今之争（querelle des anciens et des modernes），它在18世纪早期扩展到了欧洲其他国家，尤其是英国。在科学技术方面，现代人认为欧洲现在已经超越了古希腊和古罗马。他们继续论证，古人没有发明望远镜与显微镜，他们的技术也已经被取代了。在全欧洲广为流传的权威期刊《学者报》（Le Journal des Savants）称，连接了地中海与大西洋的朗格多克运河可能会使罗马人哑口无言。[111] 文艺复兴试图效仿古代，启蒙运动则超越了古代。许多欧洲人仍然相信中国是一个伟大的文明，但是中国"没有牛顿"。[112]

我们知道，孟德斯鸠认为18世纪的欧洲拥有世界上前所未见的强盛力量。在《国富论》中，亚当·斯密用不同的措辞表达了相同的观点：他信心满满地断言，一个节俭的欧洲农民所获得的物质享受要高于"许多非洲的国王，也就是数以万计赤身裸体的野蛮人之生命与自由的绝对主宰者"。[113] 他的话虽然言过其实，但是其根据却是一种经济哲学。他认为，欧洲商业社会起源于人们"默示同意"赋予货币以价值，以将公有之物转化为私有财产，并尊重在转化过程中所出现的产权。归根结底，亚当·斯密的推论基于格劳秀斯、普芬道夫和洛克开创的财产史，他们认为财产是"自发"形成的，尊重产权是一种早于政治契约的自然法。[114]

历史哲学中的经济要素在全球范围内对共同人类产生了重大影响。人类是普遍的，但经济理性却不是。没有哪位启蒙思想家比约翰·洛克更好地证明了这点。他的产权理论在18世纪的欧洲产生了巨大的影响。洛克对本书的问题域而言至关重要，因为他的土地私有学说同时着眼于欧洲与美洲的情况。[115]洛克对上帝将土地赋予全人类的《圣经》教义进行了新的解读。据洛克所说，上帝的意图是要人类劳作和耕种土地。他把世界给"勤劳和理性的人（而劳动将使其获得对土地的所有权）……而不是好事和好斗的人"。[116]当人们通过默示同意引入货币时，就可能创造更多的财富。如果没有货币，农产品所有者及其家庭无法消耗完的农产品就会腐烂，这就违反了好管家（good stewarship）的义务。在新大陆内部没有货币流通的地方圈地完全是在做无用功，因为这部分盈余无法用来做任何事。说到这一点，洛克停顿了一下，开始为美洲设想一个全新的未来："因此，全世界初期都像美洲，而且是像以前的美洲；因为那时候任何地方都不知道有货币这种东西。"[117]在洛克看来，将欧洲的货币经济引入美洲会产生深远的影响，使美洲印第安人的集体季节性迁移放牧变为一种基于地产交换价值的系统。

洛克十分博学。他阅读了阿科斯塔、蒙田、让·德莱里的巴西旅行见闻录，还有其他一些关于亚马孙地区、加勒比海、秘鲁、加拿大和新英格兰英属殖民地的书籍。[118]而且，在1668年至1675年间，他担任了卡罗来纳州领主——一个由非洲奴隶打理的种植园的管理者——的秘书。[119]他还拥有皇家非洲公司和另一家在巴哈马群岛进行贸易的公司的股份，这两家公司都参与了奴隶贸易。因此，洛克对美洲的兴趣既关乎实际，也关乎理论。两者之间的联系在于提高生产力的必要性，这也是洛克产权理论的核心所在。美洲的土地资源十分丰富，但是原住民却没有听从上帝的命令，将这片土地变成一座繁茂的花园。于是，洛克总结道，没有被有效利用的土地，即使已经被圈占起来，"也仍然被看作是荒地，还有可能被其他任何人占有"。[120]换句话说，不够"多产"的土地可以被视为无主之地。我们已经看到，瓦泰勒极具影响力的国际法手册也提出了完全相同的观点。

我们必须留心，洛克和瓦泰勒的原则并不以精确的报告为基础。许多现代早期的游记都曾提到，精耕细作的土地与密集的种植业养活了大量的原住民。新英格兰和加拿大都是如此，但欧洲第一部政治经济学专著（1615）的作者安托万·德孟克列钦（Antoine de Montchrétien）断言，新法兰西的原住民既懒惰又挥霍。[121] 斯图尔特·班纳（Stuart Banner）在他对北美殖民地土地权的研究中称，洛克一定知道自己是错的。殖民者注意到了原住民的农业技术，并且定期购买土地，因此承认了原住民的产权。[122] 即便如此，就如班纳自己所证明的那样，这些土地买卖在很多方面都是不平等的。大多数土地买卖是合法的，但印第安人之所以出售土地，是因为英国人的人口压力、生态破坏和无力偿还的止赎贷款让他们别无选择。

从这个角度看，洛克的理论并不是殖民土地政策的解决之道，而是对这一政策所致的最终结果的追溯性辩词：原住民人口逐渐减少，其拥有的土地也越来越少，与此同时，移民的人口数量迅速增加，他们拥有绝大多数肥沃的土地，并且从事"现代"农业。殖民地的法律实践与启蒙文化之间的联系被班纳漂亮地揭示了出来，他总结道："英国法律强制执行了交易，而人们不需要为这一事实反省。英国人将英国财产法理解为理性本身。"[123]

威廉·罗伯逊是亚当·斯密、大卫·休谟和苏格兰其他杰出人物的同时代人，并与他们相识。1777年，他出版了《美洲史》，这也许是18世纪出版的有关新大陆最具影响力的记述。英文原著十分畅销，法语译本在三年内共发行了九版，1812年在美洲也发行了第一版。[124] 在启蒙运动后期，罗伯逊这本书的影响力堪比17世纪的阿科斯塔。

《美洲史》中有一章专门赞美了哥伦布，接着叙述了西班牙殖民的第一阶段。罗伯逊很清楚伊斯帕尼奥拉岛上的印第安人遭受了残酷对待，他引用了蒙特西诺斯和卡萨斯的抗议。然而，在赞扬卡萨斯的人道主义关怀的同时，他也将后者的计划斥为不切实际，因为没有考虑到"印第安人对任何劳作都怀有与生俱来的厌恶"，因此，他赞同殖民者的观点。¹²⁵ 罗伯逊对卡萨斯的讨论有几分恶毒，很少关注他的论述，只详述了他进口非洲奴隶的计划，却忽略了他后来对这项计划的撤回与懊悔。在罗伯逊看来，殖民者疑罪从无，而卡萨斯却不然。

接下来的两章分别关于美洲原住民起源与习俗，以及关于征服墨西哥与印加帝国毁灭。对美洲原住民能力的悲观看法贯穿《美洲史》的始终。罗伯逊主张，如果欧洲人没有到达美洲的话，美洲将陷入一种缓慢停滞的状态。换句话说，从历史哲学的角度来看，美洲将无处可去。罗伯逊声称，除了墨西哥和秘鲁，美洲是一块近乎原始的处女地："这块大陆的其余土地被一些独立的小部落所占据，他们完全没有艺术与工业，既没有能力改变，也没有欲望改变他们在这片土地上分得的聚居地的状况。被这些人占据的国家，其状态几乎等同于无人居住。"¹²⁶

罗伯逊是一位温和的新教徒，他试图调和历史哲学与神意，维护人类的团结，他赞同阿科斯塔关于美洲原住民来自西伯利亚的理论。他总结道，美洲原住民是野蛮人，生活方式"极其粗野"，仍然处于人类发展的第一个阶段。¹²⁷ 根据罗伯逊所说，美洲原住民"不关心未来，对于过去是什么样的也一点儿都不好奇"。¹²⁸ 罗伯逊对于阿兹特克帝国和印加帝国只是稍加赞美。他承认这些国家有城市、工匠、正规的君主制政府，他们遵守宗教教义，服从法律。然而，与旧大陆的民族相比，他们的成就并不算多。冶金术与役畜的驯养是进一步发展的首要条件，但这些条件都缺失了。罗伯逊提醒读者，在欧洲各民族驯养动物和掌握冶金术之后的很长时间里，他们仍然处于历史的第二个"蛮族"阶段。在阿兹特克人和印加人的国家被推翻的时候，他们的发展还没有超越"蛮族"阶段的开端。最后的结论是，无论是阿兹特克帝国还是印加帝国，都无法宣称自己"与那些称得上文明的国家"处于同一水平。¹²⁹

总的来说，罗伯逊对于阿兹特克人和印加人的评判比阿科斯塔的要轻蔑得多。阿科斯塔欣赏他们的建筑与治理，认为他们的文化水平可与希腊人和罗马人媲美。另一点与阿科斯塔的不同之处是，罗伯逊将除了墨西哥人和秘鲁人之外的所有美洲居民描述为无差别的同质化群体。他极力声明，他们的特殊之处是如此微不足道，以至于为了不使读者感到厌烦，他将避免提及。[130] 亚当·斯密对殖民主义的不正义虽比罗伯逊更持批判的态度，但仍将大部分的美洲原住民称作"赤身裸体、悲惨可怜的野蛮人"，又将西班牙人对特诺奇蒂特兰的宏伟的叙述贬为言过其实。[131] 与此相反，阿科斯塔区分了靠狩猎和采集为生的小型部落与有所发展的，以村庄为组织、农耕为基础的国家。阿科斯塔笔下的美洲拥有历史，而罗伯逊和斯密笔下的则没有。他们对四阶段理论的应用，似乎使他们看不见美洲原住民文化的多样性。[132]

亚当·斯密的《国富论》与罗伯逊的《美洲史》都是欧洲的畅销书，也是建立在欧洲人自哥伦布大交换以来所积累的地理学、民族志和历史学知识基础上的综合性书籍。他们关于财产的历史演变理论源于自然权利的哲学思想，但是，如果没有对美洲的探索，和欧洲人对亚洲以及非洲了解的增加，将人类历史分为四个阶段的构想是不可意想的。相比之下，人类历史的第四个阶段，也就是商业社会，基本上代表了从欧洲大西洋沿岸近代史出发，向全球的延伸。四阶段理论在政治经济学于英吉利海峡两岸蓬勃发展的18世纪中期声名鹊起，这绝非巧合。在18世纪上半叶的法国，政治经济学领域的出版物以每十年七十六种的速度出现，1750年之后激增至每十年逾四百种。[133] 就如亚当·斯密的一句名言所说，这一现象背后的观念是市场和贸易在某种程度上是"自然的"，是从人类对"买卖、易货和交换的自然倾向"中自发形成的。

历史哲学以一种前进与发展的时间机制为基础。它将世界放置在一张无缝的时空网格中，想要从中逃脱是不可能的，甚至是不可意想的。但是，历史哲学不一定是一种道德上进步的时间性。除了愉悦与文明之外，商业还可能与贪婪、不平等和腐败联系在一起。在这种辩证关系中，卢梭表现了历史哲学败坏的良心。在其他人对商业文明的缺点表示了谨慎的担忧时，卢梭却断然宣称腐败和阴柔之气已经在欧洲文化的中心扎根。他对赋予女性政治权利的反对与他对文明的批判一脉相承。

因此，卢梭无法摆脱历史哲学的时间框架，这一点更加令人着迷。他不相信现代欧洲文明代表了道德的进步，他对商业和道德的看法与亚当·斯密的开明自利理论几乎背道而驰，但是两人之间这种众所周知的不一致很容易掩盖他们的共同点。他们有一个共同的基本观念：历史性的时间即是发展。正如苏格兰启蒙运动的理论家们，卢梭将人类视为具有创造力与创新精神的物种。在一篇关于语言起源的论文中，他将人类的语言与动物之间的交流进行了比较，他说，人类的语言不是本能，而是约定俗成的："这就是为什么无论环境好坏，人类都可以取得进步而动物不行的原因。"[134] 卢梭还像苏格兰理论家们一样，区分了人类进化的几个阶段：最先出现的是狩猎的"野蛮人"，接下来是从事游牧活动的"蛮族"，然后是耕种土地的"文明人"。[135] 而正如卢梭深知的那样，商业社会已经到来。同样，卢梭在《论人类不平等的起源与基础》中关于私有地产起源的历史猜想尽管与苏格兰理论家们的观点相去甚远，但有一点是一致的，即土地私有是人类历史上一个重要的、不可逆的转折点。

我们或许可以得出这样的结论，即不管启蒙思想家的宗教或哲学派别为何，历史哲学的时间框架都为他们所共有。它为 18 世纪的男男女女提供了一种对世界历史的广泛理解，与此同时也使他们能够将世界上多彩的文化分为四种基本的社会经济、政治和文化模式，每种模式都与特定的性别制度相联系。

性别作为历史哲学分析的一个范畴

历史哲学总是包含性别制度的历史。法国和苏格兰的推测史普遍认为，女性地位、婚姻制度、性别规范以及两性的美德和规矩会随历史阶段不同而变化。[136] 大多数作者认为天生懒惰的蛮族会压迫自己的女人，强迫她们完成所有的重活。在文明的民族（peuples policés）中，男性的力量最强大，他们因此根据风俗和行为习惯的粗野程度，强行制定了损害妇女的法律。法国自然科学家布丰称，只有在文明开化的国度里，女人才能获得"平等地位"，而这种平等"十分自然，对于社会的平稳也是十分必要的"。布丰补充说，道德规范中的礼貌主要是女性的功劳，她们以自己的谦逊让男人们体会到，美的权威也是一种足以对抗武力的力量。[137]

我们已经在法国启蒙运动先驱思想家普兰·德拉巴尔及贝尼耶的作品中接触到一种根深蒂固的观点，即蛮族会对本族女性进行残暴的统治。有趣的是，另一些思想家发现，特别是极北地区的一些蛮族存在着一种原始的性别同一（sexual sameness）观念。17世纪末，法国医生皮埃尔·珀蒂（Pierre Petit）及法国旅行家让-巴蒂斯特·塔韦尼耶（Jean-Baptiste Tavernier）就曾运用这种说法解读亚马孙地区和卡尔梅克地区的女战士。[138] 珀蒂称，"人性越是未开化"的地区，尤其是"严寒之地"，"男女之间的特征和习惯就越难区分"，他一并列举了拉普人、萨莫耶德人、斯基泰人、西伯利亚人、挪威人、冰岛人及新地岛人的例子。[139] 野蛮人似乎总是原始的，然而他们的性别制度要么极其具有压迫性，要么"过于平等"。

18世纪下半叶，原始社会的性别同一被悄然"遗忘"，人类的发展从此与女性地位的跃升和随之而来的男性文明程度的提高联系在一起。由雷纳尔神父与狄德罗合著的《东西印度史》（1780）就是一个很好的例子。这部鸿篇巨著（后面还将详述）第一次展现了欧洲全球扩张的历史。此书同时也是启蒙运动后期的畅销书之一。雷纳尔将处于历史第一阶段的"野蛮人"女性的处境描绘得与奴隶无二。但他认为情况到第二阶段有了显著进步。他认为，游牧社会积累了大量财富，建立了幅员辽阔的帝国。财富确保了闲暇和各种精美物品的生产。因此，人们开始品评女人的优雅仪态和服装衣饰，这将她们从做牛做马者变为欲望的客体。而到了历史的第三阶段，即农耕文明，女人的状况则得到了进一步改善。土地私有使一夫一妻制婚姻成为一种重要而富策略性的制度，女性的尊严得以提高，并让她们在社会秩序中处于更加中心的位置。

在这些内容之后，我们本以为雷纳尔会以赞美商业社会来结束他的性别史。然而实际上，我们在书中只看到了对现代欧洲性别制度的极为模糊的描绘。雷纳尔称，在商业社会的第一阶段，女性的美德与优雅有所增加，然而到了后期，精英男女都耽于奢侈与逸乐。随着艺术的精进和礼貌的培养，女性同时成为新兴欲望与品味的客体和主体。她们不再满足于料理家庭和私人享乐，还渴望"在世界舞台的聚光灯下……扮演更加光彩夺目的角色"。在此，雷纳尔明显想到了法国的沙龙社会。商业文化中，无论男女，都被奢侈所俘获，孩子被托付给雇工照顾，婚姻关系轻易瓦解，忠贞不复存在。雷纳尔哀叹道，这就是"一切真情实意普遍堕落和泯灭的主要症候之一"。[140]

尽管如此，欧洲新兴的性别制度还是与早期或当时野蛮人和蛮族的大为不同。在将各文化间的情欲关系进行比较后，威廉·罗伯逊认为美洲原住民"对待他们的女人十分冷漠无情。她们既不是文明社会中温情依恋的对象，也不是蛮族中显而易见的炽热欲望的对象"。[141]这像是温和气候理论附带的性别印象。欧洲男性对待"他们的"女人的柔情，被认为介乎美洲野蛮人的缺乏性激情与非洲野蛮人及东方专制国家的纵欲之间。在这里，罗伯逊笔下的美洲人和孟德斯鸠想象中的波斯人被归为一类，只有《波斯人信札》的最后一篇是特例，其中，东方女性的自主被描绘为东方专制主义的对立面。故事以郁斯贝克的长房妻子，也是他后宫的主人罗珊娜的自杀而告终。在给郁斯贝克的最后一封信中，骄傲的罗珊娜告诉他，压迫的妻妾制度既没有摧毁她的性自主，也没能摧毁她心灵的独立。[142]

在人类历史的第四阶段，文明似乎达到了一种自在的平衡，但这平衡仍然岌岌可危。欧洲的男子气概介乎性冷淡与纵欲之间，又介乎野兽般的雄性力量与东方专制主义这两种政治心理之间。男人应该避免的是野蛮粗暴和纵欲专制的双重危险。历史的进步被推论为实现适当的平衡。相比之下，美洲、非洲、亚洲，通常还有地中海沿岸的欧洲民族的性别制度被认作人类学上的病态。

西尔维亚·塞巴斯蒂亚尼（Silvia Sebastiani）在对苏格兰启蒙运动的研究中，强调了在对未来商业社会的构想中女性自由存在种种局限。她观察到，苏格兰人认为"女性地位的提升……首先取决于男性人性的完善"。[143]据此，他们认为一夫一妻制的婚姻模式是女性历史进步的终点。他们将男女的能力定义为互补，可见其理想并非男女平等，而是开明的男女差异，后者对女性进入政治、科学及高等教育等公共领域做出了明确的限制。否则，女性可能变得太过自由，使男性阴柔化，并导致奢靡和虚伪横行。苏格兰人关于健康的设想主要与信奉新教的欧洲北部联系在一起，法国及南欧国家则是危险的反例。[144] 塞巴斯蒂亚尼总结，苏格兰人将性别与种族联系起来，认为"北欧是充满'爱'的地区，有别于美洲印第安人的性缺陷、非洲人的兽性，东方的淫奢及南欧和法国放荡的堕落"。[145]

因此，布丰所提出的有条件的平等不应与从玛丽·德古尔奈（Marie de Gournay）到玛丽·沃斯通克拉夫特（Mary Wollstonecraft）的女性主义作家提倡的性别平等混为一谈。前者并不以平等为基础，而是建立在两性角色互补的概念上，两性被认为拥有同等的尊严，但本质上存在差异。女性通过伴侣关系充当文明的主体（civilizing agent）。与之相对，宣称要获得完全平等的女性实际上是在毁掉而不是维持文明的微妙平衡。塞巴斯蒂亚尼总结道，"对女性品质的赞赏总是伴随着区分，这种区分表达着控制的需求"。[146]

为何对于18世纪的社会和历史理论学家来说，性别成了如此让人头疼的问题？在孟德斯鸠、卢梭、狄德罗和孔多塞的著作中，性别不再是社会秩序毋容置疑的基础。它已成为一个"本质上存在争议的概念"，这对于17世纪中叶最重要的思想家，例如笛卡尔、霍布斯及斯宾诺莎来说，是从来没有过的。对欧洲以外民族"非正常"性别制度的遭遇，并不足以解释这种性别的扰动，因为它源自对欧洲的现在，以及更重要地，对它的未来的深切忧虑。归根结底，性别转变的根源必须在欧洲历史中寻找。

在我看来，对性别的解构是近三百年来女性主义批判累积下来的成果。从约1400年的克里斯蒂娜·德皮桑到18世纪末的玛丽·沃斯通克拉夫特和奥兰普·德古热（Olympe de Gouges），无数近代早期的女性主义者表达了她们关于女性的尊严、卓越和性别平等的愿景，以及对接受高等教育、进入文坛，以及最终参政的坚决要求。珍妮特·罗索（Jeannette Rosso）曾对1600年至1790年间法国有关"女性问题"的出版物做过一次不完全统计，发现二百三十五种图书中有30%可被认作是亲女性的。¹⁴⁷ 另一多产的体裁则包含了16至18世纪间欧洲各地由知识女性所出版的浩瀚类目。到现在，一段详实的编纂史显示，近代早期的女性主义绝不只是一些零散而边缘化的出版物。¹⁴⁸ 卢梭在其早期作品中倡导性别平等，孟德斯鸠读过普兰·德拉巴尔的作品，而若古则是普兰在日内瓦学院的学生。¹⁴⁹ 女性主义批判削弱了男性和女性气质陈腐的确定性，让性别平等成为一种可以期待（虽然极具争议）的理想，这一点在玛丽·沃斯通克拉夫特的"疯狂的愿望"——她希望"看到社会中的性别区分变得混乱，除非这一区分由爱慕激发"——中得到了最为大胆的表达。¹⁵⁰ 我们可以得出这样的结论：近代早期的女性主义为促进现代平等在性别维度的普遍化起到了决定性作用。

从世界史的角度来看，必须强调的是，性别平等的话语仅限于欧洲。近代早期的欧洲女性主义运用了一种强烈的平等语言，一种哲学元文本，想象了一个超越了要求在知识和学问的世界中拥有一席之地的未来性别制度。简单对比近代早期中国的女性作家，也许能够说明这一点。中国女性在文学上的参与不亚于欧洲女性。自入关后，清朝涌现了三千多名女性诗人。她们出版的诗集超过两千本，许多还是印刷本。¹⁵¹ 终于，女子诗社大量涌现，在中国社会建构出汉学家高彦颐（Dorothy Ko）所说的"女性的反抗空间"（female counter-space）。在这些女性网络之中的女人以其所言所行对儒学中"女子无才便是德"的思想提出了质疑。相反，她们主张，才与德可以并立，甚至相辅相成。¹⁵² 在诗作中，女性诗人抱怨她们不具有和男性同等的权威，认为自己"不逊于"家中的兄弟，并想要追求更加崇高的事业。在此，我仅以一例为证。此诗为清朝女诗人骆绮兰于18世纪90年代所作：

> 梦领貔貅队，
> ……
> 关塞抒雄略，
> 云霄写壮怀。
> 钟声忽催觉，

依旧着弓鞋。[153]

在因写诗及与男性文人交往而饱受批评之时，骆绮兰辩驳道，中国诗歌经典《诗经》（约公元前 600 年）中的三百首诗有一半以上出于女性之手。[154]

约 1800 年，一个名叫李汝珍的男人出版了一本很受欢迎的小说，讲述了一群男性文人参观"女儿国"的故事。在这个国度，女性为统治者，可以纳男妾，而男性则要缠足。作者显然没有女性主义倾向，因为这篇女战士般的小说以男性复位为结局。[155] 尽管如此，中国专断的性别制度仍被揭露出来，对儒家性别伦理的颠覆也逐渐可被意想。我们可以得出这样的结论：在近代早期的中国，仍有相当数量出自女性之手的作品，在不可避免的女性要屈从的现实与拥有自由及女性主体性的梦想世界之间游走。然而，这些作品缺乏一种元文本，以表达一种强有力的平等语言，比如按照上帝形象创造的灵魂是平等的，或人类享有"自然平等"。

近代早期的欧洲女性主义引入了一种并未被普遍运用的批评模式。因此，在近代早期的性别思想史中，出现了一个可用不同方式构建的欧洲例外。在这两种框架中，性别均成为"历史分析的有用范畴"（借用琼·斯科特［Joan Scott］的名言）。尽管如此，进步的性别化（the gendering of progress）还是有一定的局限性。历史哲学结合了两种相互冲突的有关欧洲文明中女性境况的观点。它将性别从自然范畴移至历史范畴，假定性别制度具有可变性，但随后便试图打住并将女性未来的历史"再自然化"。因此，这可被解读为一篇女性解放的宣言，但同样也可以被解读为针对女性主义替代方案的延伸论战。正如孔多塞、奥兰普·德古热等人在倡导女性公民权时所表明的那样，历史哲学可以将女性权利提上议程。然而，这也可以导致一个由白人男性主导的局面，其间充斥着"现代化"的男性气概、全球性的欧洲优越论及帝国主义的扩张。

人种划分

人种划分始于将自然历史的分类方法应用于人类。人类是能够运用语言和使用工具的理性动物。作为有感知能力的动物，人类可以被纳入蓬勃发展的自然史科学的主题之中。人种划分解决了两个问题：第一，它提供了一种相当简单的概念工具，来对多样的国家、部落和宗族进行梳理。第二，它让人类学成为自然历史的一项分支，服从于测量和因果性解释的科学实践。

1684 年，法国旅行家、伽桑狄派哲学家弗朗索瓦·贝尼耶提议将人类分为四到五个"种族"或"物种"。贝尼耶是位昙花一现的思想家，他提出的分类方法与 18 世纪人文科学的更为系统的分类方法大相径庭。但他与从事动植物分类的学者颇有联系，看待人类的角度也明显受到了自然史的影响。[156] 十五年后，爱德华·泰森（Edward Tyson）出版了第一部系统比较人类与猩猩身体构造的著作。1735 年，卡尔·林奈在其所提出的人形动物科（anthropomorpha）分类中，将"智人"（他对现代人类的新称呼）分为下列四个种类：欧洲白种人、美洲红种人、亚洲深棕色人种和非洲黑种人。[157] 当然，林奈还对这四个"人种"的特征加以评价：欧洲人聪慧、乐观，接受法治；美洲人热爱自由，安天乐命，遵从成例；亚洲人生性忧郁，受他人评价宰制；而非洲人则懒惰、粗心、任性。[158]

非洲人之后是高等类人猿。一些人类族群似乎比另一些更接近猿类。但有多接近则不得而知。在林奈之后，很多其他的人种划分法被提出。这些分类方法在许多方面都有不同，不论是在人种数量上还是在对其的描述上，但一个反复出现的特征是，总是处于种族等级顶端的欧洲白种人与总是处于最底端的非洲黑种人之间的对立。当分类拓展至灵长目时，非洲人最终总是最接近大型类人猿。在 17 世纪晚期，人种划分还是一件新事物，没有得到广泛传播，但到了 18 世纪，它们已经成了理解和评估人类多样性的主要工具之一。[159]

对于人类多样性，18 世纪最有影响力的两位理论家，或许是法国的布丰（1707—1788）及德意志教授约翰·弗里德里希·布卢门巴赫（Johann

Friedrich Blumenbach，1752—1840）。他们可以代表在人种划分领域正获得越来越多思想动力的时期从事研究的两代人。两位博物学家都产生了极大的影响力，他们的作品在欧洲及其殖民地被广为阅读。布卢门巴赫于18世纪的最后几十年开始了学术生涯，其构建的种族科学成了19世纪科学种族主义的模板。

基本概念是分类而非人种。分类主要基于明显的身体特征，通常是肤色、毛发类型、颅骨形态、面部表情及身材比例，但同时也包括文化和审美标准。布丰使用"人种"（race）这个术语来定义这些特征的集合。[160]为了避免"纯生物学"这个过时的概念，我们必须牢记，18世纪的自然史也从道德和美学的角度来讨论动物。布丰的《自然史》是一部有关地球及其生物体历史的宏大纲要，并习惯性地认为动物具有好或坏的"品性"，是美丽或丑陋的。布丰断言，狮子呈现出"凛凛的姿态、睥睨的眼神和骄傲的魅力"，这种"高贵生物"的身体灵活而匀称。它的性格也是极好的，集高贵、仁厚和慷慨于一身。而老虎则相反，展现出一种邪恶的凶猛以及毫无正义可言的残忍。它那刁横而令人生厌的外表反映出它卑鄙的性格。[161]

许多博物学家将"生物的"人种特征解释为受长期的环境因素所致，其中气候是最为重要的因素。这种人种的生态学思路与19世纪对血统和遗传解释的坚持大相径庭。尽管如此，其不稳定性也不应被高估，因为人种特征出现和演化的时间节奏被认为比政治和文化史的发展更慢。布丰基于地球一开始非常炎热的假设计算其冷却的速度，推算出地球的年龄在七万五千年左右（后来他又得出一个大得多的估值）。[162]尽管受长期生态变化的影响，"人种"的形成在历史中还是相对稳定的。从上述情况来看，显然启蒙时期的人种划分是生物文化性的，带有美学、道德和政治的色彩。例如，欧洲人被表现为不但肤色白皙、身形匀称和外形美丽，还聪明、理性，适合管理其他人种。

在《自然史》第九卷的前言中，布丰总结了他的人种分类的要点："不论是欧洲的白种人、非洲的黑种人、亚洲的黄种人还是美洲的棕种人，同样都是人类，肤色受气候影响。"他接着写道，人类生来就是为了统治地球，自然使得他们能在各种环境及气候中繁衍生息。由于动物比人类更容易受到气候的影响，物种内部或之间的差异都比人类内部的显著得多。[163] 布丰在此处（别处亦然）有力地肯定了人类物种的统一性。尽管偶尔会拿基督教宣扬的人类谱系做做表面文章，但布丰真正的标准还是生物学。自然，而非上帝，才是真正的造物主。[164] 布丰将物种定义为一群能够通过性交繁殖后代的动物。他于 1753 年宣称，物种的生理特征"只有将自然置于连续的时间中思考才存在"。[165] 对布丰而言，自然史的时间性十分重要，他质疑物种的永恒不变性，正摸索一种关于地球及其生命形式的原进化理论。布丰相信，自然通过精微的渐变向前进化。尽管他的物种繁殖标准确保了一定程度的稳定性，但他也时刻关注着物种的变化。菲利普·斯隆（Philip Sloan）认为，布丰对于启蒙生物学的关键贡献在于赋予历史性地理解自然以认识论上的优先性。[166]

那么，在这一理论框架下，人类是且只能是同一个物种。布丰将四个大陆与四个"人种"联系起来，并猜想肤色是后者的主要标志。为什么肤色如此重要？为什么人种要与大陆相一致？对此布丰并没能进行解释。这个四种肤色的理论框架代表了对早期分类标准的背离。"红皮肤的印第安人"和"黄皮肤的中国人"都是 18 世纪的产物。[167] 有趣的是，红皮肤的印第安人是一个由布丰和林奈等欧洲学者独立设想出来的概念，但北美的原住民也认为自己有红皮肤，有时是为了与他们遇见的越来越多的白皮肤殖民者及黑皮肤奴隶相对照。[168]

人类多样性的问题显然令布丰着迷。他的人类学理论由一篇关于"人种多样性"的长篇论文，以及一篇几乎同等篇幅的补遗所组成。在布丰看来，气候是肤色形成的首要原因："对于我来说，我必须承认，我总觉得我们暴露在空气中和灼热阳光下时肤色加深的原因，和西班牙人比法国人肤色更深、摩尔人比西班牙人肤色更深、黑人比摩尔人肤色更深的原因相同。"[169] 但这也并不能说，气候可以解释一切。人类文化也是部分原因。布丰问道，为什么中国人与鞑靼人在其他特征一致的情况下，却比鞑靼人肤色更白呢？答案是，中国人都住在房屋和城镇里，而草原游牧民族则一直暴露在阳光下。在更北的地方，极寒气候对人类造成的影响与烈日一样，这解释了为什么北极民族也拥有深色皮肤。这样的推理倾向于将人种差异拆解为一个受不同程度阳光曝晒的渐变光谱，不同民族的生活方式又使之更加复杂化。布丰关于"人种"的一般结论，与这种普世主义，甚至可能发展为平等主义的见解十分一致：

> 因此，一切都支持一种观点：人类并不由本质上不同的物种构成；相反，起初只有一个单一的人类物种。这个物种在整个地表繁衍和分散之后，受到气候、不同饮食习惯和生存方式的影响，又经过传染病，以及或多或少有相似之处的个体的无限分化，经历了许多不同的改变。开始这些改变还非常的细微，只造成了个体的差异；随着时间的推移，它们演化为物种的多样性，因为在相同原因的持续影响下，它们变得更为普遍、明显及持久。[170]

布丰接着说，然而这些持续的影响并不会永远不变。如果产生这些影响的因素停止作用或者被其他因素所取代，那么这些影响将会慢慢消失，从而产生其他"人种"特征。后世所称的"人种"在这里被简化为由不断变化的环境因素以及人类的应对方式所带来的暂时性结果。与生物本质论不同，布丰的推理似乎更倾向于将"人种"消解为生态与历史的偶然。为了检验这种具有潜在普世性的假说，我们必须更仔细地审视布丰对于人类多样性的处理。

首先，我们必须注意到，布丰理所当然地将白皮肤作为全球范围内的标准肤色。他认为，在北半球温和的气候下，人最为美丽和健康，他们拥有"人类真正天然的肤色"。[171] 他似乎设想所有人原本都是白皮肤的。他的气候理论是为了解释为什么有些人获得了更深的肤色。只有一次，他提出了逆向演变的可能性。假如有人将黑人运向一个北欧国家，"他们的第八代、第十代，或第十二代将会比他们祖先的肤色浅得多，也许会和原本就在寒冷气候下居住的民族一样白"。[172] 这样的肤色转变只需四个世纪，时间跨度之小令人惊讶。另一方面，布丰认为，居住在热带地区的美洲人肤色并不黑，因为他们从西伯利亚到美洲的时间并不长,说明肤色改变的速度较慢。在有关人类多样性一章的大部分内容中,所有非白种人都被认为是白种人因气候而变异的。

布丰频繁使用"退化"一词来描述白种人原型向其他肤色的人种分支演变的过程。理论上,退化有中性的含义,指从一个原初模型"分支"为不同的种类,但根据雅克·罗歇(Jacques Roger)对 18 世纪法国生命科学的重要研究,布丰所使用的"dégénérer"一词一般含有贬义。[173] 因为其他三个种族被描述为在不同程度上次于欧洲白种人,非白种人看起来就像是一支被假定为优良的原始品种的堕落。

像往常一样,非洲人为我们提供了一个很好的试验案例。在讨论撒哈拉以南的非洲时,布丰区分了两个大的子群,即黑人(nègres)和卡夫尔人(cafres)。据布丰所说,所有非洲人都是黑皮肤,但黑的程度不同。从布丰对塞内加尔女人精致美貌的评价中可以清晰地看出,这种深肤色遭到负面看待。他告诉读者,若"忽略她们的肤色",就会在她们中间遇到和世界其他地方的女人同样美丽的女人。[174] 布丰似乎理所当然地认为,所有人都和他一样,认为白人的身体比黑人的更美。尽管如此,他也清楚地意识到,非洲人自己有不同的想法。他说,佛得角人以自己是世界上最美丽的民族为荣,因为他们的肤色最深。[175] 大卫·诺思拉普(David Northrup)在其关于非洲发现欧洲的书中指出,非洲人第一次见到欧洲人时往往觉得他们白得丑陋,令人作呕。[176] 接着,布丰还对佛得角女人经常与陌生人发生性关系的放荡行为进行了一番评论。过度和反常的性风俗是布丰讨论非洲时反复出现的主题。布丰对"黑人"的总体评价好坏参半,但趋向于原始主义:

> 尽管黑人不怎么聪明,但他们敏感而热情。他们是快乐还是忧伤,勤劳还是懒惰,友好还是敌对,都取决于人们对待他们的方式。若人们提供给他们良好的食物,不虐待他们,他们就会很满意、很开心,准备好完成任何工作,他们的脸上会洋溢着满足的神情;但一旦人们虐待他们,他们便会变得愤愤不平,有时还会忧郁而死。[177]

非洲人被描述为依照他人的对待做出反应的民族。这无疑是奴隶制的语言。布丰本人谴责奴隶贸易，但并没有呼吁废除它。

在历史编纂学中，美洲原住民大规模退化的理论有时被认为是布丰提出的，《自然史》中一些篇章似乎也证实了这一点，但他最终的论断与此大相径庭。一般来说，布丰认为北极以南的所有美洲人都属于"单一人种"，多多少少都有红色或古铜色的肌肤。[178] 除了墨西哥和秘鲁的民族外，其他美洲人都是野蛮人，都"一样愚蠢，一样无知，一样没有艺术和工业"。他接着说，美洲人很少集结成真正的国家，而是"挤挤攘攘，野蛮而不受约束"。[179] 他进一步指出，即使是在欧洲征服以前，美洲的人口也比旧大陆少得多。据布丰所说，详细讨论他们"所谓国家"的风俗和习惯根本毫无益处。布丰的这个观点先于罗伯逊，他显然也没听说过约瑟夫-弗朗索瓦·拉菲托（Joseph-François Lafitau）的民族志杰作《美洲蛮族的习俗与古代习俗的比较》（*Moeurs des sauvages américains comparées aux moeurs des premiers temps*，1724）。拉菲托基于在美洲的实地考察，区分了北美许多部落的不同习俗。研究布丰对美洲人的描述后，我们可以得出结论，他对美洲人的智力、技术和社交能力持相当负面的看法，但他从未使用"退化"一词来描述美洲民族的共同特征。

被布丰视作退化的美洲民族只有格陵兰岛居民和爱斯基摩人，但他将他们的退化归因于北极严寒的气候。他忠实于他的气候决定论，将拉普兰民族、西伯利亚北部的部落及极地地区的鞑靼人都归入退化民族的范畴。[180] 退化确实存在，但其成因是极端气候，且不仅限于美洲。在布丰于1777年对人类多样性一章的详细补遗中，我们有以下发现。他反驳了科尼利厄斯·德波夫在《美洲哲学研究》（*Recherches philosophiques sur les américains*，这本书在欧洲及美洲均广为流传）中提出的退化理论。德波夫主张，所有的美洲人都是退化的产物，他甚至否认了印加和阿兹特克帝国恢弘庙宇和遗迹的存在。布丰十分激愤地反驳说，这种荒谬的观点只能是出自偏见。那些遗迹存在着，世人都可以看到，它们证明了其建造者的"伟大"。[181] 对于德波夫所认为的"一般美洲人"本性的缺点，布丰也不假思索地予以否认。与德波夫相反，布丰把南美洲体型较小和力量较弱的动物相（fauna）解释为当地的一场大洪水灭绝了早前更为强健的动物的结果。布丰承认，亚马孙流域潮湿而窒闷的气候让当地民族变得体弱，但这必须用"地方的和个别的原因"来解释。[182] 总而言之，布丰在一般意义上将非白种人的形成与退化联系在一起，又将这种退化解释为气候所致，但他绝对反对美洲"人种"本身就比世界其他人种更加倒退的理论。

布丰不是唯一一个反对退化论的人。德波夫的其中一个主张称美洲原住民没有胡须。德波夫认为，胡须一般被认为是男子气概健全的一个基本要素，而美洲人没有胡须，就正好与认为他们性冷淡、不如欧洲白人更像人的观念相一致。然而，美洲人没有胡须的说法遭到了实证的反驳，该报告于1786年发表在声望很高的英国伦敦皇家学会《哲学汇刊》上，是两个英国人和一个美洲原住民的共同成果。报告的作者是理查德·麦考斯兰（Richard McCausland），他请教了两位专家：第一位是巴特勒上校，负责印第安人事务的副主管，对美洲东北部六族有着长期而深入的了解，精通他们的语言；第二位权威人物是泰因德尼加（Thayendanega），他是"一位颇有影响力的莫霍克族印第安人……于1775年到过英国，说写英文尚属准确"。这位莫霍克族酋长曾提交过一份签名的书面声明，证明"六族人民和我所见过的其他北美印第安民族一样，天生有胡须"。[183] 巴特勒上校解释说，没有胡须的迷思源于原住民喜欢将脸颊上的毛发拔掉的习惯。考斯兰本人曾在尼亚加拉地区住过十年，他说这段旅居经历让他确信，"他们在这方面［胡须］与其他人并无差异，不比欧洲人之间的差异更多"，他也质疑美洲印第安人天生"比其他人类存在更多缺陷"的观点。[184]

那么，布丰在共同人类与人种差异的辩证关系中处于什么位置呢？尽管他坚持认为人类物种是统一的，但他人类学著作中的长篇人种志却完全以生理和文化差异为前提。阅读他对美洲民族的评价，认为他们最终可能会变得像古希腊人一样文明和智慧的期待——这对丰特奈尔来说是如此不言自明——成了空虚的幻觉。尽管布丰谴责奴隶制，但他对"黑人"的讨论却显示出与奴隶贸易的语言的明显联系。他援引笛卡尔的人类心灵概念，但他的人性理论却是建立在差异化理性的理论之上的。野蛮人也有理性，但只是初级形式。布丰的单一人类物种的普遍概念还只是较弱的抽象。他有关人类多样性的冗长一章（在其漫长的职业生涯后期，他又将重新转回这一方面）结合了一种强有力的不平等话语和一种虚弱的共同人类话语。

当布丰老去，约翰·弗里德里希·布卢门巴赫开始了他的公共事业。布卢门巴赫在德意志著名的哥廷根大学读医学和人类学，后来又在该大学执教，彼时哥廷根还是汉诺威王国的一部分，又因汉诺威王国的选帝侯同时也是英国的国王而与英国有关联。这所学校有丰富的英文藏书和旅行志。[185] 1775 年，布卢门巴赫取得了博士学位，其论文题为《论人类的自然多样性》，于同年发表。从初版到 1795 年的最后修订版，这篇论文在欧洲被广为阅读，并引起热烈讨论。布卢门巴赫被选为德意志内外的七十八个学院和学术团体的成员。[186] 托马斯·本蒂斯（Thomas Bendyshe）是布卢门巴赫主要著作 1840 年英译本的编辑，他声称布卢门巴赫关于人类多样性的论述"甚至直到今天都不过时"。[187] 总而言之，他在欧洲的学术地位可与布丰相媲美。

在他 1775 年的学位论文里，布卢门巴赫直面人种多源发生论（polygenism）的挑战。在暂离主题批驳了那些诽谤《圣经》者（他暗示这些人尤其喜欢多源发生论）后，他提出了他的主要反对意见：

> 尽管……你可能轻易将好望角的居民、格陵兰人和切尔克斯人当作许多不同的人种，但当充分考虑这件事时，你就会发现，所有的人都会相互交融，一个人种会如此明显（或不知不觉）地逐渐变成另一种，以至于你无法区分他们。[188]

对"不可察觉的程度"的论证表明了"人种"之间没有明确的界限，这一观点清楚地再现于 1795 年的版本。[189] 尽管程度不同，但所有人种都显示出人类的共同特征，其中理性和直立姿势最为重要。然而，布卢门巴赫并不同意布丰对于物种的定义，因为他认为可繁殖的杂交能够跨越物种的界限。[190] 他认为肤色是人种间最稳定的身体差异，由气候影响和人类皮肤表层的化学反应的共同作用导致。[191]

现在让我们探讨一下布卢门巴赫的人种划分法。在1775年版中他主张，"无论其成因是胆汁，还是阳光、空气或气候的影响，肤色都是一种偶然的和极易改变的因素，永远也无法构成物种的多样性"。[192] 然而，正如我们不久后将看到的，肤色能够构成人种的多样性。布卢门巴赫随后提出的人种划分法在某些方面与贝尼耶的看法很接近。与这位法国旅行家类似，布卢门巴赫首先提出了"第一人种"，它由"欧洲、亚洲恒河一带，以及位于阿姆河［奥克苏斯河］以北的所有国家，再加上北美地理位置和居民特征都最接近的部分"组成。[193] 与布丰不同的是，白种人（或"第一人种"）不再被认定为欧洲人，而是欧亚人，甚至有部分美洲人。第二人种覆盖了恒河流域以外的南亚和东南亚、澳大利亚和太平洋岛屿。第三人种是撒哈拉以南的非洲人，第四人种是除了被分配给第一人种的极北地区美洲人以外的美洲人。[194] 我们在布丰的著作中看到的那种人种与大陆之间的齐整的一致性，在这里已不复存在。特别是，欧洲和亚洲之间的分界线不再由人种决定。

那么在布卢门巴赫1795年版的著作里，人种划分又发生了什么变化呢？基本是以下三点：第一，人种的数量从四个变成了五个；第二，第一人种被重新命名为高加索人；第三，人种差异的谱系被表征为一棵有两个分支的树，以肤色为主要区分标志。在关于人类划分那一章的标题里，布卢门巴赫再次强调了人类物种的统一性："作为同一物种的人类的五大基本种类"。这五个种类分别是高加索人种、蒙古人种、埃塞俄比亚人种、美洲人种和马来人种。通过简要描述肤色、毛发类型和颅骨形态，布卢门巴赫介绍了他的五个人种。白种人的地理分界线没有改变，除了"一增一减"：去掉了拉普人和"芬兰人的后裔"，增加了北非。布卢门巴赫称，"根据我们对对称概念的理解，高加索人种的外貌可以说是最美丽和适宜的了"。[195] 他虽然拒绝将人种按照文化或智力等级排序，但对按照审美排序却没有任何良心上的不安。

黄皮肤的蒙古人种，涵盖了除东南亚人、拉普人、芬兰人和爱斯基摩人以外的亚洲其他地区居民。第三个人种，埃塞俄比亚人种的肤色为黑色，住在撒哈拉沙漠以南的非洲。美洲人种的肤色是古铜色或红色，居住在美洲除北极以外的所有地区。第五个人种是马来人种，肤色为黄褐色，包括东南亚以及太平洋地区（包括澳大利亚和新西兰）的岛民。对这些种族的外貌描述虽然没有非难之意，明显给人一种他们不及高加索人种英俊的印象。

为了寻找布卢门巴赫新人种划分法的关键所在，我们必须仔细研究高加索人种，它在一些方面占据了中心位置。布鲁斯·鲍姆（Bruce Baum）考查了高加索人种学说的起源。首先，它被认为是一个"原始"人种，所有其他人种皆由它演变而来。在那时，高加索起源说和今天的非洲起源说有着同样的地位。布卢门巴赫和布丰一样，认为白色是人类的天然肤色。为什么是高加索人？布卢门巴赫在哥廷根大学的同事、历史学教授克里斯托弗·迈纳斯（Christoph Meiners）在他的《人类历史概略》（*Outline of the History of Humanity*，1785）中假定，最早的人类起源于高加索山脉或其以南的地区。而且，这个理论似乎证实了挪亚方舟在亚拉腊山上搁浅的《圣经》故事——这座山就在高加索山脉以南。最后，还有一种在贝尼耶的著作中便已出现的坚定共识，即切尔克斯人，尤其是住在高加索山脉附近的切尔克斯少女，是地球上最美丽的人。[196] 因此，高加索被赋予了这样一种象征意义，人类从此散布至世界各地，其居民成了人类的模型，或有着理想化的样貌。最后，高加索起源说还可以作为《圣经》人类谱系的一种世俗化形式，是与《创世记》做漫长告别的一个阶段。

布卢门巴赫并不赞同迈纳斯生硬的人种偏见，但显然对高加索起源论深信不疑。他说，如果存在那么一个地方的话，我们必须把"人类的原住民"放在这个区域。而且，白色是人类原始的肤色，因为"白色很容易退化成棕色，而深色要变成白色却要难得多"。[197] 在这里，我们再一次遭遇了"退化"的概念。不管是在布卢门巴赫还是布丰的笔下，这都是一个非常模糊的概念。尽管布卢门巴赫比布丰更为谨慎，但他也坚持白种人的审美优越性和历史卓越性，因此无论作者的意图如何，任何从白色到深色的变异都被视为恶化。在肤色的可变性问题上，布卢门巴赫似乎比布丰还要倾向于白人中心论。布丰认为气候的变化可能在三四个世纪内把黑皮肤变为白皮肤，而布卢门巴赫宣称，从棕色变成白色极其困难，因为根据他的化学理论，皮肤深处分泌了一种"碳质色素"。布卢门巴赫认为，黑色素潜入身体之深比布丰设想的更甚。

与布丰相比，布卢门巴赫的人类谱系更受人种影响。高加索人种代表了树根，它的两个分支从白色经由某种过渡色到达黑色或黄色两个端点。一个分支是从白色经由棕色（马来人种）变为黑色（埃塞俄比亚人种），而另一个分支则是从白色经由古铜色（美洲人种）到黄色（蒙古人种）。布卢门巴赫提供了一幅五种典型颅骨的插图，高加索人种的颅骨位于中间，蒙古人种和埃塞俄比亚人种分别在最左和最右侧，美洲人种和马来人种填补了过渡的位置。[198] 第二个分支的溯源有些不可思议。考虑到18世纪被普遍接受的阿科斯塔关于美洲民族的理论，将"黄色皮肤的"亚洲人放在过渡的位置，"棕色皮肤"的美洲人放在端点似乎更为合理。

布卢门巴赫进一步举例说明了颅骨测量法（craniometry）的兴起。布丰对收集颅骨毫无兴趣，但布卢门巴赫这一代人却将颅骨测量法当作体质人类学的一种很有前景的新的实验工具。荷兰博物学者彼得鲁斯·坎珀（Petrus Camper）与他的英国同事约翰·亨特（John Hunter）和查尔斯·怀特（Charles White）也开始收集颅骨，并且测量它们的面部角度。[199] 在18世纪晚期，颅骨学还是一种边缘的创新学科，但到了19世纪，它却成了科学种族主义的关键方法。

另一方面，布卢门巴赫公开宣扬的意图明显比布丰更为平等。他赞许地提到了罗伯逊《美洲史》的批评者，并果断地驳斥了美洲人没有胡须的说法。同样，他对旅行家口中美洲女人不来月经的故事也嗤之以鼻。他反对道，对于这样的无稽之谈，有学问的人大可不必当真。[200] 他1795年专著中的最后一句话强有力地肯定了人类的统一。萨拉·艾根（Sara Eigen）研究了布卢门巴赫紧跟其1795年著作出版的科学图册中不同人种的图像，展现了他的人文主义和平等主义倾向。布卢门巴赫没有提供每个人种的头骨或"典型"标本，而是选择了一些颇有特异性的著名人物的精巧肖像。

"代表"高加索人种的，不是标准的西北欧人，而是严肃而高贵的奥斯曼驻英国大使优素福·埃芬迪（Jusuf Efendi）。比起某个粗鲁的鞑靼人，用以表现蒙古人种的是"罗马一位广受爱戴的雕刻师"费奥多尔·伊万诺维奇（Feodor Iwanowitsch）的肖像。他的"画廊"里的美洲人不是别人，正是前文讨论过的外交官兼莫霍克人首领泰因德尼加。马来人种的代表是在18世纪70年代访问过英国的塔希提人欧迈（Omai），其文雅的举止惊艳了整个伦敦社会。第五张图展示的是雅各布·约瑟夫·伊丽莎·卡皮泰恩（Jacob Joseph Eliza Capitein），他曾是一名非洲奴隶，用荷兰语和拉丁文出版过基督教专著。这些画像均由著名画家所画，并将这些人作为个体来展现，而不是某个人种的"标本"。和在其他几个地方一样，布卢门巴赫在评论这些画像时，不厌其烦地解释"人种"并不能抹灭个性。他的意思是，一个人永远不只是某个人种的标本。[201] 然而，正如我们之前所说的，布卢门巴赫也是颅骨测量法的先驱，这个学科是人种科学的一个分支，它倾向于将个体简化为可测量的生理特性，并用个体的头骨来代表"他们的"人种。[202] 布卢门巴赫1795年版著作中的头骨插图，与1796年科学图册中的肖像画所传达出的信息并不相同。

在布卢门巴赫的书中，我们可以看到，他对带有平等主义色彩的共同人类的肯定，与一种指向差异和不平等的人种划分并行。他质疑非洲人"比其他人更接近于人猿"的断言。[203] 布卢门巴赫在1806年出版的《对自然史的贡献》（*Beiträge zur Naturgeschichte*）中用一个章节专门讨论"黑人"的智力。他在这里提出的两点对共同人类的强烈主张已经趋近于平等。[204] 第一点是非洲黑人与其他人种在解剖学或生理学上没有本质区别。第二点是假定非洲人拥有和其他人同等的智力。布卢门巴赫称，自己的调查和来自可靠的探险家报告都让他坚信这些结论的真实性。

布卢门巴赫对于共同人类与人种差异持什么立场？他与布丰相比又如何？二人都强调"人种"是环境因素的产物，也都指出"人种"之间的界限是流动的、动态的。矛盾的是，布卢门巴赫思想中的平等主义和种族主义元素都比布丰表现得更强烈。他关于共同人类与智力平等的论述要直接得多，而来自五个种族的杰出人物的画像，则显示出他对有天赋者所能取得的成就的真诚欣赏，无论他们来自哪一"人种"。另一方面，布卢门巴赫也在为确立颅骨测量法的威望方面贡献良多，使之成为新兴人种科学的重要方法。相比布丰，他的人种分类法将白皮肤的高加索人种放在了更靠近中心的位置。高加索人种是最原始的人种，位于人类谱系的源头，是最美丽的人种，而在18世纪末期，它向着越来越霸道的世界地位发展。

布卢门巴赫和布丰的种族理论最后都指向了人种并非自然分类的结论。尽管如此，他们的人种划分仍假定，以肤色区分的大部分人类可以被科学地定义为"人种"。在布卢门巴赫的著作中，我们可以发现以下元素的结合：作为科学的人类学、人种划分、以肤色为标志的人种概念，以及作为体质人类学新方法的颅骨测量法。按照19世纪"种族主义者"一词的含义，布丰和布卢门巴赫都不能被称为"种族主义者"。即便如此，朱利安－约瑟夫·维雷（Julien-Joseph Virey，《人类的自然史》[*Histoire naturelle du genre humain*]，1801）等人类学家在不到十年后，仍将布卢门巴赫的概念工具中包含的所有元素与"人种为自然分类"的论题结合起来，最终形成一个本质主义的种族概念。[205]

布丰和布卢门巴赫对于人种和人性的、具有两面性的理论代表了有关人种划分的启蒙思想的主流。其他持人种同源论的理论家，如康德和格奥尔格·福斯特（Georg Forster），也与布丰和布卢门巴赫的观点类似，只不过有的更倾向于普遍平等，有的则给予种族不平等以特权。康德是尤其有趣的例子，因为他一开始支持非洲人低人一等的观点，但后来又收回了自己本质主义的种族差异理论。[206] 据我所知，唯一对白色是人类天然和原始肤色的学说提出质疑的，是荷兰博物学者彼得鲁斯·坎珀——顺带一提，他是颅骨测量法的另一位先驱——他指出种族变异既可以由白种人到黑种人，也可以由黑种人到白种人。[207] 坎珀认为，白人和"摩尔人"之间没有本质差异。1764年，他在格罗宁根大学做了一场演讲，如此表达了自己的基督教人类同源观点："无论亚当的肤色被创造为黑色、棕色、古铜色还是白色，他的后代一旦布满地球的广阔表面，就必然会随着国家、特定的食物和疾病的不同而改变自己的肤色和体态。"[208]这种认为亚当也可能是黑人的观点可以说是史无前例的。

最后，还有少数人类多源发生论者，伏尔泰、科尼利厄斯·德波夫、大卫·休谟和亨利·霍姆（Henry Home，凯姆斯勋爵）是最有名的几位。他们提出了一种明确且恒定的人种不平等，在他们看来，这表明了不同人种有独立的起源或是分别被创造的。比如，为了证明布丰过度高估了气候对人种差异的影响，凯姆斯勋爵列举出许多"气候控制"的例外和异常情况。他认为，人种之间现存的差异太大了，仅凭环境因素无法达成。他总结说，唯一剩下的解释是，人类从一开始就存在不同的人种。黑人和白人发生性关系的结果，他补充道，只能产生"杂种"。他设想，最初，不同的"人种"或"人的种类"就位于最适合他们的气候区。[209]对于非洲人，他也提出了一些质疑。"黑人"是"不同于白人的物种"这点是毋庸置疑的，但凯姆斯不太确定他们在智力上是否更为低下。非洲原始的生活条件无法促进智力的增长，在国外，他们又被迫过着悲惨的奴隶生活，没有任何机会培养心智。他总结道："谁能说他们在自由的状态下会有多大的进步呢？"[210]然而，这样谨慎的评论只能作为环境论的低语存在于由人种决定论主导的论争中。

在18世纪，面对基督教的责难，人种多源发生论经常处于防御状态，影响力比人类同源论小得多。[211]然而，它的处境在19世纪大为改善。接着我们将会看到，许多19世纪的人种多源发生论者开始接受一种强生物种族决定论，后者没有给凯姆斯在其理论中告诫过的奴隶制的僵化影响留下什么空间。

全球文化差异与普遍平等

欧洲首部在中性的比较框架下讨论其他宗教的主要出版物，是七卷本巨著《世界各民族的宗教仪式和习俗》（*Cérémonies et coutumes réligieuses de tous les peuples du monde*），1723年至1737年间在荷兰共和国出版，作者为贝尔纳·皮卡尔（Bernard Picart）和让·弗雷德里克·贝尔纳（Jean Frederic Bernard）。整个18世纪，这本书在欧洲各地再版过无数次，并出现了许多盗版。林恩·亨特、玛格丽特·雅各布（Margaret Jacob）和维纳德·米因哈特（Wijnand Mijnhardt）认为，这是第一次不以基督教护教学为主导的对世界各大宗教的百科全书式论述，尽管作者们的新教徒身份在书中很多地方都有显露。[212] 皮卡尔和贝尔纳都是为了躲避法国在1685年实行的宗教迫害制度而来到阿姆斯特丹的。这段经历使他们公开拥护宗教信仰自由——这种世界观解释了他们对世界宗教公正和开放的讨论。

该书预示着一门新学科的出现，即比较宗教研究。其他宗教只是其他宗教，并不一定是有害的或者是由恶魔唤起的。皮卡尔是当时首屈一指的镌版师之一，他用无数吸引人的插图来装点这本书。他精心挑选出这些插图，以免带有猎奇或谴责的意味。[213] 尽管如此，皮卡尔和贝尔纳还是不信任神父，无论他们来自哪个地区。他们经常将神父描绘为主持可笑甚至可憎仪式的人。[214] 他们似乎和蒙田一样，在质疑欧洲人优越性的同时也不放过宗教中丑陋的一面，如人祭和对寡妇施以火刑。即便如此，他们也试图让那些奇怪而可憎的仪式（例如墨西哥的一些宗教仪式）为读者所理解，这显示他们可能受到了巴特洛梅·德拉斯·卡萨斯的影响。[215]

不同于许多谴责美洲"野蛮人"偶像崇拜的正统教徒，继丰特奈尔和拉菲托之后，皮卡尔和贝尔纳强调了美洲宗教和古希腊罗马宗教的相似之处。[216] 亨特、雅各布和米因哈特指出，"通过文字和版画，他们始终如一地尽可能对偶像崇拜的习俗和实践做出良好评价"。[217] 他们并不宽恕阿兹特克人的人祭，但也指出，西班牙征服者的罪行同样残暴。总的来说，他们对新大陆各民族，尤其是那些北美洲民族的刻画，运用了一种有时近似于"高尚的野蛮人"的刻板语言，赞美了他们的淳朴美德。[218]

贝尔纳本着同样的精神（皮卡尔在整个系列完成之前便逝世了）讨论了伊斯兰教。18世纪早期，当奥斯曼帝国在巴尔干半岛的势力逐渐减弱时，欧洲的观察者们可以（但绝不是总能成功）采取一种更为冷静的态度去看待穆斯林文化。贝尔纳虽然不是穆罕默德的崇拜者，但成了这种态度的最佳例证，他很少错失批评基督教不宽容的机会。众所周知，奥斯曼苏丹和其他穆斯林统治者一样，都容许基督教和犹太教社群出现在自己的领土上。贝尔纳问道，为什么基督教统治者就不能对不同派别的基督徒，最后也对犹太教徒和穆斯林予以同样的欢迎呢？[219]

皮卡尔和贝尔纳将"偶像崇拜"作为几乎所有宗教的特征（新教除外）。同样，亨特、雅各布和米因哈特也指出，他们"对按照从原始到文明的光谱来排列民族没有多大兴趣。他们在几乎所有文化中都发现了文明、谦逊和礼貌，［并且］对民族之间的相似性而非差异性更为关心"。[220] 在整套书的总序中，皮卡尔和贝尔纳陈述了他们这部著作的目标：

> 这部作品应就人类侍奉上帝和其他类似的神的非凡实践提出一个总括性说明，人们在阅读时将不得不承认，除了某些宗教会具有启示的特点，这些做法都在某些事情上观点一致，并且在大多数人的心中都有相同的原则和基础，通常拥有同一个主题，朝着同一个方向前进，步调一致。[221]

雅克·雷韦尔（Jacques Revel）指出，楷体字部分（原文所加）借用自皮埃尔·沙朗（Pierre Charron）的《论智慧》（*De la sagesse*, 1601）。[222] 经由沙朗，皮卡尔和贝尔纳的思想受惠于同样视伦理高于教条的蒙田的怀疑论人文主义。在这些表达中，欧洲宗教战争的沉痛记忆被转化为一种对于宗教差异与伦理共性的全球视野，使人们能够弥合这些差异。我们在《风俗论》（出版于几年后）中已经看到，伏尔泰提出了完全相同的看法。

在关于中国的一章中，皮卡尔和贝尔纳再次强调了在所有教条中都可寻见的共通元素，然后提出了一个大胆的平等主义倡议："所有的宗教都在某些方面有相似性。正是这种相似性激励了某些大胆的思想者，冒险建立一个普遍融合的计划。如果这个计划能达成，并能使那些过于固执己见的人明白只要心怀仁爱（charity）四海便是一家，那该多么美好啊。"皮卡尔和贝尔纳的普遍融合似乎基于这样一种信念，即独一的神或神圣法则的存在可以表达为不同的宗教语言——这是早前我们遇到的，认为"认主独一"存在不同途径的苏菲派理念的一个强有力且更为平等的版本。四海一家的理想与欧洲人的傲慢、基督教伪称垄断真理，以及所有其他宗教的排他主义主张形成了鲜明对比。[223] 假如所有宗教都信奉同样的道德原则，那么四海一家的伦理就变得可以意想了。

我们可以说皮卡尔和贝尔纳超越了宗教宽容。他们将基督教的仁爱从个人义务转变为一种将全人类囊括在内的四海一家的理想。对他们来说，人类学转向几乎成了第二天性，这表现在每次向读者解释的时候，他们称各个宗教团体的做法即使乍看之下颇为怪异和令人生厌，但放在各自的历史和文化语境中便可理解。

现在让我们转向另一位欧洲学者，他对基督教以外的宗教抱有正面的兴趣，但采用的研究方法却截然不同。1755 年，法国年轻人亚伯拉罕-亚森特·安基提尔-杜佩隆启程前往印度，收集和翻译琐罗亚斯德的古代波斯著作。为了到达大多数帕西人（后来的琐罗亚斯德教徒）的居住地苏拉特，他必须从法国东印度公司的所在地本地治里出发，进行长途旅行。在苏拉特，他在帕西人老师、琐罗亚斯德教祭司达拉布·索拉比·库马纳（Darab Sorabjee Kumânâ）的帮助下，翻译了《阿维斯陀》（Zend Avesta）。他还收集梵语手稿，思索拉丁语、希腊语和梵语的亲缘性。安基提尔的项目第一次做到了将一个亚洲宗教置于其原语言中进行研究。

然而，安基提尔的兴趣并不仅限于宗教。他回国后于 1771 年发表的旅行志表现出对印度文明的尊敬，以及对欧洲人的傲慢和贪婪的强烈不满。[224] 在前往印度的途中，他惊讶地得知许多同船船员都是获释的罪犯，他们正成为骄傲的殖民者。在本地治里，他十分厌恶殖民精英的"懒散"和"阴柔"。虽然殖民者的情况比预想的还要糟糕，但印度人的良善却超出预期。当一名巴拉索尔的当地人将他遗失的手表交还给他时，安基提尔"对于一个被我们视为蛮族的民族竟如此诚实而感到大为震惊"。在巴德拉克县，安基提尔叙述说，"一些印度人走上前来接近我们，谈话转向了欧洲和各种不同的宗教，我以前从来没想到能在印度腹地遇到如此程度的坦率"。接着，他说自己穿越了一个城镇，欧洲人在这里以贪婪闻名。在从一位山民那里得到食物和正确的路线信息后，他评论说，在"文明国家"，这样一次发生在偏远村庄中的相遇很有可能以抢劫或者更糟的事情告终。安基提尔进一步表示，印度统治者容许他们的领土上存在基督徒，他还顺便评论道，印度的基督徒并不比印度教徒审慎。[225]

然而，安基提尔旅行志的读者也在其中遇到了那些老生常谈的殖民话语。例如认为由于炎热的气候，东方人容易变得懒散、阴柔和放荡。他的某些反应也显示出种族偏见，例如他说一个女孩绝伦的美让他几乎忽略了她的黑皮肤。顺带一提，与布丰的理论相一致，他也将皮肤色素沉着解释为热带气候的结果。另一方面，他意识到了欧洲读者对刻板印象的期待，因为他在旅行志中加入了一则有关寡妇自焚殉夫（suttee）的描述——后来他承认自己从来没有亲眼见过——称之为"一个野蛮的宗教仪式"。[226]

安基提尔的旅行志是东方主义的陈词滥调、开放的好奇心，以及对欧洲人偏见和傲慢的初步批判的古怪混合。他的知识背景有些折中，混杂了詹森主义、怀疑论和一种仁爱的人文主义。在他带到印度去的少量书籍中，有希伯来《圣经》、沙朗的《论智慧》和蒙田的《随笔集》。[227] 除了这些，他还精通自然法哲学，并吸收了布丰和孟德斯鸠的见解。在这些于18世纪法国相当普遍的知识之外，我们看到的是一个身处令人困惑的崭新世界，试图理解自己所见所闻的年轻人。从他后来的作品中可以看出，殖民者的行为给他留下了不快且持久的印象，这些作品的标志就是对欧洲征服和殖民的平等主义批判。

在《东方的立法》（*Législation orientale*，1778）中，安基提尔猛烈地抨击了弗朗索瓦·贝尼耶在其1671年关于印度莫卧儿王朝的旅行见闻录中言及、并由孟德斯鸠的《论法的精神》加以推广的东方专制主义理论。他引用了莫卧儿王朝的法律文件，证明私有财产在印度受到保护。批判对象还被拓展到伊朗萨法维王朝和奥斯曼帝国。根据安基提尔的说法，贝尼耶和其他欧洲来访者低估了习惯法在印度的作用；第二，他们不明白伊斯兰司法机构在国家中起到一种中介力量的作用，堪比欧洲君主制国家的法庭；最后，他们误将莫卧儿王朝统治者对其领地内的领主和官员的宗主权认作无限的主权，包括对后者土地的所有权。[228] 安基提尔认为，他们断定统治者拥有所有土地，是为欧洲人在亚洲进行征服和土地掠夺活动的一种几乎不加掩饰的辩护。欧洲人想象，让我们征服这些土地并成为新的统治者，"这样我们就可以立刻成为印度所有土地的领主"。[229]

安基提尔的道德训诫相当于对欧洲人的残忍和无止境的贪婪的控诉。身处18世纪的印度，回顾16世纪的美洲，他感叹道：

> 献上你的金子，有人曾对秘鲁人和墨西哥人如是说。在这里我们索要的是印度的财富，尽管其代价可能是血流成河。[230]

在《东方的立法》最后几页，安基提尔提醒读者欧洲人对美洲人所犯下的恐怖罪行——历史会否在亚洲重演？"法国人，英国人！我所维护的是人类的事业。现在摆在全人类面前的问题，没有比这更为重要的了。"[231] 安基提尔反对领土殖民主义。他指出，印度已经有人居住了，那么，除非土地所有者、原住民族和统治者正式移交，他人没有权利占领此地的任何部分。唯一一类对印度人和欧洲人都有利的殖民是单纯的商业机构。[232]

孟德斯鸠抱怨商业自由在东方没有得到充分尊重，安基提尔不无讽刺地回应称，这样的抱怨或许有一定的道理。他接着说，印度人很明显还没能"组织起以常规商业活动为基础的人口买卖，这种买卖在欧洲以'黑奴贸易'而为人熟知。在这方面，他们的确不如我们先进"。[233] 大多数欧洲人似乎认为肤色与习俗不同的人都是劣等的，可以随意骚扰他们而不受法律惩戒。他们不认为不同的肤色之下有共同的人性："看看可怜人，所有国家里的囊中羞涩者……在大部分的人类中，存在着一种一致性，如果不注意其成因，看起来可能会很惊人，那就是需求的一致性。"[234] 安基提尔在后来的一份出版物中谈到，与亚洲人、非洲人或者美洲原住民进行贸易的欧洲人从不相信这些人"无疑"和他们属于同一个物种。[235]

有趣的是，安基提尔对帝国主义的批判不局限于为亚洲的高级文明抵御欧洲入侵辩护。18世纪70年代，他开始创作一部有关美洲和欧亚大陆北极地区民族的鸿篇巨制，以此回应科尼利厄斯·德波夫的美洲原住民退化理论，也许还回应了布丰对此学说的批评——布丰虽不认为美洲人全盘退化，但接受北极地区民族退化的观点。他的《对两个世界的哲学、历史和地理思考》（*Considérations philosophiques, historiques et géographiques sur les deux mondes*）原准备于1799年出版，却从未付梓。此书主要致力于对西伯利亚、阿拉斯加和加拿大北部的比较，其主要结论是，这些地区居民的生活方式、技术和信仰都存在着广泛的相似性，这一点可以用他们为抵御严寒气候而进行的类似努力以及北极圈地区的文化传播来解释。安基提尔称，俄罗斯的人种学者认为，西伯利亚和阿拉斯加之间极有可能从远古时期起就已经存在交流。[236]

安基提尔总结，北极地区民族的习俗实际上是源于成功适应极端恶劣环境的漫长历史。他举的例子包括爱斯基摩人，在狄德罗的《百科全书》中，若库尔将他们描述为"野蛮人中的野蛮人"以及"不折不扣的食人族"。[237] 安基提尔指出，欧洲旅行家极少认识到爱斯基摩人早就掌握了在暴风雨中的北极海域航行的技能。他们发明的木制风雪护目镜进一步证实了他们的聪明才智，这种工具在西伯利亚北部地区也有发现，但在别的地方还从未被发明。安基提尔顺便评论说，这种护目镜将对在埃及沙漠中的刺眼强光下作战的法国士兵非常有用。[238]

安基提尔一再反转了认为定居民族正常而游牧民族异常的惯常看法。许多对于欧洲普通人来说看似原始的东西，在北方的环境中却完美适用，甚至往往更有效。同样，北方人不愿意在欧洲人所提供的不平等条件下进行贸易也十分合理，尽管很多旅行者把这归为他们"凶悍"的另一个标志。当然，把矛头指向北极的严酷环境可以被解读为是在开脱罪责——他们不得不变得"野蛮"——但这并不是安基提尔心中所想的。他说，比起俄罗斯人的习俗，通古斯人更喜欢自己本土的。按照欧洲人的标准，卡尔梅克人可能看起来很丑陋，但在他们自己的眼里，当然不是这样的。[239] 安基提尔时常邀请欧洲读者质疑自己的种族中心主义。他们应该考虑到

"每个民族都有自己的神谱,并将世界和人类物种的创造和起源置于它们自己的领地内"。[240]

除此之外,欧洲人还应该反思他们的征服所带来的灾难性后果。他们非但没有带来文明,反而经常造成破坏和毁灭,尤其是在美洲。和丰特奈尔一样,安基提尔也相信美洲原住民的发展潜力。他宣称,欧洲必须停止毁坏美洲人的土地和文化。如果原住民能够自由处置自己的产品,并和欧洲人平等交流,那么"他们的思想将达到更高的水平,他们也可以变成欧洲人目前的样子,也许甚至会超过欧洲人"。[241] 安基提尔思忖道,墨西哥和秘鲁的文明所起的作用,可能曾与西方的罗马帝国、南亚的波斯和印度以及东方的汉王朝比肩。"西班牙人毁掉了已经取得的成就……终止了本将拓展至大陆其他地方的改良(amelioration)。"[242]

安基提尔以这份北极地区的调查为其对美洲未来的思考作结。他担心,欧洲的殖民正在急剧地改变美洲的生态环境,特别是在年轻的美国,而很快,"广袤的大陆就会布满居民"。人类物种届时将在新大陆和旧大陆上繁衍生息——"人类是否也能从中受益呢"?[243]

狄德罗论欧洲与塔希提文明

狄德罗是《百科全书》的主编,也是批判帝国主义的一位关键人物。他与雷纳尔合作撰写了《东西印度史》,并在《布干维尔航海补遗》中阐述了自己对欧洲扩张与文化差异的看法。乔纳森·伊斯雷尔曾表示,在18世纪的第三个二十五年里,狄德罗在很多方面都是激进启蒙运动中最具影响力的思想家。[244] 狄德罗没有出版这本《补遗》,但它在"可靠的"读者间流传,其主题在《东西印度史》中也可以找到,尽管后者的语言不那么富有感染力。它属于只在地下媒体中流传的文本之一,但仍有很大影响力。

在狄德罗起草《补遗》时,他的哲学已经从自然神论转向了唯物主义一元论。他断言,包括人类在内的所有生命,都不过是复杂且高度组织化的物质。因此，人类应当遵从他们的原始冲动和愉悦，对他们进行约束，只是为了尊重同类也享有的同样的自然权利。然而，这并不意味着就应该过一种极尽饕餮和放荡的生活，因为狄德罗认为，为实现人类的幸福，最好的办法是节制和理性的自我控制。另一方面，他断然拒绝了对肉体享乐的污蔑和基督教性道德的双重标准。布干维尔对于塔希提岛的描述为他提供了一个理想的研究案例，使他得以将对基督教道德的批判和尖锐的反帝国主义主张结合起来。

在1766年至1769年间，法国学者和探险家路易-安托万·德布干维尔（Louis-Antoine de Bougainville）环游了世界。他的旅行志于1771年发表，其中一章便是关于塔希提岛的。布干维尔在其中描述了岛民朴实而"自然"的生活方式，尤其是他们"自由"的性习俗，包括将妻子和女儿作为性伴侣"献给"到访的外邦人的习俗。布干维尔对于塔希提岛的描述引起了全欧洲读者的注意。狄德罗本人从未离开过欧洲，他用布干维尔的故事来衬托自己有趣的哲学论证，并以一系列诙谐的对话形式来呈现。

一开篇，欧洲殖民者的道德操守就受到了质疑，这让人联想到安基提尔对于他的罪犯船友将要从事殖民事业的愤慨。除了这些道德责难，狄德罗还引入了历史哲学的时间性，解释说塔希提人接近世界的起源，而欧洲人则接近世界的老龄阶段。[245] 在开场的对话之后，场景突然大变。读者们发现自己就身在塔希提岛的海岸边。法国人即将离开，这让塔希提人伤心不已。他们的眼泪狂涌不止，但随后一位老者严厉地斥责自己的同胞：

> 哭吧，可怜的塔希提人，哭吧。但是对于这些野心勃勃的鄙恶之人，让眼泪因其到来而流，而非离去。总有一天，你们会更了解他们。总有一天，他们会回来，一手拿着别在腰间的木棍，一手拿着悬在木棍旁边的利剑，奴役你们，屠杀你们，或是让你们成为他们愚蠢和罪恶的俘虏。总有一天，你们会臣服于他们，和他们一样堕落、可恶和可悲。[246]

在塔希提岛的沙滩上，历史哲学的真理成了末日的预言。老者称布干维尔为"民族的毒药"，并且将法国人登岛比作传染病来袭。[247] 它在字面意义上是指花柳病，但在这里还用来暗喻欧洲文化的入侵。老者用一种让人联想到人类堕落的《圣经》故事的语言，为塔希提岛年轻人的思想被私有财产和性羞耻的欧洲观念腐蚀而哀叹。

塔希提老者的另一指控暴露了欧洲道德的空洞。他宣称，塔希提人"尊重我们自己在你们心中的形象"，因为我们都是"自然的孩子"。法国入侵者欣然接受了岛民的馈赠，但当一个塔希提人从法国船只上拿走了一些"不值钱的小东西"时，法国人便立刻对其拳脚相加。换句话说，塔希提人承认所有人自然平等，而法国人却不这样认为。老者讽刺地反转了欧洲人的殖民占领仪式，大喊道：

> 奥鲁，你懂这些人的语言，请你告诉我们……他们在那块金属条上写下的话：这片土地归我们所有。那么这片土地就是属于你们的吗？凭什么？就凭你们已经踏足这里！若有一天，塔希提人登陆你们的海岸，在你们的石头或者一棵树的树干上刻下：这片土地属于塔希提人，你们又会怎么想？[248]

老者暗示，欧洲人一边进行着道德说教，但同时又密谋从其合法居民手中窃取整个国家。

《补遗》中有很大一部分内容致力于批判基督教性道德。奥鲁和法国探险队的随行神父就这个话题进行了长时间的辩论，但辩论被奥鲁的女儿泰雅在夜里色诱神父打断了。一开始，神父拒绝了性款待的提议，但最终他的性欲战胜了理智。甚至在泰雅的怀抱里，他还在喊着："可我的宗教，我的圣职怎么办！"第二天早晨，奥鲁想了解这些古怪词语的意思。于是，神父便向他解释了基督教中关于性和婚姻的规定。奥鲁立刻反驳说，性欲扎根于人类的本性，无法靠法律或者法令强行去除。而且，性的吸引力是不稳定的，所以基督教所宣扬的终身一夫一妻制总会因为触到人性的暗礁而沉没。最后，奥鲁总结说，性交的自然目标是生育。一个健康的社会欢迎保证了其民族存续的孩子。因此，性不可能是羞耻和有罪的。面对奥鲁的质疑，神父不得不承认，在欧洲，基督教对性的禁令总是被打破。

从表面上看，塔希提人的道德似乎只是在遵循人的自然冲动。如果仔细观察，会发现存在两种"自然"冲动：性愉悦和生育。塔希提人不赞成无法生育后代的性关系，有时还会对此严加惩罚，尤其若有无法生育的老妪试图勾引年轻男子，她们将会被流放或者被卖为奴隶。桑卡尔·穆图（Sankar Muthu）中肯地说，在狄德罗看来，文化无处不在，没有哪个人类社会是完全"自然的"。[249]尽管如此，他还是能够有力地断言，塔希提法典没有基督教法典那么反对性，因此更贴近自然。他借奥鲁之口发表自己所持的准则，认为最好用相同的标准来评价所有文化："你们不能以塔希提人的行事规范来指责欧洲人，同样也不能以你们国家的行事规范来指责塔希提人。我们必须有一个更可靠的标准，那会是什么呢？除了公共福利和个人利益，你们知道还有什么更好的标准吗？"[250]

狄德罗呈现给欧洲人的塔希提人典型是虚构的。他没有完全遵从布干维尔的旅行见闻录。在《补遗》中，塔希提人的思想被描述为一种理性的自然主义，而布干维尔则谈到了迷信、人祭和塔希提祭司所拥有的令人敬畏的力量。[251]此外，布干维尔在岛上的一个地方待了十天，他笔下纯真而平等的田园牧歌很可能染上了那里的色彩：和大多数欧洲人一样，他在马塔瓦伊湾靠岸，那里的海滨住着塔希提岛的贵族。这很可能让布干维尔将塔希提岛描绘成比实际更加同质化和更像"天堂"的社会。[252]最后，布干维尔在日志中多次提到，塔希提妇女用性来招待客人的方式是由其男性家属在幕后操纵的，他们试图以这种方式来试图避免在布干维尔抵达的前一年曾与英国来访者发生过的武装冲突。[253]狄德罗在多大程度上意识到了这些复杂情况，这一点不得而知。但可以明确的是，狄德罗断然否定一切"回归自然"的意识形态。对他来说，塔希提是一个在欧洲公众中流传的故事，他可以在其上添加自己的话语。狄德罗的塔希提岛不是"真实的"，但他对于欧洲帝国主义和基督教性道德的批判一定是。

　　狄德罗最后总结道，欧洲人被迫遵守三项行为准则：自然、基督教道德和国家的世俗法律。因为这三种准则相互矛盾，欧洲人便不可避免地被其相互冲突的力量所撕裂。自然的行为准则无法废除，因此唯一可行的解决方式就是削弱或者调整另外两个准则。因此，解决方法不是将塔希提人的准则移植到欧洲，而是改革不好的法例，并削弱基督教会对公共事务的控制。《补遗》中的一段插曲讲述了波莉·贝克的悲惨故事，她是新英格兰一个因未婚先孕而接受审判的妓女。讽刺的是，那个让她怀孕的男人就坐在指控她的法庭上。波莉·贝克雄辩的证词暗示了狄德罗力图改进的"恶法"。

　　狄德罗说的不是"照搬塔希提岛"，而是观察和理解，不要不分青红皂白地横加指责。《补遗》中的理解对象是虚构的，但这并没有减弱狄德罗说理的针对性。他建议读者以公共福利和个人效用为准则来改革法律。对于狄德罗来说，这些准则拥有普遍的跨文化效力，但它们的高度抽象性又为阐释不同文化留有足够的空间。他制定了一个普遍标准，但它并不一定会带来一种普世的文化。他的思想是试探性的、经验主义的，而非演绎的、无可置疑的。在其他地方，他还设想了一种生活方式的可能性，能够将"文明"和"野蛮"的元素很好地融合在一起。[254]

　　尽管如此，文化混杂（cultural hybridity）在哲学上的可能性与狄德罗笔下那位塔希提老者口中的末日预言并不相称。这位年迈的智者预期欧洲会以自己扭曲的形象改造世界。他对未来的黑暗设想表明，狄德罗非常清楚启蒙运动的发展性时间的巨大力量，不论是作为理论的观念力量，还是作为政治和经济权力的隐喻。与卢梭相反，狄德罗认为专制主义是历史上主要的腐败的权力，"工业"和"艺术"则是潜在的解放力量。也许我们应该认为，狄德罗笔下相互冲突的历史和未来的趋势之间悬而未决的斗争，表现了启蒙思想中关于历史与文化差异的一种创造性张力。

新大陆体系的反帝国主义历史

《东西印度史》是 18 世纪末最畅销的书籍之一。其最显著的特征是对殖民主义和奴隶制的无情批判。尽管狄德罗对此书贡献良多,最为权威的 1780 年版中约有三分之一的内容都由他撰写,而且雷纳尔在第一个版本中甚至完全没有出现过,但 18 世纪的大多数读者仍将纪尧姆·托马斯·雷纳尔视作《东西印度史》唯一的作者,他的肖像出现在 1780 年版本的封面内页。

自 18 世纪 60 年代与外事部负责殖民事务的官员接触以来,雷纳尔便对殖民地改革,尤其是逐步废除奴隶制的计划有了浓厚的兴趣。[255] 然而当这些计划落空,在狄德罗的鼓动下,他选择支持奴隶亲手推翻奴隶制的革命。这就解释了为什么在最后一版《东西印度史》中,既出现了渐进式废奴主义,又出现了要求推选新斯巴达克斯的呼声。[256]

《东西印度史》不止在整个法国,而且在整个欧洲和美洲都被广为传阅,版本众多。根据乔纳森·伊斯雷尔所说,此书的受众甚至比《百科全书》的更广。它受到了许多赞扬,同时也受到了来自法国当局的恶毒诽谤和严正谴责。有段时间,雷纳尔必须逃往国外寻求庇护。[257] 考虑到雷纳尔为美洲革命辩护而援引的政治原则,来自官方的谴责也是可以理解的。他认为,英国王室所称的"叛乱",无非是为了摆脱压迫性政权的"不可剥夺且自然的权利"。他补充道,世界上所有的权威,一开始要么来自被统治者的同意,要么来自压迫者赤裸裸的权力。

雷纳尔的精力似乎是无限的。据狄德罗所说,若不能就殖民、政治和商业畅所欲言,他就会感到局促不安。[258] 十卷本的《东西印度史》讲述了欧洲扩张和世界贸易的全球历史。在最后一卷,雷纳尔和狄德罗评价了欧洲扩张的全球性后果及对欧洲自身的反作用。J. G. A. 波考克认为《东西印度史》是最先撰写正在崛起的新世界体系历史的著作之一,其关注重点是从欧洲大西洋沿岸向外辐射的商业网络和海洋帝国。除了有关俄罗斯对中亚和西伯利亚殖民的章节,海上力量的确是雷纳尔故事的中心。在 18 世纪的帝国批判者中,雷纳尔是唯一一个采用全球视角看待欧洲殖民的人。这使得该书比 18 世纪最后几十年内出版的其他批判帝国的著作更引人注目。正是在《东西印度史》中，欧洲殖民主义首次作为一个明确的历史实体和历史分析及哲学批判的对象出现（尽管"殖民主义"这个词本身是 19 世纪才出现的新词，因此未被雷纳尔使用）。

在《东西印度史》的开篇，雷纳尔将殖民描述为一项所有欧洲强国都正在所有大陆上进行的活动。然而，他问道，欧洲人知道"应该根据什么原则"建立殖民地吗？[261] 读者很快意识到，大多数欧洲人对这些原则一无所知。雷纳尔的既定目标就是要让他们明白，他们正在进行的大部分殖民活动既不道德也不合法。他也同样呈现了狄德罗借塔希提老者之口对欧洲殖民接管仪式进行的讽刺性反转。这些章节曾被引用，以将狄德罗和雷纳尔表现为一切殖民活动的反对者，但他们的立场实际上要比这更为复杂。雷纳尔区分了三种情况：有人居住的领土、无人居住的领土和部分地区有人居住的土地。他指出，在有人居住的国家，欧洲人只有在得到当地统治者的允许后才能定居。在这种情况中，他对殖民占领仪式的轻蔑恰如其分。雷纳尔宣称，若当地统治者容许我们存在，那么我们应当心怀感激，若他们拒绝，我们也不应表示不满。他观察到，中国人实行闭关锁国之时，他们可能是被误导了，但这并非不公："他们的国家已经有足够人口，而我们是太过危险的来客。"[262] 至于欧洲"来客"有多危险，《东西印度史》的读者可以在雷纳尔对欧洲殖民历史的详尽叙述的任何一页中了解到。

无人居住的土地是最简单的情况。每个人都可以在此定居并且占有无主之地。只有部分地区有人居住的领土才是关键问题所在。根据雷纳尔所说，在"无人的"地区进行殖民是被允许的，可以通过耕种来占有土地。这与前文讨论过的洛克和瓦泰勒辩护殖民活动合法性的观点一致。在这种情况中，殖民活动的自然界限是已经由原住民占有的土地的边界。原住民可以合乎情理地进一步要求欧洲移民做一个和平的邻居，不大规模建造军械库和防御工事。后者也不应该试图抓走原住民女人和小孩，掠取他们的财产，或者假惺惺地去充当他们的立法者。若欧洲人显露出这样的侵犯意图，那么原住民就有理由驱逐甚至杀掉他们。[263] 只有当欧洲人提议平等互利地交换商品和服务时，其存在才可能被当地的统治者和臣民容忍。

雷纳尔似乎将人们在"未被使用"的土地上旅行、贸易及开发自然资源的普遍权利视作理所当然，这符合达吉斯和瓦泰勒分别在《百科全书》和重要的国际法手册中，以及维多利亚在 16 世纪的西班牙所阐释的国际法。所有这些著作都显示了"部分地区有人居住的国家"这个概念有着危险的弹性。雷纳尔设想有人居住的地区和无人居住的地区之间存在一条明确的"边界"，而瓦泰勒则用游牧采集狩猎者的概念，质疑了美洲是否真的有明确的边界，由此合理化了对整个大陆几乎无限制的殖民。于是，游牧者是前政治的野蛮人这一观念的盛行，成了罪恶的殖民事业的开端。

然而，雷纳尔的路径与瓦泰勒的大为不同。他指摘欧洲殖民者的侵略行为，是为了阻止可能的大规模殖民。总的来说，《东西印度史》将对美洲的殖民描绘为贪婪且非法地剥夺原住民权利。尽管雷纳尔认同在世界范围内旅行和贸易的自然权利，但并不支持到处建立永久定居点的权利。他也不认同将所有欧洲人都视为文明又勤勉。他观察到，欧洲国家非但没有输送其最优秀和最勤奋的人去殖民地，反而派遣了那些贪婪的投机者和获释的罪犯。在讲述对被原住民称为海地城（Hayti）而被西班牙人称为伊斯帕尼奥拉岛的征服过程时，他将泰诺人归为"野蛮人"，但并没有就此下结论，称他们没有"真正"的土地所有权。他将西班牙殖民者描绘为贪得无厌的残忍之人，事实证明，他们也的确不愿意耕种土地，受到他们的无情剥削，泰诺人被迫进行了自杀式叛乱。雷纳尔反问道："告诉我，读者们，这到底是文明人进入了野蛮人的地盘，还是野蛮人进入了文明人的领地？"[264]

最近，安东尼·斯特拉格内尔（Anthony Strugnell）援引爱德华·萨义德对东方主义的批判，试图证明雷纳尔和狄德罗的观点不能被视为反殖民主义，其核心其实是"不可避免的帝国主义"。斯特拉格内尔认为，《东西印度史》承载了一种开明的教化使命，特别可见于对印度的评论中。[265] 玛德莱娜·多比（Madeleine Dobie）在一篇关于狄德罗思想的全球化的文章中也提出了类似的批评。²⁶⁶ 现在我将展示，尽管雷纳尔不可否认地具有欧洲中心主义思想，但仍对所处时代的殖民主义进行了一以贯之的激进批判，他所谓的对开明的教化使命的倡导本身也内在于这个批判。同样，他赞美公平自由的商业，认为它是团结世界人民的和平力量，这也可看作对欧洲商人之贪婪和暴行的批判，他在《东西印度史》中不断地谴责这些行为。对欧洲殖民主义的欧洲中心主义批判可能最为恰当地描述了雷纳尔的贡献。

17世纪末法国没能在马达加斯加岛成功进行殖民统治恰好体现了这一点。据雷纳尔的记录，许多马达加斯加人仍处于野蛮状态，长期为自相残杀的战争所困扰。尽管如此，他还是在他们中观察到了"启蒙和工业的开端"，特别是该岛的西部沿海地区。那里的居民生性好客，并且已经掌握了书写的技艺，拥有历史、医学和占星学方面的书籍。他进一步记录道，这些技能是他们在与阿拉伯文明的长期接触中习得的。雷纳尔感叹道，这是耐心而睿智的法国殖民者传播启蒙文化的绝佳机会。他若有所思，在"我们优越的天赋"的帮助下，我们可以把整个小岛提升至"有教养的文明国家的行列"。²⁶⁷

唉，雷纳尔哀叹，这些美好的期望都被目光短浅的法国殖民者给毁掉了。法国派出的不是文明的公民，而是"从欧洲贫民窟召集起来的流浪汉"。他们罄竹难书的恶行激起了马达加斯加人的暴力反抗，后者最终屠杀了一整支法国远征队。这就是法国人第一次试图在马达加斯加建立殖民地时不光彩的结局。在雷纳尔的叙述中，教化使命并不刻画殖民政策的"现实"场景，而是对现状的反事实反转。这不是说雷纳尔不相信未来有可能建立文明互利的殖民政策，但他一再总结，只要殖民政策仍受短期的金钱掠夺和对权力的贪婪主导，那么这种良性事业就完全只是妄想。

七年战争结束后，英国对孟加拉的征服为雷纳尔提供了用类似方式批判英国殖民主义的机会。英国牢牢控制了印度最富裕的地区之一。就18世纪的殖民政策而言，这是一次巨大的成功。沃伦·黑斯廷斯（Warren Hastings）于1773年被委任总督一职，他重组了该省的行政和税收事务，并建立了一支由六万五千名士兵组成的常规军队，以对抗接替了倒台的莫卧儿王朝的印度王公。在黑斯廷斯巩固英国在北印度的势力之时，雷纳尔和狄德罗正在编写《东西印度史》的最后一卷。对于雷纳尔来说，黑斯廷斯的改革开辟了一种新型的殖民。他总结道，东印度公司从一个"商业团体"转变为"领土政权"，像国家一样提高税收和进行立法。他进一步指出，英国人现在可以征收比印度王公的多层包税制体系更加繁重的税。"专制政权"就这样被"一种有序的暴政"（a methodical tyranny）所取代，压迫也变得"持续而绝对"。雷纳尔预测，孟加拉人迟早会发动暴乱来反抗他们的新主人。[268]

因此，雷纳尔建议法国人和印度人站在一起，一同对抗新的英国专制主义。只有这样，法国才可能赢得印度人民和印度王公的友谊。有鉴于印度社会的宗教多元化，法国应采取宽容的政策。并且，法国还应当倾听民众的不满，根除腐败和暴政，征收适度的、可负担的税收。最后，他建议实行种族融合政策："在你们的所有船只中，运送健康而精力充沛的年轻男子及勤劳而贤惠的少女的船只所承载的就是最珍贵的货物。这样一来，在你们和印度土著之间就会播下永久和平的种子。"[269] 这里，雷纳尔似乎在暗示，和平互利的殖民应当建立在殖民者和原住民之间的血缘关系上。雷纳尔很清楚，欧洲男人与印度妇女之间的私通在当时非常普遍，但他提出的欧洲女人应该嫁给印度男人的建议却完全违背了欧洲人根深蒂固的种族本能和忧虑。鉴于这些情况，他的提议看起来像是另一个完全不可能的反事实，只有被看作他对英国 18 世纪殖民运动的批判的一部分时才说得通。他对英国在印度建立新式殖民国家的强调，赋予他的批判以历史意义。

雷纳尔对于奴隶制的长篇讨论围绕着四个重点展开：它不被自然权利承认；驳斥其辩护者的谬论；呼吁人们同情无辜的受害者；最后是一个崭新的出发——奴隶制即将被奴隶们亲手推翻的惊人画面。雷纳尔用愈发强劲激烈的言辞提出反对奴隶制的理由，最后止于一个满怀希望但不祥的结尾："欧洲各国，若你们的灵魂只为自身利益所动，那么请再次留心我的话吧。你们的奴隶不需要你们的宽厚和劝告，来打破你们遭天谴的压迫枷锁。自然比哲学和私利更有说服力。两个黑人逃奴据点已经建立了……闪电宣告了风暴的到来，黑奴们只是在等待一位勇敢的领导者出现，带领他们去复仇和拼杀。这个伟大的人在哪里……他在哪？他将会出现，我们无须怀疑，他将会出现，举起自由的神圣旗帜……这样，黑人法典（code noir）就会消失，而如果胜利者仅以报复的权利为指导，白人法典（code blanc）将会多么可怕！"270 雷纳尔提到逃奴据点，这表明他知道早前有抵抗成功的例子存在。因此，他号召推选现代的斯巴达克斯绝非只是虚张声势或威胁，尽管他肯定无法预见其结局。据说——但我们并没有任何当时的信源——这些篇章被法属殖民地圣多曼格某个糖料种植园里的一名非洲年轻人读到，此人就是后来世界闻名的杜桑·卢维杜尔（Toussaint l'Ouverture），他领导了历史上第一次成功的奴隶革命。271

在另一处，雷纳尔用一串因果关系展示了殖民和奴隶制之间的结构性关联，它仿佛无情反转了商业在世界历史中的和平角色，而这本是一个平平无奇的常识，商业也曾被历史哲学的倡导者们如此珍视：

> 看看不平等与暴力的发展。为了征服新大陆，毫无疑问需要消灭其居民。为了取代这些人，就必须购买黑人，因为只有他们可以忍受美洲的气候和繁重劳役。为了转移这群人，让他们去耕种自己注定没有任何所有权的土地，就必须使用武力抓捕并奴役他们。为了让他们继续当奴隶，就必须要严厉地对待他们。为了阻止或惩罚苦役激起的反抗，就需要用酷刑、鞭打和恶法来制服那些本身已经变得残暴的人们……如此便是一桩接一桩的不公。272

在《东西印度史》的开篇，商业确实作为全球和平与繁荣的先兆而受到盛赞，但雷纳尔十分清楚，假若符合自己的利益，欧洲商人会毫不犹豫地动用武力。雷纳尔在提及印度洋上的葡萄牙水手时，将他们描绘为"欧洲的蛮族"和"一群饥饿且凶残的秃鹫"，因其为满足自己欲望无所不用其极。273 在另一章中，他将他们定义为"一种新型的游牧野蛮人"，不受文明和道德约束。[274] 和诸如埃德蒙·柏克等批评家一样，雷纳尔似乎也害怕去文明化的过程，它迟早会侵袭欧洲自身。[275]

雷纳尔解释说，商业这门学问的难点并不源于其自身的复杂性，而来自从商之人的贪欲。[276] 这个领域的统治者也好不到哪里去：他们出于一种"近乎现代的嫉妒"，试图让商品和金钱的流动服务于一己私利，从而制造了"毁掉他们所有人的秘密阴谋"。雷纳尔称，商业战争是一个非自然的产物。[277] 可悲的是，近代史似乎表明事实并非如此："所有的海洋和海岸都被鲜血浸透，被死尸覆盖；战争的风暴从一极刮向另一极，横跨了非洲、亚洲和美洲，在将我们与新大陆分隔开来的广阔的太平洋上肆虐；这就是我们在最近两次战争中所看见的情况。"[278] 雷纳尔关于欧洲商业活动的所有详细描写都与他在概括性陈述中将之形容为可喜的灵药的说法相矛盾。公平贸易是他的理想，但他谴责奴隶贸易、垄断和海盗行为。[279] 这三种"可憎的"商业活动加在一起，大概占去了欧洲海外贸易的大部分。

我们该怎样解读雷纳尔呢？乔纳森·伊斯雷尔认为《东西印度史》是一个在大西洋两岸都产生了思想和政治影响的"世界革命计划"，一本"号召全世界所有受压迫者以自由之名反抗统治者"的著作。但他也强调，狄德罗和雷纳尔将人类的前景描述得"黯淡无光"。纵观全球，他们在专制者和神职人员、殖民者和传教士，甚至普通民众（这些普通民众无论身处何地，都在奴性的懒惰和"通常毫无用处"的怨恨与反叛的热情之间摇摆不定）中，都看到了"堕落、迷信、无知和专制"的场景。尽管如此，雷纳尔、狄德罗和霍尔巴赫仍然坚持一个能包容世界所有居民的普遍社会的愿景。同样，伊斯雷尔指出，他们坚信"真正的道德是独一的，并且对'地球上所有居民'来说都必须是一样"。[280] 这样看来，狄德罗和雷纳尔拥抱共同人类与平等的全球愿景，但统治者和普通民众对这个崇高理想的反应让他们感到绝望，更别说去实现这个理想了。

在伊斯雷尔的论述中，《东西印度史》是作为一部政治哲学文集而非历史著作出现的。而约翰·波考克在将雷纳尔作为爱德华·吉本（Edward Gibbon）的同时代人加以讨论时，则将此书视为一部历史。他的主要问题是，这部历史是向何人叙述的，哪些民族在其中具有主体性。两个问题似乎有同一个答案：欧洲人。波考克认为，雷纳尔及其合著者所提出的历史是"欧洲人的哲学和政治史，它谴责欧洲人入侵和破坏不属于自身历史范畴的世界，却没有描写这些地方本身的历史或其自身的任何主体性"。[281] 尽管这个观察说出了很多事实，但它对非欧洲人主体性的全盘否定却属言过其实。雷纳尔也许没有赋予非洲一种可以与欧洲并肩的世界历史主体性，但绝对能够想象美洲的非洲奴隶亲手缔造自己的未来，以及有一位非洲人领导反抗奴隶制的起义。在19世纪和20世纪的反殖民抗争中，有关普遍自由与平等的欧洲文本经常被反殖民主义知识分子修订，并被转而用于反对他们的欧洲君主。杜桑·卢维杜尔对雷纳尔的解读可以被看作首例。他成长于一个日益被革命意识形态覆盖的世界，能感觉到新的平等观念即将到来，并获得在18世纪80年代之前无法想象的吸引力。如此看来，《东西印度史》是一个阈限性文本，波考克对它的解读忽略了这一方面。

尽管如此，雷纳尔的主要读者仍然是欧洲人，然而细看后，会发现不仅仅是欧洲人。在这部作品的最后几页里，他回顾了欧洲全球扩张的历史。这几页传递的信息是沉郁的，语气严肃而无奈。雷纳尔回顾他书写的历史，用第一人称对读者说：

> 让我们在这里停下来，让我们将自己置于那个美洲和印度群岛还不为人知的时代。我对最残暴的欧洲人说：有一些国家会给你提供珍贵的金属、宽松的便服和美味的食物。但是，请阅读这段历史，看看这些国家被发现所付出的代价吧。你想还是不想让这个发现成真？我们无法相信竟有人给出如此可恶的回答：我想。好吧！在未来，我的问题将无时无刻不具有同样的紧迫性。[282]

正如林恩·费斯塔（Lynn Festa）所说，这种感伤的语言充满愤慨和同情，矛头直指被描绘成既是行动者又是作恶者的欧洲人。[283] 欧洲人中"最残暴"的是那些旁观者，是那些贪图贵重金属、舒适服装和美味佳肴，却对他们所造成的人类苦难置若罔闻的男人和女人。雷纳尔在结语后接着说道，他为所有人的利益大声疾呼，不分阶级或信仰，因为在他看来人人平等，就像"在上帝眼里"人人平等一样。

我们可以将《东西印度史》看作囊括于同一本书内的两部历史。第一部历史以历史哲学为模板构建而成，这是一个时空框架，世界上的不同区域在其中代表了欧洲过去的不同阶段。只有欧洲达到了商业社会和哲学启蒙的第四阶段。一个全球化的原概念贯穿了雷纳尔对商业和通信的全球流通的论述，后者为他对人类历史的长期愿景奠定了基础。一种审慎和适度的乐观主义由此产生。全球性进步是可以想象的，并且从（非常）长远来看，它将由致力于普遍平等与正义的开明仁慈之士推进。

第二部历史是以作为全球体系的殖民主义这个新兴概念为框架建构的殖民历史。雷纳尔针对殖民地是否可以被建立制定了严格的条件，但是他对欧洲在各大洲扩张的历史的描述却向我们呈现了对这些条件的无休止背离。我在上文引用了一段话，雷纳尔在其中将这些令人发指的僭越再现为又一必要之事。雷纳尔在这段历史上嫁接了有关公平的教化使命的例子，就像他笔下的许多"本可发生"的反事实故事一样，它们为他批判真实存在的殖民主义提供了助力。值得强调的是，商业这个概念本身也被这一批判性论述撕碎了。以自由贸易、公平交易和互惠为特征的"良性商业"现在被"不良商业"的阴影永久笼罩，后者以垄断、海盗、不平等交易、奴隶贸易以及滥用武力为典型，从业者一直被描写成贪婪和不道德的"秃鹫"。

仔细阅读《东西印度史》，我们发现其作者（们）一直在努力地调和这两种历史愿景。它们都以欧洲为中心，但方式不同。与大多数启蒙思想家一样，雷纳尔确实认为"野蛮人"代表了人类的开端和欧洲的幼儿期。可能是受到罗伯逊《美洲史》的影响，他对美洲原住民的发展水平认识不清，甚至对墨西哥和秘鲁的印第安人也一无所知。然而，雷纳尔也赋予非欧洲文明以主体性。他希望，"野蛮人"能成为文明国家协同体的教化使命的对象。即便如此，他们的全球使命也必须在"哲学"的指导下，即按照欧洲已经写就的启蒙脚本进行。雷纳尔反复强调，文明和启蒙将取代世界上所有的宗教和迷信，而古代圣人，即使是孔子，也都没有掌握通往未来的钥匙。从这个角度来看，亚洲对教化世界的贡献似乎让人生疑，含糊不清。

雷纳尔最后的话语显得忧郁而无奈：他所描绘的幸福革命（heureuse revolution）的时代无疑是遥远的，而这个时代到来时，他的名字也早已被遗忘。[284] 因此，他对一种良善的教化使命的吁求并没有削弱他对18世纪的批判。这些吁求不是殖民侵略的复萌，反而唤起了超越它的唯一手段。综上所述，我认为以爱德华·赛义德的后殖民批判为标尺来否定《东西印度史》中的反帝国主义是时代错置的。就18世纪末的可用话语而言，它面向欧洲及其殖民地的相当多读者，有力地批判了欧洲的殖民扩张。

欧洲扩张与现代平等的两面性

启蒙运动的现代平等概念对欧洲乃至全世界的各种不平等和征服提出了质疑。然而，在18世纪中叶之前，其范围通常局限于对专制主义和奴隶贸易的批判。只有像普兰·德拉巴尔这样的少数激进分子能走得更远些。然而，从这一世纪中叶开始，一场巨变应运而生。七年战争大大激发了人们对"世界政治"的兴趣。与"海外"人民的共情是其诱因之一，但发挥更大作用的是，人们意识到欧洲与世界的联系日益紧密，这在雷纳尔早期的"全球化"概念中得到了贴切的表达。现在，许多政治家和文人都意识到，欧洲正在成为一个"帝国"。

正如我们所看到的，几位主要的启蒙思想家都清晰有力地批判了欧洲对世界的征服。他们中的大多数人都对奴隶制深恶痛绝。其他人则请读者想象欧洲在那些遭受侵犯和掠夺的民族眼中的形象，或请他们对所有宗教之间的共性保持开阔的思维，而不是不假思索地重复他们的基督教万金油。他们批判的根本基础是一种自然平等的普世主义观念，根植于世上所有民族都享有同一种人性的信念。它赋予共同人类平等主义的色彩，这一转变很容易就渗透到全球平等的思想中，并最终产生人权"不可剥夺"这样强有力的话语。

我们该何去何从？在启蒙运动对欧洲扩张的批判中，我们能发现哪些意义？首先要注意的是，历史并不是从启蒙运动开始的。相对于我们，古代对于18世纪的男人女人而言更是鲜活的存在。只有在古代和中世纪历史观的背景下，我们才能充分认识到启蒙运动的历史哲学的新颖之处。对希罗多德、司马迁、塔西佗和伊本·赫勒敦等史学家来说，定居文明与生活在草原、沙漠和林地的民族之间的差异具有重大意义，但是他们中没有人期待"野蛮"未来能转变为"文明"。两种文化之间的边界地带构成了古代世界和中世纪世界的伟大边疆。没有人质疑它们的恒久性。然而，启蒙思想家将游牧民族和林地民族同时置于空间和时间之中。现在，他们都被归为"蛮族"，并被归入了人类历史的第二阶段。

这代表了一个具有深远影响的新起点。我已试图展示它对启蒙思想中未来文化变动范围的深刻制约，即便是对于安基提尔－杜佩隆、狄德罗和雷纳尔等欧洲帝国主义的激进批判者而言也是如此。他们的批判中常常带有一抹无力感伤的色彩，认为欧洲以外的文化将不可避免地走向覆灭，就像《东西印度史》最后几页中那些无可奈何的陈述一样。仅仅引用启蒙思想家的帝国主义批判中那些平等主义和普世主义的宣言是不够的。我们还必须考查它们在世界历史的新时间框架中的位置。直到这时，我们才能充分理解为什么对于欧洲以外民族的同情虽然很大程度上是真诚和热情的，但也常常是辩解性的（他们身为野蛮人或蛮族是身不由己）、忧伤的（历史最后可能会消灭他们），甚至居高临下（他们必须遵循理性的道路，否则就会被淘汰）。有时候，人们会得到这样的印象，即这些民族受邀通过教化使自己走向覆灭。[285]

上述内容不可避免地得益于后见之明。为了避免落入时代错置的陷阱，我们应该认识到，对于18世纪晚期的人而言——正如对今天的我们而言——未来晦暗不明，往往也令人恐惧。对他们来说，历史哲学的设想是可能实现的，令他们中的许多人向往（斯密、罗伯逊、孔多塞），但也让另一些人感到悲观（卢梭、柏克、安基提尔－杜佩隆、狄德罗、雷纳尔、赫尔德），但这绝不是确定的。在这一点上，18世纪两种历史哲学的并存就是一个明显的信号。一种是进步的哲学的时间性，它从长远来看也许最权威，但另一种哲学——帝国兴衰的古老视角，也并没有绝迹。让我们回顾一下，除了斯密的《国富论》、罗伯逊的《美洲史》和雷纳尔的《东西印度史》，吉本撰写的《罗马帝国衰亡史》也是18世纪末的一大畅销书。吉本提醒欧洲读者（如果他们需要提醒的话），世界上所有帝国都是不稳定的，包括后哥伦布时代的欧洲帝国。诚然，吉本指向了现在守卫着欧洲草原边疆的俄罗斯帝国：他预言这次蛮族不会到来。[286] 但不是每个人都敢相信他。

　　从我们这个时代回望过去，欧洲向全球霸权的迈进似乎是不可避免的，但对于与吉本和雷纳尔生活在同一时代的人们来说，未来的历史进程并不是不证自明的。在他们生活的世界里，远距离通信不发达也不可靠。骑马和船运是可以想到的最快的交通方式。大多数评论者认为，跨大陆的帝国不可能由一个中心进行统治，如果一个庞大的陆地帝国可以被治理，那么其政治制度必然是专制的。

　　此外，从政治经济学来看，繁荣最终取决于农业生产力水平，而根据马尔萨斯（Malthus）的说法，英格兰的农业生产力已接近极限。18世纪对经济和技术的预期是有限的，而且往往是悲观的。它使对世界帝国的古老批判获得了一种针对性，而我们很容易将之忽略，因为我们习惯将启蒙运动视为19世纪远距离通信和工业文明胜利的序幕。在物流和经济的考虑之外，还潜藏着帝国主义反噬欧洲自身的危险。并非只有狄德罗、雷纳尔和柏克在担心帝国主义会使海外的欧洲人去文明化，并且腐蚀大都会中心。

　　18世纪末对欧洲及其帝国命运的怀疑情绪，可能是许多启蒙哲学家着迷于美洲、非洲和亚洲人民生活方式的原因。他们撰写的关于这些"他者"的著作经常在惊异、傲慢和对欧洲现代性缺陷的批判性思考之间摇摆不定。有鉴于此，启蒙思想家不断发明人类学转向的新版本是可以理解的。有些人会写一些关于波斯人或塔希提人回望欧洲的故事，这些故事含有虚构成分，但并非完全虚构。另一些人研究欧洲之外大陆的宗教、习俗、礼仪和法律，然后得出和安基提尔-杜佩隆一样的结论："每个民族即便与我们不同，也都可以拥有真正的价值和合理的法律、习俗和观念。"[287] 18世纪的许多旅行见闻录、民族志、历史以及其他关于非欧洲文化的研究都含有刻板印象和严重偏见，但它们也证明人们真心想"从内部"了解异域文化，认识它们的优势和劣势，并指出欧洲人可以从其身上学到的东西。评论家也会认真审视欧洲的干预对其他文化造成的影响，以及这种干预有时在无意中造成的破坏或毁伤。这种路径在埃德蒙·柏克和安基提尔-杜佩隆对英国征服孟加拉的评论中得以体现，后者还从更加长远的历史角度，对西班牙破坏墨西哥和秘鲁文明的行为发表了看法。

正是自然权利伦理观与人类学转向的结合致使启蒙的反帝国主义如此繁荣。对文化多样性的适度积极的评价，与坚信人类在更深层面上的统一紧密相连。狄德罗关于公共福利和个人效用的双重标准无法被对人们最初的社会制度，以及他们面临的生态和地缘政治挑战一无所知的评论者运用。诸如自由和平等的普世价值观总是在特定的历史环境中被运用。为了得出现实合理的判断，必须把等式的两边都考虑进来。狄德罗在探索将现代欧洲与"蛮族"的价值观和生活方式相结合的可能性时，沿着曲径摸索前进，却始终没有得出一个平衡的集成体。鉴于其思想历程的历史因素，这恰恰在我们的预料之内。

据桑卡尔·穆图所言，狄德罗、康德以及赫尔德把从历史的开端到他们自己所处时代的所有民族都视作文化主体，他们锻造了或者至少是试图锻造自己的未来。在这三位哲学家中，赫尔德对历史哲学的同质化话语的批判可能最为激进。穆图从赫尔德的《人类历史哲学的理念》(*Ideas toward a Philosophy of the History of Humanity*)一书中引用了以下一段：

> 人们习惯将地球上的民族分为猎人、渔民、牧民和农学家；并且……根据这种分类来确定他们在文明中的地位……如果这些生活方式起初就已确定，那么这将非常好，但是它们几乎随着每个地区的不同而发生变化，并且大多数情况下相互冲突，致使很难准确应用这种分类方式。[288]

这与布丰关于人种概念的讨论十分类似，和布丰的情况一样，它并没有使赫尔德完全抛弃这种分类。毕竟，赫尔德在其撰写的《人类历史哲学的理念》的第一部分中阐述了一个人种划分的清晰等级，生活在地中海沿岸和欧洲的人们是文明的始祖，而非洲黑人则被描述为"没有为欧洲人发现任何东西"的人。[289] 尽管如此，赫尔德后来对这种僵化分类的批评表明，他意识到用于划分人类的类别具有混杂性，其界限也是模糊的。正如狄德罗所说，它使人们对未来的愿景变得可以想象，这种愿景为文化多样性留有更多的空间，而文化多样性正是人类历史经久不衰的特征。或许与狄德罗相比，赫尔德更倾向于以每一种文化自身的方式来对之进行评价。而且就像狄德罗一样，赫尔德在更深的规范性层面上将这种相对主义与对共同人类的坚决捍卫结合了起来。[290]

在这一点上，现代平等具有两面性。其中一个可能的含义，也许是占主导地位的那一个，将它与一种普遍文化的出现联系起来。所有的人类只要摄取启蒙文化，就会变得平等。变得平等意味着变得开明，即按照已经"平等"的人的形象来塑造自己。另一种含义则将"平等"定义为人们有以自己的方式追求幸福的平等权利，这种权利只受限于尊重他人自主权的义务。如果我们掩饰现代平等的两面性之间的差异，它将仍是一个强有力但目的不明确的概念，而这样的概念易使我们误入歧途，不适合用来思考。

孔多塞的强版本的平等及其同样强版本的发展的时间都非常适合用来阐明现代平等的第一种含义。孔多塞侯爵是一位杰出的数学家，也是伏尔泰作品集的编纂者之一，声名远扬。他的妻子苏菲翻译了亚当·斯密的《道德情操论》（*Theory of Moral Sentiments*），并开办了一个沙龙，托马斯·潘恩、亚当·斯密和托马斯·杰斐逊都是常客。1781年孔多塞出版了《对黑人奴隶制的反思》（*Reflections on the Slavery of the Negroes*），这是一本主张废除奴隶制的宣传册，称所有的人种都是平等的。[291] 同样，他也捍卫妇女的政治权利。对孔多塞来说，现代平等是现代历史的主要载体之一。法国大革命只是一个各方面都越来越平等的时代的开端。我们得记得，他对历史进步的坚定信念在仕途不济和个人悲剧中依然未被动摇。他于1793年完成了那部有关人类思想进步的书，当时他正遭受雅各宾派独裁政权的追捕。当这部作品付梓时，孔多塞已经死在了牢房里。

《人类精神进步史表纲要》表达了他对"消除国家间的不平等"和"推动单一民族内部的平等"的希望和期待。[292] 孔多塞承认，欧洲的开明国家与亚非民族之间存在着巨大的物质和文化差异，但他认为，在欧洲人的帮助下，非洲人和亚洲人将能够迅速崛起，并达到欧洲已有的水平。不可否认，对于生活在恶劣的自然环境中的野蛮民族来说，这种跃升将会非常艰难，其中一些人可能注定要"不知不觉地消失"，或在文明国家的怀抱中"迷失自我"。[293] 孔多塞对于现存的欧洲殖民地表示极度不齿：这些"恶徒的账房"应该被拆除，改造为"公民的聚居地"，这将使"自由的原则和范例以及欧洲的启蒙和理性"在非洲和亚洲传播开来。[294] 孔多塞对未来的展望表明，将欧洲教化使命的理想附加在现代平等和历史哲学的时间性上有多么轻松和"合乎逻辑"。只有一次他提到了一个理性未能普遍传播的案例：古希腊人取得的进步之所以为更大的世界所遗忘，是因为"罗马人的暴政"阻挠了各民族之间的交流。[295] 孔多塞似乎确信，没有任何新的"罗马人"能遮蔽欧洲的天空——然而六年之后，拿破仑将在法国上台。

阅读《人类精神进步史表纲要》时，人们很难不对作者孔多塞坚毅的知识分子之姿感到钦佩，彼时他正被自己亲手促成的革命踩在脚下。尽管如此，孔多塞对即将到来的世界平等的历史性胜利的展望中仍潜藏着一丝不安。他隐晦地暗示道，一些民族将无法成功。他们将在启蒙运动胜利的关键节点"消失"或"迷失自我"。此外，欧洲人断言自己是全球的教化权威，这在不久的将来将限制人们对平等的展望。让我们回想一下那位塔希提老者的警告。法国人会再次归来。没有什么能逃避历史哲学的逻辑，即使在太平洋最偏远的角落也是如此。事实证明，狄德罗笔下的塔西提老者是对的：法国人确实回来了，更重要的是，他们永远没有离开。时至今日，塔希提仍是法属殖民地。在这样的情况下，平等很可能成为一个无法实现的目标，正如印度历史学家迪佩什·查卡拉巴提所说的那样，它将成为一段被标记为"尚未到来"的历史。

那么，作为另一门全球人类的启蒙科学的人种划分情况又如何呢？它只要维护了人类的统一，就可以被纳入历史哲学中。在那个弱版本中，种族的确存在差异，但并没有本质不同。所有种族都具有同等的能力来培养自己的思想，改善自己的习俗和法律。然而，正如我们在布丰和布卢门巴赫的作品中所看到的那样，人种划分与种族差异的语言有一种流于种族特征的僵化观念的趋势，暗示着"低等的"种族可能无法达到欧洲人自诩的成就标准。人种划分总是包含着一种等级排序。白皮肤是人类的默认设置，所有非白人人种都是后来被理论化为"退化"的衍生物。即使完全否定生物学上的先天劣等，关键的问题也始终存在：他们（非白人）能否像我们（白人）一样？或者，采用向上流动的隐喻，"他们"能将自己提升到"我们"已达到的水平吗？从某种意义上说，这种动态的种族观念和种族转化是循环的。白皮肤作为人类的默认设置，理论上既是人类的起源，也是人类的最终目的。转移到历史上，它表明欧洲是人类历史在生物物理和文化上的终点。

但是，众所周知，人种划分也可能朝着相反的方向演变，产生一种致命的生物决定论逻辑。这正是19世纪发生的事情，当时，种族成为科学种族主义中新兴的主导概念，断然否认非白种人的自我发展能力。这种强硬的种族主义实际上将种族等同于物种，它与人种多源发生论一起演变也并非偶然。种族从一个生物文化学的概念转变为一个静态的生物学范畴。于是，历史哲学的整个动态将会崩溃，而教化使命将变成虚幻的目标，无法在19世纪许多种族理论家提出的"种族战争"中幸存。如果这一学说获得了主导地位，那么历史将被冻结在一个生物基质中，只有唯一被认为具备完全历史性的白色人种才有希望从中逃脱。

最后，18世纪末帝国主义批判的全球转向开启了一种共同人类的新语言，这种语言基于这样一个理念：人类是一个遍布全球并且联系日益紧密的元共同体。19世纪经常被定义为民族主义和民族国家的时代，这不无道理。即便如此，新的民族国家也被理论化为一个国际体系的组成部分，该体系以欧洲为中心，却在世界范围内扩展。于是，人类可以被表现为一个相互竞争的殖民帝国的体系，同时也可以被表现为一个民族国家和渴望成为国家或拥有自己领地的民族的体系。此后，人类的元共同体有两种定义：一种是地球上所有人类的共同体；另一种是自治国家的协同体。这两种共同人类的愿景都与帝国的实践和意识形态相悖。

第七章　19世纪的现代平等与科学种族主义

漫长的19世纪始于三次主张人人平等的革命。对1776年的美国革命者来说，人人生而平等是"不言而喻"的。1789年8月召开的法国国民议会同样认为，"人生来就是而且始终是自由的，在权利方面一律平等"这句话不证自明。最后，1791年海地革命的领导人宣布，"根据天赋权利"非洲黑人与白人奴隶主生而平等。

这是一个新的开始：此前，普遍平等从未得到国家政权和法律的支持。美利坚合众国是世界历史上第一个以现代平等为基础成立的国家。美国和法国的革命终结了两千年来的政治思想，这些思想固守一个信条，即只有城邦才有可能建立共和政体。海地革命摧毁了对奴隶制的自满盲信，即认为奴隶制虽然令人憎恶，但却是牢不可破的现实。在大西洋两岸，它迫使新兴的革命国家重新思考黑人奴隶制的问题，尽管产生了截然不同的后果：法国至少在一段时间内废除了奴隶制，但美国保留了蓄奴制。正如西摩·德雷舍尔（Seymour Drescher）所言，长期的结果是奴隶制处于守势："在大西洋国家构想的未来中，奴隶制已不再具有不容置疑的地位。"[1]

没有"自然平等"的启蒙话语，18世纪晚期发生的革命的意识形态进程几乎难以想象，更不用说政治上可行了。林恩·亨特认为，以主权人民的名义公开宣告人权的行为深刻改变了人们的心态，并明确拓宽了意想的范围。[2] 在革命时代，现代平等成为一项政治原则，撼动了大西洋两岸无数人的思想和心灵。19世纪中叶，亚洲和非洲也开始重视现代平等。

然而，现代平等在19世纪的发展是一个间断而不均衡的过程。在下文中我们将看到,在法国大革命期间,虽然遭遇强烈反对,犹太人解放仍快速推行。相比之下,性别壁垒被证实是无法逾越的。直到圣多曼格的奴隶们已经在当地废除了奴隶制,巴黎才颁布了废奴法令。然而,令人震惊的是,在法国关于奴隶制的辩论中,没有人敢否认非洲黑人同属共同人类。有争议的问题是,同属共同人类是否以及将在多大程度上意味着平等。在南北战争之前,一种质疑非洲黑人是否具有完全人性的严酷的科学种族主义在美国兴起,黑人废奴主义者弗雷德里克·道格拉斯(Frederick Douglass)不得不从证明非洲人同属共同人类开始,提出他关于平等和废奴主义的主张。在英属印度,我们遇到了不同的情况:达达拜·瑙罗吉(Dadabhai Naoroji)可以将印度人同属共同人类视作理所当然,但仍需驳斥认为亚洲人在智力上和历史上不如欧洲人的论题。虽然英国的种族主义的确发挥了重要作用,但在1857年的大暴动之后,教化使命成了英国统治印度的主要辩护理由。相比之下,对非洲的殖民以及白人移民在政治上对殖民地原住民族的排斥,则被科学种族主义合法化,正如美国在废除蓄奴制之后继续对非裔美国人实行隔离一样。

随着种族分界线在19世纪末愈发固化和全球化,在欧洲和北美洲,女性和白人工人阶级男性在教育和政治领域获得了权利,一些殖民领土上的男男女女也开始主张他们的权利。在下文中,我们将讨论约翰·斯图尔特·密尔(John Stuart Mill)政治思想中的矛盾之处,他基于教化使命捍卫英国对印度的统治,又将之与一种激进女性主义的主张相结合。此外,我们还将看到,达达拜·瑙罗吉颠覆了教化使命,他辩称,英国殖民者没有兑现他们教化印度的承诺。按照这种思路,教化使命可能成为一把双刃剑。

在拿破仑之后,当然也有反弹。各种关于现代不平等的话语的重申和更新满足了对不平等进行理性论证的需要,如政治经济学、文明的历史哲学以及关于男性统治女性的生物物理学主张。然而,在19世纪所有关于现代不平等的论述中,最具决定性的是"科学"种族主义,这是一种对启蒙运动时期人种划分的教条化和固化。今天,种族主义已不再被视为真正的科学,但从19世纪40年代到20世纪中期,它代表了一个权威的知识体系,在学术著作中得到发表,并在美国、欧洲和欧洲殖民帝国的著名学院和大学中被讲授。对于奴隶主来说,科学种族主义为日益高涨的废奴主义浪潮提供了某种答案。他们现在可以宣称,科学研究证明了解放的不可能。

新平等主义的中心是法国大革命,根本原因是它发生在欧洲最强大的国家和最有声望的文明中,这个国家还是一个殖民国家,也是大西洋奴隶贸易的主要参与者。全球性的影响有目共睹。1789年9月24日,在《人权宣言》通过一个月之后,西班牙政府"用快船"向驻美洲的总督们发出急令,命令他们尽最大努力"避免在我国领土上传播法国国民议会的某些人企图普及的有害思想"。同样,葡萄牙驻巴西总督也受命抵制"自由、平等的观念和无政府主义思想"从法国向外辐射。[3] 这些遏制的尝试没有什么作用。到当年年底,来自巴黎的消息已经传到了中美洲和南美洲的绝大多数城镇。

在革命时代获得了更高地位的不只有现代平等思想。建立国家的革命实践催生出一种新的时间机制。正如德国思想史学家莱因哈特·科泽勒克(Reinhart Koselleck)所指出的那样,在民主革命时代,政治理念的时间维度发生了决定性的变化。我们在笛卡尔和大多数启蒙思想家身上看到的对传统的贬损,现在终于渗透到了政治的核心。科泽勒克认为,19世纪的各种主义,如民族主义、自由主义、社会主义、共产主义,甚至保守主义,都是"运动概念"(concepts of movement)。[4] 坚持"古老的宪法"或维护国家稳定已经不足以治理一个国家。为了全体人民的利益,政治领导人必须为建设一个更好的社会而努力。正如托马斯·潘恩在《常识》(*Common Sense*,1776)——美国革命时期最具影响力的政治小册子之一——中所宣称的(或许和原话有些许出入),"我们有力量让世界重新开始"。[5]

从此以后,所有政治制度都受到了持续的压力,来正当化和民主化自身。在法国大革命的第一年,炮火集中在贵族特权上,但很快其他的参与者感到有必要争取妇女的权利,要求犹太人和"有色人种"的公民权,并提倡废除奴隶制。在英国,埃德蒙·柏克曾抨击"法国"人权理论，而对此的首次驳斥出现在 1790 年，作者是玛丽·沃斯通克拉夫特。她紧接着在 1792 年发表了《为女权辩护》(Vindication of the Rights of Woman)。一经"宣布"，平等的观念不再有天然的界限：当然，这取决于在革命时代的节点上逐渐成熟的新政治行动者，他们将决定平等在哪个维度上拓展，以及到何处为止。因此，平等持续地被制造和改造，但也经常被抵制，处于前进与后退的不稳定的平衡中。

保守派们拒绝这场革命，但他们无法有效地限制它的话语。尽管不情愿，但他们最终不得不接受社会变革的常态。另一方面，革命思想家则把世界的未来想象成欧洲启蒙运动的扩大化。在他们对历史时间的创新重塑中，平等本身成为一种运动概念。托克维尔写作的对象是美国，但心中想着的却是欧洲，他在 1840 年说，"因此，爱平等的热情将随着平等本身的发展而不断加强"*。[6] 在通往平等的道路上，每一步都要求有朝向更平等的下一步。因此，19 世纪关于平等的语言会越来越多地认为平等是一种未实现的普遍原则。

我想弄清楚这意味着什么，不意味着什么。普遍原则在本质上并不是目的论的。普遍原则不是黑格尔学派所说的能够自我实现的实体，但是，正如琼·斯科特所说，这些概念的抽象而不确定的本质为创造性的想象打开了空间。[7] 从革命时代开始，越来越多的人开始将自由和平等设想为未来迫切需要的普遍原则。

现代平等的不均衡发展

尽管世界范围内的移民，无论是被迫的还是自发的，自哥伦布大交换以来都在稳步增加，但 19 世纪人口迁徙的规模和速度仍是空前的。[8] 经亚当·麦基翁（Adam McKeown）计算，从 1846 年到 1940 年，超过

---

* 译文参考董果良译《论美国的民主》（下），商务印书馆，1991，第 846 页。

五千五百万人从欧洲迁徙到美洲；约五千万人从印度和中国迁徙到东南亚、印度洋边缘和南太平洋；近五千万人从俄罗斯和北亚迁入西伯利亚和满洲。除亚洲移民外，这些数字不包括大洲、地区和国家内部的移民。因此，它们低估了迫于物资短缺、战争、迫害，或为了到别处寻找更好机会而离开祖上土地的人数。[9]

人口、商品、金钱、信息和思想在全球化的空间中流通。19世纪的新技术影响了人们对距离和时间的心理与直觉。1840年，从孟买送信到伦敦要花费五周的时间；1875年，时间缩短至五分钟。英国《每日电讯报》自豪地宣称："时间本身经由电报而不复存在。"[10] 世纪中期，铁路、蒸汽船和电报把世界编织得更加紧密。从1780年到1914年，世界范围内的报纸印刷量增加了一百倍（同一时期，世界人口翻了一番），而报刊的语言更加多样化。[11] 1900年存有的三万一千余种报纸中，绝大部分是"西方的"，但印度有六百种，非洲有一百九十五种，日本有一百五十种。[12] 这些数字告诉我们两件事：19世纪存在全球化，但这是一个高度不平衡的过程，一些世界区域代表着全球化的节点，而另一些区域则处于边缘，或完全被排除在新兴的全球网络外。

尽管如此，实际情况是，越来越多的人在与世界其他地方的事件和思想的联系中定位自己。贝利（C.A.Bayly）在《现代世界的诞生》（*The Birth of the Modern World*）一书中提出的理论观点之一，就是"现代生活的一个重要组成部分就是认为自己是现代的。现代性就是'与时俱进'的愿望"。[13] 全球化也是如此。现代性和全球化都是运动概念，建立在对时间和空间不断变化的体验之上。19世纪的全球化大部分虽都只是构想出来的，但这一事实并不会削弱其相关性。构想出来的全球化为思考历史和政治提供了一种新的语言。提倡共同人类与平等的人可能会辩称他们的要求符合"现代"的气息。非裔美国废奴主义者弗雷德里克·道格拉斯在19世纪50年代对听众说，"在国家的交往中，时间和空间几乎被消灭了"。他把天空比作一个巨大的穹顶，"在这穹顶之下，共同人类可以在友好的秘会中达成"。[14]

当然，这并不意味着19世纪是全球平等胜利的时代。在美洲、一些欧洲国家以及白人移民殖民地，底层白人男性以及女性（更为缓慢地）成功获得了公民身份。然而，就全球而言，平等的颜色是白色。废除奴隶制是一个长期的过程，即使在解放以后，曾经的奴隶也很少获得充分的公民权利和政治权利。美洲、澳大利亚和新西兰幸存的原住民族也是如此。同样，在不断扩张的殖民帝国中，原住民族不仅受到欧洲主人的专制统治，日常还要遭受来自等级低微的白人男女的种族歧视侮辱。

就思想而言，19世纪同样具有两面性。对科技和经济的预期激发了民主党人和社会主义者的政治想象力，同时也增强了欧洲白人的全球优越感。19世纪是科学种族主义的全盛期。与启蒙时期相对灵活的种族理论相比，这是一种更为严苛的种族主义，它建立在肤色命定以及颅骨尺寸能够决定个人"人种"的学说之上。对人体的测量和种族化构成了19世纪体质人类学的核心。此外，19世纪的许多社会理论家倾向于把人类发展的四阶段论坍缩为"开化"白人与"未开化"有色人种的二分法，或者至少将非洲、亚洲和美洲的有色"土著"的文明程度降级。文明的概念本身就带有种族色彩。[15]

人种多源发生论，即人类从诞生之初就存在不同人种的理论，变得更受欢迎。随之而来的，还有人种被封冻在自然的模子里几乎无法改变的观念。19世纪最勤勉的颅骨收藏家之一、美国人种学者塞缪尔·莫顿（Samuel Morton）在1839年时说："从远古时期开始，每个广阔区域的居民都已被印上了某些生理或道德标记，这些标记为该地区的人们所共有，又将他们与其他人区别开来……印度人自最早的文字记载以来就没有改变过；三千年的光阴对黑人的皮肤和头发也没有任何影响。"莫顿说，埃塞俄比亚人种的心态"快乐、灵活而慵懒"，但这个人种的众多变种中的一些代表了"人类的最低层次"。[16]他还测量了五个主要人种（借用布卢门巴赫的理论）的脑容量，毫不意外地得出结论：高加索人种的大脑最大，埃塞俄比亚人种的大脑最小。[17]

越来越多的人类差异，包括在今天会被认为与族群或民族有关的那些，在19世纪都被归入了种族类型学。和民族一样，种族代表着世系。例如，1830年比利时革命的荷兰反对者理所当然地将其称为"黑色和反叛的比利时种族"。¹⁸ 1850 年，英国博物学家罗伯特·诺克斯（Robert Knox）直截了当地说："对我来说，人种或世袭血统就是一切：它在人身上打下烙印。"他进一步断言，种族"决定了人类历史的进程"。按照诺克斯的说法，"黑色种族"将在争夺世界霸权的斗争中败下阵来，注定要灭绝。¹⁹ 五年后，美国人种学者乔赛亚·诺特（Josiah Nott）明确表示："我们将看到，人类的进步主要源于种族战争。"诺特总结说，所有其他种族的成就都比不上高加索人种的进步。在他看来，中国和日本不过是两个"长期的半文明"（prolonged semi-civilization）。²⁰

19 世纪的大多数学者延续了启蒙运动的构想，把历史看作是发展和进步的，但没有像 18 世纪的思想家那样进行自我批判。一个很好的例子是詹姆斯·密尔（James Mill）的《英属印度史》（History of British India，1817）。密尔是苏格兰自由主义者，他从未去过印度，也不懂印度的任何语言，与欧洲梵语研究先驱之一的威廉·琼斯（William Jones）采取了不同的立场。他认为，琼斯夸大了印度文化的成就，因为他缺乏对文明概念和人类历史阶段的正确理解。²¹ 密尔认为，琼斯和他的英国助手"认为印度人是一个拥有高等文明的民族，但实际上，他们在文明进程中只迈出了最初的几步"。²² 我们应该记得，密尔的《英属印度史》是日后所有殖民官员在前往印度之前必须学习的印度历史标准教科书。即便如此，重要的是要看到密尔的方法中包含了印度未来进步的可能性，而诺克斯和莫顿的理论则将非欧洲民族封冻在一个不可改变的种族等级制中。然而，许多启蒙思想家的反帝国主义进程却半途而废了。

即便如此，必须强调的是，这些有关种族和文化差异的反平等主义观点尽管拥有巨大的权威，但从来没有垄断公共辩论。反对奴隶制的鼓动活动早在 18 世纪晚期便已开始，但在 19 世纪才获得了发展势头，尤其是在英国和北美，它加入了福音派新教和新生女性主义运动的互利联盟。此外，"属下"（subaltern）种族和民族的男男女女愈发开始反思自己在一个被欧洲统治的世界里的位置。而在 18 世纪中叶诸如中国的太平天国起义和印度 1857 年暴动的大动荡之后，亚洲知识分子开始了反击。

法国大革命面对犹太人差异

作为法国大革命之根基的普世主义平等概念，会将所有生活在新兴的法兰西民族国家治下的人民都包含在内吗？起草宪法时，有两项限制被当即采纳。首先，只有男性才有资格成为正式公民。其次，所有男性都享有公民权利，但要参与公民活动——也就是说，要获得选举权和出任公职——一个人必须满足四项条件：拥有法国国籍、固定住所，年满二十五岁，以及缴纳相当于三天工资的直接税。尽管有这些限制，于1791年9月3日颁布的第一部宪法仍赋予了大约60%的成年男性选举权，考虑到绝大多数19世纪早期的自由主义宪法中规定的选民比例远低于10%，这是一个相当大的数字。[23]

犹太人的公民身份问题几乎立即浮现。即使《人权宣言》明令禁止宗教排外，围绕1791年宪法制定展开的辩论表明，并非所有法国人都接受所有信仰的平等。1789年12月，有几个城镇继续将新教徒排除在公职之外的事实被曝光。于是，克莱蒙·托奈尔（Clermont Tonnerre）提出了一项动议，即任何符合有效公民资格的公民都不得因宗教原因而被排斥。很快，阿尔萨斯议会的议员让－弗朗索瓦·勒贝尔（Jean-François Reubel）走上讲台，询问这是否意味着犹太人也享有有效的公民身份。是的，是这样的，克莱蒙·托奈尔回答说，我认为肯定这一点是我的荣幸。[24]他的话引起了激烈的争论。反对犹太人享有公民权的人认为，犹太人远不止是一个宗教教派。他们是一个"民族"，有自己的法律和习俗，有自己独特的服装，有自己的语言——希伯来语、意第绪语和拉迪诺语。来自阿尔萨斯——大多数法国犹太人都生活在这个地区——的议员提出反对，认为犹太人不与他们的基督教邻居交往，从未与自己社群之外的人结婚，甚至拒绝和基督徒共进晚餐。[25]

莫里神父（Abbé Maury）说过："犹太人不从事农业，因为他们宁愿从事商业也不愿耕种土地。"由于与土地的联系被认为是这个国家的基础，结果是犹太人永远不会成为"真正的法国人"。根据莫里的说法，犹太人的经济实力雄厚：阿尔萨斯土地上数以百万计的抵押贷款都掌握在他们手中。他警告说，如若给他们政治权利，十年后阿尔萨斯将变成"一个犹太殖民地"。[26] 谴责犹太人货币交易是相当不合逻辑的，因为国民议会自己就在1789年将这一行为合法化。[27] 同样，莫里关于阿尔萨斯将被犹太人接管的危言耸听的预言也与人口统计学相悖。犹太人仅占阿尔萨斯人口的不到1%，而在其他地区则少得多。[28] 反对解放的人进一步声称，犹太人自己也宁愿生活在自己的律法之下，而不愿成为法国人。勒贝尔称，更重要的是，犹太人对回到以色列的深切渴望使得他们不会成为真正的法国爱国者。[29]

主张犹太人解放的人反驳说，犹太人的恶习和褊狭固然存在，但主要是几个世纪的压迫造成的（理查德·西蒙早在17世纪就如此评论）。他们指出，犹太人从事银行业和货币交易是他们被排除在大多数其他职业之外的后果。他们进一步声称，犹太人确实渴望成为法国公民，波尔多和巴约纳的西班牙系犹太人也已经是其所在城市的合法市民。犹太人珍视自己的习俗和仪式是再正常不过的。任何宗教团体都会这样做。对于犹太婚姻和饮食法，克莱蒙·托奈尔惊呼道："有什么法律要求我必须和你们的女儿结婚？有什么律法要求我必须吃野兔，又叫我必须和你们一起吃野兔呢？"[30]

这是否意味着犹太人所做的一切都被允许？克莱蒙回答说，当然不是，就像所有其他公民一样，他们必须遵守法律。克莱蒙总结了他对犹太人解放的看法，这番话为19世纪许多法国自由主义者所援引：

> 我们必须拒绝犹太人作为民族的一切权利，但对犹太人个体来说，我们必须给予一切权利。我们不能承认他们的法官，除了我们的，他们不能有其他法官。我们必须拒绝为维护他们犹太团体的所谓法律提供法律保护；他们不得在国家内部设立政治团体或私有地产；作为个人，他们必须是我们的公民。但是，你可能会反对我的观点，说他们不想要公民身份。唔，如果他们不想要，就让他们这样说出来，然后我们就应该驱逐他们。我们国家内部不能有非公民团体存在，也不能存在国中国。[31]

然而，克莱蒙·托奈尔接着说，有充分证据证明法国犹太人真正渴望解放。犹太人解放的反对者不敢公开挑战人权。相反，他们激起了阿尔萨斯和洛林居民的反犹情绪，并警告说，草率的决定可能会导致公共秩序的混乱。他们关于推迟这个议题的提议得到了中央的支持。因此，议会于1789年12月24日做出决议，给予非天主教徒政治权利，但暂缓犹太人解放问题。

阿尔萨斯－洛林的德系犹太人以一份长篇建议书作为回应。他们反驳了对手的论点，并再次声明他们希望成为正式公民。西南部的西班牙系犹太人更谨慎些，因为他们首先寻求的是维持他们在旧制度下所拥有的权利。令阿尔萨斯的犹太人大失所望的是，国民议会在1790年1月赋予了西班牙系犹太人完全的政治权利。这是一个矛盾的决定，体现在两方面：首先，这个决定引入了两种犹太人的区别，与平等的原则相悖；其次，这相当于变相承认旧制度下西班牙系犹太人的特权，但国民议会早在一年前便已经明确废除所有特权。

最终巴黎小小的犹太社区为此事带来转机。巴黎犹太人中混杂了西班牙系犹太人和德系犹太人群体。1月通过的法令解放了前者，但没有解放后者。经与阿尔萨斯犹太人密切合作，巴黎犹太人发起了一场新的解放运动，获得了首都革命政府六十个部门中五十九个的支持。当时，巴黎公社代表着巴黎一个极其强大的压力集团，国民议会不得不重视其存在。即便如此，这仍是一场艰难的斗争。胜利的到来几乎毫无预兆，当时议会刚刚通过新宪法。宪法列举了享有国籍和积极公民身份所需满足的条件，没有任何宗教限制，但其中没有提到犹太人。阿德里安·迪波尔（Adrien du Port）是当时国民议会中最具影响力的人物之一，在他看来，这使排斥犹太人的暂行法令成为一种令人愤慨的反常。1791年9月27日，他提议废除此法令。他宣称，宗教自由不容许公民因信仰不同而在政治权利上存在任何差异。迪波尔的结论是，"当异教徒、土耳其人、穆斯林、甚至是中国人，一言以蔽之，各族的人都可以享有这些权利时"，只有犹太人被禁止行使这些权利，这是不可接受的。[32] 人们对他的话的反应表明，国民议会中的大多数人都接受了平等主义。尽管有一些反对者提出抗议，但这一提议还是被鼓掌通过了。

然而，这并不是事件的结局。第二天，解放运动的反对者重新开启了讨论。他们认为，既然犹太人是正式公民，他们就必须放弃所有的犹太民法和政治法。当有些议员反驳说犹太民法实际包含了犹太教的戒律，大多数议员搬出了一项法令，即犹太人的公民宣誓将被视为他们放弃所有在旧政权下享有的特权及例外的证明。对于来自阿尔萨斯科尔马镇狂热的反犹议员勒贝尔来说，这甚至还远远不够。他要求制定一项法律，强迫在阿尔萨斯－洛林的犹太人交出一份公开的登记表，列出他们向基督徒发放的所有贷款，以确保债务人有偿付能力，并在可疑情况下提出适当的措施。议会接受了勒贝尔的建议，从而为最终解决债务问题扫清了道路，而犹太人为此付出了代价。[33]

勒贝尔早先预言的反犹运动并没有实现，尽管在比谢姆村发生了一起恶性事件。当地的基督徒试图恐吓那些准备进行公民宣誓的犹太人。他们要求犹太人脱帽宣誓，但犹太人拒绝脱下他们的圆顶小帽。最后，这场争吵由主管当局受理，他们站在了犹太人一边。1792年4月30日，在法国生活了一个多世纪的比谢姆犹太人终于获准宣誓，成为法国的正式公民。大卫·福伊尔沃克（David Feuerwerker）在其关于法国犹太人解放历史的著作中提到了比谢姆事件。他报告说，在阿尔萨斯的其他绝大多数城镇，犹太人没有受到骚扰。[34]即便如此，我们必须指出，所有在法国出生的人当中，只有犹太人必须进行公民宣誓。他们的公民身份被贴上了一枚隐形的"他者"徽章。

如何评价法国革命者的态度？大多数犹太人解放的反对者援引了基督徒对犹太人的偏见，但他们变本加厉地断言犹太人之于法兰西民族将永远是一个异类。这样的言论可以被看作是后来形成的现代反犹主义的片段，其核心是确信犹太人的身份是与生俱来和遗传的。犹太人被描绘成异类、寄生虫、蝗虫和入侵者，密谋"殖民"法国。这样的表征同样也符合把犹太人描绘成国家之威胁的反犹主义。[35]

在法国，主张犹太人解放的人同样将犹太人视为"他者"。但在他们看来，犹太人可以被教育和"提升"为有用和忠诚的国家成员。解放本身将提供解决方案。国民议会的一名新教徒议员拉博·圣艾蒂安（Rabaut

Saint-Etienne）希望被解放的犹太人接受"我们的风俗和习惯"。[36] 我们已经在克莱蒙·托奈尔坚持犹太人可以作为个人获得公民身份，但不应该寻求任何形式的集体权利的主张中，看到了未来的同化景象。因此，我们必须非常谨慎，不应把主张解放的人描绘成文化多样性的拥护者。恰恰相反，他们中的许多人对法国犹太人的文化持有非常负面的看法。解放运动最重要的发言人之一亨利·格雷瓜尔（Henry Gregoire）是《关于犹太人身体、道德和政治再生的文章》（1788）的作者。[37] 他将《塔木德》描述为"汇聚人类精神错乱的阴沟"。[37] 格雷瓜尔从人类的统一出发，这样犹太人就和地球上所有其他居民一样具有相同的人性。他说，在《圣经》的时代，他们曾是勤劳而善良的土地耕种者，但经过流散和几个世纪以来基督教的压迫，他们已然"堕落，不复古老的以色列的正直"。[38] 在这里，犹太人的"堕落"被归咎于压迫者，但它依然是堕落。格雷瓜尔认为，解决方案是同化，即接受法国人的生活方式，这甚至可能使犹太人自愿改宗天主教（我们应该注意到，格雷瓜尔的天主教是一个相当理性化的启蒙版本）。即便如此，格雷瓜尔的同化模式并没有克莱蒙·托奈尔的模式那么整体化，后者倾向于把所有犹太社群的生活都看成是退化的。[39]

在革命前的几年里，有几个开明的支持者发表了关于犹太人"提升"或"再生"的建议。梅斯是一个拥有大量犹太少数族裔的城市，1785年，梅斯学院组织了一场关于犹太改革的论文竞赛。其中一个参赛者蒂埃里提议犹太人应该让他们的孩子在法国的公立学校上学。他宣称，法国政府必须"让自己成为这些孩子思想和心灵的主人"。此外，犹太人应该停止在犹太社区集会。接下来，蒂埃里鼓励犹太男人剃掉胡须，衣着打扮要和其他法国人一样。犹太妇女应该停止遮盖头发。最后，犹太人不应该被允许担任高级公职。[40] 格雷瓜尔期待着未来所有学校向来自一切宗教团体的学生敞开大门，但就目前而言，他更愿意把犹太孩子送到公立学校，让他们参加学校的练习和公开考试。格雷瓜尔本来还想彻底废除犹太拉比职位。他的解决办法是让在法国公立学校接受教育，并由全国竞赛选拔出来的犹太会堂主管取代拉比。[41]

法国人关于犹太人"再生"的激烈而冗长的辩论并不符合18世纪晚期法国的人口统计。在革命前夕，法国犹太人大约占总人口的0.2%。说得婉转些，这个人数稀少的少数族裔在任何方面都有可能对法国构成威胁的想法，证明了法国人的极度偏执。根据罗纳德·舍希特尔（Ronald Schechter）对18世纪法国犹太人文化的研究，为回答在革命时代的巨大文化和政治动荡中，身为法国人意味着什么的问题，犹太人是"值得思考的对象"。舍希特尔假设，这些争议的真正主题是法国未来的身份认同，它被定义为犹太人曾经拥有但不应允许保留的身份的对立面。[42] 在这一点上，舍希特尔肯定是对的，但事实是，这些辩论也决定了今后很长一段时间内犹太人解放的形式和方式。换句话说，处于危机之中的，是犹太人作为这一新生革命国家的公民即将获得的平等的意义和重要性。犹太人解放的支持者提出的论点表明，平等并不意味着犹太人会以他们本来的样子被接受。他们的平等被理论化为一种让自己"再生"得像已经"平等"的开化公民那样的潜力。

这种对规训和教育的高度重视表明，革命政治家和哲学家们并不指望犹太人自己能实现这种平等。承认他们平等的话语将他们定义为家长式教学法的对象。他们新近获得的平等是一笔宝贵的财富，但它把犹太性局限于私人领域和犹太会堂内。

针对世俗国家的挑战，犹太人的反应表现出他们对接下来道路之正确性的深刻疑虑。弗雷德里克·贾赫（Frederic Jaher）对犹太人的反应进行了精妙的解读，并指出，从世俗化的犹太主义到毫不妥协的正统派，犹太人的态度不一，一些人以牺牲犹太人身份为代价选择公民身份，另一些人则退回到正统犹太民族的怀抱，还有一些人在寻找谨慎的中间路线。根据来自南锡的著名学者贝尔·伊萨克·贝尔（Berr Isaac Berr）的说法，犹太人应该进行公民宣誓，并放弃他们在旧政权下享有的"虚伪的特权和豁免权"。他们应该"仅仅作为个人、法国人出现，只受真正爱国主义的指引"。他提醒教友，完全接受法国公民的权利和义务就能享受充分的宗教自由。贝尔进一步提出警告：新近获得解放的法国犹太人不应试图要求一下子获得所有权利；他们应该考虑到法国外族人缺乏自信，需要时间来适应他们中间新出现的犹太人。尽管如此，他并不支持大规模的同化：犹太儿童肯定应该上法国的公立学校，但他们同时将在犹太学校学习希伯来语和犹太律法书。贝尔进一步主张维持犹太社区以及由社区成员内部选举拉比的制度，就算这会阻碍犹太人在法国政府担任职位。贝尔认为，由公立学校和犹太学校共同教育年轻一代的犹太人，将可以培养出"优秀的犹太人和优秀的法国公民"。[43]

其他犹太社区则对和谐不那么自信。例如，1794 年，阿维尼翁的犹太人请愿要求政府承担犹太人的共同债务，并强调了犹太人企业在旧制度下的悲惨和受压迫的本质。他们挪用世俗主义的民族语言，挑战了内在于法国这个新兴基督教国家的等级制："所有这些令人反感的分裂必须消失……[直到]不再有天主教徒、新教徒、犹太人、任何教派的信徒，只有法国人。"[44] 他们的语言和贝尔的话语之间存在巨大的差异：贝尔服从世俗国家至高无上的地位，而阿维尼翁请愿书则使用公民的语言来确认犹太人和不同基督教信条的信奉者的平等。这再次证明，公民身份和现代平等的语言具有两面性。同样的术语可以将平等确立为同一性，也可以指自主权，视词句的情感变化和修辞手法而定。

法国的情况符合欧洲的普遍趋势。在早期现代的欧洲，有民族，有国家，但没有民族国家。作为政治机构的国家和总体上作为文化实体的民族相融合，容易使国家成为一个文化同质化的空间，并产生少数民族（national minority）的新概念。少数民族是一群由文化习惯团结起来的人，他们集体拒绝服从新的神圣的政体。

女性，另一种他者性

与犹太人解放形成鲜明对比的是，将女性纳入政体的努力遭遇了彻底的失败。然而，对女性的忽视并没有在沉默中被略过。1789 年 1 月，一份匿名的《第三等级妇女致国王的请愿书》（*Pétition des femmes du Tiers-État au Roi*）要求在即将召开的三级会议上听到女性的声音，她们也想要接受"启蒙"。更多的女性向三级会议请愿,表达她们对社会和政治的不满。显然,革命的到来使女性意识到她们受到压迫,也意识到平等和权利的新语言所开启的改革机会。1789年3月,一份请愿书使人们注意到这样一个事实,那就是三级会议无法代表整个国家,因为"超过一半的人民都没有坐在那里"。还有一本小册子痛斥"使我们沦为奴隶的偏见",并要求在三级会议上"女性只能由女性代表"。这本小册子诘问道:"为什么一种性别能够拥有一切,而另一种性别却一无所有?"⁴⁵ 1789年10月,当革命危机全面爆发的时候,一份提交给国民议会的"女士们的请愿书"直接向国会议员们呈言:"你们折损了专制的权杖……然而,你们仍然让一千三百万奴隶耻辱地戴着另外一千三百万暴君的镣铐。"该请愿书敦促国民议会通过一项法令,形式基于8月有关废除所有封建特权的法令,大意是"在整个法国彻底并不可撤销地废除男性的所有特权"。⁴⁶

在接下来的几年里,相当多的女性俱乐部和平台都向国民议会呈言,提出各种诉求,从降低面包的高昂价格,到为女性提供更好的教育,从打击修院生活的罪恶,到女性应该分享革命的荣耀和享有政治公民权。有三个主张被反复提出。第一,女性作为人,享有自由和平等的天赋权利,而整个革命正是从这种自由和平等中获得其合法性的。第二,作为所有公民的母亲,女性对于国家是不可或缺的。由于未来公民的教育主要依赖于她们,改善女性的教育符合社会的重大利益。第三,女性坚定不移的爱国主义为人民争取自由的斗争做出了贡献。⁴⁷

对相当多的女性——我们不知道有多少——来说,长期的男性霸权的所谓妙方已经丧失了令人尊崇的权威,但很少有男性同意女性从政,愿意支持女性从政的男性就更少了。大多数男性政治家和小册子作者对女性从政报以轻蔑和嘲笑,其中一些人还立即呼吁采取措施遏止女性的煽动。绝大多数法国人还没有准备好接受跨越了性别藩篱的普世主义平等概念的"自我实现"。西哀士(Sieyès)属于极小部分注意到这种矛盾并对此公开表态的革命政治家。绝大多数人要么保持了谨慎的沉默,要么大声赞扬卢梭关于女性"天性"的信条。他们的行为和心态展示了普世主义思想"发展"的历史偶然性。

在关于法国新宪法的辩论中，有几位男士和女士都主张女性的权利。孔多塞将男女平等视为代表了近代历史的新兴趋势，也是未来时代的核心组成部分。然而，他对女性自主权的深信不仅出于理性考量。苏菲·德格鲁希（Sophie de Grouchy），他深爱的妻子和思想上的伙伴，一定深深影响了他对男人和女人所能共享之物的认识。1790 年 7 月，孔多塞发表了《关于允许妇女享有政治性公民权利的问题》（*Sur l'admission des femmes au droit de cité*），这篇文章对将女性排除在政治之外做出了尖锐批评。他认为，人类拥有人权"完全是因为他们［人类］是有知觉的生物，易受所获道德观念的影响，并能对其进行推断"。[48] 这就是为什么人类能够通过教育完善自身。根据孔多塞的说法，没有人能否认女性拥有同样的能力，除非把她们贬低为动物，而这一观点显然是所有人都反对的。他认为以怀孕和月经为由将女性排除在外是荒谬的：这就像拒绝赋予那些每年冬天都痛风发作或容易感冒的男人以公民身份权利一样。所谓的智力上的劣势也不是一个好理由。许多男性愚蠢，缺乏良好的教育。说到女人完全被她们的女性激情所支配的成见时，孔多塞反驳说，这种说法要是真实的，那也只能反映女性所受的教育和制度安排，而非女性真实本性的可靠依据。在孔多塞看来，正是女性被排除在政治和公共领域之外，才使得她们的思想变得麻木。孔多塞警告说，将选举权仅仅授予那些既聪明又受过教育的人，意味着剥夺那些长时间做重复工作的男性的政治权利。这种做法最终会破坏自由宪法的理念本身。

1790 年 12 月，议会开始审议新宪法时，玛丽·玛德莱娜·若丹（Marie Madeleine Jodin）就女性权利向国民议会提交了请愿书。她的请愿书由昂热的一家出版商出版，为巴黎街头每天上演的灯红酒绿、伤风败俗和声色犬马而哀叹，拨动了议员们的道德神经。若丹指出，由于公众的节制和清醒的道德对于政体的健全是必要的，两性必须通力合作根除恶习。为了能够为这一有价值的事业做贡献，女性必须成为公民。在呼吁道德改革的过程中，若丹援引了自然平等的信条：

先生们，对国家、自由和荣耀的热爱让我们女性充满活力，就像你们一样。在这个地球上，我们不是与你们不同的物种。心灵没有性别之分，美德也没有性别之分……某位现代作家竟然敢断言女性几乎无法理解政治观念……这种意见仅仅是偏见的产物；它是专制统治的自然结果，是一种专横的性别强加给我们的枷锁。这一专横的性别在世界之初受自然的恩赐有了同伴，发现自己比同伴更强大，因而决定要事事处处凌驾于其同伴之上。[49]

这些句子几乎是从普兰的《两性的平等》一书中径直摘取的。充满若丹言语的强烈愤慨是孔多塞语调平静的文章中所没有的。在自然平等的论点之后，她强调了女性是道德的卫士，而男人则容易屈服于肉体诱惑的主张。她甚至对卢梭的格言——一种性别的道德总是决定另一种性别的道德——进行了平等主义的解释。

无论是孔多塞的威望还是若丹对女性权利的慷慨陈词，都无法令国民议会议员信服。尽管少数议员表示共感，但女性公民权的问题从未被列入会议议程。联盟节（Fêtes de la federation）在 1790 年夏天非常流行，在此期间，公民通常在公共场合宣誓。在勃艮第的小镇博讷，国民警卫队本来想让女性参加宣誓仪式，但是市政当局告诉八十四位受邀女性，她们不得参与。在图卢兹，她们的出席得到的回应，是人们用消防水管向她们喷水。确实有一些女性进行了宣誓，例如 1791 年在巴黎的战神广场，但这些是罕见的例外。男性革命者通常严格限制女性在公共场合参加正式政治活动。[50] 在恐怖统治期间，罗伯斯庇尔（Robespierre）投机取巧地利用革命妇女俱乐部的宣传来对付温和派对手，但当她们表现出独立的迹象时，政府就把剩下的女性俱乐部都关了。为了敲山震虎，政府处决了那些最著名的女性主义者，如奥兰普·德古热。机关报纸《公众安全报》（Feuille du Salut Public）将她的死刑与玛丽·安托瓦内特和罗兰夫人（Madame Roland）的处决联系在一起，总结称，"革命法庭为妇女们树立了一个典型，毫无疑问，这对她们而言是不可忽视的"。关于罗兰夫人，报纸称她"在试图超越天性的过程中牺牲了天性；对扬名立万的渴望使她忘记了她的性别该有的美德……奥兰普·德古热则希望成为一名政治家"。作者呼吁妇女们成为优秀的共和国成员：她们应该培养谦虚的美德，照顾家庭，放弃在公共集会上讲话的所有野心。[51]

女性解放运动的失败往往被归结为卢梭关于女性气质和公民美德的观点的影响。[52] 毫无疑问，卢梭的思想在1789年受到了许多男性的欢迎。卢梭为雅各宾派（他们中的许多人都来自外省城镇）提供了一种哲学语言，融合了他们对女性反抗的厌恶和对贵族文化的憎恨。即便如此，我们看到苏格兰启蒙运动也剥夺了女性在公共领域的一席之地。绝大多数男性革命家深信女性的天性与男性不同，无论怎样的教育或制度变革都无法改变这一点。他们最多愿意通过离婚法，确保女儿能从父母的遗产中分得一份，但要女孩和男孩一样接受中等教育是不可能的。哪怕他们真的注意到了，女性主义批评，尤其是对平等政治权利的要求，在他们看来也不过是一种违背自然的极端观点。众所周知，使他们坚持反对这些观点的，是在1789年以前的旧制度下，大多数持女性主义的沙龙女主人和作家都属于贵族阶层，这也可能使男性革命家更加坚定地反对这些观点。因此，女性主义的观点很容易与贵族臭名昭著的性放荡联系在一起。多少活跃在政界的女性被控性行为不端，这的确引人注目。

尽管革命者认为有理由解释犹太人和（我们将在不久后看到）非洲黑人的他者性是他们缺乏教育以及遭受几个世纪的压迫的结果，但是他们中的大多数依然坚持认为女性的他者性是自然且不可改变的。

海地革命和第一次废除奴隶制

在法属殖民地圣多曼格，普遍平等的革命思想比在其他任何地方都更具有戏剧性的影响。圣多曼格位于伊斯帕尼奥拉岛西部（其东部仍然是西班牙的殖民地），是整个加勒比地区最富裕的殖民地。在18世纪80年代运往美洲的七十五万名非洲奴隶中，有三十一万九千名是运往圣多曼格的。当地种植园的糖料产量是美洲所有地区的总和，咖啡产量则占了欧洲消费量的一半。其产品先被卖到法国再出口，利润相当可观，约占法国出口总额的 60%。法国大型港口城市的繁荣依赖于奴隶种植园。1789 年，四十六万五千名非洲奴隶组成了圣多曼格的绝大多数人口。面对他们的只有三万名白人和大约两万八千名混血的有色人种，后者中有很多人都拥有奴隶。大多数非黑人成年男性拥有枪械。由于疾病和繁重的劳役制度，奴隶人口必须定期从非洲补充。[53] 大多数情况下主要进口男性奴隶；平均而言，大西洋奴隶贸易输送的男女比例是 2∶1（相比之下，阿拉伯奴隶贸易输送的男女比例是 1∶2）。[54]

这里的有色人种是白人男子与非洲妇女结合生下的后代，他们处于奴隶和白人殖民者之间一个令人不安的中间位置上。[55] 科尔贝于 1685 年颁布的《黑人法典》规定，有色人种自由民享有平等权利，但应该"特别尊重他们的前主人"。[56] 他们在殖民地的种族和身份等级中所处的矛盾地位，在首都革命引发的系列事件的演变中起了关键作用。[57]

许多大种植园主居住在法国，而不在种植园。他们对废奴主义的兴起深感担忧。1788 年，反对蓄奴制的人建立了"黑人友好协会"，成员包括在国民议会中颇具影响力的布里索（Brissot）、孔多塞、西哀士、米拉博（Mirabeau）和格雷瓜尔神父。于是很快又出现了一个强大的种植园主的游说集团，以捍卫殖民者的利益。[58] 奴隶主要求殖民地在国民议会中占有一席之地，甚至声称他们的席位数应该与他们"代表"的奴隶数量成比例。米拉博愤怒地反驳说，奴隶要么是人，要么不是："如果殖民者认为他们是人，就让他们自由，让他们成为选举人，并有资格获得席位；如果相反……我们按照法国人口来分配议员名额时，是否考虑过我们的马和骡子的数目？"[59]

首都发生革命的消息很快引起了加勒比地区白人社会的分裂。小商贩、店主和工匠等"底层白人"（petits blancs）主张公民权利，而种植园主、商人和殖民官员则坚持他们的传统特权。他们的争吵导致殖民地成立了两个代表大会，一个在北部，由传统精英控制，另一个在西部，成为不那么富裕的白人的堡垒。两方的共识是剥夺所有非白人的政治权利。因此，新的裂痕出现了。早在 1789 年 11 月，有色人种就抗议过白人的垄断地位。他们在巴黎的代表是朱利安·雷蒙（Julien Raymond）和雅克·奥热（Jacques Ogé），两个富有的混血种植园主。他们支持美洲殖民地协会，一个为所有非白人自由民争取平等权利的组织。他们在给国民议会的请愿书中援引了《人权宣言》中声明的"不可剥夺的天赋权利"。他们在大会上发言时宣称，"他们是人，是自由民和公民，因此，他们尽管肤色不同，但与居住在群岛上的其他自由民和公民是平等的"。此外，他们还是有产者和纳税人。因此，他们要求享有完全的公民权。[60]

许多有色人种都是奴隶主。他们拥有四分之一的土地（虽然不是肥沃的糖料地），以及约三成的圣多曼格奴隶。[61] 他们保持自由民与奴隶之间的严格界限，同时指出，自由民不仅包括白人，还包括自由黑人、黑白混血儿、持四分之一黑人血统的人（只有一个黑人祖父母）等。[62] 这使他们陷入了矛盾的境地。他们承认奴隶制，但他们自己的诉求却对种族分界线——大西洋的奴隶制根本上正是建立在这一分界线之上——提出了质疑。他们与废奴主义者保持距离，但他们拒绝承认奴隶制是一种基于种族差异的"自然"制度：

> 我们的回答是，自由是一项天赋权利，内在于每一个生命，即使在实行奴隶制的殖民地，仅仅说一个人是奴隶是不够的，还必须证明这一点，如此假设对自由完全有利。[63]

这等于否认在黑色性（blackness）和奴隶制之间存在自然和必要的联系。很快，所有相关人士都清楚了这一主张的后果。白人殖民者发现自己进退两难。他们不愿向有色人种的要求屈服，但也不敢正面攻击人权的信条。在这一点上，他们的困境类似于犹太人解放的反对者所面临的情况。唯一的出路是回到废除奴隶制会对整个法国经济造成严重损害的主张上。[64] 殖民者承认人权，但无一例外地补充道，这一古老的真理在殖民地并不适用。

1790年春，种植园主游说集团控制的殖民地特别委员会为殖民地选举制定了一项法令。有色人种代表说服了委员会秘书安托万·巴纳夫

（Antoine Barnave）将"公民"一词改为"个人"，并增加一项条款，允许所有自由人"不论肤色"享有选举权。但面对殖民者游说集团的强烈反对，巴纳夫删除了最后一条。其结果是1790年3月28日颁布的法令将选举权授予"所有年满二十五岁，在其辖区拥有财产或居住两年并纳税的人"。游说集团成功地破坏了格雷瓜尔强行就此事进行全体辩论的试图。[65] 因此，这个悬而未决的问题依然未能得到解决。该法令言及"所有人"，但对肤色只字未提。

在圣多曼格，白人自然将该法令解释为支持维持现状，而有色人种则坚持"所有人"指的就是其字面意义。有色人种已经控制了殖民地的警察组织和国民卫队，现在要诉诸武力来捍卫他们新赢得的权利。文森特·奥热（Vincent Ogé）领导了他们的叛乱。尽管他没有试图争取奴隶的支持，但"提醒他的白人反对者，这么做对他来说轻而易举"。[66] 有色人种被击败了，1791年2月，奥热被公开拷打致死，他的二十一名同伙被绞死。但殖民地的内战继续蔓延到了马提尼克岛。鉴于这场危机的规模之大，国民议会不得不重新召集殖民地委员会。巴纳夫警告殖民者说，有色人种自由民赢得了越来越多议员的支持。法国各地的雅各宾派俱乐部都开始向议会请愿，要求立即给予有色人种选举权。[67] 他们所要的结果不久便到来了。1791年5月，国民议会全体会议首次讨论了殖民地问题。奴隶主们提出，没有来自圣多曼格地区的明确要求，不能制定任何"有关美洲殖民地奴隶地位"的法律。罗伯斯庇尔反驳说，他决不会接受任何将奴隶制神圣化的法令。他补充说，如果殖民地只能靠奴隶制才能繁荣，那么应该任由其灭亡。但他的干预的唯一结果就是用"非自由民"取代了"奴隶"这个词。

于是，勒贝尔（比起身边的犹太人，他显然没那么害怕远方的有色人种）提出了一项修正案，将政治权利授予那些父母也是自由民的有色人种自由民。[68] 这看来是一项有益的妥协，因此在5月15日由国民议会表决。虽然意在缓和冲突，这一法令却激怒了殖民地的白人，因为它赋予了第二代有色人种自由民完全的权利，而无视了神圣不可侵犯的种族分界线。于是，法国向大西洋彼岸派遣了专员。9月24日，国民议会废除了 5 月的法令，这显然使有色人种再无出路，只能求助于奴隶。然而这次，巴黎的政客以及在圣多曼格的白人种植园主都被岛上事件未被预见、危险至极的事态变化震惊了：在圣多曼格北部平原的各大糖料种植园里，不仅有色人种自由民起来反抗，同时还爆发了大规模的奴隶起义。

要理解这是如何发生的，我们必须回顾奴隶人口的历史。在糖料种植园里的苦役害死了大量的奴隶，以至于需要从非洲源源不断地进口替补的人口。起义前夕，殖民地的五十万奴隶中，大约有三十三万对非洲的自由有着鲜活的记忆。奴隶们发明了一种通用语——克里奥尔语（Kreyòl），这就保证了圣多曼格所有奴隶之间语言沟通的顺畅。歌谣和伏都教（voodoo）仪式促成了社群精神，这种精神通常与对惨无人道的劳役制度的秘密抵抗联系起来。此外，在 18 世纪晚期，奴隶贩子将他们的业务转移到了中非的刚果地区，这是一个基督教化的王国，在不断的内战中四分五裂。许多新来的奴隶从前都是士兵，在战斗中遭俘后被转卖为奴。这些人具有军事经验，受过使用武器和机动战术的训练。[69] 最终，种植园里形成了一个由奴隶首领（commandeurs d'atelier）和与外界时有联系的伏都教祭司组成的奴隶精英阶层。他们瞒着奴隶主及其党羽建立了一个地下通讯网络。

当白人和有色人种之间酝酿的内战爆发成严重的战争，越来越多的奴隶卷入其中。1791 年 2 月战败后，有色人种开始武装他们的奴隶。很快，白人也做出了同样的反应。有见识的奴隶们慢慢明白，法国新政权的上台导致了殖民地自由民之间的内斗。此外，自由和平等这两个新词似乎在有色人种中享有前所未有的声望。法国士兵与人民友好相处，拥抱每个不同肤色的人的场面让城市里的奴隶很是惊讶，也让奴隶主吓破了胆。[70] 最后，首都爆发内战的消息被曝光。在这些情况下，奴隶的数量远远超过白人这一众所周知的事实获得了不同寻常的意义。种植园里流传着有关放宽劳役制度的传言。1791 年 8 月，在一个大型种植园内举行了一场奴隶会议。一名可能属于有色人种的男子告知奴隶们，巴黎新政府通过了一项法令，废除了鞭刑，允许奴隶每周有三天自由，而不是两天。但在殖民地，奴隶主们拒绝执行。奴隶们，或许还有已经与白人交战的有色人种，难道不能采取一致行动，以逼迫奴隶主们实施这些改革措施吗？[71] 一周后起义开始了。就像许多其他起义一样，这次起义是由要求改进现行制度的号召引发的。然而，它迅速转变为一场革命运动，试图废除奴隶制。

1791年8月22日晚，正当一场热带风暴席卷岛上，奴隶起义爆发了。起义的信号是由卜克曼·杜缇（Boukman Dutty）发出的，他是一名奴隶首领和伏都教祭司。集会上，与会者喝下了一只作为牲礼的黑猪的血，宣誓保守秘密和复仇。在后来的一次被认为是卜克曼所作的演讲中，他将"我们的神"与"白人的上帝"对立起来：

> 这位创造了太阳，从天上给我们带来光明，使海面上升，使暴风雨隆隆作响的神，他就在这里，你们明白吗？他隐匿在云里，看着我们。他看到了白人所做的一切！白人的上帝驱使他们去犯罪，而我们的神想要我们做善事。这位良善的神命令我们复仇。他将指引我们的方向，给我们帮助。抛开那个一心想看我们流泪的白人上帝的形象吧，听从我们心中诉说的自由。[72]

要抛开的形象当然是十字架。这个以血封缄的条约可能源自非洲的传统。[73] 命令复仇的神很可能是一位非洲的神，或者，对于来自基督教化的刚果王国的奴隶来说，是一位非洲化的基督教神。同时，对上帝会帮助被压迫者，而奴隶制违背他的意志的信念，清晰显示了与基督教废奴主义的类同。在卜克曼对他的奴隶同胞们的讲话中，自由很可能表示对一种已失落的非洲自由的渴望，它仍为大多数在糖料地上从事着苦役的男人和女人所铭记和珍视。但这也可能表明是受到了有色人种发言人不断援引的自由和平等的革命语言的影响。

平等的启蒙语言对奴隶领袖产生了影响，这从比亚苏、让－弗朗索瓦和贝莱尔给法国圣多曼格议会的信中可以明显看出来。在这封1792年7月发出的信的开头几行中，作者们将自己定义为前奴隶。他们对法国人说："我们是那些被你们称为奴隶的人，我们要求所有人都有权追求的权利。"信中称,所谓奴隶主的权利,无非是基于"你们比我们更强大、更野蛮"这一事实。三名签署人提醒其法国收信人,他们曾经宣誓遵守法国宪法:

> 这部受人尊敬的宪法说了些什么?什么是基本法?你们难道忘了自己对着人权宣言正式发誓过吗?宣言称人生而自由、权利平等,还称天赋权利包括自由、财产、安全和反抗压迫的权利。所以,既然你们不能否认你们的誓言,我们的要求就是正当的。[74]

除了天赋权利的语言之外,信中还提到,奴隶和白人是平等的,因为他们都是"同一位天父的孩子,按照同一个形象所创造"。为了取消奴隶制的合法性,这封信既援引了启蒙运动的权威,又援引了《圣经》的权威。奴隶领袖们既以基督徒的名义,又以必须维护人权义务的理由向他们的法国交涉者喊话。最后,他们提出四个要求:解放所有奴隶,给所有参加抗争的人予以大赦,得到西班牙政府对这些条款的保证(统治岛屿东部的西班牙人为这些奴隶提供了庇护),以及国王和国民议会的认可。如果法国人接受了这些要求,奴隶们将回到他们的种植园,作为自由人以每年固定的工资重新开始工作。

在这封信的三位签名者中,比亚苏和让－弗朗索瓦被公认为起义的首要领导人。第三个签名人贝莱尔在1792年还只是一名十四岁的男孩,也是杜桑·卢维杜尔的侄子,当时杜桑还不太出名。因此,一些历史学家推测他是这封信的第三位秘密起草者。[75] 这当然是可能的,因为正如麦迪逊·斯马特·贝尔(Madison Smartt Bell)在他的《杜桑传》中所指出的那样,该文件"几乎提出了杜桑在今后十年中寻求实现的所有政策要点"。尽管如此,他作为信件起草者的身份并没有得到任何资料的证实。[76]

杜桑出生在布雷达种植园的一个奴隶家庭。他受到过良好的教育,学习法语写作,可能还学习了一些历史和哲学。作为一名牲畜管理员,他比大多数奴隶享有更多的自由。1776年,他的主人给了他自由。他似乎阅读过斯多葛派哲学家爱比克泰德,以及马基雅维利的一些著作。他显然读过雷纳尔《东西印度史》的部分章节,特别是他呼吁一位黑人领袖站出来废除奴隶制的内容。很久以后,当他成为一位著名的统帅和富于魅力的奴隶起义领袖时,杜桑宣称他解放黑人同胞的使命感最初就是在阅读雷纳尔的著作时得到了启发。[77]

他的事业无疑表明,解放奴隶是他压倒一切的目标,他愿意将其他许多事列居其后。当认为西班牙的支持对实现这一目标必不可少,他便站在西班牙一边战斗,直到《公约》确认废除奴隶制已在圣多曼格地区实现,才回归法国阵营。杜桑的政治思想难以被简化归类。他巧妙地利用了自然平等的新语言来反对法国对奴隶解放问题的搪塞。与此同时,他一直自认是一个虔诚的天主教徒,谴责奴隶制是因为这违背了神的律法。他"真正的"信仰可能是非洲化的天主教,将基督的启示与非洲一位复仇和胜利之神的教义结合在一起。杜桑在他的统帅双角帽下,佩戴着一条红色的伏都教头巾。[78]

政治和宗教的混合仍将是海地革命的一个特征。1793 年 6 月,奴隶主的权力在最后一次危机中被推翻,我们遇到了一个引人注目的例子。这场斗争让当时由雅各宾派主导的议会派出的专员与白人奴隶主精英展开了斗争,后者仍然拒绝给予有色人种平等的权利。共和国特派专员莱热·费利西泰·桑托纳克斯(Léger Félicité Sonthonax)和艾蒂安·博尔维雷(Étienne Poverel)在奴隶领袖的帮助下,从法国水手和支持奴隶主的军队手中夺回了法兰西角镇。这场战斗以专员的部分胜利而告终,但作为岛上白人财富和权力支柱的法兰西角却遭纵火,几近焚毁。许多白人精英逃离了该岛。然而,奴隶领袖们并不相信桑托纳克斯和博尔维雷,因为他们仍然坚持维护一种放宽的奴隶制。在 6 月的危机中,两位专员给予了"既对抗西班牙人,也对抗其他无论来自内部还是外部的敌人……为共和国而战的黑人战士"自由。[79]

对专员来说,与西班牙结盟是对法国利益的严重威胁。但对主要的奴隶领袖来说,西班牙人的提议看起来仍然是摆脱法国奴隶主的最佳方式。因此,专员颁布的解放法令是一把双刃剑:原则上,岛上任何一个奴隶都能获得自由，但前提是必须准备好与包括众多奴隶同胞在内的西班牙军队作战。当博尔维雷敦促奴隶战士们回到法兰西共和国阵营时，一位名为马卡亚的奴隶军队首领解释了他对事件转折的看法：

> 我是三位国王的臣民：刚果国王，所有黑人的主人；代表我父亲的法国国王；代表我母亲的西班牙国王。这三位国王是那些在星星的引领下，前来崇拜上帝造人的人的后代。[80]

对法国专员来说，这种说法非常令人费解。在他们看来，法国现在是一个共和国，呼吁君主制等同于叛国。在刚果王国（马卡亚可能在那里度过了他的青年时代）的历史背景下，马卡亚的声明更说得通。刚果是一个基督教化的君主政体，自17世纪末以来因内战而四分五裂。刚果的政治思想认为君主制是"正常"的政治制度，但它尖锐地区分了两种类型的君主政体：专制的王权，以专制和自私的统治者为标志；而在健全的君主政体中，国王关心公众的福利，与天生的人民领袖共同统治。[81] 换句话说，对受压迫的人民来说，最光明的前路就是支持一个将会通过明智而仁慈的改革来减轻他们痛苦的"好国王"。让我们回忆一下，在那些日子里，大多数欧洲人把法国的共和国概念看作是一种古怪的政治反常现象。对马卡亚来说，它代表着一个奇怪的概念，缺乏好国王那种熟悉的感染力。

马卡亚在一个共同的基督教化的起源神话中，将非洲和欧洲的君主联系在一起，这很可能是一次与他的法国交涉者寻求共识的真诚尝试。另一方面，将法国国王和西班牙国王并置，很可能反映了奴隶领袖们的矛盾立场，他们同意与法国人谈判，但不愿放弃与西班牙人结盟。尽管不信任法国人和他们那新式时髦的"共和国"，马卡亚最后还是加入了他们的阵营。马卡亚通过加入共和国军队获得自由后，他和另一位领导人皮埃罗同意站在专员一边战斗。当他们和他们的士兵一起获得了解放文书，在举行仪式的种植园营地的围栏里回荡着共和国万岁的呼声。[82] 对岛上仅存的少数几个白人奴隶主来说，叛乱的奴隶摇身一变成为共和国士兵肯定是一件极其令人沮丧的事情。

桑托纳克斯和博尔维雷非常清楚地意识到奴隶们对自由的渴望。即便如此，他们仍认为，颁布全面废除奴隶制的法令充满了巨大的风险：他们仍然相信，挽救糖料种植园是可行的，从他们的角度来看，这是殖民经济不可或缺的基础。他们花了一些时间才明白，革命前的殖民地社会的经济基础已经被损坏，无法复原。在奴隶制的废墟上，一种以小农为基础的新的社会秩序正在慢慢形成。在这种情况下，专员们最终意识到，废除奴隶制是唯一有机会使自我解放的奴隶重新效忠法国的政策。他们在6月颁布的法令，无论多么偏颇，都促成了奴隶制度的进一步瓦解。它打开了通往自由的大门，给岛上的黑人留下了这样的印象：法国当局不再相信黑人奴隶制是必要和"自然"的制度。[83]

在帮助他"拯救共和国"的黑人士兵的逼迫下，桑托纳克斯终于痛下决心。他在1793年8月29日的法令中下令解放殖民地的所有奴隶。[84]就在同一天，为了防止桑托纳克斯垄断公众辩论，杜桑发布了一则简短的公告，号召殖民地的居民加入他的阵营："我是杜桑·卢维杜尔，也许你们已经知道我的名字，我已经报仇雪恨了。我希望自由和平等主宰圣多曼格。我正在努力实现这一点。和我们团结起来吧，兄弟们，和我们一起为同一项事业战斗。"[85]杜桑在文件上这样署名："国王军队的将军，为公众谋利益"。这里的国王只可能指西班牙国王，因为法国国王已在1月被处决，杜桑一定知道这一点。另一方面，对自由和平等的诉求可以理解为对法兰西共和国的效忠宣言。

然而，最终的决定必须在巴黎做出。为了确保奴隶制不会卷土重来，国会必须在桑托纳克斯的八月法令上加盖法律的印章。为了实现这一点，桑托纳克斯派遣了一个代表团前往欧洲，三名成员于1794年1月底到达巴黎，其中一名是白人，第二名是有色人种自由民，而第三名成员让－巴蒂斯特·贝莱（Jean-Baptiste Belley）是一位自由的黑人军官。他们来得正是时候，因为一个积极的种植园主游说集团一直在敦促国会废除桑托纳克斯的解放法令。贝莱被接纳为国会的殖民地代表，这是一桩意义重大的事件。他受到议会主席如兄弟般的欢迎，这是在以最明显的方式宣扬种族平等。[86] 随后，该代表团设法使国会相信，种植园主游说集团提出的报告不符合圣多曼格的实际情况，而立法废除奴隶制是恢复殖民地昔日繁荣的唯一可行办法。2月4日，大会投票决定废除法国所有领土上的奴隶制。一名议员宣称，他希望"所有人都能自由，不论肤色"。投票以口头表决的方式进行。[87] 1794年5月，杜桑·卢维杜尔在将他辖区内的西班牙白人军队几乎全数剿灭，并取得了对相当规模领土的军事控制权之后，重新回到了法兰西共和国。[88] 1796年，法国政府指派杜桑为圣多曼格的副总督，他成了殖民地事实上的统治者，直到1802年拿破仑派远征军去收复该岛并恢复奴隶制。

因抵抗拿破仑远征军失去性命的人比1791年至1803年间所有战争的牺牲者还要多。法国人以诈谋俘获了杜桑，但最后法国军队还是被击败了。意识到恢复奴隶经济不可行后，拿破仑采取措施止损。1803年，他把路易斯安那卖给了美国。1804年的第一天，让－雅克·德萨利纳（Jean-Jacques Dessalines）签署了《海地独立宣言》（从而恢复了该岛屿在哥伦布发现美洲前的名称）。与此同时，拿破仑报复了他认为该为事件负责的人。杜桑被法国人骗去谈判，被送到法国并囚禁在汝拉山上的一个堡垒里。他起草了一份报告，以证明他针对法兰西共和国的行为是正当的，但这一报告始终没有送达拿破仑手中，也没有得到回应。[89] 囚禁中的杜桑因营养不良，无从抵御漫长的冬天而病倒，于1803年4月7日死在了狱中。他未能见过他帮助建立的新国家。新生国家海地尽管将反对奴隶制载入了宪法，但仍然是专制政权。到头来，非洲"好国王"的政治理想比法国的个人权利观念更为持久。

海地革命是在自由和平等的旗帜下进行的，这两个理想代表着废除奴隶制和拒绝白人至上。它的平等主义政治基于三种平等的语言。第一种是在《人权与公民权利宣言》中提出、用普遍自然权利的启蒙语言来表达的平等概念。第二种是基督教认为所有人都是按照上帝的形象被创造出来的，都享有平等的尊严的观念，这意味着把人类同胞当作动产来对待就相当于辱没了上帝的威严。第三种观点根植于非洲自由的鲜活记忆，其灵感来自对压迫进行反抗和复仇的神圣辩护，旨在实现"好国王"

的统治。这三种平等的语言在补充进来的政治修辞中发挥着作用，相互滋养。多年来，奴隶起义的领袖们对这些语言进行了各种组合。自然平等的语言正可让法兰西共和国的代表羞愧，但基督教关于上帝造物之平等的观点却也得到了奴隶领袖们的认同，他们大多数都是非正统天主教徒。当他们在激烈的战斗期间向追随者喊话时，非洲的神圣复仇的语言往往是最令人信服的。从长远来看，"好国王"被证明是最有说服力的政治体制。它很可能促成了19世纪海地政治的独裁转向。

这三种平等的语言都适用于解决奴隶运动的困境，都唤起了参与者所熟悉的政治及思想的文化与背景。历史学家应该抵制住诱惑，避免将自然平等的启蒙语言视为比其他语言更基本的语言。

弗雷德里克·道格拉斯与北美关于种族和奴隶制的辩论

根据奴隶主所"代表"的奴隶人口给予其额外席位的提议在法国国民议会上受到米拉博的嘲笑，却被美利坚合众国的开国元勋们所接受。1787年议会制定了美国宪法，规定按照各州人口的比例分配各州在众议院的席位。宪法第1条第2款规定，一个州的人口指"所有自由人及五分之三的其他一切人等，包括在服役期之人，但未被课税之印第安人除外"[*]。

这一被称为"五分之三妥协"的条款，是在南方各州的敦促之下被采纳的，后者要求获得比其自由民人口能分配到的更多的席位。宪法回避使用"奴隶"和"蓄奴制"这两个字眼，但"所有其他人口"指的显然是奴隶。尽管没有直言其名，蓄奴制仍得到了五分之三妥协规定的支撑。[90] 同样，1790年入籍法案为所有"品德良好"的"自由白人"开启了成为公民的大门，只要他们在美国居住超过两年，年满二十一岁，并

---

[*] 译文引自朱曾汶译《美国宪法及其修正案》，商务印书馆，2021，第1页。

宣誓效忠。《独立宣言》宣称人人生而平等，但在1790年后，只有白人移民能够获得公民身份。[91] 在独立后的第一年，一些北方州将在美国出生的自由黑人纳为选民，但是到19世纪30年代末，所有的州都通过了禁止自由黑人投票的法律。[92] 与中南美洲不同的是，美国不承认"有色人种"这一中间类别。根据"一滴血原则"，只要有过一名非洲祖先，一个人就足以被标记为"黑人"。最后，正如大卫·布里翁·戴维斯（David Brion Davis）所言，从华盛顿到林肯的七十二年里，来自南方蓄奴州的总统统治了五十年，而来自北方州的六位总统中，有四位支持蓄奴。[93]

即便如此，蓄奴制也从未得到美国人的普遍认同。美国临时而非长久地建立于自由州和蓄奴州之间一种不稳定的平衡之上，这在1820年的《密苏里妥协案》中得到了体现，其中一半的州被划为蓄奴州。从18世纪晚期开始，批评家们对蓄奴制的谴责（主要是基于基督教的理据）以及日益壮大的废奴运动（压倒性地由北方的福音派新教徒构成）成为19世纪早期政治景观的一部分。他们援引非洲人同属共同人类的基督教信条，谴责奴隶制既不合理，又是对上帝的不敬。

19世纪20年代的第二次大觉醒寻求净化道德，把美国文明从其有罪的苦难中解放出来。新一批激进的新教徒声称以缩小美国理想与美国现实实践之间的鸿沟为天职。不正当性行为、酗酒还有蓄奴制是这场道德运动的首要攻击目标，那些道德败坏、嗜酒如命、强奸黑人妇女的奴隶主是他们愤慨的对象。1833年，著名的废奴主义发言人西奥多·德怀特·韦尔德（Theodore Dwight Weld）宣布："上帝使每个人成为自由的道德主体，在他们身上烙下自己的形象，任何出身背景或肤色……都不能取消上帝赋予的与生俱来的权利。"[94] 鉴于蓄奴制给人留有道德败坏和强奸的印象，难怪许多女性活动家因而被废奴主义所吸引。安吉丽娜·格里姆克（Angelina Grimké）是第一批发表公开演讲的女性之一，她认为反对蓄奴制的斗争是"我们国家的道德学府"，在那里，"人权……比其他任何地方都更容易被理解和教导"。[95] 在小册子《19世纪的女人》（Woman in the Nineteenth Century，1845年）中，女性主义者玛格丽特·富勒（Margaret Fuller）强调了女性对废奴主义的重要贡献，她得出结论：从黑人解放到女性解放的道路是一条"遵循原则的自然之路"。[96] 从1830年开始，北方的自由非裔美国人组织了他们自己的全国代表大会，讨论对抗蓄奴制，以及提高自由黑人社会和政治地位的最佳方法。[97]

除了崇高的基督教教义，废奴主义者还经常援引海地革命的例子，以展示非洲人的勇气、智慧和自治能力。1832年，乔治·华盛顿的生日庆典后不久，最活跃的废奴主义者之一威廉·劳埃德·加里森（William Lloyd Garrison）发表了一篇华盛顿和杜桑·卢维杜尔的虚构对话。文章开篇，这位美国首任总统哀叹美国没能给所有的居民以自由："为什么当我们将自己从压迫中解放出来时，却还要继续压迫！杜桑！我起了个坏榜样，还默许了此事，这是我人生在世最痛苦的回忆。"他对杜桑说，在海地，"你们的种族是自由的，享受着自由的幸福，不断扩大的光明和增长的知识赋予了自由真正的价值。现在他们可以向世界表明，受轻视的非洲种族有不朽的灵魂，是理性的存在"。[98] 美国内战前最著名的黑人小说家威廉·韦尔斯·布朗（William Wells Brown）也举了杜桑的例子。在一篇关于海地革命的文章中，他警告白人奴隶主，"也许有一天，这个合众国的南方各州也会出现一个杜桑"。他隐晦地暗示说，"圣多曼格革命将在南卡罗来纳州和路易斯安那州重演的日子并不遥远"。[99] 对南方白人来说，圣多曼格的记忆是一场政治噩梦。他们极力禁止所有这方面的出版物，并取缔从加勒比进口奴隶的做法。然而，尽管他们付出了这般努力，关于海地推翻奴隶制的知识却在南方奴隶中间广为流传。[100]

尽管加里森大为称颂杜桑，但他还是坚决反对任何形式的武装斗争。他也远离游说，不寻求政客的支持。加里森认为，蓄奴制必须通过说服美国白人承认蓄奴制的深重罪恶来废除。加里森的和平主义和说服的政治是受到其福音派信仰的启发，但也根植于严酷的现实。1800年、1811年、1822年和1831年发生的美国奴隶起义均被镇压，除了有数百名奴隶被处决外，没有产生切实的结果。英国废奴主义的成功却提供了一则更有吸引力的例子。1830年的革命浪潮之后，呼吁改革的迫切情绪席卷了欧洲。被前所未有的大量演说和请愿书所轰炸，同时深受这一浪潮的影响，英国议会在1833年废除了大英帝国领土上的奴隶制。这一结果表明，非暴力行动和道德劝导可以起到作用。成立于1833年的美国反蓄奴制协会很快就吸引了大批会员。到30年代末，它已发展出一千三百多家地方分支机构，北方的九百万人口中有数十万左右是它的会员。还有一百一十二个妇女联合会。在19世纪40年代，该协会分发了三百万册小册子和传单，其中四分之三是由妇女散发的。[101]

这一新成立的协会从白人和黑人自由民中招募代理人，最有名的两位非裔美国人代理人便是威廉·韦尔斯·布朗和弗雷德里克·道格拉斯。他们过去都是奴隶，可以利用自己的生平故事来展示蓄奴制丑陋且有辱人格的本质。道格拉斯在1841年发表了他的第一次公开演讲，是该协会的非裔美国人代理人中最有天赋、最多产的演说家和作家。

反蓄奴制很快成为道格拉斯的全职工作。他的口才、博学和聪明才智使他在全国享有盛名和尊重。他的第一部自传于1845年出版，取得了巨大的成功。接下来的六年里共出版了二十一个版本。[102] 就像斯托夫人（Harriet Beecher Stowe）的《汤姆叔叔的小屋》（*Uncle Tom's Cabin*）在未来10年的影响一样，这本书也具有国际影响力，并被译成了几种欧洲语言。道格拉斯的自传从两个层面展开：它对蓄奴制提出了严厉的控诉，但同时也提供了一个交织着回忆和自我塑造的故事。它通过讲述一个人如何自我解放的故事，说明了摆脱束缚的需要。这本书得益于后见之明，把道格拉斯的童年描写得完全以英勇抵抗为中心。[103] 然而，这并不是说这个叙事"不真实"。从某种意义上说，对真实事件的叙述与作者后来的反思以及故事的主题相互缠绕，产生了道格拉斯人生的"真正的真相"（real truth）。[104]

道格拉斯于1818年2月出生在马里兰州的一个种植园里，被取名为弗雷德里克·奥古斯都·华盛顿·贝利（为了躲避前主人派来的奴隶猎人，他后来把自己的姓氏改为道格拉斯）。他的父亲可能是白人，但他从未见过父亲，且很快就和母亲哈丽雅特·贝利分开了。弗雷德里克在八岁时好运降临，被巴尔的摩的一户人家租佣。城市里的家奴待遇比种植园里的奴隶更好，遭受的殴打更少。道格拉斯讲述道，这家的女主人索菲娅·奥尔德是第一个对他表示出善意的白人。此外，她还教他字母表和一些简单的单词，但她的丈夫发现后，立即终止了这一切。索菲娅·奥尔德行为的转变让八岁的男孩感到震惊。在他的自传中，道格拉斯将之作为一个蓄奴制如何同时贬损了奴隶主和奴隶的典型案例：

> 但是，唉！这颗善良的心只短暂地维持了这样的状态。不负责任的权力的致命之毒已经在她手中，并且逐渐开启它那恶毒的作业。那快乐的眼睛，在蓄奴制的影响下，最终变成愤怒的红色……因此蓄奴制无论对于奴隶还是奴隶主都是敌人。[105]

即便如此，道格拉斯随后的人生历程将表明，在这两种情况中，蓄奴制的影响是相互关联的，但并非完全相同。它摧毁了奴隶主内在的人性，却给他们带来了舒适和物质自由。相比之下，它将奴隶的人性置于危险之中，他们因而面临两种选择：自我解放，或在蓄奴制下"社会性死亡"。

小弗雷德里克不愿让这个机会消失。在巴尔的摩市街道上的白人孩童的帮助下，他学会了阅读。几年后，他得到了一本批评蓄奴制的书，弄明白了废奴主义这个词的意思。他后来说，如果没有这些思想所传达的自由的希望，他就无法忍受生活。[106] 1833年标志着道格拉斯在巴尔的摩相对愉快的生活的结束。他被送到他的巴尔的摩主人的亲戚托马斯·奥尔德那里，后者住在马里兰州的乡下。这是一段痛苦的经历。奥尔德发现他新来的奴隶太目中无人了。为了纠正道格拉斯，他把他租给了爱德华·科维，一个臭名昭著的"黑鬼杀手"。科维给他一些不可能完成的任务，当他没能完成时，他便狠狠地鞭打他。繁重的工作与每周的毒打和鞭笞把道格拉斯压垮了。初到科维农场的那年，道格拉斯只有十六岁。有一天，他实在过于头晕，疲惫不堪，无法继续工作，于是逃进了树林里，一个叫桑迪的奴隶同伴给了他食物和住处。第二天，他回到了农场。科维立刻发现了他，把他绑了起来，这无疑是更猛烈的殴打的前奏。事到如今，道格拉斯觉得唯一的出路就是反击。经过两个小时的打斗，科维不得不放弃。道格拉斯写道,从那以后,科维再也没有试过用鞭子抽他。

在讲述他与科维的斗争之前,道格拉斯向读者解释了故事的含义:"你已经看到了一个人是如何变成奴隶的,现在你将看到一个奴隶怎样变成一个人。"他最后总结道,与科维的打斗标志着"我奴隶生涯的转折点。它重新点燃了几缕即将熄灭的自由之火,并在我心中唤起了我自己的男子气概"。[107] 科维本可上诉到治安官那里——马里兰州的法律判处反抗主人的奴隶绞刑——但他可能不愿意求助于外界,以免这件事坏了他作为奴隶杀手的名声。但对道格拉斯来说,他得到的一个重要教益是奴隶主既不勇敢,也并非无懈可击。从今往后,他下定决心:"无论我在形式上身而为奴的时间有多长,我实际上作为奴隶的日子已经一去不复返了。"[108] 从现在起,他的思想集中在一个目标上:逃到北方去。

玛格丽特·科恩(Margaret Kohn)对这一事件发表了一些有价值的评论。在学会阅读之后,与科维的斗争代表了道格拉斯人生故事的第二个转折点。第一个转折点是关于理性的自主,第二个则是关于面对强者侵犯时对自我身心的保护,让他们知道你不再接受他们的权威,从而获得身心的自由。道格拉斯一定知道,他的反击使他承受了死亡的风险,但通过接受这一风险,他重获了男子气概。在书本知识方面,道格拉斯那时已经超过了无知的科维,但他的学问并没有让那个残暴的奴隶杀手放过他。科恩总结道,对此的认知,"如果没有得到他人的承认,通过识字和理性获得的解放是不充分的"。[109]

他第一次逃跑尝试失败了。他被送进监狱,幸运的是活着出来了。1838年9月初,他第二次尝试,终于到达了自由的纽约州。他无家可归,漫无目的地在一个偌大的城市漂着,不敢告诉任何人他的故事,生怕落到逃奴捕手手中。幸运的是,道格拉斯得到了大卫·拉格尔斯(David Ruggles)的帮助,后者是保护非裔美国人权益的组织纽约治安委员会(New York Vigilance Committee)的负责人。[110] 大卫劝他改名字。当时他的正式名字仍是弗雷德里克·贝利,这是他母亲给他起的名字,但马里兰州派来的逃奴捕手也可能用这个名字找到他。同样重要的是,拉格尔斯指引他到马萨诸塞州的海港新贝德福德去,他也许能在那里的造船厂找到工作。在纽约，道格拉斯迎娶了安娜·默里（Anna Murray），一个他深爱的自由黑人女子。此后不久，这对夫妇搬到了新贝德福德，在那里他们换了一个新的姓氏——道格拉斯。道格拉斯在他的第二部自传中深情地回忆了拉格尔斯。他是道格拉斯认识的第一位黑人废奴主义者，也是他向道格拉斯介绍了北方的废奴运动。[111]

在新贝德福德定居下来后，道格拉斯对北部城市的财富和华丽甚为惊叹。在谈到他的新朋友、有色人种约翰逊先生时，道格拉斯说，他对美国和世界的政治和社会状况的了解，比马里兰州十分之九的奴隶主都多。[112] 然而，他很快就发现，在北方种族歧视并非绝迹。他想要得到一份在船上做填缝的工作却被拒绝了，因为白人工人拒绝让"黑鬼"进入码头。他去做礼拜的卫理公会教堂实行种族隔离。道格拉斯立即决定再也不去那里，反而加入了一个名为锡安卫理公会的有色人种信徒团体。他成为他们的传教士之一，获得了第一次在公众场合演讲的经验。道格拉斯还订阅了加里森编辑的美国废奴协会周报《解放者》(*Liberator*)。"我不止是喜欢——我爱这份报纸和它的编辑。"他后来回忆道。[113] 1841年，他参加了在楠塔基特举行的一次重要的反蓄奴制大会。曾经听过他布道的一名废奴主义者邀请他在大会上说几句话。道格拉斯起初犹豫了一下，但后来还是走上了讲坛。观众被他的演讲深深震撼，加里森在道格拉斯之后发表了结束致词，并将他的演讲作为自己的主题。[114] 这次演讲标志着他开启了长达十四年的反蓄奴制宣讲和鼓动，他因此成为美国内战前最著名的非裔美国人行动知识分子。

道格拉斯基于普遍平等反对蓄奴制，跨越了种族的界线，以及我们很快就会看到的，性别的界线。他依靠什么样的论据和理论？首先要注意的就是，除了他的宗教和哲学主张，作为一个杰出的演说家和成就斐然的理论家，他可见的影响力本身就构成了一个支持平等的有力论据。北方的一些人被他华丽的辞藻征服，以至于他们不相信他的奴隶出身。一个自学成才的奴隶竟能达到如此高的智识水平，这超出了他们的想象。对于道格拉斯来说，反驳这些质疑是他在1845年出版自传的原因之一。他在演讲中常常提及他的奴隶出身，迫使听众去想象"从另一边"看待美国历史。在道格拉斯于 1848 年 9 月《解放者》上发表的一封致其前主人托马斯·奥尔德的公开信中,可以找到这种视角逆转的最精彩的一例。道格拉斯指控奥尔德仍然囚禁着他的三个姐妹和唯一的兄弟。他们经历了什么?他们还在马里兰州吗?或者在此期间,奥尔德已经把他们卖给了不知名的"人肉贩子"?然后他请奥尔德试想一下,如果他的一个孩子被如此卑下地对待,他会有什么感受。为了阐明蓄奴制是如何使男性奴隶丧失男性气概,同时在性上羞辱女性奴隶,他以奥尔德的女儿为例:

> 让我问你,如果我在某个黑夜,带着一群铁石心肠的人,走进了你优雅的住所,抓住了你可爱的女儿阿曼达并把她带走……给她粗劣的食物——让她衣不蔽体,不时抽打她赤裸的后背;更可怕的是,让她无法避孕,成为那些残酷邪恶、淫欲熏心的监工的屈辱的受害者,这些监工……摧毁她的美德,消灭她身上所有标志着贞洁女性特征的优雅。如果我做出了这些行为,你会怎么看我?[115]

公开信的落款如下:"我是你的同胞,不是你的奴隶。"我们可以说,对于道格拉斯来说,人类学转向在成为理论动向之前,是一个心理和身体上的真实。与科维的斗争是一个关键因素,或许也是他人生故事中的关键因素,它恰恰说明了,自由是一个存在的范畴,没有个人的主体性便无法获得。自由和平等必须由非裔美国人自己去赢取,而不是将之视为家长式的白人给予的慷慨礼物温顺地接受。非裔美国人的自我解放将是进步的主要动力,因为"慈善从来无法解放任何人"。[116]

然而,这并不是说逻辑论证是多余的。要与蓄奴制斗争,必须用美国理想反对美国人,用基督教反对基督徒。在第一个问题上,道格拉斯在 19 世纪 40 年代末与加里森分道扬镳。加里森认为,美国宪法代表着与魔鬼的契约,因为它通过五分之三妥协以及对奴隶主财产权的保护,为蓄奴制背书。尽管道格拉斯在这些问题上同意加里森的看法,他还是得出了这样的结论:《独立宣言》的原则才是宪法的真正核心。这些原则宣告普遍平等,应被用作衡量宪法其他部分以及各州和联邦政府立法的标准。认识到现代平等在哲学和情感上的巨大影响力，道格拉斯明确地占据了道德高地。道格拉斯于是加入了政治废奴主义者的行列，他们认为宪法的真正意义在于它对自然法和人权的承诺。[117]

在宗教上也是一样。道格拉斯憎恶南方白人教堂虚伪的亲蓄奴制布道，但他始终是一个坚定的基督徒。在他 1845 年自传的附录中，他恳请读者不要误解他对南方白人宗教信仰的批判。他向他们保证，他挖苦的对象是奴隶主虚伪的伪基督教，而不是"耶稣基督公正的基督教"。[118] 道格拉斯在一切所说和所写中，都把基督教"人人因按神的形象所造而平等"的观念与启蒙运动"所有人都享有某些基本特征，这些特征使他们'生而平等'"的信条结合在一起。也许我们可以得出这样的结论：启蒙运动的现代平等观加强并系统化了基督教的平等观；而基督教的福音派平等观将现代平等观的情绪推向高处，把共同人类拔高为一个神圣的理想。

1845 年出版的自传泄露了道格拉斯的来历以及他现在的新名字。这使他暴露在逃奴捕手的视线中，后者试图绑架他。为了避免如此不幸，废奴协会派他到英国和爱尔兰进行为期两年的巡回演讲。由于英国法律不再承认奴隶主是合法的奴隶所有者，在那里他将免受追捕。道格拉斯饶有兴味地描写了自己在欧洲的旅居生活。最令他印象深刻的是日常生活中没有种族隔离。关于利物浦，他这样说："我去了威斯敏斯特侯爵的住所伊顿庄园，这是英格兰最辉煌的建筑之一。走到门口时，我发现有几名和我们一同乘坐'坎布里亚号'来的美国乘客也在等候入场……我们都得等到里面的人出来再进去。在所有的面孔中，那些美国人的面孔是最突出的，他们显露出懊恼的神情。当他们看到我和他们一样平等地被接纳入内时，他们的脸色看起来像醋一样酸，像胆汁一样苦……当我在这座建筑物里面穿行时……那些仆从并没有对我说：'这里不允许黑鬼入内！'"[119] 道格拉斯绝对没有对欧洲的种族偏见视而不见，但对他来说，美国和欧洲之间最明显的对比，是欧洲没有日常的种族主义粗暴行为。

1846 年 5 月 12 日，道格拉斯向伦敦的两千名听众发表了一次撼动人心的演说。他试图向观众解释美国蓄奴制的邪恶和可耻的本质。然而，在英国，他觉得有必要解释为什么他认为向英国人民传达关于美国蓄奴制的真相很重要。他的要旨暗示了对美国奴隶主的警告：

> 我们想让他们知道，奴隶主鞭打、折磨、烙印、囚禁黑人奴隶的消息，并没有被封锁住他们的种植园内。他们中的一些黑人已经挣脱了锁链……并且正在向英格兰的基督子民暴露他们这些遭天谴的行为。[120]

道格拉斯清楚地意识到在世界范围内批判奴隶制的平等效应。他认为，奴隶制是一种巨大的罪恶，"消除奴隶制不是任何一个国家能单独做到的。要消除它，需要基督教的博爱和世界的道德"。道格拉斯总结道，就美国而言，英国是最好的起点，因为它与北美的语言和宗教文化有着千丝万缕的联系。"我之所以在这里，是因为你们对美国的影响是其他任何国家都无法比拟的。"[121] 从这些话中，我们可以看到反对不公正的全球运动最初的曙光。从今时回顾过去，我们可以看到 19 世纪中期标志着世界的转型初期，过去它被分割成若干地方性和区域性的交流网络，如今则以全球性的信息和思想交流为基础。

他的英国新朋友发起筹款，赎回了道格拉斯的自由，这遭到了一些坚持原则的美国废奴主义者的反对，但有鉴于 1850 年的《逃奴法案》，这一举动是有先见之明的。现在，作为合法的自由人，他可以回到纽约州，而不用因逃奴捕手而担惊受怕。回到美国后，他创办了自己的周报：《北极星》（North Star）。第一期于 1847 年 12 月发行，其刊头上印着这样一句格言："权利不分性别，真理不分肤色。上帝是我们所有人之父，我们都是弟兄。"[122] 道格拉斯坚信女性主义者和废奴主义者应该合作。他参加了 1848 年的塞内卡福尔斯妇女权利大会。在那里，他支持伊丽莎白·卡迪·斯坦顿（Elizabeth Cady Stanton）所提议的大会决议应包括女性的选举权。几乎一半的代表认为这一要求"太过超前"。[123]《北极星》一贯支持女性选举权。事实上，非裔美国人所受的压迫和女性所受的压迫存在相似之处。这两种情形中，都有一类人被以虚假的生物学"事实"为由排除在公民权利之外。

道格拉斯对体质人类学的批判

19世纪40年代的一项新发展影响了道格拉斯在其反蓄奴制的辩论中对基督教平等观和启蒙运动平等观的综合性运用。基于古老的"挪亚之子"论的种族主义虽然在大众心中仍极具影响力，但在思想上却被一种世俗的、往往是多神论的科学种族主义所取代。新的种族主义宽慰了基督徒败坏的良心（认为蓄奴制祸害了许多美国人），辩称解放奴隶在科学上是不可能的，对社会也是有害的。科学种族主义者认为，"黑人"充其量只可能达到白人儿童的认知水平。给予他们自由只会剥夺必要的家长制领导，对白人和黑人都毫无益处。福音的道德观虽然仍然强大，但已不足以对抗这种新的种族主义。

大约在1840年，一个由体质人类学家组成的新的"美国学派"开始参与有关蓄奴制的争论。通过历史数据、颅骨测量学和对脑容量的测量，他们试图证明种族的形成不像布丰、布卢门巴赫等人在18世纪所认为的那样是由环境因素导致，而是从人类诞生之初就已然存在。他们进一步主张，大多数美国白人理所当然地认同的种族等级可以追溯到远古时代。新的人种学拒绝任何关于黑人种族未来"进步"的理论。这种新的科学种族主义最有名的代言人是塞缪尔·乔治·莫顿、乔治·格利登（George Gliddon）、乔赛亚·克拉克·诺特和瑞士裔美国冰川学者路易·阿加西（Louis Agassiz）。据诺特表示，南部各州黑人人口之多，达到了黑人人种发展的最高点。1847年，他总结认为基督教对解放奴隶的提议在科学上毫无意义。[124] 路易·阿加西于1847年被任命为哈佛大学动物学系主任，因其冰河时期理论而闻名，他认为黑人"人种"是先天低等的："黑人的大脑等同于白人子宫内一个七个月大的婴儿发育不完全的大脑。"[125]

新人种学最成功的主要人物要属塞缪尔·莫顿。1805年，刘易斯和克拉克横穿大陆，收集了大量化石，莫顿凭借着对这些化石的研究而声名鹊起。在《美洲头颅》（*Crania Americana*，1839）一书中，莫顿基于对二百五十六个人类头骨（五十二个高加索人、十个蒙古人、十八个马来人、一百四十七个美洲原住民、二十九个埃塞俄比亚人）的形状和脑容量的测量，提出了一个人种划分法。他将自己的测量结果与人种学和历史数据相结合，得出了影响深远的结论。首先，他的颅骨测量结果证实了布卢门巴赫提出的五个主要人种的存在。第二，现有的历史证据，特别是埃及学家的证据表明，这些人种已经存在了四千多年。[126] 根据莫顿的说法，古埃及人是白种人。他顺便摒斥了"把古埃及人和黑人归为一类的……庸俗错误"。[127] 在当时通用的《圣经》历法上推想埃及的历史后得出，种族从人类诞生伊始就已存在。莫顿总结道，种族差异不能归因于环境因素。显然，这些差异是造物主本人制造的。

莫顿收集了大量关于不同动物物种间可育杂种的资料，试图推翻布丰对物种的定义。他认为，从这个角度看，跨种族间存在性关系，由此产生的后代亦有生殖能力，这是每个奴隶主从个人经验中都能得知的不争事实，但这不再足以确立人类的统一性。[128] 莫顿断言，他的研究证明了种族间存在巨大的、不可改变的差异。他断言，除了生活在极地的民族之外，美洲原住民属于单一种族，次于三个欧亚人种，但优于埃塞俄比亚黑人。他认为高加索人种是世界上最美丽的种族。最终，欧洲的进步代表了一个世界历史潮流的高潮，在这个潮流中，白人民族总是战胜有色民族。根据莫顿的说法，生物学证据和历史编年史给我们上了同样的一课。即便如此，文化和历史证据现在被认为是次要的。19世纪种族主义的科学依据建立在"生物学"数据的基础上，这些数据通过定量测量身体特征而产生。[129]

1854年7月，弗雷德里克·道格拉斯在俄亥俄州的西储学院发表了题为"从人种学角度看黑人的权利主张"的演讲，他在演讲中直面新的体质人类学的挑战。他以"黑人是人"这一主题开篇。在基督教的语境下，黑人也是人类，这一点毋庸置疑，但新的人类学如此强调白人和黑人之间不可跨越的巨大差异，以至于不能再将这一点视为理所当然。道格拉斯认为，人类是由许多共同特征所定义的，比如语言、理性、习惯、希望、恐惧、渴望和预言。所有这些特征都存在于黑人和白人身上。他总结道："经过一切常规或非常规的检验，无论是精神上、道德上、生理上还是心理上，黑人都是人。"[130] 道格拉斯的推理与启蒙思想中的自然平等不谋而合，但它具有一种反种族主义的好战锋芒，这是大多数启蒙论辩所缺失的。演说者的身份强化了这场论争的要旨，道格拉斯告诉他的听众，他觉得自己"有点像在受审"。

道格拉斯注意到，为奴隶制辩护的人总是拿"最优良的欧洲人和最劣等的黑人"进行比较。[131] 他借用自己在爱尔兰的所见所闻来说明社会环境的意义比种族更重大。在都柏林，他在一个五千多人的戒酒会议上发表演说。"我说，我无意伤害任何爱尔兰人的感情，但这些人除了缺少一副黑皮肤和羊毛般的头发外，简直与种植园里的黑人别无二致。"另一方面，道格拉斯继续说道："有教养的爱尔兰人是世界上最英俊的。有教养的爱尔兰人是绅士的典范；而无知而堕落的爱尔兰人，无论是外貌还是特征，都和黑人一样！"[132] 这个例子选得很好。19世纪40年代，大饥荒摧毁了爱尔兰，几乎一半的美国新移民都来自爱尔兰。美国的白人新教徒看不起信奉天主教的爱尔兰人，认为后者贫穷、迷信、不识字、酗酒和喜欢小偷小摸。当年的反爱尔兰人的风气是美国历史上的第一次民粹主义反移民运动。对爱尔兰人的偏见和反黑人种族主义类似。此外，住在东海岸大城市里的爱尔兰人经常和自由黑人住在同一个社区。[133] 道格拉斯将爱尔兰人的堕落归因于贫困和社会排斥，这会引起听众的共鸣。然而，爱尔兰裔美国人自己却完全拒绝这种类比。他们承认种族分界线的重要性，并精心培养自己的"白人"形象，与亲蓄奴制政治保持统一战线。最后，他们被宣称为"白人"。[134]

然而，道格拉斯的论点不足以反驳人种多源发生论。在这个问题上，道格拉斯援引了18世纪对肤色变化的解释，包括气候、栖息地和生活方式的不同。他援引了犹太民族的例子。犹太人分散在世界各地，极少与异族通婚。尽管如此，犹太人之间仍然存在着肤色的差异：欧洲犹太人是白皮肤，亚洲犹太人是棕色皮肤，非洲犹太人则是黑色皮肤。道格拉斯进一步提到，在非洲的一些地区，住在低地的居民肤色很深，山区居民则是白皮肤。他认为，这种从黑色到白色的逐渐过渡表明，"从一开始，全能的上帝就在一定范围内赋予人类在体型、特征和肤色上能够发生无数变化的构造，而不必为每一个新的种类进行新的创造"。[135] 如此多过渡性种族的存在与五种主要种族的封闭性分类背道而驰。人种多源发生论者所认为的清晰不变的区分，被分解成一个变异和分化的连续光谱。为结束论证，道格拉斯提醒他的听众，由于人种多源发生论与《圣经》的创世故事相矛盾，《圣经》的权威岌岌可危。

在道格拉斯对新人类学种族主义的批判中，有很大一部分致力于将古埃及人刻画成黑皮肤的非洲人。他的演讲再一次唤起了听众的回忆。在19世纪的头几十年，金字塔和东方情调吸引了大批美国游客来到埃及，美国驻埃及领事馆也因此成立。领事馆的第一任副领事乔治·格利登是一名埃及古物学者，也是一名文物收藏家。他回到美国，开展了为期十年的巡回演讲。一场名副其实的埃及热席卷美国。十多万人参加了格利登的讲座，他有关古埃及的著作立即成为畅销书。与莫顿和阿加西一样，格利登也是一名人种多源发生论者和反黑人的种族主义者。他把埃及人描述得尽可能地接近白人，并否认了他们可能是"深肤色""黑人"或"非洲人"的所有说法。[136] 莫顿在和格利登通信后，欣然同意格利登的发现，即古埃及人拥有黑奴。因此，黑人奴隶制可以被描述为一个永恒的历史常态。

正如我们所预料的，道格拉斯对埃及历史提出了不同的看法。他认为洗白埃及人是种族主义策略的重要部分，目的是将黑非洲（black Africa）排除在历史之外。他提到了沃尔内（Volney）关于狮身人面像有黑人特征的理论，以及莫顿含糊其辞地将狮身人面像阐释为非洲黑人奴隶庇护所的企图。此外，他还提醒听众，从希罗多德开始，希腊历史学家就把埃及人的肤色描述为暗黑、黝黑或略带黑色。接下来，他援引了现代学者的观点，这些学者强调了埃及和撒哈拉以南的非洲之间的文化相似性。道格拉斯的结论是："黑人种族与金字塔的建造者，古代所有民族中最伟大的民族，有着确凿的亲缘关系和直接的联系。"[137] 如此，他把非洲黑人置于古代先驱者之列,并在世界文明谱系中给予他们崇高的地位。然而,他并没有像科学种族主义者那样,把非洲同质化为一种黑色本质,而是反复强调非洲大陆各民族和各部落的肤色各不相同。古埃及人就属于这一类人:他们也许不像撒哈拉以南的非洲人那么黑,但黑得足以让大多数美国白人认为他们绝对不是白人。

为了强调种族融合和文化转型的重要性,道格拉斯展示了一系列不同类型的人类学转向。他请美国白人从人种学的角度审视自己。道格拉斯假设,如果埃及人不是非洲人,那么许多美国人所声称的英国血统也可能会受到质疑:

> 这只有在当诉诸典型样本时才能够做到,就像人种学家所做的那样。瘦削苗条、脸色苍白的美国人如果暴露在阳光下,会变得皮肤黝黑,和丰满圆润、肤色透明白皙的英国人有着截然不同的外表。人们可以从美国总统的画像中看出这种差异的变化。研究一下这些面孔,从华盛顿开始;而当你经过杰弗森一家、亚当斯一家和麦迪逊一家的时候,你会发现这些肖像越来越精瘦、嶙峋,与早期总统们安详的面容相比,有了更大的变化……我认为这是一个正确的指标,反映了这个国家在整体上发生的普遍变化——英国人、德国人、爱尔兰人和法国人正在转变为美国人,并使他们丧失了以前所特有的民族特性,这是美国人的共性。[138]

在这个早期版本的"大熔炉"理论中,道格拉斯指出了所有人种划分的弱点:种族之间的界限总是可疑的。一些人声称能分辨出明确的界限,另一些人则看到了肤色从浅色到深色的逐渐过渡,当中没有明确的界限。和大多数见多识广的北美人一样,道格拉斯知道,美国的"一滴血规则"所规定的白人与黑人之间的界限,与加勒比和南美洲的情况大不相同,根据那里使用的人种划分标准,中间类别的数量倍增。很久以后,当他亲自访问埃及时,他在日记中指出,他不知道古埃及人是什么肤色,有什么特征,但他在开罗街头看到的大多数人在美国都会被归为"黑人"。

他讽刺地说："这不是科学的说法，只是美国人的描述。"[139] 在从巴黎到罗马再到埃及的旅途中，他注意到越来越多"黑头发、黑眼睛、厚嘴唇和黑皮肤"的人，以及大街小巷中人们不断变化的生活方式。[140]

道格拉斯对科学种族主义的反驳基于四个论点。首先，他提出了一个类似于启蒙自然平等的论点，即人类共有的属性，这些属性将他们和动物区分开来。第二，他谴责人种多源发生论者将种族差异物化，认为这与《圣经》中对共同人类的无数次肯定背道而驰。他特别警告奴隶主，他们买卖按神的形象创造的人类，侮辱了上帝的威严。第三，道格拉斯将肤色和体型的渐变差异归因于环境因素，其中气候是最强大的因素，他试图以此来反驳人种多源发生论者认为种族差异是原始、永久及不可改变的观点。第四，他反转了人种学的凝视，瓦解了将白人提升为人类"不言自明"的标准和裁判的理论。

道格拉斯对人类物种历史性和地理性变异的解释，展现出了和布丰的相似之处，但布丰的环境主义隶属于以等级差异为基础的人种学，道格拉斯的环境主义则是对白人种族主义的激进平等主义批判的一部分。成功的黑人思想家和演说家的个人光环，以及他出版成书的一个奴隶依靠自己的努力赢得自由的生平故事，都强化了其主张中的平等主义要旨。此外，南北战争前，公开演讲和写作的非裔美国人不止他一个。他坚持不懈地鼓励他的人民促成自我的解放。道格拉斯坚持认为，自由必须靠自己获得，不能由别人给予。同样值得注意的是，道格拉斯把反奴隶制斗争看作一项国际行动，正如我们在他精彩的伦敦演讲中所看到的那样。在反对科学种族主义者的演讲中，他同样坚持"在国家与国家的交往中，时间和空间几乎不复存在"，"海洋已成为桥梁"。道格拉斯宣称，世界正在成为一个华丽的会堂，"共同人类可以在那里进行友好交谈的会堂"。他说道，奇怪的是，在全球化的19世纪中期"竟然出现一批学者——以科学的名义——不许人类大联合"。[141]

七年后，南北战争爆发。1862年9月22日，总统亚伯拉罕·林肯颁布了解放奴隶的法令。"我们欢呼，为我们能活着见证这条正义的法令"，道格拉斯在10月评论道。在林肯的提议下，国会承认了海地和利比里亚为独立共和国，迈出了被南方顽固派阻挠了半个多世纪的一步。[142]战争期间，道格拉斯帮助北方军招募黑人士兵。战后，1874年，他被任命为弗里德曼储蓄银行的行长，随后又被授予了其他一些华盛顿的职务。1889年到1891年，他担任美国驻海地总领事。在重建时期逐渐结束，联邦政府允许南方各州实行种族隔离，并废除非裔美国人的投票权之后，道格拉斯对美国种族主义的批评变得愈发尖锐。1893年，他出任芝加哥哥伦比亚世界博览会海地馆的馆长。在那次会议上，他强调了海地革命的持久意义："当海地的黑人之子为自由而战……他们为世界上每一个黑人的自由而战。"[143]同年，他还激烈地批评了在博览会美国馆的展览中非裔美国人及其历史的缺失。[144] 1895年2月20日，道格拉斯在华盛顿去世。

达达拜·瑙罗吉对帝国种族主义的批判

美国的科学种族主义关注奴隶制的合法化，而英国的科学种族主义，尤其是在废除奴隶制之后，则成为一种帝国理论。罗伯特·诺克斯借用种族战争的语言展望了移民殖民地的未来。他把大英帝国的那一部分描述为"一片灭绝之地"。"几年内，"他宣称，"我们已经清除了范迪门土地上的所有原住民；澳大利亚当然会紧随其后，新西兰则是下一个。"[145]诺克斯的种族灭绝幻想与北美人关于印第安人的话语类似。这些"蛮族"根本不受欢迎，因为欧洲殖民者需要的是他们的土地，而不是他们的劳动。在种族分裂的另一边，弗雷德里克·道格拉斯同样谈到，随着白人聚居地向西扩张，美洲原住民"正在消失"，但他又将非裔美国人视为美国社会不可或缺的一部分。

然而，统治印度既无法被理论化为种族灭绝的战争，也非简单的黑人与白人对立。印度是英国最富有、人口最多的殖民地，对大英帝国的经济和军事存续能力都至关重要。帝国既需要这片土地，也需要它勤劳的人民。它的管理不能和原住民被边缘化或被消灭的移民殖民地相提并论。相比之下，在印度，大约四千名英国公务员管理着逾两亿人口。[146]

此外，与美洲、澳大利亚和非洲的原住民族不同，印度人不能被归为蛮族。按照启蒙历史哲学的标准，印度属于可以追溯到轴心时代的伟大文明。它处于历史哲学演进的第三阶段，以农业、城市、成文正典和国家机构为特色。印度人民被划分为占少数的穆斯林（莫卧儿帝国的统治阶级就是穆斯林）和占绝大多数的印度教徒。平均而言，穆斯林的肤色比印度教徒浅。除了印度语，区分英国人和他们的印度臣民的最普遍的分类是"亚洲人"和"欧洲人"，类同于"深色"和"浅色"皮肤的区分。

人种多源发生论的种族理论加强了帝国统治。例如，来自英属印度的退休殖民地行政长官约翰·克劳弗德（John Crawfurd），他曾任新加坡总督，在1861年当选为伦敦民族学学会主席，致力于证明整个"亚洲种族"无论在过去还是现在，都不如"欧洲种族"。克劳弗德的观点无疑带有种族主义色彩，但与之前讨论过的美国人种多元主义者的观点大相径庭。和他们一样，他相信地球上有几个种族，它们从人类历史的伊始就存在，但他拒绝接受莫顿及其同事的颅骨测量法，称其"完全是虚无缥缈的东西"。克劳弗德的种族论和布丰的一样，都是生物文化性的建构，但与布丰不同的是，他强调了种族的恒久不变。他宣称，地球上的主要种族"在现在和古代一样"。[147]

在克劳弗德的种族理论中，启蒙思想对种族受气候影响和历史演变的坚持，让位于对本质特征的强调。克劳弗德反驳了布卢门巴赫的高加索人种和雅利安人或印德人假说，因为这些理论把欧洲人和西亚人统一置于一个大种族中，模糊了欧洲人和亚洲人的二分法。[148] 克劳弗德认为，"聪明的欧洲人"和"天真多变的亚洲人"之间存在着明显而永恒的差异。[149] 亚洲人和欧洲人为什么成了不同的"人种"尚未被阐明，而他将亚洲所有民族都归为一个"亚洲人种"，这可能是他拒绝颅骨测量术的原因。克劳弗德的思想与其所处时代的民族主义有密切的关系，后者经常把种族和民族紧密联系起来，甚至作为可以互换的身份标志。

1867年，也就是克劳弗德去世的前一年，他发表了一篇关于欧洲和亚洲种族身体和心理特性的文章。他的"亚洲人"分类里囊括了埃及人，或者说他选择相信，埃及人是因为地缘机遇而处于非洲。虽然遗传的生物学理论基本不在他的研究范围内，但他概括了两个种族的一些身体特性。克劳弗德称，欧洲人更高大，体力更强。相比之下，亚洲人的肌肉关节更加灵活。"欧洲人最习惯的姿势是笔挺地站着，"他继续说，"亚洲人最习惯的姿势是坐着，把一双灵活的腿盘在身下。"克劳弗德补充说，亚洲人的灵活和炎热的气候无关，因为中国北部和日本的居民也很灵活。[150] 在谈到肤色和美学时，他首先指出，亚洲人的肤色从棕色到黑色不等，接着他又说，欧洲人的体型匀称而美丽，而在亚洲，越往东，优雅的体型就越少见。但欧洲人最大的优势在于他们更聪明。此外，他们更值得信赖，道德水准更高。

克劳弗德的主要结论是，欧洲人的优越不能被归因于更好的环境或气候："在对人类大家庭的不同种族进行比较时，因为我们对相反的情况一无所知，我们必须将他们视为同样古老……而且仅就时间而言，必须认为他们都有同等的社会发展的机会。"[151] 但只有欧洲人充分利用了这些机会。克劳弗德并不否认埃及、中国和印度文明在早期阶段达到了很高的水平，但它们在随后的三千年里停滞不前。他补充道，亚洲的宗教文学和诗歌从未达到像欧洲那样的水平。虽然希伯来《圣经》是一个例外，但他认为，它的作者是腓尼基人，腓尼基人的力量和性格"更像欧洲人，而不是亚洲人"。[152] 在建筑和战争方面，尤其是在航海技术方面，欧洲人远远超过了亚洲人。克劳弗德认为建造金字塔和长城是在毫无价值地浪费劳动力。他总结道，奴隶和农奴大军建造这些不朽的纪念碑，只能证明亚洲国家的专制本性。最后，他说道，亚洲国家的弱点体现在，欧洲人总能在任何军事竞赛中轻易获胜。

克劳弗德认同孟德斯鸠，把亚洲各大国描绘成扼杀个人主义精神的专制国家。[153] 与18世纪的思想家一样，克劳弗德对比了两个大洲的性别制度。他将欧洲女性的地位描述为"与男性几乎平等"，而亚洲女性则受制于一夫多妻制和法律认可的同居形式，身份类似于农奴。克劳弗德在结束语中把英国和日本作对比。[154] 这两个岛国拥有相同的自然优势：有海洋的保护免受入侵，气候温和，拥有天然良港、可用的牲畜和丰富的自然资源。英国充分利用了这些机会，使自己成为世界上最富有、最强大的国家。相比之下，日本在过去的三个世纪里没有任何进步。克劳弗德认为，对这一结果的唯一解释就是种族差异："简而言之，日本人代表了东方种族沉稳的特性，这种沉稳一直延续到生命的终点。我们可以很容易地想象，这样一个民族哪怕历经几千年都只有极其细微的变化，何况数百年。"[155] 讽刺地是，克劳弗德发表演讲的两年后，也就是1868年，明治维新让日本转变为世界历史上最具活力的国家之一。

克劳弗德忠于自己的职业，把他的亚洲"种族"理论看作对严厉但良善的殖民统治的概括。他断言，历史证明，从亚历山大大帝的时代起，亚洲各国政府取得的所有进步都是优越文明的征服者带来的。他并不否认殖民政府的缺点，而是直截了当地宣称："亚洲史上最好的政府，就是我们征服印度的成果。"[156]

1866年2月13日，在伦敦民族学学会举行的一次会议上，克劳弗德宣读了他的论文。下个月，这个团体又听到了达达拜·瑙罗吉对克劳弗德的论文做出的全面批评。瑙罗吉是一名来自古吉拉特邦的帕西印度人，自1855年以来一直居住在伦敦。他是孟买协会（Bombay Association）的成员，该协会最早是由印度青年成立的政治组织之一。1852年，协会向英国议会递交了一份请愿书，要求地方市议会向受过教育的印度人开放。这份请愿书在英国引起了不小的轰动。[157] 从1856年到1866年，瑙罗吉在伦敦大学学院教授古吉拉特语。民族学学会邀请了一位印度知识分子来评论克劳弗德的论文，这证明了该学会成员对自由主义的认同，他们中的许多人并不认同克劳弗德对种族的看法。1863年，成员中一些在南北战争中支持南方的顽固种族主义者离开了这个学会，成立了一个竞争性的组织——伦敦人类学学会（Anthropological Society of London）。

要理解瑙罗吉的观点，我们必须简要回顾一下他的生平。和克劳弗德一样，瑙罗吉的职业生涯也与大英帝国的命运息息相关，但方式却截然不同。正如许多关于向上社会流动的故事一样，这个故事始于一个出身普通的聪明男孩。1825年，瑙罗吉出生在孟买附近的一个村庄。当时的孟买是英国政府在印度西部的主要殖民地，也是印度与非洲和中东贸易的枢纽。当地中产阶级很早就表现出对政治的兴趣，从 19 世纪 20 年代起，活跃的新闻业在该地区取得了不错的进展。[158] 孟买是一个宗教混杂的地方：除了印度教徒和穆斯林，还有基督徒、犹太人和帕西人。瑙罗吉一家属于帕西少数民族，帕西族信奉琐罗亚斯德教，在 17 和 18 世纪从伊朗逃至印度。达达拜四岁时失去了父亲，由他的母亲马内克拜抚养长大。马内克拜本人目不识丁，但她非常清楚儿子接受良好教育的重要性。"她成就了我"，瑙罗吉后来回忆道。[159]

村小校长很快就注意到了这个聪明的男孩，并鼓励他继续去埃尔芬斯通学院深造。埃尔芬斯通学院是一所在孟买新成立的学校，用英语和古吉拉特语授课。马内克拜之所以可以把她的儿子送到那里，是因为那里的教育是免费的。瑙罗吉在晚年回顾他的生活时，称这所新的实验学校"是我一生事业的基础"。[160] 与此同时，他的母亲按照帕西人的传统习惯，为他安排了婚姻：在他十一岁的时候，他娶了古柏，一个七岁的女孩。这段婚姻并不幸福，但他坚决拒绝娶第二任妻子——他不赞成帕西人迎娶第二任妻子的习俗。

在埃尔芬斯通，瑙罗吉接受了英语教育。所有的老师都是英国人。这所学院是印度第一所以麦考利的《教育备忘录》（"Minute on Education"）为蓝本建设的高等教育机构，当中提出了一种以欧洲科学和文学为重点的英语教育。瑙罗吉在他的同学中出类拔萃，后来，在二十六岁的时候，他被任命在埃尔芬斯通学院教授数学和自然科学，成为第一个获得这一职位的印度人。1849 年，他支持创办了一所女子小学，这在与他同时代的许多人看来是一桩危险的新鲜事。1851 年，他目睹了穆斯林针对帕西人社群的暴力冲突，起因是穆斯林认为帕西杂志上的一篇文章侮辱了先知。许多帕西人遭受粗暴的推搡并受伤。令瑙罗吉最为震惊的是，当地警方没有采取任何行动保护帕西人。因此，他创办了一份期刊，为帕西人社群公开发声。[161] 第二年，他成为孟买协会的创始成员之一，该协会要求印度候选人加入殖民地的公务员队伍。[162]

后来，瑙罗吉来到英国，最初是作为卡马家族贸易公司的合伙人，那是一家成立于孟买的帕西人企业。如前文所述，1856 年至 1866 年，他在伦敦大学教授古吉拉特语。因此，当1857年的大起义动摇了殖民政府的根基时，他本人并不在印度。起义的中心在次大陆的北部和东部；城市中产阶级远离了动乱，大多数印度知识分子和舆论领袖谴责了这次起义。瑙罗吉也加入批判队伍，但是他指出，这次起义是由殖民政府的"错误和管理不善"造成的，他们忽视了印度人民的需要。1857年起义后，东印度公司的特许统治权被撤销。从此，印度由英国政府直接管辖。维多利亚女王宣布重组殖民政权并下达指示："只要条件允许，我们的臣民，无论种族或信仰如何，都可以自由公正地受任我们的公职。"[163] 瑙罗吉经常引用女王的话，但也常常会表达对历届英国政府未能履行承诺的极度失望。[164]

在英国，瑙罗吉创立了伦敦印度协会，旨在促进英国人和印度人之间的联系。1866年，该协会更名为东印度协会（East India Association），不仅主张殖民地改革，还力图向英国公众传播有关印度的客观知识。[165] 因此，瑙罗吉自然觉得有必要对克劳弗德的观点提出异议。

首先，瑙罗吉反驳了克劳弗德形容亚洲人智力低下的总括性说法，特别是对印度男孩在青春期后智力发育停滞和过早辍学的描述。瑙罗吉说，他在埃尔芬斯通学院的经历教会了他两件事。首先，印度年轻人的智力并不比欧洲人低。其次，对于没有完成课程，他们中的大多数人都有充分的理由。他们被送到学校学习英语，因此家庭期望他们能赚取收入。此外，过早的包办婚姻导致许多男孩不得不在十八岁之前承担父亲的责任。[166] 从更广泛的角度来看，瑙罗吉认为，亚洲人的智识能力可以从几个世纪以来亚洲作家创作的高质量文学作品中略窥一二。克劳弗德把所有亚洲文学都贬为一文不值。为了反驳他，瑙罗吉引用了许多杰出的阿拉伯、波斯、印度和中国作家的例子，并提醒他的读者，亚洲文学在最重要的欧洲东方学专家，如威廉·琼斯（William Jones）、约翰·马尔科姆（John Malcolm）和马克斯·米勒（Max Müller）那里，享有崇高的地位。大多数欧洲人对亚洲文学一无所知是因为缺乏好的译本以及精通亚洲语言的欧洲人。例如，大部分波斯诗歌是找不到欧洲译本的。[167]

克劳弗德接下来把亚洲人描绘成不诚实、不信守承诺的人。瑙罗吉对此提出反对,他说,一些主要的亚洲宗教教导其信徒尊崇真理,就像基督教一样。接下来,瑙罗吉引用了几个欧洲观察者的观点,认为欧洲的不道德行为比印度出现得更频繁。他接着说,在商业交易中,印度人一向以诚实著称(让我们回忆一下,安基提尔-杜佩隆也持有同样的看法)。他指出,英国殖民官员曾报告称,印度村民们传统的诚实正被与英国人的贸易往来所侵蚀。接着,他补充说,许多关于老百姓说谎的抱怨都与当地司法系统的腐败有关。很明显,应该消灭那些滥用权力的行为,"而不是仅仅大声指责整个国家的不诚实"。[168]

瑙罗吉也驳斥了对一夫多妻制的指控。他主张,帕西人严格遵守一夫一妻制。琐罗亚斯德教不赞成一夫多妻制,并在总体上赋予男女平等的尊严。瑙罗吉承认印度教徒中女性地位低下且实行一夫多妻制,但他补充说,印度教妇女受到了高度的尊重。最后,他引用了北美摩门教徒的例子来提醒听众,欧洲人中也存在一夫多妻制。瑙罗吉对印度性别制度的辩护不如他对亚洲人和欧洲人在智力和道德上平等的辩护那么有说服力。他亲自参加了帕西人反对一夫多妻的运动。此外,他与母亲在娶第二任妻子的问题上的分歧表明,他很清楚这种习俗在帕西人中真实存在。在对印度教徒性别制度的讨论中,他避开了焚烧寡妇殉葬的问题。最后,他对穆斯林的性别制度只字未提。

以上是瑙罗吉为亚洲人做的辩护,反对克劳弗德的批评。现在他开始回击了。像弗雷德里克·道格拉斯一样,他反转了凝视的目光。一位帕西绅士对英国人性格的观察提供了合适的资料来源。他日常遭遇的对亚洲文化直截了当的谴责,迫使这位绅士以同样的方式来评判英国人。无论他走到哪里,他都能看到不诚信、欺诈、放荡、酗酒、社会贫困、卖淫和偷窃。这位绅士抱怨说,英国人总是在谈论公平竞争,但在印度看到的他们的行径,大部分是傲慢和贪婪的混合体。瑙罗吉邀请听众反思帕西绅士对英国人道德和心智的严厉谴责:

> 通过这种方式研究英国人的性格,这位绅士形成了自己的看法:英国人是最虚伪、最自私和最没有原则的人,他们没有资格吹嘘自

已拥有更高水平的道德和正直。现在，如果克劳弗德先生所采用的这些证据能够判断印度人的性格，那么这位帕西绅士的结论也同样能得到证实。[169]

瑙罗吉总结道，克劳弗德的推断导致了不信任，其最终的结果将是种族战争。不幸的是，许多在印度的英国人的观点都是这样偏颇和肤浅，尽管他们的主张没那么系统性。通常，他们采纳双重的道德标准："原住民犯的每一个错误，都会立即被谴责是天生的；欧洲人犯类似的错误，当然只是个人的不良行为，或者尚有辩解的余地。"[170] 瑙罗吉警告说，在这种情况下，欧洲人和印度人之间的接触永远不可能是真诚和由衷的，未来改善印度社会的努力将建立在不信任和相互不理解的基础上。在这里，我们触及瑙罗吉版本的人类学转向的关键。他一次又一次地鼓动英国听众去思考，去从另一个角度看待事物。他让英国听众想象，如果有陌生人使用他们在与印度人交谈或在谈论到印度人时不假思索使用的无礼语言对他们说话，他们会作何反应。

瑙罗吉从个人经历中知晓了这一点。几年前一次回国访问时，他见证了一位英国官员在一起有关街道通行权的事件中的反应。当他和卡马公司另一位同事礼貌地请求那位警官停止无礼的谩骂时，后者试图用棍子击打他们。当他们把那个英国人告上法庭时，法官判英国人胜诉。继续上诉后，更高一级的法院推翻了这一判决，裁决认为这名英国男子的行为等同于人身攻击，但只罚了他一卢比。[171] 这样的事件在英属印度很是普遍。克劳弗德的亚洲种族次等论正为殖民地社会日常的种族歧视提供了理论支撑。

在谈到历史进步的问题，瑙罗吉欣然承认，英国在19世纪下半叶的发展水平已经超过了印度。然而，在他看来，这并不是某个假想的"亚洲种族"的不变特性，而是历史的偶然。几个世纪以来，印度人不得不忍受外来统治者的统治——先是莫卧儿王朝，然后是法国，最后是英国。在19世纪60年代，"［印度人］还未完全从这场最不可思议的革命的惊人打击中恢复过来，这场革命让一个远西小国摇身一变，成为印度这块辽阔疆土的统治者"。¹⁷² 瑙罗吉把英国对印度的征服描述为一场毁灭性的文化冲击。他警告说，不仅仅是普通阶层，连知识分子和政治家们也仍然被困于欧洲这场似乎正在席卷一切的巨大漩涡中，失去了精神上的知觉。然而，受过教育的印度人开始意识到"人人都享有思想和正义的权利"，而正义终将取得胜利。¹⁷³

瑙罗吉并不否认亚洲有许多腐败和专制的国家。但他再次邀请英语读者们反转凝视的目光，冷静地审视一下自己的文明。欧洲又如何呢？波兰不也仍在一个专制政权下呻吟吗？十年前的意大利不也处于同样的困境吗？瑙罗吉认为克劳弗德的比较带有偏见。他把欧洲最发达的地区与亚洲的旧政权进行比较，从而得出亚洲和欧洲的"本质"。他对欧洲和亚洲各自内部存在的非常多样的境况忽略不提。瑙罗吉对种族历史理论的反驳主要针对它的决定论。他认为，历史哲学应该为偶然性留出空间："如果没有征收茶税，我们不知道现在美国还会不会存在。如果南方联盟取得胜利，美国和奴隶制的未来又会是怎样？如果英国与欧洲大陆相连，那么它很可能有不同的历史，要么是一个庞大的欧洲帝国，要么成为另一个国家的某个省份。"¹⁷⁴

瑙罗吉认为，世界上任何地方的历史都不是由种族决定的。印度的进步并没有受到所谓种族命运的阻碍，而是受人为干预的经济和政治因素的阻碍。最有害无益的一个因素，瑙罗吉在许多出版作品中都讨论过，那就是资金和产品正在系统性地从印度外流到英国。¹⁷⁵ 瑙罗吉高度评价欧洲文明的高水平，他真诚地信仰大英帝国的教化使命，但对他来说，这一使命不是全权的经济剥削和种族傲慢，而是一项神圣的职责，是殖民地国家的标杆。对瑙罗吉来说，教化使命并不是一个具体可感的现实，而是一个在未来必须被致以敬意的庄严承诺。

到目前为止，这个承诺还没有兑现。1857年的起义让英国人感到恐惧和不自信。英国人和印度人之间的友好交流比以往任何时候都更加罕见。在一篇关于英国统治带来的积极和消极影响的议论文章（该文起草于对克劳弗德的批判的几年后）中，他总结了一些积极的成就：废除妻子殉夫自焚和杀婴的习俗、允许印度教寡妇再婚、为男孩和女孩（尽管只有一部分）提供教育、维护和平与秩序、允许新闻自由、修建铁路、改善管理，以及提倡平等的正义。在最后一点上他补充道，有时正义会因为对欧洲人的偏袒而遭到损害。在负面影响上，瑙罗吉主要提到了两点不足，第一个是政治方面的："一再违背原先给予原住民公平合理参与本国的行政管理的承诺，这大大动摇了人们对英国人诚信的信心。"第二个问题是殖民统治的政治经济。英国对印度课以重税，但收上来的税金并没有投入到印度的发展中，最终导致了这个国家的贫困。英国的统治并不疯狂，也不过分暴戾，除非它觉得自己受到了威胁，就像1857年那样。即便如此，这也是一种负担。瑙罗吉提醒读者，当地人把英国的体系称为"蜜糖之刃"（sakar ki churi）。[176] 它看起来也许很甜，但其最终的结果却让人感到苦涩和冷酷。

1885年12月，瑙罗吉参加了在孟买举行的印度国民大会创始会议。所有的创始成员都为他的世界观所影响。1886年，自由党提名他为下议院议员候选人。那时，自由党的议程包含了爱尔兰（英国的首个殖民地）的自治。[177] 对瑙罗吉来说，爱尔兰和印度类似。反对地方自治的人坚持认为，爱尔兰人民没有能力自治。在他的竞选活动中，瑙罗吉借用了一个他在印度问题上也曾使用过的论点对此进行反驳。再一次，他的修辞策略有赖于对凝视目光的反转：

> 我问了他们一个简单的问题。哪怕就一天，英国人会服从非英国人为他们制定的法律吗？……我们自己的，不管它有多坏，都比别人给我们的东西更珍贵，不管别人的东西有多高贵多好。没有任何一个种族或民族能制定出令另一个种族满意的法律。[178]

所有见多识广的观察家都会提到印度。瑙罗吉认为，民族的自决比任何教化使命都更有价值。单方面行使权力，无论其目的多么高尚，总是会腐蚀当权者及其臣民。

大多数英国保守党人都赞同克劳弗德的观点。他们声称代表着一个更高等的文明，这实际上是与他们深深根植的种族优越感的本能有着转喻般的联系。自然而然地，瑙罗吉的竞选激起了种族主义的情绪和语言。在此之前，从未有非欧洲人获得过议会席位。保守党首相索尔兹伯里勋爵（Lord Salisbury）称瑙罗吉是"黑人"，可能不是"完全的黑人"，但肯定是"另一个种族的人"。[179] 索尔兹伯里真正想说的是"非白人"。尽管首相的种族主义言论遭到了广泛的批评和嘲笑，但这些言论让我们了解了相当一部分政治阶层和选民的情绪。另一方面，自由派政治家赫伯特·格拉德斯通（Herbert Gladstone）表示，他非常了解瑙罗吉和索尔兹伯里，在他看来，索尔兹伯里是两个人中最黑的那个。安托瓦妮特·伯顿（Antoinette Burton）认为，瑙罗吉进入英国国内政坛促使所有相关人员重新思考"我们"和"他们"之间的界限。[180] 1886年，瑙罗吉落选，但六年后，他成为第一位印度裔下议院议员。他捧着琐罗亚斯德的经文《阿维斯陀》宣誓。他对英国教化使命的信心逐渐减弱，最后他得出结论，自治才是印度唯一可行的解决方案。然而，他始终抱持着印度能继续与大英帝国保持联系的希望。

约翰·斯图尔特·密尔矛盾的教化使命

与他的父亲詹姆斯一样，英国著名自由主义哲学家和政治学家约翰·斯图尔特·密尔的大半生都供职于东印度公司。和他父亲一样，他也从未去过印度，不像达达拜·瑙罗吉或约翰·克劳弗德，他没有亲身经历过英国人和他们的印度臣民之间的冲突。对瑙罗吉和克劳弗德来说，印度代表了一种生活经验，但对密尔来说，印度只是一个理论的建构。密尔的理论之所以引起我们的兴趣，是因为他将殖民教化使命合理化为其关于代议制政府的激进自由主义理论一个内生的组成部分。他在《论自由》（*On Liberty*, 1859）中阐述了著名的"不伤害原则"，他将国家权力对个人自由的约束，限制在自由若不受限则会伤害他人的情况之下。在《对代议制政府的思考》（*Considerations on Representative Government*, 1861）中，密尔对殖民地国家开明专制统治的描述似乎与"不伤害原则"相矛盾,正因如此,他成了研究殖民统治下自由主义理论一致性的一个很好的试验案例。

1823年,十七岁的密尔在印度驻英国高级专员公署任文员,开启了他的职业生涯。当东印度公司在1857年的起义后解散,密尔也提前退休。密尔对印度文明的看法主要源自其父亲所著的《英属印度史》。除此之外,他没有对印度的语言和文化进行过任何广泛的研究。

密尔对殖民事务的看法基于启蒙历史哲学。在其极具影响力的《政治经济学原理》(Principles of Political Economy,1848)的开篇,他概述了人类历史的四个阶段。然而,他认为第四阶段以"工业"而非"商业"为特征,正如斯密和杜尔哥(Turgot)在18世纪所认为的那样。[181] 他进一步断言,在炎热的气候中,人们无法进行"持续而长久的劳动",也缺乏建立健全的政治制度所需的审慎远见。他认为,军事兵力、工业活力和思想力量主要集中在世界的北部地区,这并非巧合。[182] 在所有的北方国家中,英格兰是最文明的。此外,它还孕育了人类对自由的最高理解。在某些情况下,密尔提倡英国进行人道主义干预,捍卫自由,反对暴政。[183]

密尔珍视自由,但他对平等不那么乐观。在边沁之后,他把人权的概念扔进了虚空的形而上学的垃圾箱。在选举权问题上,他主张为受教育程度更高、更聪明的社会上层人士提供多张选票。另一方面,他强调,一个良好的政治制度应包括尽可能多的公民,因为人们只有通过实际参与才能获得健全的政治判断能力。在《对代议制政府的思考》(写于从印度驻英国高级专员公署离职后)中,密尔试图证明代议制政府是最好的政治制度。他毅然决然地打破了自中世纪以来主导欧洲政治思想的亚里士多德式的政体分类。密尔认为,贵族和君主制可以忽略不计。在19世纪的现代社会中,只有两种政治制度是值得我们效忠的备选制度:代议制民主和专业官僚制。[184]

密尔称,官僚政府的主要优点是可靠和专业,但一个困扰官僚制的不变弊病是其例行性。如果任其自生自灭,官僚制将会不可避免地变成一种"学究政治"(pendantocracy)。[185] 为了与国家机器的僵化抗衡,我们需要自由、公民美德、公开辩论和问责制,但这些品质只有在代议制政府下才能蓬勃发展。这与密尔在《论自由》中提出的一个关键主张不谋而合。在《论自由》中，密尔曾强调，没有自由的公开辩论，就不可能发现真理，理性地解决问题。[186] 因此，言论自由不仅是一种固有价值，更是公正和有效治理的前提。为了证明其观点，密尔对开明专制主义的理论提出了反驳。

密尔说，让我们思考一下开明专制的最好的例子。让我们以一个假想的、明智又无所不知、不沾染任何自私和腐败恶习的专制者为例。简而言之，这是一个不受无限权力诱惑的人，而按照希罗多德、亚里士多德和孟德斯鸠的说法，这种权力的诱惑从未失手，将善良的君主变成可鄙的暴君。密尔表达了他反对这位超人的统治的主要理由*：

> 那时情形怎样呢？一个具有超人的精神活力的人管理着精神上消极被动的人民的全部事务。他们的消极被动暗含在绝对权力这个观念本身中。整个民族，以及其中的每个人，对其自身命运没有任何潜在的发言权。当涉及其集体利益时他们也不曾运用自己的意志。一切都由不属于他们的意志作决定，违反这种意志对他们来说就是法律上的犯罪。在这种制度下能造成什么样的人呢？他们的思想或活动能力在这种制度下能得到什么发展呢？[187]

密尔认为，理想的专制者会扼杀其臣民的精神活力，最终摧毁他们道德判断的能力。他宣称，"感情的食粮是行动"，任何一个被剥夺了一切自由和自主权的人，都不能称得上拥有有意义的主体性。因此，这样的人无法培养出正常的思考和道德能力。此外，理想的专制者越完美，他造成的危害就越大。完美的专制主义必然导致人民智力的衰退。

但困难在于，密尔为英国在印度的教化使命所准备的方案，恰恰就是一个良善且明智的专制政权理论。他详细讨论了如今的社会条件，代

---

* 本节《代议制政府》相关译文参考商务印书馆2009年汪瑄译本。

议制在其中是行不通的：人们必须习惯于服从国家官员的指令，他们必须有能力并做好准备支持代议制机构，并履行公民职责。密尔提及，这些政治美德可能会面临一个障碍，即一种"根深蒂固的地方观念"，他将此归因于"亚洲村社"。长期的专制统治所造成的消极被动成为另一个障碍。此外，存在一些介于两者之间的情况，代议制在此是可行的，但不是最佳选择。密尔认为，"为了文明的进步"，一些民族必须向更先进的民族学习。在这种情况下，代议制政府可能会阻碍进步。[188]很明显，这里指的是殖民地。在有关大英帝国的单独一章中，密尔又回到了这个话题。首先，他区分了"欧洲种族"的殖民地和英国统治非欧洲种族的殖民地。他建议在白人移民殖民地采用代议制政府，但反对将之运用于非欧洲种族殖民地。[189]

印度当然代表了第二种情况。密尔解释说，在印度，我们发现"在有些社会状况下，强有力的专制统治本身就是训练人民，使他们能够拥有更高级文明的最好方式"。[190]这样一个殖民专制政权要顺利运转，不应变成英国政党用作政治和竞选的工具。最好的办法是建立一个由精通印度事务的专家组成的专业机构。密尔认为，他的前雇主英国驻印度高级专员公署恰恰提供了其所需要的。事实上，1858年以后的殖民政府确实接近了密尔所说的模式：大约四千名英国公务员管理着两亿多的印度人。如果我们不考虑种族主义、不称职和腐败等因素，就以理想的形式来评判这个政府，那么它几乎接近于完美的专制政权。而就在前一章，这种政权被密尔驳得体无完肤。

密尔父亲那一代的殖民地官员托马斯·门罗（Thomas Munro）曾对将欧洲文明强加于印度表示过担忧，这是一段具有讽刺意味的历史。他邀请听众想象，如果英国人也被以类似的方式治理，会发生什么：

> 假若英国在未来被外国权势征服，假若英国人民被排除在政府所有事务之外，无法享有公共荣誉，不能升任一切受高度信任或薪酬优渥的官职，假若他们在任何情况都得不到信任，他们的所有知识和所有文学……都不能使他们免于在一两代之内成为心胸狭窄、

虚伪奸诈的种族。[191]

门罗属于殖民统治者中占多数的保守派，他们对印度人民"英国化"不抱太大期望。在其著名的《教育备忘录》（1835 年）（此书在殖民时代余下的时间里，形塑了印度的教育系统）中，麦考利认为，在划分族群时，"印度人以血液和肤色为依据，但是英国人则根据品味、道德和智力"。[192]在 1858 年维多利亚女王发表宣言后不久，人们就期待密尔讨论受过教育的印度人加入殖民政府的议题，但在《自由国家对附属国的统治》这一篇幅相当长的章节中，他对此完全保持了沉默。这样，印度走向成熟的历史时刻将永远是一个不断远去的目标。

密尔对适合自治的白人移民殖民地和不适合自治的其他殖民地的区分表明，全球性的种族分界线是他政治思想的一个组成部分。他对印度事务的讨论将印度的现状定义为缺乏文明，但他甚至不承认统治印度的白人公务员的种族优越感也可能是问题的一部分。然而，事实上密尔很清楚殖民地政府的种族主义性质。1865 年，牙买加总督爱德华·约翰·艾尔（Edward John Eyre）异常严厉地镇压了一场起义。起义结束后，他当即下令处决了数百人。密尔担任主席的委员会公开谴责了这起不必要的杀戮，并要求对该总督提起诉讼。总督职位被撤，但不必对他下令执行的死刑担责。密尔评论说，英国公众似乎不愿意因"对黑人和混血儿滥用公权"而对政府官员采取司法行动。[193]密尔对 1857 年镇压印度"兵变"后的大规模处决毫不知情，这是不可信的。然而，在自传中，密尔讨论了东印度公司的废止，并对此表示遗憾，但对于导致东印度公司消亡的那场起义，他只字未提。[194]

密尔和瑙罗吉的不同之处在于，后者在印度曾亲身经历过英国种族主义者对"土著"的傲慢和轻蔑。密尔没有这样的经验，而殖民的教化使命对他来说却几乎是理所当然的。然而，对瑙罗吉来说，它代表着殖民统治者经常提出但极少实践落地的崇高愿望。

密尔的殖民政府理论也和他关于妇女解放的主张相矛盾。在 1832 年起草的一篇关于婚姻和离婚的文章中，密尔宣称，考虑到"最好的婚姻法，我们应该假设女性已经是社会最优阶段时女性将成为的样子"。[195] 在《妇女的屈从地位》（The Subjection of Women）中，他直接地指出，目前女性习俗和缺陷是几千年来处于从属地位和错误的教育所导致的，因此没有可靠的资料去揭示女性真正的"本性"。[196] 密尔认为，在妇女问题上，几百年的屈从并不会阻碍当前的解放。在女性的处境和民族的困境之间存在一个结构性的类同，他们都不得不应对长期的屈从和专制统治（正如弗雷德里克·道格拉斯在19世纪40年代所强调的），密尔显然没有意识到这一点。

我们看到，18世纪90年代的法国革命者使公民权越过了肤色的界线，但他们却断然拒绝消除性别障碍。另一方面，密尔是女性解放运动的热心拥护者，但他却在他认为是文明边界的种族分界线上止步不前。在这一点上，他代表了1870年至1940年西方公民政治的广泛趋势。特别是在新教国家，妇女的公民和政治解放取得了显著的进步。

截至1930年，除法国、意大利和比利时等天主教国家，北美、欧洲和欧洲白人殖民地的妇女都获得了选举权和接受高等教育的机会。

性别与欧洲教化使命

即便如此，妇女争取公民权的斗争并不完全局限于白人的西方。1934年，土耳其妇女获得了选举权，这是阿塔图尔克世俗主义现代化计划的一部分。她们也获得了接受高等教育的机会。然而在埃及，1919年，瓦夫德党发起了一场反对英国统治的大规模起义，却拒绝在宪法"民主"中赋予妇女选举权。此后不久，埃及就被纳入英国的监管之下。因此，参加起义的埃及妇女感到她们被瓦夫德党的男政客们背叛了。

埃及女性的解放斗争证实了欧洲教化使命在性别问题上的矛盾性，以及伊斯兰教对此模棱两可的反应。正如我们所看到的，启蒙历史哲学把女性的境况作为进步的指标，但它同时也警告说，女性的自由应该由她们的男性监护人来控制。欧洲殖民列强普遍认为其附属国的性别制度是"落后的"。据英国驻开罗总领事、埃及实际的统治者克罗默勋爵说，在埃及，女性的地位是"本应随着引入欧洲文明而实现的思想和品格的提升的一个致命障碍"。[197] 克罗默的观点呼应了长久以来，东方学家将北非和中东社会的所有缺陷都归咎于伊斯兰教的传统。对大多数欧洲人来说，伊斯兰面纱象征着落后和缺少理性。即便如此，克罗默的立场至少在两个方面是矛盾的。首先，他在埃及看似是个"女性主义者"，但在英国却以反对女性主义而闻名。莱拉·艾哈迈德指出，克罗默是"反对妇女选举权男子联盟"的创始成员之一。[198] 然而，与他在埃及实施（或者说，未能成功实施）的政策相比，这种个人的不一致性的影响要小得多。

就像 19 世纪末西方世界以外的地方一样，埃及中产阶级的男男女女开始质疑传统的性别制度。他们的思想在一定程度上与欧洲对东方性别落后的批评一致，但与此同时，他们也参与了兴起于奥斯曼帝国晚期的本土改革派思潮与行动。一些改革者试图证明，伊斯兰教并不谴责妇女解放。塔哈塔维（Al-Tahtawi）在 19 世纪 70 年代英国占领埃及前出版的《给男孩女孩的指南》（*Guide for Girls and Boys*）中指出，人们认为男人和女人只在"有关女性特质和男性气概"的身体部位上有所不同，但是女人的思想并不比男人低等，因而所有的职业都可以向女性开放。在 1875 年，近九百名女孩在公立学校就读，超过五千名女孩在教会学校就读。[199] 19 世纪 90 年代，埃及妇女创办期刊，呼吁给妇女更多的权利和教育。她们公布了有关识字能力的数据——女性中识字者占 0.5%，男性中识字者占 3.6%，并呼吁克罗默政府为女性和男性建立更多的现代学校。埃及上层社会的女性到欧洲旅行，经常在那里脱下面纱，或者在公共场合穿欧洲服装。女性也开始进入医学和教育等专业领域。[200]

毫无疑问，这些新兴的女性主义思想得益于埃及的知识分子精英采纳的欧洲先例，而受过教育的埃及女性积极参与其中。然而，这并不是说她们受惠于英国殖民当局声称的教化使命。事实上，克罗默勋爵提高了学费，以此回应教育改革和为妇女提供更多机会的呼吁。结果，相比 19 世纪 90 年代，1914 年就读公立学校的女生数量减少了。相比之下，有超过五千名女生被美国的教会学校录取。归根结底，克罗默不愿意普及教育的根源在于政治。在印度任职的经历让他对引进西式教育持谨慎态度，因为他担心这会催生民族主义思想。因此，他将此视为一种政治风险，而不是实现教化使命的机会。

在关于这些问题的公开辩论中，解放和平等的女性主义思想开始在埃及社会中流传。卡西姆·阿明（Qasim Amin）是女性权利运动的男性捍卫者，他常被称为埃及的第一位女性主义者。他于1899年出版的《女性的解放》（*The Liberation of Women*）引发了一场激烈的争论。阿明主张谨慎的西化，并结合对伊斯兰教法的自由解读。他认为，面纱实际上是一种前伊斯兰的传统。他推翻了普遍认为的面纱是隔绝诱惑之保证的观点：

> 多么奇怪！如果男人害怕女人受到诱惑，为什么不让男人戴上面纱，不让女人看到他们的脸？难道在控制自己的欲望方面，男人会被认为比女人弱吗？[201]

阿明认为，面纱是女性被隔离的有形象征，女性被限制在家里的"女性区域"，这种状况将她们排斥在公民社会之外，阻碍了她们心智的发展。女性，或者至少是精英女性，应该了解不同国家的历史、自然科学、政治、文化和宗教信仰，但只有当她们能够在公民社会自由活动时，她们才能以一种有用的方式来培养知识。[202]

很明显，阿明接受了英国对伊斯兰和阿拉伯文化的大部分批评。因此，他可以被描述为"西化者"。根据莱拉·艾哈迈德的观点，阿明的策略将解放视作某种男性权威施加于女性的东西。的确，《女性的解放》在最后号召成立一个"父亲的组织"，承诺教育他们的女儿成为埃及社会自由和负责的成员，并协助政府修改压迫女性的法律。但这还不是故事的全部。阿明认为，这些法律将"在伊斯兰法律的范围内保障妇女的权利"，但他释经的规则是如此自由，以至于这种限制变得不那么重要。[203] 除此之外，阿明一次又一次地将埃及妇女的悲惨困境归咎于传统主义男性和专制的政治统治。他这本书的主旨显然更上一层楼，征召女性来推动男性的进步。

阿明的书中夹杂着两种话语。第一，作为实现埃及以男性为主导的现代化的必要前提，呼吁解放和改善妇女的教育。但是，第二个重点在赋予女性权利的内在正义，这种权利超越了她们作为新一代母亲的职能。在 1900 年《新女性》（*The New Woman*）一书中，阿明热情地报道了美国怀俄明州妇女政治力量的上升。1869 年，怀俄明州的妇女赢得了选举权。他还引用了约翰·斯图尔特·密尔对哈丽雅特·泰勒（Harriet Taylor）的颂词，强调女性的思想能力。[204] 正如前面讨论过的启蒙思想家一样，他把女性地位视为社会进步的基准线，但他对女性权利未来的视野则更为开放。然而，在 20 世纪初，所有倡导妇女解放的政策都遭遇了反现代主义的激烈反对，如瓦夫德党的反女性主义和穆斯林兄弟会的原教旨主义。随之而来的性别两极化不可避免，也使得女性很难发展出自主的伊斯兰女性主义，这种困境一直持续到当代。[205]

全球种族分界线与欧洲教化使命

在 19 世纪，无论在欧洲还是全世界，现代平等成为一种日益强大的观念。但我们也见证了现代不平等的强势，尤其是科学种族主义。跨过种族分界线扩大平等的努力遭到了各地白人的顽强抵抗，特别是在殖民帝国和北美。

奴隶制的废除具有重大的历史意义，但世界上没有一个地方因此平等地接纳了非洲黑人。南北战争后的美国历史尤为尖锐地证明了这一点。在重建时期之后，北方逐渐停止将某种程度的种族平等施加给南方，南方各州允许剥夺非裔美国人的公民权，实行种族隔离制度。一切都是为了使黑人沦为奴隶。公开反抗的美国黑人遭到了白人的恐怖袭击。他们可能被处以私刑，但谋杀他们的凶手不会被起诉，或者被全白人的陪审团宣判无罪。非裔美国人的宪法权利在实际上被废除了，因为很少有黑人能将白人告上法庭。在美国的其他地方，种族隔离法并不完善，但种族隔离在北方同样猖獗。最后，大多数州都宣布种族通婚为非法或无效。

在欧洲殖民帝国，情况基本相似。肤色黝黑的人在所有地方都受制于歧视性的法律法规。没有任何一个有色人种能够成功地与白人的种族傲慢和暴力抗衡。这就是达达拜·瑙罗吉在谴责欧洲人和印度人之间缺乏公开和友好的接触时所想到的。在法国大革命的激进时期，圣多曼格的有色人种和非洲黑人获得了政治权利，但在拿破仑治下，这种不稳定的平等被扭转，奴隶制度重新确立。只有犹太人的解放运动得以延续，但反犹的声浪却日益高涨。在后来对法国大革命的历史和纪念活动中，犹太人的解放被囊括其中，但是海地革命却从欧洲的记忆和编纂史中消失了，直到20世纪末才重新出现。

与此同时，欧洲人对自己受到的冒犯变得越来越敏感。刘禾讲述了一则趣闻，有关英国人对"夷"这个汉字的反应。1858年，第二次鸦片战争后，英国在《天津条约》中加了一条规定，"嗣后各式公文，无论京外，内叙大英国官民，自不得提书'夷'字"。在18世纪，英国人对"夷"这个字并不反感，但现在，他们将其理解为"蛮族"，一个侮辱性词汇。[206] 因此，非白种人的中国人被禁止质疑英国白人的文明地位，但条约没有提及英国人在谈论中国人时应该使用的词汇。玛丽莲·莱克（Marilyn Lake）和亨利·雷诺兹（Henry Reynolds）最近的研究表明，奴隶制的废除和反殖民主义的兴起引发了一种新的全球性的白人意识，一种所有白人，尤其是所有白人男性的想象共同体。他们认为那是"一种跨国种族认同"，试图让"土著"在殖民地，尤其是白人定居的殖民地中得到安置，并遏制非白人移民进入现在被称为"白人的土地"的地方。在种族恐惧和白人自豪的驱使下，全球种族分界线在19世纪末被加速确立。[207]

即便如此，白人至上主义仍旧表现为不同的姿态和思想意识。瑙罗吉是伦敦民族学学会的成员，他受邀对克劳弗德关于亚洲人种劣等性的演讲回以批判。在北美的环境下，这样的思想碰撞是不可想象的。弗雷德里克·道格拉斯定期向白人废奴主义者发表演讲，但他从未有机会与美国科学种族主义的代表进行任何形式的公开思想交流。当道格拉斯访问英国时，他立刻被震撼了，英国没有美国社会普遍存在的日常种族主义粗暴行为。道格拉斯和瑙罗吉的论辩和言辞反映了他们生活的不同社会背景。道格拉斯认为有必要详细地证明"黑人"是人类，而瑙罗吉认定，他的英国观众会理所当然地把亚洲人视为"人类"。道格拉斯认为必须直面奴隶制，而瑙罗吉可能过于乐观，认为奴隶制已经成为过去。即便如此，他们之间也有一些重要的相似之处。道格拉斯和瑙罗吉都运用了人类学转向，邀请观众通过"他者"的视角来审视自己。在19世纪中叶，这种凝视的反转可能没有启蒙时期那么普遍，但我们会看到在本世纪末，无论是在反种族主义及反殖民主义文学，还是在新兴的文化人类学的科学话语中，一种批判性的"人类学"愿景都重新得到了肯定。

大多数平等的语言都是混合的。除了启蒙运动提出了现代平等，大多数反种族主义者和主张平权的人都援引了宗教表述，即"上帝面前人人平等"。在海地革命中，启蒙运动的现代平等与两种有关平等的宗教语言（基督教和非洲宗教）被共同使用。按照严格的哲学逻辑，平等的宗教语言和世俗语言之间出现矛盾是可以理解的，但在经过附加的政治修辞后，演讲者以及观众都会被这两种语言的结合体所表现出的活力和感染力所吸引。同时它们经常唤起对被践踏者与被压迫者的同理心，并经常与人类学转向相结合，邀请白人观众从非白人的角度想象事物，并将理性的冷酷目光转向白人的缺陷和罪行。同样，他们鼓励自己的民族记住非欧洲人和非白人的辉煌成就，比如道格拉斯坚持古埃及人是非洲人，瑙罗吉则提起印度教和波斯文学的崇高性。

反对歧视的人时常承认欧洲人在技术、军事力量和社会组织方面的优势，但他们并不认为这是白人种族优越性的证据。相反，他们认为所有的伟大都具有历史偶然性。他们回忆说，世界史就是关于帝国和文明兴衰的故事。虽然在19世纪欧洲文明确实享有全球霸权，但白人的优势不会永远持续下去，其他民族和文明迟早会超过欧洲人。这种论证使人回想起古代历史学家提出的历史的周期性时间性，但往往也是这些作者展示的论据，假定了一种启蒙的发展的时间性。让我们回顾道格拉斯对强化全球交流的设想，这将促进拥有不同肤色、来自不同气候区的民族之间的相互了解，并最终使全世界的人们认识到天下一家。这种推理不以兴衰的时间性为依据，而是以未来的融合与合作为基础。

重要的是要看到，这种看似乌托邦式的愿景是与反殖民主义的全球化同步发展的。从19世纪末开始，印度民族主义者不仅，甚至不是主要活跃于印度国内。在伦敦、南非、马来半岛、日本和几个欧洲国家的首都，印度知识分子和活动家与国内的民族主义领导人保持着定期联系。在所有这些地方，印度民族主义者与来自印度尼西亚和中南半岛等亚洲国家的反殖民主义知识分子和组织者交流了经验和想法。这种交流自然激发了全世界殖民地人民团结一致反对其欧洲领主的理想。[208]

在反殖民主义兴起的背景下，教化使命的定义有了不同的解释，甚至可以被用来反对种族优越论的思想。总的来说，欧洲教化使命比科学种族主义更加开放和灵活。我们遇到过它的三种形态，分别以约翰·克劳弗德、达达拜·瑙罗吉和约翰·斯图尔特·密尔为代表。克劳弗德的观念嫁接在优等欧洲人和次等亚洲人的种族观念之上。尽管他的种族主义是生物文化而非生物学意义上的，但仍然是一种历史的决定论。克劳弗德的世界是一个静态的宇宙，其中只有欧洲的历史值得思考。他认为，欧洲人和亚洲人的等级已经存在了两千多年，并将在未来继续存在。他的观点并未给亚洲人的平等尊严留下任何空间，遑论去殖民化。亚洲人唯一能指望的未来，是在欧洲的监理下取得有限的进步。

密尔的观点超越了这样的种族决定论。他相信，所有民族都能走上进步之路。密尔诚挚地试图将教化使命融入他的激进自由主义政治理论。尽管如此，他提出的所有民族的未成熟期学说却仍带有种族主义的暗示，因为在他的历史观中，不成熟的民族总是世界上的那些非白人社群。无论密尔的历史观经过了何等精心的阐述，一条全球性的种族分界线仍将人类划分为文化上优等和劣等的民族。此外，他对完美专制体制的驳斥和他的帝国主义理念无法兼容。最重要的是，他对非白人民族未成熟期的理论，与他对文明社会中一切关于女性不成熟的辩护的批判都不一致。密尔理论中的内在矛盾反映了世纪之交，世界政治局势存在的结构性张力。女性解放运动在整个西方世界取得了进展，并在一些亚洲国家兴起，但全球种族分界线抵制一切将公民和政治平等扩大到"深肤色"民族的尝试。因此,亚洲和非洲的女性主义者陷入了一个痛苦的双重困境。白人的教化使命利用女性解放来展示非洲和亚洲社会的"落后",同时维持后者作为"有色人种"的屈从地位。此外,本土传统主义者可能把女性主义描绘成西方列强的特洛伊木马。

瑙罗吉将帝国的教化使命从一种种族傲慢的自负转变为一种苛刻的理想。他用美好的理论抗衡残酷的现实,使人想起穆尔塔图里在其著名小说《马格斯·哈弗拉尔》(*Max Havelaar*,1860)中对荷兰在印尼实行殖民统治的批判。穆尔塔图里塑造的自传式英雄人物哈弗拉尔是一名殖民地的公务员,他试图认真履行官方对正义和公平治理的承诺。穆尔塔图里让他在书中向他所在地区的印尼村庄的长老们发表了一篇尖锐的演讲,承诺他将保护平民免受"敲诈和压迫"。[209] 但最终,哈弗拉尔无法兑现自己的承诺,被上司羞辱并赶下台。从这个角度来看,殖民主义的善治——在1860年,荷兰的教化使命还没有出现——已经成为一个重要论据,亚洲民族主义者可以用欧洲领主大言不惭的理想来对抗他们。当欧洲人显然不愿意或无法兑现自己的承诺时,反殖民主义的道路就扫清了。

瑙罗吉对爱尔兰地方自治的观察是其理论的部分来源。他的论点是没有一个国家或种族有能力为另一个国家或种族制定适当的法律。这对整个殖民计划的合法性提出了质疑。再加上对教化使命的颠覆,我们看到了自发的反殖民计划的曙光。然而,这并不是说,瑙罗吉背弃了英国。他始终坚信印度有很多东西要向英国学习。在这方面,他并不宣称亚洲人和欧洲人之间有严格的平等。他关于印度有必要进行"现代化"的观点和卡尔·马克思有一些相似之处,马克思认为,既然英国人把印度人从世界历史的沉睡中唤醒,并使他们接触到欧洲知识,那么未来将证明印度人有能力从英国的枷锁中自我解放。[210] 后来的欧洲社会主义者对殖民主义的判断常常与此相似。

然而,瑙罗吉甚至比马克思还要着急。他一再重申,英国人必须尽快在一切都还来得及的时候,放弃他们好为人师的傲慢态度。瑙罗吉认为,印度人的学习过程必须变成平等伙伴之间的对话，而不是将所谓英国制造的帝国"真理"强加于他们。瑙罗吉从没有要求印度人的无条件自决，但这样一种愿景的方方面面都可见于他的演讲与写作。这使他成了激进的反殖民主义批判的转型典范，这种批评也将在世纪之交后成为一种全球趋势。

第八章　平等的全球化

20世纪早期，白人的全球霸权地位达到了有史以来的顶峰。1880年到1914年间，殖民帝国的规模以惊人的速度扩张。除埃塞俄比亚和利比里亚外，非洲大陆被欧洲列强瓜分殆尽。在南亚和印度尼西亚，余下的自治领土和公国也被"平定"，纳入了殖民统治。虽然中国、日本、伊朗和奥斯曼帝国逃过了殖民化的命运，但都遭受了屈辱的主权侵害。美西战争结束后，美国成为菲律宾群岛、太平洋及加勒比海地区的一股殖民势力。第一次世界大战前夕，白人政权的每一个决策，都关乎其全球统治下近六亿拥有深色皮肤的人的命运，管辖着逾30%的世界人口。[1]

共同人类与平等方面，1880年至1940年间呈现出一种两面性。不平等的一面体现为种族分界线与科学种族主义的思潮占据主流；平等的一面则体现为反殖民主义、反种族主义以及民主思想在亚洲、拉丁美洲、北美和非洲日益兴起。在欧洲内部，民主思想虽然在20世纪20年代之前获得了很大的发展，但到了战间期，几乎在各地都衰落了。另一方面，俄国革命为亚非人民争取全球性的解放开启了新的期待。

在国家内部以及国与国之间，种族分界线都成了主要的全球性边疆。从美国南北战争至二战的几十年里，科学种族主义的威望发展到了顶峰。在19世纪的最后几十年里，白人的种族意识成了国际政治的一个特点，一个支撑所有欧洲帝国的强有力的信条。这种意识尤其给白人统治下的殖民地带来了致命的影响，主要原因之一在于移民社会的性别构成发生了重大改变。19世纪以前，大部分的"海外"欧洲人都是单身男性，他们"娶"原住民女性为妾，或有极少数作为配偶。从19世纪中叶开始，欧洲殖民者越来越多选择与欧洲妇女结婚，在殖民地组建白人家庭。以上变化产生了一种新型的不平等语言，即让所谓的"纯种白人"与其他所有人种划清界线，不论后者是原住民、混血儿或是来自其他非白人地区的移民。白人家庭成为殖民新秩序的关键，而大多数的，尤其是涉及欧洲女性的跨种族性行为变得为人所不齿，且通常是违法的，这一趋势在美国历史人类学家安·施托勒（Ann Stoler）的经典研究中得到了分析。[2]

另一方面，则出现了对白人至上主义和科学种族主义的崭新而强有力的批判，且非白人、少数族裔和妇女更广泛地参与到有关平等和文化差异的全球性辩论中来。海地外交官和人类学家安特诺尔·菲尔曼在其关于种族平等的专著（1885年）中指出，欧洲的人种学者在关于种族界线的问题上未能达成一致。他推断道，"种族"是一种对人类的任意划分，并没有任何坚实的科学基础。[3] 即便如此，直至二战，影响了无数人的种族思想仍是最为根深蒂固的全球性意识形态之一。普遍平等的支持者很清楚白色欧洲和美国的实力和显赫。他们的声浪充满希望和挑衅般的期待，但也充分显示出人们的焦虑：他们并不确定能否制服眼前这个全副武装的无情对手。

杜波依斯，这一时期的美国黑人思想家中语言最为明晰的一位，表达了对这两种态度的看法。在1903年出版的《黑人的灵魂》（*The Souls of Black Folk*）中，他预测有"一种前所未有的团结正在萌芽，不仅拉近了地球的两极，更拉近了所有人之间的距离，不论他们是黑人、黄种人，亦或是白人"。然而，他也同时呼唤由压迫和征服催生出的另一种人类团结。杜波依斯暗示，从非白人的视角来看，进步是非常不明朗的：

> 所以，就算历经征服和奴役，我们仍有着人类团结的思想；但即使是受骗局裹挟，我们也仍然认为黑人低人一等；暗夜中响起一声为着人们的自由的叫喊，而他们尚不确定自己是否有权要求自由。[4]

在亚洲和非洲，殖民主义的批评者们花了很长时间才将自己从欧洲教化使命的诱人范式中解放出来。和达达拜·瑙罗吉一样，甘地起先对大英帝国会不论肤色或宗教信仰，将公民权利授予所有应得之人的承诺深信不疑，但却逐渐失望，直到最后拒绝帝国的教化使命。和明治维新时代的日本人一样，他反复思考着一个问题：采用欧洲的技术，而又不被欧洲文化压倒，这是否可行。在亚洲和非洲的所有民族自决计划中，这一问题一直悬而未决。它在任何地方都没有得到完全解决，且一直延续至今。所有的反殖民运动都建立在对"欧洲"的借鉴与拒绝的杂糅的基础之上。尽管如此，欧洲文明还是慢慢褪去了它无可匹敌的优越性的光环。第一次世界大战之后，虽然欧洲文明仍然备受敬仰，但世界也见证了它自我毁灭的潜力。甘地以一个简短而令人难忘的说法，表达了对欧洲幻想破灭后的新想法。在战间期被问及如何看待欧洲文明时，他答道："这将是个不错的理念。"⁵

在这样的时代背景下，平等的呼声显得强势且充满斗志，但却不怎么胜券在握。然而，如果我们能感受到殖民主义与白人至上主义的批评者们越来越自信，这是因为他们意识到，让他们彼此联系和相互支持的全球性网络在日渐壮大。铁路和轮船等廉价的交通方式、不断拓展的邮政和电报服务、蓬勃发展的精英和大众新闻业，以及越来越多亚洲和非洲人在西方的大学（1880 年后再加上日本）接受高等教育，这一切产生了一个类似于全球性公共领域的空间，或者至少是一个联系松散的区域性公共网络。近来的编纂史学认为，全球公民社会诞生于 19 世纪下半叶，并在 20 世纪上半叶进一步发展。值得一提的是，即使在战争年代，即世界经济去全球化的几十年里，全球公民社会的发展也不曾停滞。⁶ 在形势严峻的危急时刻，可能生发出一种全球性的共时性，这让种族主义和殖民主义的批评者们感到他们与世界潮流步伐一致。⁷

下文讨论的思想家们都参与了这个新型的全球公民社会，尽管方式大相径庭。安特诺尔·菲尔曼和弗朗兹·博厄斯都曾批判 19 世纪的种族主义民族志，博厄斯的新文化人类学对美国和欧洲的人类学产生了广泛的影响，且锻造了一种现代平等的人类学新语言。虽然海地学者菲尔曼相较之下没那么成功，但仍值得我们关注，因为他在当地直面法国的种族主义人类学，还为我们提供了一扇窗口，去了解加勒比海的"克里奥尔"世界中出现的全球性平等的新语言。何塞·黎萨尔和甘地都在思想上对抗了殖民主义，虽然二人的语境截然不同。甘地在南非和印度——当时最先进的殖民帝国的两个属地——提出了他的政治思想。和富有活力的大英帝国相比，何塞·黎萨尔在菲律宾面临的西班牙殖民统治是停滞和落后的。因此，甘地力求"超越"欧洲文明，而黎萨尔则谴责西班牙文化"不够现代化"。最后，杜波依斯也许是本章所讨论到的最具"全球性"的思想家，他在美国开始了知性的漫长求索，并曾经到柏林游学，最终在全球种族分界线的背景下架构非裔美国人的苦难。"种族分界线"这一说法是杜波依斯在 1900 年第一次泛非会议上提出的概念。通过自己身为黑人的经历，他创造了一种充满新文化感性的平等语言。下面提到的所有思想家都曾在一战爆发前几十年全球白人权力结构到达顶峰时，协力对其进行批判。

白人全球统治终结的开始

19 世纪末，有一个非洲国家打败了一整支现代欧洲军队。在 1896 年 3 月爆发的阿杜瓦战役中，曼涅里克二世（Menelik II）率领埃塞俄比亚军大败入侵的意大利人。这场胜利保住了埃塞俄比亚独立国家的地位。这场战役，是自拿破仑出征海地遭遇失败以来，非白人军队对抗欧洲敌人取得的第一次决定性胜利。1885 年，迈赫迪的苏丹军队打败英国的戈登将军实为惊人，但这场胜利并未有力地阻止英国的殖民扩张；1898 年迈赫迪军队被基奇纳将军率领的军队用机枪扫倒，苏丹沦为英国的殖民地。在阿杜瓦战役中，意大利军有一半的士兵丧命，这场战役的意义更加重大。

阿杜瓦战役胜利的消息传遍了世界。对许多人，尤其是非洲和亚洲人来说，它证明欧洲的武器并非无坚不摧。战斗结束四天后，伦敦《泰晤士报》采访了一位法国历史学教授，他警醒人们不要对意大利的失败幸灾乐祸：

值得肯定的一点是，整个非洲大陆的人早已或者即将知道，非洲已经战胜了欧洲。这就是事态如此严重的原因，也是为什么为意大利的战败而欢呼是再冒失不过的行为。意大利的失败也是我们的失败。[8]

《泰晤士报》认同这位法国教授的看法。社论对欧洲军队惨败于非洲"土著"深感遗憾。为了给苦药包上糖衣，编辑们强调埃塞俄比亚是一个古老而文明的国家，因此意大利并非被"野蛮黑人"击败，谈不上耻辱。[9]

1905年日本战胜俄罗斯，以及俄罗斯革命的夭折，都在世界掀起了轩然大波。意大利或许还能被斥为二流大国，然而"黄皮肤"的日本人给了俄罗斯庞大战争机器致命一击这一耻辱性的败北显示，全球力量的天平在发生变动。甘地反思1905年日俄战争的结果，在他创办于南非的周刊《印度舆论》(*Indian Opinion*)中写道，非白人出身的日本人凭借"团结、爱国精神和视死如归的决心"打败了俄国。无论在南非抑或是印度本土，印度人都应以日本为榜样，停止他们徒劳又自私的争论。[10] 日本的胜利给殖民化的国家乃至欧洲本土的观察家们留下了极其深刻的印象。巴达维亚和新加坡的杂志纷纷对日俄战争做出评论，一位驻扎在阿瑟港的德国海军军官甚至放言，白人在亚洲的统治正在终结，世界历史将翻开新的篇章。[11]

进入新世纪后，非欧洲民族举办了第一次国际集会。1900年，第一次泛非会议在伦敦举行，这场会议规模虽小，其蕴含的象征意义却非比寻常。然而，1911年的第一届世界种族大会吸引了一千多名与会者参加。此次会议提出，只要摈弃种族等级观念，任何种族都可能促成未来的文化大同。[12] 在泛非会议上，杜波依斯提出了他的预测，"20世纪的问题就是种族分界线的问题"。[13]

1905年的俄国革命虽以失败告终，然而它的影响遍及整个亚洲。1906年的伊朗革命、1908年的土耳其革命，以及1911年中国的辛亥革命，无一不受日本和俄罗斯的双重示例的激励。1911年，凭着俄罗斯和英国的军事扶持，伊朗恢复了其独裁政权，但在土耳其和中国，革命的成果却经久不衰。在亚洲的好几个地区，民族主义运动蓬勃发展，不断加速其进程。一种新的思想势头正盛，它超越并对抗欧洲殖民诸强现在为应对越来越多的亚洲人对殖民统治的批判而抬出的教化使命。

在印度尼西亚群岛，也就是当时的"荷属印度群岛"，有过一个有趣的案例。1913年，当荷兰王国庆祝脱离拿破仑一世统治一百周年时，来自某个显赫贵族家族的爪哇青年知识分子苏尔瓦尔迪·苏尔查宁拉特（Soewardi Soerjaningrat）在《快报》（印度尼西亚首个民族主义组织印度党的党刊）上发表了对殖民主义的讽刺性评论。这本杂志的主编恩斯特·道韦斯·德克尔（Ernst Douwes Dekker）是穆尔塔图里的侄孙，后者是荷兰最敢言的殖民主义批评家。[14] 萨维特里·斯赫雷尔（Savitri Scherer）认为，这篇文章是"印尼人迄今为止写过的最具争议的政治论文"。[15]

以"假如我做一回荷兰人"为标题，苏尔查宁拉特在文章开头写道，作为荷兰人，他自然会为荷兰在1813年从"外国统治的枷锁"下解放自己而自豪。但是，苏尔查宁拉特继续写道，我不会允许，更不会要求印尼人去参加庆典：

> 在我看来，有些事情是不合常理的（有些不体面）：如果我们（在我的想象里，我仍旧是荷兰人）邀请土著参加庆典……我们会伤害到他们敏感的感情，因为我们公然在这个我们所殖民的他们的祖国庆祝我们自己的独立。难道我们从未想过，那些可怜的奴隶也在渴望这个时刻的到来，那时他们可以和我们一样庆祝属于他们自己的独立？……如果我是荷兰人，我绝不会在这里组织什么独立庆典，因为这片土地上的人们的独立早已被生生偷走。[16]

作者继续说，如果我是荷兰人，"我会警告我的殖民者伙伴，在这个时刻举行独立庆典将会引火上身"，注意不要伤害"印度群岛人民的感受，他们已经有胆量违抗我们，也可能真的付诸实践"。他隐晦地暗示道，荷兰人"摧毁精神的策略"的效果实际上是自欺欺人，在这番绵里藏针的话之后，苏尔查宁拉特卸下了荷兰人的面具，回归其原住民的本我："但……我不是荷兰人，我只是一个来自热带地区的棕色人种，荷兰殖民地的土著，正因如此，我不会抗议。"17 即便如此，荷兰殖民政府还是认为这篇文章的发表是一种颠覆行为，尤其是因为接下来出版的马来语译本，使它为更广泛的原住民读者群所接纳。此外，苏尔查宁拉特和其政治伙伴们渗透进了伊斯兰联盟（Sarekat Islam，成立于1911年），该联盟当时吸引了大批追随者。令政府最为忧虑的是，苏尔查宁拉特来自爪哇最显赫的王室家族之一。他和道韦斯·德克尔都被流放到了荷兰。18

苏尔查宁拉特的政治干预符合一个更大的背景模式。他接受过以荷兰语授课的高等教育，荷兰语流利。荷兰人所谓的"道德政策"，和1857年之后的英国殖民政策一样，都是打着教化使命的旗号，招揽受过教育的印尼人进入基层殖民政府工作。在这一时期，许多亚洲未来的领导人都接受了欧式教育，吸收了民主、自由和社会主义思想，自然也根据祖国的国情对这些思想进行解读和再加工。比如伊朗国王的反对者们引入了欧洲君主立宪的思想，但他们也尝试证明这些思想本就根植于伊斯兰政治思想。19

世界政治的巨变为亚非知识分子和政治家的政治想象开辟了新视野。正如前面提到的，甘地认为"1905年俄国革命"给印度人上了一课。第二年，他就伊朗的政治事件发表评论，称日本的胜利、俄罗斯的革命企图激起了伊朗国王的改革热情。20 在美国，杜波依斯和其他黑人领袖同样也从激荡的全球环境中找到了灵感，希冀着"黑人、棕色人种和黄种人的共同觉醒"。21 日本民族主义思想家永井柳太郎声称，日本具备无出其右的能力，来领导"推翻白人的全球霸权统治"并"解放所有有色人种"的运动。22 有趣的是，永井的职业生涯始于对英国自由主义的崇拜。但是，在牛津大学求学时不得不忍受的种族主义侮辱让他确信，欧洲的教化使命有多么伪善。总的来说，这种1857年起义后在印度兴起的对欧洲教化使命的批判，如今已蔓延至整个亚非大陆。

当然，欧洲的教化使命并没有在一夜之间烟消云散，但从此以后，它背负了沉重的债务。除此以外，殖民主义的批评者们支持重估非洲和亚洲的传统历史和文化，他们认为在其中可以找到宝贵的见解和道德训诫。阿托·阿乌马（Attoh Ahuma）是第一次泛非会议上众多的演说者之一，他是一名来自西非的民族主义记者，也是一位牧师，出版过一本有关黄金海岸原住民的书，以展示非洲人也拥有能让人引以为傲的历史。他哀叹道，过度灌输欧洲教育的行为阉割了非洲人的思想。[23] 这一断言虽然也隐含浪漫化的乡愁，但仍使人们得以想象一种超越了复制欧洲历史的未来。

19 世纪 80 年代，海地政治家、学者安特诺尔·菲尔曼和菲律宾青年知识分子、小说家何塞·黎萨尔从理论和历史的角度批判了科学种族主义。在海地接受古典法语教育之后，菲尔曼在 1883 年被派驻到巴黎出任外交职务。在那里，菲尔曼遇到了同乡学者路易-约瑟夫·让维耶（Louis-Joseph Janvier），后者是巴黎人类学学会的一员，当时正在撰写一篇关于种族平等的文章。注意到菲尔曼对种族和人类学的浓厚兴趣，他和其他两名会员一起举荐菲尔曼加入巴黎人类学学会。在无记名投票中获得了多数选票后，菲尔曼成功入会。[24] 当时，法国的主流学派是保罗·布罗卡（Paul Broca）的人种多源发生论的体质人类学。学会中许多成员都视黑人的劣等性为值得尊奉的科学信条，参加这样的学会对于这两位海地学者来说，必定是一种怪异的经历。反过来，两位黑人学者的存在本身也必然让学会里的白人学者感到惴惴不安，因为这与他们的基本预期相悖。

菲尔曼于 1885 在年巴黎出版的《人类平等》（De l'égalité des races humaines）的前言中写道，他对巴黎人类学学会中许多人持有的教条的种族歧视思想感到震惊。[25] 他于是宣布自己将会从海地社会中提取多个实例，来证明"黑人种族"的平等。在其著作的开篇，菲尔曼表示，将人类学归为自然历史的分支，这过度压缩了人类学的研究范围。他猜想，人类与动物的关键差别在于社会性，并强调了社会环境对个人发展的重要性："这条基本的哲学思想比所有其他都重要：存在某些环境，单个特定的生命在其中无法发挥出自身的全部潜力。"[26] 经由这个理论转向，菲尔曼推翻了生物决定论。他反对布罗卡的思想，并主张，数百万年来持续作用的环境影响会给生物的体型和外貌造成巨大的改变。为了进一步解释这种改变，他还援引了"达尔文提出的自然选择理论的至上法则"。[27]

菲尔曼批评布罗卡种族主义的人种多源发生论，但令人惊奇的是，他并不支持人种同源论。他利用布丰对物种的定义，反驳不同种族属于不同物种的学说。菲尔曼和弗雷德里克·道格拉斯一样，强调人类拥有共同的身体和精神特征。即便如此，他也不赞成人类物种的统一性只能被理解为人种同源论。他认为决定性的原则不在谱系，而在于"物种在体质上的一致性"。他坚决反对"起源的一致"的学说，"无论是否是宗教意义上的"。菲尔曼不将人种同源论看作"一种源自神学传统的信仰"。[28] 他本人持有的理论是，属于同一物种的人类早在数十万年前就已经在地球上的数个地区出现了。在初始阶段，人们在外观上并无明显差异，但随着时间的流逝，在气候和其他环境因素的影响下，转变为历史时期里记载的不同肤色和体型。

菲尔曼用了大量篇幅从历史和实证的角度来驳斥"黑人的劣等性"这一流行信条。他不仅论及埃及、埃塞俄比亚，还谈到中非以及海地。他使用大量的例子，以期证明非洲黑人对人类文明做出过重大贡献。他很关注混血人种，经过数个世纪的克里奥尔化，他们占据了加勒比地区人口的大多数。这种法国人称为"Métissage"（异族通婚）的现象在中南美洲比实行种族隔离政策的美国更为普遍。大多数白人学者认为，异族通婚导致了种族的退化或不孕不育等问题。而菲尔曼有理由坚称，比起他的欧洲同行们，他所掌握的证据来得科学可信得多。他列举了海地的许多混血作家、诗人、政治家、学者和医生，他们所取得的成就与白人相比毫不逊色。[29]

最后，菲尔曼认为，人类学这门科学不应仅仅局限于体质人类学，还应包括历史学和对人类社会的研究。菲尔曼指出，布卢门巴赫及其追随者为自然主义者声称人类学是他们的领域奠定了基础。菲尔曼假设，人类学是"对在构成人类物种的不同种族中所见到的人的体质、思想和道德维度的研究"。[30] 因此，种族虽被保留为人类学的一个核心概念，但早已失去了支配性概念的地位。

菲尔曼认为，"在人类历史长河的这个节点，也许可以承认高加索人种的优越性"，但"将仅仅是一系列偶然事件导致的事实视为一般性的规律，这在科学上是不可接受的"。菲尔曼设想，公正的科学调查将显示，在世界历史的不同时期，不同的种族都曾经站在世界前沿。欧洲也曾经历长达几个世纪的野蛮状态，"但不幸的是，这一事实在如今却被欧洲科学家和学者们忽略了"。[31] 菲尔曼总结的白人成就的历史偶然性，和达达拜·瑙罗吉对亚洲和欧洲相对优势的观察出奇地一致。

在同一时期，殖民种族主义的傲慢也在东亚遭遇了一位勇敢的批评家。年轻的菲律宾原住民何塞·黎萨尔出生在一个朴素的中产阶级家庭，最初在马尼拉大学学医，后于1882年年满二十一岁时前往西班牙。在马德里，他阅读医学和哲学的书籍，还从那里出发，游遍欧洲，研究哲学和文学，查阅各类有关菲律宾历史的资料。在那些年里，他阅读了许多作家的作品，其中包括卢梭、伏尔泰、拉马丁、雨果、边沁、约翰·斯图尔特·密尔，以及曾经以穆尔塔图里为笔名控诉荷兰在印尼的暴政的荷兰殖民主义批评家爱德华·道韦斯·德克尔。黎萨尔在欧洲接受了国际教育，这段经历让他认识到，垄断了菲律宾政治与文化的西班牙殖民统治阶层有多么腐朽落后。

在西班牙，黎萨尔在一份名为《团结》（*La Solidaridad*）的杂志上发表了多篇文章。这份杂志由一群主张殖民地改革的菲律宾人创办，他们希望能够得到马德里政府的支持。他们的诉求是民主和精英治国。另外，他们还主张由民选政府来取代军事政权，保护个人自由，并通过竞争考试选拔公务员。在马尼拉读书时，黎萨尔参加了一个文学比赛并拔得头筹，而就在这时，他被种族偏见刺痛了。他回忆说，那时发生的事令他大开眼界："我赢了。我听到了观众席爆发出雷鸣般的掌声，真诚又炽烈；但当他们发现获奖者是一名菲律宾人时，掌声变小了，变成了嘲笑——甚至变成了侮辱，而被我打败的那些西班牙人却获得了热烈的掌声。"[32] 在马德里，黎萨尔读了《汤姆叔叔的小屋》，他相信小说可以成为政治启蒙的强大媒介。最终，黎萨尔酝酿出了他第一部小说《不许犯我》（*Noli Me Tangere*）。

用西班牙语写成的《不许犯我》于1887年在德国出版，随后被偷运到菲律宾秘密传阅。小说读起来像一部黑色喜剧，用黑暗的讽刺手法，将菲律宾殖民社会刻画为一个由互不理解、欺骗、折磨、欺诈、贪婪、愚蠢和白人的自负构成的迷宫。小说中，几个不快乐的主角在荒凉的乡下漫步。他们追求社会和政治进步这样梦一般缥缈的目标，虽然几乎顷刻便知道那是难以实现的，但也无法放弃。基于此，西班牙政府立即判定小说带有反动倾向。在别处，黎萨尔评论道："所有那些……在普通的有教养的人群中都被认为是好公民、支持进步和启蒙的人，在菲律宾却被判为秩序的敌人。"[33] 在《不许犯我》中，埃利亚斯是一名聪明敏锐的神秘船夫，他警告小说主人公伊瓦腊，他的敌人要比他想象中多得多。埃利亚斯总结，在我们的土地上，"最遭人忌恨的不是作恶的罪犯，而是正直的人"。[34]

1890年，黎萨尔在杂志《团结》上发表了重要的政治檄文《菲律宾人的懒惰》（*The Indolence of the Filipino*），他在其中对西班牙的殖民统治进行了批判，主要集中于不合理的专制统治造成的心理后果上。这篇短文力图证明在欧洲人到来之前，菲律宾拥有繁荣和高效益的经济。他提到安东尼奥·皮加费塔（Antonio Pigafetta），这位麦哲伦环球旅行的年代史编纂者曾赞扬菲律宾人的礼貌和贸易。一份13世纪的中国手稿中也有类似的赞扬。[35] 在这些年里，黎萨尔评注和再版了安东尼奥·德莫尔加（Antonio de Morga）在17世纪早期发表的一篇论文，论文赞扬了菲律宾的文明水平、生产力和广泛的商业联系。[36] 他补充道，莫尔加在论文中提到，在他生活的年代，西班牙的统治已经腐蚀了菲律宾人的精神活力。[37]

黎萨尔既谴责西班牙殖民政权的作为，也谴责它的不作为。黎萨尔表示，在菲律宾，"一些人的糊涂和另一些人的罪恶是好逸恶劳造成的"。[38] 虽然他本人并不认同这一"理论"，但也不完全否认懒惰的危害。相反，他正试着揭露其真正的原因。黎萨尔基本的自明之理是，人类只会为了达到某个明确的目标而劳作：去掉目标，人们就会无所作为。这正是西班牙人在菲律宾群岛的行为。恶意无所不在，从儿童教育开始，"你属于一个劣等的种族！你没有任何活力"，这就是原住民小孩被灌输的观念。如果诋毁和恐吓从童年一直持续到青春期，那么懒惰最终成为麻木的惯习。[39]

然而，西班牙政权不但是压迫的，而且是落后的。黎萨尔告诉读者，伦敦的墙壁上铺满了英属殖民地产品的广告，但马德里的居民却几乎对菲律宾的产品一无所知。[40]英国人至少还提高了大英帝国殖民地的生产力，但西班牙政府只关心税收。同理，菲律宾的宗教秩序只会助长蒙昧。殖民地根本不存在什么教育政策。西班牙人断定的种族劣等性实际上是几个世纪以来他们对殖民地施以暴政的恶果。黎萨尔用简短的一句话总结："菲律宾人的懒惰是一种慢性疾病，不是一种遗传病。"[41]

在家乡，黎萨尔很快就发现自己的政见与当局相冲突。在他成立了改革派的菲律宾联盟（Liga Filipina）之后，政府将黎萨尔驱逐到棉兰老岛南部的达皮丹。在那里，黎萨尔筹划在英属北婆罗洲建立一个菲律宾自由农民聚居地，但马尼拉政府禁止了该计划。在遥远的达皮丹，黎萨尔对菲律宾联盟内部酝酿的武装起义计划发出警告，认为时机尚未成熟。[42]四年后，一场失败的起义引起了西班牙人的道德恐慌。虽然黎萨尔没有参与，但这场起义却给他带来致命的后果。西班牙当局为了抓住他，几乎违反了所有的程序规定。马尼拉军事法庭裁定黎萨尔犯了叛国罪，判处死刑。

1896年12月30日，时年三十六岁的何塞·黎萨尔被行刑队处决。目睹了整个行刑过程的一名英国殖民官员报告称，很多人为了观看处决聚集在一起，菲律宾人被吓着了，沉闷不语地看着，而西班牙人却盛装打扮，大声喧闹，幸灾乐祸地看着他们痛恨的敌人被处死。[43]十八个月后，美西战争爆发，菲律宾变成美国的殖民地。在1898年以前曾鼓动菲律宾武装部队反抗西班牙的美国，现在成了新的殖民统治者。美国人花了数年才制服了原住民游击队，其领导者们拒绝只是把一个殖民统治者换成另一个。

菲尔曼和黎萨尔都对欧洲的种族思想进行过深刻的历史主义批判。在19世纪末，这种趋势很普遍。杰米尔·艾丁（Cemil Aydin）在其对亚洲反西方主义政治的研究中指出，通常来说，反殖民主义的批评者大多认可欧洲和北美的高发展水平，但并不承认"这与宗教、种族和地理有任何关联"。[44] 同样，黎萨尔并不否认菲律宾人懒惰的事实，但他将此解释为几个世纪以来的殖民暴政的偶然后果。在这一点上，菲尔曼和黎萨尔援用的理论框架与上一代的达达拜·瑙罗吉使用的类似。这三位殖民主义批评家之间的不同之处也值得注意。菲尔曼和瑙罗吉对欧洲文明持批判与尊重并存的态度，这是因为他们已经在两个当时最先进帝国的首都确立了自己在政治与文化上的一席之地。黎萨尔面临的，则是一个更为落后的国家体制，这也是其批判中语气苦涩轻蔑的原因所在。

弗朗兹·博厄斯和文化人类学

在世纪之交，科学种族主义不仅受到了反种族主义和反殖民主义知识分子的攻击，其内部也出现了分裂。在新的批评中，最引人注目的发言人是一位犹太裔德国学者——弗朗兹·博厄斯。他在 19 世纪 80 年代来到美国，被公认为 20 世纪文化人类学的主要先驱之一。博厄斯的重要性体现在几个方面。他对美国土著文化的研究将他导向了对"蛮族"观念的解构。此外，他还提出了方法论上的文化相对主义，鼓励那些研究社会问题的学生去认识他们"天生"的种族中心主义。最后，他在美国公开辩论种族议题，证明人类学可以帮助消除种族偏见。毫不夸张地说，博厄斯开创了一种关于平等的人类学语言，这一语言对几乎所有科学种族主义的不平等主张都提出了质疑。

博厄斯是一个被同化的犹太人，他从未宣扬过自己信仰的犹太教，但从他所写的一切和他的知识构建网络中都可以看出，身为犹太人在一个极度反犹的环境中成长，使他对一切形式的种族压迫都保持着高度的敏感。[45] 回顾自己的青年时代，他指出，"1848 年"的自由和民主思想成为他所受教育的特点。[46] 1848 年的欧洲革命流产，博厄斯从小在俾斯麦治下的德国长大，但一小部分市民和知识分子仍然坚持他们的民主理想。博厄斯的母亲索菲·博厄斯－迈尔（Sophie Boas-Meyer）是一个女性主义者和左翼民主党人。他的一位叔叔因为帮马克思和恩格斯为之起草《共产主义宣言》的共产主义联盟做宣传而坐了两年牢，获释后动身去了美国，博厄斯与他时有来往。

博厄斯的学术生涯开始于海德堡。作为一名传统学生社团的社员，他进行过至少五次决斗，其中几次的起因都是反犹侮辱。[47]从学生时代开始，他便阅读赫尔德、康德、歌德和席勒的著作，但令他印象最深刻的还是亚历山大·冯·洪堡和威廉·冯·洪堡（Alexander and Wilhelm von Humboldt）的书。[48]他后来提出的人类学理论有赫尔德的印记，更笼统点说是德国历史主义的，即将不同文化看作各具内在价值的整体。但是，必须说明一个异议：对于德国历史主义来说，从赫尔德到兰克（Ranke），民族共同体代表了现代历史的"自然"核心。相反，博厄斯厌恶俾斯麦德国的独裁和反犹的民族主义，他把民族主义解释为"原始部落"的种族中心主义的现代变体。

1882年，他前往位于格陵兰岛以西的巴芬岛，一个很大程度上还未开发的荒岛。最初他主要研究制图学，但很快又对因纽特人产生了浓厚的兴趣。博厄斯在岛上过冬，和因纽特人一起经历艰苦的生活。在漫长的极地冬季，他学会了因纽特人的语言，每天晚上听他们唱歌，讲民间故事。他很快就发现，国内的欧洲专家对"爱斯基摩人"的所谓"了解"完全不可靠。[49]博厄斯的第一部人类学著作的主题就是因纽特文化。也许，这也是他耗时一年参与观察完成的第一个人类学报告，人类学历史教科书中常将这种田野调查的方法论归功于马林诺夫斯基（Malinowski）。事实证明，这是博厄斯职业生涯的一个转折点。他来到巴芬岛时是一名地理学家，而离开时却成了一个人类学家。

博厄斯回忆说，在漫长的北极冬季，他开始欣赏因纽特人之间的情谊和他们的技能。他指出，因纽特人对讲故事情有独钟。其中一个故事讲述的是小孤儿夸加居的痛苦经历。他遭受村民们的虐待，直到有一天，住在月亮上的英雄下凡帮助他，赋予他超人的力量，他于是杀了三只大熊和所有曾经欺侮他的村民。最后，他成了一位有名的猎手和旅行家。

他的故事是"在后的将要在前"这一普世主题的因纽特变体。博厄斯关于因纽特文化的报告以对共同人类的强烈主张作结：

> 我曾看到他们和我们一样享受生活，即便过得艰苦。在他们看来，自然同样美丽；友谊之情同样扎根在爱斯基摩人的心中。尽管他们的生活品质较文明社会而言是如此粗糙，但爱斯基摩人与我们并无二致，其感情、美德与缺点都根植于人类的天性。[50]

谈及他们对古老传说的深重敬畏，他观察道："对古老传统的恐惧真的深深根植于人类，就像它牢牢控制着这里的生活一样，它也阻碍了我们所有的进步。……我相信，如果这次旅行对作为思考者的我有什么重大影响，就在于它巩固了我的观点：所有的教育都是相对的。"[51] 博厄斯在给未婚妻玛丽·克拉科维泽（Marie Krackowizer）的信中表示，他并不渴望德国教授的教职，而宁愿留在美国，因为在那里，"我可以为我的信念而工作……我毕生所想的，能为之付出生与死的代价的，便是所有人都能获得平等的权利，以及无论穷人还是富人，都能有……平等的机会！难道你不认为当一个人为这份事业做出哪怕一点点努力，都比整个科学研究加起来的还要多吗！若是在德国，我的理想便注定永远不能实现"。[52]

这一对全人类平等权利的主张也包括因纽特人吗？是的，但是有一个条件。博厄斯指出，巴芬岛上的爱斯基摩人口正在迅速减少。他对这种难以避免的消亡表示遗憾，但仍然认为这是爱斯基摩人和白人接触的"自然"结果。因此，他认为，"抢救还能抢救的"故事和歌曲很重要。[53] 他对因纽特人的总体态度也许可以被描述为一种倡导平等主义的家长作风。

接着，博厄斯开展了一项新的研究项目，对象是夸扣特尔人（Kwakiutl），一个居住在加拿大西北部的美洲原住民族，白人移民不久前才到达那里。对夸扣特尔人的研究是他的第一个主要研究项目。他将这一部落置于世界–历史的空间中予以考查，并得出结论，不列颠哥伦比亚省的原住民占据了一个中间位置，他们的一侧是西伯利亚的民族，另一侧则是加拿大中部的印第安人。他们的头发没有那么黑，肤色相对较浅，而且肯定不是"红色"。博厄斯还强调在一个相对狭小的地区里有着极丰富的语言多样性。[54] 他进一步提出，原始文化不是静态的。他解释说，它们表面上看起来处于稳定状态，"是由于我们缺乏历史的视角"，这使我们错误地将缓慢的变化解读为停滞。[55]

夸扣特尔人是一个骄傲的民族。夸扣特尔意为"世界之烟"，这是他们好客的象征，他们是如此热情，以至于他们的篝火永远燃烧着，烟弥漫了整个世界。加拿大政府急于教化和基督教化当地居民，力图废除某些特定的舞蹈和仪式。就此，夸扣特尔人开始失去对白人的信任，他们想要确保博厄斯不是政府的代理人。博厄斯回忆道，村里的首领对他说：

> 我们不希望任何将干涉我们的习俗的人到此地来……这是白人的土地吗？有人告诉我们这是女王的土地，但不是！这是我们的！当我们的神从天堂降临时，女王在哪里？当我们的神把土地赐予我的祖父时，女王在哪里？我们的律法命令我们跳舞时，我们就会起舞，我们的心向往宴席时，我们就会办宴席。我们有要求白人"照印第安人那样做"吗？不，我们没有那样。那你为什么要求我们"照白人那样做"？……让白人遵守他的法规，而我们会遵守属于我们的法规。[56]

首领的这番话令人想起狄德罗的《布干维尔航海补遗》中奥鲁的论辩。也许，那个虚构的塔希提人比狄德罗本人以为的更加"真实"。夸扣特尔首领的慷慨陈词产生了强大的平等效应。直到得知博厄斯既非传教士也非政府代理人时，首领才开始表现善意。在某些时候，夸扣特尔人感受到了博厄斯发自内心的对他们的风俗和语言的兴趣。在博厄斯后来的一次拜访中，他们甚至给他起了一个当地名字：黑尔查库尔斯（"讲真理的人"）。[57]

博厄斯对欧洲的观察者们嗤之以鼻，这群人把原住民的音乐看作"毫无意义又无意识的咆哮"：无论是谁，只要仔细倾听，都会发现肤浅的听众所领会不到的美感。只有当一个人通晓了本地语言，才能领悟一首歌"深层的诗意"。为了说明，博厄斯翻译了一首当地情歌。

1899年，博厄斯终于获得了纽约哥伦比亚大学人类学系的终身教职。1901年，他在一篇精悍而具有重大理论意义的文章中阐述了他对该学科的看法，这篇文章在十年后被扩写为一本影响力巨大的书并出版。这篇题为"原始人的心智"的文章，质疑了一个被广泛认同的观点，即比起"开化民族"的精神构成，"原始民族"的思想确实"原始"。博厄斯首先把人类学的研究目标定义为"对在不同种族和环境条件下的人类心智的研究"。[58]在这一定义里，种族和环境是同等重要的因素，但我们很快就会发现，博厄斯在提高自然和社会环境的权重时，力图弱化种族的重要性。为了理解他的观点如何推进，我们必须认识到，博厄斯所处的学术环境中，几乎所有人都理所当然地认为种族的因素是首要的。

问题就在种族对心智的影响有多大。博厄斯表示，大量的解剖学事实表明，"非洲、澳大利亚和美拉尼西亚的人种在某种程度上不如亚洲、美洲和欧洲的人种"。这些解剖学事实中，脑容量是最重要的一项。话虽如此，博厄斯紧接着发现，不同种族的脑容量差异很小，而且种族之间又有很大程度上的重叠。他说，"两组人种中的大部分人拥有相同容量的大脑，但蒙古人种和白种人中拥有更大脑容量的个体比在黑人种族中更常见。"[59]即便如此，使人区别于动物的主要心理特征，比如抽象思维、对身体冲动的控制、道德和审美的判断，都是所有人种共有的。看起来，博厄斯极有可能是因为缺乏有力的数据证明完全的种族平等，才不敢彻底取消种族的划分，在他1894年"种族决定的人类机能"的演讲中也能看出他态度犹豫。[60]毕竟，他反对的是学术界普遍达成的共识。尽管如此，在1901年的论文中，种族概念逐渐失去其内涵，而一种新兴的文化概念承担了大部分过去被分给种族的工作（在1911年出版的书中，种族的重要性甚至被进一步淡化）。

接下来，博厄斯对文明与原始的对立，以及与之相关的、现代与传统的对立提出了质疑。他告诉他的读者，人们常说，开化民族比原始民族更能控制自己的情绪。然而，支持这种观点的人往往没有考虑到那些必须控制情绪的情况。例如，当被俘的印第安人被敌人折磨时，他们异常平静。很少有文明人在面对极度的身体疼痛时能像这般镇定。博厄斯举了另一个例子，关于人在不合时宜之际抑制食欲的能力。欧洲人能做到即便饿着肚子也要等到晚饭时间，而当宗教禁忌严禁因纽特人猎杀躺在冰面上晒太阳的海豹，他们也展示出相同的技艺。博厄斯称，即便处于极度饥饿的状态，因纽特社群也会尊重这个禁忌。[61]

现代与传统的对立是19世纪欧洲社会理论的伟大基石之一。博厄斯从未否认过现代思想对传统持有批判的态度，而这一态度为原始民族的心智习惯所缺失。但他也煞费苦心地指出，现代科学的成果被大多数个体当作传统事物一样传承下去，就如同民间传说一样。[62] 由此可见，尽管现代社会的科学和技术水平要优于原始社会，但现代人不一定优于原始人。现代性大部分都以民间传说的形式传播。知识的真理适用于整个文化领域。博厄斯将文化定义为心灵成就的总和。因此，在所有社会中，文化"呈现出众多心灵之活动的叠加效应"。[63] 由此可见，文化是一种代际现象，而不是某个特定时间内个体的思想构成的直接表达。虽然开化民族和原始民族的风俗存在显著差异，但他们理解各自社会风俗的方式基本相似。

尽管对现代人和文明人进行了部分解构，博厄斯的文化观仍以差异为基础。文化在理论上是不同历史轨迹的截然不同的偶然性结果。因而，人类学的任务变为对文化差异进行科学研究和解释。博厄斯表示，为了研究一种和自己所处文化不同的文化，人类学家"必须完全抛弃基于其出生的特殊社会环境的思想与情感"。[64] 很重要的一点是，这是一种方法论上的文化相对主义，不是伦理层面上的。博厄斯探讨了因纽特人信奉的教义，即那些无法在极地继续生存的老人应被其子孙杀死。在因纽特社会，这是一种有约束力的义务。博厄斯评论道，当然，尽管这样的习俗可能会让"我们""反感"，但人类学家应该明白，对于爱斯基摩人来说，"它是建立在道德律法之上的"。[65]

博厄斯假定，对原始部落的成员来说，所有外人都是应该被奴役或杀死的敌人。他警告说，在我们不假思索地谴责这种行为之前，我们应该想象一个世界，国家给予的保护和法律在这里是前所未闻的，而"外国人"又在事实和伦理上等同于"敌人"。在这一点上，博厄斯意外地略过一些抽象的层面，提供了一个世界—历史性的共同人类和文化差异的愿景：

> 在文明的进程中，我们可以感受到伙伴关系的范围在不断拓宽。部落中的伙伴关系可以扩展为部落的团结，再扩展为对邻里或栖居地建立的纽带的认可，甚至扩展为国族成员之间的友谊。这似乎是我们目前所达到的人类伙伴关系这一道德概念的边界……那种现今替牺牲一国来为另一国提高福祉的行为辩护的道德观，那种把本族文明看得高于整个人类文明的倾向，无异于那些驱动原始人行为的道德观和倾向。[66]

文化相对主义在这里变成了一种共同人类的普遍性观念，以及对各种只限于部分人类的文化团结的批判。博厄斯总结道，人类学"教导我们变得比现在更宽容"。

对博厄斯来说，可以姑且相信所有文明的平等价值。鉴于博厄斯对德国民族主义的深恶痛绝，他把现代民族主义和部落的"原始"团结进行类比就可以理解了。他的愿景又和他身为被同化的犹太移民所信奉的世界主义相结合，这一身份使他本能地察觉到，不管有多适应主流文化，他永远都是一个局外人。博厄斯坚信，日益包容的共同人类的愿景代表着世界历史发展的康庄大道，将使人类的友谊圈不断扩大。然而这一信念却显示出博厄斯持有的文化相对主义的局限性。但不可否认的是，更包容和平等的趋势代表了博厄斯的积极价值。他关于共同人类的历史进程的言论和孔多塞在启蒙运动晚期对平等主义的展望非常相像，尽管他缺乏后者不可置疑的哲学基础。

在 1911 年出版的《原始人的心智》(*The Mind of Primitive Man*) 中，博厄斯拒斥了一切关于不同种族脑容量不一的主张，代之以对大脑形态特征的讨论。他纳入讨论的另一个要素是性别。他指出，总的来说，女性的大脑比男性的大脑要轻得多，但是女性的认知能力"虽可能与男性不同，但不能被认为是劣等"。[67]博厄斯最后得出结论，解剖学和生理学的理论无法支撑白种人在根本上代表了人种的最高等级的普遍设想。[68]

接下来，他挑战了白人种族至上的历史理由。他指出，由于人类文明之间的共性比差异更多，文化传播既不受种族也不受语言的限制。秘鲁和中美洲的古老文明"也许可以与旧大陆的古老文明媲美"。重大的差异与时间差有关，因为旧大陆的文明比美洲原住民的文明早几千年到达了某一阶段。[69]博厄斯进一步评论，欧洲人在征服美洲的同时，也带来了新的疾病，而美洲原住民对此没有任何免疫力。因此，欧洲人的到来造成了毁灭性的后果。进行了全球性的调查后，博厄斯总结，所有将种族类型和文化发展阶段相关联的尝试都失败了。他得出了最终结论，"文化发展阶段本质上是一种依赖于历史动因的现象，与种族无关"。[70]

博厄斯总结，旧大陆与新大陆，以及欧洲与非洲之间的时间差在世界历史中起了决定性的作用："欧洲人在整个世界的迅速蔓延摧毁了其他地方出现的所有希望的萌芽。因此，除了东亚之外，没有种族有机会发展出独立的文明。欧洲种族的扩张中断了现有独立新芽的生长，而从未考虑这些正在发展的民族的心理天性。"[71]这一结论让人想起安基提尔－杜佩隆在1800年左右对美洲历史上的不幸做出的评价。理论上看来，博厄斯的批评与达达拜·瑙罗吉、安特诺尔·菲尔曼的命题密切相关，即欧洲优越论是一个历史偶然的事实，而非白人种族的固有特性。

我们现在可以看到博厄斯的文化概念的基本张力。一方面，他对文化相互作用的看法建立在征服、迁徙和文化传播的基础上。另一方面，他的文化相对主义倾向于将文化描述为或多或少封闭的整体，其各个部分在功能上紧密联结。文化的第一个概念源于博厄斯对确定世界历史的长期趋势的尝试，而第二个概念则产生自在美洲的田野调查。我们应该记住，博厄斯是历史学家弗雷德里克·杰克逊·特纳的同时代人，后者认为边疆是对美国历史的主要解释。特纳在1893年引用人口普查报告，猜想边疆即将消失。印第安人的领地不断被侵占，剩下的如同欧洲移民所组成的汪洋中的零星岛屿。[72]

将文化视为一个封闭的功能性整体的隐喻，可以反映出原住民族的困境。博厄斯对那种将美国原住民贬为"蛮族"的观念的批评，促使他强调原住民生活方式的功能性逻辑。尽管如此，他仍坚持认为他们具有不确定的他者性，视他们为无助的受害者，必须由善良的白人来拯救，这说明博厄斯没有把美国原住民看作是成熟、平等的人。他肯定所有文化具有平等的价值，但这又和他家长式的研究策略互相矛盾，虽然其初衷是希望收集更多原住民文化的科学知识以制定出更合理的政策，但这种希望注定成空。在某些情况下，原住民被当作可以在实验室里进行研究并在博物馆里展出的标本，被安置在纽约美国自然历史博物馆地下室里的一群格陵兰岛因纽特人就是如此。博厄斯本人参与了这个充满争议的实验，包括非法夺走一名死亡的因纽特人的骨骸做研究，后来被死者的儿子米尼克·华莱士领回。[73]

博厄斯有关北美洲黑人和白人的论述

为了将文化的概念应用到现代历史中，必须用一种更具活力和不那么功能主义的方式将其理论化。要是想了解博厄斯如何修正和完善他的文化概念，从他研究现代社会的人类学方法，特别是从他对有关美洲白人与黑人关系的公开辩论的干预入手，是很有帮助的。

从非洲大陆的殖民化开始，非洲人和白人移民就作为同一社会的成员相互影响。白人在觊觎美洲原住民土地的同时，他们还需要非洲人的劳动力，后者起初是作为奴隶，然后是雇佣工和佃农。美洲原住民被驱逐，且大部分被灭绝，非洲人则受到了统治和剥削。

博厄斯在其1911年出版的著作的开头，批判地讨论了种族偏见。他清晰易懂的写作风格说明他的目标受众是广大普通读者。他强调美国的种族异质性，但也警告读者不要想当然地认为欧洲的古老国家实现了种族纯洁。在世纪之交，反移民成了美国政治的一个主要舞台，社会达尔文主义理论也取得了很大进展。负责 1870 年和 1880 年人口普查的弗朗西斯·沃克（Francis Walker）认为，来自意大利、匈牙利、奥地利和俄罗斯的新移民是"来自失败种族的失败者，代表了生存竞争中最差劲的失败"。[74] 内尔·佩因特（Nell Painter）表示，移民政策涉及一个持续存在的争议，即新来者应被纳入不断扩展的"白色性"概念，还是被排除在外。然而，所有渴望获得白色性的群体，都将自己和非裔美国人决绝地区别开来。[75]

白人纯粹主义者最憎恶的就是白人和非裔美国人通婚。博厄斯在探讨黑人和白人结合时强调了性别的显著性：绝大多数已知案例都是白人男性和黑人女性结合，而黑人男性和白人女性结合则是不可想象的。他宣称，历史和社会研究已经证伪了种族融合会引起退化的断言。他将这种毫无根据的恐惧的持续存在归因于白人的"种族本能"。换句话说，美国不仅存在一个"黑人问题"，还存在一个"白人问题"。[76] 博厄斯总结道，种族主义本身不止在美国，而且在全世界都是造成"黑人问题"的主要原因之一。

在美国，种族主义被前所未有地制度化了。乔治·弗雷德里克森认为，美国南方是 20 世纪历史上最坚决地奉行种族主义的政府之一（另外两个是南非和纳粹德国）。[77] 博厄斯认为，非裔美国人这一少数族裔的地位低下是由两个原因造成的。第一个原因是白人的种族本能，他们维持了白人社会的封闭性，不承认黑人是公民同胞。第二个原因是几个世纪以来的压迫。非洲人被奴役并运送到美国的过程是一段深切的创伤经历。奴隶制破坏他们的家庭，妨碍了他们健康的社会生活。南方在重建时期之后恢复了排斥和恐怖威胁的政策。在这些不利的历史环境中，博厄斯觉得惊奇，"短短时间内竟克服重重困难达成如此之多的成就"。他补充说，"如果黑人能够和白人在绝对平等的条件下生活，很难说他会变成怎样的一个人"。[78]

当时的主流观点认为，非洲黑人并没有什么值得一提的历史。博厄斯反对这一观点，他主张对大西洋奴隶制度出现之前的非洲历史进行公正的研究。博厄斯抱怨说，大多数美国白人轻率地认为，整个非洲充满了无知和懒惰的"蛮族"。博厄斯表示，对那些不熟悉非洲本土艺术和工业的人来说，"到欧洲的大型博物馆里走一走将会有所启发。我们美国的所有博物馆都未曾以任何有价值的方式做过这个主题的展览"。[79]他总结道，非洲人是且仍是"健全的原始人"，具有创造性的想象力和技术实力。

1906年，在亚特兰大大学——当时美国最好的"黑人"高等学府——的毕业典礼上发表的演说，也许是博厄斯第一次强调了非洲文明的成就。在发表演讲时，他告诉学生们没有必要为自己的非洲血统而感到羞耻。"很有可能，"他宣称，"在欧洲人仍满足于粗糙的石器工具时，非洲人就已经发明或采用了冶铁技术。"[80]博厄斯还向学生们介绍了14世纪的阿拉伯旅行家伊本·巴图塔（Ibn Battutah）在报告中对撒哈拉以南非洲的描写。在欧洲人到达前的几个世纪里，撒哈拉以南的土地上就坐落有大型都市、繁荣的市场、壮观的建筑。"这些国家如此井然有序，"博厄斯特别指出，"以至于大约在1850年，当白人第一次造访这片土地时，仍然发现有［他们的］记录留存。"[81]邀请博厄斯发表毕业典礼演讲的杜波依斯后来回忆说，对非洲历史的复原深深打动了他："我惊讶得说不出话来。所有这些我都从未听说过，我来到这里之后才意识到，科学的沉默以及忽视可能让真理完全消失。"[82]

但是，博厄斯的亚特兰大大学访问也显示出他在摆脱体质人类学的陈词滥调以及对"黑人"的人类学讨论的惯用腔调时遇到的困难。在发表毕业典礼演讲之前，他参加了由杜波依斯组织的年度种族议题大会。在那次会上的演讲中，他重复了在一篇1901年发表的文章中的观点，即黑人的平均脑容量较小，这可能使他们无法产生和白人一样多的"天才"。在演讲结束时，博厄斯写信给他的妻子，对听众的反应表示不满。据罗斯玛丽·朱姆沃尔特（Rosemary Zumwalt）对会议记录的研究，很可能"杜波依斯和黑人观众都对博厄斯为黑人智力设限而感到不满"。于是，博厄斯在毕业典礼演讲中试图"采用适当的口吻"，这可能解释了这次演讲传递出的更为直言不讳的反种族主义言论。[83]我提及此事并非是要"谴责"博厄斯——这是不合时宜的——而是为了强调美国一流大学的全白人文化限制了学术语言的发展，即使是弗朗兹·博厄斯这样一个打破传统的人物也不能幸免。博厄斯对科学种族主义的批评有助于杜波依斯及其同事质疑科学种族主义；与此同时，杜波依斯对白人种族主义的抨击也让博厄斯加大了他对白人同事工作的批评力度。

赫伯特·刘易斯（Herbert Lewis）称，博厄斯在漫长的职业生涯中与美国主要的非裔知识分子关系密切，比如布克·T. 华盛顿（Booker T. Washington）、W. E. B. 杜波依斯、卡特·G. 伍德森（Carter G. Woodson）、佐拉·尼尔·赫斯顿（Zora Neale Hurston）等等。早年间他还参与了全国有色人种协进会（NAACP）的工作。[84] 在1915年，他"宣称在美国，白人种族主义比反犹主义隐藏得更深"。[85] 这一声明引人注目，因为博厄斯早年的职业生涯就因为反犹主义的敌意而变缓，后者受到针对来自东欧和俄罗斯的新移民（其中许多人都是犹太人）的道德恐慌的推动。[86] 即便如此，我们也看到，博厄斯对平等主义的信念和他对体质人类学研究议题（其中的种族主义刻板印象难以根除）的留恋之间存在着持续的张力，这构成了其种族观念的特征。然而，到了20世纪20年代，当种族主义和反犹主义在美国迅速发展时，博厄斯尝试运用体质人类学家们的数据来反驳他们得出的种族主义结论。但即便到了那时，博厄斯本人也无法全然摆脱种族决定论的束缚。[87]

博厄斯在1932年出版的《人类学和现代生活》（*Anthropology and Modern Life*）中，花了很大篇幅批判种族主义。他再次强调了所有种族分类都存在任意性：

> 如果人们像过去那样普遍相信所有红头发的人的性格都不受欢迎，那么红发者就会立刻被社会隔离，没有一个可以逃离他的阶级。而黑人会因其身体构造被立刻辨认，并被自动归于其所属的阶级，任何人都无法摆脱被白人群体排斥的影响。[88]

几乎没有少数族裔能够避免种族所带来的致命耻辱。博厄斯注意到，"在美国当代生活，这种趋势最引人注目的例子之一，也许就是将所有拥有犹太名字的人划为一个不受欢迎的群体，并且依照业主的意愿不允许这个人群的成员在某些建筑里居住，不允许他们踏入酒店或俱乐部，或者施以其他形式的歧视，这些不假思索的歧视者将一个单独的个体视为某一阶层的代表"。博厄斯总结道，通常来说，现代社会中种族群体的形成"必须在社会的基础上进行理解"。[89]

《人类学和现代生活》一书也对民族主义进行了批判性的讨论。博厄斯宣称，许多人认为国家建立在种族基础之上，但是历史证据并不能证明这一点。他指出，"目前在欧洲的任何地方都未发现有血统或种族纯粹的人"。[90] 要找到博厄斯对民族主义主张的种族纯洁性的批判性讨论的当代相关性，我们不必走远。许多美国的"WASP"（白人—盎格鲁—撒克逊—新教徒）开始相信，美国民族的活力来源于"日耳曼"或盎格鲁—撒克逊血统。[91] 对白色美国被种族污染的恐惧成了1924年出台的《约翰逊—里德法案》的主要推动力，该法案限制移民，旨在维持种族现状。[92] 博厄斯指出，在日常语言中，"文化群体和种族血统之间没有明显的区别"。[93] 因此，大多数人常把国家和种族混为一谈。这并不奇怪，因为民族主义和种族主义建立在相同的心理逻辑上。

在将种族主义和民族主义进行理论化时，博厄斯转向了一个更为开放和灵活的文化概念。我们获得的文化不是有界限的单位，而是边界模糊的开放集合。对于法国和意大利的国界，他这样说道：

> 意大利国境向法国国境的过渡是如此平缓，以至于我们只有依靠政治界限以及由政府、学校和文化联系强加的语言，才能把一个区划入意大利或法国。[94]

从这个角度来看，文化归属感不是与生俱来的，它是种族和民族想象的产物，或者更重要的，它是国家形成的结果。在极端条件下——博厄斯指的是第一次世界大战——国族文化可能会在实际上消灭个体的自主权，但这不是常态。《人类学和现代生活》的终章强调，文化不应被看作"超机体的"的实体。文化通过个人的行为存在，而非存在于超出其主体的某个神秘层次:"一个社会的生命是由每个个体传承下去的,他们在传统的压力下独自或者共同行动,在传统中,他们被自己和先辈的活动的产物所包围,并在其中成长"。由此可见,历史对未来是开放的,但是博厄斯指出,回头看,结果可能是"一种先决性的生长"。[95]

博厄斯对现代平等的主要贡献是逐步从内部拆解科学种族主义。从体质人类学到文化人类学的转变不仅拆解了种族主义,而且为一种思考文化差异的新方式奠定了基础。今天,我们很难在没有20世纪文化人类学遗产的情况下建立文化差异和平等的理论。如果我们必须在欧洲经典中构建博厄斯的思想谱系,蒙田和两位洪堡(威廉·冯·洪堡和亚历山大·冯·洪堡)最有可能被纳入侯选人之列。可以从双重意义上这么说:一是他们演绎的人类学转向,二是他们对所有既有观念都保有的质疑态度。除此之外,我们还可以把博厄斯试探性的历史哲学置于启蒙历史哲学后的不可知论和反帝国主义之中,其间最突出的是赫尔德。博厄斯本人始终坚持科学真理的解放力量。乔治·斯托金(George Stocking)认为,博厄斯始终保留了一种19世纪对自由主义文明美德的信仰,尽管他在人类学上解构了这一理想。[96]

在其生命的最后几年里,博厄斯最担忧的是来自纳粹主义和种族主义的双重威胁。1942年11月,战火在欧洲和太平洋肆虐时,他修改了他生命中最后的文章之一,在文章里他警告世人,种族主义是所有偏见中最危险的,因为它也是最现代的。从科学的角度来说,这是一种倒退,但它也引起了民族主义者深深的共鸣。博厄斯总结道,种族主义"没有科学上的根据"。他承认,种族之间可能存在差异,但"那种认为种族的心理特征是由生理因素决定的说法是站不住脚的。我们更没有权利从生理差异的角度上断定某个种族比另一个更具优越性"。[97]

在种族分界线的世界中身为黑人

和博厄斯一样,杜波依斯也面临充斥美国的顽固而丑陋的种族偏见问题，但他是从种族分界线的另一侧来对待这个问题的。1903 年，他在三十五岁时出版的《黑人的灵魂》使他一举成名。在书中，他讲述了少年时代的经历，这段经历让他明白，他的祖国在他身上烙下了难以磨灭的种族印记。学校里，学生们买了廉价的名片，并互相交换。杜波依斯讲述道，一切都很顺利，直到一个新入学的高大的白人女孩拒绝了他的名片，而且拒绝得非常断然，意味深长地看着他："我突然意识到，我和其他人不一样；或者我可能在思想、生命和渴望上与其他人相似，然而我却被一层巨大的面纱隔绝在他们的世界之外。"[98] 作为年轻人，他有着和所有年轻人相同的感受和期待，他和其他人一样，但是由于他的肤色，他与其他人又是如此的不同。

杜波依斯用面纱的比喻描绘了一种种族界限，这种界限有时看似约定俗成、清晰可见，有时却模糊而神秘。即使美国黑人踏入了白人社会，他们也无法真正参与其中。如果他们选择继续与黑人为伍，他们就休想逃离那无处不在的霸道的白人凝视。杜波依斯将此诊断为非裔美国人的"双重意识"，"即总是通过他人的眼光来审视自己……人们会感受到自己的双重性：一个美国人，也是一个黑人；两个灵魂，两种思想，两种不可调和的斗争；一个黑色身体里有两种交战的思想，他只身顽强地抵抗使这具身体不至于被撕裂"。杜波依斯力求在理智和情感上让自己和非裔美国同胞明白，在美国身为一个黑人意味着什么。他对白色美国强烈的失望挫伤并磨损了他的平等理念。与弗雷德里克·道格拉斯不同，杜波依斯认为没有必要展示非洲黑人的人性。他一直在苦苦自我诘问，非裔美国人是否能够在美国实现他们的人性。他向非裔美国人以及全世界贡献的是，针对一种被制度化同时也是高度个人化的种族歧视所分裂的社会心理不断进行的一系列哲学和历史性反思。《黑人的灵魂》这本书的难得之处，就在于它能让人们对世界展开崭新的想象。

威廉·爱德华·布格哈特·杜波依斯于 1868 年出生在马萨诸塞州西部的小镇大巴灵顿，这个地区大体上欢迎北方在南北战争中取胜后带来的美国新秩序。在大巴灵顿，非裔美国家庭的数量不到三十户。[99] 杜波依斯的母系家族布格哈特家族是西非和荷兰混血。他的父亲阿尔弗雷德·杜波依斯来自一个法国—海地家庭，但在杜波依斯两岁时就离开了家，再也没有回来，年轻的威廉由他的母亲玛丽·西尔温娜·布格哈特教育。杜波依斯就读于一所"白色"大学，在那里他是唯一的黑人学生。我们早已看到，无论表面的氛围是多么友善，种族的耻辱很快就给年轻的杜波依斯刻上了印记。

在杜波依斯九岁的时候，重建——北方给南方的黑人人口提供公平待遇的尝试，显然已经不了了之了。华盛顿让南方自行其是，南方从前的奴隶主和其党羽重新掌权，他们力图把新生的种族平等扼杀在萌芽阶段。南方各州采用了无耻的吉姆·克劳法，引入了一种美国式的种族隔离制，将非裔美国人归为二等公民，剥夺他们所有的政治权利。这是杜波依斯在大学时面临的黑暗世界。非裔美国人在北方胜利后产生的对美好未来的憧憬，逐渐被一种苦涩的、幻灭的"现实主义"所取代。

美国黑人生活以日常生活中的羞辱为标志。没有一个非裔美国人能逃过白人种族主义，不论是在冲突频繁的南方，还是在普遍有着家长式傲慢作风并实行社交回避的北方。这就是杜波依斯在其作品中想要捕捉的现实。杜波依斯是一个很有天赋的年轻人，拿过多笔奖学金和多个奖项，上了大学——最先在田纳西州纳什维尔的全黑人的菲斯克大学，然后在哈佛大学，最后在柏林大学。在《黑人的灵魂》中，杜波依斯回忆了他在田纳西州一个偏僻村庄当老师的经历。为了找工作，他不得不从一个村庄跋涉到另一个村庄，最后在威尔逊县谋到了一份差事。就在他到达的同一天，一名白人男子也被这所白人学校聘请，学校管事为他俩提供了晚餐。但正如杜波依斯所描述的那样，"即使是在那时，面纱仍投下了可怖的阴影：他们先吃，然后才轮到我——独自一人"。[100] 在关于那个夏天的生动故事里，他描述了所谓"平等但隔离"的教条背后的现实。隔离是隔离了，但教育质量的平等仍然是一张空头支票。黑人所在的乡下学校没有门，学生们坐在临时的座位上，每天晚上，杜波依斯都必须把借来的教师椅还给他的房东太太。他班上的男孩和女孩都渴望学习，但他们也必须贴补家用。他们在社会中获得发展的可能性微乎其微。数年后，当他回到村子里时，他最活泼的学生、一个叫作乔西的女孩已经死了,幸存的学生都要打零工,他们中的许多人都负债累累。"对卑贱之人来说,生活是多么艰难,"杜波依斯总结道,"然而,这一切又道尽了人性和真实!……我陷入悲伤的沉思,坐着黑人专用车前往纳什维尔。"[101] 这一章的标题充满了讽刺和高度的象征意义:《论进步的意义》。

正如保罗·吉尔罗伊(Paul Gilroy)强调的那样,在费斯克的那几年之所以对杜波依斯来说很重要,是因为他在种族隔离的南方成为一个骄傲的黑人社群中的一员。在大学外,他遭遇了一起在新英格兰从未经历过的种族暴力事件,但也因此对在美国身为黑人意味着什么有了更深的认识。费斯克大学社群证明了黑人的思想和艺术生活是可能的,且事实上比堕落和无礼的南方白人文化更优越。参与黑人社群的生活是他在马萨诸塞州未曾有过的体验,特别是通过聆听费斯克黑人民歌团的音乐和演唱,让他意识到了黑色性的积极意义。在费斯克,杜波依斯彻底改造了自己。在那里,他对"他的"人民产生了一种积极的归属感。在那里,他找到了作为一个自觉的黑人知识分子的天职。[102]

在哈佛大学期间,杜波依斯被选为1890年的毕业演讲人之一,这届毕业典礼很重要。同一学年,另一名非裔美国学生克莱门特·摩根(Clement Morgan)被选为班级演讲者。两名黑人学生获此殊荣,这引起了全国人民的关注,因为哈佛大学是第一个公开突破种族分界线的大学。但是,在此事件的幕后,选举委员会的部分成员试图将杜波依斯剔除出候选人名单。虽然计划最终没有得逞,但情况依然惊险。杜波依斯本人在后来回忆起这段经历时说,他在哈佛从未真正感到自在过。

从哈佛毕业后,杜波依斯来到了柏林。他从鹿特丹出发去往德国首都,沿着莱茵河向上到了科隆,再往内陆行进,到达爱森纳赫。荷兰人和德国人随和而善社交的秉性让他感到既惊讶又高兴。在爱森纳赫,没有人反对他和该镇一个市民阶层的年轻姑娘跳舞。杜波依斯爱上了朵拉,她也想嫁给他。但是一个白人妇女嫁给一个黑人将在美国受到排斥,使他望而却步,他们的关系也随着杜波依斯离开爱森纳赫而结束。在一个社会中,可以与白人甚至是白人女性交往而不构成丑闻和伤害,这对杜波依斯来说是一个全新的体验。[103]

在弗里德里希·威廉大学，杜波依斯与古斯塔夫·施莫勒（Gustav Schmoller）和阿道夫·瓦格纳（Adolf Wagner）一起研究经济学和社会学，并在被他当作"好战的泛德主义者"典型的海因里希·冯·特赖奇克（Heinrich von Treitschke）门下学习历史学。他还参加了社会学家马克斯·韦伯的讲座，韦伯后来高度评价杜波依斯的社会学著作。[104] 杜波依斯在1940年出版的自传《黎明的黄昏》（*Dusk of Dawn*）中回望那段柏林时光，讲述了自己与同学和教授们讨论欧洲的社会状况，对外交政策和殖民事务也思考良多。"我开始把美国的种族问题、非洲和亚洲的民族问题，以及欧洲的政治发展问题视作一体。"[105]

在费斯克、费城、哈佛和柏林，杜波依斯在哲学、经济学、社会学和历史学领域打下了全面的学术基础。哈佛和费城的经历也让他相信，与美国白人进行良好有效的接触并非全无可能，尽管绝大多数时候，这种接触都不能避免关系紧张和社交上的距离感。接下来，他在亚特兰大大学开始了长期的教学生涯，这个高等学府既有黑人又有白人教师，而学生大部分是黑人。从1897年到1910年间，他一直在亚特兰大教书，创设了扎实的社会学、经济学和历史学课程，发表了为数可观的关于非裔美国市民社群的社会学研究成果，还组织了一系列年度会议，致力于研究非裔美国人的相关议题。

与其他非裔美国人的高等教育中心不同，亚特兰大大学提供了完整的博雅课程，而不是一套专门为了迎合"实用性"需求将黑人培养成为未来的专业人员和企业家的课程。杜波依斯笃信，非裔美国人需要一位能够与求学于哈佛、耶鲁、芝加哥和普林斯顿大学的白人精英抗衡的知识精英。他认为，黑人学生不应该将自己局限于工业和经济领域，而应该学习历史、哲学、文学，以及古代和现代欧洲的经典。杜波依斯的教育哲学源于他意识到，美国社会的快速城市化产生了愈发庞大的非裔美国市民群体，他们的人数将在未来的某一天超过农村同胞。虽然在谈及美国根深蒂固的种族主义时，他是一个坚定的平等主义者，但他对于美国黑人群体内部动态的研究，是出于对新兴的非裔美国人社群阶级结构的务实体悟。他总结道，为了整个社群的弹性，黑人知识分子的精英教育是非常必要的。

当杜波依斯在美国舞台横空出世时，布克·华盛顿是非裔美国人事业最著名的发言人，许多人尊奉他为弗雷德里克·道格拉斯的衣钵继承者。华盛顿在南北战争前不久出生为奴，目睹了美国重建时期的起起落落。他的策略可以用一个准则来概括，即把经济活动和社会跃升放在首位，然后才要求政治权利。华盛顿相信，凭借他们自己在教育和工业方面的努力，南方黑人可以在不直接冲撞吉姆·克劳法的前提下，振兴本族，开创一席之地。华盛顿希望在这些条件下，南方白人会愿意给解放的奴隶一个公平的机会。

与此同时，华盛顿宣称要遵守种族隔离和被剥夺选举权的做法。他在 1895 年 9 月发表的著名的"亚特兰大妥协"演讲中，对南方白人如是说道："在进行单纯社会活动的时候，我们可以像手指一样分离，但一旦出现事关所有对共同进步不可或缺的事情时，我们必须如一只手般合力。"[106] 全国各大报纸都争相报道了这一演讲，白人和黑人领袖还有知识分子（包括杜波依斯）都热情响应了华盛顿的演讲。然而，到了世纪之交，越来越多的非裔美国人开始意识到，绝大多数南方白人不愿意履行自己的诺言，而北方则是选择无视这一诉求。华盛顿极大地低估了白人种族主义的顽固，他的政治计划毫无进展。他的策略即将遭到质疑。

杜波依斯以尽可能礼貌的方式，重击了华盛顿计划里最为致命的漏洞。他疾呼："如果有九百万人被剥夺了政治权利，沦为奴隶等级，并且只有极少的机会去培养他们中的杰出人才，那么他们有可能在经济领域里取得进步吗？"[107] 杜波依斯断言，这里存在一个三重悖论：首先，现代经济中的工人和企业家如果没有能力把对手告上法庭、行使投票权和发挥政治力量，就完全无法捍卫自己的权利。第二，华盛顿坚持弘扬自尊，但又劝告说"黑人无声地委身于低人一等的公民地位，这种行为从长远来看，必然会削弱任何种族的男子气概"。第三，他主张创办黑人小学和组织工业培训，但反对创办黑人高等学校，这一政策将使黑人教师和教育工作者对白人教授和学者的思想产生持续性的依赖。杜波依斯提出了另一份清单，列出了三个要求。"黑人必须不懈地坚称，"他主张,"作为一个现代人,投票这一权利至关重要;肤色歧视是野蛮的;黑人男孩和白人男孩一样需要教育。"他总结道,非裔美国人真正需要的,是政治权力、自尊和学术独立。[108] 在杜波依斯看来,争取平等的斗争没有阶段之分。争取政治权力的斗争必须摆在首要地位,因为白人至上主义在根本上正是由白人政权及其控制的司法制度所支撑。

回顾道格拉斯对与科维论争的反思,杜波依斯的语言充满引人注目的阳刚之气:"黑人种族的男性气概正受到威胁,黑人男孩有资格接受与白人男孩同等的教育。"通过用这种语言表达他的政治关切,杜波依斯强调,男性的心理状态和力量在从被奴役的状态恢复到健全人格的过程中起着至关重要的作用。然而,他遵循弗雷德里克·道格拉斯的信念,认同性别和种族平等的关系就如同一颗胡桃的两瓣,密不可分。他明白一些杰出的女性主义者和许多潜在的女性选民都持有种族主义偏见,但他仍继续支持女性争取投票权。"每一个对黑人选举权的主张,"他在1912年宣称,"同时也是对妇女选举权的主张;每一个对妇女选举权的主张也是在为黑人的选举权而呼吁,它们都是民主的光荣时刻。"[109]

尽管杜波依斯对布克·华盛顿提出了种种批评,但他也明白,非裔美国人在这个国家是少数族裔,不可能单枪匹马地推翻种族主义制度。白人和黑人必须共同克服种族主义,否则双方都将食其恶果。[110] 在杜波依斯那里,白人不主要被视为敌人,而是问题的核心:"黑人宣称种族歧视是造成其社会处境的唯一原因,而南方白人回应他们的社会处境才是造就如今偏见的主要原因,这都是不足为据的……双方都必须改变,否则双方都不可能在很大程度上取得进步……在合众国的这一关键时期,只有跨越种族分界线建立智慧与同理心的联盟,公平和正义才能获得胜利。"[111]

美国黑人应该在各战线上为平等而战,但他们绝不应该试图成为美国白人的翻版。对杜波依斯来说,真正的平等并不是指同化,而是黑人自治。杜波依斯辩称,黑人同胞的种族"灵魂"是美国文化必不可少的一部分。杜波依斯想象,黑白两个"世界种族"将在美国的土地上铸造一个双种族文明的未来,他宣称:

哪怕是现在，我们这些黑皮肤的人也并非完全空手而来：在今天，再没有谁比美国黑人更能真正说明《独立宣言》中纯粹的人类精神；除了黑人奴隶狂野而甜美的音乐，再没有什么是真正的美国音乐；美国的童话和民间传说来源于印第安人和非洲人；总之，在充满铜臭和精明当道的乏味沙漠中，我们黑人似乎是唯一有着质朴信仰和敬畏的绿洲。[112]

1909 年，全国有色人种协进会成立。协会的主要目的是为实现美国宪法第十四和第十五条修正案所承诺的平等而奋斗。从成立伊始，该组织的成员就包含了不同种族，这反映了一个信念：跨种族分界线的合作对成功至关重要。协进会最初是一个小压力集团，但到 1919 年，它已拥有近九万名成员和三百多个地方分支机构。杜波依斯成了月刊《危机》(The Crisis)的首任主编，杂志与协进会交往密切。他几乎完全独自撰稿，并在他漫长的任期内，让这份杂志成为所有拒绝布克·华盛顿宣扬的和解方案的黑人和白人活动家的代表。

《危机》取得了出乎意料的成功：到 1912 年，年销量超十五万册。[113]它直言不讳的语言风格以及对正义和公民权利的呼吁显然满足了人们的诉求。在跌宕起伏的一战期间，《危机》在 1916 年的月发行量激增至五万册，1918 年几乎达到了五万四千册，这为杜波依斯提供了一个他所需的平台。[114]他运用杂志为大众提供历史解读、政治评论和哲学反思，同时也用它来强调许多为白人媒体所忽略的事实。1925 年 10 月，他在一篇文章中欣喜地报道，在路易斯维尔、肯塔基、哈佛和普林斯顿，心理学家们对白人和黑人学童进行了智力测试，但没有公布任何结果。阻碍公布的绊脚石是这一"错误"结果：白人学生的成绩并不比黑人学生优秀。[115]

杜波依斯在世界性危机时代中的全球视野

为了理解杜波依斯的平等和共同人类思想的最终发展，我们必须将它们置于他日益全球化的历史观之中。1920 年，在美国介入世界大战，欧洲沦为一片废墟后，他出版了《黑水》（*Darkwater*），在书中，他就"黑色民族"在萌动的世界历史的新时代中所处的位置提出了一系列思考。他声称，"我们这个黑色民族"惊奇地看着欧洲灾难性的自我毁灭。在整个文本中，"黑色民族"这个词具有双重含义：它们代表了大多数非白人种族，但同时也象征着一个集体性的"我们"，杜波依斯本人就是其中的一员，以其名义与世界对话。《黑水》的语言与《黑人的灵魂》一样富有诗意和力量。杜波依斯在其历史和政治文章之间插入了诗歌和寓言，例如"斯芬克斯之谜"和"耶稣基督在得克萨斯州"。与 1903 年出版、以美国为中心的《黑人的灵魂》相比，《黑水》的视野和分析更为全球化。此外，书中还包含了更多全球及国家层面的经济学，并显示出明确的社会主义倾向。让我们回忆一下，杜波依斯曾给尤金·德布兹（Eugene Debs）投票，后者是 1904 年的社会党总统候选人。但我们也必须记得，他曾严厉斥责社会党人未能和白人工人阶级的种族主义作斗争。[116]

就其自身而言，杜波依斯对欧洲哲学和文学晦涩难懂的语言的掌握，帮助他在险恶的环境中生存了下来。杜波依斯在他最先发表于 1910 年、后来修订并收入《黑水》的一篇关于白人灵魂的著名文章中，向那些自封造物主的傲慢白人提出了挑战：

> 我坐在高高的塔楼上，身下是一片满怀愤懑之声的人海。我了解许多颠沛流离、辗转反侧的灵魂，但这其中没有哪个比白人的灵魂更能激起我的兴趣……对于他们，我有非凡的洞见……我从各个角度观看这些赤裸的灵魂。我看到他们的内在如何运作。我明白他们的内心所想，他们也清楚这点。这使他们现在感到难堪、愤怒！……然而，当他们夸夸而谈、趾高气昂、喊叫威胁，紧紧地抓着事实和空想构成的破衣烂衫，以此来掩饰他们的赤裸，他们在我疲惫的眼前不停地扭曲扑腾，我则看他们更加赤裸，只剩下丑陋的人性。[117]

这段话与弗雷德里克·道格拉斯对其和科维争论的思考有异曲同工之妙，但它建立在一个更高的元文本的抽象层面上。杜波依斯以一种平等的哲学性语言表达了他的理念，这种语言的力量来自一种双重反思性：不仅"黑鬼"杜波依斯知道他的白人"主人"内心最深处的秘密，他们也知道他知道，这使他们极度惴惴不安，尤其是当他们了解到，他知道他们知道这一点。

杜波依斯在思想领域将自己置于白人之上，继续判断 20 世纪的种族根基。他说："世界各民族对身体的白色性的发现其实是一件非常现代的事情——这确实是一件直到 19、20 世纪才发生的事。"但现在这个世界"已然发现那是白色的，因此是美妙的"。[118] 他观察到，古代和中世纪并不太重视种族，18 世纪时人类的团结仍是首要的理念，但在 19 世纪，种族这一概念获得了空前的中心地位。杜波依斯对种族主义的现代性的强调引人注目，这也使他区别于弗朗兹·博厄斯。[119] 对博厄斯而言，种族主义同民族主义一样，是一种现代的现象，但是他将之理论化为原始部落传统种族中心主义的晚期分支。因此现代科学提供了解毒良方。在杜波依斯学者生涯的早期，他同样赞同这种理性主义的观点，然而现在他明白，必须站在不断变动的全球力量平衡的角度去分析种族主义。

这就说明了为什么全球种族分界线被置于现代"白人的灵魂"的核心。这也解释了颂扬白色性的新式赞歌的丑陋一面。当黑人开始质疑白人继承世界的要求，他们遭到了凶残的反击。杜波依斯在回忆 1917 年和 1919 年针对非裔美国人的白人聚众暴乱时，敦促读者在全球语境中做出判断："你能想象当美国抗议土耳其在亚美尼亚的暴行时，土耳其人却对芝加哥和圣路易斯的暴徒保持沉默吗？"[120]

杜波依斯在第一次世界大战后从事写作，美国曾介入这场战争，以让世界"因民主而安全"。杜波依斯讽刺地指出，在这场争取民主的斗争中，美国国内还有大量的工作要做。对于一战本身，杜波依斯这样说道："在世界大战这场可怕的灾难中，白色世界从殴打、中伤、谋杀我们，暂时转向了互相残杀，而我们这个黑色民族则在些许惊讶中旁观。"[121] 杜波依斯指出，比利时人民的苦难在协约国的宣传中得到了凸显，但世界忘记刚果了吗？"比利时现在所遭受的苦难还不及它对黑色刚果迫害的一半，甚至十分之一。"我们今天确实看到了："机关枪对阵南非长矛、包裹了宗教糖衣的征服，以及伪装成文化的毁损和强奸"。[122] 在描绘了一幅世界性的殖民谋杀和劫掠的巨型图画之后，杜波依斯对世界大战做出了自己的裁决：

> 当我们透过硝烟依稀看到死者，隐约听到血亲的诅咒和谴责时，我们黑人说：这不是欧洲疯了，不是失常，也不是精神错乱，这就是欧洲本身的样子；这看似触目惊心的，便是白人文化的真正灵魂。[123]

杜波依斯认为，从道德上说，欧洲并不比其他种族和文明优越。她只不过是在前人历经两千多年缔造的基础上建立伟业。他总结说，欧洲的伟大之处，"就在于舞台之宽广，她曾在其上发挥了作用"，而不带有任何内在优越性。就像达达拜·瑙罗吉、安特诺尔·菲尔曼和何塞·黎萨尔一样，杜波依斯将欧洲崛起为世界强权解释成世界历史的一种偶然结果。

杜波依斯质问，1914年8月那场灾难的意义是什么，深层根源又是什么？为什么德国会与英国、法国和俄罗斯开战？其中肯定有王朝的猜忌和民族主义的情绪，但这些都不足以解释这场大战："很显然，海外扩张和殖民扩张才是原因，并且单此就足以解释这场世界大战"，这场斗争事关全球力量的平衡，以及白色强国对世界的利益分割。随着白人男性获得选举权和工会的成立，从白人工人阶级那里已经榨不出一点利益，但是，杜波依斯继续说道，欧洲人偶然发现了能够在世界范围内进行剥削的良机，这将产生巨额利润，丰厚到不仅富人获利，中产阶级甚至是白人工人阶级都可以从中分得一杯羹。"这个机会，"杜波依斯断言，"就在于对黑色民族的剥削。"在海外，没有工会，没有选民，没有质疑的旁观者，也没有给他们造成不便的良心。黑色民族"可能被敲骨吸髓，一旦他们反抗，就会在'惩罚性'的流放中被开枪射死，被弄残废"。[124] 杜波依斯的帝国主义理论很像列宁在1917年发表的关于同一主题的论著，但他并没有剽窃列宁，因为他的理论要义早已发表在 1915 年 5 月《大西洋月刊》的一篇文章中。[125]

根据杜波依斯，工业革命预示着，自人类诞生以来就存在的匮乏和稀缺的问题得以根治。世界现在可以为所有人提供足够的资源，前提是所有人都有权获得自己应得的份额。他认为，20 世纪的一个伟大的伦理问题，是"我们如何公正地分配世界上的商品，以满足大部分人的必需"。[126] 他接着说，在未来，原材料、机器和工具这些私有财产将会迅速被废弃并由"工业的社会化"所取代，后者将使人类能够根据多数人的需要来组织其产品的分配。这看起来像是欧洲社会主义的熟悉议题，但杜波依斯却把它变成对全世界有色人种的一记激昂的警钟。他宣布，被剥夺了应享权利的黑色民族"要么一起享有未来的工业民主，要么就推翻这个世界"。[127] 如果白人不听从历史的召唤，继续掠夺和谋杀有色人种，那么世界大战将不过是一场可怕多的毁灭性的全球末日审判的开端。杜波依斯以一种沉郁但不悲观的论述结束了对白人灵魂的剖析：

> 向东和向西的风暴正在出现——裹挟着仇恨、鲜血和残暴的巨大的丑恶的旋风。我不相信它们是不可避免的。我不相信……在阳光普照在这片银海之前，过去所有这些可耻的戏剧性事件会在今天再次重演。回到世界那边，被这些可怖死者狂乱的白色面孔扫过，为什么这个白人的灵魂——这个现代的普罗米修斯——将被他自己的盲目所束缚，被一个过去的寓言所束缚？我听见他巨大的呼喊声在全世界回响："我是白人！"好吧，哦，普罗米修斯，神圣的窃贼！世界难道容不下两种肤色？……如果连我都能自豪地回答："我是黑人！"那么你又何必将自己生生吞噬。[128]

在战间期，杜波依斯不断地质疑白人灵魂那摇摆不定的思想与决心，而他周围的世界无情地将自己推向了第二场更大的灾难。在 1918 年到 1928 年间，他曾四次来到旧大陆，走访了法国、英国、比利时、瑞士、西班牙、葡萄牙、非洲、德国、俄罗斯和土耳其。在凡尔赛和平会议召开时,他在巴黎;国际联盟成立时,他在日内瓦。他在巴黎组织了第二次泛非会议,与会者来自法属西印度群岛、美国、海地、利比里亚、法国、阿尔及利亚、埃及、刚果和埃塞俄比亚。[129] 杜波依斯在1940年的自传《黎明的黄昏》中回顾了战争年代,认为这段时间给予了他丰厚的经验和知识,"它们对判断现代环境,最重要的是深入地探索美国和世界的种族问题……具有不可估量的价值"。[130] 战间期几乎在世界各地都爆发了的反殖民主义运动引起他的浓厚兴趣。他得出结论,作为只占美国人口10%的少数族裔,非裔美国人只有将自己投入有色人种的全球运动,才有希望赢得真正的平等。(考虑到1964年的《美国民权法案》和1965年的《投票权法案》恰与撒哈拉以南非洲殖民地自治化的时间大致吻合,也许这并不是一个不好的预言。)

即便如此,非裔美国人的未来将在美国被设计,而不是其他任何地方。第一次世界大战之后,一股反黑人的暴力浪潮席卷了这片土地。许多非裔美国人总结,这就是对那些在争取欧洲人之自由的战斗中让自己命悬一线的年轻黑人的"回报"。虽然痛苦又失望,杜波依斯还是很欣赏马库斯·加维(Marcus Garvey)发起的黑人自治和移居非洲运动。在那些年里,加维获得了惊人的人气。他所创立的世界黑人进步协会(Universal Negro Improvement Association)主张拥护黑人种族纯洁性和黑人民族主义,在巅峰时期拥有近百万成员——这远远超过了全国有色人种协进会的规模。[131] 加维是一位富有魅力的领袖,他信奉种族骄傲,声称天使是黑人,而恶魔是白人。[132] 这些年来,杜波依斯也把重心转向了黑人自治和赋权事业,尽管方向不同。全国有色人种协进会资助黑人作家和艺术家,为哈勒姆文艺复兴运动的兴起做出了卓越贡献,促进了黑人文化的更新和复兴。

杜波依斯认为,加维的战略是错误的,他的移民计划不切实际,并且最终带来危险。[133] 他担心美国白人会对加维推动的黑人自治感到恐惧,从而谋求一种驱逐政策。杜波依斯称,大多数非裔美国人宁可忍受种族隔离也不会选择移民。他们是对的,究其根本是因为"黑人没有锡安"。[134] 杜波依斯痛恨种族隔离,积极奉行完全的种族平等,但在《黎明的黄昏》

中，他讲述了自己如何慢慢地接受了面对一个不确定的未来，有必要巩固黑人文化与黑人制度，因为只要没有实现彻底的解放，非裔美国人就必须团结一致。把握着历史的脉搏，杜波依斯认为完全的平等开始变成一个渺茫的目标。在弗洛伊德思想的影响下，他开始深入研究那些催生了白人种族主义的深层而非理性的情结。[135] 就像杜波依斯在《黑人的灵魂》中所宣称那般，他"不会在白人的美国精神浪潮中漂白自己的黑灵魂，因为他知道黑人的血液有一则讯息要传达给世界"。[136] 这可能被解读为种族本质主义，但我认为我们可以将"黑人的血液"解读为黑人文化的一个隐喻。[137] 让我们回忆一下，在战间期，美国黑人艺术、音乐和文学正在经历一次伟大的复兴，也是在这个时期，杜波依斯撰写了《黎明的黄昏》。

第一次世界大战结束时，全世界的目光都转向了俄罗斯。1919年6月，在巴黎的一家餐馆里，来自越南的厨工阮必诚（即后来的胡志明）向威尔逊总统请愿，要求他支持越南人民的民族自决。由于没有得到回应，他在第二年转而接近俄罗斯领导人。[138] 莫斯科很快成为反殖民主义政治的新中心。尽管杜波依斯对共产主义者的看法并不乐观，但对于他和亚洲以及非洲的其他无数人来说，俄国革命代表着希望的信号。他在《黎明的黄昏》中以苏联为例子进行的讨论显示，他认识到"它所有的失败"，但也强调了这个世界上最大的国家转向社会主义思想的划时代意义。杜波依斯评论，俄罗斯正试图将"引导和统治国家的权力交到为世界工作的人民手中，以为大众争取最大福利"。俄罗斯人的自信给杜波依斯留下了深刻的印象："事实上，这是我为黑人争取权力的基石；它阐释了我的主张。"[139]

尽管如此，杜波依斯并不认为用暴力推翻美国政权就能迎来一个更好的社会，更别说非裔美国人有能力完成这样的壮举了。然而，这并不是说他拒绝俄国革命。他认为这是"自法国大革命以来……现代人类历史上最重大的变化"。[140] 1928年，他对苏联进行了为期两个月的访问。他在苏联看到的一切深深打动了他。但他也指出了大都市中心的悲惨生活。他相信，共产主义者正在建立的是一个以合理生产和社会正义为中心的新社会。

即便如此,他也清楚地意识到这里的人们所付出的代价,但是,他写作时第二次世界大战已开始,他将此看作一个充满战争、革命和经济动荡的时代的众多症状之一。杜波依斯宣称,我们也许能够坚信,"蓄意谋杀、有组织的破坏和蛮力最终都不能……保护人类文化,但我们也必须承认,俄罗斯在战争和大规模屠杀中做过的事,其他所谓的文明国家也都做过"。[141] 然而,对杜波依斯本人来说,这种方法是不可接受的。他指出,共产主义者对非裔美国人的政治干涉,不仅不明智,而且会取得适得其反的效果。他总结道,走暴力和革命的道路对美国黑人来说无异于自杀。

那怎么办?广大美国黑人一直以来的贫困,仅靠公民权利是无法解决的。受到罗斯福新政的鼓舞,杜波依斯提出了一个新策略。他认为,罗斯福已经着手进行经济重建。在这种背景下,非裔美国人急需新的社会经济路线。路线的核心将是"美国黑人合作型工业体系"。其长期目标仍然是"废除所有种族划分",但与此同时,非裔美国人应该开始建立自己的经济体系,团结互助。[142]

杜波依斯也在德国留下了美好的回忆。1936 年,希特勒掌权的三年后,杜波依斯再次访问了德国。非裔美国人对纳粹反犹主义的反应一开始颇为含糊,因为白色美国的公愤——谴责希特勒的同时却纵容私刑——在他们看来是惺惺作态。即便如此,1934 年的夏天,全国有色人种协进会仍发布了一份由杜波依斯起草的公开声明,谴责希特勒政府针对犹太人和黑人发起的种族歧视的邪恶运动。声明言及的"黑人"也遭到希特勒的迫害,出自全国有色人种协进会收到的报告,其中称纳粹已经在德国迫害了某个有色人种的少数族裔。协进会的分支主任威廉·皮肯斯(William Pickens)将纳粹德国和吉姆·克劳法下的南方歧视做了比较,在 1934 年仅用寥寥数字作结:"我宁愿选亚拉巴马州。"[143] 在结束对德国和日本的访问回国后,杜波依斯毫不含糊地公开谴责纳粹反犹主义:"有一个鼓吹种族成见的运动正公开地、持续地、坚决地进行,其针对所有非北欧人种,尤其是犹太人,在报复性的残忍以及公开羞辱方面超过了我所见过的任何先例，尽管我已目睹过如此之多……在现代，没有任何悲剧的可怕影响能与德国对犹太人的战争所造成的相提并论。这是对文明的攻击，只有西班牙宗教裁判所和非洲奴隶贸易这类恐怖事件才能与之相比。"[144]

杜波依斯离开德国后，一路途经俄罗斯、日本，最后回到美国。虽然他没有被德国谴责美国种族主义的宣传所蒙骗，但却被日本关于"发展"和"教化"东亚的意识形态所迷惑。在伪满洲国，他公开赞扬日本的占领。显然，面对这个唯一成功抗衡欧洲的亚洲国家，他的赞赏之情由来已久，且难以消散。在谈到日本在中国的作用时，他宣称"日本是为了把中国从欧洲手里解救出来，才与她作战"。[145] 与此同时，非裔美国人对意大利占领埃塞俄比亚感到激愤，他们指出，在埃塞俄比亚被意大利轰炸和侵略时，英国、法国和美国都对此置若罔闻。对美国黑人来说，埃塞俄比亚的独立是在全球种族分界线的时代里，黑人赋权最珍贵的标志之一。

杜波依斯坚定地支持犹太复国主义，但鼓励犹太人重新思考他们在世界上的位置。比起将自己想象成白色欧洲中的绝望少数，他们可以"视自己为被剥夺了应享权利的大多数人中的一部分，他们将带领这些人掌握权力和实现自我，同时用文化宽容和对人性的信念感染他们"。[146] 1943 年初，当第一批关于大屠杀之恐怖的全面报告出现时，杜波依斯在一份非裔美国人的报纸上发表文章，敦促他的读者重新思考世界大战将导致的全球局势：

> 关于现在对犹太人的大屠杀和迫害，人们不应仅仅从他们所遭受的苦难的角度来看，而更应该从另一个角度看，即这场迫害是现代文明的一个典型例证。几乎没有一块现代的开化之地没有参与希特勒的建设。除此之外，让我们回想一下，这个历经迫害的民族曾为世界贡献了如此多卓越的领袖和大师，如摩西、耶稣基督、门德尔松、马克思和海涅，甚至提出了全能上帝的现代概念。如果连这样一群人都在现代欧洲文明中被公开凌辱，那么欧洲的人类文化还有什么希望？我们难道不应该转向非洲和亚洲来重新凝聚世界吗？[147]

从杜波依斯对共同人类与平等的理解的演化中，我们能得出什么结论呢？在《黑人的灵魂》中，杜波依斯援引了他在19世纪后期反抗种族隔离的斗争中找到的、关于现代平等的激进反种族主义文本，但他的平等语言充满了一种新的文化敏感性，这源于他力图理解在种族分界线世界身为黑人的矛盾心理。我们可以说，非裔美国人的双重意识已经转变为一种对世界历史的双重视角。

杜波依斯采用现代平等的语言为非裔美国人争取完整的政治权利、种族隔离制度的废除，并且以此坚定地拒绝科学种族主义。在后一项任务中，弗朗兹·博厄斯的人类学是一个重要的灵感来源。然而，杜波依斯相较于博厄斯理解更为深刻的是，除了法律和政治层面，争取平等必须处理种族主义的心理学根源。非裔美国人不可能通过模仿美国白人的生活方式和心理意识获得平等。不以接纳文化差异为前提，真正的平等和相互尊重便无从谈起。杜波依斯主张，美国黑人应该在不放弃自己的历史、记忆和内心感受的情况下，成为美国的正式成员。当然，他们也应该遵循礼仪和文明的共同标准——而杜波依斯自己的标准特别苛刻——但对白人和黑人工人阶级，或者白人和黑人知识分子，不应该有双重标准。杜波依斯在与白人交往时所感到的不安，成了他用以检视白人表里不一的探测仪。他的平等理论试图平衡我们不断碰到的现代平等的两副面孔。

从他在田纳西州边远地区教书的早期经历中，杜波依斯明白了如果没有固定的工作机会和良好的教育环境，绝大多数非裔美国人，尤其是生活在前奴隶州的那些，是不可能获得解放的。大多数非裔美国人长期处于赤贫状态，并且情况在大萧条期间进一步恶化，这使得杜波依斯开始思考现代平等的经济基础。俄国革命使他确信的不是共产主义主张的全面正确，而是一种非资本主义经济秩序的可行性，其中，利益将让位于人民的繁荣（二战后，他离共产主义更近了）。基于这些观点，杜波依斯试图将两种平等概念结合起来：以充分的公民和政治权利为基础的个人主义的平等，以及以合作和计划经济为基础，致力于确保广大美国黑人的就业和收入的集体平等。杜波依斯相信，未来的一个更美好的美国，应该不论种族、性别和信仰差异，为所有美国人提供平等的机会。要实现这一目标，就需要按社会主义路线进行经济重组。尽管杜波依斯明确拒绝了"共产主义专政"，但对于未来的美国社会主义的制度和政治形式，他的认识还相当模糊。

接下来，我们必须把杜波依斯对人类学转向的运用纳入我们对其共同人类与平等思想的评估当中。那篇关于白人灵魂的文章就是凝视之反转的一个突出例子。经常就一个假定的"黑人问题"谈论黑人的白人本身也被归类为一种"问题"。此外，杜波依斯发现，他们对一个"黑人"分析他们的傲慢与偏见表现得极度紧张。对白人的担忧与焦虑的分析更加令人不安，因为它发生在第一次世界大战的语境中，这次大战使欧洲痛苦地重新审视了自身的文明。杜波依斯宣称，在国家荣誉的圣坛上，一整代人毫无意义的牺牲并不是一种失常，而是代表了欧洲文明内在的邪恶本性。在战间期，他的言论与许多欧洲诗人、小说家和哲学家的批评产生了共鸣，这便是杜波依斯与道格拉斯和璐罗吉之间最大的区别。他的前辈们不得不面对白人至上主义的全盛期，而杜波依斯面对的是一个仍然强大但内部已经分裂、岌岌可危而又脆弱的欧洲。

我们可以得出这样的结论：欧洲的白人知识分子和他们的"有色人种"批评家们对世界历史时刻的变化有着共同的深刻感受。国际舞台上所有敏锐的观察者都知道"1914年"代表了一个不可逆转的历史转折点，但他们对其意义却评价不一，对未来的想象更是大相径庭。杜波依斯对世界历史的种族根源进行反思，提议将世界中心重新置于亚洲和非洲，这代表了一种可能的前进方向；而美国对"美国世纪"的期待则是另一个方向。虽然欧洲沦为一片废墟，但它仍决心保卫自己的殖民帝国。亚洲和非洲很快就会发现自己在去殖民化的进程之中苦苦挣扎。杜波依斯和任何人一样，并不能预测世界政治的未来走向，但他对全球时间性的变化的直觉捕捉是正确的。他的另一个笃信也是正确的，那就是世界必须并且即将脱离白人至上主义，走向一个多种族的人类社群。

甘地在南非及印度

和北美一样,印度也是全球种族分界线的边疆之一。在 19 世纪的最后十年里,杜波依斯探讨的白人种族意识在殖民地帝国中,尤其是在白人移民殖民地成了一个强有力的政治因素。澳大利亚、新西兰、加拿大和南非都自称白人堡垒,并试图限制更多"有色"人种的移民入境。[148] 我们马上会看到,甘地进入南非政坛,与这种新兴的白人种族主义作斗争。然而,印度自身的种族人口结构与其他大多数的英国殖民地截然不同。在 20 世纪早期,英国的一小群行政长官、军人、企业家、专家以及他们的家族成员管理着约两亿七千万印度原住民,阻止一切引进白人移民模式的尝试。

甘地非常钦佩达达拜·瑙罗吉,像瑙罗吉和许多其他印度领导人一样,在政治生涯的伊始,他真诚地相信着帝国公民身份的承诺。[149] 然而,瑙罗吉从未完全失去对西方文明的崇高敬意,而甘地最终全盘否定了西方文明的模式,并尝试用一种节俭、自足和悲悯的模式取而代之。他的政治思想很成熟,非常重视所有人的自主权和平等尊严,但在他看来,跨文化的平等并不意味着印度人要努力变得"像欧洲人"。

莫汉达斯·卡拉姆昌德·甘地(Mohandas Karamchand Gandhi)1869 年出生在海滨城市博尔本德尔(今古吉拉特邦的一部分)的一个商人世家,属于印度种姓制度的第三等级吠舍。尽管出身卑微,甘地的祖父和父亲都曾担任博尔本德尔土邦的首相。[150] 甘地家中的宗教文化相当包容:甘地的父亲信奉毗湿奴印度教,母亲则属于一个结合了印度教和穆斯林教教义、倡导宗教间和谐的教派。他父亲的有些朋友是提倡非暴力的耆那教的信徒。甘地在童年时代与十二岁的女孩克斯图尔拜·默肯吉结婚,尽管尝试与她亲近,但从未成功。这为他日后反对童婚做了铺垫。[151] 他的父母把他送到了一所以英语授课的高中。他的成绩在班上名列前茅,而且还是家族里第一个懂英语的人。年轻的甘地对学校里教授的英国文学和哲学的经典著作很是崇拜,但非常不喜欢那些对印度教嗤之以鼻的基督教传教士。[152] 他对英国的态度似乎是一种矛盾的混杂,既有对傲慢的外国统治者的怨恨，又为他们精深的知识文化所吸引。[153]

1888 年，在他十九岁的时候，甘地的父亲把他送到英国学习法律，父母期望律师这一职业能让甘地和印度人民都受益。离开的时候，他答应母亲戒荤戒酒，并且远离女色。年轻的甘地到伦敦后做的第一件事就是去拜访达达拜·瑙罗吉。他对英国抱有很高的期待，认为那里是"孕育哲学家和诗人的土地，文明的中心"。但在英国生活三年后，他提到自己在此期间重新思考了对英国文明的看法。在伦敦，他与其他印度学生来往，但也加入了伦敦素食协会，一个推崇普遍人性和简朴生活方式的协会。1890 年 1 月，甘地参加了查尔斯·布拉德洛（Charles Bradlaugh）——一位激进的无神论者，也是印度渐进式改革的支持者——的葬礼。正是在与神智学者的会面中，他第一次接触到了欧洲城市荒原的恐怖和现代文明破产的批判理论。一些素食者，如埃德温·阿诺德（Edwin Arnold）和爱德华·卡朋特（Edward Carpenter），从印度的《薄伽梵歌》中获得了灵感，提倡精神的本体论首要性、一种集体的生活方式和民主理念。那些年里，甘地研读了《薄伽梵歌》的英文译本。最后，甘地于 1891 年 6 月取得了律师资格，两天后乘船返回印度。

回到家后，他开始从事法律工作，但当南非一家印度公司招揽他做他们的法律顾问时，他当场接受了这个提议。[154] 1893 年 5 月，他动身前往纳塔尔的首府德班，南非的印度人大多都居住在此。甘地预计在南非停留一年，但实际上，他在那里待了二十多年。对甘地的政治和思想生涯来说，南非的岁月起到了决定性作用。他在纳塔尔面对的粗鲁而傲慢的种族主义，是他在印度或是英国都未曾遇到过的。第一起种族主义事件就发生在他到达的一个星期内。在从德班到比勒陀利亚的火车上，因为一名白人乘客拒绝"他的"车厢里有一个"肮脏的苦力"，甘地被毫不客气地赶出了他的隔间。甘地对这一事件的愤慨开启了他长达二十年的、为南非印度少数族裔的公民和政治权利而进行的斗争。在一封致《纳塔尔广告报》编辑的信中，甘地首先强调了纳塔尔的印度商贩和平而节俭的生活方式，然后对白人日常的傲慢表示愤慨："这是基督徒的作风吗？这是公平吗？这是正义吗？这是文明吗？"[155]

抵达德班后不久，甘地就在一个有争议的政治问题上充当了印度人社群的发言人。纳塔尔政府提议进行选举权改革，将几乎所有印度人居民从投票名单中剔除。看看殖民地的人口结构，就能知道他们为什么要采取这一步。1893 年，纳塔尔的人口包括五十万名非洲人、四万三千名白人和四万一千名印度人。[156] 白人认为只有一条政治上的种族分界线才能保证他们的权力。甘地代表印度人社群向总督递交了一份有五百个签名的请愿书，随后又向伦敦的帝国政府发出了附有一万多个签名的请求。在随后的公开辩论中，甘地指出，白人记者和政客都缺乏对印度人的基本尊重，他们经常把印度裔称为"苦力"。[157] 甘地声明，印度人并没有索求特权，他们不过是要求得到"一个文明国家里的任何人都会认为是自己与生俱来的权利"。尽管甘地承认，将选票无条件地给予所有的契约劳工是不明智的，但他拒绝将他们永久排除在名单外。如果他们或他们的孩子接受了学校教育，并获得了独立工人的身份，那么就理应拥有完整的公民身份。他补充道，如今许多正在上学的印度男孩"都是在欧式教育下成长的"。甘地还反对政府将印度人与"南非原住民"置于同一层级。[158] 最后的这个诉求表明，他认为纳塔尔的印度人比南非黑人更加优越。

抗议活动以失败告终，而限制选举权在 1896 年被写进了法律。次年，一项移民限制法案被通过，其目的显然是遏制亚洲移民进入纳塔尔。在这两个案例中，伦敦政府都避免明确提及种族或肤色问题，但这两个法案的行文实际上都将印度人排除在外。殖民大臣约瑟夫·张伯伦（Joseph Chamberlain）曾敦促白人移民殖民地的领导人避免公开发表种族主义言论，以免法案在印度国内引发不满——这个国家的数十万人与非洲和澳大利亚的白人移民"同样文明，丝毫不差"，血统还更古老。[159]

回到甘地对这些问题的思考，可以得出两个观察结果。首先，对日常性种族主义的抱怨在甘地代表印度人社群起草的信件和报告中占据了许多篇幅。[160] 第二个观察结果涉及甘地对文明人与生俱来的权利的主张，以及由此产生的、印度人社群和非洲黑人之间的差别。这两点都表明甘地仍然停留在英国教化使命和帝国公民身份的思维逻辑之内。但是，极为重要的一点是，他把"文明"的领域扩展到了种族分界线的另一边，而纳塔尔政府的做法恰恰与之背道而行。这个议题所带来的影响波及了全世界。甘地很明白，在南非提议限制移民和公民权利之前，澳大利亚、新西兰、加拿大和帝国的其余部分就已经采取了类似的举措。不论在何处，接收自由（意味着不受契约约束）的亚洲移民都是争论的主要焦点。[161]

甘地批评了大英帝国内部对亚洲人与欧洲人之间进行的种族划分，但他并未以相同的热忱去质疑横贯于欧洲人与非洲人之间的种族分界线。他的立场与其作为纳塔尔的印度人社群官方发言人的身份相符。由甘地担任书记的纳塔尔印度人大会通过努力，将原来进入公共场合的两条通道（一条属于白人，另一条属于有色人种）变成了三条：一条属于欧洲人，一条属于亚洲人，第三条属于非洲人。[162]

甘地也诉诸《新约》所倡导的基督教平等思想。他抗议道，在南非有许多印度人"都从他们的宗教老师那里学习了平等的教义。每个周日，他们都会被告知上帝不区分犹太人和非犹太人、欧洲人和亚洲人"。即便如此，他们的孩子仍旧仅仅因为身为"有色"人种，而被更好的学校拒收。[163]甘地反对移民限制计划的主要依据仍然是帝国公民身份的理念。他认为，如果所有的印度人都是英国的属民，而所有的英国属民都可以自由地定居在英国的任何地方，那么同样的权利必须授予三亿印度居民。在德班的一次演讲中，他提议用"帝国的同胞情谊"的理想代替"白人的国家"这一种族主义观念。[164]布尔战争期间，他向政府指出，印度人已经与英国统一战线，对抗说荷兰语的南非白人，然而他们的这份忠诚未曾得到回报。[165]

为定期组织对印度人社群的公共辩护，甘地创办了《印度舆论》，一份致力于印度事业的周刊。首刊出版于1903年6月。7月刊讨论了维多利亚女王的1858年文告，甘地称之为"英属印度的大宪章"。令人震惊的是，甘地对促使王室发布宣言的1857年起义没有表示出丝毫同情。因为在他看来，其结果不过是用数个落后得多的专制统治取代了现代的专制统治。

多年来，甘地对南非和世界各地黑人的命运越来越感兴趣。他在题为"从奴隶到大学校长"的文章中盛赞了布克·华盛顿，并告诉读者"这样一个人给我们所有人都上了一课"。[166] 在一份关于纳塔尔的"卡菲尔人"的简短报告中，他顺带提到了"野蛮黑人"，但他的大部分注意力都投向了黑人领袖杜贝（Dubey）雄辩的演说，后者被甘地称作"我们必须了解的一位黑人领袖"。杜贝的演讲尖锐地指出，反黑人的种族主义是南非社会所面临的主要问题。他主张，没有黑人付出的劳动，南非白人一天也活不下去。[167] 后来，《印度舆论》报道了 1911 年在伦敦举行的世界种族大会。甘地强调了杜波依斯的贡献。[168] 但另一段截然不同的经历也许更加重要。1906 年，一场由祖鲁人发起的起义被英国军队以"惩戒性的"武力镇压。甘地自愿为英国人提供医疗服务，但很快发现自己被卷入了战争。他目睹的场景把他吓坏了。英国人所谓的对起义的镇压，主要就是对手无寸铁的平民进行无差别屠杀。尽管如此，甘地却从未呼吁印度和非洲的反种族主义者统一战线。几年后，他更是将非洲黑人称作 "不如我们先进的民族"。[169] 在随后所有的黑人起义中，甘地都认为印度人应像王室的忠实臣民一样行动。他对非洲人的态度也是家长式的，而非平等主义的。

1906 年，反对德兰士瓦政府提出的新注册法的斗争是一个转折点。政府打算强迫所有亚洲人履行以下不平等规定：进行指纹采集、无论去何处都要携带身份证、允许警察在任何时间进入他们的屋子核查身份。甘地在约翰内斯堡的三千名听众面前宣称，亚洲人唯一合理的反应就是拒绝在政府设定的条件下用旧身份证换新身份证。甘地响应哈吉·哈比卜（Haji Habib）的提议，即在场所有人都庄严宣誓反对该法令，他强调这一事件的严肃性。在一场危及所有印度人存亡和尊严的危机中，一次庄严的宣誓是合适的。宣誓将在神的面前进行。甘地将对神的信仰设想为一股团结的力量，而非宗教冲突的罪魁祸首："我们都信同一个神，尽管在印度教和伊斯兰教有不同的命名。"甘地坚称，宣誓绝非无关紧要："一旦起了誓，而我们又违背了誓言，那么在神和全人类面前，我们就是有罪之人。"

甘地唤起了人类主体性最终从中获得其意义的神性基础，并将它与男性尊严和自主性的概念相连接，接着强调了个体责任的重要性。他警告，我们每一个人"如果有决心也有能力发誓，就一定要为自身的利益考虑。这种性质的决议不能以多数票通过"。¹⁷⁰ 他总结道，我们都希望，面对我们坚决的反对与抵制，政府会否决这一令人发指的法令，但若情况未能如我们所愿，我们必须坚定地承受我们的不服从所带来的后果。在场的所有人都宣誓了。即使面临着巨大的个人风险，大多数德兰士瓦印度人都加入了这场运动。在德兰士瓦的一万三千名印度人成年男性中，只有五百一十一人遵照新法令，注册了新身份。¹⁷¹ 高达96%的人都违反了该法令。政府不敢关押这么多人，便只逮捕了包括甘地在内的"罪魁祸首"。

甘地在大会上讲话的方式有三重平等效应。首先，他解释说，有色人种有权利，甚至有道德义务去反抗他们的白人统治者，并彰显他们的人格尊严。在为南非的印度人争取权利的长期斗争中，甘地有时对同胞们的道德韧性感到担忧，他警告同胞们："如果我们自己都活得卑贱如蠕虫，就没理由责怪别人踩躏我们。"¹⁷² 和何塞·黎萨尔一样，他也意识到了殖民主义带来的有害心理影响。其次，通过强调每个人的个体责任，他实际上是在告诉同胞们，面对迫在眉睫的危险，保持道义上的正直和勇气比财富和地位更重要。他的演讲并未提及女性，直到后来，甘地才强调，女性完全有能力"坚持真理"（satyagraha）。¹⁷³ 最后，他以一种坚决的普世的方式在宗教维度定义宣誓，嘱咐他们超越印度教和伊斯兰教之间的差异，寻找共同点。当然，这个问题对印度的未来尤其重要。我们只需要回忆，当甘地发表讲话时，孟加拉地区正被英国人按照宗教划分，这是英国人分而治之的伎俩，每个人都对这段惨痛的历史记忆犹新。

在这些戏剧性事件的余波中，甘地提出了一种积极的非暴力抵抗的政治理论。他为新战略发明了一个新名字：satyagraha，译法有"真理-力量"或"灵魂-力量"（在梵语中，Satya 即"真理"，但也可以表达为"灵魂"；Agraha 意为"坚持"，或者，正如甘地所喜欢的，表达为"力量"，但不是指身体性的压制）。在"坚持真理"的概念中，甘地把他到南非后对各种洞见和政治观点进行的反思糅合在一起。首先，他坚决反对人类拥有自足的自主性这一启蒙概念。根据甘地的说法，真理的终极根源不是人类，而是神。通往真正人性的道路始于对"神性传统"的认可，它赋予了人类生命意义和目的。然而，认识神不是一种逻辑上的智力活动。就像甘地说的，"心灵优于智力……灵感优于我们为之辩护的所有论辩"。[174]

甘地认为，如果不承认所有生命都拥有神性基础，就不存在任何真理。人类能通过接近神的无限心灵，并领悟到自己的心灵也参与其中，进而从自身的欺骗和妄想中摆脱出来（这与苏菲主义和斯多葛派具有惊人的相似性）。在这里，甘地借鉴了印度教经典中的最高典籍《薄伽梵歌》。《薄伽梵歌》中写道，神"凌驾一切，也支撑一切"。只有充分理解这一真理，人们才能理解《薄伽梵歌》的深刻教诲："当一个人看到自己内在的上帝和他人的为同一时，他不会通过伤害别人来伤害自己。"[175]

这个人性的概念中蕴含了非暴力（Ahimsa）。如果每个人都是属于相连整体的一部分，那么任何对他人使用暴力的人都会伤害自己的灵魂。因此，暴力确实等于自我毁灭。《薄伽梵歌》教导说，一个真正理解神的人，"对朋友和敌人怀有同样的爱"。[176] 敌人也分享神性，可以被感化以赎罪和共情。甘地与基督教福音的密切联系十分惊人：当甘地在伦敦第一次读到登山宝训时，称耶稣的话"直击我的内心"。[177] 甘地遵循《薄伽梵歌》，不仅因为它是印度教的经典文本，更因为他的心与其中的"深层真实"产生了共鸣。除了福音书和《薄伽梵歌》，甘地的政治观点还带有梭罗的《论公民的不服从义务》（1849）的印记，梭罗在这篇论文中称，他遵守美国法律的义务并不涵盖对奴隶制度的支持。另一股推动力则来自托尔斯泰的观点，即战争总是不正义的，胜利最终会使获胜者的灵魂走向毁灭。[178] 然而，非暴力的必要性并不等于在任何情况下都只是被动等待的教条，积极的非暴力抵抗和合法的自卫总是被允许的。

积极的非暴力不仅仅是一个哲学信条。国大党的大多数成员都倾向于在帝国限定的范围内进行改革，也已说服英属印度接受改革和有限形式的地方政府自治。对他们来说，甘地在南非的煽动意味着挑衅。在甘地看来，国大党领导人对欧洲文明的迷恋阻碍了印度争取自治的斗争进程，后者将开创印度自己的文明生活模式。甘地认为，国大党之所以拒绝暴力，并不是出于什么原则，而是因为它对暴力的恐惧。另一方面，甘地还必须对付一个小型但有一定影响力的派系，他们提倡模仿俄国民粹派的恐怖主义战术。正如比胡·珀里赫（Bhikhu Parekh）所说，"到19世纪末，俄国恐怖主义运动的影响力和重要性已经不容小觑"。近四十名政府官员惨遭他们暗杀或袭击，许多弹药工厂也被突袭。[179]

1909年7月，就在甘地到英国为南非的印度人的民权问题游说前不久，一个与恐怖主义集团有联系的年轻印度人马达拉尔·丁格拉（Madanlal Dhingra）刺杀了印度国务卿的政治助手柯曾·威利（Curzon Willie）。甘地强烈谴责丁格拉，以及那些煽动他犯下这桩恶行的恐怖分子。在特定情况下，战时杀人并不违法，但是在和平集会上杀害一个无辜的人——威利在南肯辛顿的一个招待会上被近距离射杀——是不可饶恕的罪行。甘地警告他，恐怖分子无法击垮英国人，而且哪怕他们赢了，也会对印度产生灾难性的后果：

> 就算英国人会因为这样的谋杀行为而离开印度，谁会来替代他们进行统治呢？英国人就一定是坏人吗？难道所有拥有印度人肤色的人都是善类？……印度无法从谋杀犯的统治中得到任何好处——无论他们是黑人还是白人。在这样的统治下，印度将被彻底摧毁。[180]

甘地相信并希望，"坚持真理"若被大规模实践，将能够消除人民对暴力的诉求。他足够现实，深知一个殖民帝国的政权不可能在一夜之间垮台，但是他期望"坚持真理"能帮助受压迫的人民让道德权威的天平向对他们有利的一方倾斜，并因此削弱压迫者的力量。

甘地解放并再造印度的斗争

1909年，仍然住在南非但心系印度的甘地起草了《印度自治》（*Hind*

Swaraj）。"Hind Swaraj"有多重含义，也可理解为"印度的自由"。Swaraj 既可以指不受他人支配的人身自由，也可以指一种遵从本心的内在自由。

从"坚持真理"开始，甘地便对殖民国家的力量做出了新的阐释。国大党的多数派和武装抵抗的支持者都认为，英国的强大源于它先进的现代技术和军事实力。甘地表示异议：少数英国精英人士和主要由当地印度人构成的英国军队，并不是殖民统治的真正基础。《印度自治》由一个读者和一个编辑之间的对话构成，前者代表了渴望印度独立，但又缺乏耐心的年轻人，后者则代表甘地自己。甘地认为，欧洲文明的核心是"无宗教"。这已经使欧洲人堕落到如此地步，以至于"他们体力孱弱，胆小怯懦，只能靠沉迷酒精来维持精力。……女人本应该是尊贵的家庭主妇，却沦落到大街上四处游荡，或是在工厂里终日做着苦工"。[181] 甘地认为，英国人真正信仰的，唯有贪婪二字。但即便如此，也不应过分夸大甘地对英国的民族性格的负面看法。他在《印度自治》的开篇章节中写道："英国人比其他人更自私，这是无可争议的事实，但这并不能证明每个英国人都是坏蛋。"[182]

缺乏耐心的读者自然想要知道，英国人既然如此腐败和堕落，他们又是如何征服并统治印度的。甘地的回答是一个扭转问题的范例：

> 英国人并没有征服印度；是我们拱手把印度送给了他们。他们在此并非因为他们本身有多强大，而是由于我们把他们留了下来。……一些英国人扬言是他们用刀与剑占领并统治了印度，这些都是胡扯。用刀剑统治印度是完全无用的。是我们自己把他们留在了这片土地上。[183]

根据甘地的说法，殖民政权的实质在于被殖民者的属民心态。只要印度人继续模仿英格兰并且缺乏独立的自尊，这个国家就继续被奴役。然而，他的对话者却提倡"现实政治"的路线。读者认为，印度必须效仿日本的道路。多亏了其现代化的军队和舰队，日本的声音才能得到全世界的尊重和倾听。甘地对此并不以为然。他反驳道，这个建议只不过是"没有英国人的英国式统治。……这不是我想要的自治"。

甘地解释道，英国人认为印度的历史毫无意义，并坚称如果印度要成为一个国家，就必须接受英国的指导，但他们错了：印度自古就是一个有着共同文化的国家。读者不同意，他认为甘地的说法可能适用于前伊斯兰时代，但英国人到达印度时，这里已经有印度教徒、穆斯林、琐罗亚斯德教徒和基督徒。读者问："他们怎么能成为一个国家？印度教徒和穆斯林可是宿敌。"[184] 甘地回答，不同宗教的信徒可以同属一个国家，就像来自外国的移民并不会摧毁一个国家，而是融入其中。一个国家想要长存，必须拥有"同化吸收的能力"。印度一直以来都是一个多元化的国家，"那些了解民族精神的人不会干涉他人的宗教信仰"。[185] 据甘地所言，在英国人到来之前，印度教徒与穆斯林之间几乎没有敌意。[186] 他肯定在这段话里夸大了前殖民时期的宗教和谐的程度。

他的历史观点是，英国人分而治之的政策煽动了印度的宗教冲突。最近一个引人注目的例子是 1905 年由寇松侯爵（Lord Curzon）实施的孟加拉分治。显然，这个例子在甘地的脑海中挥之不去。对孟加拉的分割大致沿着宗教的界限，形成了以印度教为多数的西孟加拉，以及以穆斯林为多数的东孟加拉。与此同时，穆斯林建立了单独的选民制度，使他们成为与印度教徒相抗衡的政治力量。[187] 民族独立主义者组织了一场反对英国分治计划的激烈抵抗运动，事实上，这是由印度国大党领导的第一次群众动员。分治标志着殖民政府与民族独立主义者之间合作的彻底破裂。正如甘地在《印度自治》中所指出的："在分治之后，人们意识到请愿必须有武力支持。"[188]

在以两次世界大战为标志的全球危机中，甘地凭借《印度自治》，为其在长期奋斗的印度独立事业中坚持的路线奠定了坚实的理论基础。在第一次世界大战爆发后不到一年，他回到了印度。1915 年 1 月到达印度时，甘地发现民族独立运动正处于一片混乱之中。民族独立主义者对英国的忠诚被动摇了，但他们缺少一个明确的替代选择。和在南非一样，甘地在一个修院里与一群热心的同仁住在一起，成员们每天都参与体力劳动，禁止一切铺张，贱民和有种姓的印度人平等参与其中。1917年和1918年，甘地运用"坚持真理"的原则来解决工人罢工和农民不满的问题。与此同时，在世界大战中，印度国大党忠诚地支持大英帝国。印度和其自治领为英国贡献了三百万人的战力。[189]

但是国大党所希望的"回报"并没有到来。相反，英国人对印度增税。1919年2月，英国通过了臭名昭著的《罗拉特法案》，该法案规定，任何涉嫌煽动的印度人都会被逮捕、判处两年监禁且不得上诉。这种对公民权利的不尊重激怒了甘地，他认为需要立即采取对策。因此，他在全印度发起了非暴力不合作运动，虽然印度国大党没有任何一个派系支持甘地呼吁的行动，但回应该运动的印度普通民众却达到了惊人的数目。加尔各答有二十万人走上街头；在其他大城市，抗议人数虽然相对较少，却也非常可观。在旁遮普这个在战时输送了最多印度士兵的省份，抵抗运动走向失控，好几个城市都爆发了暴力事件。甘地立即动身前往现场，试图平息群众的激愤，但在到达该省之前就被英国警察拦住了。结果，阿姆利则惨案发生了：4月13日，大约有一万人聚集在一个封闭的广场上，他们中有印度教徒、穆斯林和锡克教徒，没有人携带武器。当地的英军指挥官雷金纳德·戴尔（Reginald Dyer）将军封闭了广场的出口，在未对群众发出任何警告的情况下，命令他的士兵瞄准人们胸口的位置射击。五分钟后，四百人死亡，一千多人受伤。[190] 英国人的残暴行径震惊了整个印度，但在英国国内，戴尔却受到了英雄式的欢迎。甘地公开承认，发动一场非暴力不合作运动却没有一支训练有素的干部队伍来维持其和平进行，是"巨大的失策"。即便如此，他对抗英国殖民统治的决心没有被阻挠。对于所有关注英国和印度问题的人来说，阿姆利则惨案后，显然已再无回头的余地。

许多国大党成员开始向甘地的观点靠拢。其中一个就是贾瓦哈拉尔·尼赫鲁（Jawaharlal Nehru）。他在两年前曾斥甘地的政治观点不切实际，现在则加入了安拉阿巴德的非暴力不合作运动。[191] 1930年，甘地又发起了一场全国性的非暴力不合作运动，反对英国为了满足殖民国家机器运转的开支而对食盐进行垄断。没有一个印度家庭的生活能够没有盐，所以每个人都不得不花钱买盐。甘地发起了一场"食盐进军"运动，经过挑选，队伍由大约八十人组成，代表了十五个印度省份。成员大多是印度教徒，但其中有两个穆斯林、一个基督徒和四个贱民。经过二十四天的跋涉，队伍抵达了海岸，在那里，成员们公开违抗法律，开始采集海盐。这场运动凸显了英属印度经济的不合理性，它试图垄断人们在海滩上就能采集到的盐。和1919年一样，印度人民的响应热烈。仅仅几天之内，就有成千上万的人违抗盐垄断法。甘地和他的盟友们深知国际舆论的重要性，他们邀请了来自世界各地的记者，他们的行动被诸如印度本土、英国和美国的报纸所报道。甘地和许多其他"食盐军"遭到了逮捕。为了阻止这场运动，英国人一共逮捕了大约九万名印度人。在英格兰，温斯顿·丘吉尔宣称，印度人民给他们的英国统治者带来了前所未有的耻辱。尼赫鲁本人也身陷牢狱，他写信给甘地说："我们印度人平凡的存在已经发展出某种史诗般的伟大。"[192]

甘地政治思想中的平等概念及平等效应

多年来，甘地对包括种姓制度在内的不平等制度的批判变得愈发显著。在他的政治思想中，平等可以划分为五个维度。第一个维度是人性的普遍概念，其基础是所有人类心灵的神性基础与相互联系。第二是"坚持真理"，它是一种包容的地方自治主义的实践，隐含了对既有社会和文化等级的质疑。第三，"坚持真理"流向了一种社会哲学，后者将社会设想为一个功能各异的整体，在这个社会里，所有贡献都具有同等价值。第四，甘地提出了一种基于所有宗教拥有同等的尊严和真理的宽容理论。最后，他在深刻批判欧洲生活方式的基础上，反转了被殖民者和殖民者的等级关系。

甘地的共同人类理念成为他整个政治和社会哲学的基石。共同人类最终建立在这样的认识之上：内在于我们的与内在于万物的是同一个神。在这个意义上，我们便可以谈论人类是神圣不可侵犯的，并且没有人可

以自称天生高人一等:

> 我坚信,人人生而平等。所有人——无论生在印度、英国、美国,或者其他任何地方——都拥有与他人无异的灵魂。也正因为我笃信所有人都拥有内在的平等,我才反对我们的许多统治者妄称优越的说法。[193]

所有人都属于一个受神奖惩的人类社群,后者遍布世界各处,历经轮回与时间。每一个人的存在都是一根永恒链条中的普通一环,而且需要在人类的不断变化中认识自己的"位置"。在甘地的思考中我们发现,他非常强调一种与接受自我在社群中的位置相关的责任。社会并没有被理论化为一组个体,而是一个功能分化了的整体。

欧洲启蒙运动发明的现代平等的个人主义观念,与甘地的思想大相径庭。启蒙运动倾向于将个人视为首要现实,社会则是人类为解决冲突,通过理性计算造出的人工建构。然而,对甘地来说,社会纽带才是首要而宝贵的现实。对他来说,现代的个人主义代表着一种消极力量,它是对使人之为人的社会纽带的背离。一个强大的人不是不受约束的个人主义者,而是一个对于自己在社会中所处位置有清晰认知的人,他们能依靠这种对定位的意识挣脱时代洪流的裹挟。甘地对共同人类的社会性理解,代表了一条介于两种成见——东方集体主义和启蒙运动个人主义——之间的折中路径。

甘地平等思想的第二个维度来源于他具有高度原创性的真理力量或心灵力量概念。正如我们所看到的,在一次非暴力不合作运动中合作的经验具有强大的平等效应,因为集体中的所有成员都对他们的个人行为和集体福祉负有共同的责任。多年来,甘地越来越强调非暴力不合作运动作为一种超越了种姓、性别和宗教界限的实践所可能带来的平等主义影响。甘地常常亲身参与一些劳动,例如打扫公厕,这是一项在传统上分配给贱民的肮脏和"受污染"的粗活。非暴力不合作运动的道德力量是建立在普通人使自己成为历史主体上的。作为一种社会和情感经验,它产生了双重的平等效应。首先，它促使一个有行动力的民族去对抗已经丧失了道德高地，没有决断力又充满暴力的政府。其次，非暴力不合作运动的实践打破了在"正常"时期支撑着印度种姓社会的那些根深蒂固的不平等常规。

甘地平等思想的第三部分包含了许多对社会议题的思考，其中，种姓制度和性别歧视是最紧迫的问题。甘地的社会哲学思想深受约翰·罗斯金（John Ruskin）《给后来者言》（*Unto This Last*）的影响，这本书他在南非时第一次读到，伴随他一生。罗斯金认为，社会真正的基础不是政治经济学家所教导的利己主义，而是人的关系。罗斯金提出了三个主张：首先，个人的利益也是集体利益的一部分；第二，地位低微的劳动者的劳动与受过训练的专业人员的劳动等价；第三，无论是农民抑或是工匠，劳动的一生都是有价值的。最终，罗斯金的第三个主张构成了甘地社会哲学思想的基础，即在一个理想的社会里，所有人都应该参与体力劳动。

在这方面，甘地对种姓的模棱两可的观点值得探讨。他明确谴责了种姓制度对贱民的划分。由于所谓的污染，就羞辱性地把一整个群体的人排除在社会之外，甘地认为这是不能接受的。支持贱民制的印度人无法一以贯之地批评白人移民的种族主义。按照比胡·珀雷赫的说法，虽然甘地提出的观点从前就有，但他将之置于其中的全球语境是新的。1920年，甘地宣称，"如果不废除罪恶的贱民制，自治不可能实现，因为没有促成印度教徒和穆斯林的团结"。[194] 贱民制违背了甘地对所有人都具有基本人性的信仰，也阻碍了印度教徒与穆斯林之间的合作，后者坚决抵制其所代表的道德不平等。最重要的是，贱民自身也在要求废除这一制度，并威胁要绕过印度国大党，直接与英国政府交涉来推进他们的目标。

然而，甘地在这一阶段并未批评种姓制度本身。他对此保持着谨慎的态度，这可能与他接受印度教的轮回说，以及他对印度经济未来的看法有关。甘地提倡一种十分传统的以手工劳动和村落社会为中心的经济模式，他深信，子辈继承家业是保持印度社会结构的最好方式。因此，甘地花了很长时间才意识到，对贱民的侮辱性对待"是对整个种姓制度所固有的不平等的集中表达"。[195]

甘地必须解决的另一种社会不平等是女性的屈从。事实证明，性别问题不如种姓制度棘手。早在《印度自治》中，甘地就明确地表明，男性和女性有同等能力参与非暴力不合作运动的斗争。[196] 在 1922 年对建设性计划（Constructive Program）的评论里，甘地主张有必要对印度妇女的低下地位进行彻底改革。他说道，国大党的成员并没有充分意识到这一点。一如既往地，甘地提议议员们可以先从自己家里开始必要的改革。他说，妻子们"不应该是洋娃娃和纵欲的对象，而应该被当成共同事业中受尊敬的同志来对待"。甘地称，对女性的压迫是男性一手造成的："女性一直以来受到习俗和法律的压制，这些领域由男性负责，而女性对其形成没有任何插手的权利。……在一个以非暴力为基础的生活图景中，女人有充分的权利像男人一样塑造自己的命运。"[197] 对于女性的公共事业，甘地拥抱一种真挚的平等主义。他提醒他的听众，印度国大党的历任主席中就曾有两位女性。

甘地平等思想的第四个组成部分是宗教。和国大党的其他领袖一样，甘地知道未来印度的团结取决于印度教徒和穆斯林的合作。甘地认为，在这种情形下，后殖民时代的印度应该保持宗教中立。国家有世俗任务，而宗教属于践行它的人。[198] 甘地本人坦率地承认了他的印度教根源，但当谈到其他信仰时，他总会带着同理心和尊重。他将佛教视为印度教内部的一场改革运动，相当于新教在基督教中的角色，但是没有经历伴随新教改革的宗教战争。[199] 1939 年，穆斯林领袖真纳（Jinnah）呼吁承认穆斯林单独建国，甘地回应称："相互忍耐和宽容是生命的法则。这是我从《古兰经》、《圣经》、《阿维斯陀》和《薄伽梵歌》中学到的。"[200] 通过将宽容的教义归于伊斯兰教、基督教、琐罗亚斯德教和印度教的经书，这一宣言使宽容成为所有印度人的美德。

正如圣徒保罗所说，在基督中，希腊人与斯基泰人之间的差别变得毫无意义，甘地相信，《薄伽梵歌》中"平等看待一切众生"的命令意味着"对世界上所有人都一视同仁"。[201] 对甘地来说，共同人类是所有伟大宗教的核心。他坚信，印度教不是教条的堆砌，而是一种无止境的追求，而这一追求可以适用于所有宗教。[202] 虽然甘地感觉信仰印度教最自在，但他从未宣称印度教优越。对他来说，拿撒勒的耶稣是人类最伟大的老师之一，他建议印度教徒开放思想来看待登山宝训。在一封给一位基督徒熟人的信中，甘地写道："我不希望你成为一名印度教徒。但我希望你能通过吸收印度教中所有好的东西，成为一名更好的基督徒。"同样在这封信中，他解释说，他自己也会这样做："我不能解释为什么我喜欢自称并仍然是一个印度教徒，但［这］并不妨碍我从基督教、伊斯兰教和世界上其他宗教中吸取所有美好高贵的东西。"[203]

甘地信奉宽容的原则，但他不喜欢这个词，因为它暗示着一种对"其他"宗教居高临下的态度。"其他"宗教是迷途的羔羊，但为了社会的和平，我们不应去干涉它们。当然，宽容比内战更可取，但甘地认为宽容是不充分的。他更喜欢谈论"宗教的平等"。他认为，我们必须承认，神是独一的，但这个真理被人们用不同的教义表达。宗教只是人对神的接近，而不是神本身。甘地假设，承认所有宗教的平等并不会导致伦理相对论，因为善与恶的区别普遍存在，而且为所有宗教所确证。[204]

然而，无神论给甘地出了个难题，因为无神论者否认人类的神性基础。在这里，甘地进行了区分："我们不打算对无宗教树立宽容的态度……然而，如果我们遵循爱的法则，那么我们也不应该对无宗教信仰的弟兄怀有任何仇恨。相反，即使我们看到他无宗教，我们也会爱他，因此，要么我们让他看到他的错误，要么他说服我们承认我们的错误，要么双方都容忍另一方不同的意见。"[205] 通过用无宗教来指涉无神论，甘地用其所缺乏的来定义它，而非把它视为一种正面的世俗—人文主义的世界观。他对不信教者的宽容似乎只是出于务实的考虑。在这个问题上，甘地恰恰采用了他所谴责的处理宗教关系时的家长式作风。从他对英国自由思想家查尔斯·布拉德洛的评论中也可以很明显看出，他很难接受无神论。在伦敦的那几年，甘地参加了这位"印度的好朋友"的葬礼。据甘地所说，布拉德洛之所以否认上帝的存在，是因为他厌恶那些想把他挤出议会的、固守教条的基徒。甘地认为，真正的神存在于所有人类的心里:"神即良知。他甚至是无神论者的无神论。"[206] 这听起来似乎很是包容,但归根结底是为消除无神论所作的辩解。甘地对无神论的态度表明了其平等观念的局限性。

甘地关于共同人类与平等思想的第五个也是最后一个维度,与文明和时间性相关。它的核心是对欧洲教化使命理论的反转。据甘地称,欧洲文明的基本动力,是疯狂个体的无尽狂飙,他们总是想要更多,也因此永远不知餍足。资本主义经济的核心存在一种贪得无厌的欲望。甘地担心印度也因此承担了贪婪的恶果:"铁路、机械和随之增加的放纵习惯,这些都是奴役的真正标志,对印度人是如此,对欧洲人也是如此。"[207] 因此,欧洲人无法教化别人,最基本的原因是他们自己就是文明根基的破坏者。

很重要的一点是,尽管甘地拒绝机械和经济的现代化,但在世界经济全球化的大背景下,奉行自给自足的政策是站不住脚的,甘地的批评并不是传统主义的一刀切。正如比胡·珀雷赫所注意到的,甘地并不"反对自由、平等、宪政和法治等自由主义价值;相反,他觉得这些价值观受到了唯物主义文明的限制,是这一文明的产物,需要不同的定义和基础"。[208] 在关于印度未来的辩论中,甘地并没有站在传统主义者一边。他认为,印度文化应该利用自身的文化资源,进行改革和复兴,同时也要吸收外部的有用资源,例如罗斯金和托尔斯泰的思想。

战争与革命年代的全球平等

两次世界大战、资本主义世界体系中心毁灭性的经济萧条、五大帝国的瓦解、革命和反革命运动浪潮,种种迹象表明,全球正在经历一个巨大的转变。当然,这一转变没有明确的开始时间,但如果我们必须确定一个 19 世纪的世界体系开始瓦解的时间点,1905 年日本战胜俄罗斯可能是我们的最优选择。1905 年之后,危机接踵而至,它们将开启一个全球剧变的时期,这一时期到 1945 年才暂告一段落。1900 年以前,人们生活在殖民主义趾高气昂的世界里。而 1945 年过后,世界进入了去殖民化时代。

彭克杰·米什勒（Pankaj Mishra）在他于 2012 年出版的《帝国的废墟》（*The Ruins of Empire*）一书中，讲述了一群知识分子如何重塑 20 世纪的亚洲，向我们展示了日本在日俄战争中的胜利对世界尤其是对亚洲造成的深刻影响。在南非，甘地预见了非白人的日本人击败一个欧洲强国对世界产生的衍生性影响；奥斯曼帝国的穆斯塔法·凯末尔（后来的阿塔图尔克）对日本的胜利感到欢欣鼓舞；当消息传到正在英国留学的青年尼赫鲁耳中时，他感到"一阵愉悦的狂喜"；同样身在英国的中国民族主义者孙中山也异常激动。那年年底，在经由苏伊士运河回中国的途中，"孙中山得到了阿拉伯港口工人的祝贺，他们以为孙中山是日本人"。在美国，杜波依斯也在著作中提及在世界各地涌现的"有色人种骄傲"；海军元帅大将东乡平八郎的胜利被来自土耳其、埃及、伊朗、越南、印度、缅甸、中国、南非和印度尼西亚的民族主义者和记者们誉为一个新时代的开端。[209] 在爪哇，年轻的学生们在那几年成立了第一个民族主义者联盟。在当时还是美属殖民地的菲律宾，战争使人们重燃对独立的渴望。1905 年年底，一名前往日本的埃及知识分子甚至表示，希望日本能皈依伊斯兰教，他们的天皇成为新的萨拉丁，将东亚人和西亚人团结在一起反抗白人帝国主义。[210] 正如杰米尔·艾丁指出的那样，泛伊斯兰主义和泛亚洲主义成为白人至上主义和全球普世主义有力的竞争对手。[211] 回顾过去，我们可以看到，日俄战争引入了一种新的"全球同时性"。这可能是世界历史中第一个真正意义上的全球时刻。[212]

本章探讨的思想家们力图为处于一个始终看似行将脱轨的世界中的人们提供思想和政治指导，他们不仅体验过它的伟大期许，还饱尝过惨痛失败。帝国势力在中国的衰落掀起了民主的热潮，但同时也开启了军阀混战的血腥时代。同样，俄罗斯和土耳其的革命催生了现代化独裁，印度民族主义者无法将他们的议题强加给英国人，也未能弥合印度内部的宗教分歧；虽然非裔美国人领袖取得了显著成就，但未能瓦解美国的种族主义，而欧洲本身似乎也在滑向法西斯主义霸权。在这个阴云笼罩的背景下，真正令人惊讶的，是博厄斯、杜波依斯、甘地和那一代的许多人在思想与道德上的自信。他们成功在一个极端的时代保持了冷静，并在一个灾难频发的时代抱持着温和的乐观主义。

弗朗兹·博厄斯意识到他作为犹太人在美国的少数族裔地位，也知道他的平等主义观点不被大多数美国白人学者和公共知识分子所认同。即便如此，他还是为美国原住民发声，从内部瓦解了科学种族主义，批判美国社会中的种族偏见，开创了一种对世界历史的全新阐释，使用文化人类学的新语言重新阐释了启蒙世界主义。博厄斯的文化相对主义对欧美西方傲慢的普世主义提出了质疑，但他仍然坚持一种西方自信，相信科学理性具有解放的潜力。博厄斯设想认同圈不断扩大的长期趋势，最终将达成一个全球性的"共同人类"概念，这是在为一种现代化的启蒙历史理论辩护，但这一理论已经开始摆脱欧美思想的束缚，走向自我解放。

杜波依斯在思想上的成就是，他认识到20世纪将是种族分界线的世纪，并辨别出在19世纪后半叶出现的全球白人种族意识的现代性。从这个角度，他能够深入地分析组织化的种族暴力对黑人心理的影响，并同样精辟地对白人种族主义者的心理病态进行诊断。在他后来对大屠杀的评论中，他承认纳粹对犹太人进行了史无前例、惨无人道的迫害，并展示了他对预料之外的历史偶然性的接受能力。他的结论是，欧洲文明陷入了一个虚无主义的漩涡，大屠杀的发生显示了重新聚焦世界历史的必要性，这一结论或许也是最初的全球性愿景之一，提示对于欧洲中心主义，需要一种连贯的替代方案。

甘地对世界危机的反应是他坚持，任何可行且普遍的反种族主义和殖民主义策略都必须建立在非暴力的基础上。鉴于不少后殖民国家都有过屠杀的记录，他对暴力的去殖民化会带来致命性后果的预测很有先见之明。甘地援引不同的宗教和哲学资源，提出了另一种替代方案，即"坚持真理"的道路，以非暴力不合作的积极抵抗为基础。

像博厄斯和杜波依斯一样，甘地谴责种族主义，是因为种族主义否定了共同人类和人类尊严。甘地与二人的主要区别在于他对欧洲文明模式的拒绝。博厄斯和杜波依斯以不同的方式沿着现代主义路线推理，他们希望将欧洲的科学和技术运用到争取共同人类与平等的全球斗争中。与他们相反，甘地（与卢梭相似）认为，异化和道德堕落与欧洲现代性的经济和技术环境有着密不可分的关联。虽然 20 世纪鲜有思想家会彻底反对甘地的批判，但大多数人都无法接受他对现代经济和技术的全盘否定。后殖民时代的印度领导人虽都对甘地十分敬重，但他们仍然追求现代化的道路。另一方面，在 1945 年以后，甘地"坚持真理"的理念鼓舞了许多秉持平等主义的理论家和领导人，其中最引人注目的就是马丁·路德·金和纳尔逊·曼德拉。甘地所倡导的经济方案很快就被废止，但"坚持真理"的遗产得到了传承。即便如此，甘地的政治理论仍无法用来应对极端邪恶的希特勒。正如批评家们所言，用"坚持真理"来对抗极权的国家恐怖主义，连一天都维持不下去。

在这三位思想家中，只有杜波依斯活着见到了好日子。博厄斯在第二次世界大战中期猝然离世，彼时胜利仍然悬而未决。1948 年 1 月，印度独立后不到六个月，甘地被一名印度教狂热分子暗杀。同年，联合国通过了《世界人权宣言》，三人所倡导的共同人类理想开始获得世界性认可。从 20 世纪历史的长期发展来看，本章所讨论的斗争和思想皆做出了巨大贡献，使平等和共同人类为世界所接纳。

以下是制定《凡尔赛和约》时的一个小插曲，它并不像本应该的那样广为人知，但可能有助于理清 1919 年和 1948 年的联系。1919 年 1 月，在巴黎和会上，日本代表团提议在国际联盟的盟约中插入有关种族平等的一项条款：

> 基于各国地位平等是国际联盟的一个基本原理，各缔约国一致同意：尽快使所有国家的外国国民、国际联盟的所有成员在一切事务上都得到平等和公正的对待，无论是在法律还是事实上，无论其种族或国籍如何不同。[213]

日本是当时唯一一个非白人强国，它迫切地需要得到全世界的认可，并为进一步实现这个目标而提出它的提案。在巴黎和会上，自称代表"国际社群"的列强代表团对这一提案的探讨是有关种族平等议题最初的意见交换。尽管日本的提案得到了法国和意大利的支持，但由于美国和大英帝国的反对，最终未被通过。岛津直子在其著作中对此事评论道，日本人的盟友态度不明朗，其对手却非常坚定。[214] 由于这一提案牵涉到移民问题，日本代表团也着实强调了这一点，英国认为其牵扯到大英帝国的自治领地，也就是白人移民殖民地的存在。因此在澳大利亚的带领下，白人移民坚决反对这项提案，并为此组织了一场运动，他们甚至得到了美国总统威尔逊的支持。这一提案先是受到冷遇，最终被否决。在日本国内，各大报纸将国家和种族平等不被允许写入国际联盟盟约归咎于欧美白人强国的傲慢和虚伪。[215]

如今回顾这一插曲，并对比《凡尔赛和约》与1945年后的那份全球性协议，我们可以把日本的提案看作是在世界范围内对种族主义进行谴责的第一步。1915年，法国、英国和俄罗斯发表了一份关于亚美尼亚大屠杀的共同声明，谴责"土耳其犯下的反人类、反文明罪行"。起初，俄罗斯人提出了"反基督教和反文明的罪行"的说法，但法国人顾虑自己殖民地的公众舆论，希望避免给人留下只有信仰基督教的少数群体才值得保护的印象。[216] 然而，1925年、1930年和1933年向国际联盟提出的、关于制定保护少数群体权利的宪章的提案，全都在各大国的坚决反对之下搁浅了。[217]

在战间期，国际议程中第一次出现了关于种族主义违反国际法的声音，但是列强并不乐见国际上对种族平等的认可，更不用说对违反者实施制裁了。直到第二次世界大战中惊人的恐怖行为与种族灭绝的暴力发生后，针对这些议题采取严肃行动的时刻才到来。

第九章 人权时代

第二次世界大战虽使种族主义名誉扫地，但并没有使其终结。同样，这次战争虽削弱了殖民主义的政治和道德根基，但殖民帝国仍在全球冲突中得以幸存。即便如此，战争结束后，去殖民化还是立刻开始了，其展开速度虽比亚洲人和非洲人所想的要慢，但却比殖民列强在1945年所预期的要快得多。正如简·伯班克（Jane Burbank）和弗雷德里克·库珀（Frederick Cooper）在《世界历史中的帝国》（*Empire in World History*）中所言，"20世纪五六十年代在非洲和亚洲崩溃的殖民主义，并不是战间期的那种保守变体，而是一种干预主义的、改良主义的殖民主义，因此容易受到挑战"。[1] 欧洲殖民主义的终结完全验证了托克维尔的格言，即对一个有缺陷的制度来说，最危险的时刻就是它开始自我改革的时刻。[2]

战后的历史性时刻打开了一扇机会之窗，然而这扇窗在20世纪40年代末冷战爆发时即被关上。在这几年里苦心设计的宣言和指导方针为20世纪下半叶的知识地缘政治奠定了基础。这场战争加速了人权和民族自决这两大普世主义的发展。[3] 两者都不属于新兴思想。人权的理念可以追溯到18世纪，民族自决的概念则可以追溯到19世纪民族国家兴起之时。通常情况下，从更长远的历史角度来看问题，可以帮助我们找出断裂的节点和主要的转折点。1948年《世界人权宣言》的通过是一个历史性时刻的缩影：现代平等的包容性概念成为一种全球价值，并得到了当时几乎所有主权国家——包括各大强国在内——的正式（哪怕不是全心全意的）签署。

这样的结果在仅仅三十年前都被认为是不可想象的。当时，种族平等即使以日本人所倡导的温和的形式出现，也在巴黎和会上被断然拒绝。

我这样说是经过深思熟虑的，是为了反驳一种对 1948 年《世界人权宣言》的贬斥，这一说法称其在 20 世纪五六十年代因缺乏合法的执行机构而收效甚微。收效甚微不可否认，尤其是鉴于人们在 20 世纪 40 年代末对其寄予的厚望。但从长远的历史视角看，1948 年《世界人权宣言》仍然是世界历史上的一个重大转折点。要评判它，我们既不能以某些人在 20 世纪 40 年代提出的宏大说辞，也不能以另一些人由联合国未能在冷战时期保护人权而产生的失望情绪为依据，而应将其置于 19 世纪到 1940 年世界政治演变的背景下。[4] 此外，《世界人权宣言》也标志着公共思想史上的一个重要时刻。它使得一种标准以及一种权威性语言得到流传，后来所有的人权倡导者都对此有所借鉴。

人权和民族自决都以平等为基础，但方式截然不同。人权赋予地球上的每个人相同的权利。因此，人权侧重于个人权利，而民族自决则以集体权利为基础，宣告所有集体都享有平等的自治权利，这些集体都能令人信服地宣称拥有独立国家的地位。此外，人权被规定为个人反对国家的权利；而在社会和经济事务上，人权则是个人对国家的要求。相反，民族自决的目标是建立新的国家，而且往往把集体利益置于个人利益之上。换句话说，人权保障民主的公民权，民族自决则提供了一种有关国家组建和群众动员的语言。[5] 因此，两者之间存在一种潜在的张力。

然而，鉴于去殖民化的问题，人权和民族自决也被反种族主义的普遍平等观念积极地联系在一起，这对两者来说都是一个重要原则。毫无例外，争取民族独立的运动宣称，"有色"人种，无论是个人还是集体，都与欧洲白人平等。从这个角度看，个人的全球平等和种族及民族的全球平等是不可分割地联系在一起的。以非歧视性语言表述的平等主张在《联合国宪章》和《世界人权宣言》中得到了根本性的扩展，这是亚洲和非洲代表团以及委员会成员的成果，且得到了苏联和拉丁美洲的支持。这些地区也支持民族自决。

欧洲人和北美人只是勉强接受了现代平等的扩展。他们对世界秩序的愿景可以追溯到 20 世纪吸收利用了科学种族主义和帝国霸权的"文明"概念。欧洲人或西方人持续的优越感绝不局限于保守派。在战后的头二十年里，大多数欧洲社会民主党人强烈怀疑亚洲人和非洲人是否适合自治。他们转而提出了"发展"的概念，这让人想起了战前殖民帝国的教化使命。[6] 西方作为人类历史主要载体的表征，以一种间接的方式肯定了白人至上主义。即使如此，两次世界大战还是摧毁了人们对欧洲文明的稳定信心，这种信心是1914年之前几十年的标志。[7] 对西方文明的颂扬仍十分普遍，但如今笼罩在关于西方文明为何如此严重地偏离了轨道的反思阴影之下。

奥斯维辛损害了欧洲作为全球文明中心的声誉，在欧洲内部乃至全世界都是如此。曾经被视为地球上最文明的民族之一的德国人，被证实比人类历史中最顽固不化的"野蛮人"更野蛮。大屠杀对欧洲人的心理影响可能大于亚洲人和非洲人，后者从长期经验中了解到，尽管持有文明的主张，但欧洲人在所有大洲都实施过暴力、酷刑和大屠杀。黑人知识分子和活动家都强调了殖民主义和纳粹主义的相似之处。艾梅·塞泽尔曾说过一句著名的话："希特勒将殖民主义的方式应用于欧洲。而在此之前，这些方式只用在了阿尔及利亚的阿拉伯人、印度的苦力和非洲的黑人身上。"[8]

西方冷战意识形态将西方塑造成了一个面临共产主义威胁的民主和个人权利的堡垒。另一方面，共产主义国家捍卫民族自决，而这正是西方避而不谈的问题。因此，冷战也是一次东西方争夺新兴国家拥护的竞争，它呼吁更具包容性的人类和文明观念，来俘获全世界人民的思想和心灵。在第二次世界大战之后，英国和法国都指示殖民地行政官员避免发表侮辱性的种族言论。[9] 因此，亚洲和非洲各国人民有了利用新兴超级大国之间的紧张关系为自己谋取利益的新可能性。

联合国成立的头几年标志着平等思想走向全球的历史性时刻。这种思想上的转变也伴随着体制上的转变。第二次世界大战之后最显著的特点之一就是，在国际机构和会议中曾被默认的"西方"和"白人"多数不再被视为理所当然。此后，西方不得不与共产主义世界及争取独立的新兴国家（后来被称为"第三世界"）这两个相互抗衡的权力中心共享国际舞台。平等思想的全球化已经到达世界政治的最高会场。

接下来，我将讨论在战后的几十年里，共同人类和现代平等观在全球传播过程中的三个里程碑：第一，关于平等的根本性和非种族的话语被纳入《联合国宪章》和《世界人权宣言》；第二，联合国教科文组织（UNESCO）消解了科学种族主义；第三，"人类大家庭"展览可以被看作是《世界人权宣言》的图示。然后，我将转向艾梅·塞泽尔和莱拉·艾哈迈德对后殖民平等的理论化。艾梅·塞泽尔是文学和政治领域的"黑人性"（Négritude）运动的发起人之一，而莱拉·艾哈迈德在20世纪末探索了性别与伊斯兰教在殖民和后殖民背景下的复杂联系。最后，我将简要讨论20世纪70年代以来新的人权政治的兴起。当时，非政府组织开始应对人权问题，最终产生了一个由活动家和热心公民组成的全球网络。

全球平等被纳入《联合国宪章》

回顾战间期人权倡议的失败，美国历史学家马克·马佐尔（Mark Mazower）提出了以下问题："在1941年《大西洋宪章》和1948年《世界人权宣言》之间的短短几年里，人权的语言是如何在国际外交中占据如此重要的地位，以至于新的世界秩序将建立在推动其发展的承诺之上？"[10]

为了理解人权的兴起，我们必须好好思考第二次世界大战，以及它与第一次世界大战的不同之处。在第一次世界大战结束时，列宁和威尔逊引入了一种直接面向广大人民的国际政治新语言，但在巴黎和会中，旧式外交还是占据了上风。相比之下，第二次世界大战从一开始就是一场意识形态战争。欧美联盟、苏联、纳粹德国和日本帝国各自代表相互竞争的政治理念。随着英法殖民地在动员军队和资产方面发挥了决定性作用，且战争席卷了北非、东亚和东南亚，"我们为何而战"的问题必须在全球层面得到解决。同盟国因对希特勒的深恶痛绝而团结起来，并觉得有必要向其人民以及向全世界概述它们对战后世界秩序的愿景。

1941年8月，罗斯福和丘吉尔发布了《大西洋宪章》，明确了同盟国的战争目标。位于宪章核心的"四大自由"已被涵盖在罗斯福1941年1月的国情咨文演讲中：言论自由、宗教自由、免于匮乏的自由和免于恐惧的自由。宪章也提及了社会保障和劳动标准的改善。宪章谴责了纳粹对被占领国的残酷镇压，并宣布签署国将"尊重所有民族选择他们愿意生活于其下的政府形式之权利"。布莱恩·厄克特（Brian Urquhart）曾指出，《大西洋宪章》"标志着西方世界的领导权被决绝地从英国移交给了美国"。[11] 宪章的普遍性语言表明了民族自决的原则在全球范围内的有效性，但很快英国就觉得有必要淡化这一原则。一年后，当被问及这一原则是否适用于为战争做出贡献的英属殖民地时，丘吉尔出尔反尔："我们打算守住自己的位置。我还没有成为第一位主持大英帝国破产清算的首相。"

1942年1月，二十六个国家签署了《联合国宣言》，这在后来被认为是迈向一个全新的世界组织的第一步。它们将合作"在本国和其他国家维护人权和正义"。马佐尔指出，从那时起，在对战后秩序的官方及非官方商议中，人权问题一次又一次被提起。[12] 对纳粹独裁的专制本质的反复谈论，几乎已自动地把民主和对个人权利的尊重作为前者高尚的反义词。

1942年12月17日，华盛顿、伦敦和莫斯科同时发表了关于犹太人大屠杀的联合声明，并向全世界广播。扬·卡尔斯基（Jan Karski）曾于1942年10月在华沙犹太人区亲眼目睹了对犹太人实施的灭绝。波兰流亡政府要求同盟国介入，制止屠杀。[13] 该声明由比利时、捷克斯洛伐克、希腊、卢森堡、荷兰、挪威、波兰、美国、英国、苏联、南斯拉夫等各国政府（其中许多是流亡政府）以及法兰西民族解放委员会签署。它的核心段落详述了纳粹已经采取了灭绝政策：

> 不满足于否认犹太民族的个人……享有最基本的人权，德国当局现在正在实践希特勒一再重复的意图：灭绝欧洲的犹太人。在极其可怕和残暴的条件下，犹太人被从所有占领国运送到东欧。波兰已经成为纳粹屠杀的主要场所，在德国侵略者建立的犹太人聚居区，

除了少数特别熟练的工人外，所有犹太人都被有计划地屠杀掉。那些被带走的人再也没有任何消息。身体健全的人待在劳改营里直到过劳而死。虚弱的人要么死于严寒和饥饿，要么在大规模处决中被故意屠杀。在这些血腥暴行中遇害的完全无辜的男女老少估计有数十万。[14]

同盟国政府宣布，犯下这些罪行的人将在战后被起诉。

1944年，国际劳工组织的代表们聚集在费城，通过了一项声明，宣布"全人类不分种族、信仰和性别，都有权在有自由、尊严、经济保障和平等机会的条件下"追求他们的物质和精神需要。[15]《大西洋宪章》，尤其是其对民族自决的背书，在世界各地被阅读和评论。印度和缅甸的民族主义者迫切地想知道宪章所做的承诺是否适用于殖民地。[16] 在英国的非洲殖民地，知识分子和记者也经常援引宪章来呼吁未来独立。[17] 在南非，一位名叫纳尔逊·曼德拉的年轻律师希望宪章能帮助非洲黑人获得充分的公民权利。[18] 1943年，非洲人国民大会在《非洲人对非洲的主权声明》（African Claims for Africa）的报告中援引了该宪章，但南非总理扬·史末资（Jan Smuts）依据丘吉尔的公开声明，拒绝接受非国大对宪章的解读。[19] 当英国含糊其辞，选择改革帝国而不支持去殖民化时，美国和俄罗斯就成了希望所在。苏联坚决支持民族自决，但处处要求共产主义者在反殖民斗争中发挥领导作用。美国原则上支持去殖民化，只要民族主义运动不变成共产主义运动。但只要轴心国没有被击败，美国就避免与它的欧洲盟国对抗。此外，美国还想吞并太平洋上的一些"战略岛屿"。

希特勒的种族主义意识形态无法吸引非洲和亚洲人民，但日本帝国对他们构成的威胁要危险得多。1941年12月，当日本人对美英开战时，他们采用了"亚洲人的亚洲"（Asia to the Asians）的口号，尽管日本人入侵中国让许多人怀疑他们真正的目的其实是日本霸权。在分发给所有日本士兵的宣传册中，这场战争被合理化为一场反抗白人统治的斗争。这本小册子愤慨疾呼："在从母亲的子宫中被分娩出来的那一刻起，这些白人可能就在期待着，会有几十个日本人成为他们的私人奴隶。这真的是上帝的旨意吗？"[20] 日本政府试图用未来独立的承诺来获得殖民地人民的信任。1943年，日本授予缅甸和菲律宾半自治地位。[21] 1944年9月，日本首相宣布，印尼将在"未来"获得独立。[22] 虽然尚不清楚这些国家的人民是否完全信任他们来自日本的新统治者，但毫无疑问，日本的占领给战败的欧洲人的声望造成了持久的损害。曾断然拒绝与日本人合作的印尼民族主义者苏丹·夏赫里尔（Sutan Sjahrir）后来回忆道，印尼人赢得独立最关键的因素之一是"遭遇日本入侵时荷兰人的行为。他们屈服了。他们惊惶，他们低头，他们哭泣，他们哀求。他们全都卑躬屈膝……而我们印尼人对自己说：'倘若荷兰人那么害怕日本人，那我们为什么要害怕荷兰人呢？'荷兰人对日本人的恐惧成了一个强大的心理因素，让我们坚定信心，为了自由而向荷兰宣战"。[23]

在德国和日本战败后，美国承认了菲律宾的独立，但不包括其在太平洋的"战略岛屿"。比起其他地方，印度的民族主义运动更声势浩大，更有组织。英国选择了一种快速的去殖民化，但它也给殖民地的穆斯林区留有建立独立国家的余地。1947年，印度和巴基斯坦获得了国家地位，虽然以一场极其血腥的分裂斗争为代价。第二年，缅甸和斯里兰卡也获得独立。印度尼西亚于1945年宣布独立。经过两次短暂但激烈的殖民战争，荷兰在美国的巨大压力下于1949年承认了印尼的独立。在二战结束前，法国曾承诺将准予它的两个位于地中海东部的托管领土获得独立，但在1945年6月，法国军队轰炸了叙利亚的城市，以预先阻止叙利亚人的全面军事控制。叙利亚总统舒凯里·库阿特利（Shukri al-Quwatli）向在1944年就承认叙利亚独立的美国人求助。美方的施压和英国军队很快就终结了这一事件。[24] 法国不得不做出让步。因此，叙利亚和黎巴嫩在1946年成为独立国家。[25] 但在北非和越南，法国发动了血腥的殖民战争，直到被迫承认战败才罢休。在20世纪40年代末期，欧洲仍然在非洲实行殖民统治。非洲的去殖民化将成为一个旷日持久的问题，直到五六十年代之后才得到解决。

在战争的最后一年，美国、英国、苏联和中国开始筹备成立联合国，英国和俄罗斯都反对把人权纳入这个新世界联盟的宪章，而美国虽然不反对，但也不热心。1944年，三巨头达成的《敦巴顿橡树园协议》概述了联合国的未来组织形式，但对人权只字未提，并心照不宣地搁置了《大西洋宪章》中对民族自决的承诺。许多地方对这项协议表示失望和愤怒。围绕联合国成立大会施加的各种压力和提出的各种倡议都旨在提醒各大国履行其早先许下的承诺。

在会议筹备阶段，中国代表团提交了一份包括"所有国家、所有种族一律平等"原则的声明，这让人想起了日本在巴黎和会上提出的方案。英国对中国的提议的反应表明，世界自《凡尔赛和约》以来发生了很大的变化。伦敦方面不满这一提议，但同时也感到尴尬，因为英国国内及国际舆论会把断然拒绝种族平等与纳粹主义联系在一起。但即使如此，中国的这一提议仍没有被采纳。相反，四个大国宣布，《宪章》将"以所有爱好和平国家的主权平等为基本原则"。这样就避免了"种族"这一敏感词语的出现，同时也申明了国家主权神圣不可侵犯的宗旨。[26]

但事情并没有就此结束。泛美会议于1945年2月在墨西哥城召开，二十一个拉丁美洲国家和美国参加了会议。会议建议将一份人权宣言列入新世界组织的宪章。它还通过了一项反对种族歧视的决议。[27]四十五个公民结社和宗教团体受邀参加在旧金山举行的联合国成立大会，皆表示支持人权。[28]美国舆论和全世界政治行动者的群情激奋使美国政府相信，必须让人权在《联合国宪章》中占有一席之地。[29]

旧金山会议于1945年4月25日，即纳粹德国投降的两周前召开。联合国的五十一个创始成员国代表了各个大洲，但数量并不均等。首先，会议的东道国是美国。其次，与会者中一共有二十个拉丁美洲国家、十四个欧洲国家、九个亚洲国家，但仅有三个非洲国家。最后，大英帝国的四个白人移民国家也有代表出席。欧洲的地位仍然相当稳固，但旧金山会议标志着欧洲列强在国际会议中向来不言自明的多数地位的终结。在开幕致辞中，几个代表团都表示支持人权，但措辞都十分笼统。有些代表认为这不够充分。出席旧金山会议的印度代表拉马斯瓦米·马达利尔（Ramaswami Mudaliar）宣称，普通人民的尊严和世界上每一个居民

的基本人权是所有宗教都赞同的"永恒真理"。他继续说道,但这些人权必须真正实现普遍性:

> 这些权利无法被隔离或孤立。在人与人之间,这些权利不分边界,不分血统,不分肤色,不分信仰。作为一个亚洲人,我想说这是一个永远都不会被遗忘的问题的一部分。……全世界所有人的基本人权都应得到承认,男性和女性在各个领域都应得到平等的对待。[30]

对于马达利尔来说,人权和种族平等是紧密相连的。此外,值得注意的是,他将性别平等也纳入了不可或缺的人权的核心,而女性主义活动家,如巴西的伯莎·卢茨(Bertha Lutz)和澳大利亚的杰西·斯特里特(Jessie Street),为这一事业在旧金山会议召开前夕奔走游说。[31] 和当年在巴黎和会一样,种族平等的主要反对国是白人殖民国家,尤其是澳大利亚和新西兰,它们担心自己的"白人"移民政策会遭到谴责。新西兰外交部怀疑"中国人会敦促正式承认种族平等原则……就像日本人在巴黎和会上那样"。[32] 他是对的。在顾维钧的领导下,中国代表团在敦巴顿橡树园会议上不仅为种族平等进行游说,还就西方对人权思想的垄断提出了异议。[33]

在这一关键时刻,印度代表团提出了一项正式修正案,要求"所有男性和女性不论种族、肤色或信仰"应享有所有基本权利。[34] 要求在宪章中确认种族平等的国家包括印度、菲律宾、埃及、巴西、巴拿马、乌拉圭、墨西哥、委内瑞拉、古巴和多米尼加共和国。[35] 在欧洲国家中,只有法国附议了印度提出的修正案。最后,这项修正案也得到了苏联的支持。俄罗斯的支持使许多代表团感到惊讶,因为此前苏联一直反对将人权列入宪章。显然,苏联政治转向了人权,因为莫斯科后知后觉地发现,这给它提供了一个赢得亚非人民拥护的机会。

种族平等的议题自然与对去殖民化的期望密切相关。中国代表反对建立新的托管领土,宣称宪章不应包含任何违反"所有种族平等及其自决权的原则"的条款。伊拉克代表认为,种族歧视是一种纳粹主义,应在国际政治中被禁止。菲律宾代表卡洛斯·罗慕洛（Carlos Romulo）提醒大会，不同种族的人们在这场可怕的战争中并肩作战，而这场战争现已进入最后阶段。他宣称，战胜轴心国是全世界的胜利，而不是一个种族、一个国家或一个领导人的胜利。[36] 罗慕洛强调，殖民列强现在提供的"自治"是一句空话。他警告说，世界各国人民都"正在行动"，而他们想要的是真正的独立。[37]

最后，种族平等的反对者只好做出让步。《联合国宪章》的序言于1945年6月26日正式通过。它宣布将建立一个新的世界组织，"以使后代免受战争的苦难，它在我们的有生之年，两次给人类带来数不尽的痛苦；并重申对基本人权、人的尊严和价值、男人和女人以及大大小小的国家之平等权利的信念"。虽然序言中没有提到种族，但《宪章》的第一条就指出，联合国将促进和鼓励"尊重不分种族、性别、语言或宗教的所有人的人权和基本自由"。[38]

即使如此，《宪章》的通过绝不是殖民地人民的胜利。种族平等被纳入了《宪章》，但民族自决没有。非洲联盟和政客们试图争取在旧金山的发言机会，但他们的努力一直被置若罔闻。在被要求担任美国代表团顾问的四十二个组织中，全国有色人种协进会是唯一的非裔美国人组织。即使他们不露锋芒，英国人仍大为光火。在一份内部备忘录中，一名英国外交官表示，希望"我们将拒绝这些疯子团伙参加会议"。杜波依斯是协进会的观察员之一，他的第一个建议简明扼要："殖民主义必须下台。"[39]

批评人士指出，《宪章》没有具体规定对违规者的制裁。《宪章》影响范围的有限性很快便显现出来。1946年，印度代表维贾雅·拉克希米·潘迪特（Vijaya Lakshmi Pandit），第一位领导代表团的女性，就南非对亚洲人的歧视提出正式谴责（就像甘地一样，她没能提及对非洲黑人的歧视）。南非援引了不干涉主权国家内政的原则来应对。拉克希米起草的决议在联合国大会上以三分之二的多数通过，但美国和英国投了反对票。只有安全理事会才有权实施制裁，但其目前还没有做出任何决定。

即便如此，包括世界主要大国在内的五十个国家还是签署了一项条约，其中纳入了种族平等、性别平等和宗教平等。这是一个重要的突破。引人注目的是，施压并要求采纳具有全球包容性的平等观的国家主要来自亚洲、非洲和拉丁美洲。人权的语言起源于欧洲，但是，在联合国成立大会上，平等的激进化不能被简化为对欧洲启蒙运动的政治语言的简单"采纳"。正如德国历史学家塞巴斯蒂安·康拉德（Sebastian Conrad）在19世纪所言，非欧洲人在争取自治的斗争中，对启蒙运动的概念进行了改造和普遍化。[40] 没有他们的贡献，旧金山会议很可能会产生又一种虽具普遍性却不具包容性的语言，尤其是涉及种族问题时。

现代平等的激进化：《世界人权宣言》

任何把1948年的《世界人权宣言》与1789年的法国《人权宣言》做比较的人，都会注意到两者之间一些惊人的相似，以及一些同样惊人的不同。当然，最显著的相似在于权利的语言本身。主要的不同之处在于平等观的框架和范围。1948年《宣言》将"全人类"视为权利的持有者，而1789年《宣言》则将"男性"视为权利的持有者。1789年《宣言》将权利纳入了国家框架内部，而1948年《宣言》中提出的原则只有在全球背景下才有意义。1789年法国《人权宣言》代表了法国新政治文化的思想构成要素。相比之下，1948年《世界人权宣言》的目的是限制各国对待本国公民的方式，同时也使不干涉所有主权国家内政的原则成为神圣的原则。因此，1948年《宣言》将国家主权原则与一套在道德上"高于"实在法的普遍准则结合了起来。

对我们的问题域而言，最重要的是，1948年《宣言》强烈肯定了不歧视原则。它认为"人人有资格享有本宣言所载的一切权利和自由，不分种族、肤色、性别、语言、宗教，政治或其他见解，国籍或社会出身，财产、出生或其他身份"。[41] 起草委员会成员、法国人勒内·卡森（René Cassin）认为，宣言必须以"人类所有种族团结的伟大基本原则"为基础。[42]

1947年1月，起草权利法案的委员会开始了它的工作。该委员会是一个政治和哲学上的混合群体，由埃莉诺·罗斯福（Eleanor Roosevelt）领导。埃莉诺·罗斯福享有国际社会的体恤，不仅因为她是罗斯福总统的遗孀，而且因为她是知名的反种族歧视和反妇女压迫人士。[43] 她由加拿大法学家约翰·汉弗莱（John Humphrey）协助，后者曾参与起草《世界人权宣言》初稿。[44]

法国人勒内·卡森来自一个犹太家庭，他的妻子是新教徒，因此这对夫妇代表了法国两个古老的宗教少数派。卡森本人认为，在法兰西共和国的世俗主义和世俗的犹太教中都可以找到对人权的支持。[45] 同时，他也反对政治和法律上对女性的歧视，并因此而闻名。[46] 卡森在大屠杀中失去了二十九个亲人，因此坚定地致力于人权事业，以阻止未来可能发生的迫害。[47] 委员会的另一名备受瞩目的成员是来自智利的埃尔南·圣克鲁斯（Hernán Santa Cruz），他是萨尔瓦多·阿连德（Salvador Allende）的同学。圣克鲁斯是一名社会主义者，也是把社会和经济权利纳入《世界人权宣言》的最坚定的倡导者之一。[48]

委员会中最活跃的四个成员都是亚洲人。菲律宾驻美代表卡洛斯·罗慕洛曾是麦克阿瑟将军的副官。1941年，他因一系列宣告殖民主义在亚洲即将终结的报道文章而获得普利策奖。来自小国的他不信任那些"表现得像他们拥有全世界"的大国。[49] 在哲学上，罗慕洛支持基于新托马斯主义自然法学说的基督教人性观。第二位来自亚洲的委员会成员是查尔斯·马利克（Charles Malik），他出生于黎巴嫩的一个中产阶级家庭，隶属于希腊东正教会。马利克家族是阿拉伯后裔，而查尔斯是在黎巴嫩精英的都会文化中长大的。他在贝鲁特美国大学、哈佛大学和弗莱堡大学的海德格尔门下攻读数学和哲学。由于他的"闪米特人"长相，他曾被纳粹暴徒殴打，之后不到一年就离开了德国。

第三位亚洲成员是儒学哲学家张彭春。他是中国国民党的代表，出身于一个经商兼从文的家族。在他的少年时代，他目睹了义和团运动——一次试图削弱外国在华影响力的徒劳尝试。十八岁时，他前往美国，师从约翰·杜威（John Dewey）学习哲学。1921年，他以一篇关于中国现代化教育的毕业论文拿到了博士学位。[50] 张彭春非常同情1919年的五四运动。1937 年，当日本入侵中国时，张彭春已经是一位受人尊敬的教育家、文学评论家和剧作家。从 1940 年到战争结束，他就任中国驻土耳其和驻智利大使。

第四位亚洲成员汉萨·梅赫塔（Hansa Mehta）是除了埃莉诺·罗斯福之外的唯一一位女性成员。1897 年，汉萨·梅赫塔出生于印度苏拉特的一个学者和政治家家庭，在孟买大学学习哲学和文学，随后在英国的新闻学院就读。她在伦敦遇到了萨罗吉尼·奈都（Sarojini Naidu），奈都为她引介了女性主义。她嫁给了一个种姓地位低微的男人，这成了一桩家族丑闻，但她的父亲尊重她的选择。回到印度后，她成为独立斗争的活动家。1930 年，梅赫塔参加了甘地发起的"食盐进军"运动，为此被判三年监禁。[51] 在联合国任职期间，她曾担任印度新宪法的两名女性顾问之一，鼓动反对童婚、深闺制度、一夫多妻制、不平等继承法，以及跨种姓婚姻的禁令。[52]

起草委员会中的亚洲成员来自不同的国家——菲律宾、黎巴嫩、中国和印度——这些国家最近才获得了独立，或刚刚经历了剧烈的政治动荡。他们所有人都在西方接受过一些知识训练，并且都具有世界主义视野。与他们相比，罗斯福、汉弗莱和卡森可以被称作是思想开放、高瞻远瞩的西方人，而圣克鲁斯代表了拉丁美洲对人权的展望，它比西方主流更具有社会意义上的平等主义。最后，南斯拉夫成员弗拉迪斯拉夫·里布尼卡尔（Vladislav Ribnikar）代表了共产主义。

第一个问题关于如何抉择：是发表一份宣言还是制定一个全面完备的条约？[53] 印度极力主张签订一个具有法律效力的条约。在这个关键问题上，埃莉诺·罗斯福受白宫的严格指示，赞成发表宣言。无论如何，这是最现实的选择，因为通过一个条约需要长得多的时间，而时间已经不多了。在捷克斯洛伐克共产党执政、希腊内战和柏林封锁的情况下，国际氛围迅速恶化。

那宣言的标题应该怎么取呢？最初拟的标题是"国际人权宣言"（"International Declaration of Human Rights"），后来卡森提议用"世界人权宣言"（"Universal Declaration of Human Rights"）取代这一政府间

的用语，这个提议得到了大多数人的赞同。[54] 接着，汉萨·梅赫塔提议在整个宣言中用"human rights"（人权）取代"rights of man"（[男]人的权利），以使其语言性别中立。具有讽刺意味的是，"brotherhood"（兄弟情谊）一词依然存在，因此宣言的第一条写道："人人生而自由，在尊严和权利上一律平等。他们赋有理性和良心，并应以兄弟情谊相待。"[55]

宣言应该建立在哲学或宗教的基础上吗？世界上——以及委员会本身——的宗教多样性使得在宗教上达成一致意见的可能性微乎其微。这标志着与1789年《宣言》的重大区别，彼时国民大会宣称人的权利"由上帝见证，受上帝庇护"。1948年《宣言》里，没有任何一处提及神的启示。在起草过程的后期阶段，荷兰试图在序言的某处提到上帝，但最终未能获得多数票。[56]

哲学则是另一回事了。《宣言》最终版本的序言部分首先声明，人类大家庭的所有成员都拥有"平等和不可剥夺的权利"，这些权利应得到法律的承认和保护。这样的一个方案似乎排除了权利由国家权力产生的实证主义原则。人权显然被认为具有"绝对"效力，因此必须得到立法的承认和保护。查尔斯·马利克从基督教自然法出发，更倾向于将人权置于"自然"之中，认为自然是上帝的创造。他的做法受到了张彭春的批评。张彭春提醒他的同事们，这份宣言是要让全世界都能接受，因此不应该提及大多数人都不信仰的基督教哲学。张彭春认为，《宣言》的第一条中提到兄弟情谊恰到好处。兄弟情谊是一神论宗教的信条，但也是欧洲启蒙运动和中国经典的信条。总体上，张彭春认为，最好将《宣言》制定为一份精心设计的权利清单，而不提供具体的哲学基础。所有接受这些权利的人都应该可以自由地将它们置于自己的宗教或哲学世界观中。埃莉诺·罗斯福对此表示赞同。她说虽然她自己相信"神圣的造物主"，但《宣言》应该允许所有人"以自己独特的方式"去思考这个问题。因此，委员会决定在《宣言》的最终版本中删除对"自然"的所有称引。[57]

1947年，美国人类学学会和联合国教科文组织的一个特别咨询委员会也讨论了世界观多样性的问题，该委员会的召开是为了收集关于人权文化普遍性的声明。美国人类学学会向罗斯福委员会提交了一份"人权声明"，警告并反对发表只反映西欧和美国价值观的片面声明。人类学家遗憾地发现，在西方对价值的讨论中，不同文化之间的重要共性常常被忽视。他们建议采纳一项关于"人有权遵循自己的传统生活"的条款。[58] 这一建议引起了哥伦比亚大学人类学教授朱利安·斯图尔德（Julian Steward）的批评，他认为，并非所有现存的传统都尊重个人权利："作为人类，我们一致反对在希特勒统治下的德国犹太人受到的残酷对待，但对于世界各地数以千计的其他类型的种族和文化歧视、不公行为和不体谅的态度，我们又应该持什么立场呢？"[59]

联合国教科文组织专家委员会于 1947 年 1 月开始工作。它在成员构成方面可以说是西方的，但在其他方面相当多元：其中最活跃的成员包括英国历史学家 E. H. 卡尔（E. H. Carr）、美国哲学家理查德·麦基翁（Richard McKeon）和法国天主教人格主义思想家雅克·马里坦（Jacques Maritain）。[60] 他们向来自世界各地的几百位哲学家和一流知识分子发送了一份调查问卷，共收到一百五十份答复。[61] 比如，中国哲学家罗忠恕解释说，中国经典中虽未曾提及人权的概念，但人民反抗不公正统治者的权利是自古以来就得到承认的。他接着说，中国思想家不要求权利，但非常重视"一种同情的态度，认为所有人都有相同的欲望，因此也有相同的权利，就像一个人想要过得快活一样"。他解释道，个人权利是从社会互惠原则中提炼出来的，而现代欧洲的自然权利是在个人的利益和偏好中实现互惠。对于文化多样性问题，罗忠恕提倡宽容，不仅对所有的宗教，也对无神论者宽容。[62]

另一个有趣的回复来自印度教育部的一名穆斯林，胡马云·卡比尔（Humayun Kabir）。卡比尔指出，在过去，人权常常只适用于欧洲人，甚至是部分欧洲人。他提出，现在需要的是真正普遍的权利。他提到了早期伊斯兰教的传统，人们在其中克服了种族和肤色的差异，其程度"是之前和之后都没有出现过的"。他主张，一项新的人权宪章应该将所有的人都包括在内，"不分种族、肤色或性别"。[63] 贝拿勒斯印度教大学的蓬特姆贝克尔（S. V. Puntambekar）教授强调了全人类的精神需求以及人类本性的无尽复杂性。因此，他提倡对差异性的包容，而印度内战的威胁更是强调了这种包容的重要性。最后，他强调摆脱外国统治是最重要的。[64]

联合国教科文组织委员会的成员在总结包括上述的许多答复后，得出了若干结论。他们总结道，个人权利宣言的历史主要局限于 17 世纪中期以来的欧洲历史。但是，当人权的基础出现在更广泛的个人尊严和共同人类的愿景中时，情况发生了变化：

> 关于人权、个人尊严和兄弟情谊，以及大社会中共同公民身份的哲学讨论具有悠久的历史——它超越了西方传统的局限，在西方和东方的起源都与哲学的起源不谋而合。[65]

在此，联合国教科文组织委员会先于卡尔·雅斯贝斯触摸到了轴心时代的概念，这位德国哲学家在 1949 年的著作《论历史的起源和目标》（*On the Origin and Telos of History*）中对这一概念进行了详细的阐述。委员会的意思是说，共同人类和个人尊严的观点具有跨文化的基础，但在欧洲启蒙运动中出现的个人（human person）概念却没有。委员会进一步指出，即使在西方世界内部，自由主义哲学家与马克思主义哲学家之间也存在着根本的差异。在自由主义传统中，个人是首要现实，而马克思主义者则强调个人的社会属性。他们进一步指出，自工业革命以来，盛行的观点认为，社会和经济权利，以及更普遍的"行动权"（rights to），也必须包括在内。[66]

也许联合国教科文组织调查得出的最重要的结果是，受访者所提交的基本权利和价值的清单在很大程度上有所重叠。全球公认的权利包括公民权利、政治权利以及社会和经济权利。[67] 无论种族、肤色、性别、宗教和语言，对于真正普遍的权利的需要，已经成为一种广泛的共识。显然，人们是对一系列普遍权利的愿望达成了共识，而不是它们的哲学或宗教基础。

另一个有争议的话题是个人、社会和国家之间的恰当关系。查尔斯·马利克认为，个人是最基本的现实，也是权利的主体。但张彭春认为这是一种过于个人主义的人权观念。他把儒家思想的人性观（仁）解释为"人与人之间的感知"。张彭春指出，人性的真正本质不是在孤立的个体中发现的，而是只能在人际关系中表现出来。即便如此，他并不提倡《世界人权宣言》以儒家思想为基础，而是支持一种平衡的方法，既公平地对待个人主义，也公平地对待"个人"的社会本体论。《世界人权宣言》的最终版本宣称，"人人对社会负有义务，因为只有在社会中他的个性才可能得到自由和充分的发展"。

关于普遍平等，《宣言》第二条禁止以种族、肤色、性别、语言、宗教、政治或其他见解，国籍或社会出身、财产、出生或其他身份为理由进行歧视。历史进程中使用的大多数排斥理由因而被依次排除在外。第二条的第二部分声明，"不得因一人所属的国家或领土的政治的、行政的或者国际的地位之不同而有所区别，无论该领土是独立领土、托管领土、非自治领土或者处于其他任何主权受限制的情况之下"。这句冗长的程式化语句指的是殖民地和托管领土。因此，殖民地的人民将获得个人自由，但会受到集体管理。

《世界人权宣言》中纳入了享有权利的权利。第六条声明"人人在任何地方有权被承认在法律前的人格"，第十五条声明"人人有权享有国籍"和"任何人的国籍不得任意剥夺，亦不得否认其改变国籍的权利"。这些权利里还包括人人有权离开其祖国，也有权返回其祖国，以及有权在遭受迫害时寻求庇护。因此，国家不得支持或创造条件去剥夺人民的所有权利，这显然是指纳粹德国的政策。即便如此，无国籍的个人在没有国家接收时不能援引联合国的法律保护。不尊重人权的独裁国家只能由安全理事会——亦即行动一致的大国——强制其执行。

1789年法国《人权宣言》规定，任何人都不应因其所持观点而被攻击，"哪怕宗教观点也不行"。《世界人权宣言》对宗教自由展现了更宽泛的态度。第十八条宣布"人人有思想、良知和宗教自由的权利；此项权利包括改变他的宗教或信仰的自由，以及单独或集体、公开或秘密地以教义、实践、礼拜和戒律表示他的宗教或信仰的自由"。因此，宗教的社会属性比 1789 年时得到了多得多的关注。改变宗教信仰的权利反映了一种世俗主义的倾向，因为大多数宗教虽接受改宗却拒绝叛教。改变宗教信仰的权利是沙特阿拉伯在最后的全体大会投票中弃权的原因。沙特代表贾米尔·巴鲁迪（Jamil Baroody）认为，对改变宗教信仰的强调使人想起了十字军东征的精神。[68] 在准备阶段，沙特要求删除这一条款的修正案得到了相当多的支持，但在最后的投票中，只剩下巴鲁迪孤军奋战。巴基斯坦外交部长扎夫鲁拉·卡恩（Zafrullah Kahn）引用了一节有关宗教信仰的自愿性质的《古兰经》经文，为自己的赞成票辩护。[69] 叙利亚和埃及也对该条款投了赞成票，尽管他们对其措辞持保留态度。[70] 在这场辩论中，勒内·卡森承认，对于某些宗教的追随者来说，改变信仰是一个"棘手问题"，但主张如果没有改变自己观点的权利，思想自由是不完整的。[71] 因此，宗教被置于与所有其他"观点"相同的层次上，这再次假定了一种世俗的世界观。

性别是另一个争论的焦点。根据《宣言》第十六条，"家庭是天然的和基本的社会单元，并应受社会和国家的保护"。这是《宣言》中唯一一条将某个制度定义为"天然"的条例。1948 年，没有人反对将异性恋家庭视为自然（只有在 20 世纪 70 年代女性主义和同性恋激进主义兴起时，反对意见才出现）。引起骚动的是这一条款的第一部分，它宣布"成年男女，不受种族、国籍或宗教的任何限制有权婚嫁和成立家庭。他们在婚姻方面，在结婚期间和在解除婚约时，应有平等的权利"。巴鲁迪又一次表示反对。他提出以"法定婚姻年龄"取代"成年"。他进一步提出删除"不受种族、国籍或宗教的任何限制"，因为这给予了穆斯林妇女与非穆斯林男性结婚的权利。[72] 巴鲁迪谴责这一条例的制定者试图"宣扬一种文明优于其他所有文明"。

沙特的修正案得到了叙利亚和黎巴嫩的支持，但出生在深闺制度下的年轻巴基斯坦女代表谢斯塔·伊克拉穆拉（Shaista Ikramullah）拒绝接受这些修正案。她赞同巴鲁迪认为婚姻中的平等权利不应该被解释为"相同的权利"的观点，但她同时也强调这一条款"旨在防止童婚和未经双方同意而缔结的婚姻，以及保证妇女在离婚后得到保护以及保证她们的财产安全"。她不支持沙特的修正案，因为"这将使那些在法律上歧视妇女的国家能够继续实施这些法律"。[73] 巴鲁迪的提议得到了一些穆斯林国家的支持，但败给了悬殊的多数票。在最后对整部宣言的投票中，他是唯一一位弃权的穆斯林代表。令人惊讶的是，美国代表并不反对跨种族婚姻的自由权利。而在 1945 年，美国有三十个州存在禁止或废除跨种族婚姻的法律。[74]

法律明令实行种族隔离的南非也在最终投票时弃权。具有历史讽刺意味的是，南非总理扬·史末资在说服英美两国将人权纳入《联合国宪章》方面发挥了重要作用，但在他的序言草案中并没有提及种族平等。[75] 与此同时，大会还援引了《宪章》里的人权条款来对南非进行谴责。鉴于这些情况，南非的弃权并不使任何人感到惊讶。

在《世界人权宣言》最后通过时，没有成员国投反对票，但有八个国家弃权：上文提到的沙特阿拉伯和南非，以及苏联、乌克兰、白俄罗斯、波兰、捷克斯洛伐克和南斯拉夫。六个共产主义国家的主要反对意见涉及国家职能。这些国家宣称，《世界人权宣言》中的权利总是被定义为反对国家的权利，就如"有权离开国家并有权返回"的条款所描述的那样。[76] 这些代表认为，在资本主义阶级社会中，国家不尊重人民群众的基本利益，但在社会主义国家中，个人和国家之间的关系是和谐的。另一方面，他们同意将社会与经济权利纳入《宣言》。根据巴拿马和智利的提议，这些权利已经包括在汉弗莱起草《宣言》的首稿中。[77] 几个拉丁美洲国家在其立法中也纳入了社会经济权利。世界上第一部包含社会和经济权利的宪法是 1917 年制定的《墨西哥宪法》。美国虽支持社会和经济权利，却将国家在保障这些权利上的干预最小化。

关于《世界人权宣言》，我们能得出什么结论呢？首先，虽然个人人权的概念起源于欧洲，但平等观的进一步深化反映了欧洲以外的世界变得日益重要。其次，大会上的辩论表明，来自不同文化背景的人可以就人权问题达成一致。文化分歧确实存在，但要把 1948 年的辩论定性为一场文化战争是不合时宜的。这一结果在一定程度上反映了在巴黎的亚洲人和（少数）非洲人的"西化"历程，同时也反映了拉美国家庞大的投票集团。但是，平等话语的激进化并不是战前西方政治文化的标准项。

第三，对种族主义的谴责是基于两种截然不同的历史经验的。在西方看来，第二次世界大战是为了反对纳粹帝国主义的企图，其核心由优等民族的种族主义意识形态和反犹主义构成。对于亚洲人和非洲人而言，种族主义在他们奴役和殖民屈从的漫长历史中占据中心地位。对他们来说，20世纪确实是种族分界线的世纪。因此，种族主义者和反种族主义者在西方和世界范围内进行对抗。

第四个结论是，全球已经就社会和经济权利的重要性达成共识，尽管在实施这些权利的方式上还没有协商一致。这一共识有赖于西方和非西方经验的协同作用。在西方，它源于大萧条的经历，但在西方以外的世界，它反映了对全球社会不平等和极端贫困的新认识。共产主义者主张社会主义国家代表了解决经济不平等和贫困问题的优越方案，这成为这场辩论的新优势。

第五个结论是，对个人作为权利最终拥有者地位的反对并非源于一种假定的"亚洲集体主义"，而是源于共产主义国家。共产主义是社会主义的一个分支，其起源和自由主义一样，可以追溯到欧洲启蒙运动。因此，关于个人优先性的争论既是西方内部的争论，也是全球性争议。其核心存在着两种对立：民主与极权之间的对立，以及国家干预与自由放任之间的经济对立。"西方"和"亚洲"价值观之间偶尔也会出现对立，尤其是在性别问题上，但这并不是1948年辩论的核心。

我的第六个，也就是最后一个结论，与《世界人权宣言》的历史意义有关。自17世纪以来，在思索共同人类与平等的漫长历史中，《世界人权宣言》标志着现代平等被接受为全球标准的历史时刻，它成了世界主权国家的集体权威所支持的道德灯塔。置于更广泛的背景下来看，《世界人权宣言》的意义远远超越了人权及对其遵守的问题。起草者所提出的以及大会所采纳的，是一种包容性的人文精神。从这个角度来看，故意省略宗教或哲学基础，不应仅仅被视为一种过分谨慎的务实举措。它表明，不站在特定哲学或宗教立场上谈论全球人类的需求、期望和合法的奋斗是一种可行的做法。《世界人权宣言》不需要再对人类的概念进行哲学性讨论，因为《宣言》本身就是用一种现代平等的包容的新语言来表达的。

阿什利·蒙塔古提议废除种族概念

在弗朗兹·博厄斯的人类学中，"种族"仍然是一个有效的解释性概念，尽管它仅限于人类物种的自然变异。文化多样性的研究被分配给人类学、历史学和其他人类科学。因此，文化和种族的概念被定义为一对反义词：文化是一切非种族的东西，而种族是一切非文化的东西。[78] 博厄斯否认种族有"优等"和"劣等"之分，但他认为划分人类种族是合理的。同样的推理在颇有影响力的《种族与种族主义》（*Race and Racism*）一书中也可以找到，该书由博厄斯的合作者露丝·本尼迪克特（Ruth Benedict）于1942年出版。她将"种族"定义为一种"基于遗传特征的分类"，并提醒人们，"承认种族并不意味着承认种族主义"。[79]

英国人类学家阿什利·蒙塔古（Ashley Montagu）提倡一种更为激进的态度，认为种族概念与种族主义密不可分。在蒙塔古看来，"种族"是一个不符合任何生物现实的幽灵概念。在1950年联合国教科文组织专家组废除这一概念的过程中，他的批评起到了至关重要的作用。蒙塔古这个名字是他自己取的。他于1905年出生，原名伊斯雷尔·埃伦伯格（Israel Ehrenberg）。其父是伦敦东区的一名犹太裁缝。上学路上，经常有来自另一社区的孩子向小蒙塔古扔石子。他问母亲为什么那些孩子对他有如此大的敌意时，她告诉他"因为我们是犹太人"。他追问人们为何憎恨犹太人，他的母亲耸了耸肩："人们就是这样的。"在1990年的一次采访中，蒙塔古说，他对种族主义的兴趣就始于那个时代。他想知道为什么人们会有这种古怪的偏见。他接着回忆道，反犹主义在英国很普遍，从普罗大众到伦敦俱乐部里有教养的绅士，都有持这种立场的人。[80]

1925年，二十岁的蒙塔古在一本学生杂志上发表了第一篇关于种族主义的评论文章。在学生时代结束之后，他取了一个听起来很高贵的名字——弗朗西斯·阿什利·蒙塔古——原因不明，但可能是为了保护自己不受反犹偏见的影响（在莎士比亚的《罗密欧与朱丽叶》中，罗密欧出身于维罗纳的蒙塔古家族）。在伦敦完成学业后，他前往纽约。1937年，他以一篇关于澳大利亚土著生育信仰的论文，毕业于弗朗兹·博厄斯和露丝·本尼迪克特门下。蒙塔古后来回忆说，博厄斯教授关于美洲原住民语言的课程是他学过的最重要的课程。"为什么？因为它……让我理解了特定文化中的人们是怎么思考的，不同文化中的思维方式有多么不同，以及现实的建构是如何由社会决定的。更不用说它还让我理解了篡改是从语言开始的。"[81]

蒙塔古的种族批判的优势在于，他不仅精通文化人类学，而且精通体质人类学和遗传学。此外，他还深入研究了人类学的历史和种族理论，这使得他能够将他的种族批判延伸到这个概念所假定的生物学基础上。1941年，在芝加哥大学五十周年的庆典上，蒙塔古发表了一场关于"种族的人类学概念之无意义性"的公开演讲。人类学系主任当即反驳了他的批评，但许多学生对此表示"由衷的赞同"。[82] 蒙塔古将他的演讲改写成了一本书，在第二年以《人类最危险的神话：种族的谬误》（*Man's Most Dangerous Myth: The Fallacy of Race*）为名出版，随后在1945年又出版了第二版，内容有大幅扩充。

蒙塔古说，大多数人类学家认为"种族"的概念指的是一种自然的、生物的现实。然而，从现代遗传学的角度来看，"种族"是一个毫无意义的概念。蒙塔古主张，认为"种族"即遗传性自然类型的理论是站不住脚的，因为自从19世纪晚期格雷戈尔·孟德尔（Gregor Mendel）的研究重启以来，遗传学就一直建立在不同性状的可遗传性之上，而不是"特征的合成物"。[83] 由此可见，每个人类种群的基因都有一定的异质性。基因变异可以由基因频率的随机变化或特定基因的突变引起。蒙塔古推断，在人类历史的进程中，迁移导致了相互孤立的群体的产生。随机的变异和突变可能导致这些群体之间的生理差异。因而，气候等环境因素就使达尔文的自然选择机制发挥了作用。地理隔离和环境因素的共同作用会导致全人类不同种群中特定基因频率的差异。

蒙塔古强调这样的种群不是静态的，而是动态的实体："所谓'种族'仅仅代表了人类共有的各种遗传物质的不同类型的临时混合。"[84] 蒙塔古认为，关于"种族"是一个巨大、固定、稳定的实体，并在各个时代都保持不变的想法是体质人类学家虚构出来的。他们通过两个可疑的操作制造了"种族"的概念。首先，他们将一个庞大种群的平均性状视为一个独立的物理现实。基因频率的个体差异在平均值计算中被忽略不计，这些个体随后被重新描述为"种族"中的"典型"，而"种族"的概念又是基于平均值来进行分析的。其次，他们在"种族"中将如此复杂的性状进行捆绑，并将此理论化为一种可遗传的整体，这恰恰与现代遗传学相反，后者只承认不同性状的遗传特性。正是这一操作将"种群"的动态概念转变为"种族"的静态概念。蒙塔古总结道，"将一个既定群体的特征进行平均化，把个体凑合搅拌在一起，煎蛋卷般，然后把最后得到的这个蛋卷当作一个'种族'，这一过程本质上就是人类学创造种族的过程"。[85]

蒙塔古进一步主张，要理解"种族"如何能成为相对稳定的历史实体，就必须将历史因素纳入考量，尤其是性选择和社会选择。人们经常从他们熟悉的、相比外人也更喜欢的种群中寻找性伴侣。在很多社会中，住房和教育方面都存在着社会封闭和隔离机制，这使得性选择的过程更加僵化。蒙塔古断言，美国的黑人居民仍然是一个界限分明的"种族"，这一现状与生物学无关——这是美国白人强制施行社会封闭的结果。如果美国社会不实行种族隔离，杂交的过程就会慢慢地把黑人少数群体消融进白人大多数中去。[86] 蒙塔古继续说道，美国禁止种族通婚的法律，以及几乎所有公共设施都实施的严格隔离都是文化机制，类似于印度的"种姓"制度。因此，他建议用"种姓"而非"种族"来指代造成不同种群之间生理差异的文化因素。[87]

为了识别引起生理差异的生物、生态和社会因素，蒙塔古提出了"族群"（ethnic group）这个术语。他对这个新概念的定义如下："一个族群代表了组成智人的众多种群中的一员，但通过地理和社会屏障等隔离机制，各自维持着其在生理和文化上的差异。"[88] 蒙塔古认为，"族群"的概念会使"种族"这一伪生物学术语变得多余，这很有好处，因为"种族"往往会演变成种族主义。族群不受种族生物决定论的影响，并且不排除遗传因素和社会因素在特定情况下相互作用的可能性。

蒙塔古希望，用"族群"取代"种族"将为用文化方法研究智力扫清障碍。他暗指通过测量脑容量来解释"种族"间所谓的智力差异——对于这一点，博厄斯尽量淡化，但从未将其完全摒弃。根据美国体质人类学家的数据，"黑人"的平均脑容量为1400立方厘米，而"白人"的平均脑容量为1450立方厘米。从这些数据中，无数研究种族差异的学生们都得出这样的结论：普通白人比普通黑人更聪明。蒙塔古想知道为什么尼安德特人"种族"从未被纳入这样的比较之中。对这一旧石器时代的亚种人头骨的测量得出，其平均脑容量为1626立方厘米，但没有人认为尼安德特人比现代智人更聪明。[89] 蒙塔古总结道，这种对大小和重量的粗略衡量无论如何都无法解决这一问题。此外，智力只有部分是天生的。社会环境和教育在很大程度上也影响着人的大脑潜能的开发。蒙塔古的最终结论是："是文化造就了'大脑'，而不是大脑造就了文化。"[90]

当美国与纳粹德国作战时，蒙塔古出版了《人类最危险的神话》，但他并没有幻想美国能一夜之间就变成一个反种族主义的国家。在战争期间，美国军队隔离了血库，以防止白人士兵被"黑血""污染"——这一政策遭到了非裔美国人新闻媒体的嘲笑。[91]

联合国教科文组织与种族概念的废除及复苏

在《世界人权宣言》赋予种族平等神圣性的同时，联合国教科文组织的任务是，利用科学的权威建设一个更美好的战后世界。联合国教科文组织的宪章将种族主义意识形态作为战争的原因之一："这场已经结束的可怖大战，是一场通过无知和偏见，传播人类和种族不平等教条而酿成的战争。"[92] 在这个判断中，无知助长了种族主义。为了消除无知，科学必须树立权威。

联合国教科文组织为大规模教育运动做准备，召集了一个专家委员会，起草了一份关于种族问题的科学报告。该委员会在 1950 年上半年完成了工作，联合国教科文组织关于种族问题的声明于 1950 年 7 月 18 日面世。[93] 联合国教科文组织在提供给媒体的新闻稿中宣称，该声明为《世界人权宣言》的若干原则（尤其是全人类是一个"人类大家庭"的概念）提供了科学性验证。[94] 新闻发布当天，《纽约时报》头版刊登了题为"世界专家组未发现种族歧视存在任何科学依据"的文章。[95] 科学种族主义似乎即将消亡，但很快人们就会明白，反种族主义并不像《纽约时报》头条所暗示的那样成为共识。

起草种族问题声明的八位专家中，有两位是美国公民，其他六位来自英国、法国、新西兰、墨西哥、巴西和印度。两名美国成员分别是富兰克林·弗雷泽（Franklin Frazier）和阿什利·蒙塔古，后者任报告员。其他成员分别是新西兰的欧内斯特·比格尔霍尔（Ernest Beaglehole）、法国的克劳德·列维-斯特劳斯（Claude Levi-Strauss）、墨西哥的胡安·科马斯（Juan Comas）、印度的胡马云·卡比尔、英国的莫里斯·金兹伯格（Morris Ginzberg）和巴西的 L. A. 科斯塔·平托（L. A. Costa Pinto）。[96] 因此，委员会中包括四名"北大西洋"成员、一名来自大英帝国属地的成员、两名拉丁美洲成员和一名亚洲成员。没有女性受邀加入，尽管杰出的女性人类学家并不少，比如露丝·本尼迪克特和玛格丽特·米德（Margaret Mead）。

鉴于蒙塔古是最终审校员，他对种族概念的批评成为此声明的核心内容也就不足为奇了。报告一开篇先肯定了人类的统一。所有的人类都属于智人，他们很大可能有着共同的祖先。该报告进而称，随着时间的推移，人类在"隔离、控制遗传的物质粒子（基因）的漂移和随机固定、粒子结构的改变、杂交以及自然选择等进化因素的作用下"，已经变得多样化。[97] 因此，人类多样化的决定性因素一方面是生物的（遗传物质的突变），另一方面是社会的（杂交会因社会封闭而减慢）和地理的（移民带来的隔离）。报告得出结论：从生物学的角度来说，人类物种由许多不同的种群组成,这些种群在一个或多个基因的频率上有所不同。这就是种族概念在生物学上的意义。在这一解释之后,报告又立即警告,不要夸大种群之间的差异:

> 与人类的整个遗传结构以及所有人类(无论他们属于哪个种群)共有的大量基因相比,造成人类遗传差异的基因的数量是很少的。这意味着,人类之间的相似性远远高于差异性。[98]

弗朗兹·博厄斯的著作也批评了对种族差异的夸大,但与蒙塔古在《人类最危险的神话》中的论述相比,这其实标志着一种倒退。联合国教科文组织的声明中将"种族"对应于一种生物基质——这是蒙塔古书中明确拒绝的论点。

接下来,报告讨论了人们谈论种族时的常识性假设和看法。该报告指出,大多数人都倾向于夸大自己与他人之间微小的遗传差异,使之成为本群体与他人之间的"根本性差异"。此外,他们还把"种族"一词应用到所有被习惯性地称为种族之间的差异上。民族和宗教之间随着历史演进而产生的差异常常与种族差异混为一谈。报告提到了英国人、美国人、法国人、天主教徒、新教徒、穆斯林、犹太人、土耳其人和中国人的例子。这些误解深深刻在"种族"一词中,因此最好把"种族"一词完全删去,代之以"族群"一词。因此,根据蒙塔古书中的观点,联合国教科文组织的团队提议废除种族概念。

报告继续说,目前大多数人类学家都习惯于把人类分为三个大分支:蒙古人、黑人和高加索人。但这些分支并不是一成不变的:它们在过去与现在有所不同,将来也还会发生变化。"种族"是在人类漫长的生物史中出现、产生波动又消失的流动性实体。该报告强调"无论人类学家对人类如何进行划分,他们从来没有将心理特征也纳入这些分类中去"。[99] 委员会得出的结论是,遗传基因的差异在文化差异以及不同群体和民族的成就差异中并没有发挥任何重要作用。相反的是,这些群体的历史发展和文化经验恰恰对我们目前所遇到的差异性做出了解释。在这个问题上，这份报告采取了强势的环境论立场："在人类心理特征的进化过程中，最重要的特征是可教育性和可塑性。"[100] 人格特质和思维方式与生物差异没有关联：它们实际上可以被认为是"无种族"的。据此，该报告强烈强调，禁止异族通婚没有任何科学依据。

报告员们进一步建议在种群或种族的生物学事实与种族迷思之间做出明确的区分。"出于对所有实际的社会目的的考虑，"他们宣称，"'种族'与其说是一种生物学现象，不如说是一种社会迷思。"他们回忆道，不久之前，种族迷思已经造成了无数的苦难和数百万无辜人民的死亡。他们提出警告，即使是在目前，种族迷思也阻碍了数百万男女的健康发展，从而剥夺了文明生产力的有效合作。这份报告援引了达尔文的《人类的由来》（*The Descent of Man*）中的话："纵观人类历史，合作精神不仅是人类的天性，它甚至比任何利己主义倾向都更根深蒂固。"[101] 这份报告的最后结论更是有力地证明了"生物学研究为普遍兄弟情谊的伦理提供了支持"。[102]

声明最后一节中的大部分内容都是关于平等观的。一开始，报告员宣称，平等的伦理规范的有效性绝不取决于人类在天赋和能力上的事实平等。另外，他们也清楚意识到，人们经常夸大人与人之间的差异来质疑平等。因此，他们认真地阐明了批判种族概念将为平等问题带来的影响。他们得到的第一个结论是，在进行种族划分时，人类学家只能参考身体及生理因素来进行衡量，而不应该将心理和文化差异也考虑在内。第二，不存在先天的心理差异。现有的科学数据表明，在所有族群中，大脑的认知潜力都是相同的。第三个结论指出，智人群体之间的主要社会和文化差异都无法用基因差异来解释，因此与"种族"无关。第四，目前绝无证据证明种族的混合对身体或精神有害。第五个也就是最后一个结论表明，族群间的生物差异与社会、政治和道德问题无关。

《种族问题声明》以"族群"取代负面的"种族"概念，并将主要族群差异的历史和社会意义最小化，从而巩固了平等的概念。种族概念并没有完全消失，但其毒性已除。联合国教科文组织在世界各地都发布了这份声明，并刊登在超过十八个国家的报纸上。总的来说，反响不错。

显然，许多人都觉得有必要对种族迷思进行权威性的驳斥。

然而，西方科学界对此褒贬不一。一些生物学家和遗传学家抱怨说，联合国教科文组织委员会的成员均是文化人类学家和社会学家，他们没有科学权威来对遗传和生物问题发表意见。在某种程度上，这是学术领域的经典争论。遗传学家和生物学家声称拥有对种族概念的解释权。但他们还批评了这份声明的内容。英国科学家们站到了这场战斗的最前沿。1950年8月15日，声明发表后不到四周，几位遗传学家、生物学家和体质人类学家代表英国皇家人类学学会致函《泰晤士报》编辑，简要陈述了他们的批评。10月，英国皇家人类学学会的期刊《人类》（*Man*）发表了一篇更详细的评论，并同时刊登了联合国教科文组织的声明。其要点是，联合国教科文组织的声明没有得到有关学科所有专家的赞同，因此缺乏科学权威性。评论家们挑出了三个他们认为缺乏充分科学数据支撑的结论。第一个是"'种族与其说是一种生物学事实，不如说是一种社会迷思'的表述过于简单化"；第二个是在日常用语中用"族群"取代"种族"的提议；第三个是人类"生来就有追求普遍兄弟情谊与合作的本能"的结论。[103]

联合国教科文组织理事会对这种负面宣传感到非常不满。他们本想要一份没有争议的声明。因此，他们选择进行补救。[104]为此，他们召集了第二个委员会，专门由遗传学家、生物学家和体质人类学家组成，但他们不能将蒙塔古排除在外，因为他在体质人类学方面的专业知识是无可挑剔的。因此，蒙塔古依旧担任报告员的关键职位。新成立的委员会共有十三位成员：四位美国人、四位英国人、两位法国人、一位瑞典人、一位德国人和一位丹麦人。第一届委员会的八名成员中有三名是拉丁美洲人和亚洲人，而第二届委员会的成员则是百分之百的北大西洋人和百分之百的白人。新的委员会发表了《关于种族性质和种族差异的宣言》。该声明于1951年6月向媒体公布，也就是阿什利·蒙塔古出版《种族问题声明》（*Statement on Race*）的四个月后——《种族问题声明》是一本简短的册子，里面包括了1950年《种族问题声明》以及蒙塔古对其的解释和扩充。

与1950年的报告一样，联合国教科文组织的第二份报告也指出，种族主义没有科学基础。改组后的委员会得出结论，过去一百五十年的科学发现并没有为"限制平等原则应用于种族问题"提供依据。[105] 第二份报告也得出了先前的结论，即反对异族通婚没有任何有效力的科学依据。但是，如果仔细比较的话，可以看出这两份声明存在一些显著的差异。

第一份声明中最具争议的结论是认为普遍兄弟情谊的伦理有着一定的生物学基础。因此，第二届委员会将其删去。其次，将"种族"概念删去并以"族群"取而代之的提议也被删除了。种族概念被慎重恢复，第一份声明中的批评意见也变得缓和，或被略去不提。第一份声明总是给"种族"一词带引号，从而质疑其科学权威性，而第二份声明并没有这样做。前者认为种族概念在科学上是多余且不可信的，而后者认为种族是一个严肃的科学概念，对人类学和人类生物学至关重要。两份声明以大致相同的方式解释了拥有不同基因频率的种群的形成过程，而第二份声明也申明"从某个特定的时间点来看，现存的种族只是这一过程对人类物种造成的总体影响的结果"。[106] 第一份声明补充道，在人类发展的过程中，"种族"会出现、波动，也会消失。这一补充在第二份声明中被略去了，因此给种族作为一个立足于生物学的长远现实留下了更多的空间。第二份声明中还省略了一个要点，即种族之间的遗传共性远远大于差异性。

这两份声明的另一个不同之处在于种族和心智之间的因果关系。第一份声明称，没有任何一位人类学家会将特定的心理特征归因于"种族"。而第二份声明宣称只是"大多数人类学家"不会这么做而已。对于不同种族间的智力与性情的差异，第二份声明是这样说的："尽管还没有得到证实，不过某些关于智力以及情感反应的先天能力在某些人类群体中可能比在另一些中更为常见。但可以肯定的是，同一群体内的先天能力差异与不同群体之间的差异一样悬殊，或者甚至更加悬殊。"[107] 最后一句话的确切含义尚不清楚，但整个句子带有几分折中方案的色彩。看起来，该专家组的一个或多个成员似乎不想明确排除种族之间智力不平等的事实，而其他成员们随后又补充了一个补偿性的句子。

这两份声明都同意遗传差异无法解释民族之间的文化差异。这种观点与上述肯定心智可能存在种族差异的观点相悖。但第一份声明对个性心理特征的"无种族性"的强调却被省略了。令人费解的是，第二份声明否认了种族因素对文化历史的影响，但却不排除种族心理学存在的可能性。第二份声明正式承认了历史的重要性，但与第一份声明相比，它所得到的关注要少得多。第二届委员会还删除了一个要点，即可教育性和可塑性是人类物种最重要的特性之一。总而言之，我们可以将第一份声明的立场归为一种强环境主义，而将第二份声明的立场归为一种弱环境主义。

这两份声明最大的分歧也许就在于它们的社会和政治主旨。第一份声明得出结论：所有人都有能力习得技能、获得美德，以在集体中繁荣发展；族群间的生物差异与社交、政治及道德无关。第二份声明的编写者删除了这段话以及其他许多表达类似意思的段落。他们不满足于只将"普遍兄弟情谊具有生物学基础"的争议性陈述删去，另外还删去了其他所有与"人类天性有着对社交互动的迫切需要"相关的论述。另一个关键的区别在于，对于人们在日常用语尤其在种族言论中普遍滥用"种族"一词的行为，两份声明所持的态度不同。第一届委员会专家组表示，他们建议用"族群"取代"种族"的主要理由之一就是日常用语中"种族"一词的使用不慎。第二届委员会曾有一次提到过这个问题：将民族或宗教等同于种族是一个"严重……却常常会犯的错误"。[108]

我们可以得出这样的结论：联合国教科文组织的第一份声明不仅解构了种族概念，而且对种族主义提出了历史性和社会性的批判。第二份声明试图删除一切可能被视为政治性的内容，它主要考虑的是保持学术界的和平。由全白人组成的第二届委员会行事非常谨慎，或许因此而加强了保守主义倾向。埃拉扎尔·巴坎（Elazar Barkan）在他关于科学种族主义倒退的研究中指出，学术团体构成的变化在种族概念的转变和批判中起到了重要作用。[109] 传统上因被视为"劣等"而被边缘化或被排除在外的群体，如移民、有色人种、犹太人和妇女，也开始进入学术界。虽然个人的文化认同和思想立场之间很少有直接的因果联系，但是新来者的出现仍削弱了在旧环境中被视为理所当然且不言自明的万能药。人们一般都不喜欢那些彰显自身劣势地位的教条。在第一次世界大战之前，人类学家和生物学家都是白人男性，他们自己就属于被其理论吹捧为优越的种族和性别。20世纪的学术界慢慢地——非常缓慢地——变得越来越异质化。当二战使得种族概念变成危险地带时，联合国教科文组织关于种族问题的两份声明可以被视为处于不断变革中的学术界体现出来的迟疑和不确定的标志。

联合国教科文组织的第二份声明无法为种族难题提供解决方案。它无意中暴露了种族界限这一棘手的问题（第一份声明则回避了这一问题）。第二届专家组的成员们设法为种族的存在提供纯粹的生物基础。但是有多少种族存在呢？又如何能确定一个人来源于哪个种族呢？仔细阅读第二届专家组补充的一项结论，可清楚看到任何解决办法都面临的障碍："在一个单一的种族内，人们之间的一些生物差异可能与种族间的同一生物差异一样大，甚至更大。"[110] 现在怎么办呢？如果这是真的，我们可能会遇到这样一种情况，即属于A种族的A1和A2个体之间的生物差异大于A2和属于B种族的B1之间的相应差异。紧接着问题就来了：种族界限划在个体A1和A2之间是否比划在个体A2和B1之间更好？或者我们能得出一个更为激进的结论：基因库与大陆上的人类群体不一致；种族是分裂和流动的实体，而非世界历史大舞台上离散的演员。

第二份声明和第一份声明一样，同意将人类分为三大分支。这在法语中一直被称为"grand-races"，在德语中被称为"Hauptrassen"，意为"主要种族"。换句话说，它们可以追溯到19世纪，远早于现代遗传学的出现。当我们把现代遗传学与古老的种族划分联系起来时，我们马上就会明白，"主要种族"并不是指生物实体，而是一种历史和政治建构。最后可以得出结论，现代的种族划分并不是基于生物事实，而是以一种伪生物语言向我们展示了一些政治历史对象。毕竟，这也是蒙塔古批判种族概念的要点。

想象爱德华·斯泰肯的"人类大家庭"中的共同人类

在各个时代,大众通过口头和图画的交流都比书面交流要广泛得多。因此,美国摄影师爱德华·斯泰肯(Edward Steichen)将摄影视为一种"通用语言"。他说,文字在国家或地区性社区中会受到重重阻碍,但图片可以"平等地与世界上的每一个人"进行交流。[111] 20 世纪 50 年代,著名展览"人类大家庭"(*The Family of Man*)进行了世界巡回展出。在这个展览中,斯泰肯和他的合作者展示了超过五百张来自六十八个国家的人像照片,包括个人、家庭、团体和人群,突出了不同文化之间的共性。1955 年 1 月,"人类大家庭"在纽约现代艺术博物馆正式开展。在开展后的十年之间,它走遍了世界各地。在 1958 年的某次演讲中,斯泰肯回忆,参观人数最多的一次展览是在加尔各答,一天内就来了两万九千名参观者。在南斯拉夫的首都贝尔格莱德,一半以上的人口都已经参观过这个展览。在展出的前三年,它一共吸引了三百五十万参观者,它的图录售出了一百万册。[112] 到 1962 年,六十一个国家的九百多万人都参观了这个展览。

斯泰肯在 1955 年的作品引言中解释说,这个展览"被看作是反映生活之日常性中普遍元素和情感的一面镜子——是反映全世界人类在本质上相同的一面镜子"。[113] 三年后,他说,他希望这次展览能表达"我自己非常坚定的信念:我们在这个世界上都是一样的,不论种族、信仰或肤色"。[114] 通过他所说的话,我认为,即使说斯泰肯和他的团队在试图用图像创造一个《世界人权宣言》的副本也不为过。和《世界人权宣言》的起草者一样,他们也对两次世界大战以及大萧条进行了回顾。斯泰肯出生于 1879 年。在两次大战期间,他在美国陆军部队和海军部队中担任摄影师。"人类大家庭"反映了在死亡和损毁的三十年间出生的几代人的历史记忆,并强烈寄望一个更美好的未来。

展览被设计为单向道,参观者被引导沿着预先安排好的路线从入口走到出口。它始于一张水上太阳的图片,太阳出现在一片黑暗的天空中,可能是北极,说明文字引用了《创世记》中的一句话:"神说,要有光。"

最后的一系列图片首先展示的是氢弹试验，象征着万物毁灭的威胁，接着展示了联合国大会的一场大型讨论，配文是《联合国宪章》的开篇几句。在联合国的图片前面，有数张来自不同大陆的夫妇的小幅影像。接下来可以看到大约四十张儿童的照片——他们在工作、行走、哭泣、玩耍——展览使人们的目光转向了每一代人的温柔之始。最后展示的是一张迷人的照片，照片中，两个小孩走在一条杂草丛生的道路上，道路从黑暗（透视的视角将观众置于此处）中伸出，通向前方的光明。参观者通过观看最后这张照片可以思考这一切背后的意义。展览的象征意义似乎很明确：参观展览的人仍陷于20世纪的黑暗世界，但下一代人仍有可能会走向光明。说明文字写着："一个即将在你的足下诞生的世界。"[115] 苦难之后将是救赎，但这要靠下一代来实现：这算是救赎的宗教神话的一个较为世俗化的版本。对展览的创作者来说，它代表了一个普遍的真理，它既引用了《圣经》，也引用了古代异教徒的言论、亚洲经典及美洲原住民的谚语。他们深思熟虑的普世折中主义与我们在《世界人权宣言》的起草中所见的哲学上的不可知论有着许多相似之处。

展览的主体部分中，照片上的人物处于各种各样令人眼花缭乱的环境、职业和情绪中。然而，在千变万化的多元文化中，有一种社会组织十分引人注目：家庭是展览所呈现的人类生活的中心。"人类大家庭"是对人类的一个重要隐喻，人类的"原子"（即最小单元）不是个体而是家庭。参观者可以看到相爱的情侣（当然，一般都是异性恋）、婚姻、孕妇、分娩、母亲用母乳喂养婴儿、孩子们玩耍和上学、正在吊唁的家庭，还有一些大大小小家庭的全家福——总是男人站着，女人坐在他们的前面。

后来女性主义批评家发现斯泰肯描述的世界是一个男权的世界。它确实是，无论在理论上还是实践上都是如此。家庭和儿童在展览中的突出地位（在五百幅照片中占了两百幅）符合《世界人权宣言》赋予家庭制度的天然性。但是，《世界人权宣言》中所宣称的男女平等，在"人类大家庭"中却鲜有体现。展览中展示了相当多的劳动妇女形象，但大多都处于农业或"原始"环境中；大多数的劳动形象，以及几乎所有"现代"的工人形象都为男性。展览中没有任何战时在所有交战国从事着"男性"工作的无数女性的痕迹。唯一表现了男女平等的是描绘男女同校的大学和高中课堂的图片，以及四张法国、日本、中国和土耳其的女性在选举日将选票放入投票箱的图片。[116] 男性投票画面的缺失使得女性选民成了一个例外，以及民主胜利的标志。

一些批评家反对展览中所体现的"西方的"，甚至是"美国式的"偏见，或者更激进一些，他们反对此展览从"冷战"的视角出发来描绘世界。展览中的绝大多数照片确实都是在美国拍摄的。此外，人物照片的种族构成也以白人为主。在四百一十幅可以辨认人物肤色的照片中，有二百八十五幅是白人，四十二幅是黑人，四十九幅是介于两种肤色的人（主要来自北非、印度和拉丁美洲），二十二幅是东亚人，还有五幅中的人物来自北极地区。因此，白人的数量是有色人种的四倍。从普遍意义上来说，批评家们的观点是有道理的，但即便如此，我们也不应该低估这次展览的平等效应。首先，普通人和日常生活占据最重要地位。与报纸、广播和电视相比，展览中政治和政客几乎不见踪迹。在政治上，展览体现的是左倾的民主民粹主义。至于种族问题，这个展览最引人注目的特点就是几乎没有体现出种族融合：只有七张照片展示了种族融合的群体。正如20世纪中期的美国一样，种族隔离被认为是人类社会交往的默认设置。另一方面，这次展览展示了一种温和的种族平等。不同的种族被并置——种族之间并没有明显的等级之分。即便如此，撒哈拉以南的非洲人的影像还是显示出了一种与农业或狩猎活动相结合的"原始"技术氛围，这种元素在为数不多的北极和美洲原住民影像中也有所体现。展览展示了世界被分割的痕迹，一边是开化民族，一边是未开化民族，这正是1940年以前种族和历史意识形态的标志。

我们可以把这看作是展览的主要语言（着重颂扬地球上所有民族同属共同人类）与人类学想象（颠覆了照片的排列和框架）之间的张力。"人类大家庭"的主要语言是普遍平等，但其创作者的人类学想象却是以差异为基础的。我认为赋予两边同等的分量是合理的。从怀疑的阐释学视角出发的评论家们一直倾向于将人类学想象视为这次展览的"真正"代码，同时将其明确传达的平等信息解读为一种"感伤的人文主义",以将西方的人性模型强加于全球之上。对此,我坚持认为这两种解释都是合理的。我想,大多数参观者都目睹过平等性和差异性,或者差异性和平等性。对于很多年轻人来说,这是他们第一次看到生活在遥远异土上的人们的照片。他们被迷住了,但这种迷恋具有两面性,既是共情,也是对异国的想象。

我们可以再一次有效地将"人类大家庭"和《世界人权宣言》进行并置。毫无疑问,宣言的起草者们有许多个人的人类学想象,但宣言中所用的抽象语言掩盖了这些想象,这正是其本意所在。其次,这个群体掺杂了不同的种族和哲学观,与创作"人类大家庭"的团队均为北美白人的同质性形成了鲜明的对比。第三,他们是具有哲学思想的人,正如我们所见,他们意识到了关于相同与差异的全球问题域。结果就是,《世界人权宣言》是一个平等主义的文本,可以在一定程度上容纳差异,而在"人类大家庭"中,平等和差异形成了不可调解的两个极端。

最后,我们来谈一下奥斯维辛集中营。《世界人权宣言》和"人类大家庭"都对它有所提及,但是方式不同。《联合国宪章》和《世界人权宣言》都援用它作为宣扬普遍权利的理由之一(也许是最主要的理由)。《世界人权宣言》的序言部分提到"野蛮暴行……玷污了人类的良心"。因为它在《防止及惩治灭绝种族罪公约》颁布后的第二天被联合国大会通过,在场的每个人都已经知道"野蛮暴行"意味着什么。"人类大家庭"展示了两幅照片,一幅再现了犹太人起义被镇压后华沙犹太区被清空的场景;旁边还有一幅在以色列拍摄的小照片,照片上一名妇女在抗议不公,并举起手臂以示控诉。从它们开始,接下来是一系列反映镇压和民众反抗系列照片的照片,它们代表了大屠杀,但与其他地方和时期的压迫也有着千丝万缕的联系。在反抗与压迫主题之后是一系列简短的政治影像,以赞扬民主的形式呈现。随后,参观者能直接看到核破坏的景象,最后是上面提到的系列照片。

斯泰肯和他的团队被指责没有把大屠杀放在更加中心的位置,并且没有把集中营的照片展示出来。[117] 除此之外,批评者们还指责他们将大屠杀置于一种美好的历史观之中，并暗示性地模糊了它的现代性根源。与阿多诺（Adorno）和霍克海默（Horkheimer）在战后不久发表的《启蒙辩证关系》（*Dialektik der Aufklärung*）一书相比，斯泰肯的历史观肯定会显得乐观。但我们应该停下来想一想，斯泰肯采取的到底是哪种"乐观"态度，又为了达到什么目的。为了理解斯泰肯在"人类大家庭"中所采用的策略，我们必须回顾他在 20 世纪 50 年代早期策划的关于朝鲜战争的展览。当时，斯泰肯展出了很多大卫·邓肯（David Duncan）的照片。他将大卫·邓肯的著作《这就是战争》（*This is War*）视为到那时为止摄影对战争进行的最有力的控诉。朝鲜战争的展览吸引了众多关注，但对于斯泰肯本人来说，这是一个灾难性的失败。正如斯泰肯对后来在"人类大家庭"展览中担任助手的韦恩·米勒（Wayne Miller）所说的那样："尽管我将战争的残酷尽数展示了出来……但我没能完成我的任务。我没有成功鼓动人们对战争本身采取公开和联合的行动。"[118] 这种对战争的憎恶也解释了斯泰肯为何在冷战中采取模棱两可的立场。在麦卡锡主义盛行的十年中，人们一旦使用可能被贴上"和平主义"标签的语言，都将受到政治迫害。斯泰肯对世界末日的核战提出的警告，以及将各国人民之间的和平关系视为文明之基的信念，并非没有风险。[119]

"人类大家庭"的设计源于斯泰肯对朝鲜战争展览的极度失望。斯泰肯认为，如果消极的影像无法产生持久的影响，那或许积极的影像能起到更好的作用。因此，他做出了"一种积极的表态，表明生活是多么美好，人们是多么了不起，最重要的是，世界各地的人们是多么相像"。[120] 这的确是一种乐观的看法，但这是对人而言的，他的历史观则悲观得多。这也是一个非常美国化的观点。斯泰肯一直打算举办一场关于美国及美国人的史诗展览，这个主题与他自己的生平密切相关。他出生在卢森堡的一个农村家庭，他的父母在他刚出生的时候就将他带到美国去追寻更好的生活。对于斯泰肯而言，他的美国梦实现了，他成功抓住了美国移民社会所提供的机会，成为一名享誉国际的摄影师。

因个人成功而建立的情感结构无疑塑造了斯泰肯对人的看法，尤其是他对普通人的坚忍和极强判断力的高度赞赏。他的社会哲学是一种关于平民的人道主义。这就解释了在"人类大家庭"中，为何普通民众的微观政治占据了首要位置，而政治家们的宏观政治只在其中断断续续地出现。斯泰肯相信，普通人民基本上都是善良的，并且即使身处困境，也会保持住这份善良。相比之下，斯泰肯的历史观很难称得上是乐观的，更不用说"美好"了。他属于经历了整个"20世纪的三十年战争"的一代人，而这一代人并不以乐观无忧著称。斯泰肯非常清楚，在战争和社会混乱的炼狱中，人们可能会采取什么样的极端手段。从这个意义上说，他的历史观非常务实而非美好。比起"美好的乐观主义"或"感伤的人文主义"等肤浅而非难的标签，安东尼奥·葛兰西（Antonio Gramsci）关于应该用意志上的乐观主义平衡理智上的悲观主义的格言会更接近斯泰肯的思维方式。

我们无法确定九百万位参观者从展览中收获了什么。一种合理的推测是，他们从展览中吸收了一些对人类多样性和共同人类的印象，很可能还习得了一些关于历史进步和战争危险的一般概念。这些印象的千变万化很可能将有助于形成一种开放的想象力，而不是塑造某种特定的世界观。正如约翰·罗伯特（John Robert）所指出的，"观众必须迅速不停地把自己从自我以及自己想象的共同体中抽离出来"。[121] 当然，他们如何"运用"自己想象力的突破口则取决于他们前来观展时具有的世界观、政治观以及个人经历。在这方面，"人类大家庭"可以再次同《世界人权宣言》的抽象语言并置——《世界人权宣言》宣布了共同人类和普遍平等的明确理想，但也留下了充分的空间让人们进行解读和想象；比起《世界人权宣言》的目标人群，斯泰肯的展览触及了更广的全球民众，但它们的大体方向是相同的。

艾梅·塞泽尔与后殖民平等

鉴于纳粹的种族灭绝式的极端种族主义，将其与殖民主义的大规模屠杀进行比较并不难理解。这两种体制都建立在种族主义的基础上，结合了社会达尔文主义的历史理论，都允许（有时甚至要求）灭绝那些被认为是"劣等"、"次等人类"、"危险"或"无用"的民族。虽然两者并不完全相同，但二者的相似性足够显著，值得进行一番比较。杜波依斯认为纳粹对犹太人的迫害比美国的种族隔离制度更严重，只能与奴隶制本身的罪恶相提并论。对于熟悉非洲殖民主义历史的黑人批评家来说，两者的相似之处则更显著。他们认为，这两种体系都将恐怖和大屠杀作为政府或福柯所说的"治理术"（governmentality）的常规组成部分（本章最后一节将对此进行讨论）。推动两者之间类比的不是对于苦难的竞争（这种情况将在日后大屠杀被树立为全球道德象征时出现），而是西方面临的一个关键问题：如果你现在郑重宣布纳粹对犹太人的种族屠杀是绝对邪恶的，那你怎么能对自己殖民地发生的大屠杀和国家恐怖主义坐视不理呢？

有一位黑人知识分子强烈地提出了这个问题，那就是艾梅·塞泽尔。塞泽尔于1913年生于法国在加勒比地区的殖民地马提尼克岛，他与理查德·赖特（Richard Wright）、夸梅·恩克鲁玛（Kwame Nkrumah）和弗朗茨·法农属于同时代人。1945年，塞泽尔加入了法国共产党的马提尼克党支部。他的作品体裁广泛，从政治演讲、专题论著到诗歌和戏剧。他出版的首部作品实际上是一首无韵诗。诗的风格源自安德烈·布勒东（André Breton）的超现实主义学派，但主题内容源于他作为一个黑人在马提尼克殖民地社会长大，求学于著名的路易大帝中学，以及同样著名的巴黎高等师范学院，最后回到马提尼克的人生经历。这首诗有一个很贴切的题目，叫《返乡笔记》（Cahier d'un retour au pays natal）。

塞泽尔于1935年开始写作《返乡笔记》，用他自己的话说，他"当时开始意识到我自身属于黑人的基本状况。我的诗歌就是在这种认识中诞生的"。[122]《返乡笔记》被认为是奠定"黑人性"的基石，这个词很容易被误解为对黑色性的赞扬，但这根本不是这首诗所要表达的东西。对塞泽尔来说，诗歌是帮助人们重塑记忆的工具，也是进行哲学思索的媒介。《返乡笔记》体现了塞泽尔在殖民种族主义时代对自己的"黑人"身份的苦苦追寻。他非但没有将黑人的经验归至他们的根，反而激昂地肯定了黑人经验的普遍性，在世界历史的形成中将其与白人种族平等相待。就跟其他人类一样，每个黑人男性或女性都是这个世界的一个缩影。但在全球范围内，塞泽尔一直提及黑人民族的特定轨迹，尤其是他们与欧洲人宿命般的相遇。他在诗歌中一次又一次地渲染一种离乡背井的感觉，并把它看作是身为"黑人"之意味的经常性体验：

> 离乡。
> 世上既然有鬣狗－人或豹－人，那么我会是一个犹太人
> 一个卡菲尔－人
> 一个来自加尔各答的印度人
> 一个来自哈勒姆区没有投票权的人
> 受饿的人，受屈辱的人，受折磨的人
> 在任何时候，任何人都可以抓住他，打他一顿，杀了他
> ——完全可以杀了他——不用对任何人负责，也不用向任
> 何人道歉
> 一个犹太人
> 一个受迫害的人[123]

塞泽尔接下来真实而又讽刺地再现了跨大西洋奴隶贸易的历史和记忆：

> 我对自己说，波尔多、南特、利物浦、纽约和旧金山
> 世界上没有一个地方没有我的指纹
> ……
> 谁能自夸比我拥有更多呢？
> 弗吉尼亚州。田纳西州。佐治亚州。亚拉巴马州。[124]

接着诗歌又一次转折：

> 汝拉山的小牢房也是我的

>……雪是狱前的一个白人警卫
>……
>我所拥有的
>是一个被这片白单独囚禁的人
>一个蔑视白人死亡惨叫的孤独的人
>（杜桑，杜桑·卢维杜尔）。[125]

通过作者的黑人身份，以及对海地革命——非洲人在打造大西洋世界过程中的作用——领导者的召唤，这些诗行让人想起了一段暴力、苦难和压迫的漫长历史。

当塞泽尔悲叹被践踏的"黑人"的命运时，他说，"我接受这一切"，但这些诗句让读者察觉到，它含蓄地对这种境况表示了拒绝，但拒绝的并不是命运的判决，而是欧洲白人的所作所为。塞泽尔一度想象他听到自己的祖国在诉说着一个内在真相——"这个声音宣称，几个世纪以来，欧洲给我们灌输了无数谎言，让我们遭受了无数苦难"。接下来，这首诗将读者从对封闭过去的记忆转移到对无限未来的想象上去：

>因为这压根不是真的，说人类的工作已经完成
>说我们在这个世界上没有什么可以实现的
>说我们寄生于这个世界
>说我们适应世界的节奏就足够了
>但人类的工作才刚刚开始
>人类仍需克服阻碍其热忱之路的一切封锁
>没有一个种族能垄断美貌、智慧和权力
>每个人都有机会通往胜利之岸。[126]

这既不是对黑人种族的颂扬，也不算是一个想在世上占有一席之地的卑微要求。这首诗证明了全人类各民族和各种族在完整历史中的主体性。塞泽尔用一种反种族主义的普世主义语言，尝试想象一个普遍的"我们"，

而不是欧洲人口中带有种族主义色彩的"我们"。他解释说，为了给那样的未来一个公平的机会，我们还有一件事要做，那就是消除"好黑人"（"good negro"）的贬低性刻板印象。"好黑人"在法国殖民主义话语中指的是"受过西欧教育的非洲人"——他们竭尽全力想得到白人并非发自内心的认可。为了给未来铺路，必须先扫清那种"黑人性"造成的障碍。在诗的结尾，塞泽尔发出胜利的高呼："万岁！旧的黑人性正逐渐消失。"[127] 不过，在《返乡笔记》的最后几句诗行中，塞泽尔仍用忧郁的语言表达了他对一个解放了的世界的渴望。塞泽尔仿佛在告诫读者，不要期待光明的未来就在转角，而是要为一场漫长而艰苦的斗争做好准备。

在他的政治论著中，塞泽尔将历史理论化为一个开放、偶然的过程，其方向在一定程度上取决于人类做了什么或没能做什么。1948年，在法兰西第二共和国废除奴隶制一百周年之际，塞泽尔发表了其早期的政治演讲，强调了巴黎工匠的作用——在1848年2月，是他们要求立即废除奴隶制。[128] 但是，他在演讲中主要颂扬的是临时政府部长维克托·舍尔歇（Victor Schoelcher），后者在第二共和国告终之前及时推动了废除法令的实施。两年后，塞泽尔也遇到了类似的情况，他当时是马提尼克岛的首府法兰西堡的市长。他用犹太人的解放者、废奴主义的代言人阿贝·格雷瓜尔（Abbé Grégoire）的名字命名法兰西堡的一座广场。在落成典礼上，塞泽尔对法兰西堡的居民说，格雷瓜尔是"先锋"，一个不分种族和肤色、倡导普遍平等的人。[129] 因此，塞泽尔将自己关于现代平等的反种族主义思想置于法国激进共和主义的系谱中。

在这些基础上，塞泽尔起草了他的《论殖民主义》（*Discourse on Colonialism*），它尖刻地抨击了殖民体系，也抨击了法国拥护这一体系的重要政客、学者和文人。20世纪50年代，法国在亚洲和非洲的帝国开始瓦解。1954年，法国在越南奠边府遭受了最耻辱的失败。同年，阿尔及利亚民族主义运动开始了武装抵抗，法国对武装叛乱分子和手无寸铁的平民都采取了国家恐怖行动。在那些政治热情高涨的年月里，塞泽尔撰写了《论殖民主义》，并于1955年在巴黎出版了终稿。[130]

这部论著以欧洲文明濒临灭亡的论点开篇,因为它无法解决自身的存在所引起的两大问题:世界范围的殖民问题与欧洲自身的无产阶级问题。塞泽尔直截了当地抨击了殖民问题。他断言,欧洲人习惯于用其虚假的教化使命来为殖民主义辩护,但历史表明,殖民主义既无关福音传道,也无关慈善与文明:"这里的关键性角色是投机者、海盗、批发代理商、船主、淘金者和商人,是欲望和武力。在他们身后,是一种文明的阴暗面。在历史的某一时刻,它不得不……将它与敌对经济体的竞争扩大至世界范围"。[131] 最后这句话证实了塞泽尔的帝国主义理论是以马克思主义为基础的,但仍与马克思对殖民主义是欧洲以外世界的必要发展阶段的分析很不一样。

塞泽尔对世界历史的看法中也肯定了跨文明联系对于建立普遍共同人类的价值。他继续说道,即便如此,我们应该问一个最基本的问题,即殖民是否真的促进了文明间的联系。他的回答是一个响亮的"不"。塞泽尔认为,所谓的"教化使命"不过是一句意识形态的谎话,因为殖民主义不仅没能教化,而且恰恰代表了文明的对立面。塞泽尔认为,要对殖民主义做出现实性的判断,"我们必须研究殖民主义是如何使殖民者丧失文明的,如何让他在真正意义上变得残忍,如何使他变得堕落,又是如何唤醒了他埋藏的本能,他的贪婪、暴力、种族仇恨和道德相对主义"。[132] 这是一个我们以前就遇到过的观点:雷纳尔曾把海外的欧洲人描述为一种新的野蛮人;埃德蒙·柏克曾控诉东印度公司对孟加拉的掠夺;弗雷德里克·道格拉斯曾断言奴隶制使奴隶主失去人性。跟雷纳尔和道格拉斯一样,塞泽尔的论述从个人的层面上升到了体系的层面。被逐渐内化的暴力和道德败坏所改变的不仅仅是个别殖民者;同样的致命性逻辑对整个欧洲文明造成了影响。殖民主义使西方文明倒退为未开化。塞泽尔形象地描述了这个过程:

> 我们必须表明,在越南每当有人被砍断头颅,被挖出眼珠,法国人都接受这样的事实;每当有小女孩受到强暴,法国人都接受这样的事实;每当马达加斯加人遭到折磨,法国人都接受这样的事实;

文明又背负上了另一个沉重的负担，一个普遍的衰退发生了，一个坏疽开始出现，一个感染中心开始扩散；在所有被违反的条约的末尾，所有传播开来的谎言……所有被捆绑起来进行"审问"的囚犯，所有被折磨的爱国者，所有被鼓动起来的种族自豪感的最后……一种毒药已经被注射入欧洲的静脉里，欧洲大陆开始缓慢而明确地趋向野蛮。[133]

塞泽尔总结道，纳粹主义是欧洲陷入野蛮的最终结果。这只野兽在殖民帝国的子宫里受到了喂养和培育，当它最终出现在欧洲内部的时候，欧洲人简直不敢相信他们的眼睛。对于几个世纪以来一直纵容殖民地日常发生的恐怖活动的人们来说，纳粹的不人道行为简直像一个突然的噩梦。只有当这种手段被用于欧洲及欧洲人身上时，他们才会清醒。普通的欧洲资产阶级指责希特勒的理由是"他把殖民主义的做法应用于欧洲，而在此之前，这些方式只适用于阿尔及利亚的阿拉伯人、印度的苦力以及非洲的黑人。"[134]

此时，塞泽尔开始呼吁人权。他宣称，长期以来，法国殖民主义辩护者的伪人道主义"削弱了人的权利"。法国人对人权的常规理解"一直是——现在仍然是——狭隘的、支离破碎的、不完整的、有偏见的，用一句话来说，是带有卑鄙的种族主义色彩的"。[135] 塞泽尔总结道，资产阶级欧洲无法让自己从这种伪人道主义走向真正的普遍平等。从历史的角度来看，欧洲已然成为一条死胡同。这个极端的结论也可能反映出塞泽尔个人为法国在 1945 年至 1948 年间错失良机感到痛苦，当时他主张赋予马提尼克岛所有居民（不论种族）充分的法国公民权利。[136]

那时，殖民主义对殖民者和被殖民者都造成了很大的伤害。塞泽尔对所谓的教化使命的代言人不屑一顾。他们滔滔不绝地大谈进步和教育，却反对"进步"的统计数据，比如铁路和运河的里程数。塞泽尔指出，殖民地的"自然经济"遭到破坏，数以百万计的人"被教导要有自卑感，要颤抖、下跪、绝望，要像奴仆一样行事"。[137] 塞泽尔宣称，现在是亚洲和非洲的原住民要求建立学校，而欧洲却拒绝提供。

《论殖民主义》以对无产阶级的呼吁作结，用塞泽尔的话来说，无产阶级是唯一仍然拥有"普遍使命"的阶级。不同于《论殖民主义》中的文化政治，其元政治语言是马克思主义的。但随着1956年一系列事件的发生，其对马克思主义的笃定很快就受到了残酷的考验。在灾难性的一年结束之时，塞泽尔认为自己除了离开法国共产党，别无选择。[138]

2004年接受弗朗索瓦丝·韦尔热斯（Françoise Vergès）的采访时，塞泽尔回顾了他的共产主义岁月。他解释说，他曾全心全意地加入了马提尼克的共产党，但在法国的白人共产党员中一直感到不适。他指出，在法国，有一个带有共产主义性质的"我们"，像他这样的有色人种是不可能完全归属其中的。[139]

塞泽尔的著作对于理解去殖民化时代的共同人类和普遍平等的重要性具有重要意义。虽然《世界人权宣言》总体规定了种族平等和民族平等，但塞泽尔主要关注"有色人种"在一个主要由白人帝国缔造者所主导的世界中寻求平等时遇到的障碍。后殖民时代的平等从来都不是不言自明的。到了最后，即使是共同人类的普遍性也频频遭受质疑，因为殖民列强在面对敢于为自己争取平等的非洲人和亚洲人时总会采取杀戮行动。

伊斯兰教与性别平等

当莱拉·艾哈迈德于1992年发表《伊斯兰教的妇女与性别》（*Women and Gender in Islam*）时，它立刻被认为是对正兴起的关于现代世界中伊斯兰教地位的全球辩论的一次重大干预。自启蒙运动以来，女性的地位一次又一次被用作衡量现代性的基准。因此，许多西方政治家、记者和学者指出穆斯林国家妇女地位的低下，作为伊斯兰文化普遍落后的证据。20世纪80年代，伊朗伊斯兰革命爆发，紧随其后的是发生在法国和其他地方的一系列头巾事件，这些事件成为西欧穆斯林社群势力愈发强大的缩影，导致了一场与性别及伊斯兰教相关的道德恐慌。许多评论员重新唤起了西方和东方之间一场古老斗争的记忆，伊斯兰教就是"东方他者"

最危险的化身。

有趣的是，作为全球危机幽灵般的中心，伊斯兰教的回归伴随着一种"长远"历史观的回归。这一历史观以宗教、文明和帝国的兴衰为框架，并不注重民族国家的盛衰和冷战。20世纪90年代，这种新的历史框架将在塞缪尔·亨廷顿（Samuel Huntington）的《文明的冲突与世界秩序的重建》（"Clash of Civilization"）一文得到自己的政治语汇。在写作中，莱拉·艾哈迈德有意识地抨击了文明冲突的新通行文本，不断强调区域和文明内部信仰和话语的多元化。她批判了对伊斯兰教的铁板一块的本质主义论述，主张在伊斯兰教的历史中，贯穿着一场关于其意义及重要性的无休止的斗争，占主导地位的以及持异见的流派在其中争夺对《古兰经》阐释学和伊斯兰教义的控制权。她认为，妇女所受的压迫主要源于"伊斯兰现存体制"，她将其定义为"政治力量强大的伊斯兰"。她进一步指出，建制派的观点并不是对伊斯兰教唯一可能的解释。《古兰经》中还有一节提到了"伦理的伊斯兰"，它肯定了世界上所有男女的共同人性和普遍平等。[140]

正如莱拉·艾哈迈德（1940年出生于开罗）在其自传中所写的，她是在"大英帝国的末日"中成长起来的。[141]虽然埃及在名义上是奥斯曼帝国的一部分，但自1882年英国占领以来，埃及实际上已沦为殖民地。1919年，人们发动革命抗议英国在第一次世界大战中对埃及的剥削。之后，埃及于1923年在英国的保护下成为君主议会制国家，其自由主义宪法常常得不到切实执行。大多数埃及人都是穆斯林，但这个国家也有相当庞大的信仰基督教和犹太教的少数群体。回过头来看，二战后的埃及（也就是艾哈迈德的学生时代）可能会被认为是一个早期的后殖民社会。然而，她不能被归入艾梅·塞泽尔的那一代，因为后者生活并创作于冷战期间，而艾哈迈德的主要著作都写于柏林墙倒塌之后。

艾哈迈德一家都是西化的埃及精英。他们对法鲁克国王没有信心，但他们更痛恨穆斯林兄弟会中堕落的伊斯兰主义。莱拉·艾哈迈德在学校接受英语教育，在家里也会讲阿拉伯语和法语。她指出，在她父母那一代人的社会环境中，"脱离欧洲列强追求独立，与对欧洲制度（尤其是民主制度）和巨大科学突破的崇拜之间似乎并不矛盾"。[142] 即便如此，她还是以最痛苦的方式体会到了身为穆斯林女孩无法逃脱的命运。在她八九岁的时候，一个在附近玩游戏的意大利男孩性侵了她。莱拉竭力摆脱了他，但她的母亲在知情后立即责骂了作为受害者的女儿，并告诉女儿她想杀了她，然后自尽。就这样，一个脆弱的女孩见识到了没有穆斯林家庭能够逃脱的残酷荣誉准则。年幼的莱拉在美丽的自然以及文学想象的迷人世界中找到了救赎。她回忆道，学校里的英国文学课程让她大开眼界，她看到了以前不曾想象过的远景。但是，即便在那里，她也见到了英国帝国主义丑陋的种族主义面孔。一位英国老师承认，莱拉的文章写得比她的朋友琼·赛义德——爱德华的小妹妹——还好，但她却发现这很可悲，因为琼是一名巴勒斯坦基督徒，而莱拉却"只是"一名穆斯林。[143] 在国内，她又听闻了一些可怕事件，事关英国军官和公务员们粗鲁的种族主义行为。

1952年，莱拉·艾哈迈德十二岁的时候，纳赛尔（Nasser）开始掌权。对于莱拉而言，这是另一段痛苦的经历。她在自传中，讲述了她在学校的遭遇。纳赛尔的一项主要政策纲要是，埃及从此将成为一个"阿拉伯"国家。因此，埃及所有的年轻人都必须学习古典阿拉伯语，这与埃及人民平时所说的阿拉伯语截然不同，也更加难学。有一次，来自巴勒斯坦的纳比老师发现莱拉没有完成阿拉伯语作业，她大发雷霆，对莱拉吼道："你是个阿拉伯人！一个阿拉伯人！你竟然连你自己的母语都不懂！"莱拉突然非常愤怒，反驳道："我不是阿拉伯人！我是埃及人！"她挑衅地把书合上，不愿再继续读下去，于是纳比老师打了她一记耳光。[144] 在那些日子里，政府大肆宣传，不断地告诉埃及人他们是阿拉伯人，并对一般民众做着纳比老师在教室里对十二岁的莱拉所做的事情。

但这还不是全部。纳赛尔政权强加给埃及人的新身份具有令人厌恶的排外性。在纳赛尔掌权之前，犹太人和科普特基督徒都被认为是埃及人，但现在他们逐渐被重新定义为非阿拉伯人，以及可能不可靠的外人。犹太人尤其被视为阿拉伯国家的敌人。1948年，埃及在与新成立的国家以色列的战争中败北，纳赛尔随后发起了一场激进的反犹太复国主义运动。

在阿拉伯民族主义的政治语言中，"犹太复国主义者"渐渐成为"犹太人"的转喻。艾哈迈德在她的自传中解释道，倘若没有其反义词"犹太复国主义/犹太人"的存在，纳赛尔所提出的"阿拉伯"的概念实际上是毫无意义的。¹⁴⁵ 1956年第二次中东战争爆发，埃及受到英国、法国和以色列的攻击，这时很多埃及的犹太教徒纷纷逃离这个国家，包括艾哈迈德最好的朋友乔伊丝一家。此后，她再也没有见过她的这位朋友。

在家里，对埃及宗教少数派地位的讨论则截然不同。艾哈迈德的父母对她解释说，基督徒、犹太教徒和穆斯林信仰着同一个上帝，但因为人们必须坚持他们出生其中的信仰，故而有着不同的宗教。多年后回顾过去，艾哈迈德重新回忆起母女俩后面谈话的要点。她妈妈解释道，这三个宗教之间虽存在着差异，但它们"本质上"是一样的。当莱拉问宗教之间是否"完全平等"的时候，她妈妈回答道："不，我们的宗教是最好的。"当她继续追问为何其他人都不改信"最好的"宗教时，她妈妈有些犹豫："哦，亲爱的，这对穆斯林来说是最好的宗教。你怎么不去玩呢？"¹⁴⁶ 甘地是艾哈迈德父母心目中的英雄，所以他们的观点很可能是受到了甘地处理宗教分歧的方式的启发。¹⁴⁷

在1956年的战争中，强大的英国对这个小国进行了猛烈的进攻，这使艾哈迈德感到万分震惊，因为她深深地崇拜英国的文学和科学。她一直以来享受着大英帝国提供的文化和教育福利，但现在却近距离目睹了帝国主义的丑恶嘴脸。在美国的压力和俄罗斯的威胁下，这场战争很快就结束了，纳赛尔成了胜利者，得到了世界上其他新兴独立国家的称赞。但在国内，纳赛尔用新赢得的声誉镇压了一切反抗者，其中包括艾哈迈德的父亲——他曾以生态为由，大胆地批评了纳赛尔的阿斯旺大坝项目。很快，纳赛尔的统治就变成了名副其实的独裁统治，秘密警察无处不在。艾哈迈德的反帝爱国主义和对纳塞尔政权的极度厌恶使她感到撕裂。

20世纪60年代末，艾哈迈德在剑桥的一所女子学院学习，她试图找出埃及人和阿拉伯人的身份是如何在20世纪的政治动荡中互相交织并互相碰撞的。此外，她还发现，在20世纪20年代，埃及人可以公开支持犹太复国主义而不被贴上叛徒的标签。调查结果所揭示的故事比纳赛尔宣传的黑白分明的历史要更复杂更混乱。这出乎意料的结果让她兴奋不已，但同时她也担心自己在埃及和黎巴嫩的同学朋友面前会显得不爱国。除此之外，她还得应对"阿拉伯人"在欧洲的种族主义表征。她发现，大多数英国人都认为所有阿拉伯人都是落后的、不文明的，并且经常把他们归为"黑人"。但在剑桥，"种族"这个词几乎从未被使用过，而"种族主义"这个词总是与贫穷的白人工薪阶层社区联系在一起，离这样充满学术礼仪的庄严场所非常遥远。然而，艾哈迈德后来意识到，"尽管我从未说过，但我非常清楚也完全相信，即使是文明的剑桥也不会平等看待我们"。[148] 我们应该记得，当年伊诺克·鲍威尔（Enoch Powell）的反移民鼓动和种族主义言论深深影响了英国的大众舆论，并让大英帝国的"非白人"移民产生了一种痛苦的隔阂感。

艾哈迈德现在发现，以欧洲人的说法，"阿拉伯"是一个很负面的词："'阿拉伯人'指的是那些没什么人性的民族，你不必尊重与他们签订的条约……如果你愿意，他们的土地你可以随意瓜分……他们的民主政治你可以随意阻挠，因为你不必公正地对待那些没什么人性的民族。"[149] 渐渐地，她开始意识到自己被困在有关阿拉伯人身份的两种错误观念之间——一种是纳赛尔主义的，要求"阿拉伯人"仇视犹太人，并接受民族主义独裁统治；另一种是西方的，认为"阿拉伯人"没有完备的人性，并把他们当作帝国主义游戏中的棋子。艾哈迈德最终得出结论，纳赛尔主义的阿拉伯人身份观念建立在对欧洲种族和帝国语言的简单反转之上。它的力量来自欧洲在中东土地上书写的东方主义剧本。对所有关于身份的本质主义观念进行解构似乎是走出这迷宫的唯一途径。

当艾哈迈德后来读到爱德华·赛义德的《东方主义》（1978）时，她立即认定这是"我们这个时代的一部重要著作"。这本书让她更坚定地去探索解决身份问题的非本质主义方法。但同时她也对赛义德的理论感到些许不安。她指出，《东方主义》与"阿拉伯民族主义的观点和言辞"交相呼应，它没能解决她所经历的复杂困境。它对帝国主义持"一致而彻底的否定态度"，这让亲历过帝国主义不公对待的她产生了共鸣，但与此同时，艾哈迈德确实也接受了这个帝国为当代女性提供的上一代人无法享有的智性发展的机会，而这一点《东方主义》并没有谈及。再者，赛义德对东方主义全盘拒斥的描述，与艾哈迈德在准备毕业论文时仔细研读的英国东方学家爱德华·莱恩（Edward Lane）的著作相矛盾。艾哈迈德抗辩道，西方学者的研究当然可以从为东方设立的东方主义框架出发，但是他们也可以反对它（我对法国东方学家安基提尔－杜佩隆进行的讨论与艾哈迈德的意见一致）。[150]

艾哈迈德看到了对西方的东方主义话语进行简单反转的危险性，这些来之不易的洞见对她关于伊斯兰的妇女与性别的研究是至关重要的。她对抵抗的典型阿拉伯式叙述（纳赛尔主张的民族主义只是其中的一例）的主要驳斥就在于它"为了否认殖民话语最初设定的条款，而对它们进行了挪用"。[151] 为了说明这一点，她讨论了卡西姆·阿明的《女性的解放》（这已在第七章讨论过），这本书在传统意义上标志了女性主义在阿拉伯文化中的开端。[152] 这本书于 1899 年在开罗出版，一经出版就引发了激烈的争论。阿明要求废除妇女戴面纱的制度，并要求将礼仪和风俗全盘西化，这引起了极大恐慌。面纱成为争论的焦点：它所象征的圣洁性不复存在，摘下它成了现代性和"文明"的标志。

据艾哈迈德所说，阿明的女性主义有时会被解读为对欧洲文明的高度赞扬。艾哈迈德把这种复杂的思想称之为"殖民女性主义"。它对急需进行真正改革的婚姻制度提出女性主义的要求和建议，以此支持殖民教化使命。艾哈迈德还援引了支持更为激进改革的埃及人的观点，比如泰赫韦提（Al Tahwati），他曾在 19 世纪 70 年代倡导女性应与男性接受同等的教育，并声称女性与男性只有生殖器官不同，她们的认知潜力与男性是完全相同的。[153]

艾哈迈德反对殖民女性主义首先塑造了一个扁平且同质化的伊斯兰教，又谴责它是一种落后的反妇女主义。只有在这种背景下，英国的教化使命和摘下面纱才得以成为解决所有社会弊病的办法。尽管艾哈迈德承认从阿巴斯王朝延续到 19 世纪的主流伊斯兰教主要流派确实轻视女性，但她仍强烈主张，《古兰经》还展现了另一种更具平等主义的声音，关于一个已被绝大多数穆斯林法学家和评论家边缘化和遗忘的"伦理的伊斯兰教"。在坚持共同人类的道德和精神愿景的伊斯兰思想流派中，苏菲派可能是最有影响力的。艾哈迈德援引了《古兰经》第三十三章中的数节来说明这一点。[154] 这些经文用平等的口吻向男性和女性发话，正如《古兰经》第四十九章中一节重要且广为流传的经文中所说的一样，真主从一男一女创造了所有民族。她强调，《古兰经》中的许多家长式诫命和律法规定必须被放在它们特定的地点和时代背景下来解读，不应赋予它们绝对的超越历史的有效性（基督教女性主义《圣经》诠释学也经常采用这一主张）。艾哈迈德总结道，《古兰经》中有足够多这样性别中立的声明，这为穆斯林主张性别平等提供了基础。在这一点上，她的观点与摩洛哥女性主义学者法蒂玛·梅尔尼西（Fatema Mernissi）的观点一致："我们今天所看到的是妇女要求能在上帝和历史传统面前拥有自己的权利……我们对妇女的解放将通过重新回顾我们的过去和重新挪用构成我们文明的所有东西来实现。"[155]

从艾哈迈德对当代政治中的面纱和头巾的讨论中，同样可以看出承认对伊斯兰传统进行批判性及女性主义解读的重要性。在1992年出版的著作中，艾哈迈德解释道，佩戴面纱并不是《古兰经》中的规定。《古兰经》只要求妇女们遮盖住她们的私处和胸部。[156] 在早期的伊斯兰时代，佩戴面纱在地中海东部和西亚的许多地区都很常见，但它并不是伊斯兰教特有的。到了某个时期，佩戴面纱成为一种根深蒂固的习惯，并通常被认为是"伊斯兰教的"，但大多数中产阶级和上层阶级受过教育的穆斯林妇女都在19世纪下半叶揭开了面纱，这并不代表她们放弃了自己的信仰，而是表明她们跟上了现代化的潮流。就她们而言，摘下面纱并不会削弱她们作为穆斯林的忠诚。相反，面纱在20世纪末的回归——或者更确切地说是头巾制度的回归——并不能被解释为传统的回归。在埃及，头巾制度的复兴始于埃及在与以色列的六日战争中所遭受的耻辱性失败，很多埃及人现在将这次战败归咎于纳赛尔强制实行的"无神的"世俗政权。

艾哈迈德强调道，在准备从事医学、工程学、军事科学或制药业的女学生中，头巾变得尤为流行。这些妇女就跟在19世纪末揭开面纱的埃及妇女一样具有"现代性"。她们的虔信并不是传统主义的，而是代表了对某种特定的伊斯兰教有意识的偏爱。1982 年在埃及进行的一项社会学调查显示，戴面纱的学生往往比不戴面纱的学生要稍微保守一些，女性主义意识也更弱一些，但这些差异是非常小的；而更重要的是，上述两个群体中绝大多数的人都认为妇女有权利去追求高等教育，有权利走出家门从事专业工作。[157] 这些调查结果并没有显示现代女性与传统女性之间存在着两极分化，而是表明了通往现代性存在着两条不同的路，其中不戴面纱的妇女比她们戴面纱的姐妹们要稍微前卫一些。[158]

艾哈迈德主张从女性主义角度重新解读伊斯兰教，并反对人们频繁将头巾与厌女画上等号，除此之外，在关于伊斯兰教的性别研究中，她主要批判的是穆斯林倾向于用同样笼统的教义信条来反驳西方对伊斯兰教的笼统批评。穆斯林采取这种路线使自己陷入了对手主张和语言的陷阱。这种自我禁锢最具悲剧性的例子就是伊斯兰原教旨主义，这个词在 20 世纪 90 年代进入了政治词汇。艾哈迈德认为，坚持一个"原初的伊斯兰教"和"真正的"本土文化并不能为后殖民社会的弊病提供解决办法，其根本原因是原初、纯净和未受污染的伊斯兰教从未存在过。她总结道，我们需要做的是超越殖民与本土之间僵化的对立，并采取一种更动态的准则。她认为，对发明、思想和制度的评判应该"基于它们的价值，而不是它们的起源"：

> 毕竟，如果我们清醒地看待事实的话，在今天繁荣的文明或文化遗产（无论是西方的还是非西方的），哪一种没有受到其他国家人民的发明或思想传统的深刻影响呢？为什么人们不能使用一些有用的政治、技术或其他类型的发明，就因为它们起源于其他部落？或者反过来，为什么人们要被迫践行一种既无可取之处，甚至有诸多理由反对的习俗，仅仅因为它是一种本土文化？[159]

乍一看，这跟狄德罗笔下的塔希提人在跟远征布干维尔岛的神父辩论时的逻辑有些相似。但两者有一个根本的区别。艾哈迈德与狄德罗不同的地方在于，她对任何真挚诚实的宗教信仰（无论其来自何方）都给予了充分的尊重。如果把激进的世俗主义当作主流伊斯兰教压迫性教义的唯一替代，这将会破坏她观点中的辩证关系。与之相反的是，她提出用伊斯兰对抗伊斯兰，将共同人类以及男女的尊严根植于她看重的"伦理的伊斯兰教"中。她认为自己是世俗的，但拒绝那种将所有信教者都视为愚蠢和自欺欺人的好战世俗主义。[160] 无论如何，过去三四十年来，世界范围内的宗教复兴对世界稳步世俗化的旧有确信提出了质疑，而这种复兴绝不仅限于非西方世界。这一趋势也极大地影响了美国的社会思潮和政治。西欧可能是迄今为止唯一坚守世俗主义思潮的地区。

艾哈迈德对伊斯兰教的观察对于本书的主题来说很有价值。在当代，大部分人将继续拥抱宗教性的世界观。激进的现代世俗主义很容易让那些"仍然"信教者的共同人性受到质疑。最终，它可能会不知不觉地跟随启蒙历史哲学的脚步，产生另一种"尚未到来"的未来。在这种情况下，一种能承认宗教和世俗世界观的多样性的观点则显得更为平衡，也似乎更有助于理解我们的过去和未来。

20世纪末的人权政治

20世纪60年代鲜见人权运动。但是，联合国慢慢地在《世界人权宣言》的基础上建立了一个法律和制度性框架。1966年，联合国大会通过了两项人权公约：一项关于公民权利和政治权利，另一项关于经济、社会和文化权利。两项公约开篇都申明了所有民族都拥有自决的权利。1969年，一项反对种族歧视的特定公约开始生效。1978年《禁止酷刑公约》通过之后，《消除对妇女一切形式歧视公约》也于1981年开始施行。[161] 然而，《公民权利和政治权利国际公约》直到1991年才得到了美国的正式批准，即使在那时，华盛顿也提出了许多保留意见，以致该公约在美国几乎无法执行。《经济、社会及文化权利国际公约》在20世纪八九十年代时得到了绝大多数成员国的批准。然而，美国虽然签署了这份公约，但至今都没有使其正式生效。既不签署也不批准的国家集团就跟《公民权利和政治权利国际公约》中的未参与者没什么两样。在这里值得一提的是《保护人权和基本自由公约》，该公约于1950年由欧洲理事会成员国开放签署。20世纪50年代，该公约得到了挪威、瑞典、丹麦、冰岛、荷兰、比利时、卢森堡、奥地利、意大利、德国、爱尔兰、英国和土耳其的正式批准。其他西欧国家大多数都在20世纪七八十年代批准了该公约，东欧诸国也于20世纪90年代紧随其后。欧洲人权法院于1959年开始运作，但从1963年起它只接收个人申请，申请者必须来自认可相关协议的国家。

但在20世纪五六十年代，西方甚至世界各国的政府并没有多少热情去履行联合国和欧洲理事会正在策划的新法律文书。英国对设立人权法院的态度已经在欧洲理事会中流传开了，英国外交部的一名法律顾问在谈论此事时用相当粗鲁的言辞表达了很多同僚的忧虑："设立法院对现在来说肯定是不可取的，因为政府可能会被人们传讯到法院进行弹劾……此举就像是在邀请激进分子、骗子和各路怪人采取行动。这些行动往好了说是无聊至极，往坏了说是为了让政府难堪。"[162] 作为两个殖民大国之一，法国在1974年才正式批准了欧洲人权公约。1953年，英国在没有登记其海外保留地的情况下就已批准，尽管其殖民地部对此疑虑重重。即便英国批准了该公约，连任的英国内阁仍继续管理其殖民地，就如同人权的概念并不存在一样。

随着越来越多的殖民地获得国家地位，建立合理政府的责任就移交给了新成立的后殖民国家。许多新国家未能实现人民的期望，发展成了威权的民主国家或者彻底的独裁国家。在这种情况下，联合国中大多数新国家都试图以一种保护自己不受国际社会谴责的方式来构建人权。因此，它们视社会和经济权利优先于公民和政治权利。它们宣称，优先公民权利是一种带有种族主义色彩的"西方"策略，旨在将新兴的独立国家置于一种新殖民主义的监护之下。它们主张，民族自决和经济发展比个人自由的传统权利要更为重要。它们进一步声称，"西方"的人权倡导者不尊重非洲和亚洲文化，并试图把西方的价值观强加给其曾经的殖民地属民。

1968年，为庆祝《世界人权宣言》发表二十周年而组织的德黑兰会议揭露了各国的虚伪行为——他们口头上说维护人权，实际上却在国内无情地践踏个人的权利和自由。第三世界集团在该会议上提出，社会经济权利才是"真正"的人权，因为它们为发展和繁荣打下了基础。它们认为，《世界人权宣言》必须被放置于新的后殖民世界秩序中进行重新解读。恰当地说，1968年的会议是由伊朗国王主持的，他愉快地对这种在政治上没有影响力的人权表示赞同。当时西方国家正深陷与苏联的冷战之中，他们对此婉转地提出了批评。而美国尤其对此采取了一种防御姿态，因为它必须考虑国内的民权运动（马丁·路德·金在会议开幕前三周被谋杀），以及对其干预越南的抗议。整场会议中，只有两名代表坚决捍卫公民权利和政治权利。一位是法国代表勒内·卡森，他曾是罗斯福委员会的成员；另一位是捷克代表鲁道夫·比斯特里茨基（Rudolph Bystricky）。但他们的警告却被置若罔闻。

　　德黑兰会议代表了联合国人权政治的最低点。牙买加驻联合国大使埃杰顿·理查森（Egerton Richardson）努力组织了这次会议，他称德黑兰会议为"我们的关键时刻……［在这个时刻］我们看到了主要通过政府工作促进人权事业的意义所在"。[163]

　　20世纪70年代下半叶出现了两种不同的新型人权政治。1976年赢得美国总统大选的吉米·卡特（Jimmy Carter）将人权设立为一项外交政策目标。作为总统，卡特公开批评了韩国、伊朗、阿根廷、南非和罗得西亚的人权记录。

21世纪初的现代平等

　　从共同人类和现代平等在20世纪下半叶的发展轨迹中，我们能得出什么结论呢？从整体上来看，战后历史性时刻所带来的持久性结果有两个：第一，现代平等转变成了真正具有包容性的全球平等；第二，科学种族主义瓦解了。如上所述，亚洲和拉丁美洲代表在制定《世界人权宣言》

时施加的压力,加上非政府组织和宗教协会提出的要求,奠定了普遍平等概念的反种族主义基调。如果让联合国中的西方成员国对此拥有完全的控制权,那这一切都将永远不会发生。另一个能体现联合国重要性的例子可见于南非种族隔离制度下的贱民阶层。该制度可追溯至联合国成立之初,同时它也在20世纪60年代成为国际舞台的一个象征性装置。最后留给殖民帝国的辩护者们的唯一主张就是教化使命破碎的意识形态。种族分界线的批判者们占领了道德高地。战后历史性时刻创造了一种强有力的、全球性的普遍平等的主要语言,我们有充分的理由将其视为共同人类与平等的全球思想史上的重大转折点之一。

联合国教科文组织于1950年开始持续致力于消除科学种族主义,这为现代平等的普遍化做出了重大的贡献。尽管人们一再试图为种族主义观点提供科学依据,特别是试图对非裔美国人智力测验分数进行不合理的解释,但种族主义的科学权威还是遭到了无法补救的破坏。即使如此,我们也不应该假定生物学已成为一种研究共同人类的话语(除非是在非常有限的意义上)。现代生物学家接受了布丰对生物物种的定义,该定义认为所有人类都属于同一物种。当今的主流观点认为最早的人类出现于东非,并从那里迁徙到各个大陆。但有些古人类学家为一种"地区主义"假说辩护,认为人类可能存在多个起源地,尤其是在东亚。

接着我们来谈谈共同人类。阿什利·蒙塔古提出的"普遍兄弟情谊"伦理的生物学基础已经被绝大多数生物学家和遗传学家所摒弃。在进化生物学中,新达尔文主义的综合学说支持人类物种的统一性,但其关于人性的理论仍然以自然选择和适者生存为坚实基础。因此,生物学的主流观点认为,人类进化是群体以及个人之间为争夺地球上的稀缺资源而进行的无休止竞争。它的"伦理"——如果我们可以这么称呼它的话——就类似于经济上的新自由主义,导致了一种极简主义的共同人类观。就像19世纪的政治经济学一样——让我们回想一下,达尔文从马尔萨斯的《人口原理》(*Principle of Population*)中提取出了适者生存的概念——该概念坚持认为利己主义和竞争是"天然的",而利他主义和合作则是"人为的"。

1948 年，西方列强成功地阻挠了民族自决原则的实现，但事实证明，此举得不偿失。那些怀疑论者指出了在一个由主权民族国家组成的世界里人权的弱点，他们当然是对的，但这一点从一开始就显而易见。即使《世界人权宣言》是一项具有约束力的国际条约，大国也将行使否决权保护违反了条约的五个常任理事国的附庸国，而很多违约者都属于这个群体。将人权写入法律的国家也有可能在现实中侵犯人权。就算某些违约者在安理会中没有庇护者，如果它们拥有足够的军事实力或经济影响力，就能使干预本国的成本高得令人望而却步。

20 世纪 40 年代，没有人认真考虑要削弱民族国家的实力，关键的问题是，哪一个集体可以被赋予国家地位——是只有存在已久的主权国家，还是加上亚洲和非洲被殖民的民族？这个问题不由法律论证决定，而是由 20 世纪五六十年代的殖民战争决定。在 20 世纪 60 年代末，民族自决已成为一项无可置疑的原则，巩固了后殖民的国际体系。但它的胜利并没有促进人权事业的发展。新的亚非国家一旦获得独立，往往就会开始一段对其大部分人口都不利的"发展"进程。大多数新成立的国家都采用大规模动员的独裁方式来推进它们的发展目标，其中不少国家最后演变为一种"掠夺式国家"：统治精英和他们的亲信们不惜牺牲人民的利益，过着奢侈的生活。它们口头上对人权表示支持，但却以避免遭受国际社会谴责的方式界定人权。

20 世纪 70 年代是人们幻灭和痛苦反思的十年。人权成为群众运动以及影响力极大的世界舆论的核心价值，但在这一过程中，人权概念的意义发生了深刻的转变。这些新运动很好地利用了在战后的历史性时刻被创造并载入《世界人权宣言》的政治语言，但在它们手中，它的国家中心主义不再那么强烈，而是变得更加具有反抗性，有时甚至演变成一种对激进政治和经济改革的呼声。第二次世界大战之后，人权被认为是政府应为其公民提供的保障，但现在国家权力受到了一种冷酷的新审查。

法国哲学家米歇尔·福柯创造的新词"治理术"非常适合用来阐明这种关于国家机构的幻灭的新兴理论。治理术是一种治理人的理论，通过将规训的母体均质化并加以区分，个体在其中被生理和心理的生命政治技术进行"安置"并赋予"身份"。20世纪70年代,无论是第一、第二还是第三世界的人权倡导者,都认为自己是中央集权下的规训权力的"抵抗者"。因此,人权不再仅仅被理解为由国家合法性产生的形式自由,而且也被理解为根植于人类思想和身体而非根植于中央集权制度的自主"价值"。在这样的框架中,人权不仅保护个人免受国家的非法压制,而且还对国家权力及其惩戒效果进行了批判。

因此,新型人权政治,不论其显露的意识形态根基为何,都必须应对人们对于个体性的完全不同的理解。《世界人权宣言》仍可以将家庭视为一种天然制度,但是在人权热潮高涨的十年内兴起的新女性主义对父权家庭的天然性发起了挑战。与此同时,同性恋宣言也开始质疑异性恋的天然属性。20世纪七八十年代见证了"身份政治"和"民族自豪"的兴起。《世界人权宣言》的制定者以一种相对同质化的方式对人类进行了构想。他们对种族主义和其他排斥的批判顺理成章地促使他们对所有人类的共性进行了强调。上述基础被保留下来,作为确保普遍平等得以实现的背景假设,但如今一些对文化差异的积极评价对它们做了补充——"多样性"这个显得更为乐观的词语出现得越来越频繁。2004年接受采访时,艾梅·塞泽尔谈到了人权,"在谈自由、平等、博爱时,我总是要把身份问题也谈一谈"。[164]

20世纪末人权热潮带来的另一个重要结果是,人权的语言不再为国际组织、外交官和法院所"独有",而是在一个由非政府组织、维权组织和关心人权的公民构成的更为宽泛的公共领域中流传。这种趋势始于20世纪70年代的西方和共产主义阵营,拉丁美洲不久后也加入了。在新千禧年初,这个趋势在世界范围内不断扩大,并愈发受益于开始于20世纪90年代的互联网通信革命,最终形成了一个全球性的人权社区。而形成庞大网络的人权组织和人权倡导者所采取的"开放获取"运作模式本身就带来了强大的平等效果。

恰恰由于其抽象性,"人权"这个术语基质能够毫不费力地适应人们对差异性的新强调。在此过程中,联合国教科文组织在第一次关于种族问题的宣言中对人性可塑性的强调,使其获得了新的政治优势。最后的结果是，人权和现代平等成为一种灵活而动态的语言。它们逐渐从一种总括性的、在《世界人权宣言》体系中公认的启蒙思想基质中脱离出来。慢慢地，有时甚至是无意识地，它们变成了一种"不可知论的"语言（但绝对不属于激进的无神论），在欧洲启蒙运动中有着久远且常常被人遗忘的根源。如今，在全球的知识空间中，人权倡导者遍布哲学、宗教和科学思想领域。他们涉及的政治范围非常广，从要求各国保障在其有效治理下的所有人民的平等权利，到要求对少数族裔文化进行法律保护的身份政治，不一而足。

后　记

全球平等的未来

让我们回顾两千多年来关于共同人类、平等与文化差异的思考，看看能否提炼出一些有用的结论，来帮助我们判断当今全球化、人权和"文明的冲突"所遭遇的困境。

跨文化思考是一个非常复杂的问题域，因为文化差异是一种非常灵活多变的现象，它回避了实证枚举和定量测量的简单现实主义。诚然，世上很多东西都需要列举与测量，但是文化的存在现实、它在世界中的存在方式、人们对熟悉的"本土"生活方式的依恋，以及与陌生的"他者"的生活方式打交道的不情愿等，都不是可测量的对象，而是在时间的流动中形成的一种辩证关系。文化身份不是一种原始的假定事实，也不是自我的内在本质，而是一系列被创造出来的、时而一致时而冲突的历史结果。哲学家称之为反本质主义的认同理论。

我们用一个老生常谈的例子来说明这一点：青蛙和粥这两个事物在物质上的以及可以通过经验证实的差异，都不属于文化差异。但是，当英国人用一种不赞成吃青蛙的批判性语气和言辞将法国人称为"食蛙族"时，文化差异就产生了。当有人对这种看似顽固的偏见提出质疑时，文化差异的辩证本质就显现出来。文化差异是"存在"的，但当受到批判时，它要么瓦解，要么固化成一种教条——无论在哪种情况下，其不证自明的自然属性都消失了。文化差异的构成是真实而寻常的，但整体上，X文化或Y文化是很难确切说明的。这并不是登记在册的事实和观点，而是一种感性的理性（Raison sentimentale），以"我们"和"他们"的情感语义对经验进行加工。如此这般，文化认同的新现实就形成了。我们不能将这种现实定义为个人的心理或精神状态，因为它只存在于社会互动中。只有当人们一起共事，或拒绝一起共事，又或思考能否一起共事，文化才得以存在。属于某种文化意味着参与其中，"知道"其他参与者的期望，以及该如何采取下一步行动。思想在任何文化认同中都属于一个重要的组成部分，但真正的问题是人们如何运用思想，以及我们如何在多重历史背景下理解这些行为。

共同人类这个概念是怎么出现的呢？在这儿，我打算换一个角度来看好撒玛利亚人的寓言。祭司和利未人所看到的是一个他们不想费心去帮助的陌生人，而撒玛利亚人看到的却是一个遇难的人类同胞。决定结果的并不是"存在"着什么，而是撒玛利亚人眼里"看到"了什么。"这里躺着一个陌生人"和"这里躺着一个人类同胞"，这两种看法都是对的。凭经验而论，人类同胞并不比陌生人有更深层的现实。同理心和冷漠只是代表了对"同一"事态的两种看法。对一个躺在路边的受伤男子，敌意和恐惧也是可能会出现的反应。因此，文化差异是一个难以捉摸的"现实"：有时你觉察得到，有时又觉察不到。这个寓言告诉我们，文化差异的情感语义并不是一个不可逃脱的牢笼（尽管这可能并不是福音传道者的本意）。人们可能会发现，很难界定熟悉的日常惯例，但他们可以想象去这样做，事实上他们也经常这样做。在这本书里，我们遇到了许多人的例子，这些人能够跨越文化边界进行思考，并且能够对冷漠和排斥的语义提出质疑。

质疑文化认同的监狱模式的另一个原因与个体的本质有关。人类的思维很少会具有文化上的同质性。在所有有着文字记载和城市中心的社会中，每个人都会接触到商人、朝圣者以及其他从远方来的旅行者。当波斯的苏菲派诗人阿塔尔谈到琐罗亚斯德教徒时，他不仅将他们视作异教徒，还将他们视作在市场上可能遇到的市民。这种平常的经历使人们意识到文化差异只是日常生活的一个特征。但凡人们对自己思维方式的来源进行一番思考，都会发现它的构成是相当复杂的。即便是在那些很少进行反思的人身上，通过仔细观察，我们也能发现其思维中的文化成分具有混杂性。混杂程度必然会由于时间和地点的不同而不同,但即使是在偏远的小村庄也偶尔会有外邦人出没,或至少流传着一些外来者的故事。世界史学家杰里·本特利(Jerry Bentley)中肯地指出,在人类的历史长河中,跨文化交际的强度与日俱增,虽然并不均衡,时断时续。[1] 由此可见,文化上完全同质的人格——纯粹的汉人或真正的美国人——只是文化纯粹主义者的幻想。

自古以来,迁徙、征服、旅行和思想交流一直是历史的特征。诚然,每个人受其影响的程度是不同的,但几乎没有人能够丝毫不受其影响。城市居民尤其如此:从古代开始,城市文化就一直是异质的、不断变化的,尤其在经济、宗教和政治事务方面。一般来说,人们能够调整自己的言行举止来满足他们所要扮演的各种社会角色的要求。为了将这种混杂性纳入稳定而连贯的学说体系中并赋予其秩序,宗教和哲学领域的精英们进行了无休止的斗争,这证明了多元性和异见的持久显著性。简单来说,大多数人都比他们自身所想的要更为"文化多元"。文化认同具有非常强大的力量,但它并不是铁板一块,也无法消除商业交易、朝圣、好奇心,以及信息和思想的交流。[2]

在本书中,我试图表明存在两种质疑文化差异的方式——共同人类和人类学转向。前者将外邦人转化为人类同胞,后者则对"熟悉"与"陌生"的语义进行了解构。在许多方面,这两种方式可以看作互相补充。两者在希伯来《圣经》中都有所体现。当中说道,人人都是按上帝的形象创造的,也提醒以色列人不可欺压生活在他们之中的外邦人。因为他们自身就曾是埃及的奴仆,所以他们明白被当作可鄙的外人是怎样的滋味。其他伟大文明中的圣人和历史学家也同样采用了这两种方式。对于外来人"也一样是人"的抽象的肯定并不总是能够刺穿民族主义的硬壳。文化的多元和凝视的反转,赋予了对"共同人类"这个几乎不带任何文化色彩的抽象概念以历史的和人类学的深度。

话虽如此,我们不应该夸大抽象概念的脆弱性。"人类"这个抽象概念虽脆弱,但既不是无意义的,也不是无效力的。正是它的抽象性为人们的想象开辟了空间。这也是我们可以从本书所讲述的历史中吸取的教训。从轴心时代到现在，在所有关于共同人类的宗教和哲学论述中都存在着一条互惠的黄金法则，即承认外邦人是人类的同胞。同样，认为人人都有着共同的特性或能力，是所有共同人类话语的特征。人类的本质属性会随着时间的推移而变化，但足以相似到将这些变化视作基于一个基本主题的变体。除此之外，人类的本质属性包括基本的生理需求和机能、语言、对工具的使用、自由意志、理性和思考、道德感以及神圣感。历史上所有关于共同人类的论述中都存在着对上述特征的不同阐述。诸宗教、哲学基础以及文学流派也许有所不同，但基本的主题始终贯穿其间。联合国教科文组织在全球发起了一项对人权的意见调查，其结果显示全球在这一领域达成了一定的共识。

"人类"的抽象概念代表了一个关于人的普遍概念。诚然，这个概念有应用到一切地方的潜力，但正如我们在本书中反复注意到的，只有当哲学家、神职人员、知识分子、政治家和大众能够不局限于其起源地对它进行归纳时（但并不需要将其推及世界的每一寸土地），这种潜力才能实现。例如，希罗多德把识别本土的风俗习惯和法律，并将之与其他民族的行为方式进行比较的能力，视为人之为人的核心要素。但他认为已知的世界上并不是每个人都拥有这种能力：斯基泰人有这种能力，但生活在北极地区最外层的民族却没有。在法国哲学家狄德罗的《百科全书》中，爱斯基摩人仍被描述为"野蛮人中的野蛮人"，但半个世纪后，法国学者杜佩隆坚持认为生活在北极地区的民族也拥有完整的人性。

由此可见，像"自然平等"这样的普遍概念可以通过不同的方式进行普遍化。我们至少应该区分帝国主义的和反帝国主义的普遍化方式。前者的例子有罗马的斯多葛派，以及布歇·达吉斯在狄德罗的《百科全书》中所概述的国际法对"自然平等"的纳入。反帝国主义的普遍化方式在狄德罗的《布干维尔航海补遗》和安基提尔-杜佩隆的作品中均有体现。克里斯托弗·希尔（Christopher Hill）对两者做了一个区分，据此我们可以把帝国主义的运用定义为一种泛化的普遍性，而把反帝国主义的运用定义为一种相对化的普遍性，因为后者在人类的整体统一中给不同文化留下了发展自主性的空间。[3] 当然，除此之外，一些混合形式的普遍性也是存在的，新教反奴隶制话语中，自然平等和得到上帝认可的共同人类在转喻中的结合就属于其中一种。这种转喻的混杂在政治用语中可能比在哲学著作中更为常见。纵观历史长河，我们似乎可以有把握地得出这样的结论：在帝国扩张之后，概念的普遍化在大多数情况下都伴随着宗教和哲学论述实质上的传播。

人性是可塑的，但它所属的文化范围并不是无限的。尽管文化具有万花筒般千变万化的多元性，但其中还存在着一个共同人性。[4] 神职人员、哲学家和政治领袖提出过各种不同的关于人性的论述，从"共同人性"这个模糊而缺乏说服力的概念到坚定的平等主义教条，不一而足。在本书中，我们谈论了由荷马的《奥德赛》中的一些主人公所提出的原始哲学观点——每个人都需要神，也谈到了强有力的普世平等主张，比如基督教的废奴主义和《世界人权宣言》。这个范围虽广，但不能将其无限延展。任何关于共同人类的理念，无论其多么缺乏说服力，都不符合伦理相对主义。[5] 在面对各种形式的人类学转向的过程中，我们遇到过许多支持这种或那种文化相对主义的作者，但没有一个人支持全盘的伦理道德相对主义。希罗多德可能是最早提出文化相对主义理论的人，在他的《历史》中，伦理相对主义以冈比西斯为代表。作为希罗多德式邪恶国王的原型，他相信，只要他能够逍遥法外，一切皆是允许的。

在历史等式的不平等一边，人们在讨论文化差异时用的是明确的、往往是本质主义的术语。我们可以发现，对共同人类与平等的论述通常是作为对既有的不平等论述的批判而出现的，这些论述引发了一系列的争论和反驳，共同人类、平等与不平等的概念在其中得到了定期重塑。对平等的确信总会遭遇对不平等之笃信的对抗。虔诚的神职人员教导他们的信徒，他们有神圣的责任与不信教者进行战斗，并且如果情况允许的话，他们可以对后者进行杀戮。其他人同样确信，人种学、自然历史或实证心理学已经证明，非洲黑人的智力发展无法超越"幼儿"水平，因此他们需要白人的领导。然而，让某些人心满意足的是，他们证明了欧洲人的教化使命基于人类历史的发展逻辑。孟子认为，"蛮夷"汉化是符合宇宙秩序的。还有一些人提出了哲学证据，证明所有的宗教都是落后的迷信观念,而信教者在智力上具有缺陷。19世纪末,不少大学教授用科学方法论证从事学术研究将会使女性的思想和身体发生畸变。

所有这些确信出现后都风靡一时,但它们中的大多数最终都淡出了人们的视线。纵观历史长河,不平等话语比共同人类与平等的话语更缺乏一致性。它们将各个时期不同的思想、风俗和人群归为劣等。它们设定的界线是不断变化的,并且受制于历史的偶然性。不平等话语看起来可能很具现实性,因为它们所谈及的是以事实为依据、可通过经验证实的人类特征和差异,但也正因为如此,它们在所谓的"事实"批判性审视下不堪一击。

平等话语的另一个组成部分是人类学转向,其发展历史进一步削弱了不平等话语的"现实性"。我们已经看到,即使在极度不平等的情况下,比如在16世纪欧洲人征服美国时,不平等的教义也引发了激烈的争论。除了对共同人类的引用,凝视的反转也带来了一种强大的平等效果。西班牙传教士巴托洛梅·德拉斯·卡萨斯让他的听众认识到,印第安人对他们的神的信仰和基督徒对三位一体的信仰一样深刻和真诚。法国作家蒙田劝告欧洲人在得意地庆祝自己征服了落后愚昧的食人族之前,先好好地审视一番他们自己发动的宗教战争。两千年前,希罗多德发表了一句名言,即埃及人把所有说外国语言的人都称为"蛮族"。几个世纪后,司马迁指出,在华夏民族就风俗对北方游牧民族进行谴责的同时,后者也对前者的生活习惯持同等的批判态度。由于每个边境都是双向的,所有的文化等级体系都很容易发生颠倒。鉴于在不平等思想的历史中,文化边界和人类群体划分在不断变化,我们可以得出结论:一种文化对于另一种文化的等级判断总是具有历史偶然性。归根结底,共同人类代表着人类道德史上的阿基米德点。

启蒙运动的意义

思想史不仅体现了历史的连续性,还涉及新兴思维方式的突破和发明。共同人类与平等的历史中有两个重要的转折点。第一个转折点以轴心时代出现的对共同人类的宗教和哲学论述为特征；第二个转折点是启蒙时期现代平等与现代不平等的兴起。

鉴于本书的问题域，我们或许可以将轴心突破描述为对人类的多重发明的时代。那个遥远时代中的许多宗教及哲学论述仍流传于我们现代的全球化世界，但它们全都受到了近三个世纪以来启蒙思想在全球范围内的传播和重塑的影响。轴心时代的宗教和哲学以一种双重运动来适应现代性：一方面，它们将自己重新定义为启蒙思想中某些方面的反面；另一方面，通过参与现代政治以及应对现代思想的挑战，它们也吸收了启蒙思想的历史观念和时间观念。例如，18世纪反对奴隶制的新教徒谴责它不仅是对上帝威严的冒犯，同时也违反了自然平等。作为虔诚的基督徒，新教徒能够以"人人都是按上帝的形象创造的"为原则，遵循自然平等；但如果没有现代自然法的启蒙语言，他们不可能将人类灵魂作为灵魂容器的这一精神理念，与自然权利的社会政治概念联系起来。同样，19世纪认信的政治家们拒绝接受进步的理念，但通过发起自己的政治运动，他们采纳了启蒙运动的政治理念，即政治是一种面向未来的计划性活动，旨在理性地"改善"社会。此外，他们坚持对人民主权的理论概念持谴责态度，同时继续推行政治民主化。

在本书中，我强调过，启蒙运动的特点是现代平等和现代不平等的双重发明。现代平等假定个体是首要现实，社会只是人们为了增进自己的安全感和舒适感而创造出来的一种人工产物。个体被描述成自由平等的，这种观点既可以建立在唯物主义或唯心主义哲学上，也可以建立在开明的宗教教义上。在人类学和规范性意义上，自由和平等被认为"天然的"。它们被看作是原始的"事实"，但同时又是政治和社会秩序的规范基础。现代平等标志着世界历史的转折点：此后，人人都被预设享有平等地位，而不平等却需要合理的理由。也就是说，不平等必须用启蒙人文科学的语言来解释。18世纪末，平等和自由成为载入成文宪法的基本原则。这是一个史无前例的政治新起点。

然而，我们还应该补充一点——尽管"平等"在理论上具有普遍性，但在实践中却建立在以男性为主导的民族框架之内。由文化界定的民族受到了平等的限制,但无法从现代平等的角度对这些限制进行融贯的理论化,对女性公民权的剥夺也是如此。从历史上看,文化民族(cultural nation)的概念与种族的概念具有某种相似性。令人吃惊的是,从 18 世纪末到第二次世界大战期间,"民族"和"种族"的概念经常被当作一对转喻词。两者都被定义为有血统的群体(民族血统、种族血统),都被假定了一种先于所有理性选择、深刻锚定在历史之中的"命运",并且都使用了民粹主义的政治语言。民族主义是一种借鉴了想象之传统的现代教义,正如历史学家乔治·莫斯(George Mosse)明确指出的那样,民族主义也是一种人民集体崇拜自己的民间宗教(civil religion)。[6] 在民族共同体内部,民族主义是一种平等的话语,但在全球范围内,它却是一种排外的话语,通常与种族话语同时出现。

启蒙运动催生了四种关于现代不平等的论述。政治经济学为社会经济不平等提供了合理的论据。新兴的生物心理学理论在对性别差异进行讨论时,认为女性在尊严上与男性平等,但却天然属于"他者",并受到男性权威的支配。种族划分把人类框定在以生物学为基础的等级制度中。最后,历史哲学提出了一种新的时间机制。此后,文化的多元性不仅在地理框架中,还在时间序列中被理论化。新的时间机制将时间理论化为一种发展和进步,但不一定指道德进步。因此,欧洲在空间和时间上都是一个独特的节点,即世界历史的终点。

在对启蒙运动的讨论中,我展示了现代平等和历史哲学的结合带来了一种跨文化平等的话语,这种话语将平等定义为"变得像那些已经获得平等的人一样"——也就是说,变得像欧洲人一样。欧洲乃至后来的"西方",代表着人类的启蒙先锋,从而被赋予了以启蒙理性指导世界其他地区的教育权威。孔多塞的历史进步理论认为,欧洲的教育学是促进全球平等的催化剂。用今天的哲学术语来说,孔多塞将平等与一种相当强烈而绝对的良好生活信条混为一谈。它包括了所有对启蒙文化持开放态度的人,但同时也排除了那些信奉其他正统思想的人。我们可以看到,这个机制在法国大革命的犹太人解放运动中起到了一定作用。犹太人虽被视为自由平等的公民，但不得不将自己的犹太性限制在私人领域。法国当今的政教分离（laïcité）的世俗教义是孔多塞历史哲学的一个遥远分支，它试图将一切宗教实践及符号都排除在公共领域之外。

对启蒙的平等和文化差异概念的解释非常重要，因为启蒙运动与思想史上的其他事件不同，它不愿默默无闻地被历史湮没。启蒙运动中的许多思想和理想至今仍在受到整理、辩护或批判。历史学家乔纳森·伊斯雷尔对激进启蒙运动的杰出研究十分有影响力，他主张，只有拒绝宗教并且信奉哲学一元论的唯物主义思潮是始终如一的平等。在伊斯雷尔看来，斯宾诺莎、贝尔和狄德罗都是他的历史中的英雄。伊斯雷尔认为，现代平等的普遍性话语不能建立在宗教的世界观之上，因为宗教思想家必定会看低其他宗教的信徒，更别说无神论者了——在宗教思想家眼中，他们比自己劣等，生活在谬误的黑暗中，无法完全接受宗教真理的至高无上。在本书中，我已向大家表明，一神论宗教中对圣战的论述证实了伊斯雷尔的论点，但同时，一神论宗教中对共同人类的有力论述又为平等的普遍性概念奠定了基础。18世纪和19世纪反奴隶制的代表绝大多数都是狂热的新教徒。由此可见，普世主义（人类的统一）与特殊主义（只有信徒掌握真理）之间的二元性是所有宗教的基本特征。

但伊斯雷尔没有认识到，启蒙运动也体现出一种类似的二元性。"启蒙"（enlightenment）的字面意思是"从黑暗走向光明"。现代平等的发明是启蒙运动最重要的思想创新之一，但启蒙理性也将人类分为两大阵营：已经开化的人和尚未开化的人。已开化者有天职去教育——去启蒙——尚未开化的人。启蒙运动就像宗教一样，无法摆脱普世主义（人类的统一）和特殊主义（只有启蒙运动，或者只有激进启蒙运动，才掌握真理）的二元性。无论真理是由一个普世的神还是由普遍理性所代表，其基本的两极都是相同的。唯一能够合理化启蒙运动的特权地位的考量是，宗教平等主义者从启蒙政治思想中汲取了一部分（但绝不是全部）对社会和政治的洞见。然而，至于对人类的统一和压迫之邪恶的基本信念，他们从《圣经》中就能够得到充分的支持。

伊斯雷尔将主张平等的激进启蒙运动和不那么追求平等的温和启蒙

运动一分为二，但这个二分法也解释不了殖民主义和帝国的激进批评人士中存在的哲学多样性。狄德罗实际上是一个世俗的一元论者，雷纳尔的世界观则基于自然神论，而安基提尔—杜佩隆来自詹森派教会，到了晚年，他接受了一种调和主义的宗教信仰。在前文中，我已提到过绝大多数废奴主义者都信奉新教。至于现代不平等，令人吃惊的是，种族划分认为人类是动物王国的一个固有的组成部分，这一观点与唯物主义一元论非常一致。布丰和布卢门巴赫认为白色人种天然且至高无上，此观点完全是以人体长期演化的环境论以及原始进化论为基础的。为了逃避这种唯物主义逻辑所带来的糟糕后果，一些自然历史学者借助神学观点论证人类的统一。同样，启蒙运动使性别成为一个本质上具有争议的概念，但性别平等在基督教、笛卡尔二元论和一元论中始终能得到捍卫。[7] 此外，在性别和种族问题上，唯物主义一元论者也可以用自然历史的论据为女性或种族的劣势辩护。狄德罗得出的结论是，女性的生理机能使其产生过多的激情，从而损害了她们的逻辑思维能力。[8] 最后的结果是，激进的启蒙运动和温和的启蒙运动一样，将现代平等与关于现代不平等的若干论述进行了结合。

此外，历史哲学的四阶段论以及其核心的发展的时间性，均为启蒙运动中的激进派和温和派所接受。狄德罗、雷纳尔等激进人士跟杜尔哥、斯密和罗伯逊等温和派有着一致的看法。卢梭轻蔑地否定了一切道德进步的观点，但仍然支持历史发展的阶段论及其必然的结果，即现代历史没有后路可退。即便如此，卢梭是少数几个至少尝试过对发展的时间性进行批判的启蒙思想家之一（并且他公开承认发展的时间性绝不可能是穹状的）。但卢梭并不是激进的一元论者，而是一个温和的自然神论者（至少在伊斯雷尔的分类中如此）。在我看来，现代平等与历史哲学的结合，是政治与历史的启蒙思想的根本基石。因此，现代平等与以欧洲为中心的历史哲学之间的张力，遍及所有历史和社会的启蒙思想。

因此，我们可以预见，现代平等的实际历史轨迹并不符合孔多塞的"稳步全面提高"模式。我们可以发现，法国大革命能够在一定程度上接纳种族平等，却断然拒绝让女性拥有公民权。但在 19 世纪晚期，这个模式自身发生了彻底的转变。当时,女性首先在欧洲和白人移民殖民地,后来在许多拉丁美洲国家以及一些亚洲国家获得了公民权。法国大革命时期对有色人种及黑人开放了公民权,但这在拿破仑时代至第二次世界大战期间实在影响甚微。虽然大西洋奴隶制被废除,但在后奴隶制国家,得到解放的奴隶以及其他的有色人种最多也只能成为二等公民。在种族问题上,1800年至1945年间盛行的不是民主思想,而是科学种族主义。第二次世界大战所造成的全球灾难才废去了科学种族主义,但即使在这种情况下,非洲人、亚洲人、非裔美国人和南非黑人还是必须进行艰苦的长期斗争,才能获得民族自决和全部公民权。我们可以得出这样的结论:通往当今民主之部分支配地位的道路既不是笔直的也不是平坦的。只要长远逻辑一直存在——但这并不是必然的——它就只会受到在历史的偶然性中行动的人们的影响。

我们能从启蒙运动中得出什么结论呢?启蒙思想的一个特点是它包含着一种元文本,即将批判视为精神与其自身不断斗争的过程,这使它具有了一种前所未有的强大的批判潜能。在且只在这种斗争中,批判超越了宗教。当然,自我批判和哲学本身一样由来已久,但在启蒙运动时期,它变成了一个纲领性原则。正如康德在第一版《纯粹理性批判》的序言中所言:"我们的时代是名副其实的批判时代,一切都必须服从于它。"[9]或者,正如达朗贝尔在《百科全书》序言中所说的那样,"让我们永远尊重笛卡尔,但也让我们随时做好准备抛弃那些他自己在一个世纪后也会与之斗争的观点"。[10]

因而在大体上,启蒙运动可以进行批判性的自我反省。但是,在历史上,早期近代的启蒙运动倾向于将正在进行的思想批判及修正与现代历史的时间性本身混为一谈,从而将所有非欧洲的思想文化都置于"前现代"的边缘。人们可能会推测,对此的解决途径将是退回到一种无文化负载的、与任何历史哲学都无关的程序自由主义。然而,要去设想一个非时间性的、无文化负载的,但在历史上却仍然可信的个体性概念是极其困难的,或许也是不可能的。

西方的超现实与文化异质性的持续存在

当今，人类历史的线性四阶段理论已不再为历史学家和人类学家所接受，但支撑这一理论的发展的时间性却被保留了下来。在对经济增长和政治现代化进行讨论时，时间几乎总是被认为是"发展"的。为了在与西方的全球竞争中求得生存，世界的其他地区必须"发展"自己。我们已经看到，甘地将这种策略斥为"没有英国人的英国统治"。然而，用苏迪帕特·卡维拉杰（Sudipta Kaviraj）的话说，印度的后殖民历史表明，甘地的批判"有力而清晰，但过于激进"。按照卡维拉杰的说法，甘地"所提供的解决方案并不针对现代性问题，而是针对现代性本身"。[11] 印度获得独立之后，欧洲文化和哲学思想仍在印度人心中保有强大的影响力。印度历史学家迪佩什·查卡拉巴提称之为欧洲的超现实（hyper-reality）。在人们从进步、发展和现代化的角度进行政治活动和历史书写的任何地方，都可以发现它的踪迹，查卡拉巴提将其称为"尚未发生的时间性"。即使欧洲从未被提及，它仍在其中充当着一个无声的参照物。[12]

古代的历史学家和哲学家认为文化差异源于地理上而非时间上的差异。在征服美洲的过程中，西班牙人试图按照基督徒的形象重塑印第安人。他们为改宗做出的努力是在神圣历史的时间性框架中进行的，而他们的移民殖民主义模式几乎没有给世俗的教化使命留下任何空间。欧洲人试图在美洲建立一种新的世俗秩序——他们从殖民掠夺国家的角度进行论证，称农业生产率的提高要靠奴隶劳动和白人移民对农田的永久业权。在16和17世纪，欧洲的时间视域并不包括按照欧洲的形象重塑世界。在这样的背景下，我们可以看到启蒙历史哲学具有破坏性的革新。

即便如此，我们也必须注意，不要夸大其破坏性的速度和程度。孟德斯鸠、狄德罗、亚当·斯密仍然认为，生产性农业、手工制造业和全球商业是欧洲和全球"发展"的引擎。在雷纳尔和狄德罗对欧洲海洋帝国的批判性讨论中，我们可以看到欧洲文化帝国主义理论的开端；但是他们对帝国的悲观看法建立在通信和国家权力的限度之上——当时世界上最快的交通工具是马和帆船。1798年，马尔萨斯可以令人信服地宣称，英国的农业生产力已经接近绝对上限。这些终极标准构成了启蒙运动对世界前景的理论化。只有少数异见者描绘出了一个不同未来的轮廓,正如西耶斯神父在法国大革命爆发之前的几年所观察到的,艺术的净产值是"无限的",但我们会怀疑就连西耶斯也未必意识到他所说的话的全部含义。[13] 同样,孔多塞认为物质进步几乎是没有极限的,其中包括后代寿命的持续延长。他进一步预见,几代人之后,平等和政治自由将遍布整个世界。

19世纪初,一些评论家开始把"工业"说成是一种新兴的、强有力的经济组织形式。没过多久,"工业"开始代表人类历史的第五阶段。只有到那时,启蒙思想家们发明的发展的时间性的影响才波及全世界。19世纪40年代,年轻的英国保守主义者本杰明·迪斯累里(Benjamin Disraeli)在古典时代的背景下,对即将到来的工业文明进行了想象。"理解得很对,"他宣称,"曼彻斯特和雅典一样是人类的伟大功绩……只有哲学家才能构想出曼彻斯特的伟大和它前途的广阔。"[14]

最终的历史结果确实是"广阔的",但它们与孔多塞对未来的美好愿景相悖。历史上并没有出现孔多塞所预见的全球稳步发展,而是不平等的联合式发展。帝国、国家和民族之间无休止的竞争在全球范围内日益扩大。比起孔多塞所预见的和平,取而代之的是具有空前破坏性的战争。平等没能发展,反倒出现了全球经济不平等的爆炸性增长。1750年,人均产量在世界大部分地区大致相当,只有欧洲大西洋沿岸地区较高。1900年,西方的生产力比世界其他地区的高出了三倍;到了1970年,这个数字提高到了惊人的七倍。[15] 直到1945年,自由和平等的传播仍局限于独裁政权汪洋中的零星岛屿之上,即使在今天,独裁国家和议会寡头政体也在数量上超过了民主国家。孔多塞曾预言民族和国家之间将更加平等,但这被科学种族主义的兴起和全球种族分界线的出现所推翻。

孔多塞的另一个预言是宗教的衰落,这也与上述事件类似。西欧是世界上唯一部分证实了孔多塞设想的地区,但即便在那里,大规模的世俗化直到20世纪下半叶才出现。在任何地方,无神论者都没有成为大多数。1999年的欧洲价值观调查报告显示,9%的人认为自己是无神论者，60%的人自称是某位神或其他超验观念的信徒，令人惊讶的是，竟有18%的人相信转世说。[16]相比之下，在美国，技术及经济现代化、礼拜的高出席率及《圣经》原教旨主义并存。2004年，皮尤研究中心发现，48%的美国人认为美国享有基督教上帝的特殊保护。同样，在亚洲、非洲和拉丁美洲，虽然世俗主义吸引了越来越多的知识分子和城市中产阶级，但在大众阶层中，宗教运动，包括各种原教旨主义，吸引了更多的追随者。在经历共产主义后的欧洲国家，宗教复兴同样与世俗文化进行了竞争。

在经济上，西方的超现实仍然是一个确凿的事实。英国历史学家埃里克·霍布斯鲍姆（Eric Hobsbawm）的著作《极端的年代》（*The Age of Extremes*）叙述了"短促的20世纪"的历史，他在书中戏剧性地主张，"对80%的人类来说，中世纪在20世纪50年代就戛然而止了；可能更好的说法是，感觉上它是在20世纪60年代结束的"。[17]霍布斯鲍姆的夸张修辞标志着后殖民时代全球转型的一个重要维度。C. A. 贝利指出，变得现代（becoming modern）的一个重要特征就是相信自己必须变得现代。由此产生的未来感使我们能够窥探后殖民国家精英的思想。他们从生活在战间期的那一代人身上继承的社会主义思想完全适应了新的历史时代。在马克思主义历史决定论的背景下，他们将超现实欧洲的决定论的"尚未"（not yet），转变为第三世界的计划性的"我们现在"（and now we）。但尽管第三世界有赶超西方的梦想，全球经济差距并没有因此缩小。相反，全球经济差距甚至更加悬殊了。在经济、技术和军事方面，西方仍然处于领先地位，其他国家追随其后。在非西方强国中，只有日本的发展水平能与西方一较高下。过去的十年中，经济学家们特别强调新的经济大国的崛起，如巴西、俄罗斯、印度尼西亚，尤其是中国。目前，许多观察家根据国际趋势猜测，中国可能会赶上并超越日本，甚至超越西方。就经济和军事总体实力而言，这很有可能会实现，但在人均产出方面，中国仍远远落后。

但从文化的角度上看，情况要复杂得多。西方生活方式的许多方面，尤其是电子消费主义和个人安全的缺失，在世界其他地区被视为欲望、嫉妒和希望的不稳定混合体。在亚洲、非洲和拉丁美洲，它们已经渗透进了精英阶层的生活方式中，最近也影响了中产阶级的生活方式。因此，电子消费主义向全世界传播西方的产品和生活方式。但这并不是说世界正趋向于一种普遍的同质文化。最近，经济学家潘卡吉·盖马沃特（Pankaj Ghemawat）指出，许多呈现为全球化的东西实际上只是区域化，世界上大部分地区被贸易和通信的全球渠道绕过，或者仅受到轻微的影响。即使是互联网——大规模全球化倡导者的得意之作，也没有看上去那么全球化：就在 2008 年，只有 18% 的互联网流量跨越了国界。[18] 盖马沃特的怀疑论有效化解了他最在意的死对头——颇有影响力的美国记者托马斯·弗里德曼（Thomas Friedman）的信条，即"地球是平的"。[19] 有趣的是，盖马沃特注意到，即便是全球消费主义，也在具体文化中进行了适当调整——麦当劳的汉堡在智利配牛油果，在波兰配辣根，在韩国配烤肉腌泡汁。[20]

当我们从消费主义转向自我的基本价值和模式时，世界西化的理论就更可疑了。在世界范围内，宗教仍然是文化认同的主要载体。社群主义意义上的自我与个人主义意义上的自我之间的竞争是另一个载体，与城乡分化密切相关。资本主义世界经济有两副面孔。一方面，它传播"西方"产品、通信手段和形象。这就是它的同质性面向。但另一方面，它也是一种破坏性力量，不断制造极富和极贫，同时还将传统文化和社群连根拔起。它们的破坏性影响使得市场和超商业化对更深层的世界意义产生了深切的焦虑和索求，并对其进行不断的探索；而也正是世界意义的深奥使得新旧宗教能始终保持着强大的生命力。美国经常被誉为现代化的中心地带，只要看看美国的宗教发展（包括新教原教旨主义），就足以发现大众宗教信仰不仅仅只是传统主义的残留。同样，拉丁美洲的部分地区正经历着从天主教到新教的无声过渡。

此外，全球市场力量所带来的危机和不确定性迫使人们退回家庭网络与其他本地的抵抗和合作模式。后一个面向也说明了性别问题的激烈冲突总是伴随着全球化和它的失落。在许多情况下，处在传统父权制社会崩溃的困境中的妇女会带头保护自己和孩子。在世界的很多地区，她们都站在捍卫人权的前线。在地方、区域或者国家范围内，妇女都成了领导者。自19世纪开始全球化的平等思想给她们的思考和行动提供了新的观念。自19世纪末以来，女性主义思想与现代平等一起在世界各地传播。作为回应，人们强烈反对女性独立，这也是宗教原教旨主义的根源之一，尤其体现在伊斯兰世界。

结果似乎既不是全盘现代化，也不是全盘的传统主义，而是一种多重混合反应，社群和个人常常会在其中创造出一些让人意外的组合。自20世纪起，西化开始被称为"美国化"。尽管各国情况有所不同，但这导致了社区的分裂和代际的冲突。[21] 正如历史上经常发生的那样，新事物不会一下子就取代旧事物。

最后，对于世界现状的公开辩论比以往任何时候都更加全球化。在这方面，就如同在许多其他方面一样，20世纪90年代成为一个分水岭。渐渐地，全球公开辩论所用的语言变成了英语，或者更确切地说是"全球语"（Globish）——国际商业机器公司（IBM）的法国经理让-保罗·内里埃（Jean-Paul Nerriére）在1995年创造的新词，同年，网景公司（Netscape）推出了首个商业互联网搜索引擎。与此同时，另一个新词"全球化"也成为国际通用词汇。根据内里埃的说法，全球语由大约1500个基本英语词汇构成，可以扩充这些词汇以满足使用者的需要。目前，世界上有三分之一的人在说各种英语和全球语。汉语拥有更多使用者，但似乎不太可能成为一种全球通用语言。称字母表为一项民主发明是非常恰当的。因此，越来越多的中国人开始学习全球语。[22] 全球语也是万维网的主导语言。它的作用与早期的通用语相当，但具有全球性而非区域性的规模。在日常使用中，它充当着新兴的全球公共领域的默认设置。

从全球化和文化差异中我们能得出什么结论呢？德国历史学家尤根·奥斯特哈默（Jürgen Osterhammel）在他为《牛津世界历史手册》（*Oxford Handbook of World History*，2011）撰写的文章中讨论了这些问题。"世界社会是变得越来越平等还是越来越不平等？世界文化是越来越同质化，还是文化差异在加剧？"他总结道，目前历史学家和社会科学家对这种"看似经验性的问题"尚未达成共识。[23] 我同意奥斯特哈默的说法，即人们需要更多更好的数据，但我非常怀疑，在可预见的将来，世界能否就同质性和差异性的全球平衡达成共识。文化差异的辩证性和反思性使其成为一个本质上具有争议性的概念。在有些人"看来"是同质和平等的地方，在另一些人"看来"则是异质和不平等的。可衡量的差异，如穆斯林和佛教徒在某一国家的比例，只有在人们如此定义它们时才会成为强意义上的文化差异。否则，它们只不过是民间传说的统计数据。这就是为什么我要再次谈论关于现代平等和全球文化差异的话语和思想。

相互矛盾的全球话语

即将迈向20世纪时，人权已成为国际法院和新兴全球公民社会的通用语言。作为一种全球世界观，坚实的规范性基础既是人权主要的优势，也是其主要的劣势。之所以是优势，是因为人权的规范性核心——现代自由和平等——与自由主义民主的规范性核心相一致。美国著名政治思想学者弗朗西斯·福山（Francis Fukuyama）在1989年夏天柏林墙倒塌前夕发表了一篇关于"历史的终结"的著名文章，宣告自由主义民主在世界历史上的胜利。但这是优势也是劣势，因为人权抽象的法律主义和激进的道德主义无法应付历史的偶然性，如帝国、文明、宗教和国家。

人权倡导者往往将这些历史现实视为对正义和公平的不幸"偏离"。与福山一样，他们认为历史是对绝对理念的准黑格尔式实现。但跟福山不同的是，他们并没有把这种新事态与美国及其西方盟国取得的全球性胜利相挂钩，这一点十分值得赞扬。人权自20世纪70年代以来的反国家主义转向使得人权倡导者开始对所有国家都持更批判态度，无论政治体制如何。毕竟，西方民主国家有选择地对共产主义国家和其他一些独裁政权使用了人权武器，却包庇了他们自己的独裁附庸国，以及他们面临所有谴责和制裁时任意使用暴力的残暴行径。

让我们回顾一下，福山不仅宣告了一个理想的胜利，而且宣告了一个帝国的胜利。他批评了保罗·肯尼迪（Paul Kennedy）的著作《大国的兴衰》(The Rise and Fall of the Great Powers)。该书在当时广受好评，因为肯尼迪把帝国的衰落归咎于"单纯的经济过度扩张"。福山承认，前现代帝国不可能无限期地破产，但"一个生产力极高的现代工业社会是否会选择将国民生产总值（GNP）的3%或7%用于国防……完全是一个政治选择，而政治选择又是由意识领域决定的"。[24] 福山的帝国唯意志论是其黑格尔主义历史哲学的基石。他认为，世界历史由代表时代之深刻真理的思想所推动。自由（对福山来说也包括经济上的新自由主义）是现代历史的决定性真理和黑格尔式时代精神，而国际共运进入低潮，宣告了一个自由不受约束的"后历史"时代的到来。这一未来将通过一个全球性的帝国主体来实现自身，这个帝国体现了其关键思想，并掌握了——这也是历史性成功的一个关键先决条件——解放世界的有效经济和军事力量。解放将由后历史的帝国强加给仍处于"历史"中的愚昧国家和民族。从2010年代回望过去，我们可以发现，福山的帝国唯意志论是空洞的。美国深陷伊拉克和阿富汗的困境，债台高筑，其国际道德领袖的地位摇摇欲坠，还要面对复苏的中国和带有复仇倾向的俄罗斯，这恰恰证明，即便是美国这样的超级大国，也无法将自己的意志强加于世界各地。至于所谓的"历史的终结"，自柏林墙倒塌以来，世界上很多人已经见到了很多他们不想见到的事。

在福山提出后历史未来的四年后，颇具影响力的美国杂志《外交事务》(Foreign Affairs)发表了一篇由政治学家塞缪尔·亨廷顿撰写的文章，题为"文明的冲突"，该文章于1996年被扩写成书。亨廷顿对苏维埃解体后的全球趋势做出了完全不同的预测。他认为，福山的黑格尔式"一个世界"的设想与事实相去甚远。相反，他认为"文化以及文化认同——在最广泛的层面上体现为文明认同——正在塑造着后冷战世界的聚合、解体和冲突模式"。亨廷顿的分析立即成为美国乃至全世界激烈辩论的焦点。该文章发表两年后，编辑们指出，《外交事务》上没有任何一篇文章像这篇文章一样引起了如此多的关注。[25] 亨廷顿的出发点似乎与福山对立。他宣称，"不同文明之间的权力平衡正在经历变动，西方的影响力正在下降"。亨廷顿假定，亚洲文明正在扩张其经济、政治和军事实力，而伊斯兰在人口上呈爆炸式增长，带来了不稳定的后果。[26]

按照亨廷顿的说法，文化认同作为全球吸引力磁极的崛起可以通过几个因素来进行解释。第一是社会经济现代化的步伐加快，随之而来的混乱和异化。那些感受到威胁或者迷失方向的人在更深层的本体论层面上急需确定性和意义的指引，而文明认同就是这样一座鼓舞人心的灯塔。其次，非西方国家和社会日益增强的经济和政治能力，刺激了"原住民身份的复兴"。第三，交通和通信的改善使不同大陆的民族之间的交互日益加强，使他们的文明认同在面对来自其他文明的陌生人时显得更加突出。最后，世界仍然是一个达尔文主义的竞技场，在这里，国家、经济主体和个人为财富和权力而竞争，刺激了"我们"对"他们"的思考。亨廷顿总结道，在当今世界，"'他们'越来越有可能是来自另一种文明的人"。[27]他通过借鉴从汤因比到麦克尼尔的世界历史学家的观点，区分了九大文明：西方、拉丁美洲、中国、伊斯兰、撒哈拉以南的非洲、俄罗斯东正教、印度教、佛教和日本。

在大众媒体上，亨廷顿的文明冲突理论经常被错误地描述为向西方发出的呼吁，令其将价值观强加于"其他国家"，甚至还被理解为意欲挑起全球战争。亨廷顿有时候听起来可能确实就像那样，但我们很快就会看到，他真正倡导的其实是一种更加谨慎的做法。他认为，一个封闭的文明集团有可能会陷入一种敌对对抗，但这是极其危险且不可取的。鉴于他在美国国际政策制定机构中的地位，他在分析世界趋势时会从西方的角度出发。他的战略建议旨在在西方势力日益衰落的时代捍卫西方文明。亨廷顿的观点与国际关系的现实主义派很接近，后者将全球政治推断为国家间永不休止的竞争。如果我们仔细阅读亨廷顿的著作就会发现，文明的冲突是对另一个"更为艰难"的现实——帝国冲突——的有力隐喻。刘禾在她的著作中对19世纪中国与大英帝国之间的冲突进行了描述。正如她在书中所言："文明之间不会发生冲突，但帝国之间会。"[28]

亨廷顿设想的全球主体并不是各种文明，而是拥有军事和经济影响力的国家。有些文明，比如西方文明、中国文明和东正教，都不过是在喻指帝国。文明冲突的文化语言经常会成为帝国冲突中的政治语言。亨廷顿的主要建议试图在一个新兴的多极化世界中，描绘出美利坚帝国发展的最佳方案。他认为，福山对美国力量的高估是一种危险的错觉。亨廷顿的核心建议与多元文化主义有关。他接受在全球范围内的多元文化主义，但不是在西方内部，更不是在美国本土：

> 全球单一文化主义者想让全世界都变得像美国一样，而美国国内的多元文化主义者却想要让美国融入世界。要让美国成为一个文化多元的国家是不可能的，因为一个非西方的美国将失去美国特色。但世界必定是文化多元的，因为全球性帝国不可能存在。要想捍卫美国和西方，就需要更新西方认同。全世界的安全需要人们接受全球的文化多元性。[29]

亨廷顿告诫道，西方对其他文明内部事务的干涉，"极有可能是不安定和潜在全球冲突的最危险的来源"。[30]这些建议对两件事进行了设想：文明内部的同质性以及它们之间重要的文化差异的持续存在。这些设想是否切合实际，或者在多大程度上切合实际呢？为了扫清研究障碍，我将首先考察亨廷顿对不同文明之间的相似性有何看法。他总结道，在一个多元文明的世界中，"一个建设性的路线是放弃普世主义，接受多样性和寻求共性"。在理想情况下，所有文明的人民都应该努力扩大与其他文明人民的共性。

这些共性是什么呢？亨廷顿断言，关于真理和正义的最起码的道德观念在所有文明中都存在，就如同反对谋杀、欺诈、酷刑、压迫和暴政的规则一样。因此，道德相对主义只是一个转移话题的东西，这也是我在本书中得出的结论。但是，关于禁止酷刑、压迫和暴政的规则，我们该说些什么呢？当然，这些规则在《世界人权宣言》中有所体现，但亨廷顿对人权的看法大多带有悲观和轻蔑色彩。他提到了西方国家在1993年维也纳人权会议上的耻辱性失败，在那次会议上，支持公民和政治权利的提案被占多数的伊斯兰和亚洲国家否决了，正如1968年的德黑兰会议。[31]然而，维也纳会议对人权的批判并没有反映出文化或文明的冲突，而是反映了独裁政权与他们在联合国内外的批评者之间的冲突。

唯一的一次冲突部分发生在文明前线的联合国会议，就是有关妇女权利的会议。例如，在1980年的哥本哈根会议上，西方女性主义者就女性割礼的问题与来自非洲国家（其中有许多是穆斯林社会）的女性发生了冲突。一般来说，与大多数其他文化问题相比，性别及性的问题在文明边界上显现两极化。然而，即使在这种情况下，我们也不应忘记，正是这一群非洲妇女经常参与反对本国由男性主导的政治制度的运动。在过去的二十年，伊斯兰教中的女性主义声音越来越大，并开始吸引更广泛的公众。[32] 因此，在全球传播的女性主义思想平衡了文明的冲突。

亨廷顿在对人权的论述中，始终把文明与为文明发声的主要国家精英等同起来，并一再宣称人权是一个具有基督教根源的西方概念。比如亨廷顿认为，真正的中国体现在共产党和农民身上。[33] 亨廷顿对此进行了解释，将他的跨文化共性简化成了一个缺乏说服力和权威的共同人类版本。

亨廷顿之所以摒弃对立思潮和其他变革的因素，是因为他的文明概念。他不断地将这个概念具体化，夸大了文明的同质性，并将它们视为有机的整体。本书的主要论点之一是，文明概念的具体化是一种严重的误导，它并不能解释世界历史的动力。在所有已知的文明中，同质性是国家精英和正典守护者所追求的目标，但在通常情况下，这一目标只能在某种程度上得到实现。回顾过去三个世纪的历史，在一个现代化不断加速的世界中，国家权力和文化的不稳定引人注目。再看回中国的例子，我们应该记得，大多数19世纪的欧洲评论家都把中国描绘成一个停滞不前的、在短期内不会有太大变化的儒家文明。1867年，也就是明治维新开始前一年，英国人种学者约翰·克劳弗德对日本做出了类似的不屑一顾的预测。从太平天国到1911年帝制灭亡，中国一连串的剧变证明，认为中华文明一成不变的看法只是一个谬见。在苏联解体后写作的亨廷顿肯定知道，大多数西方专家把戈尔巴乔夫视为另一个赫鲁晓夫风格的改革派共产主义者。即便是像莫希·列文（Moshe Lewin）这样对苏联历史有敏锐研究的人，也在其1988年出版的《戈尔巴乔夫现象》（*The Gor-*

bachev Phenomenon）一书中预言，"民主化的一党制"是中期最有可能出现的结果。[34] 苏联的解体超乎了他的想象。又一次，不少专家寄希望于一种连续性，而这种连续性很快就会被证明是虚幻的。

亨廷顿关于文明的具象化概念无法处理目前在各大洲出现的异质的社会趋势和思潮流变。同样，他似乎低估了文明界和帝国边界的渗透性。当今，世界上所有国家，包括西方国家，都在大大致力于引进互联网和控制移民。在某种程度上，它们已经成功了，但它们在互联网上施行的禁令和安装的过滤器一次又一次地被愤怒的科技迷和黑客破解。像中国这样快速发展的经济体，不可能永远都将自己置身于全球通信之外，而不损害自己的活力。经济全球化虽然不像某些权威人士大声宣称的那样（如上所示）彻底，但它确实正在缓慢且不可阻挡地打开一些边界。移民也是如此：每个国家都试图监控和控制人口的跨境流动，但没有哪个国家能够真正阻止移民。就跟互联网一样，移民也是一把双刃剑。它可能会破坏社会政策和人口平衡，但没有新人才和新思想的流入，任何有活力的经济都无法运转。

与麦克尼尔 1990 年在《西方的兴起》（The Rise of the West）中进行的自我批评式评论一样，我认为文明是一种具有争议性边界的异质实体。[35] 比起同质的文化凝固体，将文明描绘成一个不稳定的聚合物要更为合适。在很大程度上，文明能够保持的同质化程度取决于政治和知识精英的权力和能力，这尤其体现在大型帝国身上，如中国、美国、俄罗斯和欧盟等（尽管后者是特例）。世界历史是由帝国和国家创造的，在帝国和国家的内部进行，但同时它也是由普世趋势和跨文明思潮所塑造的。尽管亨廷顿对"共性"进行了讨论，但他对全球趋势的分析并没有真正涉及商品、服务、金钱、人力、形象和思想的跨文化流动。不考虑全球交流的破坏性影响就对未来文明进行预测似乎是一种冒险的举措。当然，上述并不意味着，打着文明或世界宗教的旗号制造的全球性冲突是不存在的。否认这一点是非常愚蠢的。但就像对待民族主义一样，我们也应该仔细关注那些把自己塑造成某个文明的代言人的人。所有国家的历史都是由对"同一个"国家的不同表征之间的冲突构成的。文明也是如此。历史学家和政治分析家应该像关注文明之间的冲突一样关注文明内部的冲突。

此外，帝国和文明一样重要——通常更为重要。实际上，亨廷顿自己的著作是帝国战略专著的典范之作。他建议西方进一步推动拉丁美洲的西化，并且保持或提升日本的西化程度。相比之下，他坚决反对在西方的核心地区推崇多元文化主义。俄罗斯等国家的文化完整性和地区利益应得到尊重，但它们扩大势力范围的最终企图也必须得到遏制。[36] 在亨廷顿的分析中，文化的地位仍然十分模糊。某些时候，他认为文化是一个深刻的历史现实，应该得到国家精英的谨慎对待；但在其他时候，比如在对拉美和日本的建议中，他又将文化视为帝国战略的一个简单目标。他顺便提到了文明内部的分裂和摩擦，但它们在他对即将发生的地缘政治冲突的评估中没有发挥任何重要作用。

最后，让我们来看看亨廷顿的"文明冲突论"背后的规范性基础。他的政治的核心并不是普遍性，而是西方的独特性。这是旧式欧洲中心主义在21世纪的残余。委婉地说，在他的理论框架中，非西方人民的道德地位仍是不明确的。他认为，西方应继续作为世界上最重要的文明堡垒；[37] 其他文明则应该被遏制，但当它们成为强大的新兴国家时，比如中国和俄罗斯，就不应该试图干涉它们治理自己国民的方式。在其他地区，比如拉丁美洲和日本，为了让它们更加西化，温和的干涉主义是可以被允许的。我们很难不得出这样的结论：对亨廷顿来说，维持西方的主导地位是其最重要的价值，而其他所有问题都服从于帝国的战略和战术。他将"Civilization"（文明）一词的首字母大写，这让人想起狄德罗在《百科全书》中对国际法的讨论。它从普遍道德的主题出发，但在分析的过程中，这一普遍性与世界上的"文明"地区产生了转喻性的联系。[38] 在笼统的声明中，非西方人民的需要和要求得到了承认，但一旦发生冲突，他们就不得不做出牺牲，以满足帝国现实政治的需要。从长远来看，亨廷顿希望文明之间的共性能够带来世界和平，让地球上的所有人都过上体面的生活，但他的中短期设想完全被西方的（尤其是美利坚帝国的）政治和利益所主导了。

人权的前景

现在让我们重估人权在当今世界中的前景，并思考对人权的倡导与文明冲突的视角有何区别。第一个区别是，人权倡导者，无论是法律专业人士还是非政府组织活动家，都关注个人和社群对国家提出的要求。因此，与人权问题相关的冲突其实是国家、帝国和"它们的"文明内部的冲突。第二个区别是，对人权的倡导以不歧视原则为基础。地球上的所有人，无一例外，都有权享有同样的权利。亨廷顿提出的是一种弱普世主义，但人权建立在一种强普世主义之上。第三个区别是，人权活动家主要关注的是普通百姓以及法治，而亨廷顿关注的是国家和帝国。他们虽看到的是同一个世界，但着重关注的却是不同的主体和趋势。

第四个区别是，人权的视角包含了对西方自身的另一种看法。亨廷顿对西方的描绘体现出一种十足的必胜心态。相比之下，人权倡导者对侵犯人权的行为的批判并不局限于亚洲、非洲和拉丁美洲，他们同时也批判西方内部的侵犯人权行为。由于这类侵犯行为常常涉及移民和少数族裔的权利，它们对亨廷顿关于多元文化主义进入西方的禁令提出了质疑。这里提出两个主要的例子——非裔美国人在美国的公民权和穆斯林在欧洲的公民权。在这两个例子中，他们的个人权利都得到了承认；但当他们要求自己的文化传统和历史在国家的集体记忆和公共文化中有一席之地时，他们作为社群的社会地位又得不到承认。常常会有人试图将这两点结合起来讨论。例如，最近许多欧洲政客对穆斯林公民如此宣称："作为自由和平等的同胞，我们尊重你们，但我们呼吁你们摆脱令人讨厌和落后的文化"。我只能很遗憾地说，我的转述比他们的原话要礼貌多了。这种言辞违反了以色列哲学家阿维沙伊·马加利特（Avishai Margalit）提出的体面社会的标准。马加利特认为，一个体面社会的机构和领导人不能对其部分居民进行不断的羞辱，无论其作为公民的法律地位如何。"在一个体面的社会里，"他宣称，"是没有二等公民的。"[39]因此，任何一个体面的社会都必须接受一定程度的多元文化。

然而，这并不说明，人权就意味着对多元文化主义的全盘接受。我们应该还记得，个人的权利也可以用来对抗他们出生和成长的文化共同体，尤其是当这些社会以独裁方式进行管理时。最后，个人权利是凌驾于团体和机构的要求之上的。任何社会都不能禁止成年人离开当地，并且社会内部的未成年人的权利受到法律保护，比如对女性割礼的禁令。在民主国家，法律不但保护社会内部的个体，并且就社会对其"成员"施加的合法行为，也提出了一定的限制。但是，法律不应过分限制少数族裔的自由。2004年法国法律禁止公立学校的穆斯林学生戴头巾就是一个很好的例子。我们再次看到了在性别差异与文化差异的临界区域上发生的冲突。为头巾辩护的女孩认为自己是权利持有者，她们在认同自己是穆斯林的同时，也表明了自己作为法国女性的身份。她们认为，如果不允许差异的存在，平等就会转变成排外。这些女性集体维护她们的权利，进入了公共领域，并宣扬自己作为现代公民的主体性。在其他欧洲国家、土耳其、埃及以及美国，类似的冲突和集体骚动在头巾复兴的过程中层出不穷。

我们可以补充，为了确保平等的完全相同而限制自由与约翰·斯图尔特·密尔的"极简原则"相悖。该原则认为，伤害他人是法律限制个人自由的唯一可以接受的理由。最后，法国政府并不认为所有宗教都同样成问题。在阿尔萨斯-摩泽尔省，公立学校教室墙上的基督教标志没有受到新法律的影响（基于可疑和矛盾的历史理由）。显而易见，这些基督教标志没有被任何学生个人所佩戴，但却反映了这所学校在有着三百万人口（法国总人口的4.89%）的地区内的制度性权威。这些基督教标志没有危及世俗的共和国，但几百名戴着头巾的穆斯林妇女的存在却能对其造成危害。在这种情况下，穆斯林被视为二等公民的待遇体现了对自由的任意限制。法国的例子又让我们回到了上文提到过的现代平等的两面性。它还表明了，文明之间的冲突，就其存在而言，不仅发生在国家和文明的内部，而且也发生在国家和文明的边疆上。

我们应该如何评价21世纪之初现代平等的两面性呢？首先，我想强调的是，跨文化的平等并不意味着多样性总是优于同质性。这仍然是一个悬而未决的问题。每一个可发展的社群都既需要同质性又需要多样性。

在某些方面，例如权利和自由，一个更加同质化的世界可能更可取。认为人权是"西方"强加于其他文明的学说乃是一种虚假的主张，以免自私自利的政策受到任何批评。话虽这么说，我们必须指出，人权和民主是程序性规范，不应过分影响不同社会所秉持的对"美好生活"的不同理解。如上所述，在关于程序性规范的界线以及对"美好生活"的深厚理解的冲突中，性别和性的问题可以被认为是最敏感的问题。

即便如此，我们也应该记住，文化底蕴厚重的社群不一定与文明或民族国家同时期存在。在过去的两个世纪里，大规模的移民使得相当数量的少数民族和宗教团体成为一个全球性现实。因此，国家和帝国应放弃文化同质化的前景，不应只满足于程序正义、有效交流以及参与经济生活和公民生活的最低要求。全面的文化同质化是一个更为激进和危险的主张。在本书中，我们已经看到，自从哥伦布大交换以来，其残酷无情的动力已经摧毁了整个民族的生活世界。在某些情况下，世界的欧洲现代化导致某些民族遭受了种族灭绝——而它原本意图将这些民族从偶像崇拜、未开化的野蛮状态中"拯救"出来。这段阴暗的历史应该让我们意识到将全球平等视为同一的致命性。

最后，我们可以从《世界人权宣言》的制定中汲取一个持久的教训。1948 年，重要的是世界能就一份能经得起时间考验的全面权利清单达成协议，且要及时。埃莉诺·罗斯福和她的同事们在放弃了形而上学的基础后，成功地实现了这一目标。因此，他们给我们留下了一份宝贵的遗产。跨文化现代平等在全球的传播不依赖于传播某一种全球的统一文化，更不依赖于传播某种全球的形而上学的共识。恰恰相反，人们可以着眼于儒家思想、基督教、伊斯兰教、犹太教、佛教或启蒙哲学中对共同人类的不同看法。也就是说，他们可以——或许也应该——习得一种国际化的视野，而不完全放弃他们在地方、民族、宗教或文明共同体中的根基；这种态度被夸梅·安东尼·阿皮亚（Kwame Anthony Appiah）定义为"有根基的世界主义"。[40]

之后关于人权问题的协议以不同的文化源泉为基础，它们可能有助于人们认识到，世界上看似巨大的文化差异是具有可变性和前瞻性的。

被运用在人权领域的平等的跨文化话语不同于多元文化主义，因为它不仅承认个人，也承认社会，并且还限制了社会能决定"他们的"个人生命历程的权威性。我们应该牢记，现代平等承认个人拥有根据自己的意愿行事的权利，也承认集体拥有进行集体行动的权利。《世界人权宣言》中也囊括了个人权利，但同时它也假定，"每个人都对社会负有责任，只有在社会中，他的［原文如此！］个性才能得到自由和充分的发展"。[41]

我们可以推测，在不久的将来，人权以及文明的冲突将被纳入有关平等和文化差异的全球辩论的主题。到时候，这两种相互竞争的话语可能会出现一种意想不到的混合。我并不自命能预测世界历史的未来进程。本书中所讲述的历史是没有预期结论的。它以不断进行的一系列对共同人类及平等的发明和再发明的形式出现。这个系列永远不会结束，未来的历史推动者和理论家们将必须处理我们不可能预知到的历史偶发事件。然而，从中期来说，我们可以预见的是，持续的张力将长久存在于共同人类与平等，以及文明冲突的学说之间。

注 释

前 言 跨文化平等如何成为可意想的

1. 见 Siep Stuurman, "Humanity", in *The Wiley-Blackwell Encyclopedia of Globalization,* 5 vols., ed. George Rizter (Malden: Wiley-Blackwell, 2012), 2:963-971。

2. Johannes Morsink, *The Universal Declaration of Human Rights* (Philadelphia: University of Pennsylvania Press, 1999), xii.

3. 见 Kent Flannery and Joyce Marcus, *The Creation of Inequality* (Cambridge, MA: Harvard University Press, 2012), 55, 73-83。

4. *Diodorus Siculus,* 12 vols., trans. C. H. Oldfather (Cambridge, MA: Harvard University Press, 1989), 1:33 [= I:9, 2].

5. Jan Assmann, *The Mind of Egypt,* trans. Andrew Jenkins (New York: Metropolitan Books, 2002), 151.

6. 见 Quentin Skinner, "Some Problems in the Analysis of Political Thought and Action," and "Language and Social Change," in *Meaning and Context,* ed. James Tully (Cambridge: Polity Press, 1988), 109-118, 132。

7. 见 Russell Meiggs, "The Crisis of Athenian Imperialism," *Harvard Studies in Classical Philology,* 67 (1963), 1。

8. 见 Siep Stuurman, "The Voice of Thersites: Reflections on the Origins of the Idea of Equality," *Journal of the History of Ideas,* 65 (2004), 171-189。

9. 见 Robert R. Palmer, "Equality," in *Dictionary of the History of Ideas,* 5 vols., ed. Philip Wiener (New York: Charles Scribner's, 1973), 2:138。

10. 见 J. G. A. Pocock, *Virtue, Commerce, and History* (Cambridge: Cambridge University Press, 1985); Pocock, *Politics, Language, and Time* (Chicago: University of Chicago Press, 1989)。

11. 见 David Armitage, "What's the Big Idea: Intellectual History and the *Longue Duree*," *History of European Ideas,* 38 (2012), 493-507; Darrin M. McMahon, "The Return of the History of Ideas?" in *Rethinking Modern European Intellectual History,* ed. Darrin M. McMahon and Samuel Moyn (Oxford: Oxford University Press, 2014), 13-31。

12. 见 Siep Stuurman, "Herodotus and Sima Qian: History and the Anthropological Turn in Ancient Greece and Han China," *Journal of World History,* 19 (2008), 2-3。

13. Herodotus, *The Persian Wars,* 4 vols., trans. A. D. Godley (Cambridge, MA: Harvard University Press, 1999), 2:473 [= II: 158].

14. 见 Arnaldo Momigliano, *The Classical Foundations of Modern Historiography* (Berkeley: University of California Press, 1990), 29-30; George Macklin Wilson, "Time and History in Japan," *American Historical Review,* 85 (1980), 560。

15. 见 Pocock, *Politics, Language, and Time,* 237。

16. *Mencius,* trans. D. C. Lau (London: Penguin Books, 1970), 82 [= II:A:6].

17. 见 Philip C. Salzman, "Is Inequality Universal?" *Current Anthropology,* 40 (1999), 31-61; Flannery and Marcus, *Creation of Inequality*。

18. 见 Otto Dann, *Gleichheit und Gleichberechtigung* (Berlin: Duncker und Humblot, 1980), 17。

19. Michel de Montaigne, *Essais,* 3 vols. (Paris: Editions Garnier, 1958), 1:20.

20. 见 John W. Cook, *Morality and Cultural Differences* (Oxford: Oxford University Press, 1999)。

21. 见 F. W. Walbank, *Polybius* (Berkeley: University of California Press, 1990), 168。

22. Polybius, *The Histories,* 6 vols., trans. W. R. Paton (Cambridge, MA: Harvard University Press, 1979), 3:289 [= 1:9:13-14].

23. Ernst Cassirer, *The Philosophy of the Enlightenment,* trans. Fritz C. A. Koelln and James P. Pettegrove (Princeton, NJ: Princeton University Press, 1951), 14.

24. Immanuel Kant, Werke, 12 vols. (Frankfurt a. M.: Suhrkamp Verlag, 1968), 11:53, 59.

25. 见 Dipesh Chakrabarty, *Provincializing Europe* (Princeton, NJ: Princeton University Press, 2000), 27-46。

26. Psalms 37:16.

27. 引自 Christopher Hill, *The World Turned Upside Down* (Harmondsworth: Penguin Books, 1975), 35。

28. *The Analects of Confucius,* trans. Simon Leys (New York: Norton, 1997), 36 [= 8:11].

29. 见 Jonathan Schell, *The Unconquerable World* (London: Allen Lane/Penguin Books, 2003)。

30. 见 Siep Stuurman, "The Canon of the History of Political Thought: Its Critique and a Proposed Alternative," *History and Theory,* 39 (2000), 165-166。

31. 关于世界思想史的方法论问题，见 Samuel Moyn and Andrew Sartori, eds., *Global Intellectual History* (New York: Columbia University Press, 2013)。

32. Pascal，引自 Pierre Nicole, *De l'Éducation d'un prince* (Paris: Veuve Ch. Savreux, 1670), 273-285。

33. *Analects of Confucius,* 77 [= 15:21].

34. Ibid., 16 [= 4:9].

35. 见 Ludwig Wittgenstein, *Philosophische Untersuchungen* (Frankfurt a. M.: Suhrkamp Verlag, 1967), 47-49。

36. 见 Anna Wierzbicka, *Understanding Cultures through Their Key Words* (Oxford: Oxford University Press, 1997)。

37. 见 Michael Werner and Benedicte Zimmerman, "Beyond Comparison: *Histoire Croisée* and the Challenge of Reflexivity," *History and Theory,* 45 (2006), 30-50；也见 A. G. Hopkins, ed., *Globalization in World History* (London: Pimlico, 2002); Sebastian Conrad and Dominic Sachsenmaier, eds., *Competing Visions of World Order* (New York: Palgrave Macmillan, 2007); Marilyn Lake and Henry Reynolds, *Drawing the Global Color Line* (Cambridge: Cambridge University Press, 2008; Carol Gluck and Anna Lowenhaupt Tsing, eds., *Words in Motion: Towards a Global Lexicon* (Durham, NC: Duke University Press, 2009); Sugata Bose and Kris Manjapra, eds., *Cosmopolitan Thought Zones: South Asia and the Global Circulation of Ideas* (Basingstoke: Palgrave Macmillan, 2010)。

38. 见 Wittgenstein, *Philosophische Untersuchungen,* 20, 105-113。

39. 引自 A. S. P. Woodhouse, *Puritanism and Liberty* (London: Dent, 1986), 170n1。

40. 见 Siep Stuurman, *François Poulain de la Barre and the Invention of Modern Equality* (Cambridge, MA: Harvard University Press, 2004)。

41. Herbert Butterfield, *The Whig Interpretation of History* (Harmondsworth: Penguin Books, 1973), 14.

42. 见 Stuurman, "Canon"。

43. 见 Stuurman, "The Deconstruction of Gender in Seventeenth-Century Feminism and Modern Equality," in *Women, Gender and Enlightenment,* ed. Sarah Knott and Barbara Taylor (Basingstoke: Palgrave Mac-

millan, 2005), 371-388。

44. 见 Karen Armstrong, *The Great Transformation* (London: Atlantic Books, 2006)。

45. 见 Cyrus Masroori, "Cyrus II and the Political Utility of Toleration," in *Religious Toleration,* ed. John Christian Laursen (Basingstoke: Macmillan, 1999), 13-36; Vincent A. Smith, *The Edicts of Asoka* (New Delhi: Munshiram Manoharlal Publishers, 1992)。

46. 见 S. A. M. Adshead, *T'ang China* (Basingstoke: Palgrave Macmillan, 2004), 51; Jerry Bentley, *Old World Encounters* (Oxford: Oxford University Press, 1993), 83。

47. 见 Sudipta Kaviraj, "Modernity, State, and Toleration in Indian History," in *Boundaries of Toleration,* ed. Alfred Stepan and Charles Taylor (New York: Columbia University Press, 2014), 233-266。

48. 见 Sebastian Conrad, "The Enlightenment in Global History," American Historical Review, 117 (2012), 999-1027。

49. William H. McNeill, The Rise of the West (Chicago: University of Chicago Press, 1991), xvi.

50. Ibid., xx-xxi.

第一章　对共同人类的构想

1. Karl Jaspers, *Vom Ursprung und Ziel der Geschichte* (Frankfurt a. M.: Fischer Bucherei, 1955), 14, 19.

2. Romans 13:4. All references to the Bible are to the King James Authorized Version.

3. *The Analects of Confucius,* trans. Simon Leys (New York: Norton, 1997), 56 [=12:7].

4. Ibid., 41 [= 9:14].

5. Jacques Proust, *LEurope auprisme du Japon* (Paris: Albin Michel, 1997), 176, 188.

6. Joseph Conrad, *Heart of Darkness* (Harmondsworth: Penguin Books, 1976), 10.

7. Alasdair MacIntyre, *A Short History of Ethics* (London: Routledge and Kegan Paul, 1974), 5-8.

8. 见 Joachim Latacz, *Troia und Homer* (Munich: Piper Verlag, 2003), 222-225; Kurt A. Raaflaub, "Homer und die Geschichte des 8. Jh.s v. Chr," in *Zweihundert Jahre Homerforschung,* ed. Joachim Latacz (Stuttgart: B. G. Teubner, 1991), 205-256; Raaflaub, "Homer to Solon: The Rise of the Polis," in *The Ancient Greek City-State,* ed. Mogens Herman Hansen (Copenhagen: Munksgaard, 1993), 41-105。

9. 见 Herbert Bannert, "Versammlungsszenen bei Homer," in *Homer: Beyond Oral Poetry,* ed. J. M. Bremer, I. J. F. de Jong, and J. Kalff (Amsterdam: B. R. Gruner, 1987), 15-29。

10. 见 *Iliad,* 1:231, 2:233-234. All references to Homer are to book and line in *Iliad,* 2 vols., trans. A. T. Murray, rev. William F. Wyatt (Cambridge, MA: Harvard University Press, 1999); and *Odyssey,* 2 vols., trans. A. T. Murray, rev. George E. Dimock (Cambridge, MA: Harvard University Press, 1998)。

11. 见 Siep Stuurman, "The Voice of Thersites: Reflections on the Origins of the Idea of Equality," *Journal of the History of Ideas,* 65 (2004), 171-189。

12. *Odyssey,* 3:236-237, 3:48, 8:252-253.

13. Ibid., 9:174-176.

14. Ibid., 9:270-276.

15. 见 Justin Glenn, "The Polyphemus Folktale and Homer's Kyklopeia," *Transactions and Proceedings of the American Philological Association,* 102 (1971), 133-181。

16. Hesiod, *Theogony,* 139-146. 引文皆出自 *Theogony/Works and Days/ Testimonia,* trans. Glenn W. Most (Cambridge, MA: Harvard University Press, 2006)，giving short title and line。

17. *Odyssey,* 8:547.

18. Ibid., 24:482-486.

19. 见 Eva Cantarella, *Ithaque: De la vengeance d'Ulysse a la naissance du droit* (Paris: Albin Michel,

2003)。

20. 见 Matthew W. Dickie, "Dike as a Moral Term in Homer and Hesiod," *Classical Philology,* 73 (1978), 99-100。

21. François Hartog, *Memories of Odysseus: Frontier Tales from Ancient Greece* (Edinburgh: Edinburgh University Press, 2001), 25.

22. 见 Robert Lamberton, *Hesiod* (New Haven, CT: Yale University Press, 1988), 104。

23. 关于荷马和赫西俄德的相似性，见 Dickie, "Dike as a Moral Term"。

24. Hesiod, *Works and Days,* 5-8.

25. Ibid., 11-16.

26. 见 Jenny Strauss Clay, *Hesiod's Cosmos* (Cambridge: Cambridge University Press, 2005), 141-142。

27. Hesiod, *Works and Days,* 67, 80-82.

28. 见 Frederick J. Teggart, "The Argument of Hesiod's Works and Days," *Journal of the History of Ideas,* 8 (1947), 50; Patricia Marquardt, "Hesiod's Ambiguous View of Woman," *Classical Philology,* 77 (1982), 283-291。

29. Teggart, "Argument," 58-63.

30. 见 Hesiod, *Works and Days,* 96n7 (translator's note)。

31. Hesiod, *Theogony,* 486.

32. Lamberton, *Hesiod,* 75.

33. Hesiod, *Theogony,* 613.

34. Hesiod, *Works and Days,* 613.

35. Lamberton, *Hesiod,* 94-95.

36. 关于赫西俄德作品中旧神与宙斯这位"新"神的不稳定的共存，见 E. F. Beall, "Theism and Mysticism in Hesiod's *Works and Days; History of Religions,* 43 (2004), 177-193。

37. 见 Joseph Fontenrose, "Work, Justice, and Hesiod's Five Ages," *Classical Philology,* 69 (1974), 10。

38. 见 E. F. Beall, "Hesiod's Treatise on Justice," *Classical Journal,* 101 (2005-2006), 162-182。

39. Hesiod, *Works and Days,* 134-136.

40. 见 Beall, "Hesiod's Treatise on Justice," 166。

41. Hesiod, *Works and Days,* 159-161.

42. Ibid., 217-218.

43. Ibid., 273.

44. Ibid., 277-280.

45. 见 Beall, "Hesiod's Treatise on Justice," 172-173。

46. 见 Jon Pairman Brown, "From Hesiod to Jesus," *Novum Testamentum,* 35 (1993), 316。

47. Hesiod, *Works and Days,* 225-229, 236-237.

48. 见 Irene J. Winter, "Homer's Phoenicians," in *The Ages of Homer,* ed. Jane B. Carter and Sarah P. Morris (Austin: University of Texas Press, 1995), 247-271。

49. 见 Teggart, "Argument," 1947, 59-67; M. L. West, *The East Face of Helicon* (Oxford: Clarendon Press, 2003), 276-333; Brown, "From Hesiod to Jesus"。

50. 见 A. A. Long, "The Scope of Early Greek Philosophy," in *The Cambridge Companion to Early Greek Philosophy,* ed. A. A. Long (Cambridge: Cambridge University Press, 1999), 13。

51. 见 Reimpe Algra, "The Beginnings of Cosmology," in *Cambridge Companion to Early Greek Philosophy,* 47-48。

52. Sarah Broadie, "Rational Theology," in *Cambridge Companion to Early Greek Philosophy,* 205-206.

53. Xenophanes of Colophon, *Fragments: Text and Translation,* ed. J. H. Lesher (Toronto: University of

Toronto Press, 1992), fragment 30.

54. Ibid., fragment 38.

55. Ibid., fragments 11, 12.

56. Ibid., fragment 15.

57. Ibid., fragment 16.

58. Ibid., fragments 23, 24.

59. Ibid., fragments 25, 26.

60. 见 M. L. West, "Towards Monotheism," in *Pagan Monotheism in Late Antiquity,* ed. Polymnia Athanassiadi and Micheal Frede (Oxford: Clarendon Press, 1990), 33。

61. Xenophanes, fragment 2.

62. 见 Herbert Granger, "Poetry and Prose: Xenophanes of Colophon," *Transactions of the American Philological Association,* 137 (2007), 425-429。

63. 见 James H. Lesher, "Xenophanes' Scepticism," *Phronesis,* 23 (1978), 8-9，参见 Michael Eisenstadt, "Xenophanes' Proposed Reform of Greek Religion," *Hermes,* 102 (1974), 142-150。

64. 见 W. A. Heidel, "Hecataeus and Xenophanes," *American Journal of Philology,* 64 (1943), 264。

65. Exodus 20:2-5.

66. 见 Karen Armstrong, *The Bible: The Biography* (London: Atlantic Books, 2007), 16-17。

67. Karel van der Toorn, *Scribal Culture and the Making of the Hebrew Bible* (Cambridge, MA: Harvard University Press, 2007), 248-249.

68. Armstrong, *Bible,* 30.

69. Van der Toorn, *Scribal Culture,* 252-259.

70. Lionel Casson, *Libraries in the Ancient World* (New Haven, CT: Yale University Press, 2002), 56-60.

71. 见 C. F. Whitley, "The Pattern of Creation in Genesis, Chapter 1," *Journal of Near Eastern Studies,* 17 (1958), 38。

72. Genesis 1:27.

73. Genesis 3:5.

74. Genesis 6:3.

75. Genesis 6:13.

76. Genesis 9:6.

77. Genesis 9:12.

78. 见 Theodore Hiebert, "The Tower of Babel and the Origin of the World's Cultures," *Journal of Biblical Literature,* 126 (2007), 38。

79. Hiebert, "Tower of Babel," but cf. the convincing criticism in John T. Strong, "Shattering the Image of God," *Journal of Biblical Literature,* 127 (2008), 625-634.

80. 引自 Miriam Lichtheim, *Ancient Egyptian Literature,* vol. 2: *The New Kingdom* (Berkeley: University of California Press, 1976), 98；也见 Jan Assmann, *The Mind of Egypt* (New York: Metropolitan Books, 2002), 219。

81. Genesis 28:16.

82. 见 Richard H. Moye, "In the Beginning: Myth and History in Genesis and Exodus," *Journal of Biblical Literature,* 109 (1990), 580。

83. Psalms 37:14-15.

84. 见 "Wealth," in *The Eerdmans Bible Dictionary,* ed. Allen C. Myers (Grand Rapids, MI: William B. Eerdmans Publishing, 1987), 1049。

85. 见 e.g. Nehemiah 5:1-13; Isaiah 58:10; Jeremiah 22:13-19, 34:8-22; Ezekiel 18:5-13, 34:1-31; Amos

5:7-13; Micah 2:1-5。

86. Exodus 34:13; Deuteronomy 7:5.

87. Leviticus 26:7; Deuteronomy 7:2.

88. Numbers 25:6-8, 31:7-18.

89. Deuteronomy 20:10-17.

90. 见 Daniel Bardu, "The Jewish Sacking of Ancient Temples: 'Limits of Toleration' in a Comparative Perspective," *History of Religions,* 50 (2010), 21-42。

91. Leviticus 19:33-34；也见 Exodus 22:21, 23:9; Deuteronomy 10:19, 24:17-18。

92. Numbers 15:18.

93. 见 Marcel Simon, *Verus Israel: A Study of the Relation between Christians and Jews in the Roman Empire* (London: Littman Library of Jewish Civilization, 1996), 33-34。

94. 见 Glen W. Bowersock, *The Throne of Adulis: Red Sea Wars on the Eve of Islam* (Oxford: Oxford University Press, 2013); Howard N. Lupovitch, *Jews and Judaism in World History* (London: Routledge, 2010), 70。

95. Isaiah 45:1, 49:6.

96. 见 Karen Armstrong, *The Great Transformation* (London: Atlantic Books, 2006), 211-214; D. W. van Winkle, "The Relationship of the Nations to Yahweh and to Israel in Isaiah XL-LV," *Vetus Testamentum,* 33 (1985), 446-458; Lisbeth S. Fried, "Cyrus the Messiah? The Historical Background to Isaiah 45:1," *Harvard Theological Review,* 95 (2002), 373-393; Yoel Kaminski and Anne Stewart, "God of All the World: Universalism and Developing Monotheism in Isaiah 40-66," *Harvard Theological Review,* 99 (2006), 139-163。

97. 见 Cyrus Masroori, "Cyrus II and the Political Utility of Religious Toleration," in *Religious Toleration,* ed. John Christian Laursen (London: Macmillan, 1999), 13-36。

98. Acts 13:47.

99. 见 Michael Walzer, *Exodus and Revolution* (New York: Basic Books, 1985), 75-76。

第二章　宗教与哲学的普世性

1. 见 Charles Holcombe, *The Genesis of East Asia* (Honolulu: University of Hawaii Press, 2001), 38-52。

2. 见 Herbert Fingarette, *Confucius: The Secular as Sacred* (New York: Harper and Row, 1972)。

3. 见 Bart D. Ehrman, *The New Testament* (Oxford: Oxford University Press, 2000), 8-9。

4. Matthew 5:27-28.

5. Matthew 15:17-18.

6. Matthew 5:21-22.

7. Matthew 22:37-40.

8. Matthew 5:3-10.

9. Matthew 5:20.

10. Matthew 22:20-21.

11. 见 Peter Brown, *Augustine of Hippo* (Berkeley: University of California Press, 1975), 288-312。

12. 引自 Peter Brown, *The Rise of Western Christendom* (Oxford: Blackwell, 1996), 3。

13. Mark 9:1；见 L. Michael White, *From Jesus to Christianity* (New York: HarperSan Francisco, 2004), 125-127。

14. A. N. Wilson, *Paul: The Mind of the Apostle* (London: Pimlico, 1998), 113.

15. Luke 10:30-36.

16. Ehrman, *New Testament,* 127; Mordechai Cogan, "For We, Like You, Worship Your God: Three Biblical Portrayals of Samaritan Origins," *Vetus Testamentum,* 38 (1988), 286-292.

17. 见 Michel Gourgues, "The Priest, the Levite, and the Samaritan Revisited," *Journal of Biblical Literature,* 117 (1998), 709-713。

18. 见 Morton S. Enslin, "Luke and the Samaritans," *Harvard Theological Review,* 36 (1943), 280-281, 289。

19. Riemer Roukema, "The Good Samaritan in Ancient Christianity," *Vigiliae Christianae,* 58 (2004), 57, 69-70.

20. Acts 1:8, 10:35, 13:47.

21. 见 Wilson, *Paul,* 121-122。

22. Ibid., 121.

23. Brown, *Rise of Western Christendom,* 71-72.

24. Acts 13:46, 18:6.

25. Galatians 3:28; Colossians 3:11；也见 1 Corinthians 12:13。

26. 1 Corinthians 14:10-11.

27. 见 Jaroslav Pelikan, *What Has Athens to Do with Jerusalem?* (Ann Arbor: University of Michigan Press, 1997), 108。

28. 见 Adam Serfass, "Slavery and Pope Gregory the Great," *Journal of Early Christian Studies,* 14 (2006), 77-103。

29. Frederick Pijper, "The Christian Church and Slavery in the Middle Ages," *American Historical Review,* 14 (1909), 675-695.

30. Robert Bartlett, *The Making of Europe* (London: Allen Lane/The Penguin Press, 1993), 63.

31. Brown, *Rise of Western Christendom,* 178-179.

32. 其大小和重要性尚不可知；Martin Forward, *Muhammad* (Oxford: Oneworld Publications, 1997), 8。

33. Fred M. Donner, "The Historical Context," in *The Cambridge Companion to the Qur'an,* ed. Jane Dammen McAuliffe (Cambridge: Cambridge University Press, 2006), 24-25.

34. 见 Toshihiko Izutsu, *God and Man in the Qur'an* (Kuala Lumpur: Islamic Book Trust, 2002), 113-114。

35. 见 Harald Motzki, "Alternative Accounts of the Qur'an's Formation," in *Cambridge Companion to the Qur'an,* 59-75。

36. 见 Glen W. Bowersock, *The Throne of Adulis: Red Sea Wars on the Eve of Islam* (Oxford: Oxford University Press, 2013), 118, 125-132。

37. 《古兰经》引文皆出自 *The Qur'an,* trans. M. A. S. Abdel Haleem (Oxford: Oxford University Press, 2005). Q 2:40-74, 3:58-64; Daniel A. Madigan, "Themes and Topics," in *Cambridge Companion to the Qur'an,* 84。

38. Donner, "Historical Context," 27.

39. Malise Ruthven, *Islam in the World* (Oxford: Oxford University Press, 2006), 52.

40. 见 Claude Gilliot, "The Creation of a Fixed Text," in *Cambridge Companion to the Qur'an*。

41. Michael Cook, *The Koran* (Oxford: Oxford University Press, 2000), 125-126.

42. F. E. Peters, *The Monotheists: Jews, Christians, and Muslims in Conflict and Cooperation,* vol. 1: *The Peoples of God* (Princeton, NJ: Princeton University Press, 2003), 84.

43. Forward, *Muhammad,* 32.

44. Q 3:67.

45. 见 Tarif Khalidi, *The Muslim Jesus* (Cambridge, MA: Harvard University Press, 2003), 12。

46. Madigan, "Themes and Topics," 79-80.

47. Q 6:97; Madigan, "Themes and Topics," 81.

48. Q 57:20.

49. Q 7:19-27, 2:35-36.
50. 见 Leila Ahmed, *Women and Gender in Islam* (New Haven, CT: Yale University Press, 1992), 87。
51. Q 4:11, 4:34.
52. Q 2:282.
53. 见 Ahmed, *Women and Gender,* 41-43。
54. 见 ibid., 79-88。
55. 见 ibid., 72-73。
56. Q 33:35.
57. Q 33:73；见 "Femme," in *Dictionnaire du Coran,* ed. Mohammad Ali Amir-Moezzi (Paris: Robert Laffont, 2007), 338-343。
58. Q 11:48.
59. Ruthven, *Islam in the World,* 61.
60. Q 2:177.
61. Q 3:26.
62. 见 Louise Marlow, *Hierarchy and Egalitarianism in Islamic Thought* (Cambridge: Cambridge University Press, 1997), 1-6。
63. Q 2:115, 2:142.
64. Q 49:13.
65. 见 Ibn Khaldun, *The Muqaddimah,* 3 vols., trans. Franz Rosenthal (New York: Pantheon Books, 1958), 1:320-321。
66. Q 2:256.
67. 见 Sami A. Aldeeb Abu-Sahlieh, "The Islamic Conception of Migration," *International Migration Review,* 30 (1996), 40-46。
68. 见 Q 2:62, Q 5:69。
69. 见 Garth Fowden, *Empire to Commonwealth: Consequences of Monotheism in Late Antiquity* (Princeton, NJ: Princeton University Press, 1993), 62-63。
70. 见 Marietta Stepaniants, "The Encounter of Zoroastrianism with Islam," *Philosophy East and West,* 52 (2002), 163。
71. Q 2:135.
72. Aldeeb Abu-Sahlieh, "Islamic Conception of Migration," 42.
73. 见 Hermann Kulke and Dietmar Rothermund, *A History of India* (London: Routledge, 1998), 187-190。
74. Q 9:5.
75. Q 9:29.
76. 见 "Guerre et Paix," in *Dictionnaire du Coran,* 372-377。
77. 见 e.g. Ali S. Asani, "'So That You May Know One Another': A Muslim American Reflects on Pluralism and Islam," *Annals of the American Academy of Political and Social Science,* 588 (2003), 40-51; Paul O. Ingram, "'That We May Know Each Other': The Pluralist Hypothesis as a Research Program," *Buddhist-Christian Studies,* 24 (2004), 135-157。
78. William H. McNeill, *The Rise of the West* (Chicago: University of Chicago Press, 1991), 193, 212.
79. 见 M. L. West, *The East Face of Helicon* (Oxford: Clarendon Press, 2003); Walter Burkert, *Die Griechen und der Orient* (Munich: C. H. Beck, 2003)。
80. 见 Daniel Fleming, *Democracy's Ancient Ancestors* (Cambridge: Cambridge University Press, 2004); Mogens Herman Hansen, ed., *A Comparative Study of Thirty City-State Cultures* (Copenhagen: C. A. Reitzel's Forlag, 2000)。

81. 见 Josine Blok, *Van Oude en Nieuwe Burgers* (Utrecht: Utrecht University, 2002)。

82. Thucydides, *History of the Peloponnesian War,* 4 vols., trans. C. H. Smith (Cambridge, MA: Harvard University Press, 1928), 3:159 [= V89].

83. Ibid., 179 [= V:116].

84. 见 Cynthia Farrar, *The Origins of Democratic Thinking: The Invention of Politics in Classical Greece* (Cambridge: Cambridge University Press, 1988), 38-39。

85. Plato, *Lysis/Symposium/Gorgias,* trans. W. R. M. Lamb (Cambridge, MA: Harvard University Press, 1996), 385-387 [= *Gorgias,* 483c-484a].

86. Plato, *Republic,* 2 vols., trans. Paul Shorey (Cambridge, MA: Harvard University Press, 1982), 1:47-49 [= 338d-e].

87. Mogens Herman Hansen, *The Athenian Democracy in the Age of Demosthenes* (Oxford: Blackwell, 1991), 116-124.

88. 见 Peter Garnsey, *The Idea of Slavery from Aristotle to Augustine* (Cambridge: Cambridge University Press, 1996), 125-127。

89. Aristotle, *Politics,* trans. H. Rackham (Cambridge, MA: Harvard University Press, 1967), 27 [= 1255a].

90. 见 W. K. C. Guthrie, *The Sophists* (Cambridge: Cambridge University Press, 2003), 116。

91. Michael Gagarin and Paul Woodruff, eds., *Early Greek Political Thought* (Cambridge: Cambridge University Press, 1997), 261-262 [= DK (Diels and Kranz) 25].

92. Ibid., 186-187 [= Diogenes Laertius: 9:51].

93. Ibid., xliii (comment), 244-245 [= DK 44]; 也见 Edith Hall, *Inventing the Barbarian: Greek Self-Definition through Tragedy* (Oxford: Clarendon Press, 1991), 218-221; Rosalind Thomas, *Herodotus in Context* (Cambridge: Cambridge University Press, 2000), 131-132。

94. Strabo, *Geography,* 8 vols., trans. Horace Leonard Jones (Cambridge, MA: Harvard University Press, 1989-2000), 6:301-307 [= XIV：2：28].

95. Hall, *Inventing the Barbarian,* 78-79.

96. Gagarin and Woodruff, *Early Greek Political Thought,* 276.

97. 见 Garnsey, *Idea of Slavery,* 75-77。

98. 见 Janet Coleman, *A History of Political Thought: From Ancient Greece to Early Christianity* (Oxford: Blackwell, 2000), 229。

99. D. Graham J. Shipley and Mogens H. Hansen, "The *Polis* and Federalism," in *The Cambridge Companion to the Hellenistic World,* ed. Glenn R. Bugh (Cambridge: Cambridge University Press, 2006), 68.

100. 引自 Bugh, introduction to *Cambridge Companion to the Hellenistic World,* 1。

101. 见 A. N. Sherwin-White, *The Roman Citizenship* (Oxford: Clarendon Press, 1973), 150-155。

102. Cicero, *De Republica/De Legibus,* trans. Clinton Walker Keyes (Cambridge, MA: Harvard University Press, 2000), 375 [= *De Legibus,* II:ii:5].

103. 见 Claude Nicolet, "The Citizen," in *The Romans,* ed. Andrea Gardina (Chicago: University of Chicago Press, 1993), 20。

104. Sherwin-White, *Roman Citizenship,* 251-263.

105. 引自 ibid., 426-428。

106. 见 Paul Veyne, "*Humanitas:* Romans and Non-Romans," in *The Romans,* 342-369。

107. Andrew Erskine, "Zeno and the Beginnings of Stoicism," *Classical Ireland,* 7 (2000), 55.

108. 见 Garnsey, *Idea of Slavery,* 130。

109. 引自 ibid., 142。

110. Malcolm Schofield, *The Stoic Idea of the City* (Chicago: University of Chicago Press, 1999), 69.

111. Andrew Erskine, *The Hellenistic Stoa* (London: Duckworth, 1990), 138.

112. Ibid., 161-171; D. R. Dudley, "Blossius of Cumae," *Journal of Roman Studies,* 31 (1941), 94-99.

113. Erskine, *Hellenistic Stoa,* 46-47.

114. Garnsey, *Idea of Slavery,* 138, 150-152.

115. Erskine, *Hellenistic Stoa,* 51.

116. Neal Wood, *Cicero's Social and Political Thought* (Berkeley: University of California Press, 1988), 45-46, 55-61.

117. Lucretius, *De Rerum Natura,* trans. W. H. D. Rouse, rev. Martin F. Smith (Cambridge, MA: Harvard University Press, 1992), 10 [= I:101].

118. Cicero, *De Natura Deorum/Academica,* trans. H. Rackham (Cambridge, MA: Harvard University Press, 2000), 213 [= *Natura Deorum,* II:xxxvii].

119. Ibid., 167 [= II:xvii].

120. A. A. Long and D. N. Sedley, eds., *The Hellenistic Philosophers,* vol. 1: *Translations of the Principal Sources, with Philosophical Commentary* (Cambridge: Cambridge University Press, 1988), 275; Maryanne Cline Horowitz, "The Stoic Synthesis of the Idea of Natural Law in Man," *Journal of the History of Ideas,* 35 (1974), 10-15.

121. David Johnston, "The Jurists," in *The Cambridge History of Greek and Roman Political Thought,* ed. Christopher Rowe and Malcolm Schofield (Cambridge: Cambridge University Press, 2005), 621.

122. Cicero, *De Officiis,* trans. Walter Miller (Cambridge, MA: Harvard University Press, 1990), 183 [= II:v]; H. C. Baldry, *The Unity of Mankind in Greek Thought* (Cambridge: Cambridge University Press, 1965), 180-182.

123. Long and Sedley, *Hellenistic Philosophers,* 424, 427.

124. Wood, *Cicero's Social and Political Thought,* 148.

125. Gretchen Reydams-Schils, *The Roman Stoics* (Chicago: University of Chicago Press, 2005), 151.

126. Hans Erich Bodeker, "Menschheit, Humanitat, Humanismus," in *Geschichtliche Grundbegriffe,* ed. Otto Brunner, Werner Conze, and Reinhart Koselleck (Stuttgart: Klett-Cotta, 1982), 3:1064-1065.

127. Cicero, *De Officiis,* 195 [= II:viii].

128. Hermann Strassburger, "Poseidonios on Problems of the Roman Empire," *Journal of Roman Studies,* 55 (1965), 44-47.

129. Thomas L. Pangle, "Socratic Cosmopolitanism: Cicero's Critique and Transformation of the Stoic Ideal," *Canadian Journal of Political Science/Revue Canadienne de science politique,* 31 (1998), 251.

130. P. G. Walsh, "Livy and Stoicism," *American Journal of Philology,* 79 (1958), 355-375.

131. Mark Edward Lewis, *Writing and Authority in Early China* (Albany: State University of New York Press, 1999), 4.

132. 见 Michael Loewe, "The Former Han Dynasty," in *The Cambridge History of China,* vol. 1: *The Ch'in and Han Empires,* ed. Denis Twitchett and Michael Loewe (Cambridge: Cambridge University Press, 1995), 153-154。

133. H. G. Creel, *Confucius and the Chinese Way* (New York: Harper and Row, 1960), 16-17.

134. *The Analects of Confucius,* trans. Roger T. Ames and Henry Rosemont Jr. (New York: Ballantine Books, 1999), 7-9 (translators' introduction).

135. Homer H. Dubs, "The Victory of Han Confucianism," *Journal of the American Oriental Society,* 58 (1938), 435-449.

136. *Basic Writings of Mo Tzu, Hsün Tzu, and Han Fei Tzu,* trans. Burton Watson (New York: Columbia

University Press, 1964): *Han Fei Tzu,* 102, 103.

137. Sarah A. Queen, *From Chronicle to Canon* (Cambridge: Cambridge University Press, 1996), 128.

138. Herbert Fingarette, *Confucius: The Secular as Sacred* (New York: Harper and Row, 1972).

139. 见 H. G. Creel, "Sinism—A Clarification," *Journal of the History of Ideas,* 10 (1949), 135-140。

140. *Analects of Confucius,* trans. Simon Leys (New York: Norton, 1997), 56 [= 12:7].

141. *Confucius* (Ames & Rosemont), 130 [= 9:17].

142. Ibid., 26-27 (translators' introduction).

143. 有关中国思想的"世俗化"及儒家思想在其中的作用，见 Arthur Waley, *The Way and Its Power* (New York: Grove Press, 1958)。

144. *Confucius* (Leys), 50 [= 11:12].

145. *Confucius* (Ames & Rosemont), 7 [= 2:11].

146. Fingarette, *Confucius,* 68.

147. 见 Norman Kutcher, "The Fifth Relationship: Dangerous Friendships in the Confucian Context," *American Historical Review,* 105 (2000), 1615-1629。

148. 见 Leys's comment in *Confucius* (Leys), 105-107。

149. *Confucius* (Ames & Rosemont), 123 [= 8:11].

150. Ibid., 91 [= 4:11].

151. Ibid., 104 [= 6:4].

152. Ibid., 112 [= 7:7].

153. Ibid., 122 [= 8:9].

154. *Analects of Confucius,* trans. D. C. Lau (London: Penguin Books, 1979), 97 [=9:18], 134 [= 15:13]; *Confucius* (Leys), 41 [9:18].

155. Ames and Rosemont 译："putting oneself in the other's place"（设身处地）。Leys 译："reciprocity"（互惠）。也见 *Confucius* (Leys), 17 [= 4:15] and 55 [= 12:2]。

156. *The Analects of Confucius,* trans. Arthur Waley (New York: Vintage Books, 1989), 27 (translator's introduction).

157. *Confucius* (Ames & Rosemont), 3:5 (translators' introduction)；这一段也被解读为一种亲蛮夷的倒置，但对这样一种解读的有力批判，见 *Confucius* (Leys), 121-123 注释部分。

158. Creel, *Confucius,* 128.

159. Ssu-ma Ch'ien [Sima Qian], *The Grand Scribe's Records, vol. VII: The Memoirs of Pre-Han China,* ed. William Nienhauser Jr. (Blooomington: Indiana University Press, 1994), 179.

160. *Mencius,* trans. D. C. Lau (London: Penguin Books, 1970), 83.

161. Ibid., 78.

162. 见 Pengwei Zhang, Qiyong Guo, and Bei Wang, "New Insights into Mencius' Theory of the Original Goodness in Human Nature," *Frontiers of Philosophy in China,* 3 (2008), 36。

163. *Mencius,* 79.

164. Ibid., 87.

165. Ibid., 166.

166. Ibid., 169.

167. Ibid., 128.

168. Ibid., 184-185.

169. David Schaberg, *A Patterned Past: Form and Thought in Early Chinese Historiography* (Cambridge, MA: Harvard University Press, 2001), 74.

170. Ibid., 130-135.

171. *Mencius,* 115.
172. Ibid., 179.
173. Ibid., 103.
174. Ibid., 162-163.
175. Irene Bloom, "Mencian Arguments on Human Nature (Jen-hsing)," *Philosophy East and West,* 44 (1994), 19-53; Bloom, "Human Nature and Biological Nature in Mencius," *Philosophy East and West,* 47 (1997), 21-32.
176. *Xunzi: A Translation and Study of the Complete Works,* vol. 1, trans. John Knoblauch (Stanford, CA: Stanford University Press, 1988), 3-35.
177. Scott Cook, "The Debate over Coercive Rulership and the 'Human Way' in Light of Recently Excavated Warring States Texts," *Harvard Journal of Asiatic Studies,* 64 (2004), 399-440; Michael Puett, "Nature and Artifice: Debates in Late Warring States China Concerning the Creation of Culture," *Harvard Journal of Asiatic Studies,* 57 (1997), 471-518.
178. *Hsün Tzu, Basic Writings,* trans. Burton Watson (New York: Columbia University Press, 1996), 157.
179. 转述自 Knoblock in *Xunzi,* 9。
180. D. C. Lau, "Theories of Human Nature in Mencius and Xunzi," in *Virtue, Nature, and Moral Agency in the Xunzi,* ed. T. C. Kline III and Philip J. Ivanhoe (Indianapolis, IN: Hackett Publishing, 2000), 202-203.
181. Kim Chong Chong, "Xunzi's Systematic Critique of Mencius," *Philosophy East and West,* 53 (2003), 221-222; Janghee Lee, *Xunzi and Early Chinese Naturalism* (Albany: State University of New York Press, 2004), 24-31.
182. Cook, "Debate over Coercive Rulership," 424.
183. *Hsün Tzu,* 171.
184. Ibid., 33, 16；也见 *Xunzi,* 14 (Knoblock's introduction)。
185. *Hsün Tzu,* 36, 45.
186. Ibid., 15.
187. 引自 Holcombe, *Genesis of East Asia,* 51。
188. *Hsün Tzu,* 27.
189. Ibid., 48, 115.
190. Ibid., 43.
191. Ibid., 121.
192. Puett, "Nature and Artifice," 488.
193. T. C. Kline III, "Moral Agency and Virtue in the Xunzi," in *Virtue, Nature and Moral Agency,* 167-170.
194. 见 Joseph Chan, "Territorial Boundaries and Confucianism," in *Confucian Political Ethics,* ed. Daniel A. Bell (Princeton NJ: Princeton University Press, 2008), 72-73。
195. 引自 Holcombe, *Genesis of East Asia,* 51。
196. 见 e.g. Frederick G. Whelan, "Justice: Classical and Christian," *Political Theory,* 10 (1982), 435-460。
197. Karen Armstrong, *The Great Transformation* (London: Atlantic Books, 2006), 395.

第三章　历史、民族志与人类学转向

1. 关于"蛮族"社会的复杂性，见 V. Y. Murzin, "Key Points in Scythian History," in *Scythians and Greeks,* ed. David Braund (Exeter: University of Exeter Press, 2005), 33-38; Nicola di Cosmo, "Ancient Inner Asian Nomads," *Journal of Asian Studies,* 53 (1994), 1092-1126; Peter S. Wells, *The Barbarians Speak: How*

the Conquered Peoples Shaped Roman Europe (Princeton, NJ: Princeton University Press, 2001), 49-63。

2. William H. McNeill, *The Shape of European History* (New York: Oxford University Press, 1974), 47.

3. 见 Jerry Bentley, *Old World Encounters* (New York: Oxford University Press, 1993), 32。

4. 见 Charles W. Fornara, *Herodotus* (Oxford: Clarendon Press, 1971), 46-58。

5. Herodotus, I:1. 所有引文皆出 Herodotus, *The Persian Wars,* 4 vols., trans. A. D. Godley (Cambridge, MA: Harvard University Press, 1997-2000)。有一段时间，希罗多德的文化相对主义在历史编纂学中被低估，见 François Hartog, *Le Miroir d'Hérodote* (Paris: Gallimard, 1991); James S. Romm, *Herodotus* (New Haven, CT: Yale University Press, 1998); James Redfield, "Herodotus the Tourist," in *Greeks and Barbarians,* ed. Thomas Harrison (Edinburgh: Edinburgh University Press, 2002), 24-49; Vivienne Gray, "Herodotus and the Rhetoric of Otherness," *American Journal of Philology,* 116 (1995), 185-211；然而，近来，这样的评估受到了 Rosalind Thomas, *Herodotus in Context* (Cambridge: Cambridge University Press, 2000); Rosaria Vignolo Munson, *Telling Wonders: Ethnographic and Political Discourse in the Work of Herodotus* (Ann Arbor: University of Michigan Press, 2001); Munson, *Black Doves Speak: Herodotus and the Languages of Barbarians* (Washington, DC: Center for Hellenic Studies, 2005); Tim Rood, "Herodotus and Foreign Lands," in *The Cambridge Companion to Herodotu,* ed.Carolyn Dewald and John Marincola(Cambridge: Cambridge University Press, 2006), 290-305 令人信服的挑战。

6. Herodotus, 11:158.

7. 见 Rood, "Herodotus and Foreign Lands," 298。

8. Herodotus, I:5.

9. Richmond Lattimore, "The Wise Adviser in Herodotus," *Classical Philology,* 34 (1939), 31.

10. 见 Cyrus Masroori, "Cyrus II and the Political Utility of Toleration," in *Religious Toleration,* ed. John Christian Laursen (London: Macmillan, 1999), 2021; Amelie Kuhrt, *The Persian Empire: A Corpus of Sources from the Achaemenid Period* (London: Routledge, 2010), 122-124, 827-830。

11. 见 Munson, "The Madness of Cambyses," *Arethusa,* 24 (1991), 43-54。

12. Herodotus, III:38.

13. Ibid., III: 38. 我稍微修改了翻译。Godley 将 "pasi anthropoisi" 译为 "to all nations"（向所有国家），但这听上去有一些不恰当。我更倾向于 Walter Blanco 的 "every people"（每个民族），后者强调希罗多德指的是集体判断；见 Herodotus, *The Histories,* trans. Walter Blanco, ed. Walter Blanco and Jennifer T. Roberts (New York: W. W. Norton, 2013), 137。

14. 见 Martin Ostwald, "Pindar, Nomos, and Herakles," *Harvard Studies in Classical Philology,* 69 (1965), 109。

15. Matthew Christ, "Herodotean Kings and Historical Inquiry," *Classical Antiquity,* 13 (1994), 185.

16. Munson, *Telling Wonders,* 42.

17. Chester G. Starr, *The Influence of Sea Power on Ancient History* (Oxford: Oxford University Press, 1989), 38.

18. 见 Mason Hammond, "Ancient Imperialism: Contemporary Justifications," *Harvard Studies in Classical Philology,* 58 (1948), 109-110; Russell Meiggs, "The Crisis of Athenian Imperialism," *Harvard Studies in Classical Philology,* 67 (1963), 1。

19. 见 James S. Romm, *The Edges of the Earth in Ancient Thought* (Princeton, NJ: Princeton University Press, 1994), 45-81; Hartog, *Miroir d'Hérodote*。

20. 见 Ellis H. Minns, *Scythians and Greeks* (Cambridge: Cambridge University Press, 1913), 37, 283-291, 438-441; Braund, *Scythians and Greeks;* Thomas, *Herodotus,* 54-74。

21. 见 Balbina Bäbler, "Bobbies or Boobies: The Scythian Police Force in Classical Athens," in Braund, *Scythians and Greeks,* 114-122。

22. Herodotus, IV:1.

23. Ibid., IV:132.

24. Ibid., IV:46.

25. Ibid., IV:3-4.

26. Ibid., IV:46.

27. Hippocrates, *Airs, Waters, Places/Epidemics/Oath/Precepts/Nutriments,* trans. W. H. S. Jones (Cambridge, MA: Harvard University Press, 1984), 117-127；后来的作者大多进行了负面的描写，见 James William Johnson, "The Scythian: His Rise and Fall," *Journal of the History of Ideas,* 20 (1959), 250-257。

28. Herodotus, IV：76；但请注意希罗多德说，斯基泰人与其他民族一样，厌恶外国生活方式："他们……都是极不愿意采纳的……"

29. 见 A. M. Armstrong, "Anacharsis the Scythian," *Greece and Rome,* 17 (1948), 18-23。

30. Herodotus, IV：142；也见 Arnaldo Momigliano, *Alien Wisdom: The Limits of Hellenization* (Cambridge: Cambridge University Press, 1991), 131-132。

31. Herodotus, I:106.

32. 见 Sara Forsdyke, "Athenian Democratic Ideology and Herodotus' Histories," *American Journal of Philology,* 122 (2001), 329-358。

33. Herodotus, VII:10.

34. Ibid., I:131-140.

35. David Schaberg, "Travel, Geography, and the Imperial Imagination in Fifth-Century Athens and Han China," *Comparative Literature,* 51 (1999), 154.

36. Burton Watson, *Ssu-ma Ch'ien: Grand Historian of China* (New York: Columbia University Press, 1958), 11.

37. 见 Ying-shih Yu, "Han Foreign Relations," in *The Cambridge History of China,* vol. 1: *The Ch'in and Han Empires,* ed. Denis Twittchett and Michael Loewe (Cambridge: Cambridge University Press, 1995), 378-381; Nicola di Cosmo, *Ancient China and Its Enemies* (Cambridge: Cambridge University Press, 2002), 6-7。

38. 见 Charles Holcombe, *The Genesis of East Asia* (Honolulu: University of Hawaii Press, 2001), 8-29。

39. Ssu-ma Ch'ien, *The Grand Scribe's Records,* vol. 9: *The Memoirs of Han China, Part II,* ed. William H. Nienhauser Jr. (Bloomington: Indiana University Press, 2011), xii.

40. 见 Grant Hardy, *Worlds of Bronze and Bamboo: Sima Qian's Conquest of History* (New York: Columbia University Press, 1999), 16-18。

41. Di Cosmo, *Ancient China,* 268-269.

42. *Shiji* 130, quoted in Watson, *Ssu-ma Ch'ien,* 50.

43. 见 Sarah A. Queen, *From Chronicle to Canon* (Cambridge: Cambridge University Press, 1996), 119。

44. 见 David Schaberg, *A Patterned Past: Form and Thought in Early Chinese Historiography* (Cambridge, MA: Harvard University Press, 2001), 258-270; Queen, *Chronicle to Canon,* 118-119。

45. Hardy, *Worlds of Bronze and Bamboo,* 127.

46. Owen Lattimore, *Inner Asian Frontiers of China* (Boston: Beacon Press, 1962), 495; A. F. P. Hulsewe and M. A. N. Loewe, *China in Central Asia: The Early Stage: 125 BC-AD 23: An Annotated Translation of Chapters 61 and 96 of the History of the Former Han Dynasty* (Leiden: Brill, 1979), 40-43.

47. 《史记》第 123 章的原始版本（其中包括了对西域的描述）现已散佚，只剩下引言段；我们现在看到的，是班固根据司马迁的文字所作的《汉书》的插补；见 Hulsewe and Loewe, *China in Central Asia,* 14-39。

48. *Shiji* 123: *Han II,* 235-236. 章节编号参考 Sima Qian, *Records of the Grand Historian: Han Dynasty II/Records of the Grand Historian: Qin,* trans. Burton Watson (New York: Columbia University Press,

1993)。

49. *Shiji* 123: *Han II,* 234.

50. Herodotus, III:i02.

51. 见 Di Cosmo, "Ancient Inner Asian Nomads"。

52. 关于匈奴，见 Nicola di Cosmo, "State Formation and Periodization in Inner Asian History," *Journal of World History,* 10 (1999), 1-40; Thomas Barfield, *The Perilous Frontier: Nomadic Empires and China* (Oxford: Blackwell, 1992), 32-84。

53. 见 Barfield, *Perilous Frontier,* 41-46。

54. *Shiji* 15: *Qin,* 85；也见 Hardy, *Worlds of Bronze and Bamboo,* 171-172。

55. *Shiji* 5: *Qin,* 23.

56. Erica Brindley, "Barbarians or Not? Ethnicity and Changing Conceptions of the Ancient Yue (Viet) Peoples, ca. 400-50 BC," *Asia Major* (Third Series), 16 (2003), 29.

57. *Shiji* 112: *Han II,* 202.

58. 见 Robert B. Crawford, "The Social and Political Philosophy of the Shi-chi," *Journal of Asian Studies,* 22(1963), 402-403; Karen Turner, "War, Punishment, and the Law of Nature in Early Chinese Concepts of the State," *Harvard Journal of Asiatic Studies,* 53 (1993), 293-294, 305-307。

59. *Shiji* 110: *Han II,* 129.

60. *Shiji* 110: *Han II,* 137-139.

61. *Shiji* 110: *Han II,* 129.

62. *Shiji* 110: *Han II,* 137.

63. Herodotus, IV:17.

64. *Shiji* 110: *Han II,* 138-139.

65. *Shiji* 110: *Han II,* 143.

66. 见 Hulsewe and Loewe, *China in Central Asia,* 126-127。

67. *Shiji* 110: *Han II,* 143-144.

68. *Shiji* 110: *Han II,* 144.

69. *Shiji* 123: *Han II,* 239-240.

70. Di Cosmo, *Ancient China,* 271. 类似地，Joseph Allen III 认为司马迁对待匈奴的方式"相当有同情心"，尤其是考虑到他们是中国最持久的敌人；Allen, "An Introductory Study of the Narrative Structure in the Shiji," *Chinese Literature, Essays, Articles, Reviews,* 3 (1981), 36n46。

71. *Shiji* 110: *Han II,* 147.

72. *Shiji* 123: *Han II,* 236.

73. 引自 Watson, *Ssu-ma Ch'ien,* 53。

74. 见 Thomas, *Herodotus,* 11-12。

75. 见 Kidder Smith, "Sima Tan and the Invention of Daoism, 'Legalism,' etcetera," *Journal of Asian Studies,* 62 (2003), 129-156。

76. Queen, *Chronicle to Canon,* 2-3, 22-23.

77. 见 G. E. R. Lloyd, *The Ambitions of Curiosity: Understanding the World in Ancient Greece and China* (Cambridge: Cambridge University Press, 2002), 18-20。

78. 见 Wells, *Barbarians Speak,* 133。

79. Publius Cornelius Tacitus, *Histories,* Book IV-V, trans. C. E. Moore/*Annals,* Book I-III, trans. J. Jackson (Cambridge, MA: Harvard University Press, 1969), 249 [= *Annals* I:iii].

80. Tacitus, *Agricola,* trans. M. Hutton/*Germania,* trans. M. Hutton/*Dialogus,* trans. W. Peterson (Cambridge, MA: Harvard University Press, 1980) 189 [= *Germania* 37:3].

81. Tacitus, *Histories/Annals,* 245 [= *Annals* I:ii].

82. John Percival, "Tacitus and the Principate," *Greece and Rome,* 27 (1980), 128.

83. 见 Walter Jens, "*Libertas* bei Tacitus," *Hermes,* 84 (1956), 331-352; M. A. Fitzsimons, "The Mind of Tacitus," *Review of Politics,* 38 (1976), 473-493。

84. Tacitus, *Agricola/Germania/Dialogus,* 47 [= *Agricola* 11:2, 4].

85. Ibid., 49 [= *Agricola* 12:2].

86. 引自 Eric Adler, *Valorizing the Barbarians: Enemy Speeches in Roman Historiography* (Austin: University of Texas Press, 2011), 123-126。

87. 见 Christopher M. Bulst, "The Revolt of Queen Boudicca in A. D. 60," *Historia: Zeitschrift für Alte Geschichte,* 10 (1961), 503-506。

88. Tacitus, *Agricola/Germania/Dialogus,* 81 [= *Agricola* 30:3-5].

89. 见 W. Liebeschuetz, "The Theme of Liberty in the Agricola of Tacitus," *Classical Quarterly,* 16 (1966), 126-139。

90. Tacitus, *Histories/Annals,* 25 [= *Histories* IV:14].

91. Ibid., 33 [= *Histories* IV:17].

92. 见 Stephen L. Dyson, "Native Revolts in the Roman Empire," *Historia: Zeitschrift für Alte Geschichte,* 20 (1971), 239-274。

93. Tacitus, *Histories/Annals,* 115-117 [= *Histories* IV:59-60].

94. Ibid., 145-147 [= *Histories* IV:73-74].

95. Tacitus *Agricola/Germania/Dialogus,* 67 [= *Agricola* 21:2].

96. Tacitus, *Annals,* Book XIII-XVI, trans. J. Jackson (Cambridge, MA: Harvard University Press, 2006), 95 [= *Annals* 13:54].

97. Tacitus, *Agricola/Germania/Dialogus,* 143 [= *Germania* 8:2].

98. Ibid., 157 [= *Germania* 18:1].

99. Ibid., 145 [= *Germania* 9:1].

100. 见 Barbara Patzek, "Die historischen Bedingungen des Fremdverstehens in Tacitus' 'Germania,'" *Historische Zeitschrift,* 247 (1988), 33。

101. Adler, *Valorizing the Barbarians,* 165-173.

102. 见 Martin Hose, "'Libertas an Pax': Eine Beobachtung zu Tacitus' Darstellung des Bataveraufstandes," *Hermes,* 126 (1998), 307。

103. 见 Q. Edward Wang, "History, Space, and Ethnicity: The Chinese Worldview," *Journal of World History,* 10 (1999), 285-305。

104. Thomas Harrison, *Divinity and History: The Religion of Herodotus* (Oxford: Oxford University Press, 2000), 31-63.

105. Herodotus, III:64.

106. *Shiji* 30: *Han II,* 63.

107. Joseph Needham, "Time and Knowledge in China and the West," in *The Voices of Time,* ed. J. T. Fraser (New York: George Braziller, 1966), 101；Needham 认为中国史学的时间性基本上是线性的，不过不是现代欧洲意义上的"发展性的"。对于强调周期性因素的观点，见 Nathan Sivin, "Chinese Conceptions of Time," *Earlham Review,* 1 (1966), 82-92; Jaroslav Prusek, "History and Epics in China and the West," *Diogenes,* 42 (1963), 20-43。

108. 见 Mark Edward Lewis, *Writing and Authority in Early China* (Albany: State University of New York, 1999), 308-317。

109. 见 Benjamin Schwarz, "History in Chinese Culture: Some Comparative Reflections," *History and*

Theory, 35 (1996), 27-29。

110. Joachim Gentz, "Wahrheit und historische Kritik in der fruhen historiographischen Tradition," *Oriens Extremus,* 43 (2002), 37.

111. Schaberg, *Patterned Past,* 276.

112. Hardy, *Worlds of Bronze and Bamboo,* 127-135, 120.

113. 见 Herbert W. Benario, "Tacitus and the Fall of the Roman Empire," *Historia: Zeitschrift für Alte Geschichte,* 17 (1968), 37-50。

114. 见 Martin Pulbrook, "Tacitus and the Dilemma of Imperial Rome," *Maynooth Review,* 14 (1989), 22-24。

115. Tacitus, *Histories,* Book I-III, trans. C. H. Moore (Cambridge, MA: Harvard University Press, 1968), 223 [= *Histories* II:38].

116. Tacitus, *Agricola/Germania/Dialogus,* 211 [= *Germania* 33:9].

117. Nathan Sivin, "State, Cosmos, and Body in the Last Three Centuries b.c.," *Harvard Journal of Asiatic Studies,* 55 (1995), 7-8, 34-36；Mark Edward Lewis, "The City-State in Spring-and-Autumn China," in *A Comparative Study of Thirty City-State Cultures,* ed. Mogens Herman Hansen (Copenhagen: C. A. Reitzel, 2000), 359-374 提出了相同的观点。

118. Tacitus, *Histories/Annals,* 181-183 [= *Histories* V:5]；也见 Patzek, "Historische Bedingungen," 40-42。

第四章　中世纪伊斯兰世界的跨境思考

1. Li Chih-Ch'ang, *The Travels of an Alchemist,* trans. Arthur Waley (London: George Routledge & Sons, 1931), 83.

2. Archibald Lewis, *Nomads and Crusaders: AD 1000-1368* (Bloomington: Indiana University Press, 1988), 27.

3. Lewis, *Nomads,* 35.

4. Peter B. Golden, *Central Asia in World History* (Oxford: Oxford University Press, 2011), 60-61.

5. 见 Richard C. Foltz, *Religions of the Silk Road* (New York: St. Martin's Press, 1999), 96-97。

6. 见 Svat Soucek, *A History of Inner Asia* (Cambridge: Cambridge University Press, 2009), 68-69。

7. Foltz, *Religions of the Silk Road,* 106-108.

8. 见 Xinru Liu, "A Silk Road Legacy: The Spread of Buddhism and Islam," *Journal of World History,* 22 (2011), 57-58。

9. 见 Xinru Liu, *The Silk Road in World History* (Oxford: Oxford University Press, 2010), 64。

10. Christopher I. Beckwith, *Empires of the Silk Road* (Princeton, NJ: Princeton University Press, 2009), 138-139; Liu, *Silk Road in World History,* 98.

11. Golden, *Central Asia,* 67; Liu, "Silk Road Legacy," 70-71.

12. Aisha Khan, *Avicenna (Ibn Sina): Muslim Physician and Philosopher* (New York: Rosen Publishing, 2006), 43.

13. 见 S. Frederick Starr, "Rediscovering Central Asia," *Wilson Quarterly,* 33, no. 3 (2009), 33。

14. Hakim Mohammed Said and Ansar Zahid Khan, *Al-Biruni: His Times, Life and Works* (Karachi: Hamdard Academy, 1981), 53.

15. 见 C. Edmund Bosworth, *The Ghaznavids: Their Empire in Afghanistan and Eastern Iran, 994-1040* (Edinburgh: Edinburgh University Press, 1963), 46-47。

16. Al-Biruni, *The Chronology of Ancient Nations,* trans. Edward C. Sachau (London: W. H. Allen & Co.,

1879), xiii (Sachau's introduction).

17. Said and Khan, *Al-Biruni,* 65.

18. Bosworth, *Ghaznavids,* 132-133.

19. Ibid., 77.

20. Hermann Kulke and Dietmar Rothermund, *A History of India* (London: Routledge, 1998), 153-154.

21. 见 M. S. Khan, "Al-Biruni and the Political History of India," *Oriens,* 2526 (1976), 86n2。

22. 见 A. B. Bosworth, "The Historical Setting of Megasthenes' *Indica, Classical Philology* 91 (1996): 113-127。

23. 引自 Tarif Khalidi, *Arabic Historical Thought in the Classical Period* (Cambridge: Cambridge University Press, 1996), 133-134。

24. Al-Biruni, *India: An Account of the Religion, Philosophy, Literature, Geography, Chronology, Astronomy, Customs, Laws and Astrology of India,* 2 vols., trans. Edward C. Sachau (New Delhi: Asian Educational Services, 2004), 1:3 (楷体为原文所加)。

25. Khalidi, *Arabic Historical Thought,* 39-40, 81-82.

26. Al Biruni, *India,* 1:20.

27. Al-Biruni, *Chronology of Ancient Nations,* 27-28.

28. Al Biruni, *India,* 1:67.

29. Ibid., 1:50.

30. Ibid., 1:74-76.

31. Ibid., 1:86-87.

32. Ibid., 1:94-98.

33. Ibid., 1:100.

34. Ibid., 1:104.

35. Ibid., 2:161.

36. Ibid., 1:110.

37. Ibid., 1:181.

38. Ibid., 1:179.

39. Ibid., 1:186.

40. Ibid., 1:111-112.

41. Ibid., 2:112.

42. Ibid., 1:196-212.

43. 见 *Ancient India as described by Megasthenes and Arrian,* trans. John Watson McCrindle (Calcutta: Thacker, Spink & Co., 1877), 97-103, 120-122。

44. 见 Jacqueline Chabbi, "Soufisme," in *Dictionnaire de l'Islam: Religion et Civilisation* (Paris: Albin Michel, 1997), 793-797。

45. Farid al-Din Attar, *The Conference of the Birds,* trans. Afkham Darbandi and Dick Davis (London: Penguin Books, 2011), xii (Davis's introduction).

46. 见 Nargis Virani, "'I Am the Nightingale of the Merciful': Rumi's Use of the Qur'an and Hadith," *Comparative Studies of South Asia, Africa, and the Middle East,* 22 (2002), 108。

47. 见 Nile Green, *Sufism: A Global History* (Chichester: Wiley-Blackwell, 2012), 1-10。

48. Ibid., 104-107.

49. Leonard Lewisohn, "Sufi Symbolism in the Persian Hermeneutic Tradition: Reconstructing the Pagoda of Attar's Esoteric Poetics," in *Attar and the Persian Sufi Tradition: The Art of Spiritual Flight,* ed. Leonard Lewisohn and Christopher Shackle (London: Tauris Publishers, 2006), 255.

50. *Hudud al Alam (The Regions of the World: A Persian Geography)*, trans. and ann. Y. Minorsky (Cambridge: Cambridge University Press, 1982), 102.

51. 见 Harry S. Neale, "The Zoroastrian in 'Attar's Tadkiratu'l-Awliya,'" *Middle Eastern Literatures,* 12 (2009), 151。

52. Attar, *Conference,* 46.

53. Ibid., 54-55.

54. Ibid., 234-235.

55. Ibid., 150.

56. Ibid., 157.

57. Ibid., 19-20.

58. Ibid., 194.

59. Ibid., 3.

60. Attar, *Muslim Saints and Mystics,* trans. A. J. Arberry (London: Arkana, 1990), 133-134；也见 Neale, "Zoroastrian," 137-138。

61. Neale, "Zoroastrian," 148, 152.

62. Attar, *Conference,* 68-86；也见 Franklin Lewis, "Sexual Occidentation: The Politics of Conversion, Christian Love and Boy-love in Attar," *Iranian Studies,* 42 (2009), 696-699。

63. 引自 Lewisohn, "Sufi Symbolism," 256。

64. Ibid., 261-262.

65. Attar, *Muslim Saints,* 146.

66. Ibid., 40.

67. 引自 Cyrus Masroori, "Rumi's Criticism of Religious Persecution," *Political Research Quarterly,* 63 (2010), 249。

68. 见 ibid., 251。

69. Ibid., 253.

70. 见 Michael Brett and Elizabeth Fentress, *The Berbers* (Oxford: Blackwell, 2001), 83, 283ns; Aziz Al-Azmeh, "Barbarians in Arab Eyes," *Past and Present,* 134 (1992), 3-18。

71. 见 N. Levtzion and J. F. P. Hopkins, eds., *Corpus of Early Arabic Sources for West African History* (Princeton, NJ: Markus Wiener Publishers, 2006), 65, 85 (Al Bakri), 111, 119 (Al Idrisi)；也见 Richard L. Smith, "What Happened to the Ancient Lybians: Chasing Sources across the Sahara from Herodotus to Ibn Khaldun," *Journal of World History,* 14 (2003), 493-494。

72. Brett and Fentress, *Berbers,* 134-135.

73. 见 Guliana Turroni, *Il Mondo della Storia secondo Ibn Khaldun* (Rome: Jouvence, 2002), 116。

74. 见 Stefan Leder, "Bedouin Arabs—Origin [and] Signification of a Khaldunian Concept," in *Ibn Khaldun: Aux sources de la modernité: Actes du collo-que international organisé à l'occasion du 6me centenaire de sa mort* (Carthage: Académic tunisienne des sciences, des lettres et des arts, 2008), 184, 187; Abdesselam Cheddadi, *Ibn Khaldun: L'homme et le théoricien de la civilization* (Paris: Gallimard, 2006), 251。

75. 见 Brett and Fentress. *Berbers,* 83-91。

76. Jamil M. Abun-Nasr, *A History of the Maghrib in the Islamic Period* (Cambridge: Cambridge University Press, 1990), 94.

77. 见 Allen James Fromherz, *Ibn Khaldun: Life and Times* (Edinburgh: Edinburgh University Press, 2010), 40-44。

78. Ibn Khaldun, *Autobiographie,* trans. Abdesselam Cheddadi (Casablanca: Maison des Arts, des Sciences et des Lettres, 2006), 134-135.

79. 见 N. J. Coulson, *A History of Islamic Law* (Edinburgh: Edinburgh University Press, 1999), 90-91。

80. Ibn Khaldun, *Autobiographie,* 242-249.

81. 见 Fromherz, *Ibn Khaldun,* 125。

82. Ibn Khaldun, *The Muqaddimah: An Introduction to History,* 3 vols., trans. Franz Rosenthal (New York: Pantheon Books, 1958), 3:99-103.

83. Khalidi, *Arabic Historical Thought,* 214.

84. 引自 Walter J. Fischel, *Ibn Khaldun in Egypt: His Public Functions and His Historical Research* (Berkeley: University of California Press, 1967), 84。

85. Ibn Khaldun, *Ibar,* book V，转引自 Fischel, *Ibn Khaldun in Egypt,* 83。

86. Ibn Khaldun, *Autobiographie,* 145.

87. 见 Franz Rosenthal's notes of the genesis of the text in Ibn Khaldun, *Muqaddimah,* 1:civ-cvii。

88. 见 Roland A. Messier, "Rethinking the Almoravids, Rethinking Ibn Khaldun," *Journal of North-African Studies,* 6 (2001), 59-80。

89. 见 Walter J. Fischel, "Ibn Khaldun's Sources for the History of Jenghiz Khan and the Tatars," *Journal of the American Oriental Society,* 76 (1956), 91; Michael Brett, "The Way of the Nomad," *Bulletin of the School of Oriental and African Studies,* 58 (1995), 251-252。

90. Mushin Mahdi, *Ibn Khaldun's Philosophy of History* (Chicago: University of Chicago Press, 1971), 65-73; Donald R. Kelley, *Faces of History: Historical Inquiry from Herodotus to Herder* (New Haven, CT: Yale University Press, 1998), 10.

91. Ibn Khaldun, *Muqaddimah,* 1:6.

92. Khalidi, *Arabic Historical Thought,* 165.

93. 见 Fischel, *Ibn Khaldun in Egypt,* 112-114。

94. Ibn Khaldun, *Muqaddimah,* 1:65.

95. 两则引文皆出自 Khalidi, *Arabic Historical Thought,* 185。

96. Ibn Khaldun, *Histoire des Berbères et des dynasties musulmanes de l'Afrique septentrionale,* trans. Baron de Slane, ed. Paul Casanova (Paris: Geuthner, 1982), 5.

97. 见 Ibn Khaldun, *Histoire des Berbères, 4* (De Slane); Ibn Khaldun, *Muqaddimah,* i:lxxviii-lxxx (Rosenthal); Cheddadi, *Ibn Khaldun,* 279, 290; Fromherz, *Ibn Khaldun,* 29-30；也见 Mahdi, *Ibn Khaldun's Philosophy of History,* 196m。

98. Ibn Khaldun, *Muqaddimah,* 1:264.

99. Ibid., 1:249-250.

100. Ibid., 1:249-253.

101. Ibid., 1:251.

102. Ibid., 1:253.

103. Ibid., 2:291-297.

104. Ibid., 3:315.

105. Ibid., 2:411.

106. Ibid., 2:431-432.

107. Ibid., 1:278-280.

108. Ibid., 1:336-355.

109. Ibid., 1:314-315.

110. Ibid., 1:305-306.

111. Ibn Khaldun, *Muqaddimah,* 1:322-327; Niccolo Machiavelli, *The Prince,* trans. Russell Price (Cambridge: Cambridge University Press, 1988), 21.

112. Mahdi, *Ibn Khaldun's Philosophy of History*, 68.

113. Ibn Khaldun, *Muqaddimah,* 1:473.

114. Ibid., 1:444；也见 Briton Cooper Bush, "Divine Intervention in the *Muqaddimah* of Ibn Khaldun," *History of Religions,* 7 (1968), 317-329。

115. 见 Fuad Baali and Ali Wardi, *Ibn Khaldun and Islamic Thought Styles* (Boston: G. K. Hall, 1981), 94-121。

116. Ibn Khaldun, *Muqaddimah,* 3:64.

117. Ibid., 1:168.

118. Ibid., 1:169.

119. Ibid., 1:169-170.

120. Ibid., 1:173.

121. Baali and Wardi, *Ibn Khaldun,* 116.

122. Frederick Jackson Turner, *The Significance of the Frontier in American History* (New York: Continuum, 1991), 27.

123. 关于这个问题，我赞同 Cheddadi, *Ibn Khaldun,* 295-296。

124. Q 49:13.

第五章　大西洋边疆与基督教平等观的局限性

1. 见 Richard Cole, "Sixteenth-Century Travel Books as a Source of European Attitudes towards Non-White and Non-Western Culture," *Proceedings of the American Philosophical Society*, 116 (1972), 59-67。

2. 见 Patrick Wolfe, "Land, Labor, and Difference: Elementary Structures of Race," *American Historical Review*, 106 (2001), 866-905。

3. 见 Lawrence A. Clayton, *Bartolomé de Las Casas and the Conquest of the Americas* (Malden: Wiley-Blackwell, 2011), 3; Nathan Wachtel, *La Vision des vaincus: Les Indiens de Pérou devant la conquête espagnole* (Paris: Gallimard, 1971), 145-152。

4. 见 Brian Sandberg, "Beyond Encounters: Religion, Ethnicity, and Violence in the Early Modern Atlantic World," *Journal of World History,* 17 (2006), 1-25。

5. David Abulafia, *The Discovery of Mankind: Atlantic Encounters in the Age of Columbus* (New Haven, CT: Yale University Press, 2008), 228.

6. David Brion Davis, *Inhuman Bondage: The Rise and Fall of Slavery in the New World* (Oxford: Oxford University Press, 2006), 98.

7. 见 William C. Sturtevant, "Indian America: First Visual Impressions in Europe," in *Christopher Columbus and the Age of Exploration,* ed. Silvio A. Bedini (New York: Da Capo Press, 1998), 337-345。

8. 见 Patricia Seed, "'Are These Not Also Men?': The Indians' Humanity and Capacity for Spanish Civilization," *Journal of Latin American Studies,* 25 (1993), 649。

9. George M. Frederickson, *Racism: A Short History* (Princeton, NJ: Princeton University Press, 2002), 41-42.

10. 引自 Lewis Hanke, *The Spanish Struggle for Justice in the Conquest of America* (Boston: Little, Brown & Company, 1965), 17。

11. "Preamble," *The Laws of Burgos,* http://faculty.smu.edu/bakewell/ BAKEWELL/texts/burgoslaws.html.

12. "Article 1," *Laws of Burgos.*

13. "Article 24," *Laws of Burgos.*

14. "Article 9," "Article 17," *Laws of Burgos*.

15. "Valladolid Amendment 1," *Laws of Burgos*.

16. 引自 Clayton, *Bartolomé de Las Casas*, 62。

17. 引自 Hanke, *Spanish Struggle*, 43。

18. Ibid., 43-45.

19. James Muldoon, *Popes, Lawyers, and Infidels: The Church and the Non-Christian World, 1250-1550* (Philadelphia: University of Pennsylvania Press), 140.

20. Thomas Aquinas, *The Political Ideas of St. Thomas Aquinas*, ed. and trans. Dino Bigongiari (New York: Hafner Press, 1974), 48-51.

21. Ibid., 179-181.

22. Muldoon, *Popes, Lawyers, and Infidels*, 14.

23. 引自 James Brown Scott, *The Spanish Origin of International Law* (Oxford: Clarendon Press, 1934), 79。

24. 引自 ibid., 80。

25. 引自 Martti Koskenniemi, "Empire and International Law: The Real Spanish Contribution," *University of Toronto Law Journal*, 61 (2011), 5。

26. Francisco de Vitoria, *Political Writings*, ed. Anthony Pagden and Jeremy Lawrance, trans. Jeremy Lawrance (Cambridge: Cambridge University Press, 2006), 233, 237-238.

27. 见 Muldoon, *Popes, Lawyers, and Infidels*, 138。

28. 引自 Hanke, *Spanish Struggle*, 147。

29. 见 Patricia Seed, *Ceremonies of Possession in Europe's Conquest of the New World* (Cambridge: Cambridge University Press, 1995), 69-70。

30. Vitoria, *Political Writings*, 84-85.

31. Ibid., 92-93.

32. Ibid., 260.

33. Ibid., 250.

34. Ibid., 251.

35. Ibid., 264-277.

36. Ibid., 276.

37. Ibid., 281.

38. Ibid., xxvii (introduction by Pagden and Lawrance); Manuel M. Martínez, "Las Casas on the Conquest of America," in *Bartolomé de Las Casas in History*, ed. Juan Friede and Benjamin Keen (DeKalb: Northern Illinois University Press, 1971), 319.

39. Martínez, "Las Casas," 323.

40. Fray Bernardino de Sahagún, *Florentine Codex: General History of the Things of New Spain, Book 12: The Conquest of Mexico*, ed. and trans. Arthur J. O. Anderson and Charles E. Dibble (Santa Fe, NM: The School of American Research and the University of Utah, 1975), 30.

41. Vitoria, *Political Writings*, 282-283.

42. Ibid., 285-286.

43. Ibid., 289.

44. Ibid., 291 (italics in original).

45. Clayton situates Vitoria's standpoint much too close to Las Casas; Clayton, *Bartolomé de Las Casas*, 108-109.

46. 见 Arthur Ripstein, "Distinctions of Power and the Power of Distinctions: A Response to Profes-

sor Koskenniemi," *University of Toronto Law Journal,* 61 (2011), 37-43。

47. 见 Pierre Vilar, *A History of Gold and Money* (London: New Left Books, 1976), 104。

48. 见 Helen Rand Parish and Harold E. Weidman, "The Corrected Birthdate of Bartolomé de Las Casas," *Hispanic American Historical Review,* 56 (1976), 385-403。

49. Clayton, *Bartolomé de Las Casas,* 28-29.

50. 见 Stuart Banner, *How the Indians Lost Their Land* (Cambridge, MA: Harvard University Press, 2005), 46-47。

51. Clayton, *Bartolomé de Las Casas,* 39.

52. Bartolomé de Las Casas, *A Short Account of the Destruction of the Indies,* trans. Nigel Griffin (London: Penguin Books, 1992), 28-29.

53. Daniel Castro, *Another Face of Empire: Bartolomé de Las Casas, Indigenous Rights, and Ecclesiastical Imperialism* (Durham, NC: Duke University Press, 2007), 65.

54. Clayton, *Bartolomé de Las Casas,* 49-51.

55. Ibid., 142；也见 Clayton, "Bartolomé de Las Casas and the African Slave Trade," *History Compass,* 7 (2009), 1526-1541。

56. Clayton, *Bartolomé de Las Casas,* 78-80.

57. Ibid., 112.

58. 引自 Lewis Hanke, *All Mankind Is One: A Study of the Disputation between Bartolomé de Las Casas and Juan Ginés de Sepúlveda on the Religious and Intellectual Capacity of the American Indians* (De Kalb: Northern Illinois University Press, 1994), 66-67。

59. Hanke, *Aristotle and the American Indians* (London: Hollis and Carter, 1959), 29.

60. Ibid., 38.

61. Ibid., 44.

62. Aristotle, *Politics,* trans. H. Rackham (Cambridge, MA: Harvard University Press, 1967), 63 [= 1260a].

63. 引自 Peter Garnsey, *Ideas of Slavery from Aristotle to Augustine* (Cambridge: Cambridge University Press, 1997), 114。

64. Ibid., 125-126.

65. Hanke, *Aristotle and the American Indians,* 47.

66. Bartolomé de Las Casas, *In Defense of the American Indians,* ed. and trans. Stafford Poole (DeKalb: Northern Illinois University Press, 1992), 221-225; Benjamin Keen, *The Aztec Image in Western Thought* (New Brunswick, NJ: Rutgers University Press, 1990), 97.

67. Paraphrased in Keen, *The Aztec Image,* 97.

68. 引自 D. A. Brading, *The First America: The Spanish Monarchy, Creole Patriots and the Liberal State, 1492-1867* (Cambridge: Cambridge University Press, 1993), 86。

69. 引自 Hanke, *Aristotle and the American Indians,* 47。

70. Las Casas, *Defense,* 28-35.

71. 1 Corinthians 14:10-11.

72. Las Casas, *Defense,* 39-40.

73. Ibid., 49-50.

74. Ibid., 340-341.

75. 见 Anthony Pagden, "Ius et Factum: Text and Experience in the Writings of Bartolomé de Las Casas," *Representations,* 33 (1991), 151。

76. Las Casas, *Defense,* 42-43.

77. Hanke, *Aristotle and the American Indians,* 55.

78. 引自 ibid., 49。

79. Las Casas, *Short Account,* 33.

80. Las Casas, *Defense,* 329.

81. Las Casas, *Short Account,* 51-52.

82. 见 Louise M. Burkhart, "The Solar Christ in Nahuatl Doctrinal Texts of Early Colonial Mexico," *Ethnohistory,* 35 (1988), 252-253。

83. Brading, *First America,* 117.

84. 见 ibid., 103。

85. 引自 Miguel León-Portilla, *Bernardino de Sahagún: First Anthropologist* (Norman: University of Oklahoma Press, 2002), 102。

86. Miguel León-Portilla, ed., *The Broken Spears: The Aztec Account of the Conquest of Mexico,* trans. Lysander Kemp (Boston: Beacon Press, 2006), 185-186.

87. Ibid., 187.

88. Inga Clendinnen, *The Cost of Courage in Aztec Society* (Cambridge: Cambridge University Press, 2010), 50.

89. Keen, *The Aztec Image,* 58-59.

90. Bernal Diaz del Castillo, *The Discovery and Conquest of Mexico* (New York: Farrar, Straus and Giroux, 1979), 192.

91. de Sahagún, *Florentine Codex,* 1-3.

92. Ibid., 20.

93. Ibid., 31.

94. Clendinnen, *Cost of Courage,* 75.

95. de Sahagún, *Florentine Codex,* 57.

96. Clendinnen, *Cost of Courage,* 89.

97. 引自 León-Portilla, *The Broken Spears,* 137-138。

98. Las Casas, *Defense,* 329.

99. Clayton, *Bartolomé de Las Casas,* 150.

100. Seed, "'Are These Not Also Men?'"636-637.

101. Sabine Maccormack, "'The Heart Has Its Reasons': Predicaments of Missionary Christianity in Early Colonial Peru," *Hispanic American Historical Review,* 65 (1985), 454.

102. Clayton, *Bartolomé de Las Casas,* 151-153, 177.

103. Castro, *Another Face of Empire,* 180-185.

104. 见 Sabine MacCormack, *Religion in the Andes: Vision and Imagination in Early Colonial Peru* (Princeton, NJ: Princeton University Press, 1991), 249-250。

105. Ibid., 252.

106. José de Acosta, *Historia Natural y Moral de las Indias,* ed. José Alcina Franch (Madrid: Promo Libro, 2003), 8.

107. Claudio M. Burgaleta, *José de Acosta S.J., 1540-1600* (Chicago: Loyola Press, 1999), 38.

108. Ibid., 33-34; Brading, *First America,* 137.

109. 见 Acosta, *Historia Naturaly Moral,* 39-40 中的列表。

110. 引自 Anthony Pagden, *The Fall of Natural Man: The American Indian and the Origins of Comparative Ethnology* (Cambridge: Cambridge University Press, 1982), 155。

111. Acosta, *The Natural and Moral History of the Indies* (London: The Hakluyt Society, 1880), 390-391,

449（所有引文皆出自此版本，是 1604 年伦敦版的摹本，由 James Edward Grimston 翻译）.

112. Acosta, *History of the Indies,* 530.

113. 见 Pagden, *Fall of Natural Man*。

114. Acosta, *History of the Indies,* 295.

115. 见 Laura Ammon, "Bernardino de Sahagún, José de Acosta and the Sixteenth-Century Theology of Sacrifice in New Spain," *Journal of Colonialism and Colonial History,* 12, no. 2 (Fall 2011)。

116. Acosta, *History of the Indies,* 324-325.

117. Ibid., 90-101.

118. Ibid., 20.

119. Karl W. Butzer, "From Columbus to Acosta: Science, Geography and the New World," *Annals of the Association of American Geographers,* 82 (1992), 557.

120. 见 Pagden, *Fall of Natural Man,* 146-147, 154-155, 160。

121. 见 Lee Eldridge Huddleston, *Origins of the American Indians: European Concepts, 1492-1729* (Austin: University of Texas Press, 1967)。

122. Acosta, *History of the Indies,* 57；也见 Thayne R. Ford, "Stranger in a Foreign Land: José de Acosta's Scientific Realizations in Sixteenth-Century Peru," *Sixteenth-Century Journal,* 29 (1998), 19-33。

123. Acosta, *History of the Indies,* 59.

124. Ibid., 60.

125. Ibid., 70.

126. Ibid., 72.

127. Ibid., 449-450.

128. Ibid., 72.

129. Ibid., 409-411.

130. Ibid., 436-437.

131. Ibid., 400-402.

132. Ibid., 403-405.

133. Ibid., 421, 424-425.

134. 见 Karen Viera Powers, "Andeans and Spaniards in the Contact Zone: A Gendered Collision," *American Indian Quarterly,* 24 (2000), 511-536。

135. Acosta, *History of the Indies,* 296.

136. Ibid., 301.

137. Joan-Pau Rubiés, "Theology, Ethnography, and the Historicization of Idolatry," *Journal of the History of Ideas,* 67 (2006), 590.

138. Brading, *First America,* 257.

139. Ibid., 258.

140. Inca Garcilaso de la Vega, *Commentaires royaux sur le Peru des Incas,* 3 vols., trans. René L. F. Durand (Paris: La Decouverte, 2000), 1:67.

141. Ibid., 1:105-106.

142. Ibid., 1:115-119.

143. 见 Brading, *First America,* 263-264; Wachtel, *Vision des vaincus,* 244-245。

144. Acosta, *History of the Indies,* 526-527. 我稍微修改了翻译，以避免西班牙语原著中不会出现的不当推论；cf. Acosta, *Historia Naturaly Moral,* 478-479。

145. Acosta, *History of the Indies,* 528-529; Pagden, *Fall of Natural Man,* 167.

146. Alan Levine, *Sensual Philosophy: Toleration, Skepticism, and Montaigne's Politics of the Self* (Lan-

ham, MD: Lexington Books, 2001), 25.

147. Ibid., 171-172, 198-199.

148. J. H. Kennedy, *Jesuit and Savage in New France* (New Haven, CT: Yale University Press, 1950), 17.

149. 见 Frank Lestringant, *Le Brésil de Montaigne* (Paris: Chandeigne, 2005), 11。

150. Joel Cornette, *Le Livre et le glaive: Chronique de la France au XVIe siècle* (Paris: Armand Colin, 1999), 279.

151. Michel de Montaigne, *The Complete Essays of Montaigne,* trans. Donald M. Frame (Stanford, CA: Stanford University Press, 1985), 158-159.

152. Ibid., 150-152; Lestringant, *Brésil de Montaigne,* 12; David Quint, "A Reconsideration of Montaigne's *Des cannibales,"* in *America in European Consciousness,* ed. Karen Ordahl Kupperman (Chapel Hill: University of North Carolina Press, 1995), 168.

153. Lestringant, *Brésil de Montaigne,* 32.

154. Montaigne, *Essays,* 150.

155. Ibid., 150.

156. Ibid., 152.

157. Ibid., 154-155.

158. Ibid., 155.

159. Ibid., 156.

160. Ibid., 149；我将 "homme" 译为 "human being"（人类）而非 "man"（人）。

161. Ibid., 149.

162. Ibid., 387-388.

163. Ibid., 694-695.

164. Quint, "Reconsideration," 179.

165. Montaigne, *Essays,* 519.

166. Ibid., 519.

167. Ibid., 692-693.

168. 见 Lestringant, *Brésil de Montaigne,* 63。

第六章 启蒙思想中的全球平等与不平等

1. 见 Henry E. May, *The Enlightenment in America* (Oxford: Oxford University Press, 1978); Jorge Cañizares-Esguerra, *How to Write the History of the New World* (Stanford, CA: Stanford University Press, 2001), 266-345。

2. 见 Sebastian Conrad, "Enlightenment in Global History: A Historiographical Critique," *American Historical Review,* 117 (2012), 999-1027。

3. 见 "Égalité naturelle," in *Encyclopédie ou dictionnaire raisonné des sciences, des arts et des métiers,* ed. Denis Diderot and Jean le Rond d'Alembert (Paris: 1751-1772), 5:415。所有引文皆出自 the online ARTFL Encyclopédie Project, University of Chicago, https://Encyclopédie.uchicago.edu/。

4. 见 Dorinda Outram, *The Enlightenment* (Cambridge: Cambridge University Press, 1995), 3; Siep Stuurman, "The Canon of the History of Political Thought: Its Critique and a Proposed Alternative," *History and Theory,* 39 (2000), 161; Jonathan I. Israel, *Enlightenment Contested* (Oxford: Oxford University Press, 2006), 23。

5. 见 Uday Singh Mehta, *Liberalism and Empire* (Chicago: University of Chicago Press, 1999); Sankar Muthu, *Enlightenment against Empire* (Princeton, NJ: Princeton University Press, 2003); Jennifer Pitts, *A*

Turn to Empire: The Rise of Imperial Liberalism in Britain and France (Princeton, NJ: Princeton University Press, 2005); Lynn Festa, Sentimental Figures of Empire in Eighteenth-Century Britain and France (Baltimore: Johns Hopkins University Press, 2006); Frederick G. Whelan, "Oriental Despotism: Anquetil Duperron's Response to Montesquieu," History of Political Thought, 22 (2001), 619-647; Siep Stuurman, "Cosmopolitan Egalitarianism in the Enlightenment: Anquetil Duperron on India and America," Journal of the History of Ideas, 68 (2007), 255-278; Sunil Agnani, Hating Empire Properly: The Two Indies and the Limits of Enlightenment Anticolonialism (New York: Fordham University Press, 2013); Anoush Fraser Terjanian, Commerce and Its Discontents in Eighteenth-Century French Thought (Cambridge: Cambridge University Press, 2013)。

6. 见 Daniel Baugh, The Global Seven Years War (London: Routledge, 2014), 662-665。

7. Guillaume-Thomas Raynal, Histoire philosophique et politique des établissements et du commerce des Europeens dans les deux Indes, 10 vols. (Geneva: Jean-Leonard Pellet, 1782), 1-2.

8. Thomas Hobbes, Leviathan, ed. Richard Tuck (Cambridge: Cambridge University Press, 1991), 89.

9. John Locke, Two Treatises of Government, ed. Peter Laslett (New York: Mentor Books, 1965), 343.

10. François Bernier, Abrégé de laphilosophie de Gassendi, 7 vols. (Paris: Fayard, 1992), 7:286.

11. 见 Ronald L. Meek, Social Science and the Ignoble Savage (Cambridge: Cambridge University Press, 1976)。

12. Jean-Jacques Rousseau, Discours sur les sciences et les arts/Discours sur l'origine de l'inégalité (Paris: Flammarion, 1971), 38-39.

13. 见 Urs Bitterli, Cultures in Conflict (Cambridge: Polity Press, 1989), 166-167; Anthony Pagden, European Encounters with the New World (New Haven, CT: Yale University Press, 1993), 142-143。

14. Charles-Louis de Secondat de Montesquieu, Lettres Persanes (Paris: Gallimard, 1973), 116 (Letter 38)。

15. 引自 Fatma Müge Göçek, East Encounters West: France and the Ottoman Empire in the Eighteenth Century (New York: Oxford University Press, 1987), 45。

16. Yirmisekiz Çelebi Mehmed, Le Paradis des infidèles, trans. Julien-Claude Galland (Paris: Maspero, 1981), 55.

17. 见 Eviatar Zerubavel, Terra Cognita: The Mental Discovery of America (New Brunswick, NJ: Rutgers University Press, 1992), 59-63。

18. 见 Peter C. Perdue, "Boundaries and Trade in the Early-Modern World: Negotiations at Nerchinsk and Beijing," Eighteenth-Century Studies, 43 (2010), 341-356。

19. 见 Sanjay Subramanyam, Aux Origines de l'histoire globale (Paris: College de France-Fayard, 2014), 55。

20. 见 Lauren Benton, A Search for Sovereignty: Law and Geography in European Empires (Cambridge: Cambridge University Press, 2010), chap. 1。

21. 见 John Darwin, After Tamerlane: The Global History of Empire (London: Allen Lane, 2007), 245。

22. 引自 P. J. Marshall and Glyndwr Williams, The Great Map of Mankind (London: Dent and Sons, 1982), 1。

23. 见 Edwin J. van Kley, "Europe's 'Discovery' of China and the Writing of World History," American Historical Review, 76 (1971), 380。

24. Joseph de Guignes, Histoire générale des Huns, des Turcs, des Mongols, et des autres Tartares Occidentaux, 4 vols. (Paris: Dessaint & Saillant, 1756-1758), 1:vi; Nathaniel Wolloch, "Joseph de Guignes and Enlightenment Notions of Material Progress," Intellectual History Review, 21 (2011), 435-448.

25. 见 James Llana, "Natural History and the Encyclopédie; Journal of the History of Biology, 33 (2000), 5, 10-11。

26. Voltaire, *Essai sur les moeurs et l'esprit des nations,* 2 vols. (Paris: Classiques Garnier, 1990), 1:55.

27. 见 Karen O'Brien, *Narratives of Enlightenment: Cosmopolitan History from Voltaire to Gibbon* (Cambridge: Cambridge University Press, 1997), 50-51。

28. 见 Raymond Schwab, *The Oriental Renaissance: Europe's Rediscovery of India and the East,* trans. Gene Patterson-Black (New York: Columbia University Press, 1984)。

29. Frank Lestringant, *Le Cannibale: Grandeur et decadence* (Paris: Librairie Perrin, 1994), 129-130.

30. John Locke, *An Essay Concerning Human Understanding,* ed. Peter H. Nidditch (Oxford: Clarendon Press, 1984), 66, 71.

31. Richard Yeo, "A Solution to the Multitude of Books: Ephraim Chambers' *Cyclopedia,*" *Journal of the History of Ideas,* 64 (2003), 67.

32. 见 Richard Tuck, "Grotius and Selden," in *The Cambridge History of Political Thought, 1450-1700,* ed. J. H. Burns (Cambridge: Cambridge University Press, 1991), 520。

33. Ibid., 515.

34. 见 Henning von Reventlow, "L'Exegése humaniste de Hugo Grotius," in *Le Grand Siècle et la Bible,* ed. Jean Robert Armogathe (Paris: Beauchesne, 1989), 147。

35. 见 Aram Vartanian, *Diderot and Descartes* (Princeton, NJ: Princeton University Press, 1953), chap. 4。

36. 见 Hugo De Groot, *Remonstrantie Nopende de Ordre dije in de Landen van Hollandt ende Westvrieslandt dijent gesteldt op de Joden,* ed. J. Meijer (Amsterdam: Coster, 1949), 108-111; Jacob Meijer, "Hugo Grotius' Remonstrantie," *Jewish Social Studies,* 17 (1955), 99-104; Jonathan I. Israel, *The Dutch Republic* (Oxford: Clarendon Press, 1998), 501-502。

37. A. S. P. Woodhouse, ed., *Puritanism and Liberty* (London: Dent, 1986), 170.

38. Richard Simon, "Comparaison des céremonies des Juifs et de la discipline de l'Église," in *Les Juifs présentés aux Chrétiens par Léon de Modéne,* ed. Jacques le Brun and Guy G. Stroumsa (Paris: Les Belles Lettres, 1998), 157.

39. John Toland, *Raison de naturaliser les Juifs en Grande Bretagne et en Irlande,* ed. Pierre Lurbe (Paris: Presses Universitaires de France, 1998), 117.

40. 见 Nabil Matar, "The Toleration of Muslims in Renaissance England," in *Religious Toleration,* ed. John Christian Laursen (London: Macmillan, 1999), 131。

41. 见 Pierre Bayle, *Pensées diverses sur la comète,* vol. 2 (Paris: Societe des Textes Frangais Modernes, 1994), 77-78。

42. Pierre Bayle, *Historical and Critical Dictionary,* trans. Richard H. Popkin (Indianapolis, IN: Hackett Publishing, 1991), 400.

43. Montesquieu, *Lettres Persanes,* 204 (Letter 83).

44. Voltaire, *Essai sur les moeurs,* 1:65, 181, 2:809.

45. 见 Jonathan Sheehan, "Enlightenment, Religion, and the Enigma of Secularization," *American Historical Review,* 108 (2003), 1061-1080。

46. 见 Keith Michael Baker, *Inventing the French Revolution* (Cambridge: Cambridge University Press, 1990), 167-199。

47. 关于蒙田的资料来源，见 Geneviève Rodis-Lewis, *L'Anthropologie cartésienne* (Paris: Presses Universitaires de France, 1990), 170。

48. *Oeuvres de Descartes,* ed. Charles Adam and Paul Tannery, 11 vols. (Paris: J. Vrin, 1996), 6:2, 7.

49. Ibid., 6:16.

50. Ibid., 9:45-46.

51. 关于对普兰的详细讨论，见 Siep Stuurman, *François Poulain de la Barre and the Invention of*

Modern Equality (Cambridge MA: Harvard University Press, 2004)。

52. Poulain de la Barre, *De l'égalité des deux sexes* (Paris: Fayard, 1984), 54.

53. 见 Tjitske Akkerman and Siep Stuurman, eds., *Perspectives on Feminist Political Thought in European History* (London: Routledge, 1998)。

54. Poulain, *De l'éducation des dames* (Paris: Jean Dupuis, 1674), 311.

55. Poulain, *Égalité,* 17.

56. Poulain, *Éducation,* 58.

57. Poulain, *Égalité,* 16.

58. Ibid., 21.

59. Poulain, *De l'excellence des hommes* (Paris: Jean Dupuis, 1675), 325-326.

60. 见 Stuurman, *Poulain,* 286-289。

61. Poulain, *Excellence,* 62, 313-314.

62. Poulain, *Égalité,* 27.

63. Louis de la Forge, *Traité de l'esprit de l'homme* (Paris: Robin, Le Gras and Girard, 1666), 354.

64. Poulain, *Égalité,* 38.

65. Poulain, *Excellence,* 323.

66. Poulain, *Égalité,* 19; Poulain, *Excellence,* 26.

67. François Bernier, *Suite des mémoires du Sieur Bernier sur l'empire du Grand Mogol* (The Hague: Reinier Leers, 1671), 140-141; Jean Thévenot, *Relation d'un voyage fait au Levant* (Rouen: Maurry, 1665), 107.

68. Poulain, *Excellence,* 73-74.

69. Ibid., 68.

70. Ibid., 83.

71. Baruch de Spinoza, *Traité des authorités théologique etpolitique,* trans. Madeleine Francès (Paris: Gallimard, 1954), 69, 92, 100, 127-133, 199.

72. 见 Stuurman, *Poulain,* 277-289。

73. 见 ibid., 285-286。

74. 见 Jean Haechler, *L'Encyclopédie de Diderot et de...Jaucourt* (Paris: Honore Champion, 1995), 463-464。

75. 见 "Égalité naturelle," in *Encyclopédie,* 5:415；也见 "Devoir," 4:915-917。

76. 见 "Traite des Nègres," in ibid., 6:532-533。

77. 见 David Brion Davis, "New Sidelights on Early Antislavery Radicalism," *William and Mary Quarterly,* 28 (1971), 585-594。

78. 见 "Démocratie," in *Encycl.,* 4:816。

79. 见 "Femme (Droit naturel)," in ibid., 6:471-472。

80. 见 "Sauvages," in ibid., 14:729。

81. 见 "État de nature," in ibid., 6:17-18。

82. 见 "Iroquois," in ibid., 8:906。

83. 见 Harvey Chisick, "The Ambivalence of the Idea of Equality in the French Enlightenment," *History of European Ideas,* 13 (1991), 215-223。

84. 见 Siep Stuurman, "The Deconstruction of Gender," in *Women, Gender and Enlightenment,* ed. Sarah Knott and Barbara Taylor (Basingstoke: Palgrave Macmillan, 2005), 371-388。

85. 见 "Droit des gens," in *Encyclopédie,* 5:126-129。

86. Emer de Vattel, *The Law of Nations* (Indianapolis, IN: Liberty Fund, 2008), 216.

87. Jean-Jacques Burlamaqui, *The Principles of Natural and Politic Law,* trans. Thomas Nugent (India-

napolis, IN: Liberty Fund, 2006), 455.

88. Jennifer Pitts, "Empire and Legal Universalism in the Eighteenth Century," *American Historical Review,* 117 (2012), 94.

89. Montesquieu, *De l'Esprit des Lois,* 2 vols. (Paris: Garnier-Flammarion, 1979), 2:68 [= EdL XXI:21].

90. 见 "Europe," in *Encyclopédie,* 6:211-212。

91. Jean le Rond d'Alembert, *Preliminary Discourse to the Encyclopedia,* trans. Richard N. Schwab (Chicago: University of Chicago Press, 1995), 101.

92. 见 "Juif," in *Encycl.,* 9:24-25。

93. 见 "Japon," in ibid., 8:453-455。

94. 见 J. A. G. Roberts, "The Philosophes and the Religions of Japan," *Monumenta Nipponica,* 44 (1989), 151-169。

95. 见 Roberts, "L'Image de la Chine dans l'Encyclopédie," *Recherches sur Diderot et sur l'Encyclopédie,* 22 (1997), 87-105。

96. 见 "Islam," in *Encyc.,* 8:915。

97. 见 "Sarrasins," in ibid., 14:662-663; "Mahométisme," 9:864-868。

98. 见 Rebecca Joubin, "Islam and Arabs through the Eyes of the Encyclopédie," *International Journal of Middle East Studies,* 32 (2000), 207-210。

99. Devin Vartija, "Racial Hierarchies and Natural Equality," MA Thesis (Utrecht University, 2012), 63-75.

100. 见 ibid., 74-75, 77-82。

101. Denis Diderot, *Political Writings,* trans. John Hope Mason and Robert Wokler (Cambridge: Cambridge University Press, 1992), 6.

102. 见 "Droit naturel," in ibid., 17。

103. Lynn Hunt, *Inventing Human Rights* (New York: Norton, 2007), 27.

104. Diderot, *Political Writings,* 18.

105. 见 "Droit naturel," in *Encycl.,* 5:115-116。

106. Diderot, *Political Writings,* 20-21.

107. Bernard le Bovier de Fontenelle, *Oeuvres complètes,* 8 vols. (Paris: Fayard, 1989-1996), 2:415.

108. Ibid., 3:197-198.

109. 见 Jean Dagen, *L'Histoire de l'esprit humain dans la pensée française* (Paris: Klincsieck, 1977)。

110. Adam Smith, *Lectures on Jurisprudence,* ed. R. L. Meek, D. D. Raphael, and P. G. Stein (Indianapolis, IN: Liberty Classics, 1982), 459.

111. *Journal des Sçavans,* 30 June 1681.

112. Michael Adas, *Machines as the Measure of Men: Science, Technology, and Ideologies of Western Dominance* (Ithaca, NY: Cornell University Press, 1990), 86-87.

113. Adam Smith, *An Inquiry into the Nature and Causes of the Wealth of Nations,* 2 vols. (London: Dent, 1964), 1:11.

114. 见 Stephen Buckle, *Natural Law and the Theory of Property* (Oxford: Clarendon Press, 1991), 42-50。

115. Herman Lebovics, "The Uses of America in Locke's *Second Treatise of Government,*" *Journal of the History of Ideas,* 47 (1986), 575-578.

116. Locke, *Two Treatises,* 333（楷体为原文所加）.

117. Ibid., 343（楷体为原文所加）.

118. 见 ibid., 146-161 (Appendix B); William G. Batz, "The Historical Anthropology of John Locke," *Jour-

nal of the History of Ideas, 35 (1974), 663-670。

119. Maurice Cranston, *John Locke: A Biography* (Oxford: Oxford University Press, 1985), 119-120.

120. Locke, *Two Treatises*, 337.

121. 见 Annie Jacob, *Le Travail, reflet des cultures* (Paris: Presses Universitaires de France, 1994), 190-201。

122. 见 Stuart Banner, *How the Indians Lost their Land* (Cambridge, MA: Harvard University Press, 2005), 46-48。

123. Ibid., 49-84.

124. 见 E. Adamson Hoebel, "William Robertson: An 18th-Century Anthropologist," *American Anthropologist*, 62 (1960), 648-649。

125. William Robertson, *The History of America*. (Philadelphia: Simon Probasco, 1821), 1:123.

126. Ibid., 1:142.

127. Ibid., 1:156.

128. Ibid., 1:146.

129. Ibid., 2:101-102.

130. Ibid., 1:156-157.

131. 见 Smith, *Wealth of Nations*, 2:58, 66。

132. 见 J. G. A. Pocock, *Barbarism and Religion*, vol. 4: *Barbarians, Savages and Empires* (Cambridge: Cambridge University Press, 2005), 190。

133. 见 Jean-Claude Perrot, "Économie politique," *Handbuch politisch-sozialer Grundbegriffe in Frankreich*, vol. 8 (Munich: Oldenbourg, 1988), 71。

134. Jean-Jacques Rousseau, *Essai sur l'origine des langues* (Paris: Gallimard, 1990), 65.

135. Ibid., 98; 也见 Robert Wokler, *Rousseau* (Oxford: Oxford University Press, 1995), 42-54。

136. 见 Jane Rendall, "Gender, Race and the Progress of Civilization," in *Women, Gender and Enlightenment*, 70。

137. George-Louis Leclerc de Buffon, *De l'Homme*, ed. Michèle Duchet (Paris: Maspéro, 1971), 132-133.

138. Jean-Baptiste Tavernier, *Les Six Voyages de Jean-Baptiste Tavernier, ire partie* (Paris: G. Clouzier, 1682), 300-303.

139. Pierre Petit, *De Amazonibus Dissertatio* (Amsterdam: J. Wolters and Y. Haring, 1687), 107.

140. Raynal, *Histoire des deux Indes*, 4:74-75.

141. Robertson, *History of America*, 1:161.

142. Montesquieu, *Lettres Persanes*, 350 (Letter 161).

143. Silvia Sebastiani, *The Scottish Enlightenment* (New York: Palgrave Macmillan, 2013), 134.

144. Ibid., 146-147.

145. Ibid., 162.

146. Ibid., 148.

147. 见 Jeannette Rosso, *Études sur la fémininité aux XVIIe et XVIIIe siècles* (Pisa: Libreria Goliardica, 1984), 189-211。

148. 见 Akkerman and Stuurman, *Feminist Political Thought*; Sarah Gwyneth Ross, *The Birth of Feminism* (Cambridge, MA: Harvard University Press, 2009)。

149. 见 Stuurman, *Poulain*, 283-289。

150. Mary Wollstonecraft, *A Vindication of the Rights of Woman* (Harmondsworth: Penguin Books, 1975), 147; 也见 Barbara Taylor, *Mary Wollstonecraft and the Feminist Imagination* (Cambridge: Cambridge University Press, 2003), 63-64, 72-74。

151. 见 Wilt Idema and Beata Grant, *The Red Brush: Writing Women of Imperial China* (Cambridge, MA: Harvard East Asia Center, 2004), 347。

152. 见 Dorothy Ko, "Pursuing Talent and Virtue: Education and Women's Culture in Seventeenth and Eighteenth Century China," *Late Imperial China,* 13 (1992), 9-39。

153. Idema and Grant, *The Red Brush,* 617.

154. Ibid., 613.

155. Ibid., 573.

156. 见 Siep Stuurman, "François Bernier and the Invention of Racial Classification," *History Workshop Journal,* 50 (2000), 1-20。

157. 见 Philip R. Sloan, "The Gaze of Natural History," in *Inventing Human Science,* ed. Christopher Fox, Roy Porter, and Robert Wokler (Berkeley: University of California Press, 1995)*,* 119-120, 124-125。

158. 见 Bruce Baum, *The Rise and Fall of the Caucasian Race* (New York: New York University Press, 2006), 66。

159. 见 Michael Benton, "The Classification of Races in Europe and North America, 1700-1850," *International Social Science Journal,* 111 (1987), 45-60; Nicolas Hudson, "From 'Nation' to 'Race': The Origins of Racial Classification in Eighteenth-Century Thought," *Eighteenth-Century Studies,* 29 (1996), 247-264。

160. 见 Hudson, "From 'Nation' to 'Race'," 253。

161. Buffon, *Histoire Naturelle,* 9:8-9, 129-130, http://www.buffon.cnrs.fr.

162. 见 Jacques Roger, *Buffon* (Paris: Fayard, 1989), 537-541。

163. Buffon, *Histoire Naturelle,* 9:2.

164. 见 Jacques Roger, *The Life Sciences in Eighteenth-Century French Thought* (Stanford, CA: Stanford University Press, 1997), 471。

165. Article on the ass in Buffon, *Histoire Naturelle,* vol. 4，引自 Philip Sloan, "The Buffon-Linnaeus Controversy," *Isis,* 67 (1976), 370。

166. Philip Sloan, "Buffon, German Biology, and the Historical Interpretation of Biological Species,' *British Journal for the History of Science,* 12 (1979), 111.

167. 见 Walter Demel, "Wie die Chinesen Gelb wurden," *Historische Zeitschrift,* 225 (1992), 625-666; Michael Keevak, *Becoming Yellow* (Princeton, NJ: Princeton University Press, 2011)。

168. 见 Nancy Shoemaker, "How Indians Got to Be Red," *American Historical Review,* 102 (1997), 627-631。

169. Buffon, *De l'Homme,* 318.

170. Ibid., 320.

171. Ibid., 319.

172. Ibid., 317.

173. Roger, *Life Sciences,* 672n220；也见 460-466。

174. Buffon, *De l'Homme,* 277.

175. Ibid., 279.

176. David Northrup, *Africa's Discovery of Europe* (Oxford: Oxford University Press, 2002), 10-14.

177. Buffon, *De l'Homme,* 283.

178. Ibid., 308.

179. Ibid., 296.

180. Ibid., 327.

181. Ibid., 369.

182. Ibid., 370-371.

183. Richard McCausland, "Particulars Relative to the Nature and Customs of the Indians of North America,' *Philosophical Transactions of the Royal Society of London,* 76 (1786), 232.

184. Ibid., 229 (楷体为原文所加).

185. 见 Andrew Wells, "Race and Racism in the Global European World before 1800," *History Compass,* 13 (2015), 440。

186. Johann Friedrich Blumenbach, *The Anthropological Treatises of Johann Friedrich Blumenbach,* trans. Thomas Bendyshe (London: Longman and Green, 1865), 31.

187. Ibid., ix.

188. Ibid., 98-99.

189. Ibid., 264.

190. 见 Timothy Lenoir, "Kant, Blumenbach and Vital Materialism in German Biology," *Isis,* 71 (1980), 80-81。

191. Blumenbach, *Anthropological Treatises,* 210-215.

192. Ibid., 113.

193. Ibid., 99.

194. Ibid., 99.

195. Ibid., 265.

196. 见 Baum, *Caucasian Race,* 84-85。

197. Blumenbach, *Anthropological Treatises,* 269.

198. Ibid., 413.

199. 见 Miriam Claude Meijer, *Race and Aesthetics in the Anthropology of Petrus Camper* (Amsterdam: Rodopi Editions, 1999), 101-123。

200. Blumenbach, *Anthropological Treatises,* 271-273.

201. 见 Sara Eigen, "Self, Race, and Species: J. F. Blumenbach's Atlas Experiment," *German Quarterly,* 78 (2005), 277-298。

202. 见 Baum, *Caucasian Race,* 76-80。

203. Blumenbach, *Anthropological Treatises,* 271.

204. Ibid., 305-312.

205. 见 Justin E. H. Smith, *Nature, Human Nature, and Human Difference* (Princeton, NJ: Princeton University Press, 2015), 252-263。

206. 见 Pauline Kleingeld, "Kant's Second Thoughts on Race," *Philosophical Quarterly,* 57 (2007), 573-588。

207. Meijer, *Race and Aesthetics,* 84.

208. Lecture printed in ibid., 183-192.

209. Henry Home, Lord Kames, *Sketches of the History of Men,* 2 vols., 3rd ed. (Dublin: James Williams, 1779), 1: 41-42.

210. Ibid., 36.

211. Baum, *Caucasian Race,* 63-64.

212. Lynn Hunt, Margaret C. Jacob, and Wijnand Mijnhardt, *The Book That Changed Europe: Picart and Bernard's Religious Ceremonies of the World* (Cambridge, MA: Harvard University Press, 2010).

213. 见 ibid., 153-160。

214. Ibid., 160-162.

215. Nancy Vogeley, "'Religion' as an Enlightenment Concept," *Eighteenth Century Studies,* 44 (2011), 403.

216. Hunt, Jacob, and Mijnhardt, *The Book,* 215.

217. Ibid., 221.

218. Ibid., 226.

219. Ibid., 248.

220. Ibid., 217.

221. 引自 Jacques Revel, "The Uses of Comparison," in *Bernard, Picart, and the First Global Vision of Religion,* ed. Lynn Hunt, Margaret C. Jacob, and Wijnand Mijnhardt (Cambridge, MA: Harvard University Press, 2010), 331。

222. Ibid., 344n2.

223. Hunt, Jacob, and Mijnhardt, *The Book,* 241.

224. 见 Stuurman, "Cosmopolitan Egalitarianism," 258-259。

225. Abraham-Hyacinthe Anquetil-Duperron, *Voyage en Inde, 1754-1762* (Paris: École Française d'Extrême Orient, 1997), 81-82, 90, 126, 127, 184, 296, 400, 426.

226. Ibid., 164-172, 237, 272, 311, 363, 97, 268, 142, 398-399.

227. 见 Raymond Schwab, *Vie d'Anquetil Duperron* (Paris: Ernest Leroux, 1934), 23; Anquetil-Duperron, *Voyage,* 76。

228. Anquetil-Duperron, *Législation orientale* (Amsterdam: Marc Michel Rey, 1778), 140-171.

229. Ibid., 178.

230. Ibid., ii.

231. Ibid., 178.

232. Anquetil-Duperron, *L'Inde en rapport avec l'Europe,* 2 vols. (Paris: De Lesguillez, An 6 de la République [=1798]), 1:27-28.

233. Anquetil-Duperron, *Législation,* 29.

234. Ibid., 110-111.

235. Anquetil-Duperron, *L'Inde,* 1:59.

236. Anquetil-Duperron, *Considerations philosophiques, historiques et géographiques sur les deux mondes* (Pisa: Scuola Normale Superiore, 1993), 206.

237. *Encyclopédie,* 5:953.

238. Anquetil-Duperron, *Considérations,* 101-102.

239. Ibid., 148, 162, 245, 261.

240. Ibid., 99.

241. Ibid., 2.

242. Ibid., 62.

243. Ibid., 306-308, 316.

244. Israel, *Enlightenment Contested,* chap. 30-33.

245. Denis Diderot, *Supplément au voyage de Bougainville/Pensées philosophiques/Lettre sur les aveugles* (Paris: GF-Flammarion, 1972), 146.

246. Diderot, *Supplément,* 147; Diderot, *Political Writings,* 41-42.

247. Diderot, *Supplément,* 149. Hope and Wokler 将 "empoisonneur" 译为 "scourge"（祸根），但是字面的翻译更好地传达了这段话的隐喻意义。

248. Ibid., 148; Diderot, *Political Writings,* 42.

249. 见 Muthu, *Enlightenment against Empire,* 268。

250. Diderot, *Supplément,* 170; Diderot, *Political Writings,* 61.

251. Louis-Antoine de Bougainville, *Voyage autour du monde* (Paris: La Decou-verte, 1992), 156-157.

252. Dana Lepofsky, "Gardens of Eden? An Ethnohistoric Reconstruction of Maohi (Thahitian) Cultivation," *Ethnohistory,* 46 (1999), 4-5, 21.

253. 见 Andy Martin, "The Enlightenment in Paradise: Bougainville, Tahite, and the Duty of Desire," *Eighteenth-Century Studies,* 41 (2008), 203-216。

254. 见 Michele Duchet, *Anthropologie et histoire au siècle des Lumières* (Paris: Albin Michel, 1995), 459-463。

255. 见 ibid., 129-136, 172-177。

256. 见 Raynal, *Histoire des deux Indes,* 6:128-139。

257. 见 Jonathan I. Israel, *Democratic Enlightenment* (Oxford: Oxford University Press, 2011), 420-436。

258. Diderot, *Correspondance,* ed. Laurent Versini (Paris: Robert Laffont, 1997), 779.

259. Pocock, *Barbarism and Religion,* 231.

260. 见 Jean Tarrade, "Colonialisme," *Dictionnaire européen des Lumières,* ed. Michel Delon (Paris: Presses Universitaires de France, 1997), 235-236。

261. Raynal, *Histoire des deux Indes,* 1:2.

262. Ibid., 4:160.

263. Ibid., 4:161.

264. Ibid., 3:216.

265. Anthony Strugnell, "Diderot's Anti-Colonialism: A Problematic Notion," in *New Essays on Diderot,* ed. James Fowler (Cambridge: Cambridge University Press, 2011), 82-84.

266. Madeleine Dobie, "Going Global: Diderot, 1770-1784," *Diderot Studies,* 31 (2009), 22-23.

267. Raynal, *Histoire des deux Indes,* 2:190-197.

268. Ibid., 2:149-162.

269. Ibid., 2:352-355.

270. Ibid., 6:138-139.

271. 见 Madison Smartt Bell, *Toussaint l'Ouverture* (New York, Pantheon Books, 2007), 61。

272. Raynal, *Histoire des deux Indes,* 7:287-288.

273. Ibid., 1:175.

274. Ibid., 10:297.

275. 关于柏克的批评，见 Mehta, *Liberalism and Empire*。

276. Raynal, *Histoire des deux Indes,* 10:155.

277. Ibid., 10:166-168.

278. Ibid., 10:168.

279. 见 Terjanian, *Commerce and Its Discontents,* 185。

280. Israel, *Democratic Enlightenment,* 438-442.

281. Pocock, *Barbarism and Religion,* 225.

282. Raynal, *Histoire des deux Indes,* 10:298.

283. Festa, *Sentimental Figures of Empire,* 232.

284. Raynal, *Histoire des deux Indes,* 10:298-300.

285. 见 Patrick Brantlinger, *Dark Vanishings: Discourses on the Extinction of Primitive Races, 1800-1930* (Ithaca, NY: Cornell University Press, 2003)。

286. Edward Gibbon, *The Decline and Fall of the Roman Empire,* 3 vols. (New York, The Modern Library, 1954), 2:439-444.

287. Anquetil-Duperron, *Législation orientale,* v.

288. 引自 Muthu, *Enlightenment against Empire,* 239。

289. Johann Gottfried Herder, *Ideen zur Philosophie der Geschichte der Menschheit,* vol. 1 (Leipzig: J. F. Hartknoch, 1841), 184-185.

290. 见 Muthu, *Enlightenment against Empire,* 236。

291. 见 Elizabeth and Robert Badinter, *Condorcet: Un intellectuel en politique* (Paris: Fayard, 1988), 172-174。

292. Jean-Antoine-Nicolas Caritat de Condorcet, *Esquisse d'un tableau historique des progrès de l'esprit humain* (Paris: GF-Flammarion, 1988), 265-266.

293. Ibid., 270.

294. Ibid., 269.

295. Ibid., 271.

第七章　19 世纪的现代平等与科学种族主义

1. Seymour Drescher, "The Limits of Example," in *The Impact of the Haitian Revolution in the Atlantic World,* ed. David P. Geggus (Columbia: University of South Carolina Press, 2001), 12.

2. 见 Lynn Hunt, *Inventing Human Rights* (New York: Norton, 2007), 145-151。

3. 见 David J, Robinson, "Liberty, Fragile Equality and Inequality in Early-Republican Spanish America," *Journal of Historical Geography,* 16 (1990), 55-56。

4. Reinhart Koselleck, "Some Reflections on the Temporal Structure of Conceptual Change," in *Main Trends in Cultural History,* ed. William Melching and Wyger Velema (Amsterdam: Rodopi, 1994), 11.

5. Thomas Paine, *Common Sense* (Hardmondsworth: Penguin Books, 1982), 120.

6. Alexis de Tocqueville, *De la démocratie en Amérique,* 2 vols. (Paris: GF-Flammarion, 1981), 2:361.

7. 见 Joan Wallach Scott, *Gender and the Politics of History* (New York: Columbia University Press, 1999), 216。

8. 见 Patrick Manning, *Migration in World History* (New York: Routledge, 2006), 149。

9. Adam McKeown, "Global Migration, 1846-1940," *Journal of World History,* 15 (2004), 156, 184.

10. 引自 Tom Standage, *The Victorian Internet* (London: Weidenfeld and Nicolson, 1998), 97。

11. Christopher A. Bayly, *The Birth of the Modern World, 1780-1914* (Oxford: Blackwell, 2004), 483.

12. Ibid., 19-20.

13. Ibid., 10.

14. Frederick Douglass, *Selected Speeches and Writings,* ed. Philip S. Foner and Yuval Taylor (Chicago: Lawrence Hill Books, 1999), 285.

15. 见 Bruce Mazlish, *Civilization and Its Contents* (Stanford, CA: Stanford University Press, 2004), 71-72; Brett Bowden, *The Empire of Civilization* (Chicago: University of Chicago Press, 2014)。

16. Samuel George Morton, introduction to *Crania Americana* (1839), reprinted in Louis Ruchames, *Racial Thought in America,* 2 vols. (Amherst: University of Massachusetts Press, 1969), 1:441-448.

17. William Stanton, *The Leopard's Spots: Scientific Attitudes toward Race in America* (Chicago: University of Chicago Press, 1960), 32.

18. 引自 A. Blonk and J. Romein, *Leerboek der Algemene en Vaderlandse Geschiedenis, deel3* (Groningen: J. B. Wolters, 1960), 91。

19. Robert Knox, *The Races of Men* (London: Henry Renshaw, 1862), 6, 8, 224-230.

20. Josiah Nott and George R. Gliddon, *Types of Mankind* (Philadelphia: Lippincott, Grambo & Co; London: Trübner & Co., 1855), 50, 52-53; 也见 Herbert Odom, "Generalizations on Race in Nineteenth-Century Physical Anthropology," *Isis,* 58 (1967), 4-18。

21. Javed Majeed, *Ungoverned Imaginings: James Mill's The History of British India and Orientalism* (Oxford: Clarendon Press, 1991), 135-136.

22. 引自 Uday Singh Mehta, *Liberalism and Empire* (Chicago: University of Chicago Press, 1999), 91。

23. Malcolm Crook, *Elections in the French Revolution* (Cambridge: Cambridge University Press, 1996), 39

24. Robert Badinter, *Libres et égaux: L'émancipation des Juifs sous la Révolution française* (Paris: Fayard, 1989), 144.

25. Shanti Marie Singham, "Betwixt Cattle and Men: Jews, Blacks, and Women and the Declaration of the Rights of Man," in *The French Idea of Freedom,* ed. Dale van Kley (Stanford, CA: Stanford University Press, 1994), 118.

26. Badinter, *Libres et égaux,* 150-151.

27. Olivier le Cour Grandmaison, *Les citoyennetés en revolution* (Paris: Presses Universitaires de France, 1992), 243.

28. Ronald Schechter, *Obstinate Hebrews: Representations of Jews in France, 1715-1815* (Berkeley: University of California Press, 2003), 19.

29. Singham, "Betwixt Cattle and Men," 118.

30. Stanislas Clermont Tonnerre, "Discours contre la discrimination...des Juifs," in *Orateurs de la Révolution française,* vol. 1, ed. François Furet and Ran Halévy (Paris: Gallimard, 1989), 247.

31. Ibid., 247-248.

32. Badinter, *Libres et égaux,* 215.

33. Ibid., 216-218.

34. David Feuerwerker, *L'Émancipation des Juifs en France* (Paris: Albin Michel, 1976), 437-441.

35. Le Cour Grandmaison, *Citoyennetés,* 245-251.

36. Badinter, *Libres et égaux,* 117-118.

37. 引自 Schechter, *Obstinate Hebrews,* 88。

38. Ibid., 89.

39. 见 Rita Hermon-Belot, *L'Abbé Grégoire* (Paris: Seuil, 2000), 262-263。

40. 见 Schechter, *Obstinate Hebrews,* 86-87。

41. Ibid., 93.

42. Ibid., 7-10. 也见 Frederic Cople Jaher, *The Jews and the Nation* (Princeton, NJ: Princeton University Press, 2002), 71。

43. Jaher, *The Jews,* 91-92.

44. Ibid., 93.

45. 引自 Karen Offen, *European Feminisms, 1700-1950* (Stanford, CA: Stanford University Press, 2000), 51-52。

46. 引自 ibid., 54-55。

47. 见 Jane Abray, "Feminism in the French Revolution," *American Historical Review,* 80 (1975), 52。

48. 引自 Le Cour Grandmaison, *Citoyennetés,* 291。

49. 引自 Felicia Gordon and P. N. Furbank, *Marie-Madeleine Jodin* (Aldershot: Ashgate, 2001), 176-204, at 181-182 的全文翻译。

50. Abray, "Feminism," 55.

51. 引自 Scott H. Lytle, "The Second Sex (September, 1793)," *Journal of Modern History,* 27 (1955), 26。

52. 见 e.g. Le Cour Grandmaison, *Citoyennetés,* 275-282。

53. 见 Robin Blackburn, *The Overthrow of Colonial Slavery* (London: Verso, 1990), 163。

54. 见 Ronald Segal, *Islam's Black Slaves* (New York: Farrar, Straus, and Giroux, 2001), 4。

55. 见 Madison Smartt Bell, *Toussaint l'Ouverture* (New York: Pantheon Books, 2007), 8-9。

56. 引自 Jeremy Popkin, *You Are All Free: The Haitian Revolution and the Abolition of Slavery* (Cambridge: Cambridge University Press, 2010), 33。

57. 见 Popkin, *You Are All Free,* 11-12。

58. 见 Valerie Quinney, "Decisions on Slavery, the Slave Trade and Civil Rights for Negroes in the Early French Revolution," *Journal of Negro History,* 55 (1970), 120-123。

59. 引自 Blackburn, *Overthrow,* 174。

60. 引自 Philip D. Curtin, "The Declaration of the Rights of Man in Saint Domingue," *Hispanic American Historical Review,* 30 (1950), 169。

61. Valerie Quinney, "The Problem of Civil Rights for Free Men of Color in the Early French Revolution," *French Historical Studies,* 7 (1972), 550.

62. Curtin, "Declaration," 169.

63. 引自 ibid., 170。

64. Quinney, "Decisions on Slavery," 124.

65. Quinney, "Problem of Civil Rights," 551-552；也见 David Geggus, "Racial Equality, Slavery, and Colonial Secession during the Constituent Assembly," *American Historical Review,* 94 (1989), 1297-1302。

66. Popkin, *You Are All Free,* 72.

67. 见 Singham, "Betwixt Cattle and Men," 134。

68. 见 Quinney, "Problem of Civil Rights," 556。

69. 见 Laurent Dubois, *Haiti: The Aftershocks of History* (New York: Metropolitan Books, 2012), 21-23。

70. Curtin, "Declaration," 172.

71. 见 Laurent Dubois, *Avengers of the New World: The Story of the Haitian Revolution* (Cambridge, MA: Harvard University Press, 2004), 97-98。

72. 引自 Dubois, *Aftershocks,* 91-92；也见 C. L. R. James, *The Black Jacobins* (London: Allison and Busby, 1984), 87。

73. 见 Dubois, *Avengers,* 100。

74. 引自 Bell, *Toussaint l'Ouverture,* 40。

75. 见 e.g. Jean-Bertrand Aristide, introduction to Toussaint Louverture, *The Haitian Revolution,* ed. Nick Nesbitt (London: Verso, 2008), 5。

76. 见 Bell, *Toussaint l'Ouverture,* 43。

77. Ibid., 61, 83, 193-194.

78. Ibid., 162, 195.

79. Popkin, *You Are All Free,* 212.

80. 引自 John K. Thornton, "'I Am the Subject of the King of Congo': African Political Ideology and the Haitian Revolution," *Journal of World History,* 4 (1993), 181。

81. Ibid., 186-187.

82. 见 Popkin, *You Are All Free,* 235。

83. 见 ibid., 212-213。

84. Ibid., 271-278.

85. 引自 Bell, *Toussaint l'Ouverture,* 18。

86. Popkin, *You Are All Free,* 354.

87. Ibid., 362.

88. 见 Bell, *Toussaint l'Ouverture,* 107-108。

89. The memorandum is in Toussaint Louverture, *Haitian Revolution,* 81-116.

90. 见 Rogers M. Smith, *Civic Ideals: Conflicting Visions of Citizenship in U.S. History* (New Haven, CT: Yale University Press, 1997), 133-134; Aristide R. Zolberg, *A Nation by Design* (Cambridge, MA: Harvard University Press, 2006), 78。

91. Smith, *Civic Ideals,* 159.

92. 见 Alexander Keyssar, *The Right to Vote: The Contested History of Democracy in the United States* (New York: Basic Books, 2000), 54-55。

93. David Brion Davis, *Challenging the Boundaries of Slavery* (Cambridge, MA: Harvard University Press, 2003), 75.

94. 引自 David Brion Davis, *Inhuman Bondage: The Rise and Fall of Slavery in the New World* (Oxford: Oxford University Press, 2006), 252-253。

95. 引自 Smith, *Civic Ideals,* 231。

96. 引自 Howard Zinn and Anthony Arnove, *Voices of a People's History of the United States* (New York: Seven Stories Press, 2004), 124-125。

97. Diane L. Barnes, *Frederick Douglass* (New York: Routledge, 2013), 40.

98. 引自 Alfred N. Hunt, *Haiti's Influence on Antebellum America* (Baton Rouge, LA: Louisiana State University Press, 1988), 92。

99. 引自 ibid., 100。

100. Ibid., 107-115.

101. 见 Davis, *Inhuman Bondage,* 260。

102. *Narrative of the Life of Frederick Douglass, an American Slave, written by himself* (New Haven, CT: Yale University Press, 2001), xxiv.

103. 见 William M. Ramsey, "Frederick Douglass, Southerner," *Southern Literary Journal,* 40 (2007), 20。

104. 见 Paul Gilroy, *The Black Atlantic: Modernity and Double Consciousness* (London: Verso, 1999), 69-70。

105. *Narrative of the Life of Frederick Douglass,* 31.

106. Ibid., 36.

107. Ibid., 50, 54.

108. Ibid., 54.

109. 见 Margaret Kohn, "Frederick Douglass's Master-Slave Dialectic," *Journal of Politics,* 67 (2005), 504。

110. 见 Barnes, *Frederick Douglass,* 24-25。

111. Frederick Douglass, *My Bondage and My Freedom* (San Bernardino, CA: American Classics Library, 2012), 176.

112. Ibid., 177-178.

113. Ibid., 183.

114. Ibid., 185-186.

115. Douglass, *Selected Speeches,* 116.

116. 引自 Nicholas Buccola, "'Each for All and All for Each': The Liberal Statesmanship of Frederick Douglass," *Review of Politics,* 70 (2008), 414。

117. 见 Nick Bromell, "A 'Voice from the Enslaved': The Origins of Frederick Douglass's Philosophy of Democracy," *American Literary History,* 23 (2011), 708-710。

118. *Narrative of the Life of Frederick Douglass,* 80-81.

119. Douglass, *Bondage,* 193-194.

120. Ibid., 214.

121. Ibid., 219-220.

122. 引自 Douglass, *Selected Speeches,* 91。

123. Ibid., 101.

124. Stanton, *Leopard's Spots,* 80-81.

125. Ibid., 100; Edward Lurie, "Louis Agassiz and the Races of Man," *Isis,* 45 (1954), 227-242.

126. 见 Nott and Gliddon, *Types of Mankind,* 259。

127. 引自 Bruce Baum, *The Rise and Fall of the Caucasian Race,* (New York: New York University Press, 2006), 108。

128. 见 Lurie, "Agassiz," 232。

129. Baum, *Caucasian Race,* 107.

130. Douglass. *Selected Speeches,* 284.

131. Ibid., 290.

132. Ibid., 294-295.

133. 见 Michael Miller Topp, "Racial and Ethnic Identity in the United States, 1837-1877," in *Race and Ethnicity in America,* ed. Ronald H. Bayor (New York: Columbia University Press, 2003), 65-69。

134. 见 Nell Irvin Painter, *The History of White People* (New York: Norton, 2010), 143-150。

135. Douglass, *Selected Speeches,* 295.

136. Stanton, *Leopard's Spots,* 47-51.

137. Douglass, *Selected Speeches,* 292 (italics in original).

138. Ibid., 290.

139. 引自 Robert S. Levine, "Road to Africa: Frederick Douglass's Rome," *African American Review,* 34 (2000), 226。

140. Ibid., 221.

141. Douglass, *Selected Speeches,* 285.

142. Ibid., 517.

143. 引自 David Brion Davis, "He Changed the New World," *New York Review of Books* (31 May 2007), 55。

144. Douglass, *Selected Speeches,* 740-746.

145. Knox, *The Races of Men,* 229-230.

146. 数据载于 Shanti S. Tangri, "Intellectuals and Society in Nineteenth-Century India," *Comparative Studies in Society and History,* 3 (1961), 377, 394。

147. John Crawfurd, "On the Classification of the Races of Men," *Transactions of the Ethnological Society of London,* 1 (1861), 377, 358.

148. Crawfurd, "On the Aryan or Indo-Germanic Theory," *Transactions of the Ethnological Society of London,* 1 (1861), 270.

149. Crawfurd, "Classification," 372-373.

150. Crawfurd, "On the Physical and Mental Characteristics of the European and Asiatic Races of Men," *Transactions of the Ethnological Society of London,* 5 (1867), 59.

151. Ibid., 58.

152. Ibid., 65.

153. Ibid., 71-73.

154. Ibid., 75-76.

155. Ibid., 80.

156. Ibid., 71-72.

157. R. P. Masani, *Dadabhai Naoroji* (London: Allen and Unwin, 1939), 57-59.

158. Uma Das Gupta, "The Indian Press, 1870-1880," *Modern Asian Studies,* 11 (1977), 226-227.

159. Masani, *Naoroji,* 26.

160. Ibid., 27.

161. Ibid., 62-66.

162. Ibid., 57-58.

163. 见 http://en.wikisource.org/wiki/Queen Victoria's Proclamation。

164. Masani, *Naoroji,* 82.

165. 见 Mary Cumpston, "Some Early Indian Nationalists and Their Allies in the British Parliament," *English Historical Review,* 76 (1961), 279-297。

166. Dadabhai Naoroji, "Observations on Mr. John Crawfurd's Paper on the European and Asiatic Races," *Transactions of the Ethnological Society of London,* 5 (1867), 127-128.

167. Ibid., 130-131.

168. Ibid., 135.

169. Ibid., 142.

170. Ibid., 144.

171. Masani, *Naoroji,* 88-89.

172. Naoroji, "Observations," 144.

173. Ibid., 145.

174. Ibid., 148.

175. 见 Naoroji, *Poverty and Un-British Rule in India* (Delhi: C. P. Gautam, 2006)。

176. Naoroji, *Essays, Speeches, Addresses and Writings* (Bombay: Caxton Printing Works, 1887), 131-136.

177. Masani, *Naoroji,* 226; John R. McLane, *Indian Nationalism and the Early Congress* (Princeton, NJ: Princeton University Press, 1977), 52.

178. Masani, *Naoroji,* 242.

179. Ibid., 263.

180. Antoinette Burton, "Tongues Untied: Lord Salisbury's 'Black Man' and the Boundaries of Imperial Democracy," *Comparative Studies in Society and History,* 42 (2000), 641-642.

181. John Stuart Mill, *Principles of Political Economy* (Fairfield, NJ: Augustus Kelley, 1987), 9-20.

182. Ibid., 104.

183. Eileen P. Sullivan, "Liberalism and Imperialism: J. S. Mill's Defense of the British Empire," *Journal of the History of Ideas,* 44 (1983), 612.

184. Mill, *Considerations on Representative Government* (South Bend, IN: Gateway Editions, 1962), 121-122.

185. Ibid., 122.

186. Ibid., 20-26.

187. Ibid., 49-50.

188. Ibid., 76-79.

189. Ibid., 338-339.

190. Ibid., 346.

191. 引自 Elmer Cutts, "The Background of Macaulay's Minute," *American Historical Review,* 58 (1953), 845。

192. 引自 Mehta, *Liberalism and Empire*, 200。

193. John Stuart Mill, *Autobiography*, ed. Jack Stillinger (Boston: Houghton Mifflin, 1969), 176.

194. Ibid., 143-144. Margret Kohn 和 Daniel L. O'Neill 提出的为密尔的有限辩护没有注意到他对 1857 年印度处决起义者事件的沉默，并误读了其将代议制政府视为对抗寡头阶级统治的保障的理论；Kohn and O'Neill, "A Tale of Two Indias: Burke and Mill on Empire and Slavery in the West Indies and America," *Political Theory*, 34 (2006), 192-228。

195. John Stuart Mill and Harriet Taylor-Mill, *Essays on Sex Equality*, ed. Alice S. Rossi (Chicago: University of Chicago Press, 1970), 77.

196. Ibid., 148.

197. 引自 Timothy Mitchell, *Colonizing Egypt* (Berkeley: University of California Press, 1991), 111。

198. 见 Leila Ahmed, *Women and Gender in Islam* (New Haven, CT: Yale University Press, 1992), 153。

199. Ibid., 136-137.

200. Ibid., 140-143.

201. Qasim Amin, *The Liberation of Women/The New Woman*, trans. Samiha Sidhom Peterson (Cairo: American University in Cairo Press, 2005), 42.

202. Ibid., 12, 49.

203. Ibid., 104-106.

204. Ibid., 122-124, 168.

205. Beth Baron, "Unveiling in Early Twentieth-Century Egypt," *Middle Eastern Studies*, 25 (1989), 380.

206. Lydia H. Liu, *The Clash of Empires* (Cambridge, MA: Harvard University Press, 2004), 32-58.

207. Marilyn Lake and Henry Reynolds, *Drawing the Global Color Line* (Cambridge: Cambridge University Press, 2008), 3.

208. Kris Manjapra, "Communist Internationalism and Transcolonial Recognition," in *Cosmopolitan Thought Zones*, ed. Sugata Bose and Kris Manjapra (Basingstoke: Palgrave Macmillan, 2010), 159-170.

209. Multatuli [Eduard Douwes Dekker], *Max Havelaar or the Coffee Auctions of a Dutch Trading Company* (London: Penguin Books, 1987), 122-124.

210. Karl Marx, "Die künftigen Ergebnisse der Britischen Herrschaft in Indien," in Karl Marx and Friedrich Engels, *Studienausgabe IV: Geschichte und Politik* (Frankfurt a. M.: Fischer Bücherei, 1966), 147-150.

第八章 平等的全球化

1. Paul Gordon Lauren, *Power and Prejudice* (Boulder, CO: Westview Press, 1996), 69-70.

2. Ann Laura Stoler, *Race and the Education of Desire* (Durham, NC: Duke University Press, 1995).

3. Anténor Firmin, *The Equality of the Human Races*, trans. Asselin Charles (Urbana: University of Illinois Press, 2002), 19.

4. W. E. B. Du Bois, *The Souls of Black Folk* (New York: Bantam Classics, 1989), 62, 63.

5. 引自 Bhikhu Parekh, *Gandhi* (Oxford: Oxford University Press, 2001), 83。

6. 见 Andrew Arsan, Su Lin Lewis, and Anne Isabelle Richard, "Editorial: The Roots of Global Civil Society and the Interwar Moment," *Journal of Global History*, 7 (2012), 157-165。

7. 见 Christopher A. Bayly, *The Birth of the Modern World* (Oxford: Blackwell, 2004), 456-464; Sugata Bose and Kris Manjapra, eds., *Cosmopolitan Thought Zones* (Basingstoke: Palgrave Macmillan, 2010); Sebastian Conrad and Dominic Sachsenmaier, eds., *Competing Visions of World Order* (New York: Palgrave Macmillan, 2007); A. G. Hopkins, *Globalization in World History* (London: Pimlico, 2002)。

8. *Times*, 5 March 1896, 引自 Lauren, *Power and Prejudice*, 72。

9. 引自 Pamela S. Brown and Fassil Yirgu, eds., *One House: The Battle of Adwa* (Chicago: Nyala Publishing, 1996), 92。

10. *The Collected Works of Mahatma Gandhi* (Delhi: Ministry of Information and Broadcasting, 1958 et seq.), 4:466-467.

11. Rotem Kowner, *The Impact of the Russo-Japanese War* (London: Routledge, 2007), 220, 304.

12. 见 Robert John Holton, "Cosmopolitanism or Cosmopolitanisms? The Universal Races Congress of 1911," *Global Networks*, 2 (2002), 158, 164。

13. 引自 Immanuel Geiss, *The Pan-African Movement*, trans. Ann Keep (New York: Africana Publishing, 1974), 190。

14. Paul W. van der Veur, "E. F. E. Douwes Dekker: Evangelist for Indonesian Political Nationalism," *Journal of Asian Studies*, 17 (1958), 551-566.

15. Savitri Prastiti Scherer, "Harmony and Dissonance: Early Nationalist Thought in Java," MA thesis (Cornell University, 1975), 72.

16. Ibid., 299-300 (from her translation of the entire article).

17. Ibid., 301.

18. Ibid., 73-76.

19. 见 E. Kedourie, "The Middle East, 1900-1945," in *The New Cambridge Modern History*, 12 vols., ed. C. L. Mowat (Cambridge: Cambridge University Press, 1968), 12:274-279。

20. *Indian Opinion*, 3 February 1906, in *Collected Works of Gandhi*, 5:183.

21. Lauren, *Power and Prejudice*, 73.

22. 引自 Peter Duus, "Nagai Ryutaro and the 'White Peril,'" *Journal of Asian Studies*, 31 (1971), 44。

23. 引自 Geiss, *Pan-African Movement*, 204-205。

24. Carolyn Fluehr-Lobban, introduction to Firmin, *Equality of Human Races*, xvi.

25. Firmin, *Equality of Human Races*, liv.

26. Ibid., 7.

27. Ibid., 56-57, 80.

28. Ibid., 77-78.

29. Ibid., 74-76.

30. Ibid., 10.

31. Ibid., 390.

32. 引自 Marguerite Fisher, "José Rizal," *Journal of Modern History*, 28 (1956), 261。

33. 引自 John D. Blanco, "Bastards of the Unfinished Revolution," *Radical History Review*, 89 (2004), 98。

34. José Rizal, *Noli me Tangere*, trans. Harold Augenbraum (New York: Penguin Books, 2006), 220.

35. Rizal, *Political and Historical Writings* (Manila: National Historical Institute, 1989), 116-118.

36. 见 Benedict Anderson, *Under Three Flags* (London: Verso, 2007), 95。

37. Rizal, *Political and Historical Writings*, 119.

38. Ibid., 111.

39. Ibid., 136.

40. Ibid., 131.

41. Ibid., 116.

42. 见 Austin Craig, *Lineage, Life and Labors of José Rizal* (Tutis Digital Publishing Private Limited, 2008), 128-129。

43. Ibid., 144-145.

44. 见 Cemil Aydin, *The Politics of Anti-Westernism in Asia* (New York: Columbia University Press, 2007), 7。

45. 见 Leonard B. Glick, "Types Distinct from Our Own: Franz Boas on Jewish Identity and Assimilation," *American Anthropologist,* 84 (1982), 545-565。

46. *A Franz Boas Reader,* ed. George W. Stocking Jr. (Chicago: University of Chicago Press, 1989), 41.

47. Glick, "Types Distinct from Our Own," 553.

48. 见 Matti Bunzl, "Franz Boas and the Humboldtian Tradition," in *Volkgeist as Method and Ethic,* ed. George Stocking Jr. (Madison: University of Wisconsin Press, 1996), 17-78。

49. Franz Boas, "A Journey in Cumberland Sound," *Journal of the American Geographical Society of New York,* 16 (1884), 253.

50. Boas, "A Year among the Eskimo," *Journal of the American Geographical Society of New York,* 19 (1887), 402.

51. Ludger Müller White, ed., *Franz Boas among the Inuit of Baffin Island, 18831884: Journals and Letters,* trans. William Bart (Toronto: University of Toronto Press, 1998), 159.

52. Ibid., 171 (letter of 22 January 1884).

53. Douglas Cole, *Franz Boas: The Early Years,1858-1906* (Vancouver: University of Washington Press, 1999), 81.

54. Boas, "The Indians of British Columbia," *Journal of the American Geographical Society of New York,* 28 (1896), 230-231.

55. Boas, *Race, Language and Culture* (New York: The Free Press, 1966), 253.

56. Boas, "Indians of British Columbia," 232.

57. Ibid., 232.

58. Boas, "The Mind of Primitive Man," *Journal of American Folklore,* 14 (1901), 1.

59. Ibid., 3.

60. 见 *Franz Boas Reader,* 221-242。

61. Boas, "Mind," 5.

62. Ibid., 6.

63. Ibid., 11.

64. Ibid., 1.

65. Ibid., 10.

66. Ibid., 10-11.

67. Boas, *The Mind of Primitive Man* (New York: Macmillan, 1921), 27.

68. Ibid., 29.

69. Ibid., 7-8.

70. Ibid., 249.

71. Ibid., 16-17.

72. Frederick Jackson Turner, *The Significance of the Frontier in American History* (New York: Continuum, 1991), 27.

73. 见 Ken Harper, *Give Me My Father's Body: The Life of Minik, the New York Eskimo* (Iqaluit, Frobisher Bay NWT: Blacklead Books, 1989), 32-33, 41-44; Cole, *Franz Boas,* 208-209。

74. 引自 Mae M. Ngai, "The Architecture of Race in American Immigration Law," *Journal of American History,* 86 (1999), 75。

75. 见 Nell Irvin Painter, *The History of White People* (New York: Norton, 2010)。

76. Boas, *Mind,* 245.

77. 见 George M. Frederickson, *Racism* (Princeton, NJ: Princeton University Press, 2002), 99-101。

78. Boas, *Mind,* 15-16.

79. Ibid., 270.

80. Boas, "The Outlook for the American Negro," in *Franz Boas Reader*, 311.

81. Ibid., 312.

82. 转引自 Lewis in Boas, *Anthropology and Modern Life,* ed. Herbert S. Lewis (New Brunswick, NJ: Transaction Publishers, 2004), 280。

83. 见 Rosemary Levy Zumwalt and William Shedrick Willis, *Franz Boas and W. E. B. du Bois at Atlanta University, 1906* (Philadelphia: American Philosophical Society, 2008), 51-53。

84. Afterword by Lewis in Boas, *Anthropology,* 279-280.

85. Vernon J. Williams Jr., *Rethinking Race: Franz Boas and his Contemporaries* (Lexington: University Press of Kentucky, 1996), 25.

86. Ibid., 8.

87. Ibid., 33-36.

88. Boas, *Anthropology,* 70.

89. Ibid., 70-71.

90. Ibid., 85.

91. 见 Daniel T. Rodgers, "Exceptionalism," in *Imagined Histories: American Historians Interpret the Past,* ed. Anthony Molho and Gordon S. Wood (Princeton, NJ: Princeton University Press, 1998), 25。

92. 见 Ngai, "Architecture of Race"。

93. Boas, *Anthropology,* 83.

94. Ibid., 92.

95. Ibid., 245-246.

96. George Stocking Jr., "Anthropology as Kulturkampf: Science and Politics in the Career of Franz Boas," in *The Uses of Anthropology,* ed. Walter Goldschmidt (Washington, DC: American Anthropological Association, 1979), 45.

97. Boas, *Race and Democratic Society* (New York: J. J. Augustin, 1945), 28-37.

98. Du Bois, *Souls of Black Folk,* 2.

99. 见 David Levering Lewis, *W. E. B. Du Bois: Biography of a Race* (New York: Henry Holt, 1993), 15-17。

100. Du Bois, *Souls of Black Folk,* 45.

101. Ibid., 52.

102. 见 Paul Gilroy, *The Black Atlantic* (London: Verso, 1999), 116-117。

103. 见 Lewis, *Du Bois,* 127-130。

104. 见 Kwame Anthony Appiah, "Battling with Du Bois," *New York Review of Books* (22 December 2011), 84。

105. Du Bois, *Dusk of Dawn: An Essay towards an Autobiography of a Race Concept* (New Brunswick, NJ: Transaction Publishers, 2002), 47.

106. 引自 Lewis, *Du Bois,* 175。

107. Du Bois, *Souls of Black Folk,* 37.

108. Ibid., 38.

109. 引自 Lewis, *Du Bois,* 419。

110. Du Bois, *Souls of Black Folk,* 41.

111. Ibid., 131-132.

112. Ibid., 8.

113. 见 Lewis, *Du Bois,* 416。

114. 数据载于 ibid., 539, 544。

115. 见 Carol M. Taylor, "W. E. B. du Bois Challenge to Scientific Racism," *Journal of Black Studies,* 11 (1981), 458。

116. 见 Lewis, *Du Bois,* 420-421。

117. Du Bois, *Darkwater: Voices From within the Veil,* intr. David Levering Davis (New York: Washington Square Press, 2004), 21.

118. Ibid., 21-22.

119. 见 Julia Liss, "Diasporic Identities: The Science and the Politics of Race in the Work of Franz Boas and W. E. B. Du Bois," *Cultural Anthropology,* 13 (1998), 148。

120. Du Bois, *Darkwater,* 24.

121. Ibid., 24-25.

122. Ibid., 27.

123. Ibid., 28.

124. Ibid., 31.

125. 见 Lewis, *Du Bois,* 503-504。

126. De Bois, *Darkwater,* 75.

127. Ibid., 78.

128. Ibid., 37.

129. 见 Geiss, *Pan-African Movement,* 238。

130. Du Bois, *Dusk of Dawn,* 267.

131. 见 Anthony W. Marx, *Making Race and Nation* (Cambridge: Cambridge University Press, 1998), 220-222。

132. 见 Ben F. Rogers, "William E. B. Du Bois, Marcus Garvey, and Pan-Africa," *Journal of Negro History,* 40 (1955), 158。

133. Du Bois, *Dusk of Dawn,* 277-278.

134. Ibid., 304-306.

135. Ibid., 296.

136. Du Bois, *Souls of Black Folk,* 3.

137. 见 David W. Blight, "Lewis's Du Bois: The Race Man as All Too Human Genius," *Massachusetts Review,* 35 (1994), 331-332。

138. 见 Erez Manela, *The Wilsonian Moment* (Oxford: Oxford University Press, 2009), 3-4。

139. Du Bois, *Dusk of Dawn,* 285.

140. Ibid., 286.

141. Ibid., 288.

142. Ibid., 320-321.

143. 引自 Harold Brackman, "A Calamity Almost Beyond Comprehension: Nazi Antisemitism and the Holocaust in the Thought of W. E. B. Du Bois," *American Jewish History,* 88 (2000), 60-61。

144. 引自 ibid., 66。

145. 引自 ibid., 65。

146. 引自 ibid., 84。

147. 引自 ibid., 86。

148. 见 Marilyn Lake and Henry Reynolds, *Drawing the Global Color Line* (Cambridge: Cambridge University Press, 2008), 112-133。

149. 见 Bhiku Parekh, *Colonialism, Tradition and Reform: An Analysis of Gandhi's Political Discourse*

(New Delhi: Sage Publications, 1999), 56-57。

150. 见 Gandhi, *Hind Swaraj and Other Writings,* ed. Anthony Parel (Cambridge: Cambridge University Press, 2006), 2-3。

151. 见 Parekh, *Gandhi,* 1-3。

152. 见 Stephen Hay, "Between Two Worlds: Gandhi's First Impressions of British Culture," *Modern Asian Studies,* 3 (1969), 308-311。

153. 见 Gandhi, *Hind Swaraj,* 18-19。

154. Susanne Hoeber Rudolph, "The New Courage: An Essay on Gandhi's Psychology," *World Politics,* 16 (1963), 111-112.

155. *Natal Advertiser,* 23 September 1893, in *Collected Works of Gandhi,* 1:75-76.

156. 数据载于 Lake and Reynolds, *Global Color Line,* 118。

157. *Times of Natal,* 26 October 1894, in *Collected Works of Gandhi,* 1:135-137.

158. Petition to Lord Ripon, 17 July 1894, in ibid., 1:122-123.

159. 引自 Lake and Reynolds, *Global Color Line,* 131。

160. "Grievances of the British Indians," *Collected Works of Gandhi,* 2:1-52.

161. Ibid., 2:50-51；也见 R. A. Huttenback, "The British Empire as a 'White Man's Country' — Racial Attitudes and Immigration Legislation in the Colonies of White Settlement," *Journal of British Studies,* 13 (1973), 108-137; and Lake and Reynolds, *Global Color Line*。

162. 见 Paul F. Power, "Gandhi in South Africa," *Journal of Modern African Studies,* 7 (1969), 445。

163. *Times of India,* 19 August 1899, in *Collected Works of Gandhi,* 3:85.

164. Speech on 15 September 1901, in ibid., 3:206.

165. 见 Power, "Gandhi in South Africa," 443。

166. *Indian Opinion,* 10 September 1903, in *Collected Works of Gandhi,* 3:437-440.

167. *Indian Opinion,* 2 March 1905, in ibid., 5:55.

168. Power, "Gandhi in South Africa," 446.

169. 引自 ibid., 453。

170. *Collected Works of Gandhi,* 5:420.

171. Gandhi, *Hind Swaraj,* 129.

172. 引自 Parekh, *Colonialism, Tradition and Reform,* 95。

173. 见 Rajmohan Gandhi, *Mohandas: A True Story of a Man, His People, and an Empire* (New York: Penguin-Viking, 2006), 94。

174. Gandhi, *The Political and Moral Writings of Mahatma Gandhi,* ed. Raghavan Iyer (Oxford: Clarendon Press, 1986/1987), 1:77.

175. *The Bhagavad Gita,* trans. Juan Mascaro (Harmondsworth: Penguin Books, 1962), 100-101 [= 13:14 and 13:15].

176. Ibid., 105 [= 14:25].

177. 引自 Sharon Kay Dobbins, "The Principles of Equity and the Sermon on the Mount as Influence in Gandhi's Truth-Force," *Journal of Law and Religion,* 6 (1988), 133。

178. 见 Gandhi, *Selected Political Writings,* intr. Dennis Dalton (Indianapolis, IN: Hackett Publishing, 1996), 37-40。

179. Parekh, *Colonialism, Tradition and Reform,* 159.

180. 引自 Rajmohan Gandhi, *Mohandas,* 150。

181. Gandhi, *Hind Swaraj,* 37.

182. Ibid., 17.

183. Ibid., 39-41.

184. Ibid., 49.

185. Ibid., 52.

186. Ibid., 52-53.

187. Parekh, *Colonialism, Tradition and Reform,* 160.

188. Gandhi, *Hind Swaraj,* 21.

189. 见 Jane Burbank and Frederick Cooper, *Empires in World History* (Princeton, NJ: Princeton University Press, 2010), 375。

190. 见 Rajmohan Gandhi, *Mohandas,* 219-225。

191. Ibid., 222.

192. Ibid., 331-341.

193. Gandhi, *The Political and Moral Writings,* 3:499.

194. 引自 Parekh, Colonialism, Tradition and Reform, 238。

195. Ibid., 250.

196. Gandhi, *Hind Swaraj,* 94.

197. Ibid., 175-176.

198. Gandhi, *Political and Moral Writings,* 1:395.

199. Ibid., 1:467.

200. 引自 Rajmohan Gandhi, *Mohandas,* 453。

201. Gandhi, *Political and Moral Writings,* 1:85.

202. Parekh, *Colonialism, Tradition and Reform,* 100.

203. Gandhi, *Political and Moral Writings,* 1:541.

204. Gandhi, "Equality of Religions," in ibid., 1:542—543.

205. Ibid., 1:545.

206. Ibid., 1:572.

207. Ibid., 1:332.

208. Parekh, *Colonialism, Tradition and Reform,* 85.

209. Pankaj Mishra, *From the Ruins of Empire: The Intellectuals Who Remade Asia* (New York: Farrar, Straus, and Giroux, 2012), 1-3.

210. Kowner, *Impact of the Russo-Japanese War,* 20, 219-220.

211. 见 Aydin, *Politics of Anti-Westernism*。

212. 见 Conrad and Sachsenmaier, *Competing Visions of World Order,* 12-16。

213. 引自 Naoko Shimazu, *Japan, Race and Equality: The Racial Equality Proposal of 1919* (London: Routledge, 1998), 20。

214. Ibid., 9.

215. Ibid., 57-59.

216. Andrew Clapham, *Human Rights* (Oxford: Oxford University Press, 2007), 34.

217. 见 Jan Herman Burgers, "The Road to San Francisco," *Human Rights Quarterly,* 14 (1992), 449-450。

第九章　人权时代

1. Jane Burbank and Frederick Cooper, *Empires in World History* (Princeton, NJ: Princeton University Press, 2010), 413.

2. Alexis de Tocqueville, *L'Ancien régime et la revolution* (Paris: Gallimard, 1967), 277.

3. 见 Samuel Moyn, *The Last Utopia* (Cambridge, MA: Harvard University Press, 2010), 84-87; Stephan-Ludwig Hoffmann, ed., *Human Rights in the Twentieth Century* (Cambridge: Cambridge University Press, 2011), 14。

4. 我对于人权的观点受惠于 Sunil Amrith and Glenda Sluga, "New Histories of the United Nations," *Journal of World History,* 19 (2008), 251-274; Mark Mazower, "The Strange Triumph of Human Rights," *Historical Journal,* 47 (2004), 379-398; Mazower, *No Enchanted Palace* (Princeton, NJ: Princeton University Press, 2009); and Moyn, *Last Utopia*。但是，我认为 Moyn 对《世界人权宣言》的全盘否定并不符合他和 Mazower 的修正主义描述，特别是考虑到 20 世纪上半叶普遍人权的失败。

5. Sunil Amrith, "Asian Internationalism," *Inter-Asia Cultural Studies,* 6 (2005), 558.

6. Talbot C. Imlay, "International Socialism and Decolonization during the 1950s," *American Historical Review,* 118 (2013), 1111.

7. 见 Mazower, "The End of Civilization and the Rise of Human Rights," in *Human Rights in the Twentieth Century,* 29-44。

8. Aimé Césaire, *Discourse on Colonialism,* trans. Joan Pinkham (New York: Monthly Review Press, 2000), 36.

9. 见 Burbank and Cooper, *Empires,* 420。

10. Mazower, "Strange Triumph," 380.

11. Brian Urquhart, "Finding the Hidden UN," *New York Review of Books* (27 May 2010), 27.

12. Mazower, "Strange Triumph," 385.

13. 见 Timothy Snyder, *Black Earth: The Holocaust as History and Warning* (London: The Bodley Head, 2015), 264-267。

14. *Hansard,* House of Lords, 17 December 1942.

15. 引自 Daniel Roger Maul, "The International Labour Organization," in *Human Rights in the Twentieth Century,* 301。

16. Christopher A. Bayly and Tim Harper, *Forgotten Armies: The Fall of British Asia* (Cambridge, MA: Harvard University Press, 2005), 79, 101.

17. Marika Sherwood, "There Is No New Deal for the Blackman in San Francisco," *International Journal of African Studies,* 29 (1996), 72-73.

18. 见 Paul Gordon Lauren, *The Evolution of International Human Rights* (Philadelphia: University of Pennsylvania Press, 2003), 139。

19. Mazower, *No Enchanted Palace,* 56.

20. 引自 Bayly and Harper, *Forgotten Armies,* 7。

21. Raymond F. Betts, *Decolonization* (London: Routledge, 1998), 22.

22. Benedict Anderson, *Java in a Time of Revolution* (Jakarta: Equinox Publishing, 2006), 36.

23. 引自 Richard Wright, *The Color Curtain* (Jackson, MS: Banner Books, 1994), 109。

24. 见 Ian Buruma, *Year Zero: A History of 1945* (London: Atlantic Books, 2013), 223-224。

25. Betts, *Decolonization,* 30.

26. Paul Gordon Lauren, "First Principles of Racial Equality," *Human Rights Quarterly,* 5 (1983), 11-12.

27. Ibid., 14.

28. Johannes Morsink, *The Universal Declaration of Human Rights* (Philadelphia: University of Pennsylvania Press, 1999), 2.

29. Mazower, "Strange Triumph," 392.

30. 引自 Lauren, "First Principles," 14。

31. Marilyn Lake, "Chinese Colonists Assert Their 'Common Human Rights,'" *Journal of World History,*

21 (2010), 378.

32. Lauren, "First Principles," 14.

33. Lake, "Chinese Colonists," 390.

34. Lauren, "First Principles," 16.

35. 见 Mary Ann Glendon, *A World Made New: Eleanor Roosevelt and the Universal Declaration of Human Rights* (New York: Random House, 2001), 13。

36. Lauren, "First Principles," 17.

37. Glendon, *World Made New,* 12-13.

38. 引自 Morsink, *Universal Declaration,* 3。

39. Sherwood, "No New Deal for the Blackman," 77.

40. 见 Sebastian Conrad, "Enlightenment in Global History," *American Historical Review,* 117 (2012), 999-1027。

41. UN General Assembly, Resolution 217 A(III), "Universal Declaration of Human Rights," 10 December 1948, Article 2.

42. 引自 Glendon, *World Made New,* 67。

43. 见 Allida Black, introduction to Eleanor Roosevelt, *What I Hope to Leave Behind,* ed. Allida Black (New York: Carlson Publishing, 1995), xxi-xxiii。

44. A. J. Hobbins, *On the Edge of Greatness: The Diaries of John Humphrey* (Montreal: McGill University Libraries, 1994), 15-17.

45. Glenda Sluga, "René Cassin," in *Human Rights in the Twentieth Century,* 111.

46. Ibid., 110.

47. Glendon, *World Made New,* xx.

48. 见 Paolo Carozza, "From Conquest to Constitutions," *Human Rights Quarterly,* 25 (2003), 285-286。

49. 引自 Glendon, *World Made New,* 11-12。

50. 见 Ruth H. C. Cheng and Sze-Chuh Cheng, *Peng Chun Chang, 1892-1957* (San José, CA: privately printed, 1995), 20-36。

51. Oral history interview with Hansa Mehta, 10 October 1969, Centre of South Asian Studies, University of Cambridge.

52. Glendon, *World Made New,* 90.

53. Manu Bhagavan, "A New Hope: India, the United Nations and the Making of the Universal Declaration of Human Rights," *Modern Asian Studies,* 44 (2010), 332-343.

54. Morsink, *Universal Declaration,* 33.

55. 引自 Glendon, *World Made New,* 111-112。

56. Ibid., 161.

57. Ibid., 146-148.

58. American Anthropological Association, "Statement on Human Rights," *American Anthropologist,* 49 (1947), 543.

59. Julian H. Steward, "Comment on the Statement on Human Rights," *American Anthropologist,* 50 (1948), 351.

60. 见 Glendon, *World Made New,* 51。

61. Lauren, *Evolution of International Human Rights,* 215.

62. UNESCO, *Human Rights: Comments and Interpretations* (Paris, UNESCO, 1948), 185-189.

63. Ibid., 192.

64. Ibid., 201.

65. Ibid., Appx. II: 3.

66. Ibid., Appx. II:io.

67. Glendon, *World Made New,* 76-77.

68. Morsink, *Universal Declaration,* 25.

69. Glendon, *World Made New,* 168.

70. Susan Waltz, "Universal Human Rights: The Contribution of Muslim States," *Human Rights Quarterly,* 26 (2004), 817.

71. 引自 Morsink, *Universal Declaration,* 25-26。

72. Ibid., 24.

73. 引自 Waltz, "Universal Human Rights," 821。

74. 见 Ashley Montagu, *Mans Most Dangerous Myth: The Fallacy of Race* (New York: Columbia University Press, 1945), 261-267 中的列表。

75. Mazower, *No Enchanted Palace,* 61.

76. Roger Normand and Sarah Zaidi, *Human Rights at the UN* (Bloomington: Indiana University Press, 2008), 193.

77. Carozza, "From Conquest to Constitutions," 285-289.

78. 见 Kamala Visweswaran, "Race and the Culture of Anthropology," *American Anthropologist,* 100 (1998), 72。

79. Ruth Benedict, *Race and Racism* (London: Routledge and Kegan Paul, 1983), vii, 9.

80. Leonard Lieberman, Andrew Lyons, and Harriet Lyons, "An Interview with Ashley Montagu," *Current Anthropology,* 36 (1995), 839.

81. Ibid., 838.

82. Ibid., 840.

83. Montagu, *Man's Most Dangerous Myth,* 32-33.

84. Ibid., 40.

85. Ibid., 31-32.

86. Ibid., 44.

87. Ibid., 68, 73.

88. Ibid., 72.

89. Ibid., 54-55.

90. Ibid., 59.

91. Thomas Guglielmo, "'Red Cross, Double Cross': Race and America's World War II-Era Blood Donor Service," *Journal of American History,* 97 (2010-2011), 63-90.

92. UNESCO, *The Race Concept: Results of an Inquiry* (Paris: UNESCO, 1952), 5.

93. 见 Montagu, *Statement on Race* (New York: Henry Schuman, 1951), 3-20。

94. 引自 "U.N.E.S.C.O. on Race," *Man* (1950), 138。

95. 引自 Elazar Barkan, *The Retreat of Scientific Racism* (Cambridge: Cambridge University Press, 1996), 96。

96. UNESCO, *The Race Concept,* 103.

97. Ibid., 98.

98. Ibid., 98.

99. Ibid., 100.

100. Ibid., 100.

101. Ibid., 102.

102. Ibid., 103.

103. "U.N.E.S.C.O. on Race," 138.

104. Barkan, *Retreat,* 102.

105. UNESCO, *The Race Concept,* 91.

106. Ibid., 11-12.

107. Ibid., 13.

108. Ibid., 12.

109. Barkan, *Retreat,* 343-344.

110. UNESCO, *The Race Concept,* 15.

111. Edward Steichen, "Photography," *Wisconsin Magazine of History,* 41 (1958), 160.

112. Ibid., 167.

113. *The Family of Man* (New York: Maco Magazine Corporation, 1955), 4.

114. Steichen, "Photography," 161.

115. *Family of Man,* 178-192（氢弹的影像是展览的一部分，但未被包含在本书中）.

116. Ibid., 176-177.

117. Victoria Schmidt-Linsenhoff, "Denied Images: 'The Family of Man' and the Shoa," in *The Family of Man 1955-2001,* ed. Jean Back and Victoria Schmidt-Linsenhoff (Marburg: Jonas Verlag, 2004), 80-99.

118. 引自 Penelope Niven, *Steichen* (Fort Washington, PA: Eastern National, 2004), 633。

119. Eric Sandeen, "'The Family of Man' on Tour in the Cold War World," in *The Family of Man 1955-2001,* 103.

120. 引自 Niven, *Steichen,* 633。

121. John Roberts, "Photography and Its Truth-Event," *Oxford Art Journal,* 31 (2008), 467（楷体为原文所加）.

122. Aimé Césaire, *Poésies, Théâtre, Essais et Discours* (Paris: CNRS-Presence Africaine, 2013), 69.

123. Césaire, *Cahier d'un retour aupays natal* (Paris: Presence Africaine, 1983), 20.

124. Ibid., 24-25.

125. Ibid., 25.

126. Ibid., 57-58.

127. Ibid., 60.

128. Césaire, *Poésies, Théâtre, Essais et Discours,* 1422.

129. Ibid., 1433-1435.

130. Ibid., 1447.

131. Césaire, *Discourse on Colonialism,* 32-33.

132. Ibid., 35（楷体为原文所加）.

133. Ibid., 35-36（楷体为原文所加）.

134. Ibid., 36. 在 Pinkham 的翻译中，"苦力"和"黑人"都加了引号，而由于原文中并未出现，我将引号予以删除，并将"niggers"（黑鬼）改为"Negroes"（黑人）；见 Césaire, *Discours sur le colonialisme* (Paris: Presence Africaine, 2004), 14。

135. Césaire, *Discourse,* 37.

136. Gary Wilder, "Untimely Visions," *Public Culture,* 21 (2009), 127.

137. Césaire, *Discourse,* 42-43.

138. Césaire, *Poésies, Théâtre, Essais et Discours,* 1501-1502.

139. Césaire, *Nègre je suis, nègre je resterai. Entretiens avec Françoise Vergès* (Paris: Albin Michel, 2005), 30-31.

140. Leila Ahmed, *Women and Gender in Islam* (New Haven, CT: Yale University Press, 1992), 225, 239.

141. Ahmed, *A Border Passage: From Cairo to America* (New York: Farrar, Straus, and Giroux, 1999), 5.

142. Ibid., 6.

143. Ibid., 145.

144. Ibid., 243.

145. Ibid., 245.

146. Ibid., 141.

147. Ibid., 6.

148. Ibid., 225.

149. Ibid., 267.

150. Ibid., 240-241.

151. Ahmed, *Women and Gender,* 162.

152. Ibid., 145-160.

153. Ibid., 136-137.

154. Ibid., 64-67.

155. Fatema Mernissi, *Islam and Democracy* (Cambridge, MA: Perseus Publishing, 2002), 160.

156. Ahmed, *Women and Gender,* 1992, 55.

157. Ibid., 220-229；也见 Ahmed, *A Quiet Revolution: The Veil's Resurgence, from the Middle East to America* (New Haven, CT: Yale University Press, 2011)。

158. 关于这种双重性，也见 Nilüfer Göle, *The Forbidden Modern: Civilization and Veiling* (Ann Arbor: University of Michigan Press, 1996)。

159. Ahmed, *Women and Gender,* 237.

160. Ahmed, *Quiet Revolution,* 298.

161. Andrew Clapham, *Human Rights* (Oxford: Oxford University Press, 2007), 48-50.

162. 引自 A. W. Brian Simpson, *Human Rights and the End of Empire* (Oxford: Oxford University Press, 2004), 663。

163. 引自 Roland Burke, *Decolonization and the Evolution of International Human Rights* (Philadelphia: University of Pennsylvania Press, 2010), 94。

164. Césaire, *Entretien avec Françoise Vergès,* 69.

后　记　全球平等的未来

1. Jerry Bentley, "Myths, Wagers, and Some Moral Implications of World History," *Journal of World History,* 16 (2005), 80.

2. Amartya Sen, *Identity and Violence: The Illusion of Destiny* (New York: Norton, 2006), 23-39.

3. Christopher Hill, "Conceptual Universalization in the Transnational Nineteenth Century," in *Global Intellectual History,* ed. Samuel Moyn and Andrew Sartori (New York: Columbia University Press, 2013), 150-152.

4. Donald B. Brown, *Human Universals* (New York: McGraw Hill, 1991); Anthony Appiah, *Cosmopolitanism* (New York: Norton, 2006), 94-99.

5. John W. Cook, *Morality and Cultural Differences* (Oxford: Oxford University Press, 1999).

6. George L. Mosse, *The Nationalization of the Masses* (Ithaca, NY: Cornell University Press, 1991), 2.

7. Siep Stuurman, *François Poulain de la Barre and the Invention of Modern Equality* (Cambridge, MA: Harvard University Press, 2004).

8. 见 Blandine L. McLaughlin, "Diderot and Women," in *French Women and the Age of Enlightenment,* ed. Samia I. Spencer (Bloomington: Indiana University Press, 1984), 297-298。

9. Immanuel Kant, *Werke,* 12 vols. (Frankfurt a. M.: Suhrkamp, 1968), 3:13.

10. Jean le Rond d'Alembert, *Preliminary Discourse to the Encyclopedia,* trans. Richard N. Schwab (Chicago: University of Chicago Press, 1995), 90.

11. Sudipta Kaviraj, *The Imaginary Institution of India* (New York: Columbia University Press, 2010), 35.

12. 见 Dipesh Chakrabarty, *Provincializing Europe* (Princeton, NJ: Princeton University Press, 2000), 5-6, 27-29。

13. Joseph-Emmanuel Sieyès, Écrits politiques, ed. Roberto Zapperi (Paris: Édition des archives contemporaines, 1985), 60.

14. Benjamin Disraeli, *Coningsby* (London: J. M. Dent and Sons, 1911), 127.

15. Paul Bairoch, "The Main Trends in National Economic Disparities since the Industrial Revolution," in *Disparities in Economic Development,* ed. Paul Bairoch and Maurcise Lévy-Leboyer (London: Macmillan, 1981), 7.

16. Yves Lambert, "New Christianity, Indifference, and Diffused Spirituality," in *The Decline of Christendom in Western Europe,* ed. Hugh McLeod and Werner Ustorf (Cambridge: Cambridge University Press, 2003), 63-78.

17. Eric Hobsbawm, *The Age of Extremes* (London: Michael Joseph, 1994), 288（楷体为原文所加）.

18. Pankaj Ghemawat, *World3.0* (Boston: Harvard Business Review Press, 2011), 26.

19. Ibid., 11, 34-35, 213-214.

20. Ibid., 232.

21. Jürgen Osterhammel and Niels P. Petersson, *Globalization: A Short History* (Princeton, NJ: Princeton University Press, 2005), 108-109.

22. 见 Robert McCrum, *Globish* (London: Penguin-Viking, 2010), 8。

23. Jürgen Osterhammel, "Globalizations," in *Oxford Handbook of World History,* ed. Jerry H. Bentley (Oxford: Oxford University Press, 2011), 101.

24. Francis Fukuyama, "The End of History?" *The National Interest* (Summer Issue, 1989), 6.

25. Samuel P. Huntington, *The Clash of Civilizations and the Remaking of World Order* (London: The Free Press, 2002), 13, 20.

26. Ibid., 20.

27. Ibid., 129-130.

28. Lydia H. Liu, *The Clash of Empires* (Cambridge, MA: Harvard University Press, 2006), 1.

29. Huntington, *Clash of Civilizations,* 318.

30. Ibid., 312.

31. Ibid., 195-196.

32. Leila Ahmed, *A Quiet Revolution: The Veil's Resurgence, from the Middle East to America* (New Haven, CT: Yale University Press, 2011); Fatema Mernissi, *Islam and Democracy* (Cambridge, MA: Perseus Publishing, 2002); Ayaan Hirsi Ali, *Heretic* (New York: Harper Collins, 2015).

33. Huntington, *Clash of Civilizations,* 105.

34. Moshe Lewin, *The Gorbachev Phenomenon* (Berkeley: University of California Press, 1988), 151.

35. Sen, *Identity and Violence,* 10-12.

36. Huntington, *Clash of Civilizations,* 311-312.

37. Ibid., 320.

38. Bruce Mazlish, *Civilization and Its Contents* (Stanford, CA: Stanford University Press, 2004), 17.

39. Avishai Margalit, *The Decent Society,* trans. Naomi Goldblum (Cambridge, MA: Harvard University Press, 1996), 151.

40. Kwame Anthony Appiah, *The Ethics of Identity* (Princeton, NJ: Princeton University Press, 2007), chap. 6.

41. UN General Assembly, Resolution 217 A(III), "Universal Declaration of Human Rights," 10 December 1948, Article 29 (1).

致　谢

书的开始总是难以确定，但当我在 1990 年代撰写一本关于法国笛卡尔主义女性主义者弗朗索瓦·普兰·德拉巴尔的书时，我有了书写一部有关平等的历史的想法。我必须感谢德拜莱阿姆斯特丹文化中心邀请我在 1998 年 1 月就平等的历史发表演讲。如果存在一个可以确定的"开始"，它就在彼时彼地。

也要感谢菲莉丝·麦克（Phyllis Mack），她邀请我参加 1999 年在百乐宫洛克菲勒中心举行的一个有关宗教经验多样性的会议，并在数年后对本书的第一版发表了评论。我也很怀念在关于"性别和启蒙运动"的伦敦研究项目中有过的讨论和思想伙伴，这一项目在 1998 年至 2003 年间由芭芭拉·泰勒（Barbara Taylor）和萨拉·诺特（Sarah Knott）主持。2001 年春天我在加州大学洛杉矶分校的经历也是如此，玛格丽特·雅各布和林恩·亨特既是我亲爱的朋友，也是富有挑战性的思想对手。此外，我要感谢马克·贝维尔（Mark Bevir）在 2003 年邀请我去伯克利；德罗尔·瓦尔曼（Dror Wahrman）和乔纳森·希恩（Jonathan Sheehan）使我得以参加 2004 年在印第安纳大学举行的"全球十八世纪"会议；卡罗琳·路吉（Carolyn Lougee）邀请我于 2005 年在斯坦福大学发表一篇关于安基提尔-杜佩隆和启蒙世界主义的论文。其他激动人心的场所是在芝加哥（2000 年）、伊斯坦布尔（2003 年）和伦敦（2007 年）举行的国际思想史学会（ISIH）会议。我特别想感谢康斯坦丝·布莱克威尔（Constance Blackwell）鼓励我在《思想新闻》（*Intellectual News*）上发表我正在进行的一些研究，《思想新闻》当时是国际思想史学会的官方期刊，而她是该期刊不知疲倦的编辑。

2005年，我在构建本书的理论框架方面迈出了一大步，当时我是普林斯顿高等研究院历史研究所的成员。我要感谢乔纳森·伊斯雷尔让我有机会参加他关于启蒙思想的研讨会，还有狄宇宙，他帮助我在汉朝与其草原敌人的历史中找到自己的研究方法。2005年秋天，我在加州大学洛杉矶分校的欧洲历史和文化讨论会上，提出了一个最终成为此书的初步大纲。我要感谢玛格丽特·雅各布、林恩·亨特和埃伦·杜波依斯（Ellen du Bois）大有裨益的评论。2007年秋天，我在纽约地区思想史研讨会上发表了一篇论文，杰罗尔德·西格尔（Jerrold Seigel）和梅尔文·里克特（Melvin Richter）发表了富有洞见的评论和批评。此外，我还要感谢《观念史杂志》（*Journal of the History of Ideas*）和《世界史杂志》（*Journal of World History*）的几位匿名审稿人。与唐纳德·凯利（Donald Kelley）的讨论也极振奋人心。

2010年，我在伊拉斯谟大学做了告别演讲。我从同事那里得到的纪念文集完全是关于共同人类与平等的历史的。我要感谢编辑玛丽亚·格雷弗（Maria Grever）、伊多·德哈恩（Ido de Haan）、丁克·洪迪厄斯（Dienke Hondius）和苏珊·莱亨（Susan Legene），还有维普·范邦（Wiep van Bunge）、迪克·道韦斯（Dick Douwes）、蒂伊尔·辛伊尔（Thijl Sunier）、卡琳·霍夫梅斯特（Karin Hofmeester）、汉内克·胡克斯特拉（Hanneke Hoekstra）、斯特凡·迪丁克（Stefan Dudink）、玛丽安娜·布劳恩（Marianne Braun）、奇茨克·阿克曼（Tjitske Akkerman）、贝尔特克·瓦尔代克（Berteke Waaldijk）、加布里埃尔·范·布林克（Gabriel van den Brink）和埃德·约恩克（Ed Jonker）对这本书的贡献。2010年至2015年，我是乌特勒支大学人文中心的研究员。我要感谢它鼓舞人心的主管，罗西·布拉伊多蒂（Rosi Braidotti），邀请我加入这个中心。

对这个项目的持续研究始于2004年，当时我在伊斯坦布尔的萨班哲大学教授一门为期两个月的平等史课程。从2004年开始，我每年都在鹿特丹伊拉斯谟大学教授关于世界历史上的平等和文化差异的硕士研讨课。2006年春末，我在中国厦门大学教授了同一课程。从2010年到2015年，我在乌特勒支大学教授了一门关于共同人类、平等和文化差异的研究硕士研讨课。我要感谢众多参与这些研讨课的学生，他们提出了敏锐的问题和建议。

2009 年，我与阿姆斯特丹出版商普罗米修斯/贝尔特·巴克（Prometheus/Bert Bakker）合做出版了《发明人类》（*De Uitvinding van de Mensheid*）。我要感谢它的主管迈·斯派克尔斯（Mai Spijkers），感谢他对这个项目的信心，以及玛丽克·范奥斯特罗姆（Marieke van Oostrom）的精心编辑协助。2010 年，塞缪尔·莫恩（Samuel Moyn）和安德鲁·萨托里（Andrew Sartori）邀请我参加在纽约举行的一个关于全球思想史的会议。这次会议以及对由这次会议产生的文集（2013 年由哥伦比亚大学出版社出版）的研究，正好在我项目的最终阶段提供了帮助。我和苏迪帕特·卡维拉杰（2010 年会议上的主要发言者之一）于 2014 年 5 月在阿姆斯特丹大学教授了一门关于全球思想史的硕士课程，课堂氛围非常友好，也使我收获良多。在过去的三年里，我与我的博士生德文·瓦尔蒂亚（Devin Vartija）的讨论同样鼓舞人心。我感谢他允许我引用他未发表的硕士毕业论文《启蒙运动百科全书中的自然平等和人种划分》。此外，我想感谢荷兰 18 世纪研究学会邀请我发表 2010 年的伯格哈特演讲《全球平等和不平等启蒙思想》。与我的同事弗洛里斯·科恩（Floris Cohen）和任博德（Rens Bod）对思想史和世界史的讨论既是有益的，也是愉快的。

克里斯蒂安·兰格（Christian Lange）、迈克·范伯克尔（Maaike van Berkel）和鲁迪·金策尔（Rudi Künzel）好心地阅读了我关于中世纪伊斯兰世界的一章；我非常欢迎他们的评论，把我从一些错误中拯救了出来。安妮琳·德代因（Annelien de Dijn）与我分享了她对思想史的看法，并阅读了第九章的一个版本。多年来，我与鹿特丹的同事玛丽亚·格雷弗在智识上的合作（我们一起组织了一场关于现代史正典的会议，并共同编辑了会议论文）一直是宝贵而有价值的经验，它在许多方面为本书做出了贡献。我也感谢两位匿名读者为哈佛大学出版社撰写了对我的书的评论。

我想对凯瑟琳·麦克德莫特（Kathleen McDermott）表示感谢，她从

2001年（从我关于普兰·德拉巴尔的书立项到出版，她一直从旁指导）起便一直是我在哈佛大学出版社的编辑。凯瑟琳的指导帮助我在整个项目的漫长时间里保持了信心。

最后，我还要感谢塞尔玛·莱德斯多夫（Selma Leydesdorff）。我们在一起已经四十多年了，期间的大部分时间里我们俩都在写书。我们总是在阅读彼此的草稿。塞尔玛至少已经通读过《发明人类》两次。我很感激，但更感激的是她与我分享她的生活。